ELSASS

Antje & Gunther Schwab

INHALT

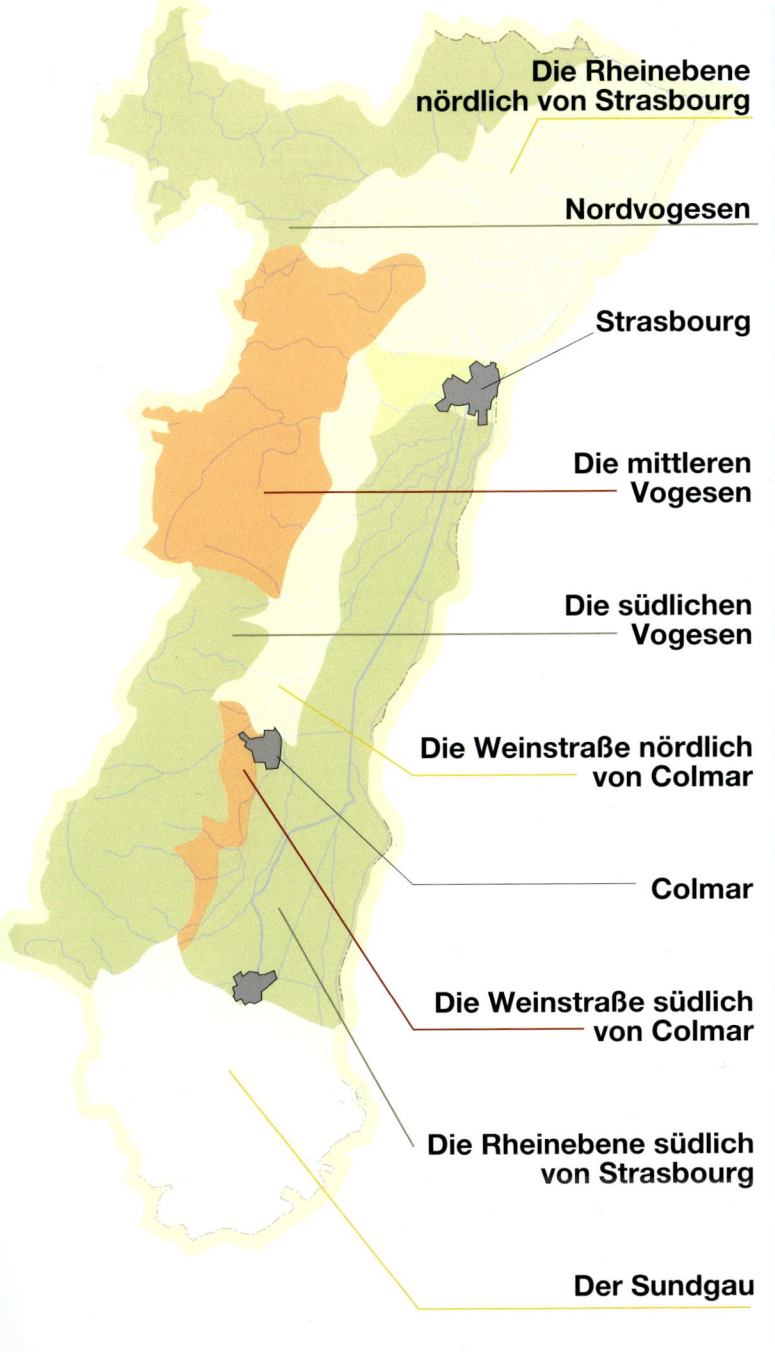

Die Rheinebene
nördlich von Strasbourg

Nordvogesen

Strasbourg

Die mittleren
Vogesen

Die südlichen
Vogesen

Die Weinstraße nördlich
von Colmar

Colmar

Die Weinstraße südlich
von Colmar

Die Rheinebene südlich
von Strasbourg

Der Sundgau

Text und Recherche: Antje und Gunther Schwab

Lektorat: Peter Ritter

Redaktion und Layout: Karsten Luzay

Fotos: alle Fotos von Gunther Schwab außer: S. 15 (Hornihof/Kiffis, R. Guldenschuh), S. 171 (Musées de Strasbourg, Collection Tomi Ungerer, A. Plisson), S. 211 (ASEPAM, N. Deban), S. 227 (Association Internationale de l'Œuvre du Docteur A. Schweitzer), S. 311 (Musée d'Unterlinden Colmar, O. Zimmermann)

Covergestaltung: Karl Serwotka

Coverfotos: Strasbourg (oben), Eguisheim (unten)

Karten: Gábor Sztrecska, Hana Budka, Judit Ladik, Carlos Borrell (Coverkarten)

Danksagung

Eine große Hilfe waren uns die freundlichen Angestellten der verschiedenen Offices de Tourisme, die uns überall im Elsass bereitwillig zur Seite standen, unsere zahllosen Fragen geduldig beantworteten und uns viel Informationsmaterial zur Verfügung stellten. Henri und Martine Windholtz aus Rodern danken wir für ihre Bereitschaft, auch in den stressreichen Tagen der Weinlese auf uns Rücksicht zu nehmen. Ein herzliches Dankeschön geht nicht zuletzt an Rainer und Felicitas Batsch aus Friedrichstal, Julia Rahmelow aus Weil am Rhein und Denis Kiéné aus Ferrette für ihre ganz besonderen Tipps.

ISBN 3-89953-103-5

© Copyright Michael Müller Verlag GmbH, Erlangen 2003. Alle Rechte vorbehalten. Alle Angaben ohne Gewähr. Printed in Italy.

Aktuelle online-Infos unter: http://www.michael-mueller-verlag.de

Originalausgabe 2003

Wanderungen

Alles im Kasten

Kartenverzeichnis

Zeichenerklärung für die Karten und Pläne

▬▬	Autobahn	▲	Berggipfel	☦	Kirche
▬▬	asphaltierte Verbindungsstraße	☀	Aussicht	⚲	Schloss/Burg
▬▬	asphaltierte Straße	⌒	Höhle	Ⓒ	Tempel
═══	Nebenstraße	◢	Felsen	♀	Bildstock
▬▬	Piste	⚏	Sendemast	⁘	Ruine
‒ ‒	Eisenbahnlinie	▊	Turm	BUS	Bushaltestelle
﹏﹏	Damm	⌗	Gatter	TAXI	Taxistandplatz
- - -	Wanderweg	⚘	Weinstock	i	Information
471	Straßennummer	♣	Laubbaum	☺	Post
▮▮◕	Wanderzeichen	◠◠	Laubwald	M	Museum
⚑	Wegweiser/Schild	◠∧	Mischwald	P	Parkplatz
		⌄ ⌄	Wiese	▦	Grünanlage
		⌂	Hütte	†↑†	Friedhof

Was haben Sie entdeckt?

Haben Sie einen schönen Wanderweg, ein nettes Restaurant oder eine idyllische Herberge entdeckt? Wenn Sie Empfehlungen aussprechen möchten oder Ihnen Ungenauigkeiten aufgefallen sind, die sich trotz gründlicher Recherche immer wieder einschleichen können, lassen Sie es uns bitte wissen. Ihr Tipp kommt der nächsten Auflage zugute.
Schreiben Sie an:

Antje & Gunther Schwab
Stichwort "Elsass"
c/o Michael Müller Verlag
Gerberei 19
91054 Erlangen
E-Mail: schwab@michael-mueller-verlag

Über den Dächern von Strasbourg

Das Elsass erleben

Ein Sprung über den Rhein – und vieles ist noch vertraut und doch schon fremd. Im Elsass, so sagt man gerne, vermischen sich deutsche Gemütlichkeit und französisches Savoir-vivre zu einem eigenen leichten, eben typisch elsässischen Lebensgefühl, an dem auch der Besucher schnell teilhaben kann. Aber nicht nur deswegen ist das Elsass ein so beliebtes Reiseziel, vielmehr handelt es sich um ein ganz besonderes Stück Frankreich und Europa, das eigentlich für nahezu jeden etwas bietet.

Nostalgie und Romantik

Zu den beliebtesten Postkartenmotiven im Elsass gehören die mit roten Geranien reich geschmückten Fachwerkhäuser an schmalen Kanälen oder in kopfsteingepflasterten Gassen. Diese Butzenscheibenromantik wird noch übertroffen, wenn ein bewohntes Storchennest den Turm einer mittelalterlichen Stadtmauer krönt oder bei einem der zahlreichen Feste Paare in der traditionellen Tracht die Beine zum Tanze schwingen. Dieses Elsass kann für den Besucher zum Balsam für die Seele in unserer oft hektischen und nüchternen Zeit werden, gelingt hier doch die Reise in die gute alte Vergangenheit, ohne dass man auf die Annehmlichkeiten der Moderne verzichten muss. Klischee oder nicht, tatsächlich pflegen die Elsässer ihre Traditionen nicht nur als touristischen Werbegag, sondern auch weil sie ihnen wirklich etwas bedeuten.

Kunst- und Kulturgenuss

Weit über die Grenzen des Elsass hinaus kennt man das Straßburger Münster und Grünewalds Isenheimer Altar in Colmar. Doch der Reisende entdeckt darüber hinaus nahezu auf Schritt und Tritt weitere bedeutende romanische und gotische Gotteshäuser mit ungemein filigranen bzw. ausdrucksstarken Steinmetzarbeiten. Auch an weniger bekannten sakralen Kostbarkeiten wie den spätmittelalterlichen Buhler Flügelaltar und die Bildteppiche des heiligen Adelphus von Neuviller-lès-Saverne, um nur zwei Beispiele zu nennen, ist das Elsass ungeheuer reich. Liebhaber der historischen Architektur erfreuen sich an prächtigen Plätzen mit Brunnen, an Rat- und Bürgerhäusern im Stil der Renaissance, an mittelalterlichen Befestigungsanlagen, aber auch an den unzähligen Burgruinen. Und nicht zuletzt ist das Elsass ein Paradies für Museumsfreunde. Absolutes Muss sind das Unterlinden-Museum in Colmar und das Musée de l'Œuvre Notre-Dame in Strasbourg, viel besucht werden auch das dortige Musée de l'Art Moderne und die Technikmuseen in Mulhouse. Darüber hinaus bieten selbst kleine Dörfer und abgelegene Landstädtchen interessante Ausstellungen zu den unterschiedlichen Bereichen der elsässischen Kultur: vom Holzschlitten der Waldarbeiter über Springerle-Modeln bis hin zu den traditionellen Taufbriefen. Man könnte monatelang im Elsass auf Bildungsreise sein und würde immer noch etwas Neues entdecken.

Gourmetküche und Hausmannskost

Renommierte Zeitschriften berichten immer wieder ausführlich über die kulinarischen Errungenschaften des Elsass, Gourmets befinden sich hier im siebten Michelin-Sterne-Himmel, und selbst ein stinkender Münsterkäse wird zur Erfahrung der besonderen Art. Wer ins Elsass reist, kann sich auf wunderbares Essen freuen, gleichgültig ob man nun in feinsten Gourmetrestaurants die Haute Cuisine genießt, in gemütlichen Winstubs oder urigen Berggasthöfen einkehrt und dort *choucroute* (Sauerkraut) oder eine kräftige Melkermahlzeit verzehrt. Fast schon zum Pflichtprogramm auf einer Elsassreise gehört der Besuch eines Winzerkellers, genießen doch Riesling, Gewürztraminer, Pinot gris & Co. im mit wunderbaren Weinen verwöhnten Frankreich einen überaus guten Ruf.

Landschafts- und Naturerlebnisse

Ausgesprochen abwechslungsreich sind die Landschaften. Die Palette reicht von dschungelartigen Rheinauewäldern und Feuchtgebieten des Ried mit ihrer einzigartigen Flora und Fauna über das sonnenverwöhnte reizvolle Hügelland

Es ist angerichtet

der Weinberge bis zu den waldreichen Vogesen, die im Süden durchaus alpinen Charakter zeigen. Nicht vergessen werden darf der liebliche Sundgau. In allen Landschaften kann man wunderschöne Wander- und Entdeckungstouren unternehmen. Und insbesondere die Feuchtgebiete und die Vogesen abseits der großen Durchgangsstraßen haben immer noch vergleichsweise viel intakte Natur zu bieten. Erfreulicherweise verstärkt man in den letzten Jahren auch im Elsass den Schutz dieser Gebiete. Und denjenigen, die eine Landschaft lieber vom Fahrzeug aus erleben bzw. immer wieder Stopps einlegen möchten, seien die das ganze Elsass durchziehenden *routes* empfohlen: die *Route des Vins* im Hügelland, die *Route de la Choucroute* oder die *Route du Tabac* in der Rheinebene, die phänomenale Ausblicke bietende *Route des Crêtes* am Vogesenhauptkamm entlang ...

Sport hält fit

Aktivurlaub

Überall im Elsass trifft man auf Radfahrer; das abwechslungsreiche Terrain mit vielen ausgewiesenen Wegen bietet sowohl gemütlichen "Sonntagsfahrern" als auch durchtrainierten Sportlern günstige Gegebenheiten. Fast noch besser sieht es für Wanderfreunde aus: Der *Club Vosgien* hat in den Vogesen unzählige Wege angelegt und markiert, überdies kann man in den Weinbergen und in den Feuchtgebieten auf Pisten und Wirtschaftswegen wunderbar spazieren gehen. Doch damit nicht genug: Reiterhöfe, zahlreiche Schwimmbäder und einige Badeseen sorgen für Abwechslung im Urlaub, und wer etwas Nervenkitzel braucht, kann ja in den Hochvogesen einen Gleitschirmflug buchen. Nicht zuletzt kommen in schneereichen Wintern auch viele Besucher zum Wintersport hierher.

Familienurlaub mit Kindern

Zwar gilt das Elsass nicht gerade als das klassische Familienreiseziel, aber dennoch kann man hier mit den Kids erlebnisreiche Ferien verbringen. Attraktive Ziele für die ganze Familie sind z. B. die Bergwerke in Ste-Marie-aux-Mines, die Höhlenwohnungen in Graufthal oder das Schiffshebewerk bei Saverne. Zu den Highlights gehört sicher der Besuch der Greifvogelwarte und des Affenbergs bei Kintzheim, daneben existieren gerade an der Weinstraße etliche weitere interessante Tierparks. Nicht zu vergessen sind die zumindest teilweise für Kinder geeigneten Technikmuseen in Mulhouse, der dortige Zoo und das nahe gelegene Ecomusée mit hohem Erlebniswert. Getrübt werden diese Vergnügen allerdings durch die in Frankreich vergleichsweise hohen Eintrittspreise. Doch zum Glück gibt es auch Erlebnisse zum Billig- bzw. Nulltarif: die Erkundung von unzähligen Burgruinen, der Besuch einer Ferme-Auberge mit ihren Ställen oder eines der zahlreichen kleinen Storchenparks in verschiedenen Orten.

Weit schweift der Blick vom Bastberg

Geographie

Der im Durchschnitt nur 45 km breite Landstrich im Osten Frankreichs weist eine Nord-Süd-Ausdehnung von knapp 200 km auf und ist mit einer Gesamtfläche von 8280 km^2 die kleinste der 22 Regionen des Landes. Was die Besiedlungsdichte angeht, rangiert die Region aber eher am anderen Ende der Skala: Auf vergleichsweise kleinem Raum leben immerhin etwa 1,6 Mio. Menschen, die meisten davon in der Hauptstadt Strasbourg. Politisch ist das Elsass in die beiden Departements Haut-Rhin (südliches Oberelsass) und Bas-Rhin (nördliches Niederelsass) untergliedert, geographisch wird es im Osten vom Oberrhein, im Norden vom Pfälzer Wald, im Westen vom Kamm der Vogesen und im Süden vom Jura begrenzt.

Hinsichtlich der Naturräume ist das kleine Elsass ausgesprochen abwechslungsreich. Mit der **Rheinebene**, der **Vorbergzone** und dem Mittelgebirge der **Vogesen** hat es drei ganz unterschiedliche Landschaftstypen zu bieten. Zu dieser Mannigfaltigkeit auf engem Raum tragen zudem noch der Sundgau im äußersten Süden, der einen Übergangsraum zwischen der Rheinebene und dem Juragebirge darstellt, und das "Krumme Elsass" im Nordwesten bei. Letzteres liegt jenseits der Nordvogesen und gehört landschaftlich bereits zum Lothringischen Plateau.

Rheinebene

Einst floss der Rhein gemächlich in unzähligen großen und kleinen Mäanderbögen und Seitenarmen durch die Tiefebene. Bei Hochwasser überschwemmte er weite Teile, zerstörte Ackerland, bedrohte Siedlungen, und die Sumpfgebiete waren Brutstätten der Malaria übertragenden Stechmücken. Durch die im 19. Jh. nach Plänen des Wasserbauingenieurs Johann Gottfried Tulla (1770–1828) vorgenommenen

Eingriffe wurde er begradigt und zwischen Dämme gezwängt. Als Folge seiner nun erhöhten Fließgeschwindigkeit sank der Grundwasserspiegel ab, die Rheinauen fielen weitgehend trocken, die einstmals landschaftsprägenden Auwälder wandelte man in landwirtschaftliche Nutzflächen und z. T. zu Industriearealen um. In der Mitte des 20. Jh. leitete man dann noch einen großen Teil des Oberrheinwassers auf die elsässische Seite in den betonierten Rheinseitenkanal ab, der als *Grand Canal d'Alsace* etwa von Basel bis Neuf-Brisach parallel zum Rhein verläuft, die moderne Großschifffahrt von Wasserstandsschwankungen des Flusses unabhängig machte und der Energiegewinnung (Wasserkraftwerke an Staustufen) dient. Nur an den wenigen Stellen, wo sich noch alte Rheinarme erhalten haben, z. B. bei Seltz im Norden, La Wantzenau nahe Strasbourg und Rhinau im Süden, findet man noch Reste des **Auwaldes.** Mit seinen charakteristischen Bäumen wie Silberweiden, Ulmen und Eschen sowie den Kletterpflanzen und Strauchgewächsen erinnert er an einen Urwald.

Fließend sind die Übergänge zur **Riedlandschaft,** so genannt nach einem hier wachsenden Schilfgras. Sie hat sich dort erhalten, wo es der Mensch noch zulässt, dass Nebenflüsse des Rheins kurz vor der Mündung episodisch über die Ufer treten. Es gibt mehrere Riedgebiete, z. B. das der Zorn, der Bruch oder der Andlau, am spektakulärsten ist aber das zwischen Benfeld, Sélestat und Colmar gelegene Grand Ried im Überschwemmungsgebiet der Ill. Sowohl in Auwäldern als auch im Ried leben zahlreiche Wasservögel und Amphibien, auch einige Biber, außerdem stellen sie wichtige Rückzugsgebiete für Zugvögel dar. Auf der einst vom Rheinhochwasser in der Regel nicht überschwemmten sog. Niederterrasse erstrecken sich auf sandig-kieseligen Böden die Reste der früher viel ausgedehnteren **Hardtwälder.** Und noch ein paar Meter höher, dort, wo der Boden lehmiger und damit fruchtbarer ist, breiten sich die alten **Ackerbaulandschaften** aus, wie z. B. das Hanauer Land und das Kochersberggebiet westlich von Strasbourg.

Vorbergzone

Die lieblichste und meistbesuchte der elsässischen Landschaften erstreckt sich im Wind- und Regenschatten der Vogesen zwischen Thann im Süden bis Marlenheim, weiter nördlich ist sie kaum ausgeprägt. "Sonnenbank des Elsass" wird das klimatisch bevorzugte schmale Band mit unterschiedlichen, oft kalkhaltigen und von eiszeitlichem Lössstaub durchsetzten fruchtbaren Böden auch genannt. Kein Wunder, dass an den zwischen 250 und knapp 500 m hohen Hängen der berühmte Wein wächst.

Vogesen

Steil stürzen die Flanken des Mittelgebirges nach Osten zur Vorbergzone bzw. zur Rheinebene ab, während die nach Westen sich ganz allmählich zum Lothringischen Plateau hin abdachen. Nach der geographischen Lage und auch den Höhen der Gipfel unterteilt man das Gebirge im Allgemeinen in die **Nord-, Mittel-** und die **Süd-** bzw. **Hochvogesen.** Von der geologischen Situation und den daraus resultierenden Oberflächenformen her gesehen, ist das allerdings nicht korrekt. Denn fast genau im Zentrum der Mittelvogesen verläuft eine wichtige Gesteingrenze, die das Gebirge in zwei ganz unterschiedlich ausgeprägte Landschaften teilt. Nördlich dieser Grenze, die sich am Tal der Bruche entlangzieht, sind die Vogesen relativ flach. Lediglich der Rocher de Mutzig und der Donon erheben sich auf knapp 1000 m Höhe, weiter nach Norden sinkt das Niveau sogar auf 400–600 m ab. Aufgrund dieser vergleichsweise geringen Höhen ist die Erosion in diesem Teil der Vogesen (mangels

Auch Lamas fühlen sich im Elsass wohl

Angriffsmaterials) schon immer geringer ausgeprägt gewesen. Deswegen hat sich über dem v. a. aus Granit und Gneis bestehenden Grundgebirge eine ca. 300 m mächtige Buntsandsteinschicht erhalten können. Wasser und Wind haben im Laufe der Jahrmillionen die oberflächennahen Bereiche des Buntsandsteins zu schroffen, z. T. bizarren Formen modelliert, die die Region heute so reizvoll machen. Südlich des Bruchetals sind die Vogesen dagegen deutlich höher, erreichen im Grand Ballon 1424 m, im Hohneck 1362 m und im Ballon d'Alsace 1250 m. Die Erosionsvorgänge waren hier erheblich stärker ausgeprägt, sodass die einstige Buntsandsteindecke mit der Zeit bis auf wenige Reste abgetragen und das Grundgebirge freigelegt wurde. Während der Eiszeit war dieser Teil der Vogesen in den höheren Lagen zudem von Gletschern bedeckt. Deren Eis schliff die harten Gneis- und Granitgipfel zu Kuppen ab, den Belchen (frz. *ballons*). Auch die zahlreichen Seen haben ihren Ursprung in der Arbeit des Eises. Gletscher hobelten Kare aus, nahezu kreisrunde Vertiefungen, in denen sich später Wasser sammelte. Außerdem hinterließen sie nach ihrem Abschmelzen wallartige Moränen. Da durch dieses von Gletschern mitgeführte Gemenge von Erde, Lehm und Gesteinsbrocken z. T. Täler abgesperrt wurden, bildeten sich längliche Seen. Einige sind heute zu Stauseen ausgebaut worden und dienen als Wasserreservoir für die Orte an der niederschlagsarmen Weinstraße.

Trotz deutlich sichtbarer Schäden, die saurer Regen und Orkane angerichtet haben, sind die Vogesen immer noch dicht bewaldet. In der Regel herrscht Mischwald vor, gelegentlich findet man reine Nadelwaldinseln. Buche, Ahorn, Eiche, Hainbuche, Tanne, Kiefer, Fichte, in niedrigen Lagen auch Linde, Ulme, Hasel und Kastanie sind die am häufigsten vertretenen Bäume. Groß ist auch das Vorkommen an Pilzen und Beeren. Wildschweine, Hirsche, Rehe, Gämsen und die in den 1980er Jahren wieder angesiedelten Luchse sind die wichtigsten Großtiere. Vielfältig ist der Bestand an Niederwild und Vögeln, sehr, sehr selten ist der Auerhahn geworden.

Gletschersee in den Südvogesen

Die höchsten Lagen der Südvogesen sind durch die **Chaumes** geprägt, das sind Wiesen mit den verschiedensten alpinen Gräsern und Wildblumen sowie Heidevegetation. Ursprünglich waren diese Gebiete auch bewaldet, die Bäume hat man aber im Mittelalter, als die Gebirgstäler mehr und mehr zum Siedlungsraum wurden, gerodet. Wie heute noch dienten die Chaumes damals als Sommerweiden für das Vieh.

Erdgeschichtliche Entwicklung

Auffällig wie eine Narbe erscheint die Rheinebene zwischen den sich wie Zwillinge ähnelnden und geologisch nahezu identisch aufgebauten Mittelgebirgen Vogesen und Schwarzwald. Vom Erdmittelalter bis ins Tertiär (vor 220 bis 50 Mio. Jahren) erstreckte sich von Süddeutschland bis weit nach Frankreich hinein ein einheitlicher Raum, in dem verschiedene Sedimente, u. a. der Buntsandstein, abgelagert wurden. Weder die heutige Rheinebene noch Schwarzwald und Vogesen zeichneten sich ab. Aber damals schon wirkten in dem Raum gewaltige tektonische Erdinnenkräfte. Durch eine Aufwölbung von zähplastischem Erdmantelmaterial kam es zu ständigen Spannungen, Zerrungen, Dehnungen und Bruchbildungen im darüber liegenden Gestein. Dadurch begann vor 45 Mio. Jahren das Zentrum des Gebiets auseinander zu reißen und abzusinken, der Graben entstand. Parallel dazu hoben sich die Flanken – Vogesen und Schwarzwald –, allerdings nicht einheitlich und gleichmäßig, sondern in mehreren Einzelschollen zerstückelt. Bis zu 5 km wurden die einzelnen Teile der Erdkruste vertikal gegeneinander verschoben. So findet man die Buntsandsteinschicht, die im Norden von Schwarzwald und Vogesen in 400 bis über 1000 m Höhe anzutreffen ist, im Rheingraben in ca. 3000 m Tiefe. Nicht ganz so weit herausgehoben wurde die treppenartig gestufte Vorbergzone. Erst in der Eiszeit trat der Rhein in den Graben und füllte ihn mit Sedimenten, die er aus den Alpen mitbrachte.

Woher der Raum für die abgesunkenen Teile der Erdkruste kam? Geodätische Messungen haben ergeben, dass Konvektionsströmungen im aufgewölbten zähplastischen Erdmantelkissen die Grabenränder in gegensätzliche Richtung auseinander drückten. Und die Bewegungen halten unvermindert an, haben sich sogar noch verstärkt. An dieser Naht reißt die Erdoberfläche auf, und zwei Erdplatten rücken gemäß der Theorie der Plattentektonik langsam voneinander ab. Baden und das Elsass werden in ein paar Millionen Jahren durch einen Ozean voneinander getrennt sein.

Mittagsschläfchen am Grand Ballon

Klima und Reisezeit

Das Elsass liegt in der sog. Westwindzone im Übergangsbereich von gemäßigtem ozeanischem und extremerem kontinentalem Klima, d. h. die Sommer sind in der Rheinebene und in der Vorbergzone in der Regel warm bis heiß, oftmals auch schwül, die Winter nur mäßig kalt. Entsprechend der Höhenlage der Vogesen sind dort die Temperaturwerte geringer, im Winter fallen sie oft deutlich in den Minusbereich. Außerdem weht dort oben meist ein frischer, von November bis März oft auch rauer Wind.

Klimadaten von Strasbourg (Durchschnittswerte)

	Tageshöchst-temperatur in °Celsius	Tagestiefst-temperatur in °Celsius	Sonnen-stunden pro Tag	Nieder-schlag in mm	Anzahl der Regentage (> 1,0 mm)
Jan.	3,5	−1,7	1,4	33	9
Feb.	5,8	−0,9	2,8	34	8
März	10,4	1,6	4,0	37	9
April	14,6	4,6	5,4	48	10
Mai	19,0	8,6	6,4	75	12
Juni	22,3	11,7	7,1	75	11
Juli	24,7	13,4	7,7	57	10
Aug.	24,2	13,1	6,9	68	10
Sept.	20,8	10,3	5,6	56	8
Okt.	14,7	6,5	3,3	43	8
Nov.	8,2	2,1	1,9	47	9
Dez.	4,5	0,7	1,4	40	9
Jahr	14,4	5,7	4,5	613	113

Überhaupt stellen die Vogesen für das Elsass einen ganz entscheidenden Klimafaktor dar, denn sie bilden für die von Westen heranziehenden Wolken ein natürliches Hindernis. Daher geben die Wolken einen großen Teil ihrer Feuchtigkeit in Form von Steigungsniederschlägen bereits im Luv des Gebirges ab, sodass es östlich davon – im Lee – vergleichsweise trocken ist. So gehört die Region um Colmar sogar zu den regenärmsten Gebieten Frankreichs. Der meiste Niederschlag fällt, meist in Form von Gewitterschauern, im Sommer. Und durch die Burgundische Pforte, eine nur etwa 350 m hohe, schmale Senke zwischen dem südlichen Ende der Vogesen und dem nördlichen Jura, strömen regelmäßig warme Mittelmeerluftmassen in die Rheinebene ein. Sie sorgen für angenehm milde Temperaturen im Frühling und Herbst. Die Obstbaumblüte beginnt ausgesprochen früh, wunderschöne sonnige Tage kann man oft bis in den November hinein genießen.

Herbststimmung

Das Elsass lässt sich das ganze Jahr über hervorragend bereisen. Besonders angenehm sind die **Frühlingsmonate Mai und Juni,** wenn alles grünt und blüht. Zu den Highlights gehören dann Spaziergänge in den Vogesen und in den Rheinauen. Außerdem sind zu dieser Zeit noch nicht ganz so viele Touristen unterwegs, und auch in den Weinorten geht es meist noch elsässisch-gemütlich zu.

Im **Sommer** kann die Hitze in der Rheinebene schon einmal lähmen. Zudem ist insbesondere an der Weinstraße sowie in Colmar und Strasbourg das Touristenaufkommen enorm hoch. Auf den Straßen kommt es regelmäßig zu Staus, bei der Parkplatzsuche braucht man gute Nerven, und die Restaurants sind überfüllt. Angenehmer, weil viel ruhiger ist es dann im Sundgau, im Nordelsass und in den Vogesen.

Sehr empfehlenswerte Reisemonate sind der **September** und der **Oktober.** Geradezu berühmt ist das Elsass für seinen goldenen Herbst, den Altweibersommer, passend zur Weinlese – für die Orte an der Weinstraße sicher die schönste Reisezeit.

Und auch der **Winter** kann im Elsass durchaus reizvoll sein, sei es in den größeren Städten mit ihren traditionellen Weihnachtsmärkten, sei es bei Spaziergängen in den Vogesen mit oft grandioser Fernsicht. Sonnige Tage mit häufig klarer Luft sind dort im Winter nämlich gar nicht so selten. Die Vogesen bieten auch mehrere Wintersportziele. Hundertprozentige Schneesicherheit ist aber nicht immer gewährleistet.

"De Storich esch widda do!"

Beinahe hätten die Elsässer sich ein anderes Symboltier wählen müssen, war der Weißstorch hier doch ebenso wie in Südwestdeutschland und in der Schweiz vor 30 Jahren fast völlig von der Bildfläche verschwunden. 1974 zählte man nur noch neun Brutpaare im Elsass, während es 1948 noch 173 und im 19. Jh. gar an die 2000 gewesen waren. Einer der Gründe für diesen Rückgang war die Zerstörung geeigneter Lebensräume (Feuchtbiotope), in denen Störche genügend Nahrung finden. Noch sehr viel dramatischer wirkten sich aber die im 20. Jh. deutlich gestiegenen Gefahren auf ihren insgesamt ca. 1200 km langen Flugrouten in die Überwinterungsgebiete nach Afrika und zurück aus. Tödliche Kollisionen mit Freileitungen, Vogeljagd, Vergiftungen durch Pestizide etc. waren und sind noch immer dafür verantwortlich, dass ein Großteil der Störche nicht in ihre europäischen Brutgebiete zurückkehrt (von den Jungvögeln sind es sogar 90 %).

Eine Wende, was den Bestand der Tiere im Elsass angeht, brachte die Idee der Storchenparks. Zunächst flog man zur Verstärkung der geringen Population Vögel aus Nordafrika ein und setzte sie zur Vermehrung in Gehege. Seit Jahrzehnten stutzt man nun den dort ausgeschlüpften Jungtieren die Flügel. Erst nach drei Jahren lässt man sie frei, denn nach dieser Zeit haben die allermeisten ihren Wandertrieb verloren und überwintern im Elsass. Die Jungen dieser Zuchtstörche fliegen dann wieder nach Afrika und bleiben zum größten Teil nach wie vor auf der Strecke. Trotz dieser erschreckend hohen Verluste ist die Rechnung aufgegangen: Rund 250 Paare sollen im Sommer 2001 auf elsässischen Türmen und Dächern gezählt worden sein.

Inzwischen wird jedoch auch Kritik an den Parks laut. Selbst einer ihrer Väter, Alfred Schierer, bemängelt, dass der Storch mehr und mehr zur Touristenattraktion verkomme, und die Liga für Vogelschutz fordert mit dem Hinweis auf die hohe Anzahl der vorhandenen Vögel gar die Schließung der etwa 20 Aufzuchtzentren. Schutzmaßnahmen auf den Zugrouten seien ebenso wie die Schaffung von geeigneten Lebensräumen für lange Sicht wesentlich sinnvoller als die Haltung der Tiere in Gehegen. Solange jedoch in der Rheinebene der Maisanbau dominiert, sieht die Zukunft für Meister Adebar immer noch nicht ganz rosig aus.

Von großer Bedeutung ist in den Vogesen die Holzwirtschaft

Wirtschaft

Zwar vermittelt das Elsass auf den ersten Blick eine idyllisch-ländliche Atmosphäre, doch bei genauerem Hinsehen fallen die großen Industrie- und Dienstleis-
tungsgürtel um die pittoresken Zentren zahlreicher Städte deutlich ins Auge. Dies
gilt insbesondere für Strasbourg, Mulhouse und Colmar, aber auch andere Orte –
selbst einige an der Weinstraße – sind davon betroffen. Und in der Tat ist der
kleine Landstrich wirtschaftlich ein Riese, eine Boomregion ersten Ranges. Innerhalb Frankreichs steht das Elsass bezüglich des Bruttoinlandprodukts sowie des
Steueraufkommens pro Einwohner nach der Region Paris an zweiter Stelle, und
auch in der EU nimmt es diesbezüglich einen der vorderen Plätze ein.

Nur noch etwa 3 % aller Erwerbstätigen sind in der **Landwirtschaft** tätig. Aber die
produzieren höchste Qualität. In der Rheinebene werden v. a. Getreide und Kartoffeln sowie die Sonderkulturen Hopfen, Tabak, Zuckerrüben, Spargel und Weißkohl,
Grundlage des berühmten *choucroute*, angebaut. Weinbau dominiert in der
Vorbergzone, mehr als 1,2 Mio. Hektoliter des streng kontrollierten Rebensaftes erzeugen die Winzer pro Jahr, etwa 20 % der französischen Weißweinproduktion. In
den Vogesentälern gedeiht hervorragendes Obst, und weiter oben betreibt man
Vieh- und Milchwirtschaft.

Eine lange Tradition hat die **Industrie**. Gegenwärtig gehen etwa 30 % aller
Erwerbstätigen einer industriellen Arbeit nach. Die Palette ist breit gefächert und
reicht vom Automobilbau (Peugeot in Mulhouse ist der größte Industriebetrieb)
über Mechanik, Chemie, Textilien, Elektronik bis zur Lebensmittelindustrie. Zu
Letzterer gehört auch das im Elsass so traditionelle Bierbrauen. In der Region wird
ungefähr die Hälfte des französischen Biers hergestellt, die Brauerei Kronenbourg
in Strasbourg zählt zu den größten Europas. Bemerkenswert ist, dass in den letzten

Jahrzehnten sehr viele französische, aber v. a. auch ausländische Firmen für den Wirtschaftsstandort Elsass gewonnen werden konnten. Neben europäischen und amerikanischen waren es etwa 20 namhafte japanische Unternehmen, die, wie Sony in Ribeauvillé, Sharp in Soultz bei Mulhouse oder Ricoh in Colmar-Wettolsheim, kräftig investiert haben; in Kientzheim wurde sogar eigens eine Schule (Lycée Seijo) eingerichtet, um die Mitarbeiter japanische Unternehmen an die elsässische Mentalität zu gewöhnen. Attraktive Standortfaktoren sind die zentrale Lage der Region innerhalb Europas, ihre verkehrstechnisch hervorragende Anbindung (z. B. auch an den Rhein, eine der wichtigsten Wasserstraßen des Kontinents) und die Nachbarschaft zu potenten Handelspartnern wie Deutschland und der Schweiz. In diese beiden Länder pendeln übrigens etwa 60.000 Elsässer

Wieder in Betrieb: alte Nussmühle

zur Arbeit, was natürlich den heimischen Arbeitsmarkt entlastet. Auch deswegen ist die Arbeitslosenquote deutlich niedriger als im Landesdurchschnitt.

Mit etwa 60 % der Erwerbstätigen ist, wie überall in modernen Gesellschaften, auch im Elsass der **Dienstleistungssektor** der weitaus stärkste. Zu diesem zählt auch der Tourismus. Unzählige Restaurants und über 900 klassifizierte Hotels mit ca. 18.000 Zimmern gibt es in der Region, die im Jahr von 9–10 Millionen Besuchern aufgesucht wird.

Ganz schön wehrhaft!

Die Heidenmauer auf dem Odilienberg

Geschichte

Von der Steinzeit bis zur römischen Herrschaft

Das Elsass ist ein uraltes Siedlungsgebiet. Bereits in der älteren Steinzeit streiften Sammler und Jäger durch die Region, und in der Jungsteinzeit (ab 5000 v. Chr.) rodeten sesshafte Bauern in der Rheinebene und an der Hügelkette unterhalb der Vogesen Wälder, betrieben Feldbau, hielten Nutztiere und stellten Töpferwaren her. In der Bronzezeit (1500–1200 v. Chr.) war der Totenkult bereits hoch entwickelt. Insbesondere in der Gegend um den Hagenauer Forst fand man zahlreiche Hügelgräber mit Schwertern, Dolchen, Halsketten und anderen Beigaben. Noch sehr viel deutlichere Spuren hinterließen in der Eisenzeit keltische Stämme, die sich ab dem 8. Jh. v. Chr. auch im Elsass niederließen. Dazu zählen etwa die mächtige "Heidenmauer" auf dem Odilienberg oder mythische Kultstätten auf dem Donon. Ihre Gesellschaft war streng hierarchisch gegliedert, sie trieben intensiv Handel und prägten Münzen.

Ab dem 4. Jh. v. Chr. kamen immer wieder Germanenstämme über den Rhein und bedrängten die Kelten. Darunter waren auch die Sueben unter ihrem Anführer Ariovist, die jedoch im Jahre 58. v. Chr. westlich von Mulhouse von Caesars Heer entscheidend besiegt wurden, wie dann auch die Kelten in ganz Frankreich. Rom gliederte das Gebiet des Elsass in die Provinz Superior ein, und bald herrschte die Pax Romana. In der Region kam es zu einer Vermischung von mediterraner und einheimischer Kultur. Zahlreiche gallorömische Fundstücke legen heute noch davon Zeugnis ab. Die Römer errichteten Lager, aus denen sich später Städte entwickelten (z. B. Strasbourg und Saverne). Sie bauten Thermen, Aquädukte, ein leistungsfähiges Straßennetz und brachten im 3. Jh. auch die Weinrebe ins Land.

Druiden und Barden – die keltischen Kulturträger

Man kennt sie aus "Asterix und Obelix", den mächtigen Zaubertrankbereiter Miraculix und den unglücklichen Sänger Troubadix. Bei den in zahlreiche Clans und Gruppen aufgesplitterten Kelten hatten die Druiden und Barden wichtige gemeinschaftsstiftende Funktionen.

Die Bezeichnung "Druide" leitet sich vom keltischen Wort *dru* (Eiche) ab. Sie galten also als die "Kundigen der Eichen", und tatsächlich spielte der Kult um diese Bäume bei den Kelten eine große Rolle. Als Priester und damit als Bewahrer der Religion, als Weissager, Sterndeuter, Heilkundige und Berater der Stammesfürsten waren die geheimnisumwitterten Druiden die Träger des keltischen Wir-Gefühls. Unter den Römern wurden die Druidengottesdienste verboten, weil dabei auch Menschenopfer stattfanden.

Die übergreifende Gemeinsamkeit der Keltenstämme war neben der Religion die gemeinsame Sprache. Da die Kelten lange Zeit keine Schrift kannten, kam der mündlichen Überlieferung große Bedeutung zu. Dies war die Aufgabe der Barden, die in ihren Liedern die Götter, etwa den Kriegsgott Teutates, die Heldentaten der Stammesfürsten sowie das Wissen der Druiden priesen.

Von der alemannischen Landnahme bis zur fränkischen Herrschaft

Bald wurden die Germanen wieder unruhig und bedrängten die römischen Besitzungen zwischen Donau und Rhein. Im Jahre 260 gaben die Römer ihre bis dahin vom Limes geschützten rechtsrheinischen Gebiete auf, der Rhein wurde nun zur Grenze. Doch auch die konnte nicht dicht gehalten werden. Immer mehr Alemannen siedelten auf der linken Flussseite, Rom war zu schwach geworden, das zu verhindern, und Anfang des 5. Jh. gehörte ihnen das Elsass endgültig.

Die Franken, ein weiteres germanisches Volk auf Wanderschaft, waren noch erfolgreicher. Ihre Könige, aus dem Geschlecht der Merowinger stammend, betrieben ausgehend vom Rhein-Mosel-Gebiet eine systematische Expansionspolitik. Unter Chlodwig I. unterwarfen sie auch die Alemannen und integrierten diese ins entstehende fränkische Großreich. In dieser Epoche ist erstmals die Bezeichnung "Elsass" verbürgt, "Pays des Alseciones" wird das Gebiet in einem fränkischen Geschichtswerk aus dem 7. Jh. genannt.

Um ihr Reich besser organisieren zu können, setzten die Merowinger-Könige Herzöge ein; der erste im Herzogtum Elsass war Eticho, der Vater der heiligen Odilie. Bis in diese Zeit war auch die Christianisierung, die u. a. durch irische Missionare betrieben wurde, weitgehend abgeschlossen. In Straßburg gab es schon seit dem 4. Jh. einen Bischof, Chlodwig I. selbst hatte sich um 500 taufen lassen, im 6., 7. und 8. Jh. entstanden die ersten Klöster.

Den Merowingern folgten im Jahre 751 die Karolinger auf dem Thron des Frankenreiches, die dieses zunächst noch deutlich erweiterten. Das Elsass, nun in einen Nord- und einen Südgau unterteilt, lag in dessen Zentrum. Als sich die Enkel Karls des Großen über das Erbe stritten, wurde das Reich im Vertrag von Verdun im Jahre 843 dreigeteilt. Das Elsass fiel zunächst ans sog. Mittelreich Lothars I., wurde aber schon 870 ins Ostfränkische Reich eingegliedert, aus dem später das Heilige Römische Reich hervorgehen sollte.

Das Elsass im Heiligen Römischen Reich

1079 übergab Kaiser Heinrich IV. dem einflussreichen Adelsgeschlecht der Staufer das Herzogtum Schwaben, mit dem das Elsass seit 925 vereinigt war. Als 1138 der erste Stauferherzog, Konrad III., zum Kaiser gewählt wurde, begann für das Elsass eine Zeit der Blüte, denn die Stauferkaiser, u. a. Konrads Neffe, Friedrich I. (Barbarossa), engagierten sich sehr in ihren Stammgebieten. Zahlreiche Kirchen im romanischen Stil und Burgen wurden errichtet, Städte gegründet, Kunst und Kultur gefördert, ja das Heilige Römische Reich wurde phasenweise sogar vom Elsass aus regiert (Kaiserpfalz in Hagenau).

Mit dem Aussterben der Dynastie 1254 zerfiel das Elsass in schier unzählige weltliche und geistliche Besitzungen, wurde zum klassischen Beispiel territorialer Zersplitterung. Die Bischöfe von Straßburg besaßen im Niederelsass Land, die Habsburger im Oberelsass und Sundgau. Bedeutendere Territorialherren waren auch die Grafen von Württemberg, die von Hanau-Lichtenberg sowie die Fleckensteiner und Rappoltsteiner. Daneben gab es noch mehr als ein Dutzend Reichsritter und Grafen, die lediglich über eine Hand voll Dörfer herrschten, sowie elf über das Elsass verstreute freie Reichsstädte.

Gemeinsam war man stärker

1354 schlossen sich die zehn freien Reichsstädte Colmar, Hagenau, Kaysersberg, Mühlhausen, Münster, Oberehnheim (Obernai), Rosheim, Schlettstadt, Türkheim und Weißenburg zum sog. Zehnstädtebund (Dekapolis) zusammen, um gegen die Begehrlichkeiten der in ihrer jeweiligen Umgebung herrschenden Territorialfürsten ihre Privilegien und v. a. ihre Reichsunmittelbarkeit gemeinsam zu verteidigen. Diese Städte unterstanden direkt dem Kaiser. Er war für sie die einzig anerkannte Obrigkeit, nur ihm direkt waren sie Lehnspflicht schuldig, zahlten sie Steuern und stellten Soldaten. Dieser Bund hatte drei Jahrhunderte lang Bestand. Seltz gehörte von 1358 bis 1418 dazu, Mühlhausen verließ ihn 1515 und wurde auf Veranlassung von Kaiser Maximilian durch das pfälzische Landau ersetzt. Straßburg, die elfte freie Reichsstadt, war sehr auf seine Unabhängigkeit bedacht und deshalb nicht Mitglied der Dekapolis.

Der Zehnstädtebund war demokratisch strukturiert; auch Hagenau, Sitz des Landvogts und Vertreters des Kaisers im Elsass, hatte keinen Vorrang. Bei Tagungen des Bundes war jede Stadt durch einen Abgeordneten vertreten. Das Bündnis verhalf den Städten zu relativer Sicherheit und als Folge davon zu wirtschaftlicher Prosperität, die sich auch in der Architektur niederschlug. Bis zum Ende des 14. Jh. hatten sich in den Mitgliedsstädten die Zünfte zur dominierenden politischen und gesellschaftlichen Kraft entwickelt.

Doch Rückschläge, Katastrophen und Nöte blieben nicht aus. Im Winter 1348/49 erreichte die Pest das Elsass. Insbesondere in den Städten fielen ihr unzählige Menschen zum Opfer. Während des Hundertjährigen Krieges zwischen England und Frankreich zogen 1439 und noch einmal 1444 im Dienste des französischen Königs stehende Söldnerkompanien (Armagnaken) plündernd und mordend durch die Region. Wenige Jahre später versuchte der Burgunder Herzog Karl der Kühne, das El-

Château du Lichtenberg: eine der vielen mittelalterlichen Burgen im Elsass

sass mit Gewalt zu unterjochen, bis er 1477 in der Schlacht bei Nancy entscheidend geschlagen wurde. Zu all dem kamen noch regelmäßige Fehden unter den Adligen. Und Ende des 15. Jh. sowie erneut 1525 erhoben sich wütende Bauern gegen ihre sie drückenden Herren, ihre Aufstände wurden jedoch blutig niedergeschlagen. 10 % aller Elsässer kamen dabei ums Leben.

Wie zum Trotz gegen diese Widrigkeiten blühte die Wirtschaft. Der Wohlstand der Städte fand u. a. seinen Ausdruck in spätgotischen Meisterwerken der sakralen Architektur und in prachtvollen Renaissance-Fachwerkbürgerhäusern. Zudem entwickelte sich das Elsass im 15. und 16. Jh. kulturell zu einer der führenden Regionen Deutschlands. Hier wirkten bedeutende Maler wie Martin Schongauer, Hans Baldung Grien und Matthias Grünewald. In der Literatur machte der Straßburger Sebastian Brant mit seinem berühmten "Narrenschiff", der Darstellung von Schwächen und Dummheiten seiner Zeitgenossen, die Satire hoffähig. In seiner Tradition standen Thomas Murner aus Oberehnheim (Obernai), der Colmarer Buchhändler Jörg Wickram, Autor der literarisch bedeutsamen Schwanksammlung "Das Rollwagenbüchlin" und Begründer des deutschen Prosaromans, sowie der Straßburger Johann Fischart. Zu überregionalen Zentren des Humanismus stiegen Straßburg und Schlettstadt (Sélestat) auf, wo u. a. Geiler von Kaysersberg, Jakob Wimpfeling und Beatus Rhenanus predigten und lehrten. Gerade die Humanisten legten den geistigen Grundstein für die Reformation, die im Elsass unter der Führung von Martin Bucer insbesondere in den freien Reichsstädten erfolgreich war. Die katholische Gegenoffensive, die Gegenreformation, ging nach 1570 vom Jesuitenkolleg in Molsheim aus.

Sehr zu leiden hatten die Elsässer während des Dreißigjährigen Krieges. Schwedische, französische und deutsche Truppen zogen plündernd und mordend durch ihre Heimat und verwüsteten weite Landstriche. Zu allem Unglück brach im Verlauf

Wo einst die Ritter lebten, staunen heute die Touristen

des Krieges auch wieder die Pest aus, sodass die Bevölkerung schließlich um etwa die Hälfte dezimiert war. Und mit dem Ende der Kampfhandlungen wurde auch das Ende der Zugehörigkeit des Elsass zum Heiligen Römischen Reich Deutscher Nation eingeleitet, denn 1648, im Westfälischen Frieden, fielen weite Teile an Frankreich (v. a. das Oberelsass). Doch der Sonnenkönig Ludwig XIV. wollte mehr. In mehreren Waffengängen bzw. darauf folgenden Friedensverträgen, seiner berühmten Reunionspolitik, erreichte er schließlich 1697, dass der Rhein als Grenze festgeschrieben und das Elsass französisch wurde. "Was für ein schöner Garten!", soll er ausgerufen haben, als er zum ersten Male elsässisches Gebiet betrat. Seinen Militärbaumeister Vauban wies er an, die neue Grenze durch mehrere Anlagen zu befestigen. Aber die Verträge waren kompliziert. So blieb zwischen dem Elsass und dem übrigen Frankreich eine Zollgrenze bestehen, galten für einzelne elsässische Städte besondere Vereinbarungen, war die Straßburger Universität, an der Goethe 1770/71 studierte, weiterhin eine deutsche Hochschule.

Das Elsass im französischen Nationalstaat

Im Verlauf der Französischen Revolution wurden sämtliche Sonderregelungen hinfällig, die Regierung in Paris integrierte das Elsass ohne Wenn und Aber in den französischen Staat und gliederte es verwaltungsmäßig in die heute noch bestehenden Departements Haut-Rhin und Bas-Rhin. Zwar ächteten die Revolutionäre das Elsässerdeutsch und spotteten über die traditionelle Tracht, zwar war das religiöse Leben eingeschränkt, zwar gab es die Jahre des Terrors, in denen die Guillotine herrschte und viele Kunstwerke barbarisch zerstört wurden, zwar trug all dies dazu bei, Teile der Bevölkerung der Revolution zu entfremden, aber dennoch entstand erst in diesen Jahren bei den meisten Elsässern ein Zugehörigkeitsgefühl zu Frankreich. Sie begeisterten sich für die neuen Ideen der Freiheit, Gleichheit und Brüderlichkeit, fühlten sich als stolze Bürger im Gegensatz zu den "Fürsten-Untertanen" auf der anderen Rheinseite. 1798 löste sich Mulhouse nach einer Volksabstimmung von der Schweizer Eidgenossenschaft, der es seit 1515 angehört hatte, und schloss sich Frankreich an.

Zur Zeit Napoleons verstärkte sich das Gefühl der Elsässer, Franzosen zu sein, noch mehr. Zudem blühte die Region dann während der industriellen Revolution wieder richtig auf. Mulhouse und Colmar entwickelten sich mehr und mehr zu Zentren der Industrie, der Rhein-Rhône- und der Rhein-Marne-Kanal wurden gebaut, ebenso ein leistungsfähiges Eisenbahnnetz.

Jüdischer Friedhof in Rosenwiller

Das elsässische Trauma

Im 19. und 20. Jh. mussten die Elsässer innerhalb von nur 75 Jahren viermal ihre Nationalität wechseln, zuerst nach der Niederlage Frankreichs im Deutsch-Französischen Krieg von 1870/71. Das Elsass und ein Teil Lothringens fielen an das von Bismarck neu gegründete Deutsche Kaiserreich und wurden, obwohl es zwischen beiden Regionen keinerlei historische Gemeinsamkeiten gab, von den neuen Machthabern zum Reichsland Elsass-Lothringen zusammengeschlossen. Nur einige wenige Stimmen, so z. B. die liberaldemokratische "Frankfurter Zeitung" und führende Köpfe der Arbeiterbewegung, verwiesen darauf, dass die Elsässer und Lothringer nicht zu Deutschland wollten und eine Annexion gegen das Selbstbestimmungsrecht verstoße. August Bebel bezeichnete Letztere im Reichstag sogar als "Schandfleck in der deutschen Geschichte" und prophezeite als Folge davon weitere Kriege. Doch die Warnungen verhallten ungehört.

Die Elsässer wandten sich zunächst mehrheitlich gegen die z. T. plumpen Germanisierungsversuche und den preußischen Geist, der sich nun in ihrer Verwaltung zeigte, zumal man ihnen nicht alle Rechte anderer Regionen einräumte. 40 Jahre lang blieb Elsass-Lothringen reichsunmittelbar, erst ab 1911 war es selbständig im Reichstag vertreten. So verwundert es nicht, dass man sich benachteiligt fühlte, dass bei den verschiedenen Reichstagswahlen v. a. Kandidaten der sog. "Protestpartei" gewählt wurden, dass zahlreiche unzufriedene Elsässer nach Frankreich emigrierten. Andererseits ließen sich fast 200.000 Deutsche in der Region nieder, was die Probleme noch verschärfte.

Mahnmal im ehemaligen Konzentrationslager Struthof

Pluspunkte sammelte das Deutsche Reich weniger durch die v. a. in Straßburg entstehenden Prunkbauten im Stil der wilhelminischen Gründerzeit als durch wirkungsvolle Modernisierungsmaßnahmen in der Landwirtschaft und der Industrie sowie durch fortschrittliche Sozialgesetze. Hin- und hergerissen zwischen der französischen und deutschen Lebensart, besannen sich viele Einheimische auf ihre eigene Identität, die durch die Losung "Franzose kann ich nicht sein, Deutscher will ich nicht sein, ich bin Elsässer" auf eine knappe Formel gebracht wurde. Andere waren entschiedener, und manchmal gingen die Risse sogar durch Familien.

Als 1914 der Erste Weltkrieg ausbrach, standen sich bald in den Schützengräben der heftig umkämpften Vogesenfront nicht selten Bruder gegen Bruder und Vetter gegen Vetter gegenüber. Die meisten der auf deutscher Seite kämpfenden Elsässer taten dies jedoch unfreiwillig und wurden, da als unzuverlässig angesehen, an der Ostfront eingesetzt.

Nach der Kapitulation des Deutschen Reiches wurde das Elsass wieder französisch. Doch die allgemeine Begeisterung darüber legte sich schnell. Zwar mussten die ungeliebten Deutschen die Region verlassen, aber die exponierten Positionen wurden nun durch Zuzügler aus Frankreich besetzt. Zudem unterstand man jetzt direkt der Pariser Zentralregierung, die die Elsässer misstrauisch als politisch unzuverlässig beäugte und ihre Sprache und Kultur unterdrückte. Gegen diesen rigorosen Zentralismus regte sich Widerstand in Form einer Autonomiebewegung, die u. a. die Anerkennung als nationale Minderheit und die Gleichstellung der deutschen und der französischen Sprache forderte. Autonomisten und Nationalisten standen sich unversöhnlich gegenüber, das Elsass war innerlich zerrissen.

Der Höhepunkt des Leidens stand den Elsässern allerdings noch bevor. Als die unmittelbare Gefahr durch Hitler-Deutschland abzusehen war, evakuierte man im September 1939 ein Drittel der Bevölkerung in den Südwesten Frankreichs, wo man sie keinesfalls willkommen hieß. Mitte Juni 1940 besetzte die deutsche Wehrmacht das Elsass, das anschließend mit Baden zum "Gau Oberrhein" zusammengefasst wurde. Die Nationalsozialisten regierten mit Härte und Unmenschlichkeit. Wirtschaftliche Ausbeutung, Verbot der französischen Sprache, Massenausweisungen, verbunden mit Hetzpropaganda unter dem Motto "Hinaus mit dem welschen Plunder", Gleichschaltung der Presse, Demütigung der Kirche sowie Deportation der Juden führten bei der Bevölkerung zu einer entschiedenen Ablehnung des Regimes. In Struthof bei Schirmeck errichteten die Nazis ein Konzentrationslager, das einzige auf französischem Boden. 130.000 Männer aus dem Elsass und Lothringen wurden zwangsrekrutiert und mussten, in der Regel an der Ostfront, in der deutschen Wehrmacht kämpfen. Zehntausende dieser *Malgré nous* ("gegen unseren Willen") verloren dabei ihr Leben, viele mussten Kriegsgefangenschaft erdulden. Beim Vormarsch der Alliierten kam es 1944/45 im Elsass noch zu schweren Kämpfen, die erhebliche Schäden anrichteten. Schreckliche Bilanz des Krieges: 5 % der elsässischen Bevölkerung verlor das Leben, dreimal so viel wie im übrigen Frankreich. In dem Roman "Die Elsässer" von Henri de Turenne und François Ducker fasst eine der Figuren das elsässische Trauma zusammen: "Mein Großvater geriet 1870 als Franzose in preußische Gefangenschaft. Mein Vater wurde als Deutscher 1914 wegen profranzösischer Gefühle nach Ostpreußen verschleppt. Ich selbst wurde als Franzose 1940 von den Deutschen gefangen genommen, und mein Kollege [...] geriet 1943 als Deutscher wider seinen Willen in russische Gefangenschaft. Wahrhaftig, [...] es scheint, als wäre die einzige Uniform, die uns Elsässern zukommt, die des Häftlings!"

Hansi – Patriot und Künstler

In nahezu jedem Souvenirladen werden sie angeboten, die naiven Bildchen von Jean-Jacques Waltz, auf Tellern, auf Gläsern, auf Postkarten usw. Seine Trachten tragenden elsässischen Mädchen und Jungen, seine Gänse und Störche, seine bukolischen Dorfszenen prägen heute das verklärte Bild vom idyllischen Elsass. Doch dahinter verbirgt sich ein politisch-patriotischer Kampf. Waltz setzte diese romantisierte elsässisch-französische der preußisch-deutschen Welt entgegen. Entsprechend sehen seine deutschen Figuren aus: mit Bulldoggengesichtern, Pickelhauben tragend, borniert ...
1873, das Elsass gehörte zum deutschen Kaiserreich, wurde Waltz in Colmar geboren. Er durchlebte die zerrissene deutsch-französische Geschichte und ergriff früh Partei, u. a. mit literarisch-satirisch, häufig antideutschen Werken, z. B. "Professor Knatschke", eine beißende Spottschrift auf den in Colmar wirkenden preußischen Lehrer Karl Gneisse. Waltz wurde so bald zum Symbol des Widerstands gegen die Deutschen und mehrmals verurteilt. Einer Gefängnisstrafe entzog er sich durch seine Flucht nach Frankreich, wo er 1914 als Freiwilliger in die Armee eintrat. Nach Kriegsende kehrte er ins nun französische Colmar zurück und brachte seine patriotischen Gefühle durch das Buch "Das Elsass ist glücklich" zum Ausdruck. Bald ernannte man ihn zum Konservator des Unterlinden-Museums. Nachdem die Nazis das Elsass besetzt hatten, wurde er verfolgt, setzte sich nach Südfrankreich ab und ging schließlich ins Exil in die Schweiz. 1946 kehrte er nach Colmar zurück, wo er 1951 starb. Zu seinem vielfältigen Werk zählen auch wunderschöne Gasthausschilder, die meisten finden sich in Colmar.

Das Elsass nach 1945

In den Nachkriegsjahren bemühte sich die Pariser Regierung, das Elsass endgültig zu integrieren, was die Bewohner nach den Erfahrungen mit den Nazis auch wollten. Alles Deutsche war zunächst verständlicherweise verpönt. Für viel Verbitterung sorgten aber Prozesse gegen die heimgekehrten *Malgré nous* wegen Vaterlandsverrats. Erst 1953 wurden sie amnestiert. "Neun Jahre hatte es gebraucht, bis diese Geste es dem Elsass endgültig ermöglichte, sich wieder ganz und gar französisch und von den Gespenstern des Krieges befreit zu fühlen", schreiben Turenne/Ducker in ihrem Roman. Weiterhin blieb das Elsässische verboten, in den Schulen sogar bei Strafe, der französische Staat betrieb eine Politik der sprachlichen Assimilation.

Ein Wandel setzte erst mit der deutsch-französischen Aussöhnung und der schrittweisen Entwicklung des vereinten Europas ein. Im Elsass kam es zu einer gewissen Renaissance der Mundart, wofür Künstler wie Germain Muller, André Weckmann, Roger Siffer, Huguette Dreikaus u. a. stehen. Als erste französische Region überhaupt erhielt es 1976 kulturelle Autonomie. Auf fruchtbaren Boden fiel gleichzeitig aber auch mehr und mehr der Europa-Gedanke. Die meisten Elsässer fühlen sich als französische Europäer, wozu nicht zuletzt die europäischen Institutionen in Strasbourg beigetragen haben. Unter dem Slogan "Kooperation" bzw. "Regio am Oberrhein" bemühte man sich mit Erfolg um eine immer enger werdende Zusammenarbeit mit den Nachbarregionen in der Schweiz und Deutschland. Bereits 1975 richtete man eine grenzüberschreitende Regionalkonferenz ein, mehrere weitere gemeinsame Institutionen folgten. Kooperiert wird insbesondere bei Themen wie Verkehr, Umwelt, Wirtschaft und Kultur. Und 1996 unterzeichneten Regierungsvertreter aus Frankreich, Deutschland, der Schweiz und auch Luxembourg einen Staatsvertrag, der es den grenznahen Gemeinden ermöglicht, kommunale Aufgaben gemeinsam anzugehen, sodass sich bei der Bevölkerung der Regionen das Wir-Gefühl noch verstärkt.

Vor dem Gebäude des Europarats wehen die Flaggen der Mitgliedsstaaten

Viel bewundert: die Fensterrose im Straßburger Münster

Architektur und Kunst

Zwar kann man in zahlreichen Museen im Elsass beeindruckende Funde aus den Jahrhunderten von der Bronzezeit bis zum Ende der gallorömischen Periode bewundern, Reste bedeutender Bauwerke haben sich allerdings, sieht man von der keltischen "Heidenmauer" auf dem Odilienberg ab, keine erhalten. Dafür ist die Region ausgesprochen reich an mittelalterlicher und frühneuzeitlicher Baukunst.

Romanik

Mit dem Untergang des Weströmischen Imperiums in der Folge der Völkerwanderung kam es u. a. auch zu einer Stagnation der Bautätigkeit. Erst als mit dem Fränkischen Reich ein neues mächtiges Staatsgebilde entstanden war und dessen herrschende Schicht in der Karolingerzeit den Anspruch erhob, das Erbe der römischen Kultur antreten bzw. diese erneuern zu wollen, wandte man sich auch wieder dem monumentalen Steinbau zu. Dieser sog. *karolingische Stil* wurde dann vom Bau- und Kunststil der Romanik abgelöst, der von etwa 950 bis 1250 mit leichten Variationen überall im christlichen Abendland vorherrschte. Während es heute im Elsass kaum noch authentische Bauten aus der Zeit der Karolinger zu sehen gibt – die meisten zerfielen im Laufe der Zeit oder wurden später umgebaut –, sind aus der Romanik einzigartige Schätze erhalten geblieben. Nicht nur die allermeisten der unzähligen Burgen wurden damals errichtet, zwischen Wissembourg im Norden und Feldbach im Süden kann man entlang der "Route Romane" auch eine ausgesprochen große Zahl an Sakralbauten ganz im romanischen Stil oder mit noch bedeutenden romanischen Bauteilen bewundern.

Nur wenige Kirchen wurden, wie z. B. die in Ottmarsheim, im Stil des ottonischen Zentralbaus errichtet, vorherrschend war vielmehr der einer römischen Gerichts-

und Markthalle *(Basilika)* nachempfundene *Langhausbau.* Dieser bestand ursprünglich aus einem Haupt- und zwei Seitenschiffen sowie aus Chor und Apsis im
Osten und Eingangsbereich im Westen (z. B. in Altenstadt, Feldbach). Dann zog
man zwischen Langhaus und Chor ein Querschiff ein, sodass ein Grundriss in
Form eines lateinischen Kreuzes entstand. Typisch ist ein vergleichsweise reich
verziertes *Westwerk* mit abgestuftem Eingangsportal, oft einer Vorhalle und zwei
massigen Türmen (z. B. in Guebwiller, Lautenbach, Sélestat). Das architektonische
Gegengewicht bildet das *Ostwerk* mit mächtigem Vierungsturm und einer halbrunden Apsis, oft auch drei Apsiden (Ausnahme in Murbach, wo die Apsis viereckig
ist). Die Mauern sind durch Lisenen, Bogenfriese und kleine Galerien verziert. Hinzu kommt der im Laufe der Zeit immer feiner gemeißelte Relief- und Skulpturen-
schmuck (Pflanzen-, Tier-, Menschen- und Dämonenmotive) an den Wänden (z. B.
in Andlau), am Eingangsportal, an den Kapitellen der Säulen (z. B. in Sigolsheim,
Neuwiller-lès-Saverne), an Gebäudeecken und an der Apsis (z. B. in Rosheim). Keinesfalls nur religiöse, sondern auch profane, ja sogar groteske und bedrohliche Szenen werden dargestellt. Letztere zeigen, wovor sich die Menschen damals fürchteten, sollten wohl auch versinnbildlichen, dass nur der christliche Gott Macht über
Dämonen und böse Geister habe.

Schlicht ist das Innere. Die besonders dicken Wände mit kleinen Rundbogenfenstern tragen die gesamte Last der Decke. Das Hauptschiff wird von den Seitenschiffen durch Rundbogenarkaden im Stützenwechsel (Wechsel von eckigen Pfeilern
und runden Säulen mit Würfelkapitellen) getrennt. Wegen ständiger Brände ersetzte man die flachen Holzdecken aus der Zeit der Frühromanik ab Ende des 11. Jh.
zunehmend durch steinerne Gewölbe – eine große bautechnische Leistung. Die
Hallen der Kirchen wurden höher, der Übergang zur Gotik deutete sich an.

Gotik

Von der Mitte des 12. Jh. an breitete sich, ausgehend von Nordfrankreich, der gotische Stil in fast ganz Europa aus, und während der nächsten drei Jahrhunderte stei-
gerte in der Sakralarchitektur ein neues Raumgefühl die Kirchen zu mächtiger Höhe,
sie wuchsen gleichsam in den Himmel. Beeindruckendstes Beispiel im Elsass ist das
noch in romanischer Tradition begonnene und dann im neuen Stil weitergebaute
Straßburger Münster. Doch auch in vielen anderen elsässischen Orten entstanden
in dieser Epoche gigantische Kirchen, so z. B. in Weißenburg, Hagenau, Niederhaslach, Colmar, Mühlhausen und Thann, um nur einige Beispiele zu nennen.

Durch den sog. *Skelettbau* (wie das Skelett dem Körper Halt gibt, so wurde das Kir-
chengebäude durch ein geniales neues Konstruktionsprinzip stabilisiert) lösten die
Baumeister die sich beim Streben in die Höhe ergebenden Statik-Probleme. Außen
stützte man das Gemäuer durch rundum angebrachte schlanke *Strebepfeiler,* die
mit diesem durch elegante *Strebebögen* verbunden sind, wodurch der Druck
abgeleitet wird. Innen verteilt sich die Last des Gewölbes über *Kreuzrippen* (Kreuzrippengewölbe) und *Gurtbögen* auf Pfeiler. Die mit zahlreichen Zierelementen geschmückten Wände mussten nicht mehr so dick wie in romanischer Zeit sein,
konnten v. a. auch mehr aufgebrochen, d. h. mit den charakteristischen großen
Spitzbogenfenstern versehen werden, die zusammen mit den Spitzbögen in den
Arkaden den Blick des Betrachters nach oben lenken. Die bunt leuchtenden Glasfenster "erzählen" den des Lesens in der Regel unkundigen Menschen Geschichten

Das Elsass ist reich an romanischer Kunst

aus der Bibel bzw. aus dem Leben bedeutender Heiliger und sollten den Raum zudem in einem fast übernatürlichen, "himmlischen" Licht erscheinen lassen. Die über dem Eingangsportal erstrahlende Fensterrose (Rosette) verstärkt die Wirkung noch. Wimperge, Pfeiler, Türmchen, Blendmaßwerk und zahlreiche Skulpturen zieren den Außenbau. Letztere sind nicht mehr wie noch in der Romanik starr und naiv. So wie die berühmten Ecclesia und Synagoge am Straßburger Münster wirken viele Figuren an Portalen und Pfeilern gotischer Kirchen durch die Darstellung von Mimik, leicht bewegter Körper und Faltenwurf der Kleidung schon sehr viel naturgetreuer. Auffällig sind die sog. Wasserspeier am Dach, Abflussvorrichtungen für Regenwasser, oft in Gestalt von Menschen, Tieren oder Fabelwesen.

Einen ähnlichen Aufschwung wie die Bildhauerei nahm auch die *Holzschnitzkunst*, wovon in elsässischen Kirchen zahlreiche Schnitzaltäre und -figuren (besonders viele Madonnen) zeugen. In der Spätgotik entwickelte sich dann auch die *Tafelmalerei*, insbesondere im Zusammenhang mit den damals modern werdenden Flügelaltären. Caspar Isenmann, Martin Schongauer und Matthias Grünewald sind deren herausragende Vertreter. Noch ist sie ausnahmslos religiösen Motiven und Themen verhaftet, aber insbesondere Grünewalds Isenheimer Altar weist durch die Lebendigkeit und natürliche Ausdruckskraft seiner Figuren bereits auf die Renaissance hin.

Renaissance und Barock

Ein verändertes Bewusstsein im Zeitalter von Humanismus und Reformation, wirtschaftliches Wohlergehen vieler Städte und Weinorte sowie erstarktes Selbstbewusstsein des Bürgertums führten Ende des 15. und im 16. Jh. zu einem Aufblühen von Profanbauten, während das Interesse an sakraler Architektur deutlich nachließ. In vielen Orten entstanden neben prachtvollen öffentlichen Bauwerken wie Rathäusern (manchmal, wie z. B. in Mulhouse oder in Barr, mit einer repräsentativen doppelläufigen Freitreppe), Zunfthäusern, Münzen, Kornhallen und Brunnen auch eindrucksvolle Bürgerhäuser im Stil der in Italien schon längere Zeit in der Architektur und Kunst vorherrschenden Renaissance. Nach dem Vorbild der Antike schmückten nun auch im Elsass Säulen, Pilaster, Gesimse, Medaillons, Köpfe und Figurennischen die Fassaden großer, neuer Häuser. Weitere typische Stilelemente sind u. a. außen liegende Wendeltreppen, runde Türmchen, Erker, Galerien, Rundbogenarkaden, verzierte Giebel (z. B. mit den ionischen Kapitellen nachempfundenen Voluten) und Dachfenster. In der zweiten Hälfte des 16. Jh. gewann der *Fachwerkbau* in den Städten sehr an Bedeutung. Ganze Straßenzüge und Stadtviertel entstanden in diesem Baustil. Gebogene Verstrebungen, phantasievoll geschnitzte Eckbalken und Tür- und Fensterstürze (Näheres siehe S. 35) dokumentierten den Reichtum ihrer Besitzer. Das *Maison Kammerzell* in Strasbourg, das *Maison Pfister* in Colmar und das *Maison de l'Ours noir* in Riquewihr sind besonders herausragende Beispiele.

Nach dem Anschluss an Frankreich beeinflusste Paris das Elsass auch in den Bereichen Architektur und Kunst. Nur wenige Bauwerke, wie z. B. die lichtdurchflutete, heitere Klosterkirche in Ebersmunster, wurden in dem im süddeutschen Raum weit verbreiteten Barockstil italienischer Prägung errichtet. Dessen Bewegung, Pathos und Prunk fanden im Frankreich des 17. und 18. Jh. keinen Anklang; dort baute man vielmehr nach Prinzipien wie Klarheit, Symmetrie und Regelhaftigkeit – Stilmittel des rationalen barocken Klassizismus. In Strasbourg und Saverne entstanden Stadtschlösser nach dem Vorbild Versailles, viele Adlige ließen sich in den Städten elegante Palais, die sog. *hôtels*, errichten. Von den Möbeln bis zum Porzellan – "in" war alles, was höfisches Flair vermittelte.

Fachwerkbauten: spätmittelalterliche Fertighäuser

Mit Ausnahme der Vogesen, wo man traditionell z. T. mit Holz verkleidete Steinbauten errichtete, machen sie den Charme der elsässischen Dörfer und Städte aus, die *maisons à colombages*, die Fachwerkhäuser. Gemauert wurde lediglich das Fundament. Die Zimmerleute maßen dann Balken und Pfosten an, sägten sie zu, beschrifteten sie und errichteten schließlich das Rahmenwerk des Hauses. Die Zwischenräume, die sog. Fächer, füllte man mit einem Stroh-Lehm-Gemisch auf Holzgeflecht auf. Bei dieser Bauweise konnte ein Haus mühelos wieder abgeschlagen und an anderer Stelle neu aufgebaut werden, z. B. dann, wenn bei Erbteilung der eine Erbe den Grund, der andere das Haus bekam oder wenn Überschwemmungen ganze Siedlungen zerstört hatten. Aus diesem Grund galten Fachwerkhäuser auch als Mobilien und nicht als Immobilien. Je reicher der Besitzer des Hauses war, desto üppiger wurden Eck- oder Fensterbalken mit Schnitzereien verziert. Statussymbole waren auch die Formen der Verstrebungen, zahlte man doch für gebogene Balken deutlich mehr als für gerade. Der Phantasie waren fast keine Grenzen gesetzt, die Zimmerleute schufen z. B. Andreaskreuze, Männer, halbe Männer, Rauten, S-Formen und Konsulstühle (siehe Abb.).

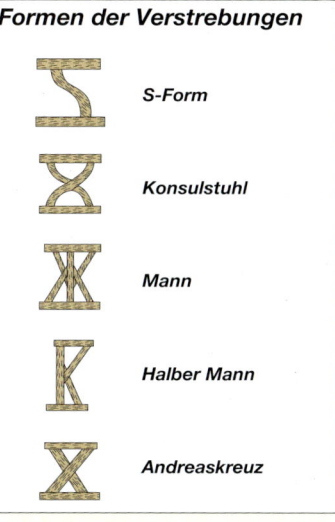

Formen der Verstrebungen

S-Form

Konsulstuhl

Mann

Halber Mann

Andreaskreuz

In den Städten, wo Platz knapp und Grundstück teuer waren, weisen die Fachwerkhäuser oft sog. "Vorkragungen" auf: Das Erdgeschoss errichtete man auf einer möglichst kleinen Fläche, erweiterte dann aber den Wohnbereich im zweiten und oft noch einmal im dritten Stockwerk, indem man diese jeweils immer weiter über die Straße "hängen" ließ.

Die elsässischen Fachwerkhäuser stammen meist aus dem 16.–18. Jh. Nach dem Zweiten Weltkrieg riss man viele achtlos ab und ersetzte sie durch Backsteingebäude, mittlerweile jedoch hegt, pflegt und subventioniert man die noch vorhandenen Schmuckstücke. Insbesondere im Südelsass werden die Flächen zwischen den dunklen Balken gerne mit kräftigen Farben bemalt, während sie im Norden strahlend weiß leuchten. Überhaupt gibt es je nach Region viele Unterschiede im Baustil. Einen hervorragenden Überblick dazu vermittelt das Ecomusée (siehe S. 367), wo man mehr als 70 Fachwerkhäuser aus dem ganzen Elsass wieder aufgebaut hat.

Architektonische und kunsthistorische Fachbegriffe

Bei der Beschreibung der Sehenswürdigkeiten lässt sich die Verwendung von Fachausdrücken aus Architektur und Kunst oft nicht umgehen. Die wichtigsten werden hier kurz erklärt.

Prachtvolles Fachwerk

Apsis – halbkreisförmige, viel- oder rechteckige Altarnische; **Architrav** – ein von Säulen getragener rechteckiger Balken; **Arkade** – Bogenreihe auf Säulen oder Pfeilern; **Atlant** – männliche Gestalt, die das Gebälk trägt; **Basilika** – mehrschiffiger Kirchenbau (Mittelschiff mit untergeordneten Seitenschiffen) mit Obergaden; **Bergfried** – Hauptturm einer Burg, diente als letzte Zufluchtsstätte; **Blendbogenfries** – Reihe kleiner Bogen, die der Mauer zu dekorativem Zweck vorangestellt wurden; **Buckelstein** – Stein, dessen eine Fläche nur grob behauen und damit "buckelig" ist; **Bündelpfeiler** – eine um einen Pfeilerkern geordnete Gruppe von schlanken Säulen; **Chor** – Platz der Geistlichkeit vor dem Altarraum; **Confessio** – Grab eines Märtyrers oder Kirchenpatrons; **Donjon** – Hauptturm einer Burg, der dauerhaft als Wohnung diente; **Fresko** – Wandmalerei; **Gesims** – hervorspringender waagrechter Mauerstreifen; **Gurtbogen** – ein Bogen, der zwei Gewölbejoche voneinander trennt; **Kapitell** – Kopfstück einer Säule oder eines Pfeilers; **Konsole** – vorspringendes Mauerelement zum Tragen von Figuren, Balken etc.; **Kreuzgang** – von gewölbten Bogengängen umgebener Klosterhof; **Kreuzgratgewölbe** – entsteht, wenn zwei gleich große Tonnengewölbe (halbkreisförmiger Querschnitt) sich schneiden; die dabei entstehenden Schnittkanten heißen Grate; **Kreuzrippengewölbe** – entsteht, wenn diese Grate durch Rippen verstärkt werden; **Krypta** – unterirdischer Raum unter dem Chor; **Langhaus** – lang gestreckter Teil der Basilika, oft unterteilt in Mittelschiff und Seitenschiffe; **Lanzettfenster** – längliche, spitz zulaufende Fenster; **Lisene** – senkrechter, schwach vorspringender Mauerstreifen, dient der Wandgliederung; **Lettner** – halbhohe Trennwand zwischen dem Bereich der Geistlichkeit (Chor) und dem der Laien (Mittelschiff); **Maßwerk** – steinernes, aus Kreisen und Kreisbogen konstruiertes Bauornament der Gotik; **Obergaden** – Teil des Mittelschiffs, der über die Seitenschiffe herausragt und in dem sich die Fenster befinden; **Palas** – herrschaftlicher Wohnbereich in einer Burg; **Palmette** – fächerförmiges Blattornament; **Pietà** – Darstellung Mariens mit dem toten Christus; **Pilaster** – Wandpfeiler; **Predella** – Unterbau eines Flügelaltars; **Querschiff** – zwischen Langhaus und Chor eingezogener Querbau; **Reliquie** – Überreste von Heiligen oder Gegenstände, die in Beziehung zu ihnen standen; **Ringmauer** – umschließt die Burganlage; **Rosette** – rundes Fenster, ausgefüllt mit blattähnlichen Ornamenten; **Strebewerk** – Pfeiler und Bögen, die von außen den Seitenschub der Gewölbe auffangen; **Tympanon** – Bogenfeld über dem Türsturz eines Portals; **Vierung** – Quadrat, das bei der Durchdringung von Langhaus und Querschiff entsteht, darüber ist oft ein **Vierungsturm**; **Volutengiebel** – Giebel mit einer schneckenförmigen, spiralig gewundenen Verzierung; **Wasserspeier** – vorspringende Mündung der Abflussrichtung für das Regenwasser, oft in Gestalt von Tiere, Fabelwesen etc.; **Wimperg** – gotischer Ziergiebel über Fenstern und Türen.

Die Traditionen werden gerne gepflegt

Brauchtum und Feste

Reist man mit offenen Augen durchs Elsass, stellt man bald fest, dass dort Traditionen ganz besonders gepflegt werden. Auffällig sind zuerst einmal die unvermeidlichen roten Geranien, ohne die ein Haus fast nackt zu sein scheint.

Angeblich fährt so manche Hausfrau zig Kilometer in die Gärtnerei ihres Vertrauens, um in ihrer Straße auch ja die schönsten Blumenkübel vorweisen zu können. Und die allermeisten Dörfer und Städte engagieren sich leidenschaftlich im nationalen Fleurissement-Wettbewerb, damit das Ortsschild möglichst zwei, drei oder gar vier Preis-Blümchen zieren. Aber auch im Haus soll's schön sein: Störche und Enten aus Porzellan, Gips etc., Soufflenheimer Töpferwaren, Hansi-Bilder usw. – man liebt, was elsässisch ist, sammelt es und umgibt sich damit. Und oft wird sogar ein Museum daraus – die etwa 220 Museen des Elsass wären sicher nicht ohne die Sammelleidenschaft seiner Bewohner entstanden. Auch beim Essen hält man an Traditionen fest. Wenn er gut italienisch oder chinesisch essen gehen wolle, so erzählte uns ein Elsässer einmal, führe er über den Rhein nach Deutschland, im Elsass hätten die ausländischen Lokale gar keine Chance, sich zu etablieren.

Gemeinschaft hat sicherlich besonders auf dem Lande einen hohen Stellenwert. Das Essen mit der Familie zu festgesetzten Zeiten gehört zum Alltag dazu, fast alle Einrichtungen schließen deshalb zwischen 12 und 14 Uhr. Sonntagmittags, so stellten wir auf unseren Touren immer wieder fest, ist es sinnlos, ein Restaurant zu betreten, denn dann tafeln die Elsässer im Kreis ihrer Lieben gerne auswärts. Außerdem ist das Elsass auch das Land der "Vereinsmeier". Jedes Dorf nennt Sport-, Wander-, Fisch-, Reiter-, Musikverein und meist mehrere Chöre sein Eigen, die wiederum sommers wie winters unzählige Feste organisieren, damit der Dorfgemeinschaft Gutes tun und u. a. dafür sorgen, dass die traditionelle Blasmusik gepflegt wird.

Bei diesen Festen sieht man oft noch die alten Trachten; bis in die Mitte des 20. Jh. sollen einige ältere Frauen auch im Alltag noch die traditionelle Kleidung getragen haben. Hin- und hergerissen zwischen zwei Kulturen hatte die Bevölkerung durch sie die Möglichkeit, ihre regionale Identität auszudrücken. Insbesondere durch die Hansi-Bilder und dann natürlich durch die sie vermarktende Tourismusbranche ist die Frauentracht des Hanauer Landes, u. a. roter Rock, schwarze Schürze und riesige schwarze Flügelhaube, zum Sinnbild für das Elsass schlechthin geworden; es existieren jedoch von Region zu Region ganz verschiedene traditionelle Bekleidungen und Hauben. Sie kennzeichneten einst z. T. auch den Status der Frau (z. B. trugen Ledige bunte Schleifenhauben, Verheiratete schwarze) und die Konfession: In Hunspach war die Kopfbedeckung der katholischen Frauen weiß, die der evangelischen schwarz. Heute zieht man die Trachten sicherlich vorwiegend für die Touristen an, doch keinesfalls ausschließlich: Man trägt sie auch auf Festen, an denen kaum Touristen teilnehmen, und mancherorts gehören Teile davon sogar zum alltäglichen Outfit, etwa im oben erwähnten Hunspach, wo viele ältere Männer noch die traditionelle Strickmütze, das "Maschelskappel", tragen.

Im Laufe der Jahrhunderte entwickelte sich im Elsass auch eine ganz eigene Volkskunst. Stark verbreitet waren z. B. im 18. und 19. Jh. naive Bilder und verzierte Schriftstücke, die an den Übergang von einem Lebensabschnitt zum nächsten (Taufe, Einberufung zum Militär, Hochzeit etc.) erinnern sollten, sowie religiöse Votivtafeln und Hinterglasbilder. Unzählige Sagen und Legenden ranken sich um die Burgen – bekanntestes Beispiel sind sicherlich die Riesen von der Nideck (siehe S. 191) –, aber auch um das Leben bedeutender Elsässer wie der heiligen Odilia. Und selbstverständlich schuf der Volksmund eigene Figuren, etwa den beliebten *Hans em Schnogaloch* (siehe Kasten) oder *Hans Trapp*, ein haariger Unhold, der auf den Raubritter Hans von Drodt zurückgeht, der im 15. Jh. die Weißenburger Bewohner schrecklich tyrannisierte. In der Vorweihnachtszeit zieht er angeblich mit einem großen Sack durch die Gegend, stets auf der Suche nach kleinen Mädchen und Buben, die er tief im Wald verschlingt – die unschuldigen Seelen sollen ihn von seiner Verdammnis befreien. Zum Glück rettet jedoch der heilige Nikolaus die Kleinen vor diesem Schicksal ...

De Hans em Schnogaloch

Hett alles, was er will!
Doch was er hett, diss well er nit,
Und was er will, diss hett er nit!

Diese Figur gilt allgemein als das Sinnbild für den zwischen den Kulturen zerrissenen Elsässer. Mal scheint die deutsche, dann wieder die französische Seele in seiner Brust höher zu schlagen, nie fühlt er sich jedoch wirklich ausgeglichen. Der besagte Hans soll übrigens tatsächlich existiert haben, und zwar als Gastwirt in einem Dorf namens Königshofen. Ein Gast, so erzählt man sich, habe eines Tages den Vers so oder so ähnlich an die Wand des Gasthauses geschrieben und damit den Anfang für das bekannteste elsässische Volkslied gesetzt.

Mittelalterliches Spektakel in Ribeauvillé

Festkalender

Das ganze Jahr über wird viel gefeiert im Elsass, zum großen Teil während der warmen Jahreszeit, also dann, wenn auch die meisten Touristen im Land sind. Der Wein, kulinarische Spezialitäten wie Kougelhopf oder Sauerkraut, historische Ereignisse wie beim Pfifferdaj, Feste im Jahreslauf, Kirchweih oder nachgestellte Hochzeiten und viele andere Themen und Ereignisse mehr können dafür der Anlass sein.

Eine große Bedeutung hat das Weihnachtsfest. Ganz anders als im übrigen Frankreich wird es ähnlich wie bei uns gefeiert, weshalb zu dieser Jahreszeit auch besonders viele "Innerfranzosen" ins Elsass reisen. Bei diesen nämlich sind Nikolaustag, Weihnachtsplätzchen, Früchtebrot, Christkindlmärkte und Sternsinger weitgehend unbekannt. Mittlerweile haben die Verkehrsvereine unzählige Aktivitäten ins Leben gerufen: Rund 90 Weihnachtsmärkte laden zum Bummeln ein, Krippen- und Weihnachtsbaumausstellungen, Konzerte, sog. "Lichterfenster" an öffentlichen Gebäuden, Theaterspiele und vieles andere mehr sorgen für Begeisterung. Im heimeligen Elsass, wo im Übrigen der Weihnachtsbaum erfunden worden sein soll, hat eben auch Weihnachten einen besonders romantischen Touch.

Informationen In der alljährlich erscheinenden deutschsprachigen Broschüre "Die Weihnachtsveranstaltungen im Elsass" werden alle Aktivitäten aufgelistet. Sie erhalten sie bei der Agence de Développement Touristique du Bas-Rhin in Strasbourg (9, rue du Dôme, ☎ 0388154588, 🖷 0388756764) und bei allen Offices de Tourisme.

Februar/März/April

Erster Sonntag in der Fastenzeit: Schieweschlaje in Offwiller: Brennende Holzscheiben werden i. d. Dunkelheit den Berg hinabgerollt
Eine Woche nach Fastnacht: Alemannische Fastnacht in Mulhouse

An den fünf Sonntagen in der Fastenzeit: Passionsspiele in Masevaux
Letztes Wochenende im März: Stoffmarkt mit Modeschauen und Modelwettbewerb in Ste-Marie-aux-Mines

Mai/ Juni

1. Mai: Maiglöckchenfest in Neuf-Brisach, Wissembourg

Mitte Mai: Spargelfest in Hoerdt

Pfingstwochenende (Fr–So): Trachtenfest in Wissembourg (Umzug, Feuerwerk, Pferderennen, Kirmes, Tanz)

1. Mai, Christi Himmelfahrt sowie an allen Maisonntagen: Prozessionen zu Ehren der Jungfrau Maria in Marienthal

Erste Junihälfte: Kougelhopffest in Ribeauvillé

Von Mitte bis Ende Juni: Rosenfest in Saverne

Sonntag vor dem Sommeranfang: Folklorefest in Hunspach

20./21. Juni: Kirschenfest in Westhoffen

Ende Juni: Mineralienbörse in Ste-Marie-aux-Mines

30. Juni: Verbrennung der drei Tannen in Thann

Juli

Zweites Wochenende: Schneckenfest in Rosheim

14. Juli: Weinfest in Barr

Wochenende nach dem 14. Juli: Folklorefest "Hans em Schnogaloch" in Obernai

Sonntag nach dem 14. Juli: Streisselhochzeit in Seebach

25./26. Juli: Fest der Gastronomie (mit Ball, Folkloretänzen, Weinprobe etc.) in Kientzheim

August

Erstes Wochenende: Crémant-Fest in Cleebourg; Storchenfest in Eguisheim

Zweiter Sonntag: Blumenkorso in Sélestat

Mitte August: Weinfest in Obernai

14./15. August: Hochzeit des l'Ami Fritz in Marlenheim

Letztes Wochenende: Hopfenfest in Haguenau

September

Erstes Wochenende: Töpferfest in Soufflenheim oder Betschdorf

Der König der Spielleute

Erster Sonntag: Pfifferdaj (mittelalterliches Spektakel) in Ribeauvillé

Mitte des Monats: Flussschifferfest in Colmar; Internationales Bugatti-Treffen in Molsheim

Zweiter Sonntag: Blumenkorso in Rosheim

Drittes Wochenende: Flammkuchenfest in Griesbach-au-Val

Letztes Wochenende: Federweißenfest in Cleebourg; Sauerkrautfest in Krautergersheim; Stoffmarkt mit Modeschauen und Modelwettbewerb in Ste-Marie-aux-Mines

Oktober

Erstes Wochenende: Fête des Vendanges (Weinlesefest) in Barr

Mitte Oktober: Sauerkrautfest in Colmar

Drittes Wochenende : Bergfest in Kintzheim (mit Aufstieg zur Hochkönigsburg); Weinfest in Marlenheim; Weinlesefest in Obernai

November/ Dezember

Von Allerheiligen bis 15. Dezember: Schlachtfeste im Bruche-Hochtal

7. November: Prozession zu Ehren des heiligen Florentin in Oberhaslach

6. Dezember: Nikolausmarkt in Ferrette und in Lapoutroie

13. Dezember: Odilienfest in Ste-Odile

Was gibt's Neues?

Sprache

Das Elsass – ein Stück Frankreich, in dem Deutsch gesprochen wird. Deutsch? Weit gefehlt, hier spricht man Elsässisch oder Elsässerditsch, einen fränkisch-alemannischen Dialekt, der im Sundgau fast identisch mit dem Basler Schwyzerdütsch ist und in Wissenbourg stark der pfälzischen Mundart ähnelt.

Doch nicht mehr alle Elsässer "radde Elsassisch". Im Norden hört man es noch weitaus häufiger als im Süden, auf dem Land mehr als in der Stadt, bei Männern öfter als bei Frauen, die Alten sprechen es z. T. fast ausschließlich, während viele Junge es gar nicht beherrschen. Gründe dafür gibt es viele. Nach dem Zweiten Weltkrieg war die Sprache der Nazis verpönt, an den Schulen wurde den Kindern oft mit rigiden Methoden verboten, Elsässisch zu sprechen. Mit dem Slogan "C'est chic de parler français" warb die Regierung für die französische Sprache. Erst in den 70er Jahren, quasi eine ganze Generation später, kam es im Zuge der deutsch-französischen Annäherung zu einer Renaissance der Mundart, und 1982 erkannte ein Erlass des Kultusministeriums die verschiedenen Regionalsprachen in Frankreich offiziell an. In dieser Zeit entstanden dann auch die bis heute hoch im Kurs stehenden Mundarttheater, allen voran die "Choucrouterie" von Roger Siffer in Strasbourg.

Dennoch haben Pessimisten den Tod des Elsässerditsch bereits vorausgesagt, denn seine Überlebenschancen sind aus nahe liegenden Gründen weit geringer als die der Dialekte innerhalb Deutschlands. Letztere existieren gewissermaßen unter dem Dach des Standard- bzw. Hochdeutschen, während das Elsässische ein deutscher, also fremdsprachiger Dialekt innerhalb des französischen Sprachgebiets ist. Wortschatzlücken, die die Dialekte etwa in den Bereichen moderne Technik, Wirtschaft und Politik aufweisen, können deutsche Dialektsprecher leicht durch Anleihen aus dem Standarddeutschen kompensieren, sodass es hier selbst in öffentlichen Situationen nicht unbedingt notwendig ist, reines Hochdeutsch zu sprechen, und man stattdessen auf eine dialektal mehr oder minder stark gefärbte Umgangssprache zurückgreifen kann. Elsässer leben dagegen auf einer Art Sprachinsel, auf der die Rollen klar verteilt sind: In allen öffentlichen Bereichen (Schule, Beruf etc.) ist das Französische obligatorisch, der Dialekt beschränkt sich mehr und mehr auf die Alltagskommunikation im privaten Umfeld.

Es kann deswegen kaum überraschen, dass der Anteil der Mundart sprechenden Elsässer unter 30 Jahren beständig sinkt. Heute liegt er bei ca. 30 %, während er vor 20 Jahren noch doppelt so hoch war. Insbesondere in den Städten, aber zunehmend auch auf dem Lande ist mittlerweile die Muttersprache der Kinder Französisch. Die Eltern fürchten um die sprachliche Entwicklung und Bildung ihrer Sprösslinge, schließlich sollen diese einmal in der Lage sein, sich in Paris oder Lyon gegenüber anderen Franzosen durchzusetzen und nicht wegen einer auffallenden Aussprache oder mangelnder Ausdrucksfähigkeit als provinziell abgestempelt werden. Auch Kampagnen des Straßburger Regionalamtes zur Förderung der Zweisprachigkeit – bei der Geburt eines Babys erhalten die Eltern Informationsmaterial, das sie ermuntern soll, mit dem Kind Elsässisch zu sprechen – oder Initiativen wie die der René-Schickele-Gesellschaft können daran wahrscheinlich kaum etwas ändern.

Die große Mehrheit der Elsässer spricht sich jedoch dafür aus, dass die Kinder in der Schule als erste Fremdsprache Deutsch lernen, während im restlichen Frankreich Englisch favorisiert wird. Die sprachliche Tradition, die Nähe zur Grenze, die Bedeutung des Tourismus, das europäische Bewusstsein – viele Gründe, die dafür sprechen, die sprachliche Kultur dieses Landstrichs auf diese Weise fortzusetzen. 90 % der Kinder lernen nach Angaben des Straßburger Schulamtes bereits in Kindergarten oder Grundschule Deutsch, z. T. sogar in bilingualen Klassen, und bis zum Jahr 2006 sollen es alle sein. Kein Wunder, dass man sehr oft auch auf junge Leute trifft, die zwar nicht Elsässisch, aber dafür gut Deutsch sprechen. Beschämend übrigens, dass es um die Französischkenntnisse unter gleichaltrigen Deutschen im pfälzischen und badischen Grenzland weit schlechter bestellt ist.

Dennoch, Besucher, die einfach auf Deutsch losreden, verärgern viele Elsässer – man ist schließlich in Frankreich. Stellen Sie lieber erst die obligatorische Frage "Sprechen Sie Deutsch?". Wundern Sie sich jedoch nicht, wenn Ihr fließend Elsässisch sprechender Gesprächspartner nur zögernd antwortet oder gar verneint: Elsässisch ist eben nicht Deutsch.

Traditioneller Hochzeitszug in Seebach

Anreise

Mit dem Auto oder Motorrad: Sogar die entlegensten Winkel in Deutschland, der Schweiz und Österreich sind vom Elsass nur eine Tagesreise entfernt. Die Anfahrtsrouten im Einzelnen:

Aus Deutschland: Von wo man auch startet, man benutzt in der Regel kurz vor Erreichen des Ziels die zwischen Karlsruhe und Basel parallel zur französischen Grenze verlaufende Rheintalautobahn A 5 (E 35). Von folgenden Autobahnanschlüssen führen mittlerweile acht Brücken über den Rhein ins Elsass: Rastatt, Baden-Baden, Achern, Appenweier, Offenburg, Riegel, Bad Krozingen und Müllheim. Mit täglich 30000 Fahrzeugen ist die Kehl und Strasbourg verbindende Europabrücke (Autobahnanschluss Appenweier) am stärksten belastet, Erleichterung soll die erst im Oktober 2002 eröffnete Brücke bei Altenheim (Autobahnanschluss Offenburg) bringen. Wer es nicht eilig hat, kann auch eine der drei Rheinfähren benutzen (Plittersdorf–Seltz, Greffern–Drusenheim, Kappel–Rhinau).

Für Reisende aus nördlicher Richtung ist die Anfahrt über die A 65 eine interessante Alternative: Ausfahrt Kandel Mitte, dann nach Lauterbourg, wo man auf die relativ wenig befahrene D 300 nach Strasbourg überwechselt. Auch die fast durchgängig autobahnähnlich ausgebaute A 35 von Strasbourg nach Mulhouse ist angenehmer zu fahren als die A 5 auf deutscher Seite.

Aus der Schweiz: Man benutzt am besten den Grenzübergang Basel-Hesingue und setzt dann nach Norden auf der A 35 oder nach Westen auf der D 419 die Reise fort. Wer in den Sundgau möchte, kann zwischen zahlreichen kleinen Grenzübergängen wählen.

Aus Österreich: Um ins Nordelsass zu kommen, fährt man am günstigsten auf der A 8 nach Karlsruhe und nimmt dann die Rheintalautobahn oder ab Lauterbourg die französische D 300 (s. "Aus Deutschland"). Reisende in Richtung Südelsass sollten zunächst München ansteuern, dort auf die A 96 überwechseln und über Bregenz und Zürich nach Basel fahren. Beachten Sie aber, dass für die Benutzung der Schweizer Autobahnen der Erwerb einer Vignette (27 €) Pflicht ist.

> Achtung: Anders als in Deutschland werden in Frankreich beim Autofahren auch Handys mit Freisprecheinrichtung nicht toleriert!

Mit dem Zug: Strasbourg ist per Schiene direkt mit Frankfurt/M., München und Stuttgart sowie mit Basel, Bern, Zürich und Wien verbunden, wichtige Umsteigebahnhöfe auf deutscher Seite sind Karlsruhe und Offenburg; Mulhouse hat nur mit Frankfurt/M. und Bern eine direkte Verbindung. Für die Rückfahrt oder die Weiterreise in Frankreich sollte man beachten, dass im Land erworbene Tickets in einem orangefarbenen Automaten am Bahnsteig vor Antritt der Fahrt entwertet werden müssen.

● *Informationen* Bei der Deutschen Bahn unter ☎ 11861 oder im Internet unter www.bahn.de. Auch das deutschsprachige Call Center der französischen Eisenbahngesellschaft SNCF (in Strasbourg) erteilt telefonisch Auskünfte: ☎ 0033982353536.

● *Fahrradmitnahme* In Deutschland wird die Fahrradmitnahme pauschal über die "Fahrradkarte Fernverkehr" (je nach Zug 8–16 €) abgegolten, in Frankreich ist die Mitnahme gratis. Allerdings sollte man sich vorher erkundigen, in welchen Zügen die Mitnahme überhaupt möglich ist. Auskunft im Internet unter www.bahn.de oder beim Call Center der SNCF (s. o.).

Mit dem Flugzeug: Die wenigsten Elsassbesucher reisen auf dem Luftweg an. Zielflughafen ist in der Regel der Zweiländer-Airport von Basel-Mulhouse, der direkt und z. T. mehrmals täglich von Berlin, Düsseldorf, Frankfurt/M., Hamburg, Hannover, München, Wien und Zürich angeflogen wird. Wer von Deutschland aus nach Strasbourg-Entzheim will, muss in Brüssel, Lyon oder Paris umsteigen, lediglich Wien unterhielt zum Zeitpunkt der Drucklegung mit der elsässischen Metropole eine Direktverbindung.

Informationen Den Flughafen Basel-Mulhouse erreicht man unter ☎ 0033389902511 oder im Internet unter www.euroairport.com, den Straßburger Flughafen unter ☎ 0033388646767 bzw. www.strasbourg.aeroport.fr.

Unterwegs im Elsass

Da viele Sehenswürdigkeiten und landschaftliche Highlights im Elsass mit öffentlichen Verkehrsmitteln kaum bzw. gar nicht erreichbar sind, tuckern die meisten Touristen mit dem eigenen, seltener mit einem gemieteten Auto durch die Gegend. Motorradfahrer kommen auf den kurvenreichen Vogesenstraßen auf ihre Kosten. Bus und Taxi sind im Prinzip nur zur Fortbewegung in den Städten geeignet, mit der Bahn erreicht man, abgesehen von wenigen Ausnahmen, nur die wichtigsten Orte an der Weinstraße und in der Rheinebene. Wer nicht motorisiert unterwegs sein möchte, kann sich auf unzähligen markierten Wander- und Fahrradwegen bewegen.

Mit Auto oder Motorrad

Aufgrund des engmaschigen Straßennetzes können alle Ziele problemlos erreicht werden. Besonders gut ausgebaut sind die Nationalstraßen (Markierung: N + Ziffer), während die Departement-Straßen (Markierung: D + Ziffer) schmaler und gelegentlich auch etwas holprig sind. Von beiden zweigen oft mit dem Zusatz "bis" versehene Nebenstraßen ab. Die Franzosen bevorzugen eine forsche Fahrweise. Es ist also durchaus angebracht, sein Fahrzeug defensiv und risikoarm zu steuern, v. a. im Sommer, wenn die Straßen ohnehin häufig überlastet sind.

Autovermietung: In allen größeren Städten sind international bekannte Verleihagenturen und/oder kleine örtliche Vermieter zu finden. Grundvoraussetzung für das Mieten eines Autos sind ein Mindestalter von 21 Jahren und der einjährige Besitz des Führerscheins. Die Preise variieren je nach Mietdauer und Wagenklasse.

Schiffshebewerk bei Arzwiller

Pro Woche ist ein Kleinwagen zum Preis von 200 bis 250 € zu haben. Die Adressen einiger Vermieter sind im Reiseteil dieses Buches bei den jeweiligen Orten angegeben.

Routes touristiques: Wer das Elsass durchstreift, entdeckt eine an bestimmten Symbolen erkennbare thematische Route nach der anderen. Die meisten sind nach Spezialitäten aus Küche und Keller benannt, andere weisen auf Kunstschätze oder reizvolle Landschaften hin. Nur bei wenigen handelt es sich um eine einzige durchgängig zu befahrene Straße, oft werden einfach nur Orte zusammengefasst.

Route de la Bière: Die elsässische Bierstraße führt zu den bekannten Brauereien in Strasbourg, Schiltigheim und Hochfelden, wo auch das größte Hopfenanbaugebiet der Region liegt.

Route de la Carpe frite: Im Sundgau kann man derzeit in 34 Restaurants diese regionaltypische Spezialität, traditionell zubereitet, versuchen.

Route de la Choucroute: Die "Sauerkrautstraße" verläuft rund um die Hochburgen Krautergersheim und Blaesheim.

Route des Crêtes: Die spektakuläre Vogesenkammstraße gehört zu den beliebtesten Zielen im Elsass. Näheres S. 214 ff.

Route du Fromage: In der Nähe von Munster kann man auf dieser Route einige gute Käsereien entdecken.

Route de la Matelote: Die meisten Lokale, die diese Fischspezialität anbieten, liegen im Grand Ried.

Route du Rhin: Von Lauterbourg bis St-Louis weist diese am Rhein entlangführende Straße auf Naturschönheiten und menschliche Errungenschaften wie Kraftwerke, Staustufen, Befestigungsanlagen etc. hin.

Route Romane: Zwischen Wissembourg und Feldbach im Sundgau wird der kunsthistorisch interessierte Reisende auf 120 Sehenswürdigkeiten aus der Zeit der Romanik aufmerksam gemacht.

Route du Tabac: Tabak wird nördlich und südlich von Strasbourg angebaut.

Route des Vins: Bekannteste der touristischen Wegstrecken ist die 170 km lange Weinstraße von Marlenheim bis Thann.

LA ROUTE DE LA CHOUCROUTE

Straßenkarten: Zahlreiche Verlage geben unterschiedliches Kartenmaterial zum Elsass heraus, auf den kleinmaßstäblichen Straßenkarten sind oft auch noch Nachbarregionen mit erfasst. In Frankreich hat das staatliche *Institut Géographique National (IGN)* ein Monopol auf Vermessungsarbeiten. Die Reifenfirma Michelin ist Lizenznehmer des IGN und gibt eine Serie von Straßenkarten im Maßstab 1:150000 und 1:200000 heraus. Beide Elsasskarten sind sehr zuverlässig, was im Übrigen auch für die Karte des Falk-Verlags gilt (zu Wander- und Fahrradkarten siehe S. 48). Für alle Karten französischen Ursprungs gilt: Sie sind im Elsass günstiger als im heimischen Buchhandel.

Michelin Nr. 314 Local – Bas-Rhin/Haut-Rhin/Territoire de Belfort, ISBN 2–06-100375–3, Maßstab 1:150000, ca. 6 €. Äußerst zuverlässig, auch für Radtouren geeignet.

Michelin Nr. 242 – Alsace/Lorraine, ISBN 2-06-700242-2, Maßstab 1:200000, ca. 7 €. Für diejenigen, die auch nach Lothringen fahren möchten, die empfehlenswerteste Karte.

Falk-Verlag: Elsass Vogesen – von Weißenburg bis Belfort, ISBN 3-8279-1849-9, Maßstab 1:150000, ca. 6,50 €. Ebenfalls sehr zu empfehlen.

Mairs Geographischer Verlag: Die Generalkarte Vogesen/Elsass/Schwarzwald, ISBN 3-89525-234-4, Maßstab 1:200000, ca. 6,50 €. Mit vielen Hinweisen zu touristischen Sehenswürdigkeiten.

ADAC: Elsass/Vogesen/Lothringen, ISBN 3-8264-1049-1, Maßstab 1:250000, ca. 7,50 €. Mit Ortsregister und Kennzeichnung von landschaftlich schönen Strecken. Ein Nachteil ist der kleine Maßstab.

Good Vibrations Verlag: Motorrad Powerkarte Nr. 9, Elsass/Vogesen/Pfalz, ISBN 3-932157-25-7, Maßstab 1:300000, ca. 6 €. Vorteil ist die Beschichtung, das Kartenbild lässt allerdings zu wünschen übrig, und der Maßstab ist sehr klein.

Mit Bahn und Bus

Durch das Netz der Eisenbahngesellschaft SNCF Ter Alsace sind die wichtigsten Orte der Rheinebene und der Weinstraße gut miteinander verbunden. Im Norden haben Lauterbourg, Wissembourg, Haguenau, Niederbronn, Saverne und andere kleine Städtchen Anschluss ans Netz, von fast überall kommt man zumindest mit Umsteigen nach Strasbourg. Von der elsässischen Metropole erreicht man Sélestat und Colmar entlang der Weinstraße über Molsheim, Obernai, Barr etc. Colmar ist regelmäßig mit Mulhouse verbunden, von dort aus kann man über Altkirch nach Belfort oder in die Schweiz weiterfahren. Verbindungen in die südlichen Vogesen bieten nur die Strecken Colmar–Munster–Metzeral und Thann–Kruth. Fahrscheine löst man am Schalter oder an Fahrscheinautomaten. Kinder bis zum Alter von 4 Jahren fahren kostenlos, für 5- bis 12-Jährige muss der halbe Fahrpreis entricht werden.

Die Verbindungen zwischen den Dörfern werden von privaten Busgesellschaften unterhalten. Dabei gelten die Regeln der profitorientierten Privatwirtschaft, das bedeutet im Klartext, dass für viele Dorfbewohner nur über Schulbusse die nächste Kleinstadt erreichbar ist; an Sonntagen wird der Busverkehr quasi eingestellt. Die Fahrpläne erhalten Sie kostenlos in den jeweiligen Offices de Tourisme.

Informationen Für Bahnfahrer im Internet unter www.ter-sncf.com/alsace. Für Busreisende im Departement Bas-Rhin: Conseil Général du Bas-Rhin, Pl. du Quartier Blanc, 67964 Strasbourg, ℡ 0388766767, www.cg67.fr. Für das Departement Haut-Rhin im Internet unter www.L-K.fr. Jeweils nur auf Französisch.

Mit dem Fahrrad

Die Franzosen radeln mit größter Begeisterung, und auch im Elsass sind auf Radwegen, Landsträßchen und sogar auf manchen Gebirgspfaden zahlreiche Drahteselfans unterwegs. Allerdings sollte man v. a. während der Sommermonate die stark befahrenen National- und Departement-Straßen meiden. Insbesondere die Route des Vins ist dann keinesfalls zu empfehlen. Aufgrund seiner unterschiedlichen Landschaften bietet das Elsass die ganze Palette von leichten bis anspruchsvollen Touren. Insbesondere in der Rheinebene radelt man gemütlich, während die Hochvogesen eher ein Terrain für durchtrainierte Sportler und Mountainbiker sind. Überall existieren gut markierte Radfahrwege *(parcours cyclables)*. Für den Bas-Rhin hat man darüber hinaus 22 Radwanderstrecken und Rundwege erarbeitet und in einer kostenlosen, sehr informativen Broschüre zusammengestellt. Bisher gibt es für den Haut-Rhin weitaus weniger interessante Materialien.

Marktbrunnen in Dambach-la-Ville

● *Route Verte* Für Radfahrer wurden Touren vom Südschwarzwald ins Elsass und nach Lothringen zur sog. "Grünen Straße" zusammengestellt.

● *Informationen* Die Broschüre "Le Bas-Rhin à bicyclette" stellt 22 Radtouren zusammen, gibt Hinweise über Schwierigkeitsgrade, praktische Informationen etc. Erhältlich ist sie z. B. bei der Agence de Développement Touristique du Bas-Rhin, 9, rue du Dôme, 67061 Strasbourg, ✆ 0388 154588, 📠 0388756764, www.tourisme67.com. Für den Haut-Rhin existieren lediglich eine einfache Karte mit einer Übersicht der "Itinéraires cyclables" und die Broschüre zur "Route Verte", beziehbar z. B. über das Office de Tourisme in Colmar, 4, rue des Unterlinden, ✆ 0389206892, 📠 0389206914, www.ot-colmar.fr.

● *Fahrradverleih* In vielen Orten können Fahrräder *(bicyclette, vélo)* und auch Mountainbikes *(vélo tout terrain,* Abkürzung: *VTT)* entliehen werden; pro Tag zahlt man zwischen 4,50 und 14 €.

● *Fahrradmitnahme in der Bahn* In den Regionalzügen kann man sein Fahrrad kostenlos mitnehmen, allerdings ist insbesondere für größere Gruppen zu beachten, dass die Stückzahl häufig begrenzt ist.

● *Fahrradkarten* Siehe unten "Wander- und Fahrradkarten".

Wandern

Insgesamt ca. 16.500 km Wanderwege wurden in den Vogesen vom Club Vosgien, dem ältesten Wanderverein Frankreichs, seit seiner Gründung im Jahre 1872 angelegt. Fast immer sind sie mit farbigen Zeichen und Richtungsschildern gut bis sehr gut markiert, oft werden auch Zeitangaben gemacht. Aussichtstürme, Schutzhütten, Picknickbänke sorgen für weitere Annehmlichkeiten, hinzu kommen eine grandiose Landschaft und zahlreiche Sehenswürdigkeiten. Besondere Schmankerl in den südlichen Vogesen sind die Ferme-Auberges, Bauernhöfe mit Gastwirtschaft, wo man zünftig einkehren und z. T. übernachten kann. Was Länge und Schwierigkeitsgrad der Touren angeht, hat das Elsass eine enorme Bandbreite zu bieten: Vom einfachen Rundweg über die anspruchsvolle Tageswanderung bis zu mehrtägigen Strecken auf den ausgewiesenen Weitwanderwegen GR *(Grande Randonée)* und E (Europäischer Fernwanderweg) ist alles machbar.

Informationen Im Internet unter www.club-vosgien.com.

Wegbeschreibungen in diesem Reisehandbuch: Alle unsere Wanderrouten wurden mehrfach überprüft und durch Skizzen veranschaulicht. Als Orientierung geben wir immer auch Entfernungen und Himmelsrichtungen an. Ein Kompass und ein Pedimeter leisten deshalb nützliche Dienste. Die genannten Wanderzeiten beziehen sich auf die einfachen Strecken, Pausen nicht mitgerechnet, und sind natürlich nur als Richtwerte zu verstehen. Mancher geht eben schneller, mancher langsamer. Bereits nach kurzer Zeit jedoch werden Sie unsere Angaben in die richtige Relation zu ihrem Wandertempo setzen können.

Auf dem Weg zum Gipfel

● *Wander- und Fahrradkarten* Sehr praktisch zum Wandern ist die blaue Serie des IGN (Institut Géographique National). Bei einem Maßstab von 1:25000 decken die einzelnen Blätter zwar nur einen relativ kleinen Raum ab, geben die Wanderwege dafür aber peinlich genau wieder. Für alle Karten französischen Ursprungs gilt: Sie sind im Elsass günstiger als im heimischen Buchhandel.

IGN-Karten Serie Verte Nr. 12, Strasbourg/Forbach (deckt das nördliche Elsass ab) und **Nr. 31, St-Dié/Mulhouse/Bâle** (deckt das südliche Elsass ab), Maßstab jeweils 1:100000, jeweils ca. 6,50 €. Insbesondere für Fahrradtouren gut geeignet.

Club Vosgien: Die Karten N°1, N°2, N°4, N°6 und N°7 decken das gesamte Elsass ab, Maßstab jeweils 1:50000. Pro Karte ca. 13,50 €. Der Name des Wanderclubs spricht für Qualität, sehr empfehlenswerte Blätter.

IGN-Karten, Serie Bleu, Maßstab 1:25000, pro Karte ca. 10 €. Über 25 Karten decken das Elsass ab. Die allermeisten haben die Wanderwegmarkierungen des Club Vosgien eingezeichnet; die besten Karten für Wandertouren.

Carte des Parcours Cyclables, Maßstab 1:200000, brauchbare Radweg-Karte, kostenlos erhältlich bei allen O.T. im Bas-Rhin oder beim Conseil Général in Strasbourg, ✆ 0388766306.

Für Radtouren geeignet ist darüber hinaus die **Michelin-Karte Nr. 314** (siehe Straßenkarten, S. 46).

Güedi Nacht!

Übernachten

Möglichkeiten, sein Nachtlager aufzuschlagen, gibt es in großer Vielfalt und Zahl: vom einfachen Zeltplatz auf einem Bauernhof bis zur noblen Luxusherberge in einem ehemaligen Schloss wird alles geboten.

Und zum Glück konzentrieren sich die Übernachtungsadressen nicht ausschließlich auf die Touristenorte, sodass man sein Haupt auch in Häusern fernab der Hauptrouten angenehm betten kann. Wer bestimmte Ansprüche hat, sollte jedoch rechtzeitig Vorsorge treffen, denn ein gemütliches Landhotel ist schnell ausgebucht, die besten Ferienwohnungen sind meist schon Monate im Voraus vergeben, und natürlich haben die Ferme-Auberges nicht unbegrenzt Platz. Insbesondere für Juli und August empfiehlt es sich, rechtzeitig vorzubuchen. Am besten, Sie lassen sich vom jeweils zuständigen Office de Tourisme Prospektmaterial zu Hotels, Ferienwohnungen, Gästezimmern, Ferme-Auberges oder Campingplätzen zusenden und reservieren dann per Telefon oder Fax.

Hotels

Die meisten Hotels sind nach einem **Vier-Sterne-System** klassifiziert; ein achteckiges blaues Schild am Eingang informiert über die Kategorie des jeweiligen Etablissements. Im Großen und Ganzen sind die Sterne eine hilfreiche Orientierung (siehe unten "Klassifizierung"), dennoch kann durchaus ein niedriger eingestuftes Hotel einem "sternenreicheren" an Ausstattung, Lage oder Atmosphäre überlegen sein. Daneben gibt es auch einige nicht klassifizierte Hotels, die oft mit einem Ein- oder gar Zweisternehotel vergleichbar sind.

Die **Preise** richten sich nicht nur nach der Anzahl der Sterne, sondern auch nach Lage und Ausstattung des Hotels, dem Komfort des Zimmers, manchmal auch nach dessen Lage innerhalb des Hauses. Meist machen die elsässischen Hoteliers keinen Unterschied zwischen Neben- und Hochsaison, sondern vermieten ganzjährig zum gleichen Preis. Von uns angegebene Preisspannen beziehen sich deshalb in der Regel auf Größe und Ausstattung des Zimmers (Art der Betten, Dusche oder Badewanne etc.). Der Betrag gilt für zwei Personen, Einzelreisende erhalten meist nur einen geringfügigen Nachlass. Nicht eingeschlossen im Zimmerpreis ist das Frühstück. Auch dabei gibt es enorme Unterschiede, denn während in den einfacheren Häusern nicht viel mehr als Kaffee, Baguette und/oder Croissant mit abgepackter Marmelade serviert wird, bieten manchmal sogar schon Zweisternehotels üppige Frühstückbuffets. Sowohl die Preise für die Übernachtung als auch für das Frühstück müssen außerhalb des Hauses, im Empfang und in den Zimmern durch einen Aushang angezeigt werden. Größere Häuser bieten auch Halbpension.

● *Klassifizierung*   * **Ein Stern**, einfacher Komfort, in der Regel schlicht eingerichtete Zimmer, manchmal sind Bad und Toilette auf dem Gang.
** **Zwei Sterne**, mittlerer Komfort, meist kleine Zimmer mit TV und Telefon, einfaches Bad mit Toilette und Dusche oder Badewanne.
*** **Drei Sterne**, sehr komfortabel, große Zimmer, luxuriöse Bäder.
**** **Vier Sterne**, Luxus, meist mit einem Gourmetrestaurant ausgestattet.
● *Preise für das Frühstück:* Auch wenn man ein DZ mietet, gilt der Preis fürs Frühstück *(petit déjeuner)* immer für die Einzelperson. Je nach Hotelkategorie sollte man etwa mit folgenden Preisen rechnen: * 4–5 €, ** 6–7 €, *** 7–10 €, **** 10–15 €.
● *Informationen:* In der Broschüre "Hotels & Restaurants Alsace" findet man die notwendigen Angaben zu fast allen Hotels im Elsass. Sie erhalten sie bei allen örtlichen Offices de Tourisme.

● *Hotelketten*   Jeder Frankreichreisende kennt die kleinen gelben Kamine auf grünem Grund, Emblem der beliebten Kette **Logis de France,** zu der sich meist gemütliche, oft familiär geführte Hotels mit zwei oder drei Sternen und regionaltypischen Restaurants zusammengeschlossen haben. Sehr preisgünstig sind die oft an den Ausfallstraßen gelegenen Häuser der Hotelkette **Formule 1,** in denen man zwar nicht idyllisch, aber ausgesprochen komfortabel wohnt. Einen Nachteil haben sie allerdings: Ihre Rezeptionen sind nur von 6.30 bis 9.30 und von 17 bis 21 Uhr besetzt. Sie gehören ebenso wie andere Ketten mit v. a. funktional ausgerichteten, durchaus empfehlenswerten Häusern wie Ibis, Mercure, Novotel etc. der Gruppe der **Accorhotels** an.
Logis de France, Fédération Nationale Logis de France, 83, av. d'Italie, 75013 Paris, ✆ 0145847000, www.logis-de-france.fr.
Accor, www.accorhotels.com, Reservierungsnummer ✆ 0825880000.

Wie man sich bettet ...

Nach einer langen Anreise ist man endlich im Hotel angekommen, schließt erwartungsvoll das Zimmer auf – und bekommt erst einmal einen Schreck. Denn darin steht ein **grand lit,** das klassische französische Bett von 1,40 m Breite, nach landesüblichen Vorstellungen ausreichend für zwei erwachsene Personen. Für viele hoch gewachsene Menschen jedoch ein Graus, zumal man sich meist auch noch eine nach allen Regeln der Kunst im Bettrahmen festgestopfte Decke teilen muss. Um Schlaf- oder gar Beziehungsproblemen aus dem Weg zu gehen, empfiehlt es sich, bei der Buchung nach einem Zimmer mit 2 Betten, **deux lits,** zu fragen. Den meist nicht allzu hohen Aufpreis zahlen Schlafempfindliche sicher gern.

Kuscheliges Elsass

Ferienwohnungen und Gästezimmer

Frankreich besitzt ein überaus dichtes Netz an Ferienwohnungen (**meublés**) und Gästezimmern (**chambres d'hôtes**). Das Angebot ist schier unüberschaubar und reicht vom einfachen Einbettzimmer beim Winzer über eine schnuckelige Stadtwohnung bis zum romantischen Häuschen auf dem Land, alle wiederum nach Sternen klassifiziert. Je nach Größe, Ausstattung und Lage der Unterkunft unterscheiden sich die Preise z. T. beträchtlich, und oft wird in der Hochsaison erheblich mehr verlangt. In der Regel sind Zimmer und Wohnungen an der Weinstraße und in den Vogesen teurer als in der Rheinebene. Einen wichtigen Faktor stellen bei den Ferienwohnungen auch die Nebenkosten dar: Bettwäsche *(draps)* und Endreinigung *(nettoyage final)* lassen den Mietpreis schnell um bis zu 50 € in die Höhe schnellen. Während Wohnungen und Häuser immer ohne Verpflegung vermietet werden, schließt die Miete für das Gästezimmer stets ein Frühstück mit ein. Unter dem Begriff *table d'hôtes* verbirgt sich die Möglichkeit, beim Zimmervermieter am Familientisch auch eine Mahlzeit einnehmen zu können.

Die **Mietdauer** beträgt bei Wohnungen normalerweise eine oder mehrere volle Wochen, wobei als An- und Abreisetag der Samstag gilt. In der Nebensaison wird aber auch gerne wochenendweise vermietet, bei Gästezimmern lässt sich die Mietdauer ohnehin leichter individuell regeln. Die **Reservierung** geht folgendermaßen vonstatten: Nachdem man beim zuständigen Office de Tourisme (die Adressen finden Sie im Reiseteil bei den jeweiligen Orten unter dem Stichwort "Information") das Verzeichnis der in einer bestimmten Region verfügbaren Unterkünfte bestellt hat, setzt man sich mit dem Vermieter direkt in Verbindung. Von diesem bekommt man dann einen Mietvertrag geschickt, den man ausgefüllt zurücksendet. Außerdem ist eine Anzahlung von 10–30 % des Mietpreises zu leisten, der Rest wird nach Ablauf der Mietdauer bezahlt. Man kann die Reservierung aber manchmal auch über das Office de Tourisme abwickeln.

Rast in einer Ferme-Auberge

• *Preise* Für ein Gästezimmer zahlt man zwischen 25–70 € (DZ) bzw. 44 –84 € (Dreibettzimmer). Die Preisspanne für die Wohnungen und Häuser liegt zwischen 160 und 500 € die Woche.

• *Vermietervereinigung* Einige Vermieter sind Mitglieder in der sehr auf Qualität bedachten Vereinigung **Gîtes de France**, welche die Unterkünfte regelmäßig kontrollieren lässt und mit Ähren (statt Sternen) deren Qualität bewertet. Einige sind auch in den OT-Verzeichnissen aufgeführt, wenn man sie aber direkt bei Gîtes de France bucht, hat man die Möglichkeit, dies via Internet tun zu können. Zudem bietet die Vereinigung neben Gästezimmern und Woh-

nungen, die im Katalog **Gîtes ruraux** genannt werden, weitere interessante Übernachtungsmöglichkeiten: **Gîtes d'étapes**, Häuser, die von größeren Gruppen oder mehreren Familien gemietet werden können, Unterkünfte, die auf einen besonderen Wunsch Rücksicht nehmen (behindertengerechte Einrichtung, Lage in den Weinbergen oder an einem Weiher, Aufenthalt auf einem Reiterhof etc.) und Chalets auf Campingplätzen.

Informationen erhält man bei: Maison des Gîtes de France et du Tourisme Vert, 59, rue St-Lazare, 75439 Paris, ✆ 0149707575, ✆ 0142812853, www.gites-de-france.com.

Ferme-Auberges

Von Kuhglocken in den Schlaf gewiegt und vom Hahnenschrei wieder geweckt zu werden – das hat was! Auf einem Bauernhof in den Vogesen zu nächtigen gehört zu den urigsten Übernachtungsvarianten im Elsass. Neben Schlafsälen für 10–20 Personen haben einige Bauern mittlerweile auch einfache DZ mit Waschbecken für ihre Gäste eingerichtet, Toiletten und Duschen muss man sich allerdings teilen. In der Regel wird die Übernachtung mit Halbpension zum Preis von ca. 30 € angeboten und schließt ein deftiges Abendessen und ein Frühstück ein.

Informationen Im Reiseteil dieses Buches finden Sie Informationen zu zahlreichen Ferme-Auberges, außerdem sind diese meist auch in den Übernachtungsprospekten der jeweiligen O.T. oder in separaten, ebenfalls dort zu bekommenden Broschüren aufgelistet.

Jugendherbergen

Nur wenige dieser preiswerten Unterkunftsmöglichkeiten, für die man einen internationalen Jugendherbergsausweis vorweisen muss, sind im Elsass vertreten, z. B. in Strasbourg, Saverne, bei Colmar, in Lautenbach und Mulhouse. Die *Auberges de Jeunesse* sind in fünf Kategorien eingeteilt.

Informationen **Fédération Unie des Auberges de Jeunesse,** 27, rue Pajol, 75018 Paris, ✆ 0144898727, ✉ 0144898710, www.fuaj.org. **Ligue Française pour les Auberges de Jeunesse,** 38, bd Raspail, 75007 Paris, ✆ 0145486984, ✉ 0145445747.

Camping

Nahezu jeder größere Ort verfügt über einen gut ausgestatteten Campingplatz, aber auch in abgelegeneren Gebieten findet man etliche Möglichkeiten, sein Zelt aufzuschlagen bzw. sein Wohnmobil abzustellen. Einige Plätze sind das ganze Jahr über geöffnet, die meisten bleiben jedoch von November bis März geschlossen. Insbesondere am Rhein sind manche von zumeist deutschen Dauercampern bis zu 80 % ausgebucht, sodass es im Sommer schwierig sein kann, ein Plätzchen zu finden. Dies gilt auch für beliebte Anlagen in den Vogesen oder an der Weinstraße in den Monaten Juli und August, wenn viele Innerfranzosen im Elsass ihre Ferien verbringen. Die Klassifizierung erfolgt auch beim Camping durch Sterne, wobei die Einteilung in vier Kategorien sich nur auf die Ausstattung des Platzes, nicht aber auf seine Lage bezieht. Auf manchen höher klassifizierten Plätzen kann man auch kleine Holz-Chalets mieten.

● *Klassifizierung* *** Ein Stern,** sanitäre Minimalausstattung, meist nur Kaltwasserduschen. Unbewachte Anlage.

** Zwei Sterne, das Campingareal ist gewöhnlich gut erschlossen und parzelliert, Warmwasserduschen und individuelle Waschbecken mit Steckdosen sowie ein Kinderspielplatz sind zumeist vorhanden.

*** Drei Sterne, komfortabler, rund um die Uhr bewachter Platz, in der Regel mit kleinem Lebensmittelgeschäft. Die Stellplätze besitzen einen eigenen Stromanschluss. Ein Kinderspielplatz gehört zur Grundausstattung, häufig stehen ein Swimmingpool sowie ein Tennisplatz zur Verfügung.

**** Vier Sterne, Luxus-Camping mit fast obligatorischem Swimmingpool und diversen Sportangeboten (Tennisplatz etc.). Die sanitäre Ausstattung lässt nichts zu wünschen übrig. Die Geschäfte ähneln kleinen Supermärkten, auch ein Restaurant ist vorhanden.

● *Preise* Zwei Personen mit Auto oder Zelt müssen auf einem komfortablen Vier-Sterne-Platz pro Nacht ca. 11–18 € bezahlen, während die Übernachtung auf einem Ein-Sterne-Platz schon ab 5 € zu haben ist. Für ein Chalet (5–6 Pers.) bezahlt man pro Woche zwischen 70 und 500 €.

● *Informationen* In der Broschüre "Camping & Caravaning Alsace" sind alle Plätze im Elsass mit den notwendigen Angaben aufgelistet, auch die sog. **Campings à la ferme** (Camping auf dem Bauernhof): eine kleine Wiese, maximal sechs Stellflächen, wenig sanitärer Komfort, aber dafür umso mehr Flair. Sie erhalten die Broschüre bei allen Offices de Tourisme im Elsass.

Hausboot

Ferien auf dem Wasser sind in Frankreich eine sehr beliebte Urlaubsform. Mieten kann man die zumeist führerscheinfreien Hausboote im Elsass allerdings nur in Saverne und im nahe gelegenen lothringischen Lutzelbourg. Weitere Informationen erhalten Sie über das Office de Tourisme in Saverne (siehe S. ???) und das Syndicat d'Initiative in Lutzelbourg: 57820 Lutzelbourg, 147, rue A. J. Konzett, ✆ 0387253019, ✉ 0387253376.

Das Auge isst mit

Essen und Trinken

Wer ins Elsass reist, tut dies oft auch der vorzüglichen Küche und der ausgezeichneten Weine wegen. In keiner Region Frankreichs vergibt der Michelin alljährlich so viele Sterne wie hier, jedes noch so kleine Weindorf nennt zumindest eine Winstub sein Eigen, pro 320 Einwohner, sagt man, gebe es ein Restaurant.

Und tatsächlich wird man nur selten enttäuscht, denn was aus Küche und Keller kommt, hat häufig mehr Raffinesse und Qualität als auf der anderen Seite des Rheins. Gleichgültig, ob man nun ein Drei-Gänge-Menü oder einen einfachen Flammkuchen bestellt, in der Küche steht fast immer ein Koch, der mit Liebe und Passion seinem Beruf nachgeht – oft der Patron selbst. Und der achtet schon bei der Auswahl seiner Produkte auf höchste Qualität, kennt seine Lieferanten, den Gemüsebauern, den Winzer, den Käsereifer, Metzger und Wurstmacher, meist persönlich. Wie in alter Zeit sammelt man voller Vorfreude auf eine köstliche *tarte* in mühsamer Handarbeit Heidelbeeren oder pflückt Wildkräuter, die den Speisen den eigentlichen Pfiff geben.

Was die **Essgewohnheiten** angeht, gilt es ein paar Besonderheiten zu beachten: Schlag zwölf Uhr füllen sich die Lokale zum *déjeuner*, dem Mittagessen, und zwei Stunden später wird die Küche meist wieder zugemacht. Zum *dîner* sollte man nicht vor 19, aber auch nicht nach 21 Uhr erscheinen. Insbesondere in Restaurants ist es üblich, dass der Gast nicht einfach den nächstbesten freien Tisch ansteuert, sondern sich geduldet, bis ihm ein Platz angeboten wird; eigene Wünsche können selbstverständlich geäußert werden. Beachten sollte man auch, dass es in Frankreich nicht üblich ist, getrennt zu bezahlen. Geht man also in einer größeren Gruppe essen, sollte man sich vorher absprechen, wer die Rechnung begleicht, und erst hinterher den Betrag aufteilen. **Trinkgeld** *(pourboire)* ist zwar ausnahmslos im Preis inbegriffen *(service compris),* zwischen fünf und zehn Prozent sind je nach Zufriedenheit dennoch angemessen. Sich Minimalbeträge herausgeben zu lassen gilt als unhöflich.

Die **Speisekarten** sind in der Regel auf Französisch abgefasst, bei gewissen Gerichten, z. B. *Baeckeoffa,* existiert allerdings nur ein elsässischer Name. Zum Schluss noch ein Wort zum **Frühstück:** Das in Frankreich übliche *petit déjeuner,* bestehend aus Croissant, Butter, Marmelade, Kaffee oder Tee, wird im Elsass oft angereichert durch Saft, Kougelhopf, Schinken, Wurst und Käse; manchmal gibt es auch ein Ei. Auch hier zeigt sich wieder: die Grenze ist nah!

Die Lokale

Im **Restaurant** isst man entweder ein *menu*, das zu einem Fixpreis auf der Speisekarte steht, oder man bestellt *à la carte*. Insbesondere abends wird erwartet, dass man zwei oder drei Gänge bestellt, mittags kann man aber auch problemlos nur ein Hauptgericht ordern, zumal viele Restaurants dann ein günstiges Tagesgericht *(plat du jour)* anbieten. Wer trotz schmaler Reisekasse gerne einmal nobel speisen möchte, sollte mittags in einem der gehobenen Restaurants einkehren und dort das *menu du jour* verzehren. Es ist meist verhältnismäßig preiswert, bietet aber dennoch dem Standard des Hauses gemäß gehobene Tafelfreuden.

Geboten wird in den meisten Restaurants elsässische Küche, darüber hinaus finden sich oft auch französische Klassiker wie *steak au poivre* oder *côte d'agneau à la provencale* (Lammkoteletts) auf der Speisekarte. Auch die großen Köche der **Gourmetrestaurants** benutzen für ihre Kreationen meist die Regionalküche als Basis, "erleichtern" sie durch sparsame

Elsässische Köche haben einen hervorragenden Ruf

Verwendung von Fetten und wandeln sie durch mediterrane und asiatische Zutaten raffiniert ab. Da kommen dann z. B. die Schnecken nicht in Kräuterbutter, sondern als Füllung für die Ravioli in Spargelspitzensauce auf den Tisch. Neben den durch die Michelin-Sterne geadelten Nobelhäusern in Strasbourg, Marlenheim, Illhäusern, Colmar, Lembach etc. gibt es im Elsass noch unzählige weitere Restaurants, in denen das Essen zu einem Erlebnis der besonderen Art wird.

Eine elsässische Besonderheit sind die **Winstubs,** oft auch Wistubs genannt, die aus ehemaligen Weinprobierstuben entstanden sein sollen. Meist handelt es sich dabei heute um kleine, urige Lokale, oft in Kellergewölben oder dunkel getäfelten Räumen untergebracht, in denen man deftige elsässische Küche und einen guten offenen

Wein, aber auch ausgesuchte Tropfen bekommt. Die Speisekarten sind meist nicht sehr umfangreich, selbst dann, wenn sich die Weinstube im Laufe der Zeit zum edlen Etablissement gewandelt hat und dort feinste Regionalküche und auch fixe Menüs serviert werden. Der Begriff kann für vieles stehen: Von der rummeligen Kneipe mit papiergedeckten Holztischen bis zum edel eingerichteten Speisesaal ist alles geboten; immer jedoch soll der Gast in gemütlicher Atmosphäre Wein und Essen aufeinander abstimmen können.

Für den kleinen Hunger sind die **Brasserie** oder auch das **Bistro** angebracht, wo man in ungezwungener Atmosphäre zum Bier oder Glas Wein ein Tagesgericht oder auch Snacks wie Salate, Sandwiches, *croque-monsieurs* (mit Käse überbackene Schinkentoasts) oder Omeletts bestellen kann. Ein ähnliches Angebot weisen neben feinster Patisserie außerdem oft die **Salons du Thé** auf. Sie entsprechen am ehesten dem, was wir unter dem Begriff "Café" verstehen.

Preise Für ein Hauptgericht zahlt man sowohl im Restaurant als auch in der Winstub in der Regel zwischen 10 und 18 €. Ein Menü kann man schon ab 14 € bekommen, meist jedoch legt man für drei Gänge zwischen 18 und 25 € auf den Tisch. In gehobenen Restaurants wird man leicht das Doppelte bzw. das Dreifache los.

Essen wie der Melker – Gaumenfreuden in den Ferme-Auberges

Eine eigene kulinarische Welt bieten die Berggasthöfe der Vogesen, in denen man sich für relativ wenig Geld so richtig satt essen kann. Die Rede ist vom *menu marcaire*, der Melkersmahlzeit, bestehend aus vier Gängen: Suppe, *tourte de la vallée* (eine Blätterteigtorte mit Fleischfüllung), geräuchertem Schweinefleisch mit *Roigenbrageldi* (wunderbare, in rohem Zustand gebratene Kartoffeln) und einem Stück Münsterkäse oder Obstkuchen als Nachtisch. Fast alle Höfe bieten diese üppige Speisenfolge für ca. 14 € zumindest während der Hochsaison an, und oft ist es auch noch üblich, dass Nachschlag angeboten wird. Wenn Sie nun schon vom Lesen pappsatt geworden sind, beruhigt es Sie vielleicht, dass man alle Gänge auch einzeln bestellen kann. Und noch eine weitere Spezialität haben die Ferme-Auberges zu bieten, den *Siasskas:* Ein ganz junger Münsterkäse wird mit Zucker bestreut und dann mit Kirschwasser übergossen. Danach setzt man die Wanderung garantiert doppelt so schnell fort ...

Etwa 70 dieser Bauernhöfe mit Gastwirtschaft gibt es derzeit insgesamt in den Hochvogesen. Ende des 19. Jh. waren es weit mehr als doppelt so viele. Lebensgrundlage war die Viehwirtschaft, daneben verköstigte man Bergwanderer und Skifahrer. Doch vor 40 Jahren wäre diese Wirtschaftsform fast ausgestorben. Durch die beiden Weltkriege und die Bergflucht hatte sich die Zahl dramatisch verringert. Anfang der 70er Jahre zählte man gerade noch 30 bewirtschaftete Höfe. Elektrifizierung und v. a. staatliche Subventionen halfen, die Zahl wieder ansteigen zu lassen. Die Bergbauern schlossen sich zu einer Vereinigung zusammen und verordneten sich u. a. eine Charta, gemäß der zumindest ein Teil der angebotenen Speisen selbst produziert sein muss. Die Rechnung ging auf, und in manchem ansonsten stillen Bauernhof drängen sich in der Hochsaison die Besucher. Und darauf ist man auch angewiesen, denn bei aller Idylle, die Kühe, Schweine, Gänse, Hühner etc. sowie die traumhafte Lage vermitteln, ohne Restauration könnten die Bergbauernfamilien in der heutigen Zeit nicht mehr existieren.

Elsässische Tafelfreuden

Um es gleich vorweg zu sagen: Die elsässische Küche eignet sich nicht für jemanden, der Diätkost bevorzugt, an Butter und Sahne wird nicht gespart. Hauptfleischlieferant ist das Schwein, verarbeitet man doch nahezu alle seine Körperteile vom Kopf über die Füße bis zu den Innereien in mannigfacher Weise. Doch keine Angst: Selbst die deftigsten Gerichte werden mit Raffinesse zubereitet, denn, so sagt es Tomi Ungerer ganz treffend, "von den Franzosen" haben die Elsässer "die Finesse geerbt, die Phantasie und die Fähigkeit zu improvisieren", dagegen "verdanken [sie] den Deutschen [...] die großen Portionen". Voilá!

Vorspeisen und kleine Winstubgerichte

Ein Glas Crémant oder Muscat zu Beginn der Mahlzeit weckt den Appetit. Für den Gang danach stehen neben französischen Klassikern wie **crudités,** eine Zusammenstellung mehrerer Rohkostsalate, und **quiche Lorraine,** dem bekannten Speckkuchen, meist auch folgende kleine Gerichte auf der Karte. Einige der genannten Snacks werden aber auch gerne in Weinstuben serviert.

Bibbeleskas mit G'schwellti: Mit Zwiebeln und Kräutern angemachter Quark wird zusammen mit Pellkartoffeln gerne zum Wein serviert.

Cuisses de grenouilles: Seit sich herumgesprochen hat, unter welch grausamen Bedingungen, nämlich bei lebendigem Leib, den Fröschen ihre Schenkelchen entrissen werden, sind diese von den meisten Speisekarten verschwunden. Die mit viel Knoblauch und Petersilie servierten Froschschenkel stammen von Tieren aus Asien oder vom Balkan, im Elsass gibt es kaum noch welche.

Escargots: Ein Klassiker sind die Schnecken in Kräuterbutter. Ab und zu findet man auch interessante Varianten wie Schneckensuppe, Schneckentarte etc.

Pâté en croûte maison: Ein Blätterteigmantel umgibt die aromatische Füllung aus Schweine- und Kalbfleisch, Speck und vielen Gewürzen.

Presskopf: Der Kopf vom Schwein (angeblich auch die Ohren) wird mit Gewürzen, Gürkchen und Gelatine zu einer Sülze verarbeitet.

Salade aux lardons: Löwenzahn- oder Feldsalat mit "Kracherle", gebratenen Speckwürfeln.

Salade de lentilles: Lauwarmer Linsensalat, der manchmal mit Schweinebäckchen oder Hühnerbrüstchen serviert wird.

Salade Ganzaliesl: Aromatischer Salat aus Sauerkraut und Äpfeln, bei dem geräucherte Gänsebrust nicht fehlen darf.

Tarte à l'oignon: Zwiebelkuchen mit Speckwürfeln.

Gänseleberpastete – ein umstrittener Genuss

Die *foie gras d'oie*, oft durch Trüffelstückchen verfeinert, mit warmem Toastbrot und Weingelee serviert, gehört zu einem elsässischen Festessen einfach dazu. Schon im Spätmittelalter soll diese edle Vorspeise, zu der man gerne ein Gläschen Gewürztraminer trinkt, an deutschen Fürstenhöfen der "Renner" gewesen sein. Einer breiten Öffentlichkeit zugänglich gemacht wurde die Delikatesse aber erst Ende des 18. Jh., als Jean-Pierre Clause, damals Koch des elsässischen Gouverneurs in Strasbourg, sie bei einem Festessen im Brotteig servierte.

Seitdem werden im Elsass und v. a. im Périgord, der Hochburg der französischen Gänseleberproduktion, unzählige Gänse ab der 15. Lebenswoche "gestopft", indem stärkereicher Mais mehrmals täglich über einen Trichter in ihren Hals hineingedrückt wird. Nach einer 24-tägigen Tortur hat sich die Leber des schließlich nur noch torkelnden Tieres um das neun- bis zehnfache vergrößert und ein Gewicht von knapp einem Kilo erreicht. Dann hat das Martyrium ein Ende, die Gans wird geschlachtet, der Gourmet freut sich auf einen Gaumenkitzel, und die Tierschützer sind empört.

Hauptgerichte

Neben viel "Schweinernem" gibt es v. a. in der Rheinebene auch exzellente Fischgerichte. Das Nationalessen ist und bleibt aber **choucroute,** Sauerkraut, dessen französischer Name aus dem elsässischen "Sürkrüt" entstanden ist. Bis zu drei Stunden mit Weißwein und oft auch Schweineschmalz gekocht, schmeckt es viel zarter und weit weniger sauer als jenseits des Rheins. Wird es mit verschiedenen Fleisch- und Wurstsorten serviert, heißt es *garnie à l'alsacienne,* gießt man beim Servieren noch ein Fläschchen Crémant darüber, darf es sich *royale* nennen. Immer häufiger bekommt man aber auch interessante Variationen mit Fisch, Fasan, Rebhuhn oder eingemachtem Entenfleisch.

Asperges aux trois sauces: Spargel wird im Elsass nicht nur mit Schinken, sondern auch in Begleitung von drei Saucen *(mayonaise, sauce mousseline* und *vinaigrette)* serviert.

Baeckeoffa: Der Überlieferung nach entstand dieses Gericht noch in den Zeiten, als die Hausfrauen montags von Hand die große Wäsche erledigen mussten. Da sie keine Zeit zum Kochen hatten, schichteten sie am Morgen die Fleischreste vom Sonntag (Rind, Schwein und Lamm, manchmal stattdessen auch Gans) mit Kartoffelscheiben, Möhren und Zwiebeln in einem Bräter auf, verfeinerten alles mit Gewürzen und Wein und gingen damit zum Dorfbäcker. Der verschloss den Bräter mit Brotteigresten und ließ das Gericht im Ofen mindestens drei Stunden garen.

Bouchée à la reine: Die zarte Königinpastete verbirgt eine delikate Kalbfleischfüllung.

Boudin: Blutwurst, oft mit Äpfeln und Zwiebeln oder auch Kastanien verfeinert.

Confit de canard: Ganze Fleischstücke oder Schenkel der Ente werden in ihrem eigenen ausgebratenem Fett eingelegt. Sehr schmackhaft und weitaus weniger schwer, als man denken möchte.

Coq au Riesling: Das in Stücke zerteilte Hähnchen kommt in einer sahnigen Rieslingsauce auf den Tisch. Dazu werden häufig selbst gemachte Spätzle serviert.

Estomac de porc farci: Der Saumagen wird mit Schweinehack und -bauch sowie Gemüse und Kartoffeln gefüllt. Leider bekommt man diese Delikatesse nur selten.

Fleischschnacka: Eine gut gewürzte Hackfleischfüllung wird in einem Nudelteig aufgerollt, dann schneidet man 2 cm dicke Scheiben ab, brät sie sanft an und lässt sie in der Brühe ziehen.

Flammekueche – nur echt aus dem Holzofen

Als man das Brot noch nicht beim Bäcker kaufte, sondern selbst einmal pro Woche den Ofen schürte, wurde die *tarte flambée* geboren. Damals wie heute: Brotteig wird hauchdünn ausgerollt, mit einer Mischung aus Quark und Crème fraîche bestrichen, ein paar Speckwürfel und Zwiebelringe darüber – und ab in den noch warmen Ofen damit. Schon nach einer Minute ist der Flammkuchen fertig. Mittlerweile gibt es viele Variationen, gratiniert, mit Münsterkäse und Kümmel, mit Knoblauch, süß mit Äpfeln und Calvados oder mit Himbeeren. Immer jedoch soll der krachdünne Fladen nach den Satzungen der "Confrérie du Véritable Flammekueche", zu der sich einige Gastwirte zusammengeschlossen haben, im Holzofen gebacken werden. Im Gegensatz zur Pizza isst man die Fladen übrigens im-

Guten Appetit!

mer gemeinsam, d. h. man bestellt einen Flammkuchen für zwei, drei oder vier Personen, teilt ihn auf, bestellt den nächsten usw., bis man satt ist. Denn Flammkuchen ist weder Vorspeise noch Hauptgericht, sondern, so einfach und köstlich, wie er ist, eine ganze Mahlzeit!

Matelote: In dem am Rhein sehr beliebten "Matrosengericht" sollen mindestens vier, besser noch sechs verschiedene Fischsorten vertreten sein: Zander, Schleie, Hecht, Forelle, Barsch und v. a. Aal. Sie werden in einer sämigen hellen Sauce serviert.

Quenelles de brochet: Hechtklößchen in sämiger Sauce.

Quenelles de foie: Zu den elsässischen Leberknödeln schmecken Bratkartoffeln gut.

Rognons de veau: Kalbsnieren in Rotweinsauce, als Beilage dienen Spätzle oder Bratkartoffeln.

Schiffala: Ein geräuchertes und gepökeltes Schweineschulterstück (vergleichbar mit dem badischen "Schäufele"), wird oft mit Kartoffelsalat serviert.

Schniederspaetle: Die elsässischen Maultaschen sollten Sie unbedingt einmal versuchen. Es gibt sie in Tomatensauce, auf Salat oder Sauerkraut.

Sürlawerla: Geschnetzelte Kalbsleber in

sauer abgeschmeckter Sauce ist eine Delikatesse des Südelsass.

Truite: Forellen werden auf verschiedene Art zubereitet: *bleu* (blau), *aux amandes* (mit Mandeln), *à la meunière* (Müllerin Art), *au Riesling* (in Rieslingsauce).

Wädele: Schweinshaxe mit Sauerkraut.

Fleisch: *agneau* – Lamm; *boeuf* – Rind; *caille* – Wachtel; *canard* – Ente; *chèvre* – Ziege; *chevreuil* – Reh; *cerf* – Hirsch; *coq* – Hahn; *faisan* – Fasan; *faux-filet* – Lendenstück; *foie* – Leber; *lapin* – Kaninchen; *magret de canard* – Entenbrust; *oie* – Gans; *perdrix* – Rebhuhn; *porc* – Schwein; *poulet* – Hühnchen; *sanglier* – Widschwein; *veau* – Kalb

Fisch: *anguille* – Aal; *brochet* – Hecht; *carpe* – Karpfen; *crevette* – Garnele, Krabbe; *homard* – Hummer; *huître* – Auster; *loup de mer* – Seewolf; *moule* – Miesmuschel; *sandre* – Zander; *saumon* – Lachs; *sole* – Seezunge; *thon* – Thunfisch

Desserts

Natürlich sind auf vielen Speisekarten Eisbecher und Klassiker der französischen Küche wie **mousse au chocolat, crème caramel** oder die aus Sahne, Milch, Eiern und Zucker zubereitete **crème brulée** zu finden. Aber selbstverständlich hat das Elsass auch ein paar eigene Süßspeisen zu bieten, die es durchaus mit den oben genannten aufnehmen können.

Iles flottantes: Die "schwimmenden Inseln" bestehen aus Eischneehäufchen auf einer feinen Vanillesauce.

Kougelhopf glacé: Wie im legendären Kuchen (s. u.) sind auch im Eis-Guglhupf in Kirschwasser eingelegte Rosinen versteckt. Besonders fein ist dieser Nachtisch, wenn er mit eingelegten Früchten serviert wird.

Parfait de cérises/de quetsches: Halbgefrorenes, in dem viele Sauerkirschen und natürlich auch wieder Kirschwasser verarbeitet wird. Sehr beliebt ist außerdem das Zwetschgenparfait.

Sorbet au citron avec marc de Gewurztraminer: Nach einem deftigen *choucroute* gibt es nichts Besseres: Zitroneneis wird mit Gewürztraminer-Tresterschnaps übergossen.

Soufflé au kirsch: Warm, luftig, leicht und einfach köstlich ist die Masse aus Eiern, Zucker, Milch und etwas Mehl, dem der Kirschgeschmack den besonderen Pfiff gibt.

Vacharin glacé: Wenn der Koch sich Mühe gibt, bekommt man ein wunderbares Stück Eistorte aus Himbeer- und Vanilleeis, vermischt mit zerbröselten Baisers und garniert mit Sahne. Oft werden aber nur auf einer Meringue Eis und Sahne angehäuft.

Gebäck

Manches wird Ihnen bekannt vorkommen, sind die elsässischen Spezialitäten doch teilweise dieselben wie die einiger deutschsprachiger Regionen. Einige werden übrigens gerne auch als Dessert serviert.

Birewecke: Früchtebrot, wie bei uns ein Adventsgebäck.

Bredele: Weihnachtspätzchen: Buttergebackenes, Anisplätzchen etc.

Bretzel: Laugenbrezel, oft gibt es auch belegte Laugenstangen.

Pain d'épices: Im Gegensatz zum restlichen Frankreich backt man hier in der Weihnachtszeit "Lebkueche".

Tartes aux fruits: Je nach Jahreszeit gibt es in den ländlichen Gasthöfen und in den Ferme-Auberges einen anderen der typischen flachen Obstkuchen aus Mürbeteig, oft überbacken mit einem Guss aus Sahne, Eiern und Zucker. Besonders lecker ist die *tarte aux myrtilles.*

Abricot – Aprikose; *cerise* – Kirsche; *coing* – Quitte; *fraise* – Erdbeere; *framboise* – Himbeere; *mirabelle* – Mirabelle; *myrtille* – Heidelbeere; *poire* – Birne; *pomme* – Apfel; *quetsche* – Zwetschge; *rhubarbe* – Rhabarber

Von der Kugel, die hüpft …

Er ist "der König aller Kuchen, er kommt nur an hohen Festtagen auf den Morgentisch, an Weihnachten, zu Neujahr. Kougelhopf wäre nicht mehr Kougelhopf, würde er monatlich oder gar wöchentlich gereicht!"

Was die Mutter des kleinen Schangala in Jean Egens Roman "Die Linden von Lautenbach" über der Elsässer liebstes Gebäck erzählt, gilt heute nicht mehr in diesem Maße. An jeder Ecke wird der luftige Napfkuchen mit in Kirschwasser eingelegten Rosinen und Mandelkranz inzwischen verkauft, und man genießt die Kugel, die hüpft, also aufgeht, nicht nur an Festtagen zum Frühstück, sondern auch als Dessert, zum Kaffee oder Gewürztraminer, zu dem er süß und salzig hervorragend passt. Aber immer gilt: Kein Fest ohne Kougelhopf, keine elsässische Hausfrau, die ihn nicht backen könnte! Ins Land gebracht haben soll ihn übrigens die Österreicherin Marie-Antoinette, damals noch unter dem Namen Guglhupf.

Bei der Weinlese

Wein

Klimagunst und geeignete Schiefer-, Kalk-, Granit- oder Sandsteinböden, auf denen sich ganz verschiedene Rebsorten entfalten, sind dafür verantwortlich, dass an den Hängen zwischen Marlenheim und Thann schon seit alters Wein angebaut wird.

Im Mittelalter waren die damals ausgesprochen teuren elsässischen Weißen wegen ihrer hervorragenden Qualität besonders in Nord- und Osteuropa sehr gefragt, der Weinhandel blühte, das Elsass entwickelte sich zur bedeutendsten Weißweinregion Europas. Ein verheerender Einbruch kam im wahrsten Sinne des Wortes durch den Dreißigjährigen Krieg, in dessen Verlauf das Elsass regelrecht ausblutete. In Bergheim z. B. sollen von 2600 Bewohnern gerade mal 20 überlebt haben, und dieses Schicksal teilten zahlreiche Dörfer. Zuwanderer aus dem Süden Deutschlands und der Schweiz verstanden wenig vom Weinbau, die Elsässer Weine verloren ihren guten Ruf, der Export kam völlig zum Erliegen.

Eine Wende setzte erst wieder in der zweiten Hälfte des 20. Jh. ein. Man spezialisierte sich nun auf die sieben "klassischen Elsässer Rebsorten" Riesling, Sylvaner, Gewürztraminer, Muscat, Weiß-, Grau- und Spätburgunder, die heute mehr als 80 % der Anbaufläche einnehmen – nach dem Ersten Weltkrieg waren es knapp 10 %. Außerdem legte man sich strikte Ertragsbeschränkungen auf – Elsässer Wein ist keine Massenware – und unterwarf sich deutlich strengeren Kontrollen als anderswo, und zwar vor und nach der Lese.

Bevor er vermarktet wird, testet eine erfahrene Expertenkommission den Wein, ohne den Erzeuger zu kennen. Überprüft wird, ob er in seinem Charakter der jeweiligen Rebsorte entspricht und ohne Fehler ausgebaut wurde. Die charakteristischen schlanken Flaschen, Flöten genannt, tragen die Aufschrift "Appellation d'Alsace" oder

Noch ein Gläschen gefällig?

"Vin d'Alsace", Abkürzungen für "Appellation d'Origine Contrôlée Alsace" (AOC), womit garantiert ist, dass der Inhalt im Produktionsgebiet abgefüllt wurde. Zukauf von Rebensaft von anderen elsässischen Gütern ist möglich, nicht aber aus anderen Regionen. Das Label nennt neben der Rebsorte auch Name und Adresse des Erzeugers bzw. Abfüllers.

Mitte der 1970er Jahre zeichnete man insgesamt 50 eng begrenzte Spitzenlagen, und zwar nur von Riesling, Gewürztraminer, Muscat und Grauburgunder, mit dem Prädikat *grand cru* aus. Die jeweiligen Weine bestehen ausschließlich aus Trauben einer solchen Lage. Da sie ebenso wie Spätlesen *(vendange tardive)* und die fast honigsüßen Beerenauslesen *(sélection de grains nobles)* durch eine längere Lagerung noch an Qualität gewinnen, findet man auf dem Etikett der entsprechenden Flaschen immer die Angabe des Jahrgangs.

Ansonsten werden Elsässer Weine ziemlich jung getrunken. Man serviert sie, selbst den roten Spätburgunder, frisch (8–10 °C) und unterstreicht so ihre Spritzigkeit. All die Bemühungen wurden belohnt, die Elsässer Weine bestechen durch ihre Leichtigkeit, sind hervorragende Begleiter eines deftigen wie delikaten Essens und müssen sich, was ihre Qualität angeht,

---

Die klassischen sortenreinen Weine im Elsass

Sylvaner: Ein leichter und frischer Wein, durststillend, mit diskreter Fruchtigkeit.

Weißburgunder (Pinot blanc): Vereinigt Frische und Geschmeidigkeit, wirkt deshalb besonders rund.

Riesling: Trocken und rassig, fein und fruchtig, passt zum elsässischen Essen einfach wunderbar.

Muscat d'Alsace: Hat im Gegensatz zu den Muskatweinen des Mittelmeerraumes einen trockenen Charakter; wird sehr gerne als Aperitif gereicht.

Grauburgunder (Tokay Pinot gris): Üppig und rund, körperreich, mit einem komplexen Bukett und langem Abgang.

Gewürztraminer: Wahrscheinlich der berühmteste Elsässer Wein. Intensives Bukett, das reiche Früchte-, Blumen- oder Gewürzaromen entwickelt. Klassischer Aperitif.

Spätburgunder (Pinot noir): Rot oder rosé, erinnert mit seinem fruchtigen Aroma an die Kirsche. Der rote Pinot noir kann in Eichenbarriquefässern ausgebaut werden und erhält dann eine körperreiche Struktur.

auch im Weinland Frankreich nicht verstecken. Ihr kräftiger Geschmack entfaltet sich am besten in einem langstieligen Tulpenglas.

Nicht sortenrein ist der **Edelzwicker.** Sein Name erklärt sich aus dem elsässischen Wort "zwicken" für mischen, ist er doch ein Verschnitt aus der Gutedelrebe *(chasselas)* und oben genannten "edlen" Weißweinsorten. Der **Crémant d'Alsace** wird nach der Champagnermethode aus Pinot blanc, aber auch aus Pinot gris, Riesling und Chardonnay hergestellt; der seltene Crémant rosé stammt nur aus der Rebsorte Pinot noir.

Auf über 15.000 ha wird von etwa 6000 Winzern im Haupt- und Nebenerwerb AOC-Wein angebaut, insgesamt erzeugen sie alljährlich etwa 1,2 Mio. Hektoliter und damit 18 % der französischen Weißweine. Ein Teil produziert und vermarktet den Wein selbst, andere geben die geernteten Trauben an die rund 400 Genossenschaften *(caves coopératives)* ab. Überall, wo Sie das Schild *dégustation de vins* (Weinprobe) oder *vente* (Verkauf), manchmal mit dem Zusatz *au detail* (einzeln) lesen, besteht die Möglichkeit, die angebotenen Weine zu probieren. Denn wenn man auch im Elsass sicher sein kann, keinen gepantschten Wein zu bekommen, so bestehen doch von Winzer zu Winzer und von Genossenschaft zu Genossenschaft durchaus Qualitäts- und Geschmacksunterschiede, sodass man das jeweilige Produkt erst versuchen sollte, bevor man sich die schweren Kartons ins Auto laden lässt. Schließlich gehört ein guter Elsässer Wein zu den schönsten Mitbringseln einer genussvollen Urlaubsreise. Zum Wohlsein!

Stiller Genießer

Bier

Ein weiteres alkoholisches Aushängeschild des Elsass ist der Gerstensaft, macht elsässisches Bier doch mehr als 50 % des nationalen Verbrauchs aus. Der Hopfen aus der Region Kochersberg und das frische Wasser aus den Vogesen sorgen für den vorzüglichen Geschmack des Gebräus, das mit gerade mal 4 % Alkohol angenehm leicht ist; nur Starkbier kommt auf einen Wert von 8 bis 12 %. Von den 63 im 18. Jh. in Strasbourg produzierenden Brauereien existiert zwar nur noch ein Bruchteil – viele der kleinen Betriebe wurden von größeren wie Kronenbourg und Fischer, aber auch von dem international tätigen Konzern Heineken aufgekauft -, aber einige der kleinen Familienbetriebe, z. B. Schutzenberger, konnten sich halten. Viele haben ihren Sitz in Schiltigheim, einem Vorort Strasbourgs.

Auf dem Trödelmarkt findet jeder etwas

Wissenswertes von A bis Z

Adressen

Bei Adressenangaben in Frankreich steht die Hausnummer immer vor dem Straßennamen, z. B. 25, rue de la Gare. Die gängige Abkürzung für *avenue* lautet *"av."*, für *boulevard "bd"*, für *place "pl."*, für *route "rte"*.

Behinderte

Wer körperbehindert ist, steht bei manchen Hotels und Restaurants im wahrsten Sinne des Wortes vor unüberwindbaren Hindernissen. Hilfe bietet eine kostenpflichtige Broschüre, die von der *Association des Paralysés de France* herausgegeben wird. Hier finden Sie Informationen zu behindertengerecht ausgestatteten Hotels und problemlos zugänglichen Restaurants.

A.P.F., Délégation de Paris, 22, rue du Père Guérin, 75013 Paris, ☎ 0033/0140786900.

Feiertage

Arbeitsfreie staatliche und kirchliche Feiertage sind: 1. Januar (Neujahr), 1. Mai (Tag der Arbeit), 8. Mai (Waffenstillstand 1945), 14. Juli (Nationalfeiertag), 15. August (Mariä Himmelfahrt), 1. November (Allerheiligen), 11. November (Waffenstillstand 1918), 25. Dezember (Weihnachten). Dazu kommen die folgenden beweglichen Feiertage: Ostern (inkl. Ostermontag), Christi Himmelfahrt und Pfingsten (inkl. Pfingstmontag).

An all diesen Tagen haben Banken, Büros und Geschäfte, aber auch viele Museen geschlossen.

Geld

Wie Deutschland und Österreich ist Frankreich seit dem 1. Januar 2002 Euroland.

In nahezu jedem größeren Ort findet man mindestens eine Bank mit rund um die Uhr zur Verfügung stehendem **Geldautomaten.**

Wesentlich verbreiteter als z. B. in Deutschland ist im Elsass das Bezahlen mit der **Kreditkarte** – sei es an der Tankstelle, im Supermarkt, Hotel oder Restaurant. Dennoch ist Vorsicht geboten, nicht überall wird sie akzeptiert.

Beim **Verlust der ec-Karte** kann man diese unter ☎ 0180/5021021 zu jeder Tages- und Nachtzeit sperren lassen. Das Gleiche gilt beim **Verlust der Kreditkarte** (für Eurocard ☎ 069/79331910, für VISA 08008149100).

Gesundheit

Wer keine kurzfristige Reisekrankenversicherung abschließt, muss bei seiner Krankenkasse einen Auslandskrankenschein abholen (Vordruck E 111). Dieser wird im Bedarfsfall bei der nächsten Ortskrankenkasse *(caisse primaire d'assurance maladie)* oder im Rathaus *(Hôtel de Ville* oder *Mairie)* gegen einen französischen Krankenschein *(feuille de soins d'assurance maladie)* eingetauscht, den man dem behandelnden Arzt oder Krankenhaus übergibt. Dennoch muss die Behandlung erst einmal bar bezahlt werden. Die Rechnung bzw. Quittungen der Apotheke werden dann später der heimischen Krankenversicherung zur Erstattung vorgelegt. Haben Sie nicht genügend Geldmittel für eure teure Krankenhausbehandlung, sollten Sie sofort Ihre Krankenkasse verständigen, damit die mit dem Krankenhaus eine Zahlungsvereinbarung treffen kann.

In fast jedem größeren Dorf findet man eine **Apotheke** *(pharmacie)*, durch ein grünes Kreuz gekennzeichnet. Geöffnet sind sie von 9 bis 12 und von 14 bis 18.30 Uhr. Ein Hinweisschild informiert, welche Apotheke in der Nähe gerade Nacht- oder Sonntagsdienst hat.

Information vor Reiseantritt

Sie können sich in ihrem Heimatland bei den französischen Fremdenverkehrsämtern (Maison de la France) über das Elsass informieren. Darüber hinaus besteht die Möglichkeit, sich mit den Tourismusbüros der beiden Departements des Elsass (Bas-Rhin und Haut-Rhin) in Verbindung zu setzen oder gezielt eines der lokalen Touristenbüros anzuschreiben (Näheres zu den örtlichen Offices de Tourisme s. unter "Touristenbüros", S. 69).

Deutschland: Westendstr. 47, 60325 Frankfurt, ℡ 0190/570025, ℻ 0190/599061, franceinfo@mdlf.de.

Schweiz: 2, rue Thalberg, 1201 Genf, ℡ 0900/900699, ℻ 0041/229010004, mdlfgva@bluewin.ch.
8023 Zürich Rennweg 42, Postfach 7226, ℡ 0900/900699, ℻ 012174617, tourismefrance@bluewin.ch.

Österreich: Argentinerstr. 41 a, 1040 Wien, ℡ 0900/250015, ℻ 01/5032871, info@mdlf.at.

Bas-Rhin: Agence de Développement Touristique du Bas-Rhin, 9, rue du Dôme, 67061 Strasbourg, ℡ 0388154588, ℻ 0388756764, www.tourisme67.com.

Haut-Rhin: Association Départementale du Tourisme en Haut-Alsace, 1, rue Schlumberger, 68006 Colmar, ℡ 0389201068, ℻ 0389 233391, www.tourisme68.asso.fr.

Das Elsass im Internet

Eine wichtige Informationsbörse ist natürlich auch das Internet:
www.tourisme-alsace.com
www.visit-alsace.com
(Eingangsseiten in deutscher Sprache)
www.alsace-route-des-vins.com
www.weinstraße-im-elsass.de
www.route-romane-alsace.com
www.civa.fr
(spezielle Gebiete und Themen in deutscher Sprache, die Letztere zum Thema Wein)
www.grandried.free.fr
loutreforet.free.fr
www.parc-ballons-vosges.fr
www.parc-vosges-nord.fr
www.sundgau.net
(spezielle Gebiete und Themen in französischer Sprache)

Konsulate

Deutsches Generalkonsulat, 15, rue des Francs-Bourgeois, 67081 Strasbourg, ℡ 0388 150340, ℻ 0388757982, consulatallemagne.strasbourg@wanadoo.fr.

Schweizer Generalkonsulat, 11, bd du Président Edwards, 67083 Strasbourg, ℡ 0388350070, ℻ 0388367354, vertretung@stc.rep.admin.ch.

Schweizer Konsulat, 19, rue du Sauvage, 68100 Mulhouse, ℡ 0389453212, ℻ 0389564625, vertretung@mul.rep.admin.ch.

Österreichisches Generalkonsulat, 29, av. de la Paix, 67000 Strasbourg, ℡ 0388351394, ℻ 0388251988, strassburg-gk@bmaa.gv.at.

Notrufnummern/Polizei

In ganz Frankreich gelten folgende Notrufnummern: ℡ **17** für die **Polizei** *(police)*, ℡ **18** für die **Feuerwehr** *(pompiers)*, ℡ **15** für den **Notarzt** *(SAMU)*.

Den **ADAC-Notruf Frankreich** erreichen Sie unter 0472171222. In den Kapiteln zu den größeren Orten finden Sie zudem die Adresse und Telefonnummer der jeweiligen regionalen Polizeistation.

Verführerisch duftet es aus der Backstube

Öffnungszeiten

In Frankreich gibt es keine gesetzlich vorgeschriebenen Öffnungszeiten. Aber grundsätzlich gilt: Der Mittag (12–14 Uhr) ist den Elsässern heilig, das Mittagessen ist ihnen besonders wichtig.

Banken: Di–Fr in der Regel von 9 bis 12 und von 14 bis 16 Uhr, montags oft kein Publikumsverkehr. Da die Geldautomaten aber immer zugänglich sind, stellt das kein Problem dar.

Behörden: Mo–Fr 9–12 und 14–17 Uhr.

Geschäfte: Viele Geschäfte haben montags ganz oder vormittags geschlossen, dafür kann man sich oft auch am Sonntagvormittag mit Lebensmitteln bzw. mit Brot eindecken. Der Samstag gilt als ganz normaler Werktag. Die meisten Geschäfte haben zwischen 9 und 12 sowie zwischen 14/14.30 und 19 Uhr geöffnet, Bäckereien öffnen oft schon um 7 Uhr. Große Supermärkte schließen meist noch später und sind auch während der Mittagspause offen. Letzteres gilt auch für einige Geschäfte in den Großstädten.

Post: In der Regel Mo–Fr 8–12 und 14–19 Uhr, Sa 8–12 Uhr, in größeren Orten mittags oft durchgehend geöffnet, in kleineren Ortschaften bleibt das Postamt samstags zu.

Museen: Meist Di geschlossen, nicht alle ganzjährig geöffnet. Genaueres entnehmen Sie bitte dem Reiseteil dieses Buches.

Kirchen: Für Besucher im Allgemeinen zwischen 8 und 18 Uhr offen, jedoch keine Besichtigung während der Gottesdienste.

Touristenbüros: An touristischen Brennpunkten während der Hochsaison oft ohne Mittagspause bis zum frühen Abend geöffnet, auch an Wochenenden. Ansonsten sind die Öffnungszeiten recht unterschiedlich und von der Saison abhängig. Falls von uns nicht anders angegeben, sind die Büros an den genannten Tagen von 9 bzw. 10 bis 12 und von 14 bis 17 bzw. 18 Uhr geöffnet. Manchmal ändern sich die Öffnungszeiten aufgrund personeller Engpässe kurzfristig.

Post

Die drei Großbuchstaben P.T.T. *(postes, télégraphes, téléphones)* prangen deutlich sichtbar über jedem Postamt. Briefmarken *(timbres poste)* sowie Telefonkarten *(télécartes)* sind hier, aber auch in den **bureaux de tabac** erhältlich. Das Porto beträgt für Briefe bis 20 g bzw. für eine Postkarte 0,46 €. Die hellgelben Briefkästen besitzen zumeist zwei Einwurfschlitze, einen für die jeweilige Stadt oder die nähere Umgebung, den anderen *(autres déstinations)* für den Rest der Welt.

Radio und Fernsehen

Zumindest im grenznahen Gebiet ist es kein Problem, über die badisch-württembergischen und saarländischen Radiosender auf Deutsch Nachrichten zu hören. In Strasbourg liegt die Frequenz der Station SWR 3 bei UKW 98,4, die von Radio Salü bei UKW 101,7. Besonders interessant sind zudem die deutsch-französisch-alemannischsprachigen Sendungen von Radio Dreyeckland aus Freiburg (UKW 102,3), die besonders im Süden des Elsass gerne gehört werden.

Fast alle Fernsehgeräte in elsässischen Hotelzimmern und Ferienwohnungen sind mit einem Kabelanschluss ausgestattet, sodass man ohne Schwierigkeiten deutschsprachige Programme empfangen kann.

Reisedokumente

Deutsche und Österreicher benötigen einen gültigen Personalausweis, Schweizer die Identitätskarte, der Reisepass ist nicht notwendig. Für Kinder unter 16 Jahren reicht ein Kinderpass bzw. der Eintrag im elterlichen Pass aus. Zwar sind seit dem Inkrafttreten des Schengener Abkommens innerhalb der EU die Grenzkontrollen weggefallen, einen Rechtsanspruch auf unkontrolliertes Reisen gibt es aber nicht.

Souvenirs

Insbesondere **kulinarische Mitbringsel** sind äußerst beliebt bei Elsassreisenden. Meist hängt der Kofferraum bei der Rückreise deutlich tiefer nach unten als bei der Hinreise, wurde er doch mit *Wein*, vielleicht sogar mit edlen *Obstwässern* gefüllt. Leckermäuler können den süßen Versuchungen wie *Kougelhopf*, *Bredele* oder auch *Pralinen* nicht widerstehen. Ein deftiger *Münster* strapaziert auf der Heimreise v. a. im Sommer ziemlich die Geruchsnerven der Wageninsassen – da ist der Kauf von "eingedoster" *Gänseleberpastete* schon unproblematischer.

Aber das Elsass hat natürlich auch viele **kunsthandwerkliche Souvenirs** zu bieten. Weit über die Grenzen der Region hinaus kennt man die bunt glasierte *Töpferware aus Soufflenheim* (S. 75 f) und das graue *Steinzeug aus Betschdorf* (S. 86 f). Eine lange Tradition hat aber auch die elsässi-

sche Stoffproduktion. Schöne *Tischwäsche* findet man in Strasbourg, aber auch im Stoffdruckmuseum von Mulhouse (S. 362 f) oder im Fabrikverkauf der Firma Beauvillé in Ribeauvillé (S. 278 f). Nur in Muttersholtz im Grand Ried werden in einer kleinen Weberei noch die traditionellen karierten Tücher, die *Kelsch*, hergestellt (S. 345). Der Weg lohnt sich! Beliebt ist außerdem (nachgemachtes) *altes Spielzeug* wie die gusseisernen Schwingfiguren, deren gleichmäßiges Pendeln den Betrachter beruhigen soll. Meist stellen sie typisch elsässische Szenen dar: ein Storch fängt einen Fisch, ein Koch rennt einem aus der Küche flüchtenden Schwein hinterher, ein Paar in Tracht etc. Störche, Gänse und Enten müssen oft als Dekoobjekte herhalten, liefern sie doch die Modelle für unzählige *Porzellanfiguren* und *Terrinenformen*.

Ein beliebtes Mitbringsel

Sport

Radfahren und **Wandern** sind so beliebt, dass viele Urlauber auf diese Art und Weise das Elsass erkunden; wir haben beides deshalb ins Kapitel "Unterwegs im Elsass" (S. 46 ff) eingeordnet. Doch darüber hinaus

Ein Spaß für die Kleinen

bestehen etliche weitere Möglichkeiten, sich sportlich zu betätigen.

Angeln: Eine der großen elsässischen Leidenschaften, an jedem Wochenende findet irgendwo anders ein Wettbewerb statt. Wer auch einmal während der Ferien sein Anglerglück an Wasserläufen, Bergseen oder am Rhein auf die Probe stellen möchte, benötigt einen auf Tage oder Wochen begrenzten Angelschein *(carte de pêche)*. Informationen bei: *Fédération de Pêche du Bas-Rhin*, 33 a, rue de la Tour, 67200 Strasbourg, ✆ 0388105220 ; *Fédération de Pêche du Haut-Rhin*, 29, av. de Colmar, 68200 Mulhouse, ✆ 0389590688 oder 0389606474, http://federation.chez.tiscali.fr/.

Golf: Größere Anlagen gibt es z. B. in Ammerschwihr, Chalampé, Illkirch-Graffenstaden, Kemperhof/Strasbourg, Mooslargue und Wittelsheim.

Kanu und Kajak: Bis zu 40 Wasserläufe sind im Frühjahr mit Kanu und/oder Kajak befahrbar, im Sommer reduziert sich diese Zahl um ca. 25 %, aber auch dann werden vom *Comité Régional d'Alsace de Canoe Kayak* ca. 50 Tagestouren auf dem Wasser angeboten. Adresse: 4, rue Jean Mentelin, 67035 Strasbourg, ✆ 0388269400, alsace@ff.canoe.asso.fr.

Klettern: Von Obersteinbach bis Ferrette gibt es insgesamt 18 Kletterfelsen, an de-

nen man seine Schwindelfreiheit erproben kann. Über die Bedingungen, auch über kurzfristige Sperrungen gibt die folgende Internetseite Auskunft: www.escalade-alsace.com.

Reiten: Immer größerer Beliebtheit erfreut sich im Elsass die Fortbewegung auf dem Rücken der Pferde. Manche Reiterhöfe bieten regelrechte Reiterferien inkl. Übernachtung und Verpflegung an, oft kann man aber auch stunden- oder tageweise Ausritte buchen. Genauere Informationen finden Sie im Reiseteil dieses Buches und in der Broschüre "Tourisme Equestre", erhältlich z. B. beim Office de Tourisme in Strasbourg (siehe unter Information, S. 144). Darüber hinaus informieren: *A.D.T.E. Bas-Rhin*, 4, rue des Violettes, 67201 Eckbolsheim, ✆ 03887739; *A.D.T.E. Haut-Rhin*, 6, rte d'Ingersheim, 68000 Colmar, ✆ 0389244318.

Skifahren: Neben zahlreichen Einrichtungen für den alpinen Skilauf, z. B. am Le Markstein, am Lac Blanc oder beim Champ du Feu, werden in schneereichen Wintern Skibegeisterte auch durch insgesamt 250 km Langlaufloipen in die Region gelockt. Informationen zum Rodeln und Skifahren in den Vogesen, aber auch praktische Hinweise zu den einzelnen Stationen gibt die Broschüre "Massif des Vosges: Tous les plaisirs de l'hiver", die Sie über die Association

Départementale du Tourisme en Haut-Alsace in Colmar anfordern können (1, rue Schlumberger, 68006 Colmar, ✆ 0389201068, ✎ 0389233391).

Telefonieren

Wenn Sie nicht über das eigne Handy oder vom Hotel aus telefonieren können bzw. wollen, ist es am bequemsten, Sie benutzen eine der zahlreichen Telefonzellen. Die dafür notwendigen Telefonkarten *(télécartes)* bekommt man zum Preis von 7,50 € (50 Einheiten) in Postämtern und Tabakgeschäften. Bei den meisten Telefonzellen ist es möglich, sich zurückrufen zu lassen (die Nummer ist am Apparat angegeben).

Vorwahlnummern für Auslandsgespräche: Deutschland ✆ 0049, Österreich ✆ 0043, Schweiz ✆ 0041. Danach wählt man die Ortskennzahl des gewünschten Ortes, jedoch ohne die Null. Dann die Nummer des Teilnehmers.

Wer nach Frankreich anrufen möchte, wählt die Landesvorwahlnummer ✆ 0033, von der Ortsvorwahl lässt man dann die Null weg.

Touristenbüros

In allen wichtigen Orten des Elsass finden Sie ein **Office de Tourisme (O.T.)** bzw. – die kleinere Version – ein **Syndicat d'Initiative (S.I.)**. Der Weg dorthin ist meist hervorragend ausgeschildert. Geboten wird fast immer ein sehr freundlicher und umfassender Service, in der Regel spricht das Personal Deutsch. Man bekommt jede Menge Informationsmaterial: von kostenlosen Stadtplänen über ein Unterkunftsverzeichnis bis hin zu Beschreibungen von Sehenswürdigkeiten.

Es lohnt sich auch, nach Spezialprospekten zu fragen, z. B. nach "Camping à la ferme" oder nach empfehlenswerten Radtouren in der Umgebung. Im Sommer werden zudem häufig Stadt- bzw. Ortsführungen angeboten.

Die Adressen sowie Telefon- und Faxnummern der Touristenbüros sind im Reiseteil dieses Buches bei den einzelnen Orten unter dem Stichwort "Information" angegeben. Zu den Öffnungszeiten siehe S. 66.

Zeitungen

Insbesondere während der Sommersaison ist es kein Problem, deutschsprachige Zeitungen und Zeitschriften in den Tabakläden zu bekommen. Die in Strasbourg gedruckte Tageszeitung **DNA (Dernières Nouvelles Alsace)** gibt zusätzlich zu der frankophonen auch eine bilinguale Ausgabe heraus, die v. a. im Bas-Rhin verbreitet ist. Im Südelsass wird häufiger die in Mulhouse verlegte Zeitung **L'Alsace** gelesen.

Das Dorfgeschehen interessiert Jung und Alt

Die Rheinebene nördlich von Strasbourg

**Nur wenige Besucher verirren sich in diesen Teil des Elsass. Eigentlich scha-
de, denn wenn auch die Attraktionen weniger spektakulär sind als die anderer Regionen, so erwarten einen doch zahlreiche interessante, ursprünglich gebliebene Orte. Und auch die Landschaft ist keineswegs so eintönig,
wie es auf den ersten Blick erscheint.**

Wo die Rheinauen noch weitgehend intakt geblieben sind, erfreuen sich Naturlieb-
haber an einer vielfältigen Pflanzen- und Tierwelt. Im "Goethe-" bzw. "Friederike-
Dorf" Sessenheim kann man den Spuren einer der bekanntesten Romanzen in der
deutschen Literatur nachgehen. Wer sich für Kunsthandwerk interessiert, kommt
in den beiden Töpferorten Soufflenheim und Betschdorf auf seine Kosten: Das Angebot an bunt glasierter Keramik bzw. an Steingut ist hier weitaus größer als in den
Souvenirläden von Strasbourg, Colmar und Riquewihr, und zudem kann man den
Handwerkern bei der Arbeit über die Schulter schauen.

Städtisches Zentrum der Region ist Haguenau mit einer liebevoll restaurierten Altstadt. Seine sehenswerten Museen sind für Hobbyhistoriker ein Muss. Im Norden
der Stadt dehnt sich der Hagenauer Forst aus, immerhin einer der größten zusam-
menhängenden Wälder Frankreichs. Kein Wunder, dass das Gebiet jenseits davon
– bis zu den Ausläufern der Nordvogesen bzw. der Grenze zur Pfalz – *Outre Forêt*,
das Land "hinter dem Wald", genannt wird. Zu dessen schönsten Dörfern zählen

Hunspach und Seebach. Westlich von Haguenau liegt das Hanauer Land. In der alten Grafschaft am Rand der Nordvogesen findet man in den kleinen Städtchen Bouxwiller, Pfaffenhoffen und Neuwiller-lès-Saverne neben kunsthistorischen und architektonischen Kleinoden auch bedeutende Zeugnisse der traditionellen jüdisch-elsässischen Kultur.

Lauterbourg

Ein wenig verschlafen wirkt das sympathische Städtchen an der Lauter, das sich wegen seiner Lage im äußersten Nordosten Frankreichs selbstbewusst "Porte de France" nennt. Auffallend die Vielzahl an Restaurants – aus dem deutschen Grenzland kommt man eben gerne zum Essen hierher.

Der auf eine römische Siedlung zurückgehende Ort weist im Zentrum eine Hand voll Sehenswürdigkeiten auf. Das 1731 erbaute **Hôtel de Ville** mit schönem Renaissanceportal birgt im Innern auf einem Treppenabsatz einen kleinen Jupiteraltar. Geht man die Hauptstraße ein paar Meter abwärts, sieht man rechts den **Metzgerturm,** den letzten von einst 15 Türmen der im 13. Jh. errichteten Stadtbefestigung. Von der Terrasse der schräg gegenüber aufragenden **Dreifaltigkeitskirche,** deren spätgotischer Chor aus dem Vorgängerbau von 1467 stammt, bietet sich ein schöner Blick auf die farbenfrohen Häuserfassaden der Stadt. Unterhalb der Kirche liegt die Place de la République, von der die Rue du Gal Mittelhauser bis zur **Porte de Landau** aus dem Jahre 1706 führt. Das Emblem Ludwigs XIV. erinnert an die Zeit, als Lauterbourg im Zuge der Reunionspolitik (siehe S. 26) französisch und vom königlichen Militärbaumeister Vauban zur Festung ausgebaut wurde.

- *PLZ* 67630
- *Lage* Lauterbourg liegt an der D 300 und hat so eine günstige Verbindung nach Strasbourg; über die D 3 kommt man zudem rasch nach Wissembourg.
- *Information* **Office de Tourisme,** von Mai bis Ende Sept. Mo–Fr, in den übrigen Monaten nur nachmittags geöffnet. 21, rue de la 1ère Armée, ℰ 0388946610, ℰ 0388546133.
- *Zug* Der Gare SNCF befindet sich südlich des Zentrums. Tägliche Verbindungen nach Strasbourg, im Sommer sonntags auch mit dem rheinland-pfälzischen Wörth.
- *Baden* Südlich von Lauterbourg liegt der Baggersee **Bassin des Mouettes** mit ausgedehnter Grünfläche. Vom 15.6. bis 31.8. wird er durch Bademeister bewacht. Erwachsene 2,10 €, Kinder 0,60 €.
- *Post* Place de la République.
- *Polizei* 53, rue de la 1ère Armée, ℰ 0388 948012.

- *Übernachten* ** Hôtel du Cygne, mitten im Ort. Neben zwei EZ (35 €) werden 16 DZ mit Grand Lit zum Preis von 44 € vermietet. 39, rue du Gal Mittelhauser, ℰ 0388948059, ℰ 0388946190.

*** Camping Les Mouettes, am gleichnamigen Baggersee bzw. 1,5 km vom Ortszentrum entfernt. Größerer Platz, viele Dauercamper. Vom 1.3. bis 15.12. geöffnet, ℰ 0388 546860.

- *Essen und Trinken* Auberge A la Poêle d'Or, Lauterbourgs Gourmetlokal wartet mit hervorragenden Fischgerichten und Gänseleberspezialitäten auf, zu empfehlen sind aber auch ausgefallene Geflügelvariationen wie Wachteln in Blaubeersauce oder Täubchen mit frischem Gemüse. Danach lockt eine große Auswahl an edler Pâtisserie oder der reichhaltige Käsewagen. Menüs ab 26 €. Mi und Do geschl. 35, rue du Gal Mittelhauser, ℰ 0388948416.

Tipp für Radfahrer: Im Office de Tourisme erhält man gutes Informationsmaterial zu dem vom Verein Pamina-Rheinpark (siehe S. 73) entworfenen "Radwanderweg Lautertal" von Lauterbourg nach Wissembourg.

Seltz

Die schönste Route von Lauterbourg nach Seltz führt über den von stattlichen Fachwerkhäusern gesäumten Ort Mothern entlang der kurvenreichen D 468. Immer wieder zweigen Sträßchen zu Altrheinarmen und Auwäldern ab, den Hauptattraktionen der Gegend.

Schon in keltischer Zeit war Seltz besiedelt, später errichteten die Römer hier das Militärlager Saletio. Wunderschöne Funde aus dieser Zeit kann man sich im Musée Historique von Haguenau anschauen (siehe S. 82 f). Im Mittelalter erhielt der Ort dadurch besondere Bedeutung, dass die Gemahlin Kaiser Ottos I., die heilige Adelheid, im Jahre 978 hier eine Benediktinerabtei stiftete, wo sie später auch begraben wurde. Vom einstigen Glanz ist heute allerdings kaum noch etwas zu sehen, im Zweiten Weltkrieg wurde nahezu alles in Schutt und Asche gelegt. Einen kurzen Besuch wert sind jedoch das liebevoll zusammengestellte kleine **Museum** mit einer Sammlung archäologischer Funde aus der Umgebung im Gebäude der Touristeninformation (Öffnungszeiten siehe unten Office de Tourisme) und die im Zentrum stehende neue **Pfarrkirche St-Etienne.** Zwar wurde das mittelalterliche Gotteshaus durch Bomben weitgehend zerstört, erhalten blieb aber der prächtige Chor aus dem 13. Jh. Er wurde in den 1960er Jahren in den ansonsten hochmodernen Kirchenneubau integriert.

- *PLZ* 67470
- *Lage* An der D 468. Zwischen Seltz und dem badischen Plittersdorf pendelt ca. alle 20 Minuten eine Seilfähre über den Rhein. Die Benutzung ist kostenfrei.
- *Information* **Office de Tourisme,** 2 av. du Gal Schneider, ✆ 0388055979, 📧 0388055979. Ganzjährig Mo–Fr 8–12 und 13.30–17.30 Uhr geöffnet. Das im Gebäude untergebrachte Museum hat prinzipiell dieselben Öffnungszeiten; darüber hinaus erwartet es seine Besucher aber auch noch jeden 1. So im Monat (außer im Januar) und von Mai bis Oktober zusätzlich noch jeden 3. So im Monat jeweils von 14 bis 17 Uhr.
- *Baden* Seltz ist stolz auf seinen Sandstrand am **Baggersee Salmengrund,** der unmittelbar am Rheinufer liegt. Der Badebetrieb wird in den Sommermonaten bewacht. Erwachsene 2 €, Kinder ab 6 J. die Hälfte.

Tipp für Radfahrer: Sehr lohnenswert ist der vom Pamina Rheinpark (siehe S. 73) entworfene deutsch-französische "Radwanderweg Rheinauen". Informationsmaterial inkl. Karte gibt es z. B. im hiesigen Office de Tourisme oder im CIN-Büro Munchhausen (siehe S. 74).

- *Wandern* Das Office de Tourisme vermittelt Wanderungen in den Pamina Rheinpark. Die mal halb-, mal ganztägigen Touren zum Preis von 15 bzw. 22 € inkl. Verpflegung finden während der Sommermonate regelmäßig meist an Sonntagen statt und führen immer wieder zu anderen interessanten Stellen in der Auenlandschaft. Einige der Führer sprechen auch Deutsch. Genauere Informationen beim Office de Tourisme.
- *Übernachten* Gleich zwei Campingplätze befinden sich in Seltz, beide werden stark von Dauercampern frequentiert und verfügen jeweils über eine Badegelegenheit. Sie sind vom 1.4. bis 30.9. geöffnet. Der * **Camping Salmengrund** liegt am gleichnamigen Baggersee (✆ 0388865237), das ** **Camping Les Peupliers** ca. 1 km westlich des Ortes an der N 65 (✆ 0388868590). Dort gibt es auch ein kleines Vogelgehege.
- *Essen und Trinken* **Auberge de la Forêt,** ob Flammkuchen oder deftige Gerichte wie gefüllter Schweinemagen, stilvoll in der Pfanne serviert, oder feine, leichte Speisen wie Hirschcarpaccio und Fisch in Salzkruste – es schmeckt einfach gut, und die Preise halten sich noch im Rahmen. Samstagmittag und Mo geschl., vom 1.11. bis 31.3. zusätzlich auch Sonntagabend. 42, rte de Strasbourg, ✆ 0388865045.

Nördliche Rheinebene

Pamina Rheinpark/Parc Rhénan

"Der Rhein soll nicht trennen, sondern verbinden" – so lautet das Motto des seit 1997 existierenden, grenzüberschreitenden Vereins "Pamina Rheinpark". Auf einer Fläche von derzeit mehr als 350 km^2 hat man beiderseits des Flusses zwischen Karlsruhe und Iffezheim sowie zwischen Lauterbourg und Beinheim (eine Erweiterung bis Sessenheim ist geplant) bisher zwei Naturschutzzentren, zehn sich mit dem Thema Natur und Kultur am Rhein beschäftigende Museen sowie ca. 50 Informationsstationen in der Natur eingerichtet. Der Verein hat auch empfehlenswertes Kartenmaterial erstellt und unterhält eine informative Webseite (www.pamina-rheinpark.org).

Wanderung 1: In den Rheinauen bei Munchhausen

Das Delta der Sauer, die hier in zahlreichen Verzweigungen in den Rhein mündet, ein weitgehend naturbelassener Auwald mit einer vielfältigen Pflanzen- und Vogelwelt sowie schöne Blicke auf den Grenzfluss zwischen dem Elsass und Baden gehören zu den Highlights dieser Tour – insbesondere im Frühjahr ein Erlebnis der besonderen Art, im Sommer sollten Sie Mückenschutzmittel mitnehmen. Die etwa 6 km lange Wanderung ist bequem in ca. 90 Minuten zu bewältigen, ein Abstecher in den Auwald hinein (gutes Schuhwerk ist dafür erforderlich) verlängert die Tour um etwa einen Kilometer.

Anfahrt: Von Seltz fährt man auf der D 468 rund 4 km in nördliche Richtung und biegt dann an der Bahnstation von Munchhausen nach rechts ab. Etwa in der Mitte des Ortes liegt der Parkplatz de la Sauer.

Gehen Sie vom Parkplatz auf die **Brücke über die Sauer,** von wo man einen schönen Blick auf die sich immer wieder verzweigenden Arme des Flusses hat. Neben Schwänen kann man Wildenten, Blesshühner und Haubentaucher beobachten, mit etwas Glück entdecken Sie am Ufer einen Fischreiher oder einen Milan hoch oben in der Luft. Jenseits der Brücke geht man zunächst auf einem Radweg, doch bereits nach 200 m kann man an einer Gabelung auf einem **schmalen Fußpfad auf dem Damm** oberhalb eines der Sauerarme weiterwandern. Der Damm ist übersät mit Herbstzeitlosen, die im September bzw. Oktober zartrosa blühen – aber Vorsicht: Sie sind giftig! Eichen, Pappeln und Weißdornhecken säumen den Weg.

Im Delta der Sauer

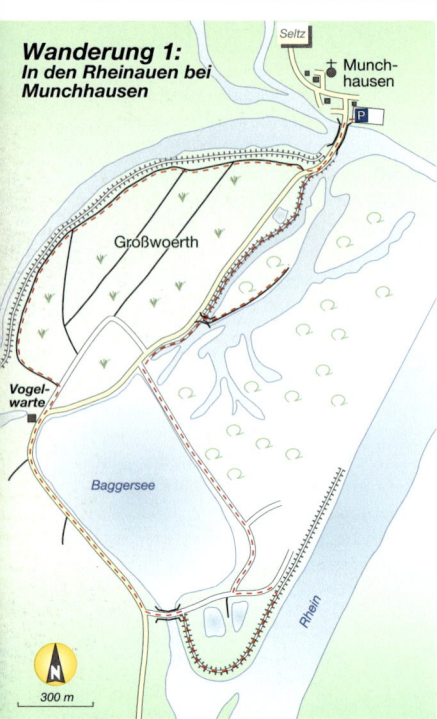

Wanderung 1:
In den Rheinauen bei
Munchhausen

Nach insgesamt 1 km führt ein Abstecher nach links in den **Auwald** hinein. Folgen Sie dem Fußpfad aber nur wenige Meter und halten Sie sich dann rechts, ein stetig schmaler werdender, nicht immer gut zu erkennender Trampelpfad verläuft knapp 500 m weit immer am Flussarm entlang. Am Ufer setzen im Mai gelb blühende Schwertlilien einen farbigen Akzent in dieser ansonsten grünen Urwaldlandschaft, in der man immer wieder Äste beiseite schieben muss, um vorwärts zu kommen. Schließlich erreicht man eine Lichtung mit knorrigen, alten Weiden. In den Flussarmen, die einem hier nun das Weiterkommen unmöglich machen, jagen häufig Kormorane und Eisvögel nach Fischen.

Zurück auf dem vor dem Abstecher benutzten Fußpfad, geht man in derselben Richtung weiter und biegt nach etwa 500 m links auf einen breiten Waldweg ab. Er führt ca. 1 km an einem **Baggersee** entlang bis zu einer markanten Dreiergabelung. Der linke Weg bringt Sie in wenigen Minuten zum **Rheindamm.** Oben kann man wunderbar picknicken oder auch nur den Schiffsverkehr auf dem Strom beobachten. Gehen Sie nun auf dem schmalen Weg auf dem Damm flussaufwärts weiter, bis Sie nach 500 m wieder eine **Brücke** erreichen. Überqueren Sie diese nach links und biegen Sie dahinter auf einen betonierten Radweg nach rechts ab. Sie befinden sich nun auf der anderen Uferseite des schon erwähnten Baggersees – im Mai hört man hier oft den Gesang von Nachtigallen und das Flöten des Pirols. Und bald erreicht man auch eine **ornithologische Beobachtungsstation,** hinter der sich wieder ein herrlicher Blick auf einen der Arme der Sauer bietet.

Wenige Schritte nach der Vogelwarte hält man sich an einer Abzweigung geradeaus und biegt 130 m danach links auf einen von Weiden gesäumten Weg ab. Dieser stößt bald auf einen Damm, unterhalb dessen man in nordöstliche Richtung weiterwandert. Rechts erstreckt sich das riesige **Wiesengebiet Großwoerth,** auf dem in der Regel Pferde weiden und ab und zu auch einmal ein Storch herumspaziert. An einem mit Schilf bewachsenen Tümpel konnten wir einmal gleich vier Ringelnattern auf der Jagd nach Fröschen beobachten. Bleiben Sie immer auf diesem Weg, der Sie zur Sauer-Brücke und dem Parkplatz zurückführt. Wenn Ihr Interesse für die Auenlandschaft nun geweckt worden ist, können Sie noch dem **Centre d'Initiation à la Nature (CIN)** unweit des Parkplatzes einen Besuch abstatten (Mo–Fr 9–12 und 14–18 Uhr, Eintritt frei).

Soufflenheim

Überall im Elsass werden die Töpferwaren aus Soufflenheim angeboten – die bunt bemalten Töpfe, Terrinen und Krüge sind regelrechte Schmuckstücke.

Das kann man von dem lang gestreckten Dorf an der viel befahrenen N 63 nicht gerade behaupten. Aber trotz des hohen Verkehrsaufkommens macht es viel Spaß, von Laden zu Laden zu bummeln, zu vergleichen und den Töpfern in den Werkstätten bei der Arbeit zuzusehen.

Das Töpferhandwerk wurde jahrhundertelang in mehreren Dörfern der Gegend ausgeübt. Den notwendigen Rohstoff lieferte der nahe Hagenauer Forst (siehe S. 83 f), lagern doch dort unter dem sandigen Boden 3–5 m mächtige Tonschichten. Das Graberecht soll den Töpfern von Kaiser Friedrich I. Barbarossa (im 12. Jh.) verliehen worden sein. Mal heißt es, ein Töpfer habe ihn bei einer Treibjagd vor einem wütenden Eber gerettet, mal wird erzählt, Töpfer hätten ihm eine ihn zu Tränen rührende Tonkrippe geschenkt. Jedenfalls dürfen seit damals die Töpfer und deren männliche Nachkommen "auf ewig" den Ton des Forstes ausgraben. Die

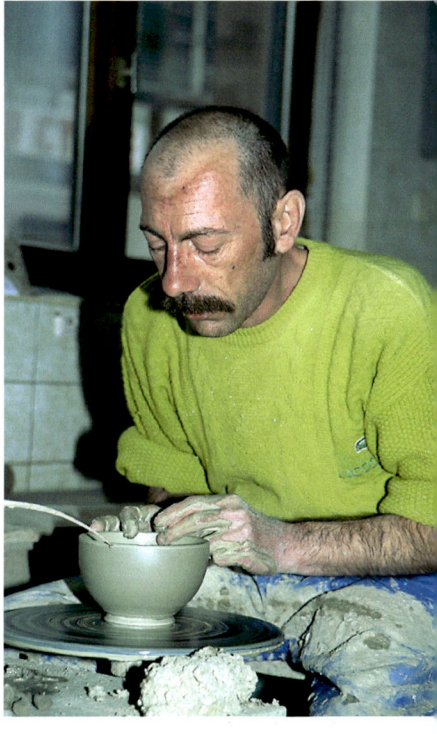

Er versteht sein Handwerk

meisten der insgesamt 19 Soufflenheimer Werkstätten kaufen den Rohstoff heute jedoch auswärts, der heimische Ton ist nicht feinporig genug, einige Töpfer benutzen ihn aber immer noch. Man erkennt ihn übrigens an seiner leicht sandigen Konsistenz und an der charakteristischen maisgelben Färbung.

Ein besonderes Werk aus einer Soufflenheimer Töpferwerkstatt, eine Nachbildung von Leonardo da Vincis "Abendmahl", kann man in einer Kapelle auf dem Friedhof neben der Kirche St-Michel bewundern.

- *PLZ* 67620
- *Lage* An der N 63.
- *Information* **Office de Tourisme,** ganzjährig Mo–Sa geöffnet. Hier ist ein kostenloser Ortsplan erhältlich, auf dem alle Töpfereien eingetragen sind. 20 b, Grand' rue, ℡ 0388867490, ✆ 0388866069, www.ot-soufflenheim.fr.

- *Feste* In den ungeraden Jahren findet ein **Töpferfest** in Soufflenheim, in den geraden eines in Betschdorf (siehe S. 86 f) statt, und zwar jeweils am ersten Sonntag im September. In den Töpfereien kann man den Handwerkern bei der Arbeit zusehen, auf den Straßen treten folkloristische Musikgruppen auf, außerdem gibt es viele Buden mit Kunsthandwerk, Getränken, Speisen usw.

- *Einkaufen* Die **Töpfereien** sind in der Regel auch sonntags geöffnet: während der Hochsaison ab 10.30 Uhr, in den übrigen Monaten erst am Nachmittag.
- *Post* In der Grand' Rue.
- *Polizei* Im südwestlichen Ortsteil in der Rue de Betschdorf, ✆ 0388866013.
- *Übernachten/Essen* **Hôtel Restaurant A la Couronne,** einfaches Dorflokal in der Hauptstraße. Im Schankraum trinken die Männer ihren Riesling und besprechen auf Elsässisch die aktuellen Ereignisse. Im großen Speiseraum dahinter wird bodenständige Küche serviert. Wer in einem der drei einfachen Zimmer unterkommen möchte, muss rechtzeitig anrufen. Mo und Dienstagnachmittag geschl. 21, Grand' rue, ✆ 0388866241.

Restaurant Au Cerf, 6 km von Soufflenheim entfernt im "Flammkuchendorf" Roeschwog – im ganzen Ort duftet es nach den knusprigen Teigfladen. In dem gemütlichen Gasthaus mit schönem Biergarten kann man aber auch gut à la carte essen. Mi und Do und samstagmittags geschl. 2, rte de Fort-Louis, ✆ 0388862622.

Der lange Weg zum fertigen Tongefäß

Hätten Sie gedacht, dass zwei oder drei Wochen bis zur Fertigstellung eines Tongefäßes vergehen? Zahlreiche Arbeitsschritte, zwischen denen oft mehrtägige Trocknungsphasen liegen, sind notwendig. Zuerst dreht der Töpfer das Gefäß auf der Scheibe, ein oder zwei Tage später – je nach Jahreszeit und Größe des Gegenstands – kann er die Feinarbeiten, z. B. das Anbringen der Henkel, erledigen. Im nächsten Arbeitsgang wird die Grundfarbe aufgetragen, später verzieren die Malerinnen mit Hilfe des sog. "Malhörnchens" die Form mit unterschiedlichen Mustern. Sie wirken allerdings zunächst nur blass, und nach dem anschließenden Glasurbad ist gar nichts mehr zu sehen. Die Linien und die kräftigen Farben kommen erst nach dem 14-stündigen Brennvorgang bis auf 1000 °C zum Vorschein.

Die heute verwendeten Grundfarben Dunkelblau, Grün, Braun, Rot, Gelb und Beige sind ein Tribut an den Geschmack der Moderne. Ursprünglich hatten die Gefäße die Farbe des Tones und waren auch weitaus sparsamer gemustert. Meist bildete die weiße Margerite das Dekor, heute jedoch kommen Pünktchenmuster, Enten, Störche und andere Motive hinzu; man stellt sich eben auf die Wünsche der Kundschaft ein. Deshalb sind die Töpferwaren heute auch ofen-, mikrowellen- und sogar spülmaschinenfest – allerdings sollten Sie sie immer gut trocknen lassen, bevor Sie sie wieder in den Schrank zurückstellen.

Sessenheim

Eigentlich nur ein gewöhnliches Dorf in der Rheinebene – wäre da nicht die Romanze zwischen der einheimischen Pfarrerstochter Friederike Brion und dem jungen Straßburger Studenten J. W. Goethe gewesen, die dieser später in "Dichtung und Wahrheit" literarisch verarbeitet hat. Dadurch wurde das kleine Sessenheim zu einem Schauplatz der Weltliteratur und zum Pilgerziel von Goethe-Verehrern.

Ein Freund brachte 1770 den 21-jährigen Goethe in das Sessenheimer Pfarrhaus der Familie Brion. Die zwei Jahre jüngere Friederike weckte sofort sein Interesse, und er kam bald nach dem ersten Aufenthalt erneut für ein paar Tage zu Besuch. Briefe wechselten hin und her, Goethes Besuche wurden zahlreicher und immer länger. Beide schwebten im siebten Himmel. "Sei ewig glücklich/Wie du mich liebst" schwärmte Goethe damals in seinem berühmten "Mailied". Doch nach einigen Monaten verlor diese Beziehung für ihn ihren Reiz, er wollte wieder ungebunden sein. Den Mut, ihr das zu sagen, brachte er allerdings nicht auf, auch nicht, als er sich nach bestandener Promotion auf dem Heimweg von Straßburg nach Frankfurt von ihr verabschiedete. Erst von dort beendete er brieflich das Verhältnis, worauf sie ihm eine herzzerreißende Antwort geschrieben haben soll. Friederike blieb trotz mehrerer Verehrer zeitlebens unverheiratet. Auch den Dichter Jakob Michael Reinhold Lenz, der sich sehr um sie bemühte, wies sie ab. Überliefert sind ihre Worte: "Wer von Goethe geliebt worden ist, kann keinen anderen lieben." Nach dem Tod des Vaters wohnte sie zunächst in Rothau (Mittelvogesen), dann bei ihrer Schwester und deren Mann im badischen Meißenheim (Kreis Lahr), wo sie 1813 starb.

Alle Sehenswürdigkeiten rund um die Romanze ohne Happy End sind auf dem durch einen roten Kreis markierten **Sentier F. Brion – J. W. Goethe** erreichbar und liegen bis auf eine Ausnahme nahe beieinander. Von der evangelischen Gemeinde werden auf Anfrage und nur bei Voranmeldung ca. einstündige Führungen zu den Goethe-Stätten auch in deutscher Sprache durchgeführt. Gruppen zahlen pauschal 30 €, als Einzeltourist sollte man versuchen, einen individuellen Kurs auszuhandeln (Informationen unter ✆/☏ 0388869725).

Ein altes Wachhaus aus napoleonischer Zeit wurde 1961 als **Mémorial Goethe** eingerichtet (täglich von morgens bis abends geöffnet, Eintritt frei). Im vorderen Raum steht der Abguss einer von David d'Angers 1829 geschaffenen Büste des alten Dichterfürsten, über einen Seiteneingang gelangt man zu einer kleinen Ausstellung mit Schriftstücken, Zeichnungen und Stichen zu Goethes Zeit in Straßburg und Sessenheim, aber auch zur Französischen Revolution. Schräg gegenüber steht die sog. **Goethe-Scheune** *(grange de Goethe),* die im ursprünglichen Zustand erhalten ist. Hier half der junge Dichter beim sog. Maisbasten, dem Bündeln der Kolben, und flirtete dabei verliebt mit Friederike. Auf Zeichnungen hat er das Gebäude festgehalten.

Auch die evangelische **Zwiebelturmkirche** unweit der Place de la Mairie ist Erinnerungsstätte, erzählt Goethe doch, wie er hier mit Friederike der Osterpredigt ihres Vater lauschte. Die Kirche wurde zwar durch einen Umbau stark verändert, erhalten sind jedoch noch die Kanzel aus der damaligen Zeit sowie, etwas dahinter, der durch das Holzgitter an einen Käfig erinnernde Pfarrstuhl. In diesem nahm früher die Familie des Pfarrers während der Messe Platz. An der östlichen Außenwand stehen die Grabplatten der Eltern Friederikes. Schräg gegenüber kann man in der Auberge Au Boeuf (siehe "Essen und Trinken") ein weiteres kleines **Musée Goethe** mit alten Handschriften und Zeichnungen des Meisters sowie einigen Ausgaben seiner Werke besuchen (die Öffnungszeiten entsprechen denen des Restaurants; für Restaurantgäste ist der Besuch kostenlos, ansonsten bezahlt man pro Person 1 €).

Vom Au Boeuf kann man über die Rue de l'Eglise bzw. über den markierten Sentier F. Brion – J. W. Goethe in etwa 30 Minuten zur sog. **Goethe-Eiche** laufen, einem von dem Straßburger Studenten auf seinen Reisen nach Sessenheim häufig passierten Baum. Kürzer ist ein Spaziergang zu einem bronzezeitlichen Grabhügel, der als **"Friederikes Ruhe"** bekannt geworden ist, weil das Mädchen sich an diesem Platz gerne aufhielt. Goethe will von dort das Straßburger Münster gesehen haben, heute ist die Aussicht allerdings stark eingeschränkt.

- *PLZ* 67770
- *Lage* Sessenheim liegt direkt an der A 35 (Ausfahrt 54). Außerdem führt die D 468 durch das Dorf.
- *Post* Im Zentrum des Ortes.
- *Essen und Trinken* Relativ viele Lokale findet man in dem 1600-Seelen-Dorf. Herausragend ist sicherlich die **Auberge Au Boeuf**. In den beiden niedrigen holzgetäfelten Gasträumen mit schönem elsässischem Interieur wird man von Familie Sautter wunderbar umsorgt, und der Koch, Sohn des Hauses, versteht sein Handwerk. Interessant gewürzt ist z. B. der warme Linsensalat mit Blinis und Räucherlachs, empfehlenswert danach die raffinierte Entenbrust mit Honigkruste oder die Lasagne von der Taube mit Stopfleber und Pilzragout. Durchgehend warme Küche, zwischen 15 und 17 Uhr ist die Auswahl jedoch eingeschränkt. Mo und Di geschl. 1, rue de l'Eglise, ☎ 0388869714.

Haguenau

Hopfen und Wald statt Weinrebe und lieblicher Landschaft. Der auf den ersten Blick etwas spröde wirkende Ort gehört nicht zu den touristischen Aushängeschildern des Elsass. Doch wer sich auf Haguenau einlässt, wer sich Zeit nimmt, der entdeckt den Charme der Stadt an der Moder.

Mit etwa 35.000 Einwohnern ist Haguenau die viertgrößte Stadt im Elsass. Die verkehrsgünstige Lage mitten in der nördlichen Rheinebene ist verantwortlich dafür, dass sich der Ort zu einem geschäftigen administrativen und wirtschaftlichen Mittelzentrum mit nicht unbedeutender Industrie entwickelt hat, das von vielen Touristen links liegen gelassen wird. Zu Unrecht, denn in dem nach den Zerstörungen im Zweiten Weltkrieg liebevoll restaurierten und z. T. verkehrsberuhigten Altstadtkern kann man wunderbar bummeln und dabei einiges Interessante entdecken. Die Höhepunkte eines Rundgangs sind zwei eindrucksvolle Kirchen, zwei bemerkenswerte Museen und Reste der alten Stadtbefestigung aus der Stauferzeit

Geschichte: Auf Schritt und Tritt stößt man auf den Namen Barbarossa – ein Platz, ein Restaurant, ein Geschäft tragen seinen Namen, und auch im Musée Historique ist er präsent. Der Stauferkaiser Friedrich I., dessen roter Vollbart ihm seinen berühmten Beinamen bescherte, erhob die gegen 1030 von den Grafen von Eguisheim auf einer Insel inmitten der Moder erbaute Burg, die die Staufer geerbt und pracht-

Nördliche Rheinebene

voll umgestaltet hatten, zu einer kaiserlichen Pfalz. Zwischen 1153 und 1208
wurden hier sogar die Reichskleinodien
aufbewahrt. Mehrmals hielt sich Barbarossa selbst hier auf und hielt Hof. 1164
verlieh er der um die Pfalz entstandenen Siedlung in seinem Freiheitsbrief
wichtige Privilegien, Mitte des 13. Jh.
wurde sie freie Reichsstadt und war Sitz
der kaiserlichen Landvogtei im Unterel-
sass. Ab 1354 gehörte Haguenau als füh-
rendes Mitglied zum Zehnstädtebund.
Im Westfälischen Frieden von 1648 wurde es Frankreich zugesprochen, wenige
Jahre später machten Truppen Ludwigs
XIV. die ehemalige deutsche Kaiserpfalz
dem Erdboden gleich und zerstörten die
Stadt. Von der einst mächtigen Befestigungsanlage mit mehr als 50 Türmen blieben nur ein Stadttor und zwei
Türme erhalten. Schwer zu leiden hatte
die Stadt auch gegen Ende des Zweiten
Weltkriegs, da die Moder eine Zeit lang
die Frontlinie bildete.

Kräftiger Farbtupfer in Haguenau

*L*AGE/*A*dressen/*V*erbindun*G*en

• *PLZ* 67500
• *Lage* Haguenau liegt im Schnittpunkt
zahlreicher Straßen. Von Lauterbourg nehmen Sie die A 35 und die von dieser abzweigende N 63, die durch Haguenau nach
Strasbourg führt. Mit Wissembourg ist Haguenau über die D 263, mit Niederbronn-les-
Bains über die N 62, mit Saverne über die
A 4 verbunden.
• *Information* **Office de Tourisme,** ganzjährig Mo–Fr, Sa nur nachmittags geöffnet,
vom 15.6. bis 15.9. auch samstagvormittags
und sonntagnachmittags. Place de la Gare,
✆ 0388937000, 🖷 0388936989, tourisme@ville-
haguenau.fr. Eine Zweigstelle befindet sich
im Musée Alsacien, Öffnungszeiten s. dort.
Ab Juni ist beim O.T. ein sehr lohnenswer-
ter **Veranstaltungskalender** ("Les Estivales")
mit allen Festen, Besichtigungen von Werkstätten in der Umgebung, geführten Wanderungen etc. erhältlich.
• *Führungen* Das O.T. bietet von Mitte Juni
bis Anfang September regelmäßig unentgelt-
liche Besichtigungstouren (Stadtrundgang,
Führungen durch die Museen) in französischer Sprache an.

• *Zug* Der SNCF-Bahnhof liegt 5 Minuten
vom Zentrum entfernt, ✆ 0836353535. Täglich bestehen folgende Verbindungen: über
Bischwiller nach Strasbourg, über Niederbronn nach Bitche, nach Saverne und über
Hunspach nach Wissembourg.
• *Parken* Viele zentrumsnahe Parkplätze stehen zur Verfügung, die meisten unentgeltlich.
• *Taxi* An der Rückseite des Touristenbüros gibt es einen Taxistand, außerdem erreicht man Taxis unter ✆ 0607050571 oder
0685204535.

> **Tipp für Radfahrer:** Am Bahnhof be-
> ginnen einige schöne Radwege in die
> Umgebung, z. B. nach Soufflenheim
> oder Lembach. Sie sind mit entspre-
> chenden Symbolen markiert.

• *Markt* Jeweils am Di und Fr kann man in
bzw. vor der Hopfenhalle Obst, Gemüse,
Blumen etc. erstehen.
• *Feste* Begeistert feiern die Hagenauer all-
jährlich Ende August mehrere Tage lang das
Hopfenfest (Fête du Houblon) mit Musik,

Haguenau

Essen und Trinken

1. Au Romain
3. Barberousse
4. L'arlequin
5. Daniel
7. Café de Paris
8. s'Buerehiesel

Übernachten

2. Kaiserhof
6. Camps d'Alsace

Folkloretänzen usw.; u. a. kann man jede Menge elsässische Biere kosten.

• *Kinder* Mit Wasserrutsche, Wasserfällen und unterschiedlich tiefen Becken bietet das **Nautiland** viel Spaß für die Kleinen. Tägl. von 12 bis 19 bzw. 21 Uhr, Mi und Sa schon ab 10, So ab 9 Uhr geöffnet. Für 2 Std. 6 €, unbegrenzt 7 €, Kinder zwischen 4 bis 12 J. bekommen Ermäßigung.

• *Einkaufen* Beim **Chocolatier Heitz** an der Place d'Armes gibt es leckere Pralinés, je nach Jahreszeit und Anlass immer wieder anders verpackt.

• *Post* Das klassizistische Gebäude befindet sich an der Place du Maire Guntz.

• *Polizei* 66, rte de Marienthal, ✆ 0388074100.

Übernachten/Essen und Trinken

• *Übernachten* ** Hôtel Kaiserhof (2), zentrales und doch ruhig gelegenes kleines Hotel. Einzelpersonen bezahlen für eines der 15 Zimmer 44 €, zwei Personen bis zu 54 €. Angeschlossen ist ein empfehlenswertes Restaurant. 119, Grand' rue, ☎ 0388734343, 📠 0388732891.

** Hôtel Champ d'Alsace (6), Jean-Paul Suss aus der Champagne betreibt direkt gegenüber vom Bahnhof das kleine Hotel mit 21 Dreibett- und 8 Doppelzimmern, die z. T. zur Straße und z. T. nach hinten gelegen sind. Als Einzelperson zahlt man 45 €, zu zweit 51 €, ein drittes Bett kostet 9 €. 12, rue St-Exupéry, ☎ 0388933013, 📠 0388739004.

• *Essen und Trinken* Restaurant La Barberousse (3), gutbürgerlicher Familienbetrieb, der vor allem elsässische Küche (gutes Choucroute garnie), aber auch einige ausgefallenere Gerichte wie Schweinefilet mit Sesam oder Canard à l'Orange zu bieten hat. Ganz stolz ist die Wirtin auch auf ihre blumengeschmückte Terrasse. Sonntag- und Dienstagabend, außerdem Mo geschl. 8, pl. de Barberousse, ☎ 0388733109.

Restaurant Au Romain (1), hier kocht der Chef – vielleicht einer der Gründe, warum das Lokal meist rappelvoll ist. Zur Mittagszeit gibt es relativ günstige Menüs, auch hier dominiert wieder die Elsässer Küche. Nur Mo–Fr geöffnet. 167, Grand' rue, ☎ 0388730680.

Winstub s' Buerehiesel (8), Monique Baumann betreiben neben dem Theater ihre beliebte Weinstube. Auf der reichhaltigen Speisekarte findet man vor allem deftige Gerichte wie Kalbsnieren in feinem Senfsößchen, würzige Leberknödel mit Spätzle oder eine mit Münsterkäse gefüllte Riesenkartoffel auf einem mit Meerrettich abgeschmeckten grünen Salat. Von den Vorspeisen ist die Pilztorte sehr zu empfehlen. So und Mo geschl. 13, rue Meyer, ☎ 0388933090.

Salon de Thé Daniel (5), elegantestes Café der Stadt mit einer großen Auswahl an Pâtisserie, aber auch an salzigen Quiches, außerdem kann man kleine Tagesgerichte für den Mittagshunger bestellen.

Café l'arlequin (4), weiteres hübsches Kaffeehaus im Zentrum. Die Auswahl ist zwar nicht ganz so riesig wie bei Daniel, doch was es gibt, schmeckt. Gute Sandwiches und kleine Mahlzeiten wie z. B. Quiche Lorraine mit grünem Salat.

Café de Paris (7), einer der Treffpunkte am Abend oder auch nur auf einen Espresso am Nachmittag.

Sehenswertes

Eglise St-Georges: Vom Office de Tourisme am Bahnhof geht man über die Rue St-Georges zum gleichnamigen Platz. In dessen Zentrum steht ein hübscher Bienenbrunnen aus dem 18. Jh. Beherrscht wird er jedoch von der hoch aufragenden und mit zahlreichen Verstrebungen und Türmchen verzierten Kirche St-Georges, die im 12. und 13. Jh. unter den Staufern errichtet wurde. Im Innern zeugt das ältere, monumentale, von schlichten Säulen mit Würfelkapitellen getragene Langhaus von romanischer Baukunst, der jüngere Chor ist gotisch. Schmuckstücke sind neben der reich verzierten Kanzel (um 1500) vor allem ein hölzerner Flügelaltar mit der Darstellung des Jüngsten Gerichts in der rechten Seitenkapelle sowie ein fast bis an die Decke emporragendes, filigran gearbeitetes Sakramentshäuschen zur Aufbewahrung der Hostien aus dem Jahre 1523. Es steht – durch eine Alarmanlage gesichert – links hinten im Chor.

Ancienne Douanne/Dischlachmühle: Von der Kirche geht man wenige Schritte bis zur Place d'Armes, einem der zentralen Plätze der Stadt, wo man an warmen Tagen wunderbar im Freien einen Kaffee oder eine Mahlzeit genießen kann. Etwas weiter nördlich steht die *Ancienne Douanne*, das alte Zollhaus von 1518. Das schmiedeeiserne Schild mit Holzfass und Stern, dem Symbol der für Haguenau so wichtigen Bierbrauer, weist darauf hin, dass im Keller dieses alten Zollhauses Bier und Wein gelagert wurden.

Beachten Sie auch die an der Hauswand an der Ecke zur Rue de la Moder angebrachte Hochwassermarke aus dem Jahre 1734. Nicht nur sie, sondern auch die Reste der nahe gelegenen *Dischlachmühle* erinnern daran, dass die Moder einst mitten durch die Stadt floss; heute wird sie in einem Kanal außen herumgeleitet.

Musée Alsacien: Gehen Sie nun die Rue de la Moder nach rechts und zweigen Sie dann in die Place Thierry zum *Musée Alsacien* ab. Es ist in einem prächtigen Gebäude aus dem 15. Jh. untergebracht, der mit Wappen und einer astronomischen Uhr geschmückten ehemaligen Kanzlei. Auf drei Stockwerken werden u. a. Trachten, Handwerkerutensilien, religiöse Kunstgegenstände sowie die Nachbildung einer alten Töpferwerkstatt gezeigt.

- *Öffnungszeiten* Mo, Mi–Fr 9–12 und 14–18 Uhr, Di, Sa, So und an Feiertagen 14–17 Uhr. Diese Öffnungszeiten gelten auch für die im Museum untergebrachte Zweigstelle des Office de Tourisme.
- *Eintritt* Erwachsene 2,30 €, Jugendliche zwischen 14 und 18 J. 1,15 €. Mit dem Ticket erhält man ein sehr informatives Faltblatt zur Museumssammlung. Tipp: Wer innerhalb einer Woche auch das Musée Historique besucht, bezahlt dort bei Vorlage der Eintrittskarte fürs Musée Alsacien nur die Hälfte.

Gallorömische Jupitersäule

Musée Historique: Wenige Schritte weiter haben Sie die mitten in der Fußgängerzone gelegene Place de la Republique erreicht. Noch vor dem an ihrem östlichen Ende stehenden Brunnen zweigt man nach rechts ab in die Rue du Grand Robbin und geht vorbei an der Synagoge zum Historischen Museum, für dessen Schätze man Anfang des 20. Jh. ein schlossähnliches Gebäude errichtet hat. Es beherbergt eine der europaweit bedeutendsten Sammlungen von Exponaten aus der Bronze- und Eisenzeit, darüber hinaus auch schöne Stücke aus der gallorömischen Epoche und dem Mittelalter.

Im Untergeschoss befinden sich die Highlights. Mehrere Vitrinen sind den bronze- und eisenzeitlichen Funden aus dem Hagenauer Forst gewidmet: Dolche, Schwerter, Halsketten, Arm- und Beinreifen, Gürtel, aber auch Keramik aus den zeittypischen Hügelgräbern. Eine schöne Präsentation stellen die mit Glasplatten abgedeckten Vertiefungen im Boden dar, in denen gezeigt wird, was und wie man die Dinge den Toten mitgegeben hat. Besonders erwähnenswert sind auch eine Jupitersäule, ein liebevoll gearbeiteter Schienbeinschutz und ein Helm aus dem ehemaligen römischen Militärlager Saletio, dem heutigen Seltz.

Das Erdgeschoss widmet sich dem Mittelalter und der Renaissance. Genauere Betrachtung verdienen ein Bleiglasfenster des elsässischen Meisters Peter Andlau (15. Jh.) mit der Darstellung des Judas-Kusses sowie die bemalte Holzschnitzerei "Jesus und die zwölf Apostel". Ausgestellt ist auch eine Kopie des für Haguenau so wichtigen Freiheitsbriefs Barbarossas. Weitere Exponate zur Geschichte der Stadt vom Mittelalter bis ins 20. Jh. befinden sich im Obergeschoss.

Öffnungszeiten/Eintritt Mo, Mi, Do und Fr 10–12 und 14–18 Uhr, Sa/So und an Feiertagen 15–17.30 Uhr; Di geschlossen. Erwachsene 3,10 €, Jugendliche zwischen 14 und 18 J. zahlen die Hälfte.

Stadtbefestigung/Nikolauskirche/Hopfenhalle/Rathaus: Vom Museumseingang geht man nach links und biegt in die übernächste Straße, den Marché aux Grains, ein. An dessen Ende hält man sich rechts und erreicht den ersten der beiden Türme der mittelalterlichen Stadtbefestigung, die *Tour des Pêcheurs* (Fischerturm), malerisch an der heute gebändigten Moder gelegen. Von hier geht man wenige Schritte zurück und zweigt in die Grand' Rue nach rechts ein. Neben der auf der linken Straßenseite stehenden Hopfenhalle, der *Halle aux Houblons*, sind die prächtigen Patrizierhäuser direkt gegenüber einen Blick wert. Am Ende der Grand' Rue erreicht man einen weiteren Teil der alten Stadtbefestigung, die *Porte de Wissembourg*. Rechts davor steht die von Kaiser Barbarossa in Auftrag gegebene und im 14. Jh. umgebaute *Eglise St-Nicolas*. Sehenswert sind v. a. das Chorgestühl und die Statuen der Kirchenväter aus dem 18. Jh., die aus der Abtei von Neuburg stammen.

Mit dem Rücken zum Weißenburger Tor stehend, geht man halb rechts in den Marché aux Canards hinein bis zum zweiten Turm der alten Stadtbefestigung, der *Tour des Chevaliers* (Ritterturm), durchschreitet ihn und steht so bald auf einem der schönsten Plätze der Stadt (Place Ch. de Gaulle) mit dem klassizistischen *Hôtel de Ville*. Wenn Sie nun weiter nach Süden gehen, kommen Sie in wenigen Minuten zur Place d'Armes zurück.

Forêt de Haguenau

Auf einer riesigen Fläche von ungefähr 15.000 ha dehnt sich der legendäre Mischwald aus, in den der Jahrhundertsturm "Lothar" im Dezember 1999 allerdings tiefe Wunden gerissen hat. An manchen Stellen glaubt man sich in eine Mondlandschaft versetzt.

"Heiliger Forst" wird der Wald seit alters her genannt, denn im Mittelalter sollen sich hier mehrere Klöster befunden und Einsiedler in frommer Abgeschiedenheit gehaust haben. Einer der Ersten war der Legende nach im 6. Jh. der heilige Arbogast, bevor er vom fränkischen König mit dem Auftrag, die Alemannen zu missionieren, zum Bischof von Straßburg berufen wurde. Jedenfalls errichtete man ihm zu Ehren in einer am kleinen Eberbach gelegenen idyllischen Lichtung, wo er sich oft aufgehalten haben soll, ein Denkmal und eine Kapelle, jedes Jahr am letzten Julisonntag Ziel einer Wallfahrt. Unmittelbar daneben steht die **Gros Chêne**, die berühmte Dicke Eiche. Da der uralte Baum im Volksglauben seit jeher mit Arbogast in Verbindung gebracht wurde, füllte man, nachdem er 1913 vom Blitz getroffen worden war, den übrig gebliebenen Stumpf mit Beton aus, um ihn zu konservieren, und setzte ihm ein kleines Dach auf. Westlich davon erinnern zwei rekonstruierte Grabhügel (Tumuli) daran, dass dieses Gebiet bereits in der Eisen- und Bronzezeit besiedelt war. Auf der Lichtung gibt es zudem Picknicktische, einen Spielplatz sowie ein Ausflugsrestaurant.

Am sog. **Köhlerplatz** kann man an einem wieder aufgebauten Meiler nachvollziehen, wie der Wald in der Vergangenheit genutzt wurde. Außerdem lieferte er das wichtige Bauholz, den Ton für die zahlreichen Töpfereien in den Dörfern an seinem Rand und Nahrung für die Hausschweine, die man hier "weiden" ließ.

• *Anfahrt zur Dicken Eiche* Entweder man verlässt Haguenau an der Porte de Wissembourg auf der N 63 Richtung Soufflenheim, zweigt nach ca. 7 km nach links (Schild "Gros-Chêne") auf die Route forestière de Schwabwiller ab und erreicht dann 2 km weiter die besagte Lichtung; oder man nimmt in Haguenau an der Porte de Wissembourg die D 263 Richtung Surbourg, überquert außerhalb der Stadt die N 63 und biegt dann nach etwa 3 km auf die Route forestière de l'Ermite ab, die zum Ziel führt.

• *Essen und Trinken* **Auberge du Gros-Chêne**, nettes Ausflugslokal mit gutem Speiseangebot auch an kleinen Gerichten wie z. B. verschiedenen Salaten. Ab und zu dreht sich außerdem mal ein Wildschwein am Spieß. Mo geschl., ✆ 0388731530.

• *Anfahrt zum Köhlerplatz* An der Dicken Eiche überquert man die Brücke über den Eberbach, biegt dann nach links in die Route forestière de Rendel ein (Schild "Aire des Charbonniers) und folgt dieser ca. 3 km weit.

Wanderung 2: Durch den Hagenauer Forst

Einen beträchtlichen Teil des Waldes lernt man bei der 24 km langen Rundwanderung kennen, die bei Bedarf auch abgekürzt werden kann. Mit etwas Glück sieht man Rehe oder sogar ein Wildschwein. Die Rufe des Kuckucks und das Klopfen des Spechts sind in den warmen Monaten des Jahres sehr häufig zu hören. Unterwegs kann man sich in der Auberge du Gros-Chêne an der Dicken Eiche mit einer leckeren Mahlzeit stärken, ansonsten bestehen keine Einkehrmöglichkeiten. Nehmen Sie genügend Wasser mit, im Sommer auch ein Mückenschutzmittel. Im Frühjahr können manche Wegabschnitte noch recht sumpfig sein.

Nur noch ein Stumpf: die Dicke Eiche

Starten Sie in Haguenau an der **Porte de Wissembourg**. Nachdem man den Moder-Entlastungskanal überquert hat und auf die N 63 Richtung Soufflenheim abge-

bogen ist, weist ein **rotes Kreuz auf weißem Grund** den Weg. Knapp 300 m weiter zweigen Sie am Restaurant au Sapin nach links in die Rue de l'Ours ab und wandern so aus dem Städtchen hinaus.

Bald überquert man auf einer Brücke eine Schnellstraße und geht auf der asphaltierten **Route forestière de Krummstein** in den Wald hinein. Dieses Sträßchen verlassen Sie nach knapp 3 km und biegen auf einen breiten Waldweg ab, rechts und links sind an Bäumen Markierungen mit dem roten Kreuz angebracht. Ca. 350 weiter wandert man nach rechts den **Krummelsgraben** entlang, kreuzt später zwei Pisten und erreicht schließlich auf einer asphaltierten Waldstraße den Platz der **Dicken Eiche** (knapp zwei Stunden).

Hier überquert man den **Eberbach** und zweigt an einer markanten Weggabelung, wieder dem roten Kreuz als Zeichen folgend, nach rechts ab. (Alternativ dazu kann man an dieser Kreuzung auch halb links auf die Route forestière de Rendel abbiegen und so den Weg um ca. 3 km abkürzen.) In einem weiten Bogen wandert man auf breiten Waldwegen zum **Köhlerplatz,** überquert danach eine Piste und zweigt 250 m weiter auf einen schmalen

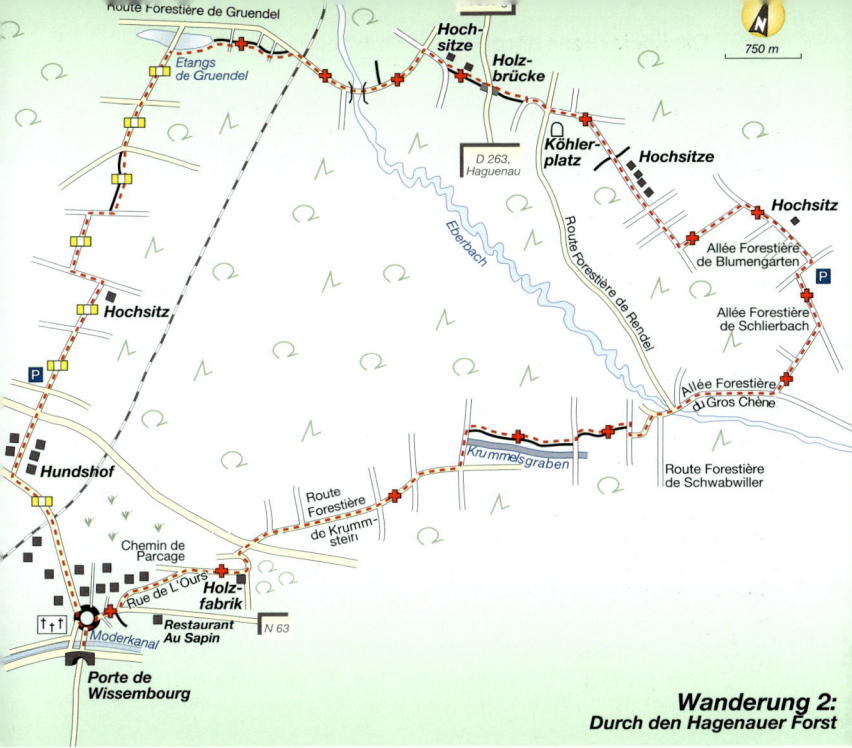

Wanderung 2:
Durch den Hagenauer Forst

Fußpfad ab. Er bringt Sie zur D 263. Auf der anderen Seite der Straße geht es zunächst wieder auf einem Pfad, dann auf einer Piste weiter. Nachdem man zunächst erneut den Eberbach, dann Eisenbahnschienen gekreuzt hat, biegt man auf einen schmalen Pfad ab. In 2 km ist der **Etang Gruendel**, ein idyllischer, mit vielen Wasserpflanzen bewachsener Weiher, erreicht. Ab hier gilt das Zeichen **gelb-weiß-gelber Balken**. Zunächst auf einer Piste, dann nahezu weglos (achten Sie auf die Markierungen an den Bäumen!) wandert man in südliche Richtung, bis man wieder eine Piste erreicht. Biegen Sie rechts, sofort danach wieder links ab und setzen Sie den Weg bis zur Schnellstraße D 27 fort. Jenseits davon wandert man aus dem Wald hinaus und erreicht 1 km weiter den Weiler **Hundshof**. Von hier aus kommt man in ca. 30 Minuten an die Porte de Wissembourg in Haguenau.

Napoleonbänke

Überall im Nordelsass sieht man am Wegesrand unter Bäumen auffallende Sandsteinbänke mit einer Unter- und Oberschwelle, die sog. "Napoleonbänke". Sie wurden unter der Herrschaft Napoleons I. aufgestellt, als dessen Sohn, der "Roi de Rome", getauft wurde. Den Bauern und Marktfrauen dienten die Bänke während ihrer Fußmärsche von Dorf zu Dorf oder auf die Felder hinaus als willkommene Rastplätze, konnten sie sich doch auf der unteren Schwelle gemütlich niederlassen und den schweren Korb auf der oberen sicher abstellen.

Nördlich des Hagenauer Forsts: In den Outre Forêt

"Hinter dem Wald" nennen die Elsässer den Landstrich nördlich des Hagenauer Forsts. Dort geht es in von ausgedehnten Feldern umgebenen, hübschen Fachwerkdörfern meist noch sehr beschaulich zu. Neben unverfälschter Idylle hat das Outre Forêt aber auch einige Sehenswürdigkeiten zu bieten, z. B. kunsthistorisch bedeutende Abteikirchen, ein Steinguttöpferdorf, beklemmend wirkende Befestigungsanlagen der Maginot-Linie und drei ganz besondere Museen.

Benediktinerkirche in Walbourg: In dem klassischen Straßendorf lohnt ein Besuch der ehemaligen Benediktinerkirche Ste-Walburga, zu der in der Ortsmitte ein schmaler Weg abzweigt. Das im 11. Jh. im romanischen Stil errichtete Gotteshaus wurde 1456 erweitert und erhöht, ganz wie es dem Stil der zeitgenössischen gotischen Baukunst entsprach. Die Wände des prachtvollen Chors sind mit leider schon stark verblichenen Fresken (Darstellungen der Apostel und der Kirchenväter) geschmückt, in der linken Ecke steht ein filigraner Sakramentsschrein aus Stein. Wahre Meisterwerke sind drei Fenster in der Apsis aus dem Jahre 1461. Jedes der Schmuckstücke ist in 21 kleine Bilder unterteilt, die zusammen eine Geschichte "erzählen". Das linke Fenster ist dem Marienzyklus gewidmet. Man "liest" ihn von links oben nach rechts unten. Im mittleren Fenster wird – von links unten nach rechts oben – die Passionsgeschichte veranschaulicht. Das dritte Fenster thematisiert Johannes den Täufer, hier verläuft die Bilderfolge von links oben nach rechts unten. Nicht zum Täufer-Zyklus passt das letzte Bild, das Wappen Burkhards von Müllenheim. Er war während der Umbauphase der Kirche Abt des Klosters und ließ sich auf diese Weise verewigen; ihn selbst finden Sie im linken unteren Bild des Marienzyklus.
Anfahrt Man verlässt Haguenau in Richtung Wissembourg und fährt auf der D 263 durch den Wald. Jenseits davon zweigt die D 72 nach Walbourg ab.

Abteikirche in Surbourg: Das lebendige Dorf mit vielen Fachwerkhäusern wird von der ehemaligen Abteikirche des möglicherweise ersten Klosters im Elsass überragt. Der heilige Arbogast soll es in der Merowingerzeit gegen 575 gegründet haben. Die heutige Kirche stammt, mit Ausnahme einer neuzeitlichen Erweiterung des hinteren Schiffs, aus dem 11. und 12. Jh. und ist ein wunderschönes Beispiel romanischer Baukunst. Das nördliche Portal schmücken drei Rosetten aus der Karolingerzeit, und ganz in der Nähe integrierte man Teile einer römischen Säule in das Mauerwerk. Der schmucklose, gedrungene Innenraum, in dem abwechselnd runde Säulen und viereckige Pfeiler zwischen den Rundbogenarkaden das mittlere von den seitlichen Schiffen trennen, wird durch kleine Fenster erhellt. Neben der linken Seitenkapelle entdeckt man ein verblichenes Fresko der Kreuzigung Christi.
Anfahrt Von Walbourg fährt man zurück zur D 263 und zweigt nach ca. 1 km auf die D 264 nach Surbourg ab. Halten Sie sich in der Ortsmitte links und biegen Sie dann hinter dem Restaurant Au Soleil wieder nach links ab.

Betschdorf/Fachwerkkirche in Kuhlendorf: Das zweite der beiden Töpferdörfer am Rand des Hagenauer Forsts – im Vergleich zu Soufflenheim geht es hier allerdings weitaus ruhiger zu. In den 15 Töpfereien werden vor allem Krüge, Vasen, Bierseidel etc. hergestellt; im Gegensatz zu den Soufflenheimer "Schüsseldrehern" bezeichnet man die hiesigen Töpfer deshalb als "Krugmacher". Auch das Dekor ist ganz anders, handelt es sich doch um salzglasiertes Steinzeug mit kobaltblauen Blumen-, Frucht- und Tiermotiven. Grund dafür ist die Herkunft der Betschdorfer Töpfer. Ihre Vorfahren wurden nach dem Dreißigjährigen Krieg von der damaligen

Obrigkeit zusammen mit vielen anderen Handwerkern aus dem Westerwald ins stark zerstörte Saargebiet gelockt. Viele von ihnen wanderten jedoch von dort aus weiter bis ins elsässische Betschdorf und verbreiteten so die rheinländische Töpferkunst.

Die Läden und Werkstätten liegen im westlichen Ortsteil, dem einstigen Oberbetschdorf. Der hohen Brandgefahr wegen mussten sich die Töpfer früher nämlich außerhalb des eigentlichen Dorfkerns, Niederbetschdorf genannt, ansiedeln. Verständlich, wenn man bedenkt, dass bei einer Brenntemperatur von 1250 °C die Flammen hoch aus den Öfen schlugen. Doch diese Zeiten sind lange vorbei, mittlerweile wird die Ware in sicheren Gasöfen gebrannt, die beiden Ortsteile sind zusammengewachsen.

Viele Informationen über die Geschichte des Dorfes und seiner Töpfer vermittelt das im östlichen Ortsteil gelegene, sehr sehenswerte *Musée de la Poterie*. In dem alten Fachwerkhaus werden Keramiken

Im Dorf der Krugmacher

vom späten Mittelalter bis heute, bäuerliches Gebrauchsgeschirr, aber auch künstlerische Objekte und industrielle Ware ausgestellt und vortrefflich erläutert (Öffnungszeiten siehe unten).

Unweit des Museums steht die Eglise Mixte mit wunderschönen Fresken aus dem 15. Jh. im Chor. Im Zentrum der Kuppel erkennt man das Lamm Gottes, umgeben von den Symbolen der vier Evangelisten (Engel, Löwe, Stier, Adler). Ein im Spätmittelalter beliebtes Motiv, die Darstellung einer Eucharistischen Mühle, findet sich über dem steinernen Tabernakel. Das Christuskind mit einer Hostie in der Hand kommt vom Ausgang der Mühle auf Bischöfe zu, die ihrerseits die Kommunion austeilen. Sehenswert ist außerdem eine Darstellung des Jüngsten Gerichts mit 64 Figuren.

Im Süden des Dorfes kann man gegenüber vom Schwimmbad noch dem kleinen *Parc à Cigognes* mit einer Voliere und frei lebenden Störchen einen Besuch abstatten. Und wer sich schließlich noch eine echte Rarität etwas außerhalb von Betschdorf anschauen will, fährt zum kleinen Weiler *Kuhlendorf:* Dort steht die einzige Fachwerkkirche des Elsass.

● *Anfahrt* Von Surbourg führt die D 243 über Schwabwiller nach **Betschdorf.** Am dortigen Töpfereimuseum vorbei gelangt man auf einer schmalen Straße nach **Kuhlendorf.**

● *Information/Musée de la Poterie* Das **Syndicat d'Initiative** befindet sich im Musée de la Poterie, 2, rue de Kuhlendorf, ✆/✉ 0388 544970 (Museum ✆ 0388544807). Eine weitere Niederlassung befindet sich im Rathaus. Die Öffnungszeiten von Touristeninformation

und Museum sind identisch: von Karfreitag bis 1. November tägl. 10–12 und 13–17 Uhr. Fürs Museum zahlt man 3,50 €, Kinder ab 10 J. 1 €. Mit dem Ticket erhält man einen sehr informativen Audioguide.

● *Feste* Abwechselnd veranstalten die Töpferdörfer Soufflenheim und Betschdorf jeweils am ersten Sonntag im September das sog. **Töpferfest.** Nähere Informationen siehe S. 75.

• *Einkaufen* Die Töpfereien sind Mo–Sa jeweils vormittags und nachmittags, So nur am Nachmittag geöffnet.

• *Übernachten* In der Nähe der Töpfereien in Oberbetschdorf liegt das kleine **Hôtel A la Couronne** mit recht günstigen Einzel- und Doppelzimmern. 28, rue du Doctor-Deutsch, ✆ 0388544249.

In Betschdorf kann man **Gästezimmer** bei einem Töpfer mieten (auch Möglichkeit der Töpferausbildung). Nähere Informationen beim Touristenbüro.

• *Essen und Trinken* Zahlreiche Restaurants entlang der Hauptstraße. Etwas versteckt liegt am nördlichen Dorfrand von Oberbetschdorf die **Auberge de la Poterie**. Die resolute Mme Wingerter ist zu Recht stolz auf ihr hübsches Lokal in einem ehemaligen Töpferhaus. Im Sommer gibt es bei ihr mittags eine kleine Auswahl an einfachen, aber guten Gerichten – allerdings nicht jeden Tag, denn manchmal bleibt ihr Lokal auch einfach zu. Das ganze Jahr über aber werden samstag- und sonntagabends im Holzofen mitten im Gastraum leckere Flammkuchen nach altem Rezept gebacken – wahrhaft ein Genuss. 9, rue St-Jean, ✆ 0388544331.

Bis ins kleinste Dertail rekonstruiert ist die Casemate d'Esch

Musée de l'Abri in Hatten: Der Ort Hatten ist eigentlich ein unscheinbares Wohndorf, wer sich allerdings für Militärgeschichte und die *Ligne Maginot* (s. u.) interessiert, bekommt hier einiges zu sehen. Im Westen des Ortes hat man auf dem Gelände eines ehemaligen Großunterstandes das *Musée de l'Abri*, z. T. ein Freilichtmuseum, eingerichtet. Unter anderem veranschaulichen Modelle die verheerende Panzerschlacht bei Hatten vom Januar 1945. Besonders beeindruckend sind die Dokumente über den Alltag während des Zweiten Weltkriegs. Östlich des Dorfes kann man zudem die *Casemate d'Esch* mit zwei restaurierten Originalräumen und einer kleinen Ausstellung besichtigen.

• *Anfahrt* Fahren Sie von Betschdorf auf der D 243 weiter in östliche Richtung und zweigen Sie in Rittershoffen auf die D 28 ab. In Hatten folgen Sie am Ortseingang der Beschilderung zum Musée de l'Abri. Die Casemate d'Esch liegt im Osten des Ortes an der D 28 Richtung Seltz.

• *Öffnungszeiten/Eintritt* **Musée de l'Abri,** 1.3.–11.11. Do, Fr, Sa und feiertags 10–12 und 14–18 Uhr, So 10–18 Uhr; 15.6.–15.9. tägl.

10–12 und 14–18 Uhr. Erwachsene 4 €, Kinder 2,50 €.

Casemate d'Esch, Mai–September jeden So 10–12 und 13–18 Uhr. Erwachsene 2 €, Kinder die Hälfte.

Dorfkirche in Hohwiller: Wie in der Eglise Mixte in Betschdorf findet man auch in der zwischen Fachwerkhäusern hervorlugenden Dorfkirche in Hohenwiller im gotischen Chor u. a. das spätmittelalterliche Fresko einer Eucharistischen Mühle. Nur in diesen beiden Gotteshäusern im Elsass ist das sehr seltene Motiv zu sehen. Zwar sind hier die Lichtverhältnisse durch die hellen Chorfenster ausgezeichnet, die Malereien aber leider schon sehr verblichen.

Anfahrt Von Hatten fährt man auf der D 28 zunächst wieder zurück nach Rittershofen und von dort weiter nach Hohwiller.

Die Maginot-Linie

Nach den bitteren Erfahrungen im Ersten Weltkrieg, aus dem Frankreich zwar siegreich hervorgegangen war, in dessen Verlauf aber große Gebiete im Norden und Osten des Landes verwüstet wurden und 1,4 Mio. Tote und 3,5 Mio. Verwundete zu beklagen waren, entschloss man sich, die Grenze gegen Deutschland und später auch die gegen Italien besonders zu schützen. Geplant hat das Verteidigungssystem der Kriegsminister Paul Painlevé, gebaut wurde es unter seinem Nachfolger André Maginot in den Jahren 1930–32. Nach der Machtergreifung Hitlers erweiterte man die Anlage. Auf insgesamt 700 km, 200 davon an der elsässisch-deutschen Grenze, reihten sich ebenerdige, meist aber unterirdische Forts, Artilleriewerke, Infanteriekasematten, Großunterstände, Beobachtungsbunker etc. aneinander, zwischen denen man Panzersperren und Minenfelder anlegte. Durch Gänge verbunden, wie man gelegentlich hört, waren die einzelnen Anlagen nicht. Die größeren Festungen, um sog. Kampfblocks mit ausfahrbaren Geschütztürmen angelegt, durchzog dagegen ein oft kilometerlanges Netz von Gängen, in denen Schienen verlegt waren, um mit Waggons die Munition transportieren zu können. Eigene Kraftwerke sorgten für die notwendige Energie. Bis zu 1000 Soldaten konnten hier stationiert werden. Für sie richtete man Schlafräume, Duschen, Großküchen, Krankenstationen, ja sogar Weinkeller ein. Die kleineren Kasematten waren von bis zu 20 Soldaten besetzt.

Über die Wirkung der manchmal sogar mit der Chinesischen Mauer verglichenen Maginot-Linie gehen die Meinungen auseinander. 1940 wurde sie von den Deutschen einfach umgangen. Sie missachteten die Neutralität Belgiens und drangen von Norden nach Frankreich ein. Viele der Befestigungsanlagen konnten jedoch trotz heftigster Bombardierungen nicht eingenommen werden. Ihre Besatzungen ergaben sich erst Tage nach dem Inkrafttreten des Waffenstillstandes auf Befehl des französischen Oberkommandos.

Heute interessiert sich das Militär nicht mehr für die Anlagen, manche Kasematten dienen Landwirten als Lagerräume, in einigen Forts züchtet man Pilze, Granatwerferpanzertürme wurden entfernt, das Metall oft für andere Zwecke wieder verwertet. Nur wenige der einst 2000 Bauwerke im Elsass wurden von der "Association des Amis de la Ligne Maginot d'Alsace" restauriert und sind nun für interessierte Besucher zugänglich: die Infanterie-Kasematte Esch bei Hatten (S. 88 f), das Artilleriewerk Schoenenbourg (S. 91 f), die Befestigungsanlage Four à Chaux bei Lembach (S. 115) sowie die Kasematten Dambach-Neunhoffen (S. 125) und Marckolsheim (S. 351).

Fachwerkdorf Hunspach: Ein Schild am Ortseingang informiert den Besucher, dass er in "einem der schönsten Dörfer Frankreichs" angekommen ist. Man ist zu Recht stolz auf die blütenweiß verputzten Fachwerkhäuser aus dem 18. und 19. Jh. mit charakteristischen Giebelvordächern und großen Höfen. Zusammen bilden sie ein malerisches Ensemble. Überall im Dorf erinnern alte Ziehbrunnen mit Schwengel-armen daran, dass Wasser einst mühsam per Handarbeit in die Häuser gebracht werden musste. Und auch beim Essen sind die Hunspacher traditionsbewusst: Zum Sonntagsfrühstück kommt fast überall der "Dicke Kuche", ein Hefegebäck, auf den Tisch, und jede Hausfrau hütet ihr Familienrezept der Dorfspezialität "Flaasch-knepfle" (Fleischklößchen in weißer Sauce).

• *Anfahrt*   Von Hohwiller zur D 263, dann über die schmale D 76 nach Hunspach.

• *Information*   Im südlichen Ortsteil findet man ein kleines **Office de Tourisme**. Ganzjährig Mo–Fr, Sa nur vormittags geöffnet. 3, rte de Hoffen, ☎ 0388805939, 🖷 0388804146, maison-ungerer@wanadoo.com.ne

• *Feste*   Jeweils am Wochenende vor dem offiziellen Sommeranfang feiert man in Hunspach ein großes **Volksfest** mit einem Ball am Samstagabend und Vorführungen verschiedener Trachtengruppen aus der Gegend am Sonntag.

• *Einkaufen*   In der **Bäckerei Fischer** kann man jeden Samstag, manchmal auch unter der Woche, den sog. "Dicke Kuche" aus lo-ckerem Hefeteig erstehen. Darüber hinaus gibt es aber auch anderes leckeres Gebäck nach alten Rezepten wie Streusel- oder Apfelkuchen, Hefezöpfe und im Herbst die legendäre Quatscheschlageltarte mit Pflaumenmus. Angeschlossen ist auch ein netter **Salon de Thé**. Tägl. geöffnet. 52, rue Principale.

• *Essen und Trinken*   Am Rand des Dorfes liegt das beliebte **Restaurant au Cerf** mit schöner Terrasse. Hier bekommt man die Hunspacher Spezialität Flaaschknepfle und andere elsässische Gerichte wie deftigen Baeckaoffa nach alten Familienrezepten. Montagabend und Mi geschl. 5, rue de la Gare, ☎ 0388804159.

Fachwerkdorf Seebach: Das nächste traditionelle Fachwerkdorf, größer und durch viel Grün vielleicht sogar noch etwas schöner als Hunspach. Vor allem im nördlichen Ortsteil sieht man zwischen ausladenden Bauernhäusern, in deren schmucke Höfe man ruhig einmal einen Blick werfen sollte, viele liebevoll gepflegte Gärtchen; sogar auf den Gehwegen hat man oft kleine Blumenbeete angelegt. Zentrum bildet die Place de la Mairie mit einem von einem Türmchen gekrönten Rathaus. Spaziert man von hier aus über die Route de Trimbach nach Süden, gelangt man in den ursprünglich ärmeren Teil des Dorfes mit deutlich kleineren Häusern. Über die parallel verlaufende Rue des Forgerons kommt man zur Mairie zurück.

Anfahrt   Auf der D 249 erreicht man von Hunspach in ca. 4 km das Nachbardorf Seebach.

Fachwerkpracht im Outre Forêt

Streisselhochzeit

Jedes Jahr feiert man in Seebach am Wochenende nach dem 14. Juli die Streisselhochzeit. Am Freitag- und Samstagabend wird hauptsächlich getanzt, die eigentliche Zeremonie findet dann am Sonntagvormittag statt. Ein Hochzeitszug, bei dem alle Beteiligten die Seebacher Tracht tragen, zieht zum Rathaus, vor dem die für das jeweilige Jahr erkorenen Brautleute nicht etwa einander das Jawort geben, sondern schwören, die alten Traditionen ihr Leben lang weiterzupflegen. Den ganzen Tag über sind etliche Bauernhöfe geöffnet und bieten leckere deftige Gerichte an: *Mischtgrätzerle, Grummbeeredotsche, Flaaschknepfle ...* Dazwischen wird vorgeführt, wie früher auf dem Lande gearbeitet wurde: Ein Scherenschleifer wetzt die Messer, bei den Waschweibern dampft es aus dem Kessel, und eine kleine Herde von Schafen wird vor den Augen von Groß und Klein geschoren. Am Nachmittag zieht der Hochzeitszug noch einmal durch die Straßen, diesmal aber sind auch wunderschön geschmückte Wagen mit der Aussteuer dabei. Vom Schwein über die Nähmaschine bis zum Ehebett wird alles präsentiert.

Ouvrage d'Artillerie de Schoenenbourg: Die zur *Ligne Maginot* (siehe S. 89) gehörende, gewaltige unterirdische Festung liegt ganz in der Nähe des nicht weiter sehenswerten Dorfes Schoenenbourg. Über eine Treppe gelangt man ca. 30 m in die Tiefe, besichtigt zunächst die Versorgungsbunker mit voll eingerichteter Mannschaftsküche (sogar eine Kartoffelschälmaschine war vorhanden), Kaserne und Kraftwerk und geht dann etwa einen Kilometer weit die Schienen entlang zu einem der Kampfbunker mit versenkbarem Panzerdrehturm.

● *Anfahrt* Von Hunspach fährt man auf der D 249 etwa 2 km in Richtung des Dorfes Schoenenbourg, überquert dann die D 264 und fährt auf einem Betonsträßchen zunächst am Wald entlang, dann in den Forst hinein; der Weg ist ausgeschildert.

● *Öffnungszeiten/Eintritt* Von April bis Oktober nur sonn- und feiertags, vom 1.5. bis 30.9. tägl., und zwar an den Wochentagen jeweils zwischen 14 und 16 Uhr, an Sonn- und

Feiertagen zusätzlich von 9.30 bis 11 Uhr. Erwachsene 5 €, Schulkinder 3 €. Geführte Besichtigungen werden nur für Gruppen durchgeführt, die Orientierung ist durch zahlreiche Hinweistafeln und Richtungspfeile jedoch im Alleingang problemlos möglich. Rechnen Sie für die Tour ca. 2 ½ Std. ein. Warme Kleidung ist empfehlenswert.

• *Essen und Trinken* Fährt man vom Fort noch tiefer in den Wald hinein, erreicht man bald die beliebte **Auberge A la Ligne Maginot.**

Musée Rurale de l'Outre-Forêt in Kutzenhausen: Eingerichtet wurde das sehenswerte Bauerhofmuseum im hübschen Straßendorf Kutzenhausen mit seinen pittoresken Fachwerkhäusern in einem für die Region typischen Hof, der Mitte des vergangenen Jahrhunderts aufgegeben worden ist. Neben dem Wohnhaus sind u. a. die Scheune, ein Garten und mehrere Ställe zu besichtigen – Kühe und Pferde hat man zwar aus Pappmaché nachgebildet, doch sonst ist alles echt! Eine besondere Attraktion sind die Vorführungen einiger Handwerker des Dorfes (Korbmacher, Schmied, Tischler). Und nicht zuletzt sollten Sie einen Blick in die authentische Schulstube werfen – selbst die "Eselsmütze" fehlt nicht!

• *Anfahrt* Von Schoenenbourg nach Soultz-sous-Forêts, dort zweigt man auf die D 28 nach Kutzenhausen ab.

• *Öffnungszeiten/Eintritt* Vom 1.4. bis 30.9. Di, Do, Fr von 10 bis 12 und von 14 bis 18 Uhr, Mi, So und an Feiertagen nur nachmittags, im Juli und August zusätzlich Sa (ganztägig); vom 1.10. bis 31.3. nur Mi, So und an Feiertagen wie oben geöffnet; im Januar bleibt das Museum geschlossen. Erwachsene 3,90, Kinder ab 6 J. 2,10 €.

• *Kinder* Das Museum ist für Kinder gut geeignet.

"Erdöldorf" Merkwiller-Pechelbronn: Bei der Fahrt durch die liebliche Landschaft erscheint es kaum vorstellbar, dass hier vor noch gar nicht so langer Zeit ein wichtiges Erdölfördergebiet Frankreichs lag. Schon im Mittelalter hatten die Einheimischen die dünne Ölschicht auf dem Wasser des Seltzbaches regelmäßig abgeschöpft und v. a. für medizinische Zwecke genutzt. Und im 15. Jh. zog der "Karichschmiermann" durch die Dörfer der Umgebung, um aus seinem Fass Wagenschmiere an die Bauern zu verkaufen. In der zweiten Hälfte des 18. Jh. begann dann die Familie Le Bel, in größerem Stil Erdöl durch Tiefbohrungen zu erschließen und planmäßig auszubeuten. Der Höhepunkt der Förderung war etwa 1950 erreicht. Mit der Entdeckung von reichhaltigeren Ölquellen in Nordafrika, über die sich Frankreich weit besser versorgen konnte, ging die Nachfrage zurück. Heute sind aus der Boomzeit der Erdölförderung nur mehr Relikte zurückgeblieben: An der zentralen Kreuzung steht eine alte *Erdölschwengelpumpe*, darüber hängt die Abbildung der ehemaligen Raffinerie. Von hier führt eine Straße zum *Musée du Pétrole*, wo ein sehenswerter Film (auch auf Deutsch) über die Erdölgewinnung vorgeführt wird und in zwei kleinen Räumen Fossilien in erdölhaltigem Gestein, Arbeitsgeräte und Modelle zu besichtigen sind. Von Mitarbeitern des Museums werden auch sog. Entdeckungswanderungen zum Thema Erdöl durchgeführt (s. u.).

Nur wenige Gebäude aus der industriellen Vergangenheit des Dorfes sind erhalten: Das Bürogebäude der Raffinerie liegt links der Straße nach Lobsann, das "Schloss" der Familie Le Bel sieht man am Ortsausgang Richtung Lampertsloch.

• *Anfahrt* Von Kutzenhausen erreicht man Merkwiller-Pechelbronn über die D 28.

• *Informationen* Das **Syndicat d'Initiative** im Rathaus von Merkwiller-Pechelbronn ist vom 15.6 bis 15.9. Mo–Fr (vormittags) geöffnet. 1, rte de Lobsann, ✆ 0388807236, 📠 0388806333. Hier erhalten Sie u. a. eine kostenlose Übersichtskarte zu Radtouren in der Region:

> **Tipp für Radfahrer:** Die Übersichtskarte "Vallée de la Sauer/Pays de Pechelbronn" bietet gleich vier Rundtouren in dieser lieblichen Region an.

• *Öffnungszeiten/Eintritt*   Das **Musée du Pétrole** ist vom 1.4. bis 31.10. Do, So und an Feiertagen von 14.30 bis 18 Uhr geöffnet. Erwachsene 3,05 €, Kinder ab 8 J. 1,50 €.

• *Entdeckungswanderungen*   Die vom Musée du Pétrole angebotenen Touren finden von April bis Oktober jeweils am 1. und 3. Sonntag und am 2. und 4. Mittwoch des Monats jeweils um 14.30 Uhr statt. Man trifft sich vor dem Museum und zahlt inkl. Museumsbesuch 5 € (Kinder ab 8 J. 3,50 €).

• *Übernachten/Essen*   *** Hôtel Restaurant A l'Etoile**, in dem auffallenden Gebäude an der zentralen Kreuzung werden insgesamt 40 Zimmer zum Preis von je 29 bis 39 € (je nach Lage und Ausstattung) vermietet. Das dazugehörige Restaurant hat riesige Ausmaße, und dennoch ist es an Wochenenden oft brechend voll. Gehobene Küche zu angemessenen Preisen. 1, rte de Woerth, ☎ 0388807180, ✆ 0388807538.

• *Einkaufen*   Im Nachbarort Lobsann kann man in einer **Destillerie** wunderbare Obstbrände und Liköre erstehen. Der Betrieb der Familie Hoeffler liegt am Ortsrand in der Rue des Jardins und ist tägl. außer So von 8 bis 12 und von 13 bis 18 Uhr geöffnet.

Notre-Dâme-des-Tilleuls: Auf dem Rückweg nach Haguenau passiert man den besonders schönen Aussichtspunkt an der D 264. Von der kleinen Marienkapelle genießt man wunderschöne Blicke auf die Rheinebene und die Vogesen.

Anfahrt   Von Merkwiller-Pechelbronn fährt man zurück nach Soultz-sous-Forêts und nimmt hier die D 264 Richtung Haguenau. 3 km weiter erreicht man auf einer kleinen Anhöhe die links von der Straße gelegene Kapelle.

Südlich von Haguenau

"Elsass ohne Touristen" – so lässt sich das Gebiet zwischen Haguenau und Strasbourg am treffendsten charakterisieren.

Musée de la Laub in Bischwiller: Man sieht dem verschlafenen kleinen Städtchen nicht mehr an, dass es Mitte des 19. Jh. ein recht bedeutender Standort der Textilindustrie war. Nach dem Anschluss des Elsass an das Deutsche Reich im Jahre 1871 fürchteten die meisten Fabrikanten, den für sie bedeutenden französischen Markt zu verlieren und verlegten ihre Fabriken dorthin. Mit ihnen verließen auch zahlreiche hochqualifizierte Arbeiter ihre Heimat. Über die alten Techniken der Textilindustrie gibt das kleine *Musée de la Laub* an der zentralen Place de la Mairie Auskunft. Das 1664 errichtete Gebäude mit einem kleinen Türmchen auf dem Spitzgiebeldach ist auch das Schmuckstück des Ortes.

Kloster in Marienthal(: Der heilige Albert von Hagenau, ursprünglich ein Ritter, später ein Eremit, gründete das Marienkloster im Jahre 1250. Heute wird es von acht Herz-Jesu-Benediktinerinnen geführt. An Feiertagen der Gottesmutter zieht ihr zu Ehren eine Prozession durch den kleinen Ort, der dann vor Pilgern schier überzuquellen scheint. In der 1866 errichteten Basilika, dem dritten Kirchenbau an dieser Stelle, gibt es zwei Seitenkapellen mit Marienaltären. Von der Bevölkerung besonders verehrt wird die Statue der Schmerzensmutter (14. Jh.) in der rechten Kapelle.

Brumath: Verkehrsknotenpunkt und dennoch ein angenehmes Kleinstädtchen, das mit schönen alten Fachwerkhäusern seinen bäuerlichen Charakter nicht verbergen kann. Zentrum ist die Place de la Liberté, von hier sind es nur wenige Schritte an das Flüsschen Zorn – und zu einem der besten Restaurants der Gegend (s. u.). Gegenüber vom nahe gelegenen Hôtel de Ville befindet sich der Cour du Château und dahinter das zu einer protestantischen Kirche umgebaute Hauptgebäude des ehemaligen Schlosses von Hanau-Lichtenberg – Zeugnis eines Glanzes, der hier im 18. Jh. einmal erstrahlte.

• *Anfahrt*   Von Haguenau erreicht man **Bischwiller** am besten über die gut ausgebaute D 29. Von dort führt die D 139 nach **Marienthal** (man kann den Ort aber auch direkt von Haguenau auf der D 48 erreichen). Von **Marienthal** fährt man zunächst etwa 3 km auf der D 139, dann auf der D 140 zuerst durch den Wald und weiter durch welliges Bauernland über Weitbruch nach **Brumath.** Der Ort ist über mehrere große Straßen (N 63, D 44) bzw. über die Autobahn A 4 außerdem mit Haguenau, Strasbourg und Saverne verbunden.

• *Öffnungszeiten/Eintritt* Das **Musée de la Laub in Bischwiller** ist ganzjährig an jedem 1. und 3. Sonntag im Monat von 14 bis 18 Uhr geöffnet. Häufig sind dort zusätzlich Wechselausstellungen zu sehen.

• *Prozessionen vom Kloster Marienthal* An folgenden Terminen werden nach einer Vesper um 15 Uhr Marienprozessionen durchgeführt: am 1.5., zu Christi Himmelfahrt, an allen Sonntagen im Mai, am 15.8. und am 6.10.

• *Essen/Übernachten* **Gästehaus Kloster Marienthal,** die Klosterschwestern bemühen sich sehr um den Kontakt mit Gläubigen und bieten für Einzelpersonen und Familien gegen ein Entgelt Essen, Übernachtung und die Teilnahme an Exerzitien (auch auf Deutsch) an. Informationen unter ☏ 0388939091.

Hostellerie l'Ecrevisse in Brumath, Michel Orth gehört zu den großen Köchen des Landes, und doch kann man bei ihm zu wirklich vernünftigen Preisen speisen. Etwas zünftiger geht's im sog. *Krebsstebel* zu – hier werden vor allem reinterte elsässische Gerichte wie Schniederspaetle mit einer Füllung aus Rheinfischen in einem herrlichen Sößchen oder Schupfnudeln mit Schnecken in Kräuterbutter serviert. Im angrenzenden Restaurant ist die Speisekarte etwas umfangreicher, und man bekommt neben edlen Krebs- und Wildspezialitäten mehrere Menüs (ab 21 €). Montagabends und Di geschl. Außerdem kann man hier auch übernachten (DZ ab 50 €). 4, av. de Strasbourg, ☏ 0388511108, ✆ 0388518902.

Westlich von Haguenau: Hanauer Land

Westlich von Haguenau bis zum Anstieg der Nordvogesen erstreckt sich das hügelige Hanauer Land mit ursprünglich gebliebenen Bauerndörfern und interessanten Zeugnissen der jüdisch-elsässischen Kultur. Vom 13. Jh. bis zur Französischen Revolution führten in diesem Gebiet die Grafen von Lichtenberg, ab 1480 Hanau-Lichtenberg, das Regiment. Bouxwiller am Fuße des Bastbergs war der Hauptort ihres elsässischen Besitzes.

Bouxwiller

Zwar existiert das einstige Stadtschloss nicht mehr, doch bei einem Spaziergang durch das mittelalterliche Städtchen kann man noch an vielen stattlichen Gebäuden und schönen Plätzen den Glanz der vergangenen Tage erspüren und nebenbei zwei interessante Museen besuchen.

Wo heute an der weitläufigen Place du Château das Gymnasium steht, befand sich das wegen seiner berühmten terrassenartigen Gärten auch als "Petit-Versailles" bezeichnete gräfliche Schloss. Bei seiner Zerstörung im Jahre 1808 konnten lediglich 138 Orangenbäume gerettet und nach Strasbourg gebracht werden, wo sie dann den Grundstock für die Orangerie der Kaiserin Josephine bildeten. Im Sommer erfrischt sich Groß und Klein gerne an der den Platz umlaufenden Wasserrinne und dem modernen **Platteschleckerbrunnen.** Er erinnert an einen bösen Spottnamen, mit dem die Bewohner der umliegenden Dörfer die Bouxwiller Bürger zu Zeiten der Grafschaft Hanau-Lichtenberg hänselten. Viele verdingten sich nämlich bei den Grafen als Lakaien und präsentierten sich trotz ihrer niederen Stellung nach außen in schöner Livrée mit Zopf und weißen Handschuhen hochnäsig als Angehörige einer besseren Gesellschaftsschicht.

Die linke Seite des Platzes (vom Gymnasium aus gesehen) nimmt die lang gestreckte **Kornhalle** ein. Sie ist direkt an die ehemalige **Schlosskapelle** aus dem 14. Jh. angebaut. Schräg gegenüber stehen zwei prachtvolle Gebäude aus dem 17. Jh.,

Nördliche Rheinebene

die **Alte Kanzlei** der Grafschaft Hanau-Lichtenberg (heute Rathaus) und links davon der ehemalige Kutschenunterstand, in dem heute das **Musée du Pays de Hanau** auf Besucher wartet. In vier Räumen werden u. a. wunderschön bemalte Möbel aus bäuerlichen und bürgerlichen Häusern des Hanauer Landes sowie Trachten ausgestellt.

Zwischen der Alten Kanzlei und dem einstigen gräflichen Marstallgebäude – heute die Post – verläuft die Rue des Seigneurs. Über eine Treppe kann man einen Abstecher zum **Alten Kornmarkt,** einem besonders hübschen Platz mit Löwenbrunnen, machen. Schöne alte Adelshöfe säumen den weiteren Verlauf der Gasse bis zur Kreuzung mit der Grand' Rue, in der Sie weitere restaurierte Fachwerkbauten mit Erkern und Arkaden finden.

Biegt man hier rechts ab, ist in wenigen Minuten die alte Synagoge erreicht, in der das sehr sehenswerte **Musée Judeo-Alsacien** untergebracht ist. Verschiede-

Platteschleckerbrunnen

ne Themenbereiche des Lebens der Juden im Elsass werden eindrucksvoll präsentiert: historische Situation vom Mittelalter bis ins 20. Jh., Alltag, Arbeit, Feste, religiöses Leben etc. Ein völlig lichtloser Sektor thematisiert dann das Leiden unter den Nationalsozialisten. Durch Modelle, szenische Darstellungen mit Puppen und Dias hat die Ausstellung einen sehr lebendigen Charakter.

In der Umgebung von Bouxwiller ist schließlich noch der **Bastberg** einen Abstecher wert. Bis auf 324 m Höhe ragt der aus fossilienreichen Jurakalken und Tertiär-

Der Buchsweiler Weiberkrieg

Frauenpower demonstrierten in der Mitte des 15. Jh. die Bouxwillerinnen. Ihr Zorn richtete sich gegen den Grafen Jakob und noch mehr gegen dessen Mätresse. Der Graf war den Reizen der hübschen jungen Magd Bärbel von Ottenheim erlegen und gewährte ihr zahlreiche Privilegien. Während er sich vorwiegend mit alchemistischen Experimenten beschäftigte, regierte sie mit harter Hand und forderte von den Untertanen mehr, als diese zu leisten im Stande waren. Erbost über diese Schikanen verbündeten sich die Bouxwiller Frauen mit Jakobs Bruder und Konkurrenten Ludwig, stürmten, mit Heugabeln, Sensen und anderen Arbeitsgeräten bewaffnet, das Schloss und wollten Bärbel massakrieren. Zwar konnte sie entfliehen und lebte die folgenden Jahre auf einem Gut Jakobs in Hagenau, wo sie aber 1481, nach dem Tod des Grafen, als Hexe angeklagt wurde. In ihrer Gefängniszelle erhängte sie sich, um dem Tod durch Verbrennen zuvorzukommen.

Im Musée Judeo-Alsacien

konglomeraten aufgebaute Berg – eine erdgeschichtliche Besonderheit – wenige Kilometer vor dem Anstieg der nördlichen Buntsandsteinvogesen aus der Umgebung heraus. So ist es nicht verwunderlich, dass ein geologischer Lehrpfad auf den von einem riesigen Kreuz gekrönten Gipfel hinaufführt. Durch die gruseligen Hexengeschichten, die sich um den Berg ranken, sollte man sich von der angenehmen, ca. eineinhalbstündigen Rundwanderung nicht abhalten lassen, sondern vielmehr wie schon der junge Student Goethe die grandiose Aussicht genießen.

● *PLZ* 67330

● *Lage/Anfahrt zum Bastberg* Bouxwiller liegt etwas abseits der großen Durchgangsstraßen an der D 6. Wer zum Bastberg will, nimmt in Bouxwiller die Straße nach Neuwiller-lès-Saverne (D 133) und zweigt am Ortsende in einer Rechtskurve nach links ab. Achtung: An Sonn- und Feiertagen ist die Zufahrt verboten. Wanderer gehen an der Abzweigung vorbei und biegen erst 200 m weiter nach links in die Rue R. Sundholt ein. Holzschilder weisen den Weg.

● *Parken* Auf mehreren Plätzen kann man kostenfrei parken, u. a. innenstadtnah auf der Place du Château.

● *Taxi* ✆ 0388707227

● *Öffnungszeiten der Museen* **Musée du Pays de Hanau,** ganzjährig Mo–Fr 14–18 Uhr, vom 2.5. bis 30.9. außerdem Sa/So zwischen 14–17 Uhr. Erwachsene 2,10 €, Kinder unter 16 J. frei.

Musée Judeo-Alsacien, 15.4.–2.9. Di–Fr 10–12 und 14–17 Uhr, So und an Feiertagen nur nachmittags; in der Vorsaison besser unter ✆ 0388709717 nachfragen. Erwachsene 6 €, Kinder von 8 bis 15 J. die Hälfte.

● *Markt* Jeden 1. und 3. Sa im Monat auf der Pl. du Château.

● *Veranstaltungen/Feste* Im Juli und August werden am Bastberg regelmäßig **Himmelsbeobachtungen** durchgeführt. Die genauen Termine erfahren Sie unter ✆ 0388914040 von Herrn Feidt.

Jeweils Ende Juni findet im Nachbarort Uhrwiller ein **Folklorefest** statt, bei dem am Vormittag eine Bauernhochzeit aus der Zeit um 1900 nachgestellt wird. Am Nachmittag findet ein Umzug mit traditionellen Trachten statt.

● *Kinder/Schwimmen* Hanautic, modernes Schwimmbad mit Becken für Groß und Klein, einer 52 m langen Rutschbahn, Whirlpool usw. Ganzjährig geöffnet. Rue de Babenhausen, ✆ 0388713838.

- *Post* Place du Château.
- *Polizei* Route de Kirrwiller, ℡ 0388707017.
- *Öffentliche Toiletten* An der Rückseite des alten Kanzleigebäudes an der Place du Château.
- *Übernachten/Essen* ** **Hôtel Restaurant La Cour du Tonnelier,** im westlichen Teil des Ortes an der Grand' Rue liegt der auch für Familien gut geeignete Gasthof mit klei-

nem Park und Swimmingpool. Großzügige Zimmer, z. T. mit Balkon: EZ 38 €, DZ je nach Ausstattung 46–52 €, zu dritt kostet's bis zu 66 €, zu viert 72 €. Im hauseigenen Restaurant isst man recht gut, im Angebot elsässische, aber auch leichte Küche, Menüs ab 15 €. Sonntagabends und Mo geschl. 84 a, Grand' rue, ℡ 0388707257, ✆ 0388709574.

Strapse und Strass zwischen Mähwiesen und Mistgabeln

Varieté-Shows und Dîners Spectacles sind vielen Paris-Besuchern bestens bekannt – am Fuß des Montmartre laden etliche Etablissements zu dieser Kombination von Diner, Tanz und anschließender Revue ein. Aber auch im Bauerndorf Kirrwiller, 4 km von Bouxwiller entfernt, bekommt man in Adam Meyers Music-Hall "Royal Palace" Vorstellungen geboten, die es mit den Vorbildern aus der Hauptstadt durchaus aufnehmen können. Mal leicht geschürzt, mal exotisch als Piraten gekleidet, mal im Stil der Chinesischen Oper, mal in dem der Golden Twenties legen die Tänzerinnen und Tänzer zu heißen Rhythmen Mitreißendes aufs Parkett. Magier mit verblüffenden Zaubertricks und faszinierende Lightshows runden das Programm ab. Trotz der ca. 1000 Plätze ist es meist dreimal die Woche voll.

Es finden Mittag- und Abendvorstellungen statt, Preis je nach Programm, Menü und Tag 31–73 €. Reservierung unter ℡ 0388707181 oder ✆ 0388713195. Adresse: 20, rue de Hochfelden. In Bouxwiller fährt man auf der D 7 Richtung Hochfelden ca. 3 km bis nach Kirrwiller.

Pfaffenhoffen

Hübsche Häuser, ein ganz besonderes Museum und die älteste intakt gebliebene Synagoge des Elsass machen den Reiz des sympathischen Kleinstädtchens aus.

Im Mittelalter war Pfaffenhoffen im ganzen Modertal bekannt für seine vielfältigen Märkte, auf denen nicht nur die örtlichen, sondern Händler aus dem gesamten Elsass ihre agrarischen und sonstigen Produkte verkauften. Zeugnisse des einstigen Wohlstands sind die prächtigen, z. T. sehr schön bemalten Häuser; das eindrucksvollste zeigt filigrane Jagdmotive und steht in der Rue du Docteur Schweitzer Nr. 16, der Hauptstraße des Ortes, deren Namen an die die Beziehung des berühmten Tropenarztes zu Pfaffenhoffen aufmerksam macht: Im Haus Nr. 4 lebte einst sein Großvater, der gleichzeitig der Urgroßvater von Jean-Paul Sartre und zudem Ende des 19. Jh. Bürgermeister von Pfaffenhoffen war.

Das 1994 eingerichtete **Musée de l'Image Populaire** im Zentrum des Ortes (Schild "Musée") widmet sich der volkstümlichen Bilderkunst. Auf ansprechende Art und Weise werden Hinterglasmalereien, bemalte Spiegel sowie Andachts- und Erinnerungsbilder ausgestellt. Im 18. und 19. Jh. war es im Elsass ein weit verbreiteter Brauch, zu wichtigen Anlässen wie Taufe, Konfirmation, Hochzeit, Einzug zum Militärdienst etc. von Künstlern, die meist noch einen handwerklichen Beruf im Dorf ausübten, handgemalte Bildchen mit Sinnsprüchen anfertigen zu lassen. Diese wurden dann in der "guten Stube" aufgehängt.

Geht man vom Eingang des Museums zuerst links, dann wieder rechts, gelangt man zu einem unscheinbaren Haus, in dessen Türstock hebräische Buchstaben zu erkennen sind. Es handelt sich um die ehemalige **Synagoge** aus dem Jahre 1791. Neben dem eigentlichen Gotteshaus mit beeindruckendem Thora-Schrein kann man hier noch eine kleine Herberge, ein Ritualbad und eine Küche mit Matzotbackofen besichtigen.

Einen Blick wert ist schließlich noch die von der Hauptstraße etwas zurückversetzt stehende **Eglise St-Pierre-et-St-Paul** mit einer Krypta aus dem 13. Jh. (zahlreiche Gebeine). Den Schlüssel verwahrt der Priester im Pfarrhaus rechts von der Apsis der Kirche.

Thora-Schrein in der alten Synagoge

● *Anfahrt* Von Bouxwiller fährt man auf der D 324 nach Obermodern und zweigt dann noch vor dem Dorf auf die D 919 nach Pfaffenhoffen ab.

● *Öffnungszeiten/Eintritt* **Musée de l'Image Populaire**, bis auf Karfreitag, 1.5., 1.11. sowie 24.12.–1.1. ganzjährig geöffnet, und zwar Di, Do, Fr, Sa, So 14–18 Uhr, Mi zusätzlich 10–12

Uhr. Während der Winterperiode von 1.10. bis 30. 4. ist von Di bis Fr an den Nachmittagen nur bis 17 Uhr geöffnet. Eintritt 3,50 €, Jugendliche von 12 bis 16 J. 2,50 €.

Den Schlüssel zur **Synagoge** erhält man an der Kasse des Museums, es gelten also dieselben Öffnungszeiten. Im ersten Raum des Erdgeschosses der Synagoge finden Sie Handzettel auch in deutscher Sprache mit ausführlichen Erklärungen zu den einzelnen Räumen.

● *Übernachten/Essen* **Hôtel Restaurant A l'Agneau,** in dem auffallenden Haus am westlichen Ortsausgang werden hübsche Zimmer zum Preis von 46 bis 68 € (Grand Lit oder zwei Betten) an zwei bzw. für 46 an Einzelpersonen vermietet. Das Restaurant bietet feine Gourmetküche (Menü ab 24 €). Ein besonderes Kleinod ist der von altem Gemäuer umgebene, üppige Garten. Hier passt sich auch die Speisekarte mit vielen Salaten und z. T. mediterranen Gerichten der Umgebung an. An Samstag- und Sonntagabenden werden zudem Flammkuchen serviert. Mo geschl. 3, rue de Saverne, ✆ 0388077238, ✆ 0388722024.

● *Einkaufen* **Brasserie Uberach,** nur wenige Kilometer von Pfaffenhoffen entfernt (in Uberach) werden in einer Kleinstbrauerei wohlschmeckende naturtrübe und aromatisierte Biere (z. B. mit Kürbis, Himbeeren etc.) hergestellt. Im Angebot sind auch Nudeln, Konfitüre und Schnaps – alle Produkte enthalten den Gerstensaft. Kleine Bar, Direktverkauf Mo–Fr 8.30–12 und 13.30–19 Uhr. 30, Grand' rue, ✆ 0388070777. Von Pfaffenhoffen auf der D 919 nach Niedermodern, dort zweigt man auf die D 72 ab.

Ingwiller

In dem hübschen Ort an der Moder lassen sich erneut Spuren der jüdisch-elsässischen Kultur entdecken. Geht man von der protestantischen Kirche gegenüber dem Rathaus etwa 50 m nach Norden und zweigt dann nach links ab, steht man vor einer etwas orientalisch anmutenden **Synagoge**. Sie wurde zu Beginn des 19. Jh.

auf dem gotischen Keller eines zerstörten Schlosses der Grafen zu Lichtenberg errichtet. Mit ihrem mächtigen kupferverkleideten Zwiebelturm aus dem Jahre 1903 und dem von einem Davidstern geschmückten Dach bietet sie ein eindrucksvolles Bild. Wenn Sie die Synagoge besichtigen möchten, können Sie sich unter ✆ 0388 894608 an Herrn Jacob wenden, der Ihnen das jüdische Gotteshaus gerne zeigt.

● *Anfahrt* Von Bouxwiller erreicht man Ingwiller in ca. 6 km auf der D 6.

● *Information* Das 50 m südlich vom Rathaus gelegene **Office de Tourisme du Pays de Hanau** ist ganzjährig Mo–Fr, Sa nur vormittags geöffnet, vom 15.5. bis 15.9. außerdem sonntagvormittags. ✆ 0388892345, ✆ 0388896027, www.tourisme.pays-de-hanau.com.

● *Fahrradverleih* **Espace Randonnée**, 57, rue du Gal Philippot, ✆ 0388892607.

● *Essen und Trinken* **Restaurant Les Cigognes**, schönes Fachwerkhaus mit Storchendekoration im Zentrum des Ortes. Die Küche (traditionelle französische Gerichte, abends aber auch Flammkuchen und Pizzen) wird von den Einheimischen gelobt. Menü ab 20 €. Mo und Dienstagabend geschl., ✆ 0388892203.

Neuwiller-lès-Saverne

Der kleine Ort hat zwei großartige Bauwerke der Kirchenkunst zu bieten, die beide in engem Zusammenhang mit dem heiligen Adelphus stehen, einem im Jahre 411 verstorbenen Bischof aus dem lothringischen Metz, dem viele Wunder nachgesagt wurden. Seine Gebeine überführte man im Jahre 846 in die Kirche der mehr als 100 Jahre zuvor gegründeten Benediktinerabtei, woraufhin sich Neuweiler im Mittelalter zu einem der wichtigsten Pilgerorte des Elsass entwickelte.

An der Rue Gal Koenig stehen an der Westseite eines riesigen Platzes mit achteckigem Brunnen aus dem 18. Jh. die ehemaligen Wohnhäuser des Klosters, in der Mitte erkennt man die Fundamente einer einstigen Friedhofskapelle. Die den Platz beherrschende ehemalige Abtei- und heutige katholische Pfarrkirche **St-Pierre-et-St-Paul** vereinigt mehrere Stilformen aus den einzelnen Bauphasen vom 9. bis zum 19. Jh. in sich, die man gut erkennen kann, wenn man einmal um das 66 m lange Gotteshaus herumgeht. Im 18. Jh. wurde der barocke Engelsturm im Westen errichtet, so genannt nach den bis zu 2,20 m hohen Putten auf seinem Dach. Das angrenzende gotische Langhaus stammt zum großen Teil aus dem 13. Jh., das kaum 100 Jahre zuvor erbaute Querschiff mit Vierungsturm (der Helm stammt aus dem 19. Jh.) weist insbesondere an seinem Nordportal wunderschöne Elemente der Spätromanik auf. Betrachten Sie einmal seine mit Löwen, Engeln, Drachen und Fratzen verzierten

Eglise St-Pierre-et-St-Paul

Säulenkapitelle und die das Tympanon stützenden bärtigen Atlanten. Dahinter grenzt die doppelstöckige romanische Kapelle aus dem Jahre 1050 an. An der Süd-seite des Gotteshauses entdeckt man noch ein wunderschönes romanisches Portal (Teil eines Kreuzgangs) und den einstigen Kapitelsaal.

Im Kircheninneren beeindruckt zunächst das gewaltige dreiteilige Mittelschiff mit starken Rundpfeilern, deren Kapitelle mit naturalistisch gearbeiteten Blattranken geschmückt sind. Im hinteren rechten Seitenschiff fällt das gotische Reliqiengrab des heiligen Adelphus auf, dessen Gebeine sich nun, nach mehrmaligem Platzwech-sel, in dem kleinen Holzschrein unter dem steinernen Hochgrab befinden. Beach-tung sollten Sie auch einem steinernen Taufbecken aus dem 12 Jh. im hinteren lin-ken Seitenschiff schenken: Seine Figuren, ein Bauer, eine Frau mit Schleier und ein Löwe, stellen durch die Taufe abgewendete Dämonen dar. Links vom Hochaltar steht ein besonders schönes Heiliges Grab. Die Christusfigur weist eine kreisrunde Vertiefung zur Aufbewahrung der Hostien während der Karwoche auf. Sehenswert ist auch eine aus Lindenholz gearbeitete *Marienfigur* aus der Schongauerschule in der rechten Seitenkapelle.

Von hier aus kommt man über eine kleine Treppe in den ältesten Teil des Gottes-hauses, in die von zwei Säulenreihen mit einfachen Würfelkapitellen gegliederte *Unterkapelle* des doppelstöckigen romanischen Baus. Verbunden ist sie mit einem kleinen, tonnengewölbten Raum, der sog. *Confessio*, in der die Gebeine des Heiligen vom 9. bis zum 11. Jh. aufbewahrt wurden, damals von den Gläubigen nur durch ein Fenster einsehbar. Die darüber liegende *Sebastianskapelle* erreicht man durch eine Tür hinter dem Hochaltar. Ihr Grundriss entspricht genau demjenigen der Unterkapelle, die Würfelkapitelle sind jedoch viel filigraner gearbeitet. Prunkstücke sind jedoch die vier je 5 m langen, Anfang des 16. Jh. angefertigten Wandteppiche, die in 21 Szenen das Leben und die Wunder des heiligen Adelphus erzählen. Diese Meisterwerke der mittelalterlichen Textilkunst stammen aus zwei verschiedenen Werkstätten und wurden von Graf Philipp III. von Hanau-Lichtenberg in Auftrag gegeben.

Fast genau gegenüber von St-Pierre-et-St-Paul steht in der Rue des Cigognes die **Adelphikirche.** Sie wurde im 13. Jh. außerhalb der Klostermauern errichtet, um die Gebeine des heiligen Adelphus aufzunehmen. Den Ordensleuten war der Wall-fahrtsbetrieb zu viel geworden. Die heute evangelische Pfarrkirche mit zwei schlan-ken, das Hauptportal begrenzenden Türmchen weist romanische und gotische Stil-elemente auf. Schmucklose weiße Wände und massige Pfeiler mit vorspringenden, unterschiedlich langen Halbsäulen prägen den Innenraum, der vom Rippengewölbe im Mittelschiff und Kreuzgratgewölben in den Seitenschiffen überspannt wird. We-gen Einsturzgefahr mussten der Chor im 19. Jh. abgetragen und die dort aufbe-wahrten Reliquien wieder zurück in die Peter-und-Paul-Kirche überführt werden.

Wer ein besonderes Interesse an klerikaler Kunst hat, kann noch einen Abstecher in den Nachbarort **Weiterswiller** machen und die spätmittelalterlichen Fresken der im Zentrum gelegenen Kirche bewundern (unregelmäßige Öffnungszeiten).

● *Anfahrt* Von Bouxwiller fährt man auf der D 133 bis Griesbach-le-Bastberg und zweigt dort auf die D 233 nach Neuwiller-lès-Sa-verne ab. Weiterswiller erreicht man von hier in knapp 4 km auf der D 7.

● *Besichtigung der Kirchen* Beide Kirchen von Neuwiller-lès-Saverne sind tagsüber durchgehend geöffnet. Die romanische Doppelkapelle von St-Pierre-et-St-Paul und damit die Wandteppiche können im Rah-men einer Führung (auch auf Deutsch) be-sichtigt werden. Informationen beim Pfarr-amt (✆ 0388700051) oder bei Marcel Hausser (✆ 0388700138) bzw. unter ✆ 0388700874.

Unzählige Burgruinen locken in den nördlichen Vogesen

Nordvogesen

Dicht bewaldete Berghänge, malerische Sandsteinfelsen, auf denen oft verwunschene Burgruinen stehen, stille Dörfer und kleine Städtchen machen den Reiz dieser stimmungsvollen Landschaft mit vielen Natur- und Sightseeingzielen aus.

Zwischen Wissembourg und der Saverner Steige erstrecken sich die elsässischen Nordvogesen, Teil eines großen Naturparks, der auch in Lothringen bedeutende Anteile hat. In dem nur 300–581 m (Grand Wintersberg) hohen plateauartigen Bergland lässt es sich besonders schön wandern, zumal die Steigungen sich noch in Grenzen halten. Lohnende Ziele sind v. a. die zahlreichen mittelalterlichen Burgen aus rotem Buntsandstein; manchmal liegen sie so dicht beieinander, dass man von einer zur anderen nur Minuten zu gehen hat. Nahezu alle beeindrucken durch ihre spektakuläre Lage. Und mit etwas Glück entdeckt man in den unendlichen Wäldern Wildschweine, Rehe oder Rothirsche, denn der Wildbestand der Nordvogesen ist ausgesprochen hoch.

In den Tälern bestimmen sumpfige Erlen- und Birkenwälder, aber auch saftige Weiden das Bild. Überall rauscht und plätschert es, an Quellen, Bächen und Fischweihern herrscht kein Mangel. Relativ niedrig ist die Bevölkerungsdichte, der Buntsandsteinboden weist eben nur eine geringe Fruchtbarkeit auf. Die Menschen leben vorwiegend in kleinen Dörfern oder auch in einzelnen Gehöften bzw. winzigen Weilern. Nur das besonders hübsche Wissembourg und Niederbronn können als Kleinstädte bezeichnet werden.

Parc Naturel Régional des Vosges du Nord

Auf über 1300 km^2 Nordvogesenlandschaft im Elsass und in Lothringen erstreckt sich der 1975 eingerichtete Regionale Naturpark, den die UNESCO 1989 zum Biosphärenreservat erhoben hat. Im Gegensatz zu reinen Naturparks oder gar Naturschutzgebieten ist ein Regionaler Naturpark bewohnt und wird bewirtschaftet. So gehören zum Parc Naturel Régional des Vosges du Nord derzeit 113 Gemeinden mit insgesamt knapp über 80.000 Bewohnern. Entsprechend ist es das oberste Ziel der Parkverwaltung, die ihren Hauptsitz in der Schlossburg von La Petite Pierre hat, Landbau und wirtschaftliches Wachstum mit dem Schutz der Natur und der Bewahrung alten Kulturguts in Einklang zu bringen. 65 % der Fläche sind von Wald bedeckt, 35 Burgruinen und zahlreiche weitere historische und archäologische Sehenswürdigkeiten gibt es auf mehr als 1600 km vom Club Vosgien eingerichteten Wanderwegen zu entdecken, denn ein weiteres wichtiges Ziel ist es, Natur und Kultur den Besuchern näher zu bringen.

Wissembourg

Das geschichtsträchtige Städtchen, malerisch an zwei Armen des Flüsschens Lauter gelegen, zählt zweifellos zu den Perlen des nördlichen Elsass. Es bietet ausgesprochen viel fürs Auge, darüber hinaus eine wunderschöne Umgebung, und auch die Gaumenfreuden kommen nicht zu kurz.

Auf Schritt und Tritt ist in den Gassen und auf den Plätzen Deutsch zu hören – nicht nur, weil die älteren der knapp 7500 Bewohner noch gerne ihren Dialekt sprechen, sondern auch wegen der zahlreichen Besucher aus dem deutschen Grenzgebiet, die regelmäßig zum Einkaufen oder Essen einen Ausflug in das pittoreske Städtchen und regionale Wirtschaftszentrum machen. Die verschiedenen Jahrhunderte haben, seitdem Benediktiner im 7. Jh. hier eine Abtei gründeten, sehenswerte Spuren hinterlassen. Beherrscht werden die z. T. noch mittelalterlichen, im Wesentlichen aber aus dem 16. und 17. Jh. stammenden Häuser der Altstadt von der ehemaligen Abteikirche St. Peter und Paul, nach dem Straßburger Münster immerhin das größte gotische Gotteshaus im Elsass.

Geschichte: Der Ursprung der Stadt geht auf die Gründung der Benediktinerabtei zurück, die, mit zahlreichen Privilegien ausgestattet, bald zu den bedeutendsten und reichsten im Heiligen Römischen Reich gehörte. Unter der Führung der jeweiligen Äbte entwickelte sich Weißenburg im Mittelalter zu einem kulturellen und geistlichen Zentrum. Johanniter, Franziskaner, Augustiner, Dominikaner und andere Orden errichteten hier Klöster, am einflussreichsten blieb aber immer das der Benediktiner. Erst im 12. Jh. gelang es den Bürgern allmählich, die Vorherrschaft der Benediktinermönche abzuschütteln. 1302 trat Weißenburg als freie Reichsstadt dem Zehnstädtebund bei. Die Stadt blühte in der Folgezeit trotz immer wieder aufflammender Auseinandersetzungen zwischen der Geistlichkeit und dem Bürgertum zusehends auf, 1524 wurde die Abtei dann in ein weltliches Kollegiatsstift umgewandelt und einige Jahre später dem Bischof von Speyer unterstellt. Verheerend wirkte sich der Dreißigjährige Krieg aus. An seinem Ende hatte Weißenburg, das im 15. Jh. noch zu den fünf bevölkerungsreichsten Städten im El-

Kindervergnügen vor historischer Kulisse

sass gehört hatte, gerade noch etwa 140 Einwohner. Im Westfälischen Frieden 1648 und endgültig nach dem Frieden von Nimwegen 1679 wurde Weißenburg Frankreich zugesprochen und erholte sich rasch wieder. Auch im Deutsch-Französischen Krieg 1870/71 und im Zweiten Weltkrieg war das Grenzstädtchen umkämpft, sodass es beinahe an ein Wunder grenzt, dass in seinem Kern noch so viele alte Bauwerke erhalten sind.

Lage/Adressen/Verbindungen

● *PLZ* 67160

● *Lage* Viele Besucher reisen aus der Pfalz über Schweigen bzw. das Deutsche Weintor nach Wissembourg an. Über die D 3 bestehen Verbindungen nach Lauterbourg, aber auch in die Dörfer der Nordvogesen. Die gut ausgebaute D 263 führt nach Haguenau.

● *Information* **Office de Tourisme,** ganzjährig Mo–Sa, von Mai bis September auch sonntagnachmittags. 9, pl. de la République. ✆ 0388941011, ✆ 0388941882, tourisme.wissembourg@wanadoo.fr.

● *Führungen* Touren durch die Stadt werden vom O.T. angeboten (ca. 1 Std., auch auf Deutsch).

● *Minitrain* Von Juni bis September kann man täglich (im April, Mai und Oktober nur an den Wochenenden) mit dem Touristenbähnchen in ca. 45 Minuten Wissembourg erkunden. Abfahrt vor dem O.T. Erwachsene 5 €, Kinder zwischen 6 und 14 J. die Hälfte.

● *Zug* Der Gare SNCF liegt im Südosten des Zentrums. Von dort tägliche Verbindungen nach Strasbourg (über Haguenau), aber auch in die pfälzischen Städte Bad Bergzabern, Landau, Neustadt a. d. Weinstraße und nach Mainz.

● *Parken* Mehrere kostenlose Parkplätze, z. B. an der Post.

● *Fahrradverleih* **Espaces Cycles (10),** 8, rue de l'Ordre Teutonique, ✆ 0388543377. Auch einige Hotels bieten Fahrräder an (z. B. das **Au Cygne** oder das **De la Couronne**).

● *Taxi* ✆ 0388542301 und 0388542720.

● *Markt* Sa auf der Place de la République.

● *Feste* Das **Trachtenfest** wird alljährlich mit Umzügen, Pferderennen, Jahrmarkt und Feuerwerk am jeweiligen Pfingstwochenende von Freitag bis Sonntag ausgiebig gefeiert.

Nordvogesen

Übernachten

1 Au Moulin de la Walk
2 Au Cygne
4 De la Couronne
6 L'Escargot

Essen und Trinken

2 Au Cygne
3 's Kächele
4 De la Couronne
5 Au Petit Dominicain
7 Au Saumon
9 Rebert

Sonstiges

8 Fahrradverleih

Wissembourg

- *Wandern/Radfahren* Geführte Wander- und Radausflüge bietet das O.T. an.
- *Einkaufen* Ein schönes Angebot an hübschem Schnickschnack, Porzellan etc. gibt es z. B. im **Le Jardin de Stanislas** in der Rue Stanislas. Die Sektkellerei **Caves de Wissembourg** in der Allée des Peupliers bietet auch Direktverkauf von verschiedenen Sekten und aromatisierten Cocktails. Mo–Fr 8–12 und 13–17 Uhr, ☎ 0388549381.
- *Post* 29, rue du Gal Leclerc.
- *Polizei* Rue Vauban, ☎ 0388940102.

Übernachten

** Hôtel Au Moulin de la Walk (1), am Rande des Bruchviertels idyllisch an einer alten Mühle gelegen. In zwei Häusern werden von Familie Schmidt 25 ansprechend eingerichtete DZ mit Grand Lit oder mit zwei Betten angeboten, z. T. mit AC. Parkmöglichkeit und Abstellplatz für Fahrräder vorhanden. Angeschlossen ist ein sehr empfehlenswertes Restaurant. DZ 49–53 €. 2, rue de la Walk, 0388940644, ✆ 0388543803.

** Hostellerie Au Cygne (2), historisches Gebäude mit Anbau mitten im Zentrum.

Schweigen, Allemagne (D 264)

Rue de la Haute-Vienne

Rue des Jardins

R. de la Poudrière

R. des Vignes

R. de la Paix

Imp. de la Foire

R. des Cigognes

Pl. de la Foire

Rue des Fleurs

R. du Pied de Boeuf

R. du Nord

R. de l'Etang du Cygne

Rue de la Paix

Rue Bannacker

Rue Vauban

R. des Paiens

La Lauter

R. de l'Abattoir

Rue Vauban

R. des Prés

Gare

Garage Grasser, Altenstadt, Lauterbourg (D 3)

75 m

Nordvogesen

hen Gästehaus kann man bei Familie Weber in einem ihrer 15 DZ unterkommen. Abgeschlossener Parkplatz vorhanden. Zimmer mit Grand Lit 40 €, mit zwei Betten (im Gästehaus) 46 €. 40, rue Nationale, ℡ 0388949029, 📠 0388542500.

*E*ssen und *T*rinken

Restaurant Au Cygne (2), im Restaurant des gleichnamigen Hotels wird phantasievolle französische Küche geboten. Sehr zu empfehlen sind die Menüs in verschiedenen Preisklassen, die durch ein *amusegeule* (kleine Appetithäppchen) und ein Sorbet zwischen den Gängen angereichert werden. Mi und Donnerstagmittag geschl. Adresse s. o.

Restaurant de la Couronne (4), gutbürgerliches Lokal mit freundlichem Interieur. Neben elsässischen Spezialitäten gibt es auch andere interessante Fisch- und Fleischgerichte, z. B. Lachsfilet in Sauerampfersauce mit Gemüsevariationen. Den kleinen Hunger stillen verschiedene Salate. Montagabend und Di geschl. 12, pl. de la République, ℡ 0388941400, 📠 0388941427.

Restaurant Au Petit Dominicain (5), in gemütlichem Ambiente werden vor allem lokale Spezialitäten geboten. Beliebt ist z. B. das elsässische Menü mit Flammkuchen, Choucroute garnie und Münsterkäse zum Abschluss. Mo und Di geschl. 36, rue Nationale, ℡ 0388949087.

Restaurant Au Saumon (7), einfaches Lokal nahe dem Salzhaus, in dem man vor allem den kleinen Hunger stillen kann. Suzanne Kramer bietet Brot mit Schinken oder Käse, Kuchen und Salatteller an. Im Sommer, wenn auf der Terrasse an der Lauter der Ofen für den Flammkuchen aufgestellt wird, ist es oft schwierig, noch einen Platz zu ergattern. Mo geschl. Pl. du Saumon, ℡ 0388941760.

Winstub 's Kächele (3), etwas versteckt liegt die nette, kleine Weinstube von Isabelle und Jean-Marie. Zum Viertele isst man hier Bibbeleskas und Gebraedele mit Speck oder Fleischkichle mit Grumbeeresalad. Mi und So geschl. 21, rue des Juifs, ℡ 0388 543879.

Café Rebert (9), ein Traum für alle Naschkatzen, den exzellenten Kuchen und Törtchen kann man kaum widerstehen. Im Sommer genießt man sie auf der Terrasse. Mo geschl. 7, pl. du Marché aux Choux.

Die unterschiedlich großen Zimmer liegen verwinkelt in den verschiedenen Gebäudeteilen und Stockwerken, alle wirken gemütlich und ansprechend; besonders ruhig sind die nach hinten gelegenen Räume. Abgeschlossener Parkplatz. DZ ca. 48–54 €. 3, rue du Sel, ℡ 0388940016, 📠 0388543828.

Hôtel de la Couronne (4), direkt gegenüber. Hübsche Zimmer mit bemalten Möbeln und farbenfrohem Interieur, ausgestattet mit schönen Bädern; Parkmöglichkeit ist vorhanden. Zu zweit bezahlt man ca. 53–60 €. 12, pl. de la République, ℡ 0388941400, 📠 0388941427.

Hôtel L'Escargot (6), in dem schönen, alten Gebäude aus dem 16. Jh. oder in einem na

Welcher der beiden Türme gefällt Ihnen besser?

Sehenswertes

Die spektakuläre ehemalige Abteikirche, das spätmittelalterliche Salzhaus, alte Stadtbefestigungen, malerische Gassen mit prächtigen Patrizierhäusern, ein besuchenswertes Museum, aber auch lauschige Winkel am Wasser machen einen Rundgang durch Wissembourg zu einem abwechslungsreichen Erlebnis.

Rathaus/Salzhaus/Quai Anselmann: Ausgangspunkt ist das *Rathaus*. Das von einem Turm überragte Buntsandsteingebäude wurde Mitte des 18. Jh. als Ersatz für das bei einem verheerenden Stadtbrand im Jahre 1677 zerstörte Hôtel de Ville erbaut. Seine Fassade mit ausladendem Balkon und schöner Sonnenuhr beherrscht die Place de la République.

Gehen Sie nun nach links in die Rue du Marché aux Poissons, vorbei an einem wunderschönen alten Schuhmacherschild auf der linken Seite, und überqueren Sie einen Arm der Lauter. Wenn Sie dann zurückschauen, haben Sie den schönsten Blick auf das fotogene *Salzhaus*. Ursprünglich war das 1448 errichtete Gebäude mit seinem eigentümlich schiefen Dach einmal das erste Hospital der Stadt; erst später lagerte man hinter den winzigen Dachluken, die der Luftzirkulation dienten, Salz, bis es dann als Schlachthaus fungierte.

Auf der anderen Seite der Rue du Marché aux Poissons öffnet sich ein kleiner Platz mit Springbrunnen. Dahinter verläuft in nördlicher Richtung der *Quai Anselmann* mit prachtvollen spätmittelalterlichen Häusern wie dem alten *Gasthaus "Zur Krone"* und dem *Haus Vogelsberger*.

Zehntscheuer/Ritterhaus: Wenn Sie Richtung Abteikirche weitergehen, kommen Sie zunächst zu der lang gestreckten ehemaligen *Zehntscheuer*. Hier wurden die von den leibeigenen Bauern abzugebenden Naturalien, jeweils der zehnte Teil der Ernte, von den Benediktinermönchen eingelagert. Laut der Inschrift auf der an der Nordseite des Gebäudes eingelassenen Tafel hat sie der Abt Edelin 1288 erbauen lassen. Daneben befindet sich ein Relief des literatur- und sprachgeschichtlich bedeutenden Mönchs Otfried von Weißenburg.

Das nächste Gebäude, das reich verzierte *Ritterhaus* mit hübschem Renaissancegiebel, diente dem Kloster als Herberge. Aufnahme fanden hier vor allem Ritter und hochgestellte Gäste, wenn sie zu Gerichtssitzungen in der Stadt erscheinen mussten.

Nordvogesen

Die deutschsprachige Literatur beginnt in Weißenburg

Der erste namentlich bekannte Dichter, der sein Werk in deutscher Sprache (in südrheinfränkischer Mundart) schrieb, lebte als gelehrter Benediktinermönch im Kloster Weißenburg. Zwischen 863 und 871 verfasste er eine poetische Darstellung des Lebens Jesu auf der Basis der Evangelien. Mit diesem über 7000 Reimpaare umfassenden Werk ist er auch der Autor der ersten umfangreichen Endreimdichtung des Abendlandes. In einer Widmung stellt er sich selbst vor als *Otfried Unizonburgensis monachus*.

Eglise St-Pierre-et-St-Paul: Ganz in der Nähe des Ritterhauses erhebt sich das Wahrzeichen der Stadt, die St.-Peter-und-Paul-Kirche. Unter dem oben erwähnten Abt Edelin wurde im 13. Jh. mit dem Bau begonnen, im 14. Jh. war die Kirche dann vollendet. Besonders auffallend sind die beiden höchst unterschiedlichen Türme: Der schlichte, wuchtige Westturm stammt noch von einem Vorgängerbau aus dem 11. Jh., der andere ist mit seiner Verspieltheit ein schönes Beispiel für die gotische Kirchenbaukunst, was im Übrigen auch für das Langhaus gilt. An die Zeit, als St-Pierre-et-St-Paul Teil des großen Benediktinerkonvents war, erinnert das zeitgenössische Standbild eines Mönchs in der kleinen Grünanlage vor der Kirche. Heute dient sie als katholische Stadtkirche, das Kloster gibt es seit der Französischen Revolution nicht mehr. Im Innern beeindrucken die Wandmalereien aus dem 14. und 15. Jh. In der Mitte des linken Seitenschiffs sieht man z. B. die Darstellung des Erlösers mit seinen fünf Wundmalen, im rechten Querschiff Jesus und die zwölf Apostel (oben) und Szenen aus dem Leben Christi (unten). Im wahrsten Sinne des Wortes herausragend ist aber der 11 m hohe Christopherus an der Ostseite des rechten Querschiffs, dessen Riesenhaftigkeit noch durch die winzigen Klosterbrüder zu seinen Füßen unterstrichen wird. Wunderschön sind außerdem die farbenprächtigen Glasfenster aus dem 12.–15. Jh. im Chor und in den Seitenschiffen. Aus St.-Peter-und-Paul stammt auch das vielleicht älteste Kirchenfenster Frankreichs, der sog. "Christus von Weißenburg" aus dem 11. Jh. Es ist allerdings nicht mehr hier, sondern im Straßburger Musée de l'Oeuvre Notre-Dame zu bestaunen (siehe S. 160). Die Vierungspfeiler, die die Querschiffe vom Mittelschiff trennen, sollten Sie sich auch noch genauer ansehen, entdeckt man dort doch kleine, Säulen tragende Atlas-Titanen und auch übermütig grinsende Köpfe an den Kapitellen.

● *Öffnungszeiten/Führungen* Von Ostern bis Ende Oktober 13–18 Uhr, in den anderen Monaten bis 17 Uhr. Führungen werden auf Anfrage täglich außer Mo in der Zeit von 13 bis 17 Uhr durchgeführt. Pro Person zahlt man 1,50 €. Erkundigen Sie sich in der Sakristei oder unter ☏ 0388941631 bzw. 0689845216.

Romanische Kapelle im Kreuzgang

Kreuzgang/romanische Kapelle: Nach dem Verlassen der Kirche sollten Sie an ihrer Nordseite den nie ganz vollendeten gotischen *Kreuzgang* aus dem 14. Jh. mit einigen voluminösen Grabplatten bedeutender Äbte aufsuchen. Interessant ist ein Relief, das Christi Geburt zeigt. Den Figuren hat man während der Französischen Revolution die Köpfe abgeschlagen. Wenn Sie noch einige Schritte weitergehen, können Sie in eine kleine *romanische Kapelle* aus dem 11. Jh. hineinschauen.

Maison Stanislas: Gehen Sie nun in die Rue du Chapitre nach links, bis Sie zu einer T-Kreuzung kommen. Wenn Sie sich hier wieder links halten, erreichen Sie nach wenigen Metern ein hufeisenförmiges Gebäude, das dem polnischen König Stanislas Leszczynski und seiner Familie ab 1719 als Wohnhaus diente. Leszczynski war aufgrund von politischen Wirren entmachtet worden und musste ins Exil gehen. Heute ist das *Maison Stanislas* ein Altersheim.

Vom Mauerblümchen zur Königin

Als Stanislas Leszczynski aus Polen vertrieben wurde, reisten seine Familie und sein Hof mit ins elsässische Wissembourg. Maria, die junge Tochter des im Exil gänzlich verarmten Königspaares, mag sich in der neuen Bleibe nicht unbedingt wohl gefühlt haben, denn zu einem abwechslungsreichen Gesellschaftsleben hatte sie kaum Gelegenheit. Sechs Jahre nach der Ankunft in Wissembourg wendete sich jedoch das Blatt. An einem Frühjahrsmorgen erschien völlig überraschend in dem heute nach ihrem Vater benannten Gebäude eine Gesandtschaft des Versailler Hofes, um der mittlerweile schon 22-jährigen die Ehe mit dem sieben Jahre jüngeren französischen König Ludwig XV. anzutragen – ein bedeutungsvoller Tag für die bis dahin als "Mauerblümchen" geltende junge Frau, aber auch für die französische Geschichte und nicht zuletzt für ihren Vater Stanislas. Der nämlich wurde anlässlich der Hochzeit zum Herzog von Lothringen ernannt.

Klosterbefestigung/Bruchviertel: Zurück an der T-Kreuzung, hält man sich nun geradeaus und stößt auf den vollständig erhaltenen *Schartenturm*. Er gehörte ebenso wie die angrenzende Mauer zur einstigen Klosterbefestigung aus dem 11.–13. Jh. Hier beginnt das *Bruchviertel*, einst ein sumpfiges Gebiet, in dem sich viele Winzer niederließen. Ein schöner Spazierweg entlang der alten Klostermauer unter mächtigen Bäumen führt in wenigen Minuten zu einer kleinen Brücke, die man nach links überquert. Unmittelbar danach gehen Sie über ein weiteres Brückchen und stehen nun vor einem auffallenden Renaissancegebäude mit pittoreskem Erker, dem *Maison de l'Ami Fritz*. Den Namen trägt es nach dem gleichnamigen Film, für den es 1932 als Kulisse diente (siehe auch Kasten, S. 245). Dem Arm der Lauter stadtauswärts folgend, erreicht man nach einigen Minuten den einst zur Stadtbefestigung gehörenden, Ende des 14 Jh. erbauten *Husgenossenturm*, wo das Bruchviertel endet.

Eglise St-Jean: Vom Turm geht man wenige Meter zurück in Richtung Zentrum, zweigt dann bei der nächsten Gelegenheit nach links ab, um bald darauf in die Rue Otfried nach rechts abzubiegen. Dieser folgt man bis zu ihrem Ende, nimmt dann von mehreren Möglichkeiten den am weitesten rechts verlaufenden unbefestigten Weg, durchschreitet bei der sog. Stephanspforte die alte Stadtmauer und erreicht den Stadtwall. Wenn Sie sich hier rechts und unmittelbar danach wieder links halten, gelangen Sie auf den Wall, gehen auf diesem weiter, bis nach ca. 200 m ein geteerter Weg nach rechts zu der evangelischen *Stadtkirche St-Jean* mit romanischem Turm abzweigt. Sie wurde bereits in der Karolingerzeit errichtet und seitdem mehrmals umgebaut. Das heutige Kircheninnere weist romanische und gotische Elemente auf. Beachtenswert ist auch die Kanzel aus dem Jahre 1600. Von 1522 bis 1528 war hier der bekannte Reformator und Humanist Martin Bucer als Pastor tätig.

Musée Westercamp: Wenn Sie die Eglise St-Jean halb umrunden, gelangen Sie von der davor liegenden Place Martin Bucer in die Rue St-Jean, die kurz darauf Rue du Musée heißt. Hier ist in einem besonders schönen alten Haus aus dem 16. Jh. mit auffallendem Erker und in dessen Nachbargebäude das besuchenswerte *Musée Westercamp* untergebracht. Es enthält ein uriges Sammelsurium von Zeugnissen aus den vergangenen Jahrhunderten. Da sind zum einen alte Werkzeuge und Mobiliar aus Küchen und Wohnräumen (z. B. eine kleine Mühle, mit deren Hilfe man die Gänse stopfte, um die fette Gänsestopfleber zu erhalten), aber auch Gegenstände, die die technische Entwicklung am Oberrhein dokumentieren, wie z. B. ein Hochrad. Im zweiten Stockwerk sollten Sie der filigranen Nachbildung des berühmten *Abt-Samuel-Leuchters* besondere Aufmerksamkeit schenken, die ein Wissembourger Bierbrauer Ende des 18. Jh. aus Holz gefertigt hat. Das riesige Original aus versilbertem und vergoldetem Metall wurde im 11. Jh. hergestellt und hing in der Abteikirche St-Pierre-et-St-Paul, bis es während der Französischen Revolution eingeschmolzen wurde. Neben einer bunten Sammlung von Bilderbögen, alten Münzen und Werkzeugen aus der Steinzeit fanden wir die papiernen Wöchnerinnenstuben, die man im 18. Jh. jungen Müttern zum Geschenk machte, mehr als nur einen Blick wert. Gehen Sie auf Entdeckungsreise in die Vergangenheit oder lassen Sie sich – noch besser! – von Monsieur Burger Erklärungen zu den Dingen geben: Sein Wissen ist unerschöpflich! In absehbarer Zeit soll das Museum renoviert werden. Dann werden die ausgestellten Gegenstände anders angeordnet sein.

Öffnungszeiten/Eintritt 1.4.–31.10. Fr–So 10–12 und 14–18 Uhr, Mo, Mi, Do nur nachmittags. Erwachsene 2,50, Jugendliche zwischen 16 und 18 J. 1 €, Kinder frei.

Pulverturm: Gehen Sie nun die Rue du Musée bis zu ihrem Ende weiter und dann auf einem unbefestigten Weg den Stadtwall entlang bis zum *Pulverturm* aus dem 13. Jh. Von hier hat man einen schönen Blick auf die Verteidigungsanlage der Stadt, die zwischen 1746 und 1748 errichtet wurde. Unterhalb des Turms führt Sie die Rue de la Laine (achten Sie auf das Haus Nr. 31, in dessen Fassade eine mittelalterliche Donnerbüchsenkugel steckt) in südlicher Richtung zur Haupteinkaufsstraße, der Rue Nationale, und zum Rathaus zurück.

Klein-Venedig: Vielleicht haben Sie ja noch Lust, eines der schönsten Plätzchen der Stadt aufzusuchen? Vom Hôtel de Ville läuft man ca. 100 m in südliche Richtung und zweigt bei der ersten Gelegenheit nach rechts in die Rue Passerelle ab. Gleich darauf öffnet sich der Blick von einem Brückchen über die Lauter bis zur Abteikirche – "Klein-Venedig", wie die Wissembourger meinen.

Umgebung von Wissembourg

Romanische Kirche in Altenstadt: Der kleine Vorort Wissembourgs an der Straße Richtung nach Lauterbourg ist seit uralter Zeit besiedelt. Drusus, römischer Statthalter der gallischen Provinzen, soll hier kurz vor Christi Geburt bereits eine Festung errichtet haben. Und unter dem Altar der Kirche fand man in der Tat einen gallorömischen Viergötterstein, der sich heute im Musée Westercamp in Wissembourg befindet. Diese dem heiligen Ulrich geweihte romanische Kirche ist für kunsthistorisch Interessierte ein absolutes Muss. Sie wurde im 11. Jh. errichtet und gehört zu den ältesten Gotteshäusern im Elsass.

Bereits im 12. Jh. wurde sie erstmals umgebaut. Aus dieser Zeit stammt auch der viereckige Turm, der mit seinen Schießschartenöffnungen an einen Wehrturm erinnert. Das Innere ist schlicht. Gedrungene Pfeiler, durch Rundbögen miteinander verbunden, trennen das Mittelschiff von den Seitenschiffen. Das unverputzte Mauerwerk des Langhauses stammt z. T. aus dem ursprünglichen Bau (z. B. die Westwand, wo sich der Eingang befindet), z. T. aus dem 12. Jh. Bereits gotisch ist die nördliche Seitenkapelle. Sehenswert sind noch die Fresken mit den Symbolen der vier Evangelisten. Sie datieren aus der Zeit nach den Bauernkriegen, als die zerstörte Kirche umfassend renoviert wurde. Die Kirche ist in der Regel immer offen. Sollte das Hauptportal geschlossen sein, nehmen Sie den Seiteneingang rechts davon.

● *Essen und Trinken* **Restaurant Belle-Vue,** empfehlenswertes Lokal an der Durchgangsstraße. Im eleganten Speisesaal wird Ihnen von Guy Clauss und seiner Schwester Chantal verfeinerte elsässische Küche serviert. Das Zanderfilet kommt hier z. B. in Lasagnetaschen und Pinot-noir-Sauce auf den Tisch, die Entenbrust wird mit Himbeeren edel abgeschmeckt. Sonntagabend, Mo und Di geschl. 1, rue Principale, ℡ 0388940230.

Die nördliche Weinstraße: Weit entfernt von der berühmten Elsässer Weinstraße zwischen Marlenheim und Thann wird auch in der Nähe von Wissembourg am Fuß der ersten Ausläufer der Nordvogesen auf schweren, fetten Lehmböden ein durchaus konkurrenzfähiger Wein produziert. Und der Weinbau hat Tradition. Schon von den Römern eingeführt, förderten ihn später die Mönche aus Weißenburg. Heute kultivieren etwa 200 Nebenerwerbswinzer aus den fünf Dörfern *Rott, Oberhoffen, Steinseltz, Riedseltz* und *Cleebourg* auf etwa 175 ha. v. a. den Rebsorten Grau- und Weißburgunder sowie Gewürztraminer. Privater Weinverkauf ist nicht üblich, die Winzer liefern nahezu alle ihre Trauben bei der Winzergenossenschaft Cleebourg ab, deren Besuch Weinfreunde nicht versäumen sollten. In der lieblichen Hügellandschaft um die fünf Dörfer mit ihren Weinbergen und zahlreichen Obstbäumen kann man zudem wunderbar spazieren gehen. Eine besonders angenehme Atmosphäre herrscht in Cleebourg, der "Winzerhauptstadt des nördlichen Elsass".

● *Anfahrt* Wissembourg auf der D 77 verlassen, nach 3 km erreicht man Rott. Um nach Oberhoffen, Steinseltz und Riedseltz zu kommen, auf die D 240 abzweigen. Cleebourg liegt 8 km von Wissembourg entfernt (von der D 77 auf die D 777 abbiegen).

Tipp für Radfahrer: Der eben beschriebene Anfahrtsweg ist auch hervorragend für Radler geeignet.

Still sind die Dörfer der nördlichen Weinstraße

• *Winzergenossenschaft Cleebourg* An der D 77 kurz vor dem Ort. Weinverkauf, Kellerbesichtigung (vorherige Anmeldung ist erforderlich) und Weinprobe. Letztere ist sehr empfehlenswert, der fachkundige Sommelier kann Ihnen eine Menge zu den Weinen erzählen. So z. B., dass man sich in Cleebourg mehr als im Südelsass um trockenen Ausbau bemüht, dass, falls Sie es nicht selbst schmecken, der Weißburgunder spritzig, frisch und fruchtig schmeckt, der Grauburgunder dagegen vollmundig und kraftvoll mit rauchiger Note. Im Angebot sind auch interessante Cremant-Varianten. Die eigenartige Aufschrift "Clérotstein" auf den Etiketten setzt sich übrigens aus den ersten Buchstaben dreier der fünf Weindörfer zusammen. Probiert man drei Weine, bezahlt man 4,50 €, für die, die mehr versuchen wollen und können, wird's vergleichsweise kostengünstiger (z. B. 8,25 € für acht Weine). Tägl. vor- und nachmittags geöffnet, ℡ 0388945033, 📠 0388945708.

Wanderung 3: Auf den Taubenhauspass

Durch schöne Wälder führt die 14 km lange Rundtour in ca. 5 Stunden von Wissembourg über den Taubenhauspass und die Kapelle von Weiler wieder zurück in das Städtchen. Unterwegs gibt es kaum Einkehrmöglichkeiten, die vom Vogesenverein bewirtschaftete Hütte am Col du Pigeonnier ist nur an Sonntagen besetzt.

In Wissembourg startet man am **Verkehrskreisel nahe der Post** und geht 800 m mit der Markierung roter Balken auf der Straße nach Bitche aufwärts. Am Rande eines Neubaugebietes zweigt man auf einen Pfad nach rechts ab, wandert weiter zu einer beliebten **Wiese mit Picknickbänken** und erreicht nach ca. einem Kilometer das **Forsthaus Scherhol.** Dort treffen mehrere Fußwege und eine Piste aufeinander. Sie nehmen die Piste und gehen auf dieser ein kurzes Stück nach rechts, um dann auf den mit einem roten Balken gekennzeichneten Fußweg links abzubiegen. Nach 500 m überquert man wieder eine Piste. Wer will, macht einen Abstecher zu der nahe gelegenen *Redoute*, einem Teil einer während des Spanischen Erbfolgekrieges errichteten Verteidigungslinie.

Knapp einen Kilometer weiter biegt man auf einen breiten Waldlehrpfad nach links

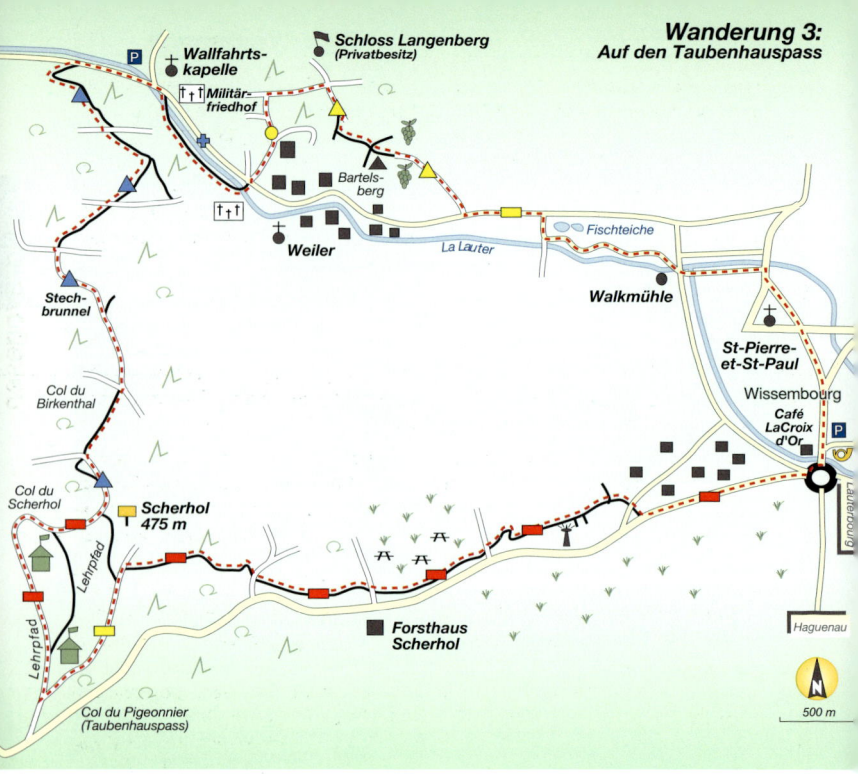

Schloss Langenberg
(Privatbesitz)

Wallfahrts-
kapelle

Militär-
friedhof

Bartels-
berg

Weiler

La Lauter

Fischteiche

Walkmühle

Stech-
brunnen

St-Pierre-
et-St-Paul

Wissembourg

Café
LaCroix
d'Or

Col du
Birkenthal

Col du
Scherhol

Scherhol
475 m

Lehrpfad

Haguenau

Lehrpfad

Forsthaus
Scherhol

Col du Pigeonnier
(Taubenhauspass)

500 m

ein (Achtung: Als Markierung gilt der gelbe Balken!) und erreicht nach ca. 600 m, einen Steinbruch passierend, die **Hütte am Col du Pigeonnier.** Links davon wandert man – wieder mit dem roten Balken – in nördliche Richtung aufwärts, biegt an einer weiteren Hütte des Vogesenvereins am **Col du Scherhol** auf eine Piste nach links ab und kommt zu einer Gabelung, an der ein Schild mit der Aufschrift "Scherhol 475 m" zu sehen ist. Ab hier gilt bis zur Kapelle von Weiler das grüne Dreieck.

Zuerst auf einer Piste und kurz darauf auf einem Pfad wandert man 450 m abwärts zum **Col du Birkenthal.** Biegen Sie links ein und halten Sie sich dann geradeaus, bis Sie nach weiteren 700 m die markante **Kreuzung Stechbrunnen** erreichen. Geradeaus geht es nun auf einem zunächst schwer erkennbaren, schmalen Pfad weiter abwärts. Mehrmals müssen Pisten ge-

quert werden, orientieren Sie sich immer am grünen Dreieck. Nach etwa 1,8 km wird der Wald lichter, und kurz darauf ist eine schmale Asphaltstraße erreicht. Hier zweigt man rechts ab und kommt entlang der Lauter geradewegs zur **Wallfahrtskapelle Notre Dame** von Weiler. Das im Jahre 1200 von den Weißenburger Kapuzinern unter dem Namen "Maria G'hör" errichtete Gotteshaus wurde 300 Jahre später von Raubrittern wieder zerstört. Dem entthronten polnischen König Stanislas von Leszczynski (siehe S. 108) ist es zu verdanken, dass sie dann wieder aufgebaut wurde.

Von der Kapelle aus geht man auf einem Radweg rechts von der Asphaltstraße (Markierung grünes Kreuz) in Richtung Weiler, biegt gegenüber vom Friedhof des Dorfes auf eine Piste nach links ab und wandert mit der Markierung gelbe Scheibe, vorbei an einem größeren Anwesen und einen Bach überquerend, zur **Kreuzung Carrefour du Langenberg.** Oberhalb davon liegt das in Privatbesitz befindliche gleichnamige Schloss. An der Kreuzung geht man rechts und wandert nun, immer der Markierung gelbes Dreieck folgend, auf schmalen Fußpfaden steil zum **Barthelsberg** hinauf; von hier aus geht es geradeaus zur Straße nach Wissembourg. Halten Sie sich dort links und bald danach rechts (Markierung gelber Balken). Nach wenigen Metern ist die **Lauter** erreicht, der Sie, die bei Hobbyanglern beliebten Fischteiche und die Reste der alten Walkschen Wassermühle passierend, nach links bis ins Städtchen folgen.

Lembach

Am Zusammenfluss von Sauer und Heimbach liegt, umgeben von bewaldeten Hügeln, das gemütliche Fachwerkdorf mit dem wohl bekanntesten Gourmetlokal der Nordvogesen, dem legendären Cheval Blanc.

Aber nicht nur Feinschmecker kommen auf ihre Kosten, denn Lembach hat zudem viel fürs Auge zu bieten. Und in seiner landschaftlich ausgesprochen reizvollen Umgebung kann man wunderbar wandern. Zu den Highlights zählen einige spektakuläre Sandsteinburgen. Die bekannteste ist sicherlich das Château du Fleckenstein (siehe S. 116).

Schräg gegenüber der zentral gelegenen Mairie fällt das ausladende Gebäude des **Cheval Blanc** ins Auge. Seit dem 18. Jh., damals noch unter dem Namen "Weißes Rössel", wird hier ein Wirtshaus betrieben, das zugleich, wie auch das gegenüberliegende "Goldene Lamm", Postwechselstation war.

Am idyllischsten ist der **Ortsteil Flecken,** benannt nach den einstigen Lehnsherren dieses Viertels, den Fleckensteinern. Er liegt westlich des Rathauses. Geht man an diesem links vorbei, kommt man nach wenigen Schritten zu einem prächtigen Fachwerkhaus aus dem 18. Jh., in dem heute das Postamt untergebracht ist. In den schmalen Sträßchen links davon stehen noch weitere wunderschöne alte Fachwerkhöfe.

Rechts von der Post erhebt sich die **evangelische Kirche.** Sehenswert sind ihr Portal aus dem 13. Jh. sowie die Kanzel aus Vogesensandstein. Unmittelbar an die Kirche grenzt ein kleiner Park mit dem ehemaligen Stadtschloss der Fleckensteiner. Geht man von der Kirche über das Kirchgässlein Richtung Hauptstraße, sieht man an der Sauer eine alte Waschpritsche, von der aus die Frauen früher ihre Wäsche im Bach wuschen. Je nach Wasserstand konnte man die Höhe der vier Bretter regulieren.

Lage/Adressen/Verbindungen

- *PLZ* 67510
- *Lage* Von Wissembourg fährt man zunächst 2 km auf der D 77, dann zweigt man auf die D 3 nach Lembach ab.
- *Information* **Office de Tourisme,** ganzjährig Mo–Fr und Samstagvormittag, von Juni bis Oktober auch Samstagnachmittag geöffnet. 23, rte de Bitche, ✆ 0388944316, ✍ 0388942004, www.ot-lembach.com.
- *Fahrradvermietung* **Etienne Fischer,** 16, rue de l'Est, ✆ 0388944171, vermietet Fahrräder zum Preis von ca. 15 € pro Tag, bei längerer Mietdauer bzw. einer größeren Anzahl von Rädern gibt's Nachlass. Im Sommer stellt er außerdem im O.T. einige seiner Drahtesel unter.
- *Kochkurs* Wer selbst einmal so kochen möchte wie die großen Sterneköche, sollte sich bei einem der regelmäßig stattfindenden Kochkurse (jeweils Mi–Fr) unter der Regie von Fernand Mischler im Cheval Blanc anmelden. Unterbringung im Hôtel Au Heimbach (s. u.), man zahlt ab 360 € einschließlich aller Mahlzeiten.
- *Markt* Am 1. Sonntag im August findet auf der Burg Fleckenstein ein **Bauernmarkt** statt.
- *Kinder* Auch für Kinder dreht sich hier al-

les um die **Burg Fleckenstein.** Schon die Entdeckung der Anlage mit ihren vielen Gängen, Räumen und Türmen macht Spaß, darüber hinaus gibt es für 4- bis 12-Jährige ein interessantes Programm im Ausstellungszentrum **Le P'tit Fleck** (siehe S. 116). Mitte August wird auf der Burg zudem ein Kinderfest veranstaltet. Und nicht zuletzt bereitet der **mittelalterliche Spielplatz** am Gimbelhof (s. u.), bewacht von zwölf Rittern aus Sandstein, den Kleinen viel Vergnügen. Er wurde von deutschen und französischen Kindern aus der Region mitgestaltet.

● *Baden*   Im **Badeweiher** beim Campingplatz (s. u.) unterhalb der Burg Fleckenstein

kann man sich an heißen Tagen wunderbar erfrischen. Der kleine Sandstrand wird in den Monaten Juli und August von einem Bademeister bewacht. Dann beträgt der Eintrittspreis für Erwachsene 1 €, Kinder zahlen die Hälfte.

● *Einkaufen*   Am südlichen Ortsausgang von Lembach betreibt Familie Grammes eine **Ziegenfarm** und verkauft in einem kleinem Laden ihre Produkte – wunderbaren Käse natürlich. Täglich ab ca. 17 Uhr kann man der Farm einen Besuch abstatten. 24, rte de Mattstall, ☎ 0388942172.

● *Post*   Nahe dem Rathaus.

● *Polizei*   41, rte de Bitche, ☎ 0388944106.

Übernachten/Essen und Trinken

Beliebtes Ziel: die Burgruine Fleckenstein

★★★★ Auberge du Cheval Blanc, ohne Zweifel eines der gastronomischen Highlights des Elsass, seit Jahren mit zwei Michelin-Sternen bedacht. Wunderschönes Ambiente, dezenter, aber stets aufmerksamer Service. Fernand Mischler bezeichnet sich selbst als kulinarischen Weltenbummler und zaubert zusammen mit 17 weiteren Köchen wunderbare Kompositionen aus regionalen und exotischen Produkten. Fisch- und Wildgerichte gehören zu seinen Spezialitäten. Eine reichhaltige Weinkarte bietet edle Tropfen aus der Region und darüber hinaus. Das Restaurant ist freitagmittags sowie Mo und Di geschl. Wer möchte, kann auch in einem der geschmackvollen 8 Hotelzimmer (108–199 €) übernachten. 4, rte de Wissembourg, ☎ 0388944186, ✆ 0388942074.

★★ Hôtel Au Heimbach, schräg gegenüber vom Cheval Blanc. In dem kleinen Komforthotel von Familie Zimmermann übernachten deshalb viele Gourmets, aber auch Wanderurlauber fühlen sich hier wohl. Ein DZ, teilw. mit Balkon, kostet 53–67 €, außerdem stehen zwei Suiten zum Preis von 106 € zur Verfügung. Ein besonderes Angebot sind die sog. "Schlemmertage": zwei Übernachtungen inkl. Halbpension mit jeweils einem Abend im Cheval Blanc oder im Hôtel Anthon in Obersteinbach (siehe S. 121) zum Preis von 175 bis 193 €. 15, rte de Wissembourg, ☎ 0388944346, ✆ 0388942085.

Hôtel Restaurant Gimbelhof, nördlich von Lembach, nahe der Burg Fleckenstein (auf der D 3 bzw. D 925 bis zum Etang de Fleckenstein, dahinter rechts abzweigen auf die D 525) liegt der Gasthof der Familie Goerich-Gunder auf einer Lichtung mitten im Wald. Er bietet hübsche, gemütliche Frem-

Château du Fleckenstein

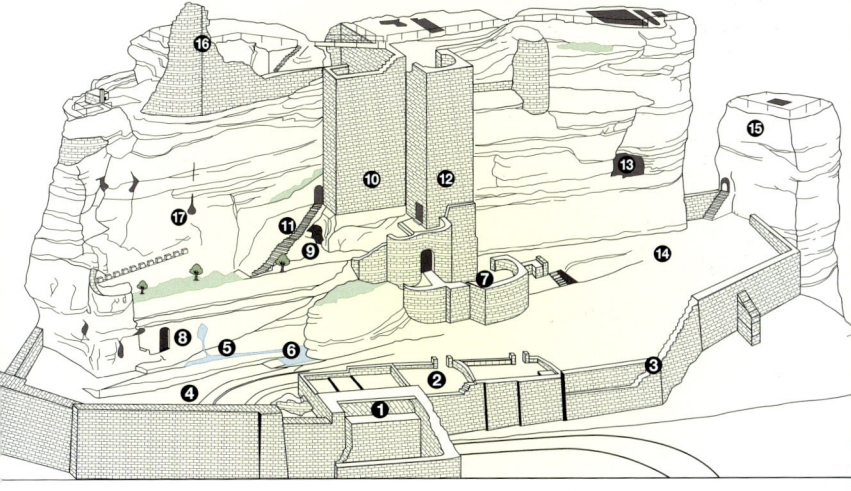

1 Eingang
2 Wohnung der Wärters
3 Schutzwall
4 Schlosshof
5 Ablaufrinnen vom Brunnenwasser
6 Pferdetränke
7 Haupteingang zur Oberburg (Hebebrücke)
8 Burgmuseum
9 Zugang zum Rittersaal
10 Raum mit Brunnen, einst. Platz des Tretrads (Lastenaufzug)
11 Außentreppe
12 Turm mit Wendeltreppe
13 Raum für Backofen
14 Modell des Tretrads (Lastenaufzug)
15 Wachturm
16 Wohnung des Schlossherrn (Palas)
17 ehem. gotische Kapelle

denzimmer zum Preis von knapp 48 € inklusive Frühstück. Ein idealer Platz, um vom Alltagsstress abzuschalten, zumal man hier auch noch zu vernünftigen Preisen wirklich gut essen kann. Elsässische Gerichte (sehr zu empfehlen ist z. B. das Lachsfilet in Sauerampfersauce), aber auch deftige französische Küche. Das Restaurant ist Mo und Di geschlossen. ☎ 0388944358, 🖷 0388942330.
** **Camping Fleckenstein**, idyllische Lage

an der D 925 unterhalb der gleichnamigen Burg. Für Abkühlung an heißen Tagen ist bestens gesorgt, denn zum einen liegt der Platz an einem herrlichen Weiher und zum anderen rauscht auch die Sauer daran vorbei. Von den insgesamt 250 Plätzen sind ca. zwei Drittel von Dauercampern belegt. Einkaufsmöglichkeit sowie Snackbar vorhanden. Von Mitte März bis Oktober geöffnet. ☎ 0388944316, 🖷 0388942004.

Umgebung von Lembach

Four-à-Chaux: Die nach einem einstigen Kalkwerk auch "Kalkofen" genannte Festung mit sechs Kampfblöcken ist eine besonders gut erhaltene Anlage der *Ligne Maginot* (siehe S. 89). Sie war, da sie über eine eigene Quelle (artesischer Brunnen) verfügt, für einen dreimonatigen ununterbrochenen Aufenthalt der insgesamt 580 Mann starken Besatzung angelegt. Zu sehen bekommt man in dem knapp 4,5 km langen Gangsystem u. a. die Kommandozentrale, Munitionslager, Operations- und Zahnarztraum, Schlafräume (72 Männer mussten in den jeweils 24 Betten in drei Schichten schlafen) sowie einen Kampfblock mit Panzerdrehturm (Anfahrt/Führungen s. u.).

Romanische Kapelle von Climbach: Oberhalb des östlichen Nachbardorfs von Lembach liegen am Waldrand idyllisch die spärlichen Reste einer einstigen romanischen Kapelle, die wohl von einem Einsiedler errichtet worden ist (in der Ortsmitte folgt man der Beschilderung "Porche de l'Eglise de Climbach" ca. 1,5 km bis zum Waldrand; von dort sind es nur noch wenige Minuten zu Fuß). Ein schöner Platz mit Bächlein und Brunnen, an dem man wunderbar picknicken kann.

Château du Fleckenstein (s. Plan S. 115): Die wunderschön auf einem 43 m über die Umgebung herausragenden, engen Felsplateau gelegene Stammburg derer von Fleckenstein, einflussreiche Beamte der Hohenstaufen, wurde vermutlich Ende des 11. Jh. errichtet. Im Schnittpunkt von Elsass, Lothringen und der Pfalz gelegen, galt die mächtige Burg bis zu ihrer Zerstörung im Jahre 1680 als eine strategisch besonders bedeutsame Anlage. 35 Dörfer zählten zu ihrem Territorium. Die Familie von Fleckenstein hielt sich jedoch nur zwei- bis dreimal pro Jahr in den feuchten, dunklen Gemäuern auf, ständig bewohnt wurde sie von ca. 30 Rittern und Arbeitern. Besonders interessant sind das gut erhaltene Haupttor mit Hebebrücke, die in den Sandstein hineingehauenen Räume (in einem ist ein kleines Museum untergebracht) sowie die Treppenanlagen. Von der Plattform, wo sich in späteren Zeiten die zum größten Teil aus Holz errichteten Wohnungen der Burgherren befanden, und vom gegenüberstehenden ehemaligen Wachturm bieten sich besonders schöne Blicke über die Nordvogesen (Anfahrt/Öffnungszeiten s. u.).

Weitere Burgruinen in der Umgebung: Vom P'tit Fleck kann man in ca. einer halben Stunde die einst auf zwei Sandsteinfelsen erbaute *Burg Löwenstein* erwandern (siehe Wanderung 4). Im 13. Jh. erstmals erwähnt, verkam sie schon bald zu einem Raubritternest und wurde deshalb bereits im 14. Jh. zerstört, sodass vom Gebäude nicht mehr allzu viel zu sehen ist.

Von hier erreicht man in wenigen Minuten die *Hohenbourg*. Aus derselben Zeit wie die Burg Löwenstein stammend, haben ihre Mauern wesentlich besser überdauert, sodass eine Erkundung viel Spaß macht. Besonders schön ist ein Renaissanceportal mit dekorativen Reliefs.

Direkt unterhalb der Burg Fleckenstein führt außerdem ein Wanderweg (rot-weißroter Balken) in ca. einer Stunde zu einem weiteren einstigen Raubritterhort, der *Ruine Froensbourg* (13.–17. Jh.) in schwindelerregender Lage. Zwar sind nur noch wenige Mauerreste erhalten, doch dafür genießt man einen wunderschönen Blick ins Steinbachtal.

● *Anfahrt/Führungen/Öffnungszeiten* Zur Festung **Four-à-Chaux** fährt man zunächst an der zentralen Kreuzung in Lembach auf der D 27 in Richtung Woerth. Am Ortsausgang biegen Sie nach links auf die D 65 ab und erreichen nach ca. 1 km das Four-à-Chaux. Führungen vom 15.3. bis 30.4. und vom 1. bis 10.11. um 10, 14 und 15 Uhr, vom 1.5. bis 30.6. außerdem um 16 Uhr; vom 1.7. bis 31.8. um 10, 11, 14, 15, 16 und 17 Uhr, im September entfällt die letzte Führung; in den Wintermonaten Sa/So um 10.30 und um 14.30 Uhr. Dauer knapp 2 Std. Die Erklärungen werden in französischer und deutscher Sprache gegeben. Bedenken Sie, dass die Raumtemperatur unter Tage nur ca. 13 °C beträgt. Erwachsene 4 €, Kinder von 6 bis 12 J. die Hälfte.

Zum **Château du Fleckenstein** von Lembach auf der D 3 ca. 4 km bis zum Etang Fleckenstein, dann auf der D 925 an diesem vorbei. Nach ca. einem weiteren Kilometer zweigt man auf die schmale D 525 ab. Von Anfang März bis Ende November tägl. von 9.30 bis 18 Uhr geöffnet. Erwachsene 2,75 €, Kinder zwischen 6 und 12 J. 1,40 €. Eine Familienkarte (2 Erw. und 2 Kinder) kostet 7,40 €. Im Preis inbegriffen ist eine kostenlose Führung (je nach Bedarf alle zwei bis drei Stunden).

● *Kinder* **Le P'tit Fleck,** im ehemaligen Forsthaus unmittelbar vor der Burg Fleckenstein wurde ein besonders für Kinder interessantes Erlebniszentrum eingerichtet. Natur und Kultur (v. a. Burgen) der Region werden zum Anfassen präsentiert. Die Kleinen können sich z. B. in eine Fledermaus versetzen, einen Turm wie im Mittelalter bauen, in einer Erzgrube herumkriechen. Angeschlossen ist eine Cafeteria.

Nordvogesen

Sandsteinburgen in den Nordvogesen

Der in den nördlichen Vogesen anstehende rötliche Buntsandstein eignete sich hervorragend zum Burgenbau. Als Folge der jahrmillionenlangen Erosion bildet er z. T. bizarre Formen: steil abfallende Plateaus, Vorsprünge, ja regelrechte Türme, mit einem Wort: hervorragende natürliche Gegebenheiten für die Errichtung einer kaum einnehmbaren Burg. Außerdem lässt sich dieses Gestein leicht bearbeiten und war deshalb auch lange Zeit ein sehr geschätztes Baumaterial in weiten Teilen des Elsass, nicht nur für das Straßburger Münster. Doch der Buntsandstein verwittert auch rasch, deshalb zerfielen die meisten Burgen nach ihrer Zerstörung besonders stark, aber vielleicht macht gerade das heute ihren eigentümlichen Charme aus.

Eine ist imposanter als die andere

Seit dem 12. Jh. wurden diese Burgen meist im Auftrag der Staufer errichtet, die sie dann von ihnen abhängigen Adelsgeschlechtern als Lehen überließen. Man höhlte zunächst den weichen Felsen aus wie einen Schweizer Käse. Eine praktische Sache, denn das Fundament des Gebäudes war von Natur aus vorhanden, und auch das Baumaterial befand sich so schon an Ort und Stelle. Die in den Stein gehauenen Räume mussten nur noch eingerichtet werden. Erst im 14 Jh. begann man, aus Holz Anbauten oder sog. "Aufsetzer" hinzuzufügen und so den Wohnraum zu vergrößern. Immer wieder kann man in den Burgfelsen deshalb eckige Vertiefungen erkennen, in denen Holzbalken befestigt wurden.

Als man später in manchen Anlagen zusätzlich Ringmauern, einen Donjon (Wohnturm) und/oder einen Bergfried (Verteidigungsturm) errichtete, rundete man die dafür verwendeten Buntsandsteinquader an der Außenseite ab. Diese sog. "Buckelsteine" hatten den Vorteil, dass beim Einschlag einer feindlichen Kugel nicht gleich der ganze Stein, sondern in der Regel nur der vorstehende Teil zerstört wurde.

Wanderung 4: Von Burg zu Burg im Grenzland

Auf dieser sehr abwechslungsreichen, ca. 11 km langen Rundtour bekommt man vier Burgruinen zu sehen und überschreitet zweimal die grüne Grenze zwischen Frankreich und Deutschland. Im ersten Abschnitt aufgrund einiger steiler Anstiege etwas anstrengend, verläuft die Wanderung dann gemütlich weiter. Einkehrmöglichkeiten bestehen im beliebten Ausflugslokal Gimbelhof, dem Start- bzw. Zielpunkt, und im pfälzischen Dörfchen Nothweiler, Getränke und Snacks bekommt man an der Burg Fleckenstein.

Wanderung 4:
Von Burg zu Burg
im Grenzland

Landgasthof
Wegelnburg

Lembacher
Straße

Wegeln-
burg

Kaiser-
Wilhelm-
Stein

Maiden-
brunnen

Forsthaus
Litschhof

Château du
Hohenbourg

Château de
Löwenstein

Col du
Litschhof

Col du
Hohenbourg

Krappen-
fels

Forst-
haus
P'tit
Fleck

Köhlerweg

Lembach

Abenteuer-
spielplatz

Château du
Fleckenstein

Landgasthof
Gimbelhof

Grenze

Lembach

N

450 m

Anfahrt: In Lembach fährt man Richtung Schönau und zweigt gegenüber vom Camping Fleckenstein in
eine Forststraße zum Gimbelhof
(beschildert) ab.

Vom Gimbelhof führt ein breiter Wanderweg zum **Château du Fleckenstein,** das
man von hier aus schon sieht; ein rot-
weiß-roter Balken dient als Markierung
bis zu diesem ersten Ziel. Nach etwa 600
m hat man die Wahl, entweder auf der
Fahrstraße oder – parallel dazu und schöner – auf dem sog. **Köhlerpfad** mit interessanten Erklärungen zur früheren Arbeit
der Holzkohlehersteller weiterzuwandern.
Von der Burg (Beschreibung siehe S. 116)
geht man etwa 200 m zurück, zweigt dann
hinter dem Forsthaus Fleckenstein (Le
P'tit Fleck) auf einen Waldweg nach links
ab (Markierung roter Balken). Über einen
steilen Anstieg kommt man nach etwa ei-

nem Kilometer zu einer T-Kreuzung, biegt
nach links ein und erreicht eine Wegspin-
ne auf der Anhöhe des **Col du Hohenbourg.** Biegen Sie in den dritten schmalen
Waldpfad nach rechts ein (ab hier bis zur
Grenze Markierung rot-weiß-roter Balken) und wandern Sie zu einem breiteren
Weg hinauf. Er bringt Sie in etwa 300 m
zu einem wunderschönen Aussichtspunkt,
dem **Krappenfelsen.** Genießen Sie die
Aussicht auf die Burg Fleckenstein, doch
passen Sie dabei stets gut auf, sich nicht zu
weit nach vorn auf den für diese Gegend
so typischen roten Sandsteinfelsen zu
wagen – er fällt jäh in die Tiefe ab.
Vom Krappenfelsen aus geht man etwa
300 m zurück und biegt dann nach rechts
auf einen schmalen Pfad ab. Bald schon
steht man vor der **Burg Löwenstein** (siehe
S. 116). Derselbe Pfad bringt Sie in wenigen Minuten weiter zur **Hohenbourg** (siehe S. 116). Links von ihr führt der Pfad
600 m weiter abwärts durch dichten Wald
zum sog. **Maidenbrunnen,** einer einst ummauerten, heute versiegten Quelle.
Wenn man geradeaus weitergeht, kommt
man in wenigen Minuten zur deutsch-
französischen Grenze, erkennbar an dem
Kaiser-Wilhelm-Grenzstein aus dem 19. Jh.
Ab hier gilt nun bis Nothweiler der rot-
gelbe Balken als Zeichen. Geradeaus steigt
man steil knapp 400 m weit zur höchstgele-
genen Burg der Pfalz, der **Wegelnburg,**
hinauf. In der lang gestreckten Anlage lassen sich sehenswerte Überbleibsel von Mauern und Toren entdecken, und auch der
Panoramablick hat seinen Reiz.
Gegenüber vom Burgeingang weist ein
Holzschild mit der Aufschrift "Nothweiler" auf das nächste Ziel hin. Man wandert
durch dichten Wald abwärts, zweigt nach
400 m nach rechts auf einen anderen Pfad
ab, um kurz darauf einen breiteren Weg zu
queren. Im folgenden Abschnitt muss man
zwei unverschlossene Gatter passieren und
geht dann auf einer breiteren Waldpiste
weiter, der man konsequent folgt. Gut 1,5 km
hinter der Wegelnburg zweigt nach rechts
ein deutlich gekennzeichneter Pfad ab. Auf
ihm gelangt man zur Straße, die nach

Nothweiler hineinführt. Hier haben Sie die Gelegenheit, sich das Besucherbergwerk der ehemaligen Eisenerzgrube anzuschauen oder auch in einem Gasthof ein pfälzisches Vesper zu genießen.

Vor dem Gasthaus biegt man nach rechts in die Lembacher Straße ein und geht so wieder aus dem Dorf hinaus zu einem Wanderparkplatz. Dahinter befindet man sich schon wieder auf französischem Terrain. Biegen Sie nach links ab und folgen Sie konsequent einer breiten Piste (Markierung rotes Kreuz), bis nach ca. 900 m in einer Linkskurve ein Pfad nach rechts abzweigt. Bald darauf geht man links und erreicht so in wenigen Minuten eine markante **Wegkreuzung auf dem Col du Litschof.** Entweder benutzt man nun die Asphaltstraße oder eine halb rechts abzweigende Piste (Markierung blauer Punkt) für den letzten Abschnitt zum Gimbelhof, wo man auf der Terrasse bei einem Café au lait oder einem Glas Wein die Wanderung ausklingen lassen kann.

Steinbachtal

Sanft schlängelt sich der schmale Steinbach zwischen Wiesen durch ein immer breiter werdendes Tal, das rechts und links von schroffen, bewaldeten Bergrücken begrenzt wird. Die beiden malerischen Dörfer im Talgrund, Ober- und Niedersteinbach, bieten viel Ruhe, mehrere auf der Höhe thronende romantische Burgruinen eignen sich gut als reizvolle Wanderziele.

Das touristische Zentrum des Tals ist **Obersteinbach.** Der Ort mit ein paar hübschen Fachwerkbauten, einer Zwiebelturmkirche und zahlreichen Ziehbrunnen wird von imposanten Sandsteinfelsen überragt. An einem davon, dem Schlossberg, den man vom Rathaus aus erreicht, finden Freunde des Klettersports ihr Revier. Während der Saison gehören außerdem zünftig gekleidete Wanderer zum Bild des Dorfes; eine Vielzahl von markierten Wegen beginnt in der Ortsmitte. In der Rue Principale, ebenfalls in der Ortsmitte, informiert ein kleines Museum, das *Maison des Châteaux Forts,* über die Geschichte der Sandsteinburgen im elsässisch-pfälzischen Grenzland. Angeschlossen ist ein mittelalterlicher Kräutergarten.

Schwindelfreiheit ist manchmal notwendig

Die Burgruinen im Steinbachtal sind weniger gut erhalten als das legendäre Château du Fleckenstein, dafür muss man sie aber auch nicht mit Massen von Ausflüglern teilen. Nordwestlich von Obersteinbach erhebt sich einsam das **Château de Lutzelhardt** mit quadratischem Wachturm mitten im Wald auf einem 30 m hohen Felssockel. Hat man über steile Treppen mehrere Plattformen erklommen, schweift der Blick weit über die Nordvogesen bis nach Lothringen, das hier schon zum Greifen nah ist.

Ebenfalls lohnenswert ist ein Ausflug zum **Château du Petit Arnsbourg,** ein in den Sandstein hineingebauter ehemaliger kleiner Feudalsitz direkt oberhalb von Obersteinbach. Die Oberburg betritt man über eine sich um den Felsen windende Treppe, an deren Ende man einen wunderschönen Blick auf Obersteinbach genießen kann.

Unweit davon stehen die Ruinen des **Château Wasigenstein.** Eine schmale, tiefe Schlucht trennt die etwas ältere (östliche) von der jüngeren (westlichen) Anlage. Erhalten geblieben sind u. a. ein fünfeckiger Wachturm, einige Ringmauern, Räume und eine Zisterne. Eine ausgewaschene Sandsteintreppe führt auf die jüngere Burg hinauf, von wo man eine atemberaubende Aussicht auf die Schlucht zwischen den beiden Burgfelsen hat.

Sagenhaftes aus Wasigenstein

Der Wasigensteinfelsen ist aus dem mittelalterlichen Waltharius-Heldenepos bekannt. Die Handlung spielt im 5. Jh. und schildert die Flucht Walthers von Aquitanien und seiner Verlobten Hildegund vom Hof des Hunnenfürsten Attila. Als sie durch das Land des Burgunderkönigs Gunther zogen, beschloss dieser, die beiden auszurauben. In der Nähe der späteren Burg tötete Walther elf Recken Gunthers, bevor er von diesem selbst und Hagen von Tronje attackiert wurde. Gunther verlor bei dem Kampf ein Bein, Hagen ein Auge und Walther die rechte Hand – dann versöhnten sich die drei.

Wer noch mehr Burgen in der Region besuchen möchte, fährt von Obersteinbach knapp 2 km auf der D 53 Richtung Niederbronn. Ein Holzschild an einem kleinen Parkplatz links der Straße weist auf die beiden Ruinen **Wineck** und **Schöneck** hin. Erstere erreichen Sie von dort zu Fuß in 25 Minuten (Markierung gelber Punkt), der Anstieg zu Letzterer beginnt auf der anderen Straßenseite (20 Minuten, ebenfalls gelber Punkt).

Lage (Wanderwege zu den Burgruinen)

• *Lage* Von Lembach führt die D 3 in ca. 7 km nach Niedersteinbach, Obersteinbach liegt 2 km westl. davon ebenfalls an der D 3.

• *Wanderwege* **Château de Lutzelhardt,** am Ortsende von Obersteinbach zunächst Richtung Bitche, dann an einer Gabelung rechts halten. Man verlässt die D 3 nach gut einem Kilometer im Scheitelpunkt einer Linkskurve und zweigt rechts zum Forsthaus Lutzelhardt ab (nicht beschildert). Zunächst geht man auf einem breiten Weg (gelber Balken) und biegt nach 200 m links auf einen Pfad in den Wald ab. Nach insgesamt 20 Minuten ist die Burg erreicht.

Château du Petit Arnsbourg, in Obersteinbach geht man links von dem Doppelgebäude, in dem Rathaus und Schule untergebracht sind, auf einem schmalen Pfad am Friedhof vorbei mit dem Zeichen rote Raute aufwärts und zweigt nach wenigen Minuten auf eine Piste nach rechts ab. Sobald der Wald den Blick auf die Burg freigibt, geht man wieder nach links auf einem Fußpfad zur Petit Arnsbourg weiter.

Château Wasigenstein, der Weg mit dem Zeichen rote Raute bringt Sie vom Château du Petit Arnsbourg in ca. 30 Minuten zur Burg Wasigenstein. Alternativ dazu kann man sie auch anfahren: Von Obersteinbach auf der D 3 Richtung Niedersteinbach, ca. 1 km hinter dem Ortsende nach links auf die schmale D 190 Richtung Wengelsbach abzweigen. Nach ca. 3 km ist der Wanderparkplatz im Scheitelpunkt einer Rechtskurve erreicht. Von hier geht man in gut 5 Minuten abwärts zur Ruine (Markierung roter Balken).

Adressen

• *Einkaufen* Neben dem Museum in Obersteinbach stellt Martine Thomas-Suss in vier Räumen ihre hübschen Kompositionen aus Holz und Farbe aus – ein Souvenir der besonderen Art aus den Wäldern der Nordvogesen.

● *Museum* **Maison des Châteaux Forts,** Rue Principale. März/April So, Mai/Juni Sa/So, Juli–Oktober Mi, Sa und So geöffnet (jeweils 14.30–17.30 Uhr). Erwachsene 1,80 €, Kinder die Hälfte.

● *Reiten* **Les Cavaliers du Steinbach,** etwas außerhalb von Obersteinbach liegt das schöne Gelände von Familie Hofmans mit 15 Ponys und 20 Pferden. Das freundliche französisch-holländische Paar bietet Reitferien für Kinder, Wanderritte, Reitunterricht etc. an. Ein einstündiger Ausritt (begleitet) kostet z. B. 12 €. Wer mag, kann hier auch in einem Gruppenschlafraum oder in einem Apartment übernachten. ☎ 0388095684, 🖷 0388095497.

● *Klettern* Links vom Obersteinbacher Rathaus führt ein Weg zum Schlossberg. dem Kletterfelsen Obersteinbachs.

Übernachten/Essen und Trinken

● *In Obersteinbach* ** **Hôtel Anthon,** das ziegelrote Fachwerkhaus an der Hauptstraße ist ein weit bekanntes Gourmetziel. Man speist in einem lichtdurchfluteten Pavillon edle Regionalküche, z. T. mit exotischem Touch. Bei unserem Besuch gab's z. B. Entenbrust mit Honig und Kirschen, begleitet von feinen Kohlrabispänen – ein Genuss. Lecker auch der typisch elsässische Vacharin von Vanille und Erdbeeren. Keine Riesenauswahl, aber absolut überzeugend, Menü ab 24 €. In 8 kleinen, aber gemütlichen DZ kann man zum Preis von 46 bis 56 € übernachten und dann auch in dem kleinen Park hinterm Haus entspannen. Ruhetage Di und Mi. 40, rue Principale, ☎ 03880 95501, 🖷 0388095052.

** **Auberge Alsace-Villages,** Christelle und Jean Ullmann führen seit Jahren am Ortsausgang von Obersteinbach engagiert ein regelrechtes Naturhotel. Für die phantasievollen Gerichte wie Lamm in Rieslingsauce oder mit Champignons gefülltes Perlhuhnfilet werden zu 80 % Produkte von umliegenden Bauernhöfen bzw. aus dem eigenen

Garten verwendet – es schmeckt einfach wunderbar! Die Gästezimmer (umweltschonendes Baumaterial, versteht sich!) liegen zum größten Teil im Garten am Steinbach, sie kosten zwischen 42 und 54 €, wochenweise werden auch Studios (ab 236 €) vermietet. Mittwochabend und Do geschl. 49, rue Principale, ☎ 0388095059, 0388095356.

● *In Niedersteinbach* ** **Hôtel Restaurant Cheval Blanc,** auffallendes Gebäude in der Mitte des Ortes. Familie Zinck hat bei Einheimischen und Touristen einen guten Ruf, schließlich bekommt man gute Regionalküche im angenehmen rustikalen Ambiente. Menü ab 22 €, zu den Spezialitäten gehören Forelle blau und Wildgerichte, z. B. geschmortes Wildschwein. Insgesamt 26 Hotelzimmer (DZ ab 46 €, zu dritt kostet's 64 €), den Gästen stehen Schwimmbad und Tennisplatz zur Verfügung. Tägl. geöffnet, ☎ 0388095531, 🖷 0388095024.

Niederbronn-les-Bains

Thermalbad, Grandhotel, Parkanlage, Kasino, Fahnenschmuck vor dem Rathaus – der Kurort gibt sich recht weltmännisch, erweist sich bei genauerem Hinsehen aber doch nur als nordvogesisches Provinzstädtchen mit knapp 4500 Einwohnern am Falkensteinbach.

Ein riesiger deutscher Soldatenfriedhof im Osten des Städtchens mit über 15.000 Gräbern, den man über die Rue du Cimetière Militaire erreicht, lässt erahnen, wie

Nordvogesen

Reste eines gallorömischen Jupitertempels bei der Wasenburg

umkämpft Niederbronn und seine Umgebung mit zahlreichen Industriebetrieben der Familie de Dietrich im Zweiten Weltkrieg gewesen ist. Heute gibt es noch ein Werk des einst mächtigen elsässischen Industrieclans im Ort (siehe auch Seite 127).

Schon die Römer nutzten die Thermalquelle zur Behandlung von Rheuma und Arthrose. Heute kann man das 18 °C warme Wasser an dem vor dem Rathaus sprudelnden Brunnen probieren. Von hier sind es nur ein paar Schritte bis zur zentralen Place des Thermes und dem funktionalen Gebäudes des **Thermalbads.** Anwendungen und Bäder bekommt man in Frankreich aber nur über eine ärztliche Verordnung, sodass ein Besuch für Touristen nicht möglich ist. Die Kennzeichen der besonders am Abend auf den Parkplätzen des Ortes abgestellten Wagen weisen darauf hin, dass aus den grenznahen Gebieten viele in dem dem Bad gegenüberliegenden **Spielkasino** ihr Glück versuchen.

Insbesondere für Hobbyarchäologen interessant ist das in der Avenue Foch am Ortsausgang Richtung Reichshoffen gelegene **Maison de l'Archéologie** mit schönen Exponaten aus der Antike und dem Mittelalter. Im Untergeschoss werden neben Funden aus der Steinzeit zahlreiche sehenswerte Stücke aus gallorömischer Zeit ausgestellt: einige gut erhaltene Merkurstelen, Münzen, Schmuck, Glas, Keramik. Das Erdgeschoss ist in der Hauptsache den Funden in den mittelalterlichen Sandsteinburgen der Region, insbesondere dem durch einen Brand zerstörten Château du Hohenstein, gewidmet. Der Lehrer René Schellmann hat hier zahlreiche Alltagsgegenstände wie Teile von Kachelöfen, Küchengeschirr, Burgschlüssel in allen Größen, landwirtschaftliche Geräte, Spielwürfel, Dominosteine etc. entdeckt, die das Leben auf einer Burg nachhaltig illustrieren. Zu sehen gibt es außerdem alte gusseiserne Öfen der Traditionsfirma de Dietrich (Öffnungszeiten s. u.).

Am westlichen Ortsausgang kann man an einer weiteren Quelle gutes Mineralwasser trinken – so wie es schon die Kelten taten. Daher auch der Name **Keltische Quelle.** Vermarktet wird es von der dort ansässigen Firma Celtic.

Mit etwas Anstrengung verbunden ist der Besuch der über dem Ort auf einer Höhe von 432 m thronenden **Wasenbourg,** die man nur zu Fuß erreichen kann (s. u.). Die einen fast rechteckigen Grundriss aufweisende Burg wurde erst im 13./14. Jh. mit mächtigen Sandsteinquadern an der Stelle einer älteren Anlage errichtet und ist, obwohl im 17. Jh. geschleift, entsprechend gut erhalten. Prunkstück ist das 5 m lange, aus einem Steinblock gehauene frühgotische Lanzettfenster im herrschaftlichen Wohntrakt mit neun spitzbogigen Öffnungen und sieben Rosetten darüber. Gegenüber der Burg, die, worauf ein Hinweisschild aufmerksam macht, schon Goethe besucht hat, sind an einem Wachtfelsen Reste eines gallorömischen Merkurtempels aufgestellt, die man hier Ende des 19. Jh. gefunden hat.

Ein weiteres lohnendes Ziel außerhalb des Ortes ist der **Grand Wintersberg,** die mit 581 m höchste Erhebung der Nordvogesen. Auf dem Gipfel steht ein Turm, der einen grandiosen Rundblick bietet.

Lage/Adressen/Verbindungen

- *PLZ* 67110
- *Lage* Von Wissembourg erreicht man Niederbronn-les-Bains am besten über Reichshoffen und Woerth (D 28), dann weiter auf der D 27 und der D 3. Ins Steinbachtal führen von hier die attraktiven Landsträßchen D 653 und D 53.
- *Information* **Office de Tourisme,** ganzjährig Mo–Fr, von April bis Oktober zusätzlich auch Sa/So, im November/Dezember nur Sonntagnachmittag. Place de l'Hôtel de Ville, ✆ 0388808970, ✉ 0388803701, www.niederbronn.com.
- *Öffnungszeiten/Eintritt* **Maison de l'Archéologie,** März–Oktober tägl. außer Di und Sa 14–18 Uhr, sonst nur So 14–17 Uhr. Erwachsene 2,50 €, Kinder 0,80 €.

> **Tipp für Radfahrer:** Eine schöne, ca. 66 km lange Tour führt von Niederbronn nach Woerth und Lembach und über das Steinbachtal wieder zurück. Informationen dazu in der Broschüre "Le Bas-Rhin à bicyclette", erhältlich beim Office de Tourisme.

- *Zug* Der Gare SNCF liegt westlich vom Zentrum. Täglich Verbindungen nach Bitche und Haguenau; dort hat man meist unmittelbar Anschluss nach Strasbourg.
- *Parken* Mehrere kostenfreie Parkplätze im Zentrum.
- *Taxi* An der Place des Thermes oder unter ✆ 0388361313 oder 0388091661.

- *Veranstaltungen* Während der Sommermonate kann man an mehreren Mittwochnachmittagen am Platz vor dem O.T. verschiedenen Handwerkern und Künstlern bei der Arbeit zusehen.
- *Kinder* Westlich der Pl. des Thermes findet man in einem Park einen **Spielplatz** sowie eine **Minigolfanlage,** die im Sommer täglich, in der Nebensaison nur So und z. T. auch Mi und Sa von 14 bis 19 Uhr geöffnet ist. Erwachsene 2,30 €, Kinder (6–16 Jahre) 1,60 €.
Der **Freizeitpark Didi'Land** im Nachbarort Morsbronn bietet u. a. eine Wildwasserbahn und ein Piratenschiff. Im Juli und August tägl. zwischen 10 und 18 Uhr geöffnet, in den Monaten April bis Juni nur Mi, Sa und So. Erwachsene 11 €, Kinder (2–12 Jahre) 10 €. Der Park liegt am nördlichen Ortsausgang von Morsbronn etwas abseits der D 27.
- *Spielkasino* Die mit Spielautomaten ausgestatten Räume sind So–Di zwischen 11 und 2 Uhr, Fr, Sa und an Feiertagen sogar bis 4 Uhr geöffnet. Beim Roulette kann man zu folgenden Zeiten sein Glück versuchen: So–Di 16–2 Uhr, Fr, Sa und an Feiertagen zwischen 17 und 4 Uhr.
- *Post* Rue Clemenceau nahe dem Hôtel de Ville.
- *Polizei* Das Polizeirevier von Reichshoffen ist auch für Niederbronn zuständig. Es liegt unmittelbar an der Reichshoffener Ausfahrt der N 62 und ist unter ✆ 0388090328 zu erreichen.

Aufstieg zur Burg und zum Grand Wintersberg

- *Zur Burg* Etwa eine Stunde wandert man von Niederbronn aus auf die Burg, als Markierung dient der rote Balken. Überqueren Sie vor der Bar La Coupoule den Falken-

Hier sprudelt das Heilwasser

steinbach und gehen Sie dann in westlicher Richtung aus dem Ort hinaus bis zum großen De-Dietrich-Werk. Jenseits einer Brücke biegt man auf einen Waldweg nach links ab und steigt nun ziemlich steil aufwärts. Vor der Burg gibt es mehrere Picknickbänke. Außerdem besteht die Möglichkeit, die Wanderung z. B. nach Oberbronn fortzusetzen. Alternative: Fahren Sie mit dem Wagen bis zur Brücke hinter dem De-Dietrich-Werk und gehen Sie erst dann zu Fuß weiter.

● *Anfahrt/Aufstieg zum Berg* Von der Keltenquelle führt eine schmale Einbahnstraße zum Châlet du Wintersberg. Von dort erreicht man den Gipfel auf einem Stichsträßchen. Über eine weitere Einbahnstraße geht es vom Châlet wieder abwärts bis zur N 62, der man nach links bis Niederbronn folgt (Länge der Rundtour ca. 15 km). Wanderer beginnen die ca. 1½-stündige Tour am O.T. und folgen dem roten Balken auf den Gipfel hinauf.

An Sonntagen wird das Châlet du Wintersberg vom Club Vosgien bewirtschaftet.

Übernachte/Essen und Trinken

** Hôtel Restaurant Le Bristol, zentral und dennoch ruhig. Gemütliche Zimmer mit modern angehauchten Bauernmöbeln, schöne Bäder. Keine Frage, die jungen Wirtsleute haben Geschmack. EZ 43 €, DZ 49 €, zu dritt kostet's 54 €. Sehr empfehlenswert ist auch das von Einheimischen häufig besuchte Restaurant. Üppige Portionen, das Essen (französische und elsässische Spezialitäten) ist äußerst lecker – kurzum, ein einwandfreies Preis-Leistungs-Verhältnis. Gute Auswahl auch an Kuchen. Mi geschlossen. Place de l'Hôtel de Ville, ✆ 0388096144, ✎ 0388090120.

* Hôtel Goerich, in dem zentrumsnah gelegenen einfachen Haus kann man zum Preis von 24 bis 33 € ein DZ bekommen. Auf jedem Stockwerk sind vier Gästezimmer untergebracht, die sich jeweils ein Bad teilen. Rue de la République, ✆ 0388090130.

Hôtel Restaurant Ferme Mellon, an der Straße nach Jaegerthal (D 653) liegt ca. 1,5 km von Niederbronn entfernt der große Bauernhof mit Pferden, Kühen und anderen Tieren, in dem auch 12 DZ zum Preis von 37 bis 43 € vermietet werden. Angeschlossen ist auch ein Restaurant, sodass man nicht in die Stadt zum Essen fahren muss. Mo und Di bleibt die Küche jedoch geschlossen. ✆ 0388090848, ✎ 0388090948.

Restaurant Cully, sehr hübsch am Bach gelegen. Kleine Terrasse, nett dekorierter Innenraum. Empfehlenswert das Menu Alsace, ansonsten muss man zumindest abends à la carte bestellen. Elsässische und französisch-mediterrane Küche. Der Vacharin kommt hier als Eisschwänchen auf den Tisch und bietet deshalb nicht nur für den Gaumen, sondern auch fürs Auge etwas! Sonntagabend und Mo geschl. 35, rue de la République, ✆ 0388090142.

*** Camping Heidenkopf, terrassenartiges Gelände am Waldrand oberhalb von Niederbronn. Die ganzjährig geöffnete Anlage macht einen gepflegten Eindruck. Route de la Lisière, ✆/✎ 0388090846.

Nördlich von Niederbronn-les-Bains: Schwarzbachtal

Eine abwechslungsreiche Strecke auf schmalen Landsträßchen führt Sie in kleine Weiler im lieblichen Schwarzbachtal und zu mehreren sehenswerten Burgen.

Jaegerthal: Man erreicht den 6 km von Niederbronn entfernt gelegenen Weiler auf der schmalen D 653 Richtung Bitche. Umgeben von dichtem Wald reihen sich die ca. 20 Häuser rechts und links am Schwarzbach entlang. Im Wasser eines kleinen Sees spiegeln sich die Ruinen der alten Schmiede, die die Familie de Dietrich Ende des 17. Jh. hier betrieben hat. Sie war der Grundstein ihres Industrieimperiums (siehe S. 127). Der Bach wurde angestaut, damit man über Wasserräder die Blasebälge und Hämmer antreiben konnte. Der schlossartige Familiensitz der de Dietrichs liegt übrigens am entgegengesetzten Ortsende, ist aber der Öffentlichkeit nicht zugänglich.

Châteaux de Windstein: Die beiden ca. 500 m voneinander entfernten Burgen Alt- und Neu-Windstein gehören zu den schönsten der Nordvogesen, und jede hat ihren eigenen Reiz.

Vieux Windstein, eine ursprüngliche Stauferburg aus dem Jahre 1205, wurde schon gut 100 Jahre nach ihrer Errichtung zerstört, weil sich dort Raubritter eingenistet hatten. 1339 baute man auf (und in) zwei hoch in den Himmel ragenden Felsen eine Nachfolgeburg, von der noch einige Reste erhalten sind. Im vorderen Felsen z. B. eine riesige Zisterne, im hinteren können Sie auf der einen Seite über ausgewaschene Stufen in den Felsen hineinsteigen und auf der anderen wieder herauskommen. Toller Panoramablick, oft trifft man hier auch Kletterer an.

Nouveau Windstein wurde im 13. Jh. errichtet und Anfang des 15. Jh. umgebaut. Sie ist keine typische Felsenburg, sondern ein schönes Beispiel für eine Wohnturmburg. Der einst dreigeschossige Turm wurde aus Buckelquadersteinen gebaut und weist, wie auch die Umfassungsmauer, hübsche gotische Fenster mit Sitzbänken auf. Bemerkenswert ist auch der Erker in der Außenseite der Ostwand.

Kasematte in Dambach-Neunhoffen: In der Doppelgemeinde ist eine kleine Kasematte der *Ligne Maginot* (siehe S. 89) mit Kampfraum, Panzerglocken etc. zu besichtigen.

● *Anfahrt/Aufstieg zu den Burgen* Etwa 1,5 km hinter Jaegerthal zweigt die kleine D 553 zum Dorf Windstein ab. Vom Parkplatz im Ort läuft man etwa 500 m zum Restaurant Aux deux Châteaux hinauf. Links von diesem führt ein Wanderweg in ca. 20 Min. zur **Nouveau Windstein,** hinter dem Parkplatz des Gasthofs (nur für Gäste) beginnt der Weg zur **Vieux Windstein.** Am bequemsten steigen Sie auf der links vom Parkplatz verlaufenden Piste aufwärts und benutzen dann im letzten Abschnitt den steilen Fußpfad (rot-weiß-roter Balken), es existiert jedoch auch eine Abkürzung.

● *Anfahrt zur Kasematte* Von Jaegerthal auf der D 53 nach Norden, die D 853 zweigt 3 km hinter Jaegerthal nach Dambach ab. Die Kasematte liegt zwischen den beiden Ortsteilen. Geöffnet ist sie vom 15.5. bis zum 15.9. jeden So zwischen 14 u. 17 Uhr. Eintritt 1,50 €.

● *Essen/Übernachten* **Hôtel Restaurant Aux deux Châteaux,** einfaches, aber angenehmes Lokal unterhalb der Burgen. Man sitzt im Sommer schön auf einer kleinen Terrasse oder im Garten. Nach einer Wanderung kann man hier bei einem Steak frites oder einer knusprigen Tarte flambée wieder zu Kräften kommen, vielleicht genügt aber auch der hausgemachte Kuchen. Außerdem gibt es hier auch 8 einfache Gästezimmer (20 bis 27 €). ✆/📠 0388092441.

Campingplatz von Dambach-Neunhoffen, die sehr schöne Anlage mit kleinen Terrassen unter hohen Bäumen findet man bei den Sportanlagen von Dambach (am Waldrand). Sanitäre Anlagen sind vorhanden. Ansprechpartnerin ist Mme Grasser, die direkt neben dem Platz wohnt. ✆ 0388809228.

Südlich von Niederbronn-les-Bains

Wer sich für die Wirtschaftsgeschichte der Region und für die leidvolle deutsch-französische Vergangenheit interessiert, sollte die Museen in Reichshoffen und Woerth besuchen. Beide Orte liegen an der D 28.

Hier gibt's noch Platz zum Spielen

Musée du Fer und Eglise St-Michel in Reichshoffen: Das Museum widmet sich der traditionellen Schwerindustrie in der Region, die v. a. mit dem Namen der Familie de Dietrich verbunden ist (siehe S. 127). Im Erdgeschoss sind besonders die Rekonstruktion einer Schmiede und die beweglichen Modelle eines Hochofens sowie einer Raffinerie von Interesse, im Obergeschoss bekommt man vor allem Produkte aus verschiedenen Gießereien der Umgebung zu sehen. Unbedeutend ist die archäologische Sammlung im Untergeschoss.

Die dem Museum gegenüberliegende katholische Kirche St-Michel verdient wegen ihrer schönen Altäre und der reich geschmückten Kanzel Beachtung. Geht man von hier aus die Rue du Gal Leclerc bis zu ihrem Ende, steht man vor einem 1770 erbauten De-Dietrich-Schloss, das mittlerweile aber aufgekauft wurde.

Musée de la Bataille du 6 Août 1870 in Woerth: Zwischen dem großen Dorf Woerth an der Sauer und dem Nachbarort Froeschwiller tobte eine der dramatischsten und blutigsten Schlachten des Deutsch-Französischen Krieges von 1870/71. Diese dokumentiert das in einem eindrucksvollen Renaissanceschloss im Ortskern untergebrachte Museum mit Hilfe von Dokumenten, Uniformen, Waffen, Gemälden, Zinn- und Papiersoldaten und einem gut gemachten Videofilm (auch auf Deutsch).

In Wörth, v. a. aber auf dem berüchtigten Schlachtfeld, errichtete man nach Kriegsende mehrere z. T. prächtige Denkmäler für die mehr als 20.000 gefallenen Soldaten. Fährt man durch das Gelände, auf dem damals das Schicksal des Elsass besiegelt wurde, empfindet man Dankbarkeit für die Politik nach 1945, die, nach zwei weiteren Kriegen, endlich die Aussöhnung und Freundschaft zwischen Franzosen und Deutschen erreichte. Die Rundstrecke beginnt in Woerth. Dort nimmt man die Straße nach Elsasshausen, fährt dann hinter diesem Dorf rechts nach Froeschwiller und über die D 28 wieder zurück.

● *Öffnungszeiten/Eintritt* **Musée du Fer,** 9, rue Jeanne d'Arc. April/Mai jeden So und an Feiertagen zwischen 14 und 18 Uhr, von Juni bis Ende September tägl. außer Di 14–18 Uhr. Erwachsene 2,30 €, Kinder (6–16 Jahre) 1,20 €.

Musée de la Bataille du 6 Août 1870, November–März nur Sa/So jeweils nachmittags von 14 bis 17 Uhr, vom 15.6. bis 15.9. tägl. außer Di von 10 bis 12 und von 14 bis 18 Uhr. Im Januar bleibt das Museum geschlossen. Eintritt 3 €.

Industriebarone in den Nordvogesen

Ursprünglich aus dem lothringischen Nancy stammend, prägte die Familie de Dietrich die Wirtschaft des nördlichen Elsass über Jahrhunderte. Aber auch in der Politik mischte der Clan kräftig mit. Bereits im 17. Jh. nahmen einige Mitglieder wichtige Positionen in der Straßburger Stadtverwaltung ein. Und ein Bürgermeister de Dietrich war es gar, der 1792 den Anstoß zur Komposition der französischen Nationalhymne, der Marseillaise, gegeben haben soll.

Begonnen hat der Aufstieg 1684, als Jean Dietrich eine stillgelegte Schmiede in Jägerthal aufkaufte und wieder in Betrieb nahm. Man nutzte das Holz der Wälder, die Kraft der Bergflüsse und das in der Region vorkommende Eisenerz und eröffnete Minen, Hochöfen und Manufakturen. Ein Enkel des Gründers (ebenfalls mit dem Namen Jean Dietrich) baute die Firma zu einem regelrechten Imperium aus und wurde zum größten Landbesitzer im Elsass. 1761 wurde er von Ludwig XV. in den Adelsstand erhoben.

Nach den Wirren der Französischen Revolution, in deren Verlauf der Besitz der verhassten Adelsfamilie konfisziert wurde, half ihr Napoléon Bonaparte, das Unternehmen wieder aufzubauen, das auch nach der Annexion des Elsass durch Deutschland blühte. Schon früh engagierten sich die de Dietrichs im Eisenbahnbau. Bis heute gehören gusseiserne Heizöfen, Maschinen, Haushaltsgeräte und seit ein paar Jahren auch Waggons für Frankreichs Superschnellzug TGV zur Produktpalette. Mittlerweile wurden allerdings große Teile der Firma verkauft (z. B. an den Alson-Konzern), nur in Niederbronn stellt man noch unter dem Namen de Dietrich Heizöfen her, und nach wie vor residieren die de Dietrichs im 1860 erbauten Familienschloss in Jägerthal.

Westlich von Niederbronn-les-Bains

Zunächst ins pittoreske Oberbronn, dann durchs Bergland zu einer der besterhaltenen Burgen der Region und schließlich in interessante lothringische Handwerksdörfer führt diese Tour.

Fachwerkdorf Oberbronn: Von Niederbronn fährt man über die D 28 in ca. 3 km nach Oberbronn, einem liebenswerten Ort in traumhafter Balkonlage hoch über der Rheinebene. Entlang der gepflasterten Hauptstraße reihen sich prächtige Fachwerkhäuser aneinander. Zumindest einige von ihnen sollten Sie genauer in Augenschein nehmen, sind sie doch mit mittelalterlichen Zunftzeichen geschmückt. Ein Brezel markiert das Haus, in dem der Bäcker seinem Handwerk nachging, ganz in der Nähe wohnte ein Fassbauer, und gegenüber dem Rathaus steht ein wunderschönes Winzerhaus mit Erker aus dem Jahre 1610, dessen rechter Eckpfosten von einem Bacchus geschmückt ist. Dieses und andere alte Winzerhäuser belegen, dass man in Oberbronn einst Wein angebaut hat. Eine Rebenkrankheit und der Dreißigjährige Krieg beendeten diese Tradition.

● *Übernachten* Am nördlichen Ortseingang steht das einstige Schloss der ab 1788 in Oberbronn herrschenden Fürsten zu Hohenlohe-Bartenstein. Heute befindet sich darin ein **Kloster** der Soeurs du Très Saint-Sauveur, in dem man in insgesamt 80 Einzel- und Doppelzimmern übernachten kann. Preis und Buchung müssen unter ✆ 0388808450 abgesprochen werden.

*** **Camping Eichelgarten,** großer Platz südlich des Dorfes, auf dem auch kleine Bungalows vermietet werden. Von Mitte März bis Mitte November geöffnet, ✆ 0388097196.

● *Essen und Trinken* **Brasserie Au Cerf,** gemütliches Lokal mit bäuerlicher Atmosphäre, im Sommer sitzt man wunderschön im Innenhof. Kleine Speisekarte, aber geschmacklich absolut überzeugend. Empfehlenswert die phantasievollen und frischen Salate, z. B. mit Meeresfrüchten oder Bibbeleskäs. Ganz Hungrige können aber auch Saumagen und andere elsässische Gerichte, Pizzen oder Flammkuchen bestellen. Montagabend und Di geschl. 23, rue Principale, ✆ 0388091221.

Offwiller: Weiter auf der D 28 kommt man von Oberbronn in ca. 4 km ins hübsche kleine Dorf Offwiller, das vor allem am Sonntagabend nach Karneval viele Besucher anzieht. Dann nämlich werden unter dem Gejohle und Geschrei der Bewohner von jungen Männern brennende Holzscheiben einen Hang hinabgerollt und -geworfen. Mit diesem "Schiweschlaje" soll der Winter ausgetrieben werden. Zweiter Anziehungspunkt ist das *Musée du Village d'Offwiller,* das von Juni bis September jeden zweiten Sonntag von 14 bis 18 Uhr geöffnet ist. In einem alten Bauernhaus wird der Alltag der Kleinbauern im 19. Jh., die oft neben der Landwirtschaft einem Handwerk nachgehen oder sich als Fabrikarbeiter verdingen mussten, lebendig nachempfunden.

Der Brunnen sicherte einst das Überleben auf der Burg

Château du Lichtenberg: Oberhalb des Dorfes Lichtenberg erhebt sich auf einem Sandsteinplateau die gleichnamige Burg aus dem 12./13. Jh. Philipp IV. von Hanau-Lichtenberg ließ sie um 1580 zu einer mächtigen Festung und zum Zentrum der bedeutenden Grafschaft umbauen. Erst 1870 wurde sie durch deutsche Truppen zerstört. 1993 startete man ein großes Projekt zur Restaurierung und Einrichtung der Burg zum Kulturort, sodass der Besucher heute nicht nur die wesentlichen Teile der alten Anlage zu sehen bekommt, sondern in eigenen Ausstellungsräumen auch interessante Informationen zur Natur und Geschichte der Region erhält. Zudem finden regelmäßig kulturelle Veranstaltungen statt. Die dazu notwendigen Anbauten wurden von einem italienisch-französischen Architektenteam entworfen. Moderne und Mittelalter gehen dabei eine interessante Verbindung ein. Sehr schön ist der Blick von der Artillerieterrasse auf die Nordvogesen mit ihrer höchsten Erhebung, dem Grand Wintersberg, sowie auf die von sanft geschwungenen Mähwiesen umgebenen Dörfer Lichtenberg und Reipertswiller. Besonders sehenswert sind neben der spätgotischen Kapelle mit Krypta, einer Zisterne sowie dem Waffenarsenal v. a. die durch eine Mauer verbundenen Türme. Im nördlichen entdeckt man an Pfeilern drei ernste Männergesichter. Sie erinnern an die folgende schaurige Mär:

Bruderzwist der Liebe wegen

Aus Liebe zu ein und derselben Frau – es handelte sich wohl um Bärbel von Ottenheim (siehe S. 95) – schworen die beiden Brüder Jakob und Ludwig von Lichtenberg einander bitterste Rache. Jakob ließ seinen Bruder schließlich in ein Verlies sperren, wo er verdursten sollte, doch Ludwig überlebte, indem er die aus den Mauern rinnenden Wassertropfen sammelte. Das wiederum wusste der Kaplan, der Ludwigs Peiniger alsbald informierte. Der steckte Ludwig daraufhin in eine trockene Zelle, wo er nach kurzer Zeit starb. Aber auch mit Jakob nahm es ein schauriges Ende: Von Gewissensbissen gepeinigt, stürzte er sich vom Burgfelsen in die Tiefe – den Kaplan soll er dabei mit sich gerissen haben.

● *Anfahrt* Von Offwiller auf der D 28 nach Rothbach, hier nach rechts auf die D 198 Richtung Lichtenberg. Nach 5 km zweigen Sie nach links zum Dorf Lichtenberg ab.

● *Parken/Aufstieg zur Burg* Man parkt am besten im Dorf auf dem zentralen Platz vor der kath. Kirche. Von hier aus geht man über die Rue du Milieu aufwärts bis zur ev. Kirche, biegt dort rechts ab und nimmt nach wenigen Metern einen der beiden Fußwege zur Burg hinauf, die in knapp fünf Minuten erreicht ist.

● *Öffnungszeiten/Eintritt* Juni–August Di–So 10–18 Uhr, Mo ab 13.30 Uhr, April, Mai, September u. Oktober zw. 12 u. 13.30 Uhr geschl.; März u. November tägl. 13 bis 16 Uhr.

Erwachsene 3 €, Kinder von 6 bis 18 J. 2 €. Im Theatersaal der Burg werden oft auch elsässische Stücke aufgeführt. Informationen unter ☎ 0388899872 und im Internet unter www.theatre-lichtenberg.com.

● *Übernachten/Essen* **Hôtel Restaurant Au Château,** uriger Dorfgasthof, in dem man noch isst wie bei Muttern: Schweinerollbraten, Wild, Königinpastete – dazu passt die Einrichtung im Stil der guten alten Zeit. Schöne, von Linden bestandene Terrasse. Darüber liegen mehrere einfache Gästezimmer zum Preis von 43 bis 50 €, jeweils mit einem bzw. zwei großen Betten und Dusche, Gemeinschaftstoilette auf dem Gang. Pl. de l'Eglise, ☎ 0388899611.

Dorfkirche von Reipertswiller: Vom Ortsausgang Lichtenbergs fährt man über eine schmale, nicht gekennzeichnete Straße in wenigen Kilometern nach Reipertswiller. In der gewaltigen, auf einem kleinen Plateau errichteten Dorfkirche mit einem Turm aus dem 12. Jh. kann man weiter den Spuren Jakobs von Lichtenberg nachgehen: Sein Gesicht schmückt das Rippengewölbe des Chores – am besten zu erkennen ist es, wenn man von der Mitte des Gotteshauses in diese Richtung schaut. An der Außenwand des Chors finden sich Teile der Platten seines Grabes, das während der Französischen Revolution geschändet wurde.

Pierre des 12 Apôtres: Von Reipertswiller fährt man auf der D 157 bis Wimmenau, wechselt dort auf die D 256 und nach weiteren ca. 6 km auf die D 12 bis zur Abzweigung nach Mouterhouse. Dort steht ein 3 m hoher Sandsteinblock mit den zwölf Aposteln, der die Grenze zwischen dem Elsass und Lothringen markiert. Das Relief stammt aus dem 18. Jh., der Stein selbst diente schon in keltischer Zeit als ein Grenzzeichen.

Musée du Verre et du Cristal in Meisenthal: Vom Grenzstein geht's auf der D 37 und der D 83 weiter nach Meisenthal. Wie in vielen lothringischen Dörfern stand auch hier vom 18. Jh. bis vor ca. 40 Jahren eine Glashütte. Die Nordvogesen boten durch ihre Rohstoffe ideale Voraussetzungen (Buntsandstein als Grundlage für farbiges Glas, Holz als Brennmittel und Farne zur Gewinnung der notwendigen Pottasche).

Glasbläser in Meisenthal

Durch die industrielle Entwicklung auf diesem Sektor wurde die Glasbläserei unrentabel, und so wird auf dem Gelände heute das Glas- und Kristallmuseum betrieben, das von Ostern bis zum 1. November täglich außer dienstags von 14 bis 18 Uhr geöffnet ist (Eintritt 5 €). Neben der Ausstellung von kostbaren Objekten aus den letzten drei Jahrhunderten – besonders schön ist der *Coupe du Pêcheur* – machen vor allem die Vorführung eines Glasbläsers und Videofilme (auch auf Deutsch) den Abstecher hierhin lohnenswert.

Holzschuhmachermuseum in Soucht: Mindestens genauso interessant ist die Geschichte der Holzschuhmacher, von denen in Meisenthals Nachbarort Soucht (ebenfalls an der D 83) noch vor 100 Jahren 60 Vertreter tätig waren. 1979 schloss die letzte Werkstatt, nur wenige Jahre danach wurde ein winziges Museum eröffnet, das von einigen Dorfbewohnern – darunter auch einem der alten Schuhmacher – mit viel Liebe geführt wird. Auch hier erwarten den Besucher wieder Demonstrationen, Videos und eine kleine Ausstellung.

Öffnungszeiten Juli und August tägl. 14 bis 18 Uhr, von Ostern bis Ende Juni und im September und Oktober nur Sa/So. Erwachsene 2 €, Kinder 1,20 €.

La Petite Pierre

Gleichgültig aus welcher Richtung man kommt, die Anfahrt zieht sich ziemlich in die Länge. Das gerade mal 700 Einwohner zählende La Petite Pierre, zu Deutsch "Lützelstein", liegt mit seiner markanten Burg abgelegen zwischen dunklen Vogesenwäldern ausgesprochen pittoresk.

Wanderer kommen besonders gern hierher, in den auffallend komfortablen Hotels bleiben aber auch diejenigen, die sich ein paar Tage lang in prachtvoller Umgebung mit gutem Essen und interessanten Wellness-Angeboten verwöhnen lassen möchten. Und auch kulturell hat der Ort mit seiner teilweise gut erhaltenen Festung und mehreren interessanten Museen einiges zu bieten.

Untrennbar verbunden mit der Geschichte des Ortes ist der Name des Pfalzgrafen Georg Hans von Veldenz, der sich in der zweiten Hälfte des 16. Jh. mit seiner jungen Frau Anna, einer Tochter des schwedischen Königs Wasa, in der Lützelburg niederließ. Der idealistische Humanist war zeitlebens um die Aussöhnung zwischen den Konfessionen bemüht, hatte aber gleichzeitig auch das materielle Wohl seiner

Untertanen im Sinn. Unter der Herrschaft von "Jerri Hans", wie er von der Bevölkerung liebevoll genannt wurde, entstanden Erzgruben, Schmieden, Glasbläsereien, er ließ Straßen bauen und hatte sogar Pläne für einen Kanal, der Saar und Zorn miteinander verbinden sollte. Durch all diese Projekte, v. a. aber durch den Bau des nahe gelegenen Ortes Phalsbourg, verschuldete er sich allerdings bald hoffnungslos und war bettelarm, als er mit nur 49 Jahren in Lützelstein zu Grabe getragen wurde. Vergessen wurden seine Verdienste nie, was auch die Tatsache beweist, dass sein Herkunftsort, das an der Mosel gelegene Veldenz, seit 1987 Partnergemeinde von La Petite Pierre ist.

La Petite Pierre: ein Kleinod inmitten von Wäldern

*L*AGE/*A*dressen/*V*erbindungen

● *PLZ* 67290

● *Lage* Der Ort liegt an der D 7. Von Niederbronn und von Haguenau aus fährt man ihn am besten über Ingwiller an, Saverne und Phalsbourg besitzen die nächstgelegenen Autobahnausfahrten.

● *Information* **Office de Tourisme,** von April bis Oktober außer Mo tägl., im Winter nur sonntagnachmittags geöffnet. 2 a, rue du Château ✆ 0388704230, ✉ 0388704108, tourisme.pays-lapetitepierre@wanadoo.fr.

● *Führungen* Eine ca. einstündige Führung durch die Altstadt auf Französisch wird vom Office de Tourisme in den Monaten Juli und August 2-mal, in der Nebensaison nur 1-mal wöchentlich zum Preis von 2 € durchgeführt. Im Herbst bietet das O.T.

Touren in die umliegenden Wälder zur Beobachtung der Hirsche während der Brunft an.

> **Tipp für Radfahrer:** Eine angenehme Tour führt zum Donnenbacher Weiher. Fahren Sie auf der D 9 Richtung Petersbach und biegen Sie dann nach ca. 2 km auf eine asphaltierte Forststraße ab. Folgen Sie dieser 5 km lang durch den Wald bis zu dem lang gestreckten See mit empfehlenswertem Gasthaus.

● *Parken* Direkt am O.T. befindet sich ein großer kostenfreier Platz.

● *Taxi* ✆ 0388704931

● *Kinder* Ein Besuch des **Tierparks Schwarzbach** (siehe S. 134 f) macht den Kleinen mit Sicherheit viel Spaß.

● *Reiten* Auf dem **Ponyhof** nördlich der nahe gelegenen Ortschaft Frohmuhl kann man Ponys und Pferde doppelstundenweise (18 €) oder tageweise (43 €) mieten. 13, rue de la Montagne, ✆ 0388015785.

● *Einkaufen* **Escht Elsass,** eine nette junge Frau verkauft in der Altstadt die klassischen elsässischen Souvenirs wie Kelschwebwaren, Töpferprodukte, Hampelmänner in traditioneller Tracht etc. Tägl. außer Mi geöffnet, Mo und So nur vormittags. 9, rue du Château.

Espace Cléone, Haute Couture in La Petite Pierre! In einem wunderschönen Haus am Ortseingang können Sie eine Ausstellung exquisiter Kleider und Anzüge bewundern (Eintrittspreis 6,10 €) und/oder sich in der dazugehörigen Boutique zum Kauf verführen lassen. Täglich geöffnet. 3, rue Principale.

Boutique La Maison des Paiens, geschmackvolle farbige Lederrucksäcke und -taschen, aber auch wunderschöne Büroartikel aus Leder und Obstbaumholz gehören zur Kollektion von Christian und Dominique Débat, die im "Heidenhaus" (siehe S. 134) verkauft wird. Sa, So und an Feiertagen geöffnet.

● *Öffentliche Toiletten* Am O.T. und unterhalb der Kirche.

● *Post* 2, rue d'Ingwiller.

● *Polizei* 57, rue Principale, ✆ 0388704516.

Übernachten/Essen und Trinken

*** Hôtel Restaurant aux Trois Roses, fast etwas Verwunschenes scheint das grün überwachsene Haus an sich zu haben. Von Speisesälen, Terrasse und den meisten Zimmern bietet sich ein wunderbarer Blick auf die Altstadt. Zum Haus gehören ein überdachtes Schwimmbad und ein Solarium. Zu zweit bezahlt man je nach Ausstattung und Lage des Raumes (Talblick und Balkon oder nicht!) zwischen 46 und 77 €. Im empfehlenswerten Restaurant wird feine französische Küche wie gefüllte Wachtel in Wein, Kaninchenroulade etc. serviert. Mehrere Menüs zwischen 15 und 40 €, die ihren Preis auch wert sind. Tägl. geöffnet. 19, rue Principale. ✆ 0388898900, ✆ 0388704128.

** Hôtel Restaurant des Vosges, auch hier werden ein toller Blick und Annehmlichkeiten wie Sauna und Solarium geboten. Die unterschiedlich eingerichteten Zimmer zum Garten oder zur Straße bzw. zum Tal, teilweise mit Balkon, kosten 45 € bzw. 60 oder 70 €. Sehr gutes Restaurant mit breit gefächerter Speisekarte, Spezialität des Hauses ist der wirklich vortreffliche Coq au Riesling. Eine gute Wahl ist das viergängige Menü für 31 €, zwischen den Gängen wird ein Sorbet serviert, damit es besser rutscht. Tägl. geöffnet. 30, rue Principale, ✆ 0388704505, ✆ 0388704113.

** Auberge d'Imsthal, am gleichnamigen Weiher wohnt man sehr schön bei Familie Michaely, auch hier gibt es wieder etliche Annehmlichkeiten wie Sauna, Solarium, Jacuzzi und Tischtennisplatten. Zu zweit bezahlt man zwischen 45 und 69 €, ein Apartment ist zum Preis von 84 oder 99 € zu haben. Gutes Restaurant mit wunderschöner Terrasse zum Wasser mit empfehlenswerten Fischgerichten wie Zanderfilet in Matelote. Di geschlossen. 3, rte Forestière d'Imsthal, ✆ 0388014900, ✆ 0388704026.

** Camping Imsterfeld, kleiner Platz in idyllischer Lage mit nur 30 Stellmöglichkeiten an der D 178 im Weiler Kohlthal (3 km vom Ort entfernt). Von April bis Oktober geöffnet, ✆ 0388704212.

Sehenswertes

Die Sehenswürdigkeiten finden sich fast alle in der zu Neu-La-Petite-Pierre rechtwinklig auf dem Burgfelsen gelegenen Altstadt, dem *Städtel.*

Musée du Sceau Alsacien: Das Museum liegt an der Rue du Château. Vom Parkplatz (neben dem O.T.) zwischen Neu- und Altstadt führt diese Straße ins Städtel hinein. Gesäumt wird sie von Häusern aus dem 18. Jh. mit den für die Region so typischen steinernen Türrahmen, in die meist Jahreszahlen, Initialen der Besitzer und weitere Verzierungen eingearbeitet sind. Untergebracht ist das *Musée du Sceau Alsacien* in der ehemaligen Kapelle St-Louis, die Ludwig XIV. einst für seine katholische Soldaten errichten ließ. Der Berufsarchivar Claude Haudot hat für diese einzigartige Sammlung nach alten Vorbildern ca. 2000 Siegel hergestellt und liebevoll arrangiert – von Kreuzrittern, französischen Königen, europäischen Städten, elsässischen Zünften, jüdischen Gemeinden etc. Wenn Sie Glück haben, ist er selbst da und erzählt Ihnen etwas über seine Arbeit.

● *Öffnungszeiten/Eintritt* 1.7.–30.9. tägl. außer Mo 10–12 und 14–18 Uhr, in den übrigen Monaten (außer November) nur Sa/So; nach vorheriger Anmeldung auch Führungen. Eintritt frei. An der Kasse kann man schöne Siegelrepliken kaufen.

Himmelfahrtskirche: Geht man in derselben Richtung auf der Rue du Château weiter, ist bald die im Jahr 1417 unter dem Grafen Burghard von Lützelstein erbaute Kirche erreicht. Rechts vom Haupteingang hat man die schönen mittelalterlichen Reliefgrabplatten des Grafen und seiner Gemahlin, im Innern links des Chores die von Jerri Hans und Anna Wasa untergebracht. Wunderschön sind die mittelalterlichen Fresken im Chor. Im 16. Jh. waren sie übertüncht worden, 1864 legte man sie wieder frei. Über dem mittleren Fenster entdeckt man eine Darstellung der Marienkrönung, im Kreuzrippengewölbe u. a. die Symbole der Evangelisten sowie Darstellungen von Adam und Eva im Paradies und vom Pfingstwunder.

Adam und Eva im Paradies

Öffnungszeiten Tägl. von 10 bis 17 Uhr.

Burg/Maison du Parc: Direkt hinter der Kirche betritt man die im 12. Jh. von den Lützelsteinern errichtete Burg, die bis zum 18. Jh. mehrmals umgebaut wurde, u. a. auch von Jerri Hans. Dessen Wohnpalast blieb, trotz der Veränderungen, die unter Ludwig XIV. an der Anlage vorgenommen wurden, weitgehend erhalten. Heute ist darin das *Maison du Parc*, Sitz des Regionalen Naturparks Nordvogesen, untergebracht, in dem eine interessante ständige Ausstellung gezeigt wird. Ein Schwerpunkt ist die Darstellung der Burggeschichte: Präsentiert werden mittelalterliche Gebäudeteile und ein Modell, das verdeutlicht, wie die Burg im Jahre 1771 ausgesehen hat. Ein kurzer Film illustriert darüber hinaus das Leben von Jerri Hans. Die oberen Stockwerke sind dem Naturpark gewidmet. Man bekommt sehr anschauliche Informationen über dessen geologische Beschaffenheit, seine verschiedenen Naturräume, die Luft- und Wasserqualität, Flora und Fauna und auch über die Geschichte und Zielsetzungen des Parks.

Öffnungszeiten/Eintritt Tägl. 10–12 und 14–18 Uhr, im Januar, an Weihnachten und Silvester geschlossen. Erwachsene 3 €, Jugendliche (12–18 Jahre) 2,50 €, Familienticket 7 €.

Musée des Arts et Traditions Populaires: An der alten Stadtmauer entlang geht man nun über die Rue des Remparts zu einem restaurierten Haus aus dem Jahre 1581, einst das Pulvermagazin, in dem heute das Volkskunstmuseum untergebracht ist. Im Volksmund wird es auch "Springerlemuseum" genannt, denn es präsentiert wunderschöne Exemplare dieses oft bunt bemalten Ziergebäcks aus bäuerlichen und bürgerlichen Haushalten und aus Klöstern. Die Springerle stammen aus der

Nordvogesen

Zeit zwischen dem 15. und 19. Jh. und werden von der freundlichen Madame Rohr-
bach liebevoll erläutert. Wie sie hergestellt werden, kann man sich an den Adventssonntagen anschauen, denn dann tritt der Dorfbäcker hier in Aktion und demonstriert seine Backkünste.

Öffnungszeiten/Eintritt Vom 1.7. bis 30.9. tägl. außer Mo 10–12 und 14–18 Uhr, in den übrigen Monaten (außer November) nur am Wochenende zu denselben Zeiten. Eintritt frei.

Zisterne: Wenige Schritte weiter führen in der Stadtbefestigung einige Stufen zu einer alten unterirdischen Zisterne (der Zugang war zum Zeitpunkt der Recherche
wegen Restaurierungsarbeiten gesperrt). Auf einem empfehlenswerten Spaziergang
außen um die Stadtbefestigung herum kann man die unter Jerri Hans gebaute
Zisternenanlage ebenfalls erkunden und v. a. auch die abenteuerliche Lage der
Schlossburg auf dem Felsrücken bestaunen. Am besten beginnen Sie diesen Rundgang am sog. "Schulplatz" neben dem Parkplatz am O.T. Eine weitere Zugangsmög-
lichkeit besteht z. B. auch an der Burg.

Maison des Paiens: In der Neustadt sollten Sie unbedingt dem sog. "Heidenhaus",
einem wunderschönen Renaissancegebäude aus dem 16. Jh. in einem fast verwun-
schenen Garten, einen Besuch abstatten. Seinen Namen verdankt es den gallorömischen Bauresten im Keller. Links vom Rathaus führt ein Seiteneingang zu Garten
und Gebäude. Den allerschönsten Blick darauf hat man aber, wenn man die an der
Post vorbeiführende Route d'Ingwiller einige Minuten abwärts geht.

Umgebung von La Petite Pierre

*Einst ärmliche Wohnung – heute
Museum*

Felsenwohnungen in Graufthal: Das
kleine Dorf im südlichen Zinseltal wird
im Norden von mächtigen Buntsandsteinfelsen überragt. Bereits im Mittelalter nutzten die Nonnen des bis zum
16. Jh. hier ansässigen Klosters die höh-
lenartigen Vertiefungen in der Felswand
als Lagerräume. Später wurden sie zu
Felsenwohnungen umgestaltet, indem
man die Höhlen mit Frontfassaden versah, in die Minifenster und -türen eingearbeitet wurden. In einer soll sogar
eine kleine Zündholzmanufaktur existiert haben. Malerisch nehmen sich die
niedrigen hell- und taubenblauen Häu-
serfronten in dem dunklen, z. T. über-
stehendem Gestein aus, in den kargen,
winzigen Räumen dahinter wird jedoch
klar, in welch ärmlichen und beengten
Verhältnissen die Menschen dort leben
mussten. 1958 verstarb die letzte Be-
wohnerin, Katharina Ottermann, die
sog. "Felsenkäth".

Parc Animalier du Schwarzbach: Großes Gehege im Wald, in dem man hei-

misches Wild, so z. B. den Rothirsch, auf ausgeschilderten Rundwegen (knapp 2 bzw. 4 km) und von einer Aussichtsterrasse beobachten kann.

● *Anfahrt/Öffnungszeiten* **Graufthal** erreicht man von La Petite Pierre über die D 178 und die D 122. Die Felsenwohnungen können von April bis September jeden So und Feiertag zwischen 14 und 18 Uhr besichtigt werden (Eintritt 2 €).

Der **Parc Animalier du Schwarzbach** liegt knapp 2 km von La Petite Pierre entfernt an der D 7.

Rundtour durchs Alsace Bossue

Nördlich von La Petite Pierre erstreckt sich das "Krumme Elsass", so genannt wegen seiner hügeligen Landschaft, die den Bau ausgesprochen kurvenreicher Straßen erforderte, vielleicht aber auch wegen seiner weit ins lothringische Becken hineinragenden Höckerform. Da die Region historisch wenig mit dem Elsass gemeinsam hat – der größte Teil wurde erst 1793 angeschlossen – und auch verkehrsmäßig lange schlecht angebunden war, ist es nicht verwunderlich, dass die "echten" Elsässer die zudem auch noch einen anderen Dialekt sprechenden "Krummen" etwas von oben herab betrachten. Das Alsace Bossue ist ein herber Landstrich mit weiten Feldern, zahlreichen Hecken, Obstbäumen und Viehweiden, arm an Sehenswürdigkeiten und Gasthäusern, der meist erst Liebe auf den zweiten Blick schenkt.

Von La Petite Pierre fährt man zunächst auf der D 9 Richtung Mackwiller. Hinter Durstel zweigt man nach Rexingen ab und gelangt von dort auf der D 340 nach **Berg,** einem der schönsten Dörfer im Alsace Bossue. Überragt wird es vom Kirchberg samt weiß getünchter Kapelle. Ihr runder Turm lugt zwischen Obstbäumen hervor. Von oben hat man einen weiten Blick übers Land, zudem beginnen hier schöne Spazierwege.

Zahlreich sind die Obstbäume im Alsace Bossue

Von Berg geht es nun auf der D 179 nach Thal, dort wechselt man auf die D 96 nach **Mackwiller,** wo man sich Reste einer gallorömischen Villa und einer Thermenanlage anschauen kann. Beide Ausgrabungsstätten sind frei zugänglich und im Ort mit "Vestiges Romaines" ausgeschildert.

Nächste Station ist das ehemalige Wasserschloss in **Lorentzen** (von Mackwiller zuerst über die D 92, dann über die D 9 nach Diemeringen und weiter auf der D 919 nach Lorentzen). Das Schloss mit den zwei mächtigen Rundtürmen ist in Privatbesitz und kann nur von außen besichtigt werden. Es steht etwas zurückversetzt kurz hinter dem

Rosenschmuck an der alten Zehntscheuer von Lorentzen

Ortseingang auf der rechten Seite. Erbaut wurde es unter Friedrich von Saarwerden; mittlerweile ist es aber ziemlich heruntergekommen. Links vom Zufahrtsweg zum Schloss sieht man eine alte Weizenmühle, rechts die einstige Zehntscheuer.

Von Lorentzen fährt man weiter auf der D 919 nach **Domfessel.** Mitten im Dorf steht eine von einer Schutzmauer mit Tortürmchen umgebene gotische Wehrkirche aus dem Jahre 1340. Der Kirchturm mit Schießscharten hatte die Funktion eines Bergfrieds und war von einem Wächter bewohnt. Besonders sehenswert ist der Chor mit teilweise noch originalen Bauelementen wie den Sitzbänken der Zelebranten rechts, dem Absolutionsbecken daneben und dem Sakramentsschränkchen auf der linken Seite.

Letzte Station der Tour ist die von Domfessel auf der D 8 zu erreichende hübsche Kleinstadt **Sarre-Union,** die im Jahre 1794 durch den Zusammenschluss der nur durch die Saar getrennten Orte Bouquenom und Neu-Saarwerden entstand. Neben schönen alten Wohnhäusern, einem restaurierten Brunnen mit zwei Sandsteinziegenböcken aus dem 16. Jh. sowie die Eglise St-Georges aus der gleichen Zeit mit einem Reiterstandbild des Namensgebers über dem Eingangstor lohnt vor allem der Besuch des *Musée Régional de l'Alsace Bossue.* Den Schwerpunkt der Ausstellung im ehemaligen Collège des Jesuites bilden Informationen zu den Anfang des 20. Jh. in Sarre-Union ansässigen bedeutenden Manufakturen aus den Sparten Seilerei, Strohhutmacherei und Perlenstickerei.

Um nach La Petite Pierre zurückzukommen, nimmt man von Sarre-Union zunächst die N 61 und zweigt hinter Drulingen zunächst auf die D 13 und schließlich auf die D 9 ab.

● *Museum* Im Juli und August tägl. außer Di 14–18 Uhr. Erwachsene 4 €, Kinder unter 14 J. zahlen die Hälfte. Pl. du Collège des Jésuites.

● *Parken* Am besten vor dem Museum auf dem großen Platz.

● *Rundflüge* In Zusammenarbeit mit dem O.T. von La Petite Pierre führt der Flugverein von Sarre-Union jeden Fr um 15 Uhr oder nach Vereinbarung Rundflüge über die Region durch. Pro Person ab 60 €. Genauere Informationen im O.T. von La Petite Pierre.

Wanderung 5: Rund um La Petite Pierre

Auf dieser beliebten, ca. 7 km langen und gemütlichen Tour durchwandert man ein für die Gegend typisches Waldgebiet mit drei imposanten Buntsandsteinfelsen. Zwischendurch bieten sich grandiose Blicke auf die befestigte Altstadt. Unterwegs bestehen keine Verpflegungsmöglichkeiten.

Starten Sie am **Parkplatz beim O.T.** Gegenüber beginnt der zunächst asphaltierte, mit einem roten Balken markierte Weg links von den alten Mauern der einstigen Verteidigungsanlage. Durch Schrebergärten wandert man wenige Minuten bis zum **Jardin des Poêtes,** einer kleinen Wiese mit in Holz geritzten Heimatgedichten großer und kleiner Bürger des Ortes. Von hier hat man eine tolle Aussicht auf die Altstadt.

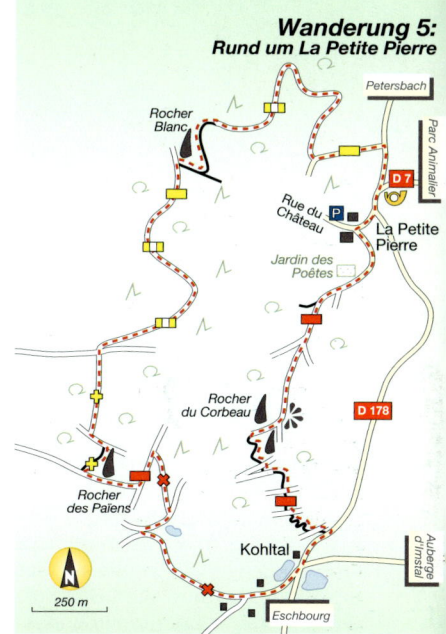

Wanderung 5:
Rund um La Petite Pierre

Vom Jardin des Poêtes geht es auf einer Piste eben weiter durch Heckengebiet bzw. lichten Wald, bis man nach insgesamt etwa einem Kilometer an einem Aussichtsplatz mit phantastischem Blick auf die Nord- und Mittelvogesen nach rechts abzweigt.

Unterhalb des sog. **Rocher du Corbeau** geht es nun ziemlich steil auf einem schmalen Pfad, mehrere Pisten kreuzend, den Hang hinab bis zur Asphaltstraße (D 178). Hier wenden Sie sich nach rechts und durchqueren bald den **Weiler Kohlthal.** Nach gut 200 m weist Sie der rote Balken auf eine Piste nach rechts, gleich darauf wechselt das Zeichen, und Sie wandern mit dem roten Schrägkreuz an mit Seerosen bewachsenen Fischteichen vorbei auf dem Sentier des Rochers weiter. Bleiben Sie knapp einen Kilometer lang auf diesem breiten Waldweg, bis Sie das rote Schrägkreuz nach links weist. Nur 250 m weiter zweigen Sie mit der roten Raute wieder nach links ab und steigen nun zum **Rocher des Paiens** hinauf, dem gewaltigen, überstehenden "Heidenfelsen" (genau genommen handelt es sich um mehrere mächtige Gesteinsblöcke). Dahinter wandern Sie knapp 800 m stets mit dem Zeichen gelbes Kreuz und wechseln dann auf eine mit gelb-weiß-gelbem Balken markierte Piste über. Auf dieser (bzw. am Ende auf einem Fußpfad) wandern Sie zu einer Gabelung oberhalb des **Rocher Blanc,** zu dem Sie mit gelbem Balken wenige Schritte abwärts nach rechts gehen müssen. Die Alt- und die Neustadt von La Petite Pierre sowie die umliegenden Wiesen breiten sich vor Ihren Augen aus.

Wandern Sie nun wenige Meter mit dem gelben Balken abwärts (auch dieser Weg führt in den Ort zurück) und biegen Sie dann auf den zwar längeren, aber gemütlicheren Weg mit gelb-weiß-gelbem Balken nach links ab. In ca. 1200 m führt er Sie stets am Hang entlang auf die andere Seite des Tals bis zu den ersten Häusern von La Petite Pierre. Hier biegen Sie nach links in ein mit gelbem Balken markiertes Betonsträßchen ein und erreichen in 400 m die Rue Principale. Von hier sind es noch einmal ca. zehn Fußminuten zum Parkplatz.

Blick vom Turm des Münsters

Strasbourg

"Stadt mit vielen Gesichtern" – die oft strapazierte Floskel trifft hier tatsächlich den Kern. Im Zentrum der elsässischen Hauptstadt ragt das majestätische gotische Münster wie ein Mahnmal der Beständigkeit in den Himmel, umgeben von mittelalterlicher Butzenscheibenromantik, und gar nicht weit davon entfernt zeugen ultramoderne Glaspaläste vom Geist des 21. Jahrhunderts. In dem pulsierenden Wirtschaftszentrum mit behaglichem Winstub-Flair – ein bisschen Metropole, ein bisschen Kleinstadt – ergänzen sich genussfrohe elsässische Lebensart trefflich mit kosmopolitischem Europabürgertum und deutsche Ordentlichkeit mit französischem Esprit.

Spaziert man durch die Gassen der Altstadt, erscheint es kaum vorstellbar, dass im Großraum Strasbourg etwa 400.000 Menschen leben. Hinzu kommen noch zahlreiche Gäste wie etwa die Europaabgeordneten, die einmal im Monat mit großer Begleitung wie die Heuschrecken in die Stadt einfallen und nach einer Woche ebenso schnell wieder verschwinden. Während der Sitzungsperioden des Europaparlaments sind viele Hotels ausgebucht, die Taxis ständig unterwegs, und in den besseren Restaurants ist kaum ein freier Platz zu ergattern. Als Langzeitgäste kann man den überwiegenden Teil der knapp 50.000 an den verschiedenen Hochschulen der Stadt eingeschriebenen Studenten bezeichnen. In den von ihnen bevorzugten Cafés und Kneipen herrscht die typische Atmosphäre einer Universitätsstadt.

Wichtige Gäste für Strasbourg sind natürlich auch die Touristen, die in großer Zahl – pro Jahr sind es weit mehr als drei Millionen – die Stadt besuchen. Und ihnen wird auch wirklich Außergewöhnliches geboten: die von der Ill umschlossene malerische Altstadtinsel, von der UNESCO 1988 in ihrer Gesamtheit zum Weltkulturerbe erklärt, ein in seiner Größe einzigartiges Stadtviertel mit wilhelminischen Monumentalbauten, die Europameile, eine Vielzahl bedeutender Museen, um nur einige Beispiele zu nennen. Alle Sehenswürdigkeiten liegen vergleichsweise nahe beieinander und sind gut zu Fuß erreichbar. Zudem gibt es einige weitere Möglichkeiten der Stadterkundung: mit dem Schiff, einem Bähnchen, sogar mit dem Taxi oder – ganz sportlich – mit dem Fahrrad. Und natürlich kann man angenehme Verschnaufpausen einlegen: romantisch an den Ufern der Ill, auf wunderschönen Plätzen, in lebhaften Straßencafés, urigen Winstubs oder erlesenen Gourmetrestaurants. Auch am Abend kommt sicherlich keine Langeweile auf. Für Unterhaltung sorgen verschiedene Theater, die Oper, zahlreiche Bars, Musikkneipen und Diskos.

Zu Strasbourg gehören aber auch zigtausend Menschen aus den ehemaligen französischen Kolonien in Afrika. Nur wenige davon sind Gäste, die meisten besitzen inzwischen einen französischen Pass, sind in Strasbourg geboren. Dem Besucher begegnen in der Regel nur einige von ihnen als fliegende Händler in der Nähe der Touristenattraktionen. Die meisten leben in heruntergekommenen Vorstadtvierteln, wo die sozialen Probleme seit ein paar Jahren vermehrt zu Gewaltausbrüchen führen – auch dies ist eine der vielen Facetten der elsässischen Hauptstadt.

Neuhof – ein Stück Strasbourg fernab der Idylle

Nur vier Kilometer entfernt von Weinstubenseligkeit und Münsterglocken liegt Neuhof, Straßburgs traurigste Hochhaussiedlung. Sie wurde, wie das in vielen anderen französischen Städten auch geschah, in den 1960er Jahren in Windeseile und möglichst billig hochgezogen, um die v. a. aus Marokko, Algerien und Tunesien ankommenden "Gastarbeiter" aufzunehmen. Heute sind die Betonburgen längst in einem desolaten Zustand, dennoch hausen in ihnen etwa 13.000 Menschen aus 40 Nationen. Fast die Hälfte muss von Sozialhilfe leben. Besonders hoch ist die Arbeitslosigkeit bei den jugendlichen Nachkommen der einst hoffnungsfroh Eingewanderten. Also lungern sie auf den Straßen herum, zerstören aus Langeweile und Frustration Telefonzellen und Busunterstände, zünden Müllcontainer und Autos an. Weit über 1000 Fahrzeuge sollen es alleine im Jahr 2001 gewesen sein. Dass es sich dabei in der Regel um die Wagen ihrer Nachbarn handelt, interessiert sie nicht. Traditionell eskaliert die Situation an Silvester. Die Jugendlichen wollen provozieren, deshalb brennen an diesem Tag besonders viele Autos, deshalb rücken Hunderte von Polizisten in das Viertel ein – ein makabrer Kleinkrieg, den niemand gewinnen kann. Nun soll wieder einmal ein staatliches Projekt neue Hoffnung für das heruntergekommene Neuhof bringen. Einige Häuser sollen abgerissen, andere renoviert werden, und Parkanlagen will man auch anlegen. Ob's etwas hilft?

Geschichte

Im Jahre 12 v. Chr. errichteten die Römer auf der heutigen Altstadtinsel, wo jahrhundertelang schon Kelten gesiedelt hatten, ein Militärlager, das sie *Argentoratum* nannten. Zügig bauten sie es zu einem ummauerten Kastell aus, in dem dann die II. Legio Augusta stationiert war. Später lebten auf der Insel Alemannen, auf die wohl auch der heutige Name der Stadt zurückgeht. Jedenfalls ist er als *Strateburgum*

Auf dem Münsterplatz ist immer etwas los

(Burg an den Straßen) erstmals bei dem Geschichtsschreiber Gregor von Tours (538–594) bezeugt. Nach dem Sieg des Merowingerkönigs Chlodwig über die Alemannen wurde Strateburgum ins entstehende Frankenreich eingegliedert und auch schon früh Bischofssitz. Als sich die Enkel Karls des Großen stritten und das inzwischen riesige Frankenreich zerfiel, kam Straßburg 843 zunächst zum sog. Mittelreich Lothars I. Knapp 30 Jahre später (870) wurde die Stadt dann im Vertrag von Meersen zusammen mit dem Elsass dem Ostfränkische Reich, dem späteren Heiligen Römischen Reich, zugeschlagen.

Die Straßburger Eide

Der fränkische Hofgeschichtsschreiber Nithard überlieferte ein sprachge-schichtlich aufschlussreiches Dokument aus der Zeit, als das Reich Karls des Großen geteilt wurde. In Straßburg schworen sich darin im Jahre 842 Karl der Kahle und Ludwig der Deutsche Bündnistreue gegen ihren Bruder Lothar I. Ihr Eid ist in altfranzösischer und altdeutscher Sprache abgefasst und belegt so erstmals den sprachlichen Unterschied zwischen West- und Ostfranken.

Die Herrschaftsgewalt in der Stadt übten die jeweiligen Bischöfe aus, bis sie diese nach blutigen Kämpfen 1262 an den Adel verloren. Vom Kaiser erhielt Straßburg kurz danach zudem das Privileg einer freien Reichsstadt und wurde damit weitge-hend autonom. Die Bevölkerung nahm stark zu, die Stadt, die noch im 11. Jh. kaum über das Gebiet des einstigen römischen Kastells hinausgewachsen war, dehnte sich aus, mehrfach musste ihre Befestigung erweitert werden. Unter ihren Bewohnern waren auch zahlreiche Juden. Wie in vielen Städten des Reiches hatten sie immer wieder Schmähungen, Diskriminierungen, Verfolgungen und Pogrome zu erleiden, insbesondere auch nach der großen Pestepidemie 1347/48, als sie wieder einmal als Sündenböcke herhalten mussten.

Seinen Reichtum verdankte Straßburg in erster Linie dem Handel. Lange Zeit besaß die Stadt das alleinige Schifffahrtsrecht auf dem Rhein zwischen Basel und Mainz, und das sog. Stapelrecht zwang durchziehende Kaufleute, ihre Waren in Straßburg zu verzollen und für eine gewisse Zeit zum Verkauf anzubieten. Um die vielfältigen Handelsaktivitäten noch zu optimieren, baute man 1388 eine hölzerne Brücke über den Rhein.

Im Laufe der Zeit war der Einfluss der in den Zünften organisierten Handwerksmeister ständig gewachsen, im 14. Jh. übernahmen sie die Stadtverwaltung, die Adligen wurden z. T. aus Straßburg vertrieben. Mit den sog. "Schwörbriefen" gaben die Zünfte der Stadt 1482 eine vorbildliche Verfassung, die bis zur Französischen Revolution Gültigkeit besaß.

Neben einer wirtschaftlichen erlebte Straßburg in der beginnenden Neuzeit auch eine kulturelle Blüte. Schon im 14. Jh. ein bedeutendes Zentrum der Mystiker, in dem z. B. so redegewandte Theologen wie Meister Eckart und Johannes Tauber wirkten, war die Stadt im 15. Jh. nach Gutenbergs genialer Erfindung führend im Buchdruck und wurde bald eine der Hochburgen des Humanismus, wofür Namen wie Jakob Wimpfeling, Beatus Rhenanus, Johann Geiler von Kaysersberg, Sebastian Brant, Martin Bucer u. a. stehen. Da ist es nicht verwunderlich, dass die Lehre Luthers sehr wohlwollend aufgenommen und die Stadt bald ein Zentrum der Reformation wurde. 1529 beschloss der Stadtrat, die katholische Messfeier im Münster offiziell abzuschaffen. Der Reformator und Ratsherr Jakob Sturm gründete 1538 das protestantische Gymnasium, aus dem 1621 die Universität hervorging.

Den Dreißigjährigen Krieg überstand Straßburg ohne größere Verwüstungen. Doch am 30. September 1681 besetzten

Auch Gutenberg war zeitweise Straßburger

Truppen Ludwigs XIV. die Stadt, das Münster wurde wieder katholisch. Straßburg blieb aber zunächst noch weitgehend autonom, bis es 1697 im Frieden von Rijswijk endgültig an Frankreich abgetreten, Verwaltungshauptstadt der Provinz Elsass sowie Standort einer Garnison und Sitz eines Fürstbischofs wurde. Die neue, durch den Zentralismus der Pariser Monarchie geprägte politische Situation führte zum Aufblühen von Kunst und Architektur. Im Versailler Stil entstanden fürstliche Paläste und Patrizierhäuser, und in der zunehmend mondänen Stadt wurden aus Anlass der königlichen Besuche von Ludwig XV. 1744, Maria-Josefa von Sachsen 1747 und Marie-Antoinette 1770 prunkvolle Feste gefeiert. Zahlreiche Deutsche, u. a. Goethe, studierten im kosmopolitischen Strasbourg.

Ein jäher Wandel setzte mit dem Ausbruch der Französischen Revolution ein. Fanatische Revolutionäre plünderten das Rathaus, vertrieben die Adligen und richteten am Münster und anderen Kirchen fürchterliche Schäden an.

Marseillaise oder Strasbourgoise?

"Allons, enfants de la patrie, le jour de gloire est arrivé!" Die heutige Nationalhymne Frankreichs wurde in der Nacht vom 24. auf den 25. April 1792 von dem musikalischen Offizier Rouget de Lisle in Strasbourg gedichtet und vertont. Am Abend zuvor hatte der damalige Bürgermeister der Stadt, Frédéric de Dietrich*de* , bei einem Empfang, bei dem der Offizier zugegen war, ein motivierendes Kampflied für die im Krieg gegen die Österreicher stehende revolutionäre Rheinarmee angeregt. Und schon am folgenden frühen Morgen sang de Lisle den "Chant de la guerre pour l'armée du Rhin" dem begeisterten Bürgermeister vor, am Klavier begleitet von dessen Nichte. In einer Straßburger Druckerei wurde die Hymne vervielfältigt. Ein Freiwilligenbataillon aus Marseille, das sich am 10. August 1792 am Sturm auf die Tuilerien beteiligte, sang sie beim Einzug in Paris und machte sie auf diese Weise populär. Daher erhielt sie ihren heutigen Namen und wurde am 14. Juli 1795 zur Nationalhymne erklärt.

Zwischen 1800 und 1900 verdoppelte sich die Einwohnerzahl der Stadt im Zuge der industriellen Revolution auf ca. 100.000 Menschen. Bis zum Deutsch-Französischen Krieg vollzog sich dieser Bevölkerungszuwachs noch auf französischem Boden, 1870 wurde Strasbourg dann von deutschen Truppen erobert und bald zur Hauptstadt des Reichslandes Elsass-Lothringen erklärt. In den Folgejahren prägten kaiserliche Baumeister das Stadtbild. Für zuziehende Deutsche stampfte man neue Viertel am Rande der Altstadt in der typisch wilhelminischen Architektur aus dem Boden. Am Ende des Ersten Weltkriegs wurde Strasbourg dann wieder französisch. 1939 ließ die Pariser Regierung in Erwartung von Kriegshandlungen am Rhein innerhalb von 24 Stunden nahezu alle Bewohner der Stadt nach Südfrankreich evakuieren. Die Nazitruppen annektierten 1940 eine Geisterstadt. Nach dem Waffenstillstand Hitlers mit der Pétain-Regierung wurden die Evakuierten wieder zurückgeschafft, was die Nazi-Propaganda natürlich für ihre Zwecke ausnutzte. Vier Jahre blieb Straßburg Hauptstadt des Gaus Oberrhein, dann wurde sie nach heftigen Bombardements der Alliierten von den Truppen des Generals Leclerc befreit.
Als die Stadt 1949 zum Standort des Europarats gewählt wurde, begann eine neue Epoche. Im Laufe der letzten Jahrzehnte entwickelte sie sich zum Symbol der deutsch-französischen Aussöhnung und zur "Hauptstadt Europas". Durch Eingemeindungen dehnt sich Strasbourg heute weit ins Umland aus, ist eine moderne internationale Kultur- und Wirtschaftsmetropole geworden.

Anreise/Verbindungen

● *Eigenes Fahrzeug*   Wer von Osten kommt, fährt über die Kehl mit Strasbourg verbindende Europabrücke (Pont de l'Europe). Die Route du Rhin bringt einen dann zur Place de l'Etoile. Anreisende aus dem nördlichen Elsass benutzen am besten die in Lauterbourg beginnende A 35 bzw. die von Paris über Saverne nach Strasbourg führende A 4. Aus dem Westen kommen Sie am schnellsten über die N 420 und aus

Mulhouse/Colmar, also aus dem Süden, über die A 35/N 83 nach Strasbourg. Da sich die genannten innerelsässischen Routen alle zu die im Westen des Zentrums verlaufenden Stadtautobahn A 35 vereinigen, gilt: Verlassen Sie diese am besten bei einer der Ausfahrten Centre/Avenue des Vosges oder Offenburg/Place de l'Etoile.

● *Parken* Am besten stellt man sein Fahrzeug in einem der **Parkhäuser** ab. Die Preise sind recht günstig. Für eine Stunde zahlt man ca. 1 €, mit andauernder Parkzeit sinkt jedoch der Stundentarif; 24 Stunden kosten ca. 7 €. Empfehlenswerte Parkhäuser findet man z. B. am Bahnhof, am Gutenbergplatz, an der Place des Halles und an der Place d'Austerlitz.

Noch günstiger sind die sechs **Park-&-Ride-Plätze** der Stadt (s. Karte, S. 146/47). Man parkt für 2,70 € (Ticket sichtbar im Wagen hinterlegen) und erhält gleichzeitig je eine Hin- und Rückfahrt mit der Tram für alle Insassen. Bewacht werden die Plätze Mo–Sa zwischen 7 und 20 Uhr. Besonders beliebt ist der Parkplatz an der Place de l'Etoile im Süden, da er nur ca. 600 m vom Münster entfernt liegt und man dorthin bequem zu Fuß gehen kann. Relativ zentrumsnah liegt außerdem der Parkplatz Rotonde im Westen der Stadt.

Sie können Ihr Fahrzeug natürlich auch **kostenfrei abstellen,** z. B. auf dem Mendés-France-Platz gegenüber der Place de l'Etoile. Aber ganz gleich, für welchen Parkplatz Sie sich entscheiden: Lassen Sie in keinem Fall Wertsachen im Fahrzeug zurück, denn immer wieder kommt es vor, dass Autos deshalb aufgebrochen werden.

● *Zug* Verbindungen bestehen z. B. nach Saverne; über Obernai, Barr, Sélestat und Ribeauvillé nach Colmar; nach Mulhouse; über Molsheim und Schirmeck nach St-Dié; nach Haguenau und weiter nach Lauterbourg, Wissembourg und Niederbronn. Regelmäßige Verbindungen bestehen auch mit Paris. Zu den Verbindungen mit Deutschland, Österreich und der Schweiz siehe S. 44.

● *Flugzeug* Der **Flughafen** liegt ca. 15 km südwestlich der Stadt. Der Shuttlebus *Navette* bringt Sie tägl. im 15-Minuten-Takt zwischen 5.30 und 23 Uhr von der Tram-Station Baggersee (Linie A) in ca. 15–30 Minuten zum Airport. Im Preis von ca. 5 € ist die kostenlose Benutzung des Tram- und Busnetzes eingeschlossen. Zu den Flugverbindungen mit Deutschland, Österreich und der Schweiz siehe S. 44.

Gleich geht's weiter

● *Autoverleih* **Avis,** 335, av. de Colmar, ✆ 0388659423, ✆ 0388659407. Die Agentur unterhält auch jeweils eine Zweigstelle am Bahnhof und am Flughafen.

EuropCar, Place de la Gare, ✆ 0388155566, ✆ 0388756755.

● *Fahrradverleih/Fahrradaufbewahrung* In mehreren **Vélocation-Zentren** werden ganzjährig Fahrräder zum Preis von 4,50 € pro Tag vermietet, Kinder unter 14 J. in Begleitung Erwachsener bekommen den Drahtesel um die Hälfte billiger. Man kann ein Fahrrad aber auch für einen halben oder für mehrere Tage entleihen. In jedem Fall muss der Mieter seinen Ausweis (Fotokopie genügt) und eine Kaution von 45 € hinterlegen. Wer sein Fahrrad in einem Vélocation-Zentrum sicher abstellen will, bezahlt 0,75 € pro Tag.

Derzeit gibt es fünf Vélocation-Zentren, darunter: 4, rue du Maire Kuss (Nähe Bhf.),

📞 03884364; 10, rue des Bouchers (Nähe Austerlitzplatz), 📞 0388436440; Place du Château (beim Münster), 📞 0388210638 (nur vom 1.6. bis 30.9. geöffnet).

• *Öffentlicher Nahverkehr* Die Sehenswürdigkeiten der Stadt können mühelos zu Fuß erreicht werden. In die Vororte kommt man über ein gut ausgebautes Nahverkehrssystem, betrieben von der CTS (Compagnie de Transport Strasbourgois). Fahrpläne gibt es in den Informationsbüros der CTS an der Place Kléber (Mo–Fr 7.30–18.30 Uhr, Sa 9–17 Uhr) und in der unterirdischen Bahnhofspassage (Mo–Fr 7.15–18.30 Uhr). Weitere Informationen erhalten Sie unter 📞 0388777070. Die **Trams** verkehren auf vier Strecken zwischen 4.30 und 0.30 Uhr alle drei bis sechs Minuten. Außerdem stehen mehrere Stadtbusse zur Verfügung. Die Tickets zieht man vor Antritt der Fahrt in den Automaten an den Stationen, dort werden sie auch entwertet. Für eine Fahrt mit Tram und/oder Bus (Zeitlimit eine Stunde) zahlt man 1,10 €, ein Multipass mit 10 Einzelfahrscheinen kostet 4,70 €, ein Tagesticket 3 €. Für Familien (2–5 Personen) lohnt sich das 24 Stunden geltende Familienticket zum Preis von 3,80 €.

• *Taxi* **Station centrale** an der Place de la République. Weitere Taxistandplätze: Place de la Gare, Place du Château des Rohan, Place de l'Hôpital, Palais de l'Europe. Unter 📞 0388221919 oder 0388361313 können Sie einen Wagen rufen. Pro Kilometer zahlt man ca. 1,20 €, in der Nacht bzw. sonn- und feiertags ist es ca. 30 % teurer.

Information/Verschiedenes

• *PLZ* 67000 (für das Zentrum)

• *Information* **Office de Tourisme,** Place de la Cathédrale, 📞 0033388522828, 📠 00333 8852829, www.strasbourg.com. Mo–Sa 9–19 Uhr, So nur bis 18 Uhr. Weitere Zweigstellen befinden sich nahe der Europabrücke (📞 0388613923) und in der unterirdischen Bahnhofspassage an der Place de la Gare (📞 0388325149). Ihre Öffnungszeiten sind anders als die des Büros an der Kathedrale im Winter stark eingeschränkt.

• *Sightseeing* **Geführter Rundgang,** Münster und Altstadt werden Ihnen zwischen Mai und Dezember ein- bis zweimal wöchentlich von einem offiziellen Führer zum Preis von 6 € gezeigt; für Kinder unter 12 J. ist der Rundgang frei. Treffpunkt ist das O.T. an der Place de la Cathédrale, dort erfahren Sie auch die genauen Termine.

Strasbourg-Pass

Der Pass zum Preis von 9 € lohnt sich, wenn man mindestens drei Tage in der Stadt bleiben bzw. sehr viel in kurzer Zeit besichtigen will. Einige Sehenswürdigkeiten kann man sich damit kostenlos anschauen (u. a Museum nach Wahl, Münsterplattform, astronomische Uhr, Bootsrundfahrt), bei anderen erhält man eine 50-prozentige Ermäßigung (u. a. weiteres Museum, Rundfahrt mit der Minitram, Tonbandführung). Genauere Informationen beim O.T.

Rundgang mit Walkman, im individuellen Tempo Strasbourg erkunden und doch auf eine Führung nicht verzichten – das wird durch einen Audioguide, erhältlich im O.T. beim Münster, möglich. Er führt Sie durchs Münster und das umliegende Viertel bis nach La Petite France. Der Rundgang dauert mindestens 2 Std., man muss den Walkman jedoch erst am Abend zurückgeben, sodass man sich auch deutlich länger Zeit lassen kann. Erwachsene 6 €, Jugendliche zwischen 12 und 18 J. die Hälfte.

Mit der Minitram, von Ende März bis Ende Oktober fährt zwischen 9.30 und 19 Uhr die kleine Bahn der CTS jede halbe Stunde ihre knapp einstündige Runde vom Münster nach La Petite France bis zum Barrage Vauban und wieder zurück. Erwachsene 4,60 €, Kinder unter 12 J. die Hälfte. Abfahrt an der Place du Château. Weitere Informationen unter 📞 0033388777003.

Mit dem Taxi, die *Agentur Taxi 13* bietet eine einstündige Rundfahrt mit Kommentar durch die Innenstadt an. Pro Wagen (1–4 Pers.) 32 €.

Auf der Ill, zwar ist Strasbourg nicht Paris, aber auch hier lohnt eine Fahrt mit einem der *Bateaux Mouches* allemal. Die Boote tuckern in ca. 70 Min. von der Anlegestelle Palais Rohan rund um die Altstadt und machen zusätzlich einen Abstecher zum Europaviertel. Per Kopfhörer erhält man auch auf Deutsch Informationen zu den Sehenswürdigkeiten. Von Ende März bis Ende Oktober und im Dezember fahren die Boote jede halbe Stunde ab, in den übrigen Monaten gibt es vier Fahrten täglich. Von Anfang Mai bis Ende September werden außerdem nächtliche Touren durchgeführt.

Pro Person 6,40 €, für Kinder unter 3 J. die Hälfte, die nächtlichen Ausflüge sind leicht teurer. Weitere Informationen bei der Gesellschaft Fluvial unter ✆ 0388841313.

Auf dem Rhein, nur im Juli/August bietet dieselbe Gesellschaft außerdem eine Rundfahrt durch den Hafen an. Inkl. Zwischenstopp auf dem Museumsschiff "Naviscope" dauert das Ganze 2,5 Std. und kostet 8 € (Kinder 4 €). Die Schiffe legen täglich um 14.30 Uhr nahe der Place de l'Etoile vor dem Centre Administratif ab.

Mit dem Bateau-Restaurant, gutes Essen und angenehmes Sightseeing verspricht Ihnen die Agentur Bateaux Touristiques Strasbourgeois. Die Touren finden ganzjährig statt, Abfahrt z. B. am Quai des Pêcheurs. Nähere Informationen am Tickethäuschen an der Place du Château oder unter ✆ 0388841001.

● *Folklore* Von Juni bis September werden an verschiedenen Plätzen der Stadt regelmäßig kostenlose Musik- und Tanzvorführungen präsentiert. Informationen dazu enthält der im O.T. zu bekommende "Guide de l'été".

● *Kinder* Eine echte Attraktion für die Kleinen ist der **Parc de l'Orangerie** (siehe S. 175).

● *Krankenhaus* **Hôpital Civil** am gleichnamigen Platz, ✆ 0388116768.

● *Post* Die **Hauptpost** befindet sich in der Avenue Marseillaise, noch häufiger wird von Touristen aber das Postamt schräg gegenüber vom Münster aufgesucht. Weitere

Straßenmusik am Benjamin-Zix-Platz

Filialen: Place de la Gare, Place des Halles.

● *Internet* **Sunbella net,** Rue de l'Esprit (nahe dem Gutenbergplatz). Eine Surfstunde kostet 1 €. Tägl. 9–20 Uhr, So ab 10 Uhr.

● *Polizei* 34, rte de l'Hôpital, ✆ 0390231717.

● *Öffentliche Toiletten* Beim Münster an der Place du Château, außerdem Place de l'Etoile, Place Kléber und Pont St. Guillaume.

Christkindlmärik – eine alte Straßburger Tradition

Nicht im Wonnemonat Mai, auch nicht im warmen August, sondern im kalten Dezember hat Strasbourg das höchste Touristenaufkommen. Grund ist der vom 1. bis zum 24. dieses Monats stattfindende große Weihnachtsmarkt. Insbesondere aus Frankreich kommen dann viele Besucher, denn mit Ausnahme des Elsass wird diese Tradition dort nicht gepflegt. Von der Place Broglie bis zum Münsterplatz erstrecken sich die stimmungsvoll beleuchteten Buden, duftet es nach aromatischem Backwerk, Crêpes und Glühwein. Zu kaufen gibt es u. a. traditionellen Weihnachtsschmuck, z. B. Glaskugeln und -figürchen für den Tannenbaum, Kunsthandwerk, Spielzeug, aber natürlich auch Kitsch. Die "Jingle Bells" singenden und dazu rockenden batteriebetriebenen Weihnachtsmänner scheinen sich bisweilen fast zu überschreien. Angeboten werden auch Kunstobjekte aus Afrika und Asien – wir haben hier schon manch schönes Stück entdeckt.

Der Straßburger Weihnachtsmarkt ist einer der ältesten seiner Art. Schon im Mittelalter wurde er als St.-Nikolaus-Markt auf dem Münsterplatz abgehalten. In der Zeit der Reformation, als man die Heiligenverehrung ablehnte, wollte man ihn abschaffen, beließ es aber bei der Umbenennung in *Christkindlmärik* und rückte so den in Bethlehem geborenen Heiland in den Mittelpunkt.

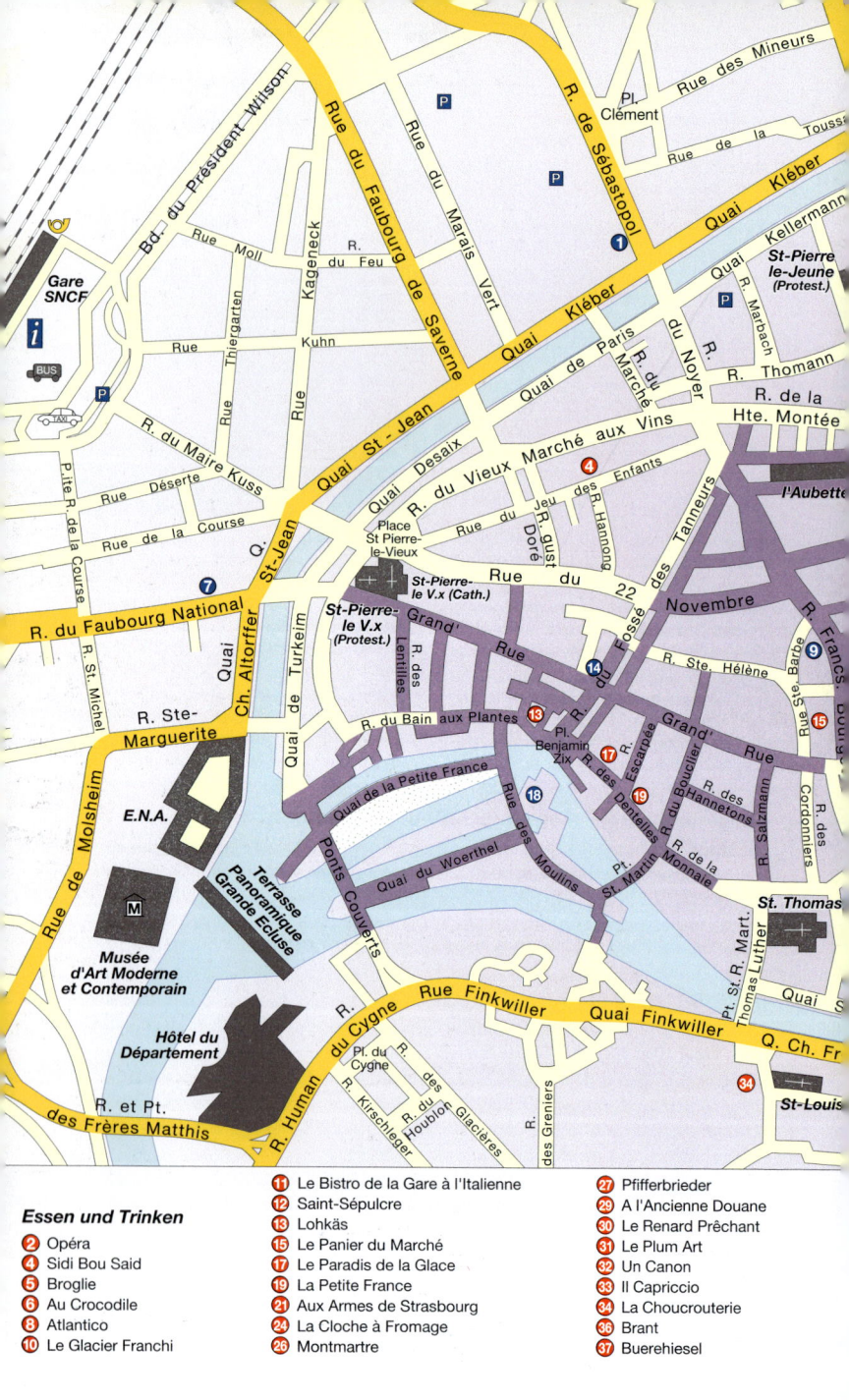

Essen und Trinken

2 Opéra
4 Sidi Bou Said
5 Broglie
6 Au Crocodile
8 Atlantico
10 Le Glacier Franchi

11 Le Bistro de la Gare à l'Italienne
12 Saint-Sépulcre
13 Lohkäs
15 Le Panier du Marché
17 Le Paradis de la Glace
19 La Petite France
21 Aux Armes de Strasbourg
24 La Cloche à Fromage
26 Montmartre

27 Pfifferbrieder
29 A l'Ancienne Douane
30 Le Renard Prêchant
31 Le Plum Art
32 Un Canon
33 Il Capriccio
34 La Choucrouterie
36 Brant
37 Buerehiesel

Strasbourg

75 m

Übernachten

1 Ibis Centre Halles
3 Regent Contades
7 Pax
9 Maison Rouge
14 L'Europe
16 La Cathédrale

18 Regent Petite France
20 Gutenberg
22 Michelet
23 Suisse
25 La Cruche d'Or
28 De l'Ill
35 Cerf d'Or

Übernachten

• *Hotels* ****** Hôtel Regent Petite France (18)**, im Herzen des Gerberviertels ist in einer alten Mühle aus dem 17. Jh. das wohl komfortabelste und schönste Hotel der Stadt untergebracht. Bis 1989 fungierte das Gebäude übrigens als Eisfabrik, noch heute sind im Keller die Maschinen für das Stangeneis zu besichtigen. Jedes der 72 Zimmer mit AC ist nach einem eigenen Muster geschnitten und bietet einen jeweils anderen, aber immer atemberaubenden Ausblick. Keine Spur von Plüsch und Volants, hier sind alte Holzbalken mit pastellfarbenen Wänden und modernen Möbeln eine wunderschöne Verbindung eingegangen. Sonnenterrasse, Bar, Sauna und Fitnessraum, im Sommer wird außerdem ein Terrassenlokal betrieben. Pro Zimmer bei Einzelbelegung je nach Größe zwischen 200 und 400 €, jede weitere Person zahlt einen Zuschlag von 17 €. Ebenfalls 17 € pro Tag kostet der bewachte Parkplatz. 5, rue des Moulins, ☎ 0388764343, 🖷 0388764376.

**** Hôtel Regent Contades (3), dieselbe Straßburger Immobilienfirma verwirklichte auch in diesem Haus das Prinzip, ein geschichtsträchtiges Gebäude – dieses Mal aus der wilhelminischen Epoche – in ein Luxushotel umzuwandeln. Die 47 Zimmer mit AC sind elegant eingerichtet. Der Blick aus dem Fenster auf die St.-Paulskirche hat seinen unbedingten Reiz. Ansonsten gibt's dieselben Annehmlichkeiten wie im Petite France, allerdings kein Restaurant. Bei Einzelbelegung des Zimmers 145–370 €, jede zusätzliche Person bezahlt 15 €. 8, av. de la Liberté, ☎ 0388150505, 🖷 0388150515.

*** Hôtel Maison Rouge (9), eines der größten Häuser der Stadt, zentral nahe dem Kléber-Platz und, da in der Fußgängerzone, doch ruhig gelegen. Komfortabel eingerichtete Zimmer, DZ 109 €, die Suiten bis zu 250 €, Parken 14 € pro Tag. 4, rue des Francs-Bourgeois, ☎ 0388320860, 🖷 0388224373.

*** Hôtel l'Europe (14), prachtvolles Fachwerkhaus aus dem 15. Jh. in La Petite France, das zu einem komfortablen Hotel umgestaltet wurde. In der Eingangshalle steht eine originalgetreue Nachbildung des Münsters. Modern eingerichtete Zimmer, je nach Größe und Ausstattung zwischen 66 und 154 €, eine dritte Person kostet 16 € extra, Parkplatz 12 € pro Nacht. Bar und Restaurant im Haus. 38, rue du Fossé-des-Tanneurs, ☎ 0388321788, 🖷 0388756545.

*** Hôtel La Cathédrale (16), gegenüber vom Münster, schalldichte Fenster sorgen aber dafür, dass Sie trotz Touristen, Musikanten, Glocken etc. ruhig schlafen. In den 52 geschmackvoll eingerichteten Zimmern mit AC schaut auch hier wieder überall Fachwerk hervor. Man hat die Wahl zwischen dem Blick zur Kathedrale oder nach hinten heraus. Für ein Zimmer bezahlt man allein oder zu zweit je nach Größe und Lage zwischen 65 und 130 €, ein Familienzimmer kostet 120 bzw. 130 €. Für einen der fünf Parkplätze zahlt man pro Tag 15 €. Für die Gäste stehen gratis vier Fahrräder zur Verfügung. 12, pl. de la Cathédrale, ☎ 0388221212, 🖷 0388232800.

** Hôtel Cerf d'Or (35), das angenehme Hotel, zu dem auch ein Restaurant gehört, liegt in einem ruhigen Viertel. In den rustikalen, aber komfortablen Zimmern kann man allein zum Preis von 50 €, zu zweit (je nach Größe des Raumes) für 58–61 € unterkommen. Außerdem gibt es zwei Familienzimmer zum Preis von 86 bzw. 144 €. 6, pl. de l'Hôpital, ☎ 0388362005, 🖷 0388366867.

** Hôtel Suisse (23), ruhiges, kleines Hotel nahe beim Rohan-Schloss. Insgesamt 25 Zimmer, vier sind für Einzelpersonen geeignet (55 €), die anderen haben entweder ein oder zwei Grand Lits (69 bzw. 89 €), sodass man auch mit zwei Kindern darin übernachten kann. 2–4, rue de la Râpe, ☎ 0388352211, 🖷 0388257423.

** Hôtel Gutenberg (20), angenehmes und gut geführtes Haus in einer Seitenstraße beim gleichnamigen Platz. Die 42 DZ verfügen über schalldichte Fenster, teilweise AC und kosten je nach Lage und Ausstattung zwischen 53 und 84 €. Monsieur Lette, der Besitzer, kümmert sich sehr nett um seine Gäste und bemüht sich auch, deren Auto in einem der nahe gelegenen Parkhäuser günstig unterzubringen. Betriebsferien vom 1. bis 14.1. 32, rue des Serruiers, ☎ 0388321715, 🖷 0388757667.

** Hôtel Pax (7), zwischen Bahnhof und La Petite France liegt das beliebte Hotel von Familie Dollinger. In den insgesamt 106 Zimmern können jeweils ein, zwei oder drei Personen Platz finden. Zu zweit bezahlt man je nach Ausstattung der Zimmer zwischen 58 und 67 €. Das Auto kann man gegen ein Entgelt von 8 € pro Nacht abstellen. Von Einheimischen sehr gelobt wurde das angeschlossene Restaurant. 24, rue du Faubourg-National, ☎ 0388321454, 🖷 0388320116.

Abends erstrahlt die Stadt noch mal so schön

** Hôtel Ibis Centre Halles (1), insgesamt neun Häuser hat die etablierte französische Kette in Strasbourg, das Centre Halles liegt zentrumsnah und bietet – wie alle Ibis-Hotels – ein gutes Preis-Leistungs-Verhältnis. Eines der 97 DZ mit AC und schalldichten Fenstern in dem weithin sichtbaren Hochhaus kostet 62 €, oft Nachlass am Wochenende. Preislich akzeptable Parkmöglichkeiten bestehen im nahe gelegenen Parkhaus Les Halles. Rue Sébastopol, ☎ 0390224646, 🖷 0390224647.

** Hôtel La Cruche d'Or (25), eines der kleinsten Häuser der Stadt, aber nicht nur wegen seiner ruhigen und zentralen Lage einen Aufenthalt wert. Die resolute Besitzerin ist stolz darauf, dass ihre Gäste immer wieder kommen. Die 14 Zimmer sind zwar klein, aber hell und freundlich eingerichtet. Je nach Ausstattung kostet eines zwischen 49 und 54 €. Das dazugehörige Restaurant hat einen guten Ruf. 6, rue des Tonneliers, ☎ 0388321123, 🖷 0388219478.

** Hôtel de l'Ill (28), in einer ruhigen Seitenstraße vom Quai Bateliers in Straßburgs "Milieuviertel" Krutenau. Geboten werden verschieden große, z. T. renovierte Zimmer, manche haben einen Balkon. Allein bezahlt man 31–53 €, zu zweit 40–59 €, zu dritt kostet's 55–65 €, zu viert bis zu 68 €. 8, rue des Bateliers, ☎ 0388362001, 🖷 0388353003.

* Hôtel Michelet (22), nur wenige Schritte vom Münster entfernt kommt man in dem schmalen Wohnhaus günstig und ruhig unter, viele der 16 hell und einfach eingerichteten Zimmer haben Blick zum Innenhof. Einzelpersonen zahlen hier 22 € (nur Toilette) bzw. 35 € (mit Dusche und Toilette), zu zweit kostet's 42 €. 48, rue du Vieux-Marché-aux-Poissons, ☎ 0388324738, 🖷 0388327987.

Weitere Hotels befinden sich z. B. am Bahnhofsplatz: ***** Mercure Carlton** (☎ 0388 157815), **** Ibis Centre Gare** (☎ 0388239898), **** Vendôme** (☎ 0388324523), **** Hôtel du Rhin** (☎ 0388323500).

● *Jugendherbergen* **Auberge de Jeunesse René Cassin,** da nur 2 km westlich vom Stadtzentrum, für die Besichtigung von Strasbourg relativ günstig gelegen. Man erreicht die Herberge vom Gare Centrale mit der Buslinie 2, Ausstieg "Auberge de Jeunesse". Alternativ dazu kann man auch mit der Tram (Linie B oder C) zur Station "Montagne Vert" fahren. Übernachtung inkl. Frühstück ab 13 €. 9, rue de l'Auberge-de-Jeunesse, ☎ 0388302646, 🖷 0388303516.

Auberge de Jeunesse du Parc du Rhin, im Parc du Rhin an der Europabrücke liegt die zweite Herberge und damit vom Zentrum recht weit entfernt. Angenehme Einrichtung, pro Person ca. 12 €. Auch über die Buslinie 2 erreichbar, Ausstieg "Parc du Rhin". Rue des Cavaliers, ☎ 0388455420, 🖷 0388455421.

• *Camping* ** **Montagne Verte,** hübscher, großer Platz, Bäume spenden Schatten. Unmittelbar in der Nähe der Jugendherberge R. Cassin. Geöffnet vom 15.3. bis 31.12. 2, rue Robert Forrer, ✆ 0388302546, 📧 0388 271015.

Essen und Trinken

Restaurant Au Crocodile (6), Nobeladresse Nr. 1 in der Altstadt. Für die Künste des renommierten Kochs Emil Jung muss man zwar tief in die Tasche greifen, bekommt dann aber auch Köstlichkeiten wie z. B. zarten Petersiliepudding mit saftigen Froschschenkeln. Hervorragende Mischung aus moderner und traditioneller Küche, die Michelin derzeit zwei Sterne wert ist. So und Mo geschl. 10, rue de l'Outre, ✆ 0388321302.

Restaurant Buerehiesel (37), steht der Konkurrenz in nichts nach, hier wird 3-Sterne–Gourmetküche geboten. Ein Gedicht ist das Fischragout vom Zander in Ravioli. Das Ambiente ist ebenfalls vom Feinsten, man speist in einem alten Bauernhaus aus Molsheim (17. Jh.), das dort abgetragen und im Parc de l'Orangerie wieder aufgebaut wurde. Di und Mi geschl. 4, Parc de l'Orangerie, ✆ 0388455665.

Le Panier du Marché (15), ein ganz besonderer Tipp. Sehr gute, phantasievolle Küche, leicht mediterran angehaucht und dadurch auch nicht so schwer. Man wählt zu einem fairen Fixpreis auf der Menükarte zwischen ca. 8 bis 10 Vorspeisen, Hauptgerichten und Desserts aus, wer den ersten oder den letzten Gang weglässt, zahlt entsprechend weniger. Gute Weinauswahl, auch in der günstigeren Preisklasse lässt

sich ein guter Tropfen finden. 15, rue Ste-Barbe, Sa/So geschl. ✆ 0388320407.

Restaurant le Renard Prêchant (30), schon das Gebäude macht neugierig, speist man hier doch in einem ehemaligen kleinen Kirchlein, das direkt an ein Fachwerkhaus angebaut ist. Aber auch die Küche hat einiges zu bieten: feine Fleischgerichte sowie gute elsässische Spezialitäten. So geschl. 34, rue de Zurich, ✆ 0388356287.

Restaurant le Plum Art (31), direkt daneben. Geboten werden hier Gerichte aus verschiedenen Regionen Frankreichs: Zuerst vielleicht eine Bouillabaisse, dann ein Kalamargericht aus dem Baskenland und zum Abschluss eine Kaltschale mit Früchten und Nugateis? Doch nicht nur dem Magen, sondern auch Augen und Ohren wird hier Gutes getan. An den Wänden hängt moderne Kunst, manchmal gibt's außerdem Livemusik. Rue de Zurich, ✆ 0388257660.

Restaurant Lohkäs (13), schönes Fachwerkhaus im Herzen von La Petite France. Blickfang des kleinen, tiefer als die Straße gelegenen Gastraums ist eine mächtige, 100 Jahre alte Spielorgel, leider funktioniert sie aber nicht mehr. Die Küche bietet neben den üblichen auch etwas ausgefallenere elsässische Spezialitäten wie z. B. einen Salat mit warmem Münsterkäse, Kalbsnieren in Senf- oder Hechtklößchen in Rieslingsauce. Auch Naschkatzen kommen auf ihre Kosten. Einen Tipp wert ist die Lohkäs-Leckerei mit einem Ensemble aus mehreren Süßspeisen. Di und Mittwochmittag geschl. 25, rue du Bain-aux-Plantes, ✆ 0388320526.

La Choucrouterie (34), das legendäre Etablissement des Sängers und Schauspielers Roger Siffer ist ein besonderer Tipp. In der "Sauerkrautstube" werden außer während der achtwöchigen Sommertournee des Ensembles Theaterstücke, Chansons und satirische Revuen in elsässischem Dialekt oder auf Französisch aufgeführt. Angeschlossen ist ein sehr empfehlenswertes Restaurant, wo man vor oder nach dem Theaterbesuch phantasievolle Sauerkrautvariationen (z. B. mit Fisch oder Entenfleisch) oder andere elsässische Spezialitäten genießen kann. Manche Gäste kommen auch nur zum Essen oder nur zum Theaterbesuch hierher. Tomi Ungerer – einige seiner Bilder sind in

einer eigenen Nische des Restaurants ausgestellt – lässt sich hier immer wieder mal
blicken. Das Lokal ist tägl. außer So mittags und abends geöffnet, Vorstellungen
nur abends. 20, rue St.-Louis, ✆ 0388365287.

Restaurant Winstub La Petite France (19),
im Herzen des beliebten Viertels. In den
winzigen dreieckigen Gastraum passen
zwar nur 10 Tische, doch das sollte Sie von
einem Besuch keinesfalls abschrecken. Der
Chef kocht leckere elsässische und süd-
westfranzösische Küche – man sieht ihm
an, dass er sein Handwerk versteht. Interessante Speisekarte: viele Gerichte mit Entenfleisch, z. B. eingemacht oder gebraten.
Besonders schmackhaft fanden wir das
Cassoulet, einen deftigen Eintopf aus dicken Bohnen, Entenschlegel und einer wür-
zigen Bratwurst aus Toulouse. Wer's leichter mag, wählt Lachsfilet auf Sauerkraut. Mi
geschl. 2, rue Escarpée, ✆ 0388328101.

Restaurant La Cloche à Fromage (24), für
Käseliebhaber schon fast ein Muss. Etwa
100 Sorten warten hier unter einer überdi-
mensionalen Käseglocke auf Sie. Die meisten Gerichte sind mit Käse verfeinert, natürlich gibt's auch verschiedene Käsefondues,
z. B. eines mit Münster. Di geschl. 27, rue
des Tonneliers, ✆ 0388231319.

**Winstub Saint-Sépulcre/Hailich Graab
(12),** eine der traditionsreichsten Weinstuben. Schon vor Jahrhunderten kamen Mönche regelmäßig vom Münster durch einen
unterirdischen Gang unter dem Vorwand,
sie würden ein heiliges Grab aufsuchen,
hierher und ließen sich den Wein schmecken. Der ist auch heute noch vortrefflich,
und die Spezialität des kleinen, urigen Lo-
kals, Schinken im Brotteig, zergeht einem
fast auf der Zunge. So und Mo geschl. 15,
rue des Orfèvres, ✆ 0388323997.

Winstub Pfifferbrieder (27), winziges Lokal
mitten in der Touristenmeile. Zum Wein
isst man bei den "Pfeifenbrüdern" Deftiges
wie leckeres Baeckeoffa oder Eisbein im
Brotteig. So geschl. 9, pl. du Marché aux
Cochons de Lait, ✆ 0388321543.

**Restaurant Brasserie A l'Ancienne Douane
(29),** im gleichnamigen mittelalterlichen Gebäude. Während der warmen Jahreszeit
sitzt man am schönsten auf der Terrasse
über der Ill. Das riesige Lokal erinnert an einen bayrischen Großgasthof – mit dem Unterschied, dass hier mehr Wein als Bier getrunken wird. Die geschäftigen Kellner rennen mit großen Platten elsässischer Spezialitäten hin und her, daneben gibt es aber

auch andere interessante Fisch- und
Fleischgerichte wie z. B. ein Trio von verschiedenen Flussfischen. 6, rue de la Douane, ✆ 0388157878.

**Restaurant Brasserie Aux Armes de Stras-
bourg – "Stadtwappe" (21),** alteingesessenes Lokal am Place Gutenberg. Auf der Terrasse oder in der gemütlichen Gaststube
bekommt man reichhaltige und deftige Gerichte, z. B. Baeckeoffe oder Leberknödel
mit Bratkartoffeln. Vor allem zur Mittagszeit
ist es hier oft brechend voll, das Essen
kommt aber dennoch schnell auf den
Tisch. Warme Küche von 11 bis 24 Uhr. 9, pl.
Gutenberg, ✆ 0388328562.

Restaurant Café Un Canon (32), hübsches
Lokal mit kleiner Terrasse, im Innern hängen
freche Tomi-Ungerer-Bilder. Gut geeignet für
einen kleinen Imbiss wie z. B. Zwiebelkuchen oder Knackwürste mit Salzstange, im
Preis inbegriffen ist ein kleines Bier. Zu empfehlen sind außerdem die verschiedenen Tartes flambées und die üblichen elsässischen
Gerichte. Und wer das nicht mag, bestellt
eine Pizza! 1, pl. du Corbeau, ✆ 0388370639.

Bistro de la Gare à l'Italienne (11), die mit
dunkelroten Stoffen bezogenen Wände
und alten Gemälde schaffen eine elegante
Atmosphäre. Die Küche ist italienisch bzw.
mediterran geprägt. Vorzüglich schmecken
die verschiedenen Fisch- und Fleisch-Car-
paccios. Für das Gebotene sind die Preise
moderat. 18, rue du Vieux-Marché-aux-
Grains, ✆ 0388321834.

Restaurant Sidi Bou Said (4), wer nach
Flammkuchen und Nouvelle Cuisine Lust auf
Couscous bekommen hat, sollte dieses
hübsch aufgemachte tunesische Lokal aufsuchen. Das nordafrikanische Nationalgericht
wird mit verschiedenen Fleischvarianten serviert, als Vorspeise lockt z. B. Ratatouille. Route du Vieux-Marché-aux-Vins, ✆ 0388323588.

Strasbourg
Karte S. 146/147

Cafés/Eisdielen

Café Montmatre (26), ein beliebter Treff für Straßburger und Touristen am alten Schlachthaus. Sobald die Temperaturen steigen, sitzt man auf der Terrasse und schaut dem Treiben auf der Straße zu. Dazu trinkt man eine der verschiedenen Kaffeespezialitäten oder eine heiße Schokolade. Auch für den kleinen Hunger gibt es einiges. Mo geschl. 1, pl. de la Grande-Boucherie.

Café Broglie (5), beliebtes Café in einem schönen Jugendstilhaus. Hier trifft sich Alt und Jung auf einen Kaffee oder ein Glas Wein, außerdem gibt es auch einfache Tagesgerichte. So geschl. Rue du Dôme.

Café de L'Opera (2), im Operncafé sitzt man stilgerecht auf roten Polstersesseln zwischen verspiegelten Wänden und unter goldfarbenen Kronleuchtern. In der warmen Jahreszeit kann man aber auch auf der säulenbestandenen Eingangsterrasse seinen Kaffee oder Tee und bis spät in die Nacht hinein ein Glas Wein genießen. Di–So 11–1.30 Uhr. Place Broglie (im Opernhaus).

Café Brant (36), ein Treff der Studenten. Im Winter sitzt man in einem riesigen, ganz in Rot und Gold gehaltenen Raum, im Sommer trinkt man den Espresso auf der Terrasse. Im Angebot viele Snacks, z. B. verschiedene Quiches. So geschl. Place de l'Université.

Café Atlantico (8), zwar ist es nicht der Atlantic, sondern das Ufer der Ill, an dem man sitzt, doch das hat seinen unbedingten Reiz. Ein Glas Rosé im milden Abendlicht in einem der zu Cafés umgebauten Boote gehört zu einem Straßburgaufenthalt einfach dazu. Quai des Pêcheurs.

Café Il Capriccio (33), das von Italienern geführte Café findet bei Straßburgern großen Anklang. Hier trinkt man einen italienischen Espresso mit einem Glas Wasser dazu, genießt ein hausgemachtes Tiramisu oder einen fruchtigen Eisbecher. Tägl. geöffnet. Rue d'Austerlitz.

Le Glacier Franchi (10), die Qual der Wahl erwartet einen hier, denn das Eisangebot ist wirklich unglaublich. Kein Wunder, dass man kaum einen freien Tisch ergattern kann. Tägl. bis zum späten Abend geöffnet. 5, rue des Francs-Bourgeois.

Le Paradis de la Glace (17), der Name hält, was er verspricht. Auch hier sind etliche gute Sorten Eis im Angebot, die man an ein paar Tischen vor der Eisdiele oder auf der Hand genießen kann. Rue des Dentelles.

Nachtleben

Théâtre Alsacien, im Théâtre Municipal werden regelmäßig Theaterstücke in elsässischer Sprache aufgeführt. Informationen im Theatergebäude an der Place Broglie bzw. unter ☎ 0388754823.

Le Châlet, eine der beliebtesten Diskotheken liegt außerhalb der Stadt in Richtung La Wantzenau. 22–4 Uhr geöffnet, So und Mo geschl. 376, rte de la Wantzenau.

Zahlreiche Diskos, Bars und Jazzkneipen finden Sie im **Stadtteil Krutenau.** Ein nächtlicher Bummel durch dieses altstadtnahe Viertel lohnt sich.

Einkaufen

Wenn man das notwendige Kleingeld dabeihat, macht ein Einkaufsbummel in Strasbourg wirklich Spaß. Das Angebot reicht vom Dernier Cri in der Mode bis zu den erlesensten kulinarischen Spezialitäten und hübschem Kunstgewerbe.

• *Kaufhäuser* Konzentrieren sich um die **Place Kléber:** Lafayette in der Rue du 22 Novembre, Printemps an der Place de l'Homme de Fer. Unweit davon gibt es im Einkaufszentrum Les Halles alles, was das Herz begehrt.

• *Märkte* Auf der Place Broglie findet jeden Mi und Fr ein bunter **Obst- und Gemüsemarkt** statt, auf dem auch die typischen Spezialitäten der Region angeboten werden. Ebenfalls beliebt ist der Markt am Boulevard de la Marne (Di und Sa).

Flohmarkt ist jeden Mi und Sa an folgenden Stellen: Rue du Vieil-Hôpital, Rue des Bouchers und Place de la Grande Boucherie.

Alte Bücher, auch in deutscher Sprache, kann man jeden Di, Mi und Sa auf dem kleinen **Büchermarkt** an der Place Gutenberg und in der Rue des Hallebards erstehen.

• *Mode* Die interessantesten Boutiquen befinden sich in der **Rue des Grandes Arcades** sowie im **Einkaufszentrum Les Halles.**

• *Kulinarische Spezialitäten* Gänseleber, Pasteten, Wein etc. bekommt man in vielen

Läden der Stadt. Einige besonders exquisite Feinkostgeschäfte finden Sie in der
Rue des Orfèvres nahe dem Münster.
Eine erlesene Auswahl an mit Knoblauch,
Kräutern oder Zitrone eingelegten Oliven,
verschiedener Öle oder auch ungewöhnli-
cherer Olivenprodukte wie Seife gibt es in
dem kleinen Laden **Oliviers & Co.** in der
Rue du Mirroir. So und Mo geschl.

• *Kunstgewerbe/Souvenirs* **Vitrines d'Alsace,** eine besonders edle Auswahl an
Kunstgewerbe rund um die Tischkultur
wird am Münsterplatz geboten: Tischdecken, Hansi-Porzellan, ziselierte Gläser und
die passenden Weine, aber auch viele De-
korationsartikel wie die typischen Salzteig-
figuren. Beruhigend wirken sollen die metal-
lenen Pendelobjekte mit hübschen elsässischen Motiven (ein Storch schnappt nach
einem Fisch, ein Koch versucht ein rennen-
des Schwein zu fangen ...). Täglich geöffnet. Place de la Cathédrale.

**Arts et Collection d'Alsace et du Grand
Est,** oberhalb der Anlegestelle der Ausflugsboote beim Schloss Rohan wartet eine vielleicht noch etwas edlere Auswahl an
Souvenirs auf den Käufer. Nachahmungen
alter Objekte aus Museen, aber auch einfache bäuerliche Utensilien wie Körbe, Backformen etc. machen den Bummel durch
den Laden zu einem Vergnügen. Mo erst
ab 14 Uhr. Place du Château.

Boutique des Musées, Kopien aus zahlreichen Museen der Welt werden in dem kleinen Laden am Münsterplatz feilgeboten:
Goldschmuck aus Bogotá, ein kleiner Obelisk aus Kairo oder die Venus von Milos aus
dem Louvre in Paris. So geschl. Place de la
Cathédrale.

Un Noel en Alsace, was Käthe Wohlfahrt
für Rothenburg o.T., das ist dieser kleine
Laden in der Rue Dentelles für Strasbourg.
Das ganze Jahr über gibt es hier Weih-
nachtsartikel aus dem Erzgebirge, aus anderen Regionen Deutschlands und natürlich aus dem Elsass. Wenn Sie also mitten
im Sommer Sehnsucht nach Räuchermänn-
chen verspüren ... Sonntagvormittags geschl. Rue des Dentelles.

Chez Herbier, der "Kräutermann" verkauft
natürlich vor allem Produkte, in denen Heil-
und Gewürzpflanzen verarbeitet worden
sind. Neben Salben, Seifen, aromatisiertem
Essig und Senf gibt es hier aber außerdem
wunderschöne   Bildkompositionen   aus
Kräutern bzw. deren Imitationen zu kaufen:
zarte Arrangements aus Blütenblättern oder

Porträt gefällig?

aus kleinen Säckchen hervorquellende Nel-
ken im Holzrahmen. Tägl. geöffnet. Place
de la Grande-Boucherie.

• *Töpferwaren/Porzellan* **Faiencerie A La
Petite France,** weniger die üblichen Töpferwaren aus Soufflenheim, sondern vielmehr
Reproduktionen französischer Porzellanwa-
ren aus dem 18. und 19. Jh. erwarten hier
den Besucher. Dazu gehören Stücke aus
der berühmten Straßburger Hannong-Manufaktur, aber auch aus der Bretagne, Toulouse usw. Im Angebot außerdem die wunderschönen   handgearbeiteten   Döschen
aus Limoges, jedes einzelne ein kleines
Kunstwerk für sich. Tägl. geöffnet. Rue du
Bain-aux-Plantes.

Kunsthandwerk aus Russland

Rue Pouchkine, Pascale Bastianelli
ist Französin, von Russland und seiner Kultur aber so begeistert, dass sie
in Strasbourg einen wirklich einmaligen Laden mit russischen Kunstschätzen eröffnete. Di–Do am Nachmittag, Fr/Sa ganztägig geöffnet. Rue
des Fréres.

Sehenswertes

Die Sehenswürdigkeiten Straßburgs an einem Tag kennen zu lernen grenzt fast ans Unmögliche, auch wenn die wichtigsten relativ nahe beieinander liegen. Viele Besucher begnügen sich deshalb mit dem einmaligen historischen Kern auf der Illinsel. Doch auch jenseits der beiden Flussarme, z. B. um die Place de la République oder im modernen Europaviertel, gibt es Interessantes zu entdecken. Die folgenden alle am Münsterplatz beginnenden und endenden Rundgänge erlauben Ihnen, sich die Highlights auszuwählen, die für Sie von besonderem Interesse sind.

Erster Rundgang: Münster und Frauenhausmuseum

Vor allem während der Französischen Revolution wurden einige wertvolle Kunstschätze zur Sicherheit aus dem Münster entfernt und später durch Kopien ersetzt. Viele der Originale sind heute im Musée de l'Œuvre Notre-Dame untergebracht, sodass sich man sich Münster und Museum am besten nacheinander anschaut.

Münster

Das majestätische Münster, die Cathédrale Notre-Dame, ist das alles überragende Wahrzeichen der Stadt. Viel bestaunt und überschwänglich nicht nur vom jungen Studenten Goethe gepriesen, zählt es zu den bedeutendsten Bauwerken der Gotik in Europa.

Schon zur Karolingerzeit stand irgendwo auf der Illinsel eine der Jungfrau Maria geweihte Basilika. Nachdem sie vom Heer des Herzogs von Schwaben bei einem Rachefeldzug gegen Straßburg zerstört worden war, ließ der Bischof Wernher im Jahre 1015 an dem Platz der heutigen Kathedrale ein größeres Gotteshaus errichten. Aber auch dieses wurde im Laufe der folgenden 150 Jahre durch zahlreiche Brände so sehr beschädigt, dass man es ab 1176 – mit dem Querschiff beginnend – zunächst im romanischen, dann im gotischen Stil von Grund auf neu baute. Jahrhundertelang war das Münster eine Baustelle, in vollem Glanz erstrahlte es erst mit der Fertigstellung des Turms im Jahre 1439. Damit war die Kathedrale bis zum 19. Jh. das höchste Gebäude Europas. Von der einstigen Wernher-Basilika ist nur noch die Krypta erhalten.

1529 wurden Stadt und Münster protestantisch und ca. 40 Altäre aus der Kathedrale entfernt. Nachdem der Sonnenkönig Ludwig XIV. Straßburg etwa 150 Jahre später für Frankreich erobert hatte, gab er es den Katholiken zurück. Schwer gelitten hat die Kirche in der Zeit der Französischen Revolution. Der Pariser Konventskommissar gab das Motto aus: "Abattre toutes les statues!" Revolutionsfanatiker folgten diesem Aufruf und zerstörten neben vielen anderen Kostbarkeiten etwa 250 Statuen, nur einige wenige konnten von mutigen Straßburgern gerettet werden. Auch den Turm wollte man abreißen. Letztlich setzte man ihm nur eine riesige rote Jakobinermütze aus Blech auf. Das Münster selbst wandelte man in einen "Tempel der Vernunft" um. Als man in 19. und 20. Jh. die Schäden behob, wurden viele Statuen ins Musée de l'Œuvre Notre-Dame gebracht und durch Kopien ersetzt.

Aber nicht nur blinde Zerstörungswut ist dafür verantwortlich, dass am Münster seit seiner Vollendung nahezu ständig restauriert wurde und weiter restauriert wird. Blitzeinschläge, Brände, Artillerie-Treffer während des Deutsch-Französischen Krieges im Jahre 1870, Probleme mit den Fundamenten aufgrund des absinkenden

Der Weg zum Münster ist von Souvenirshops gesäumt

Grundwasserspiegels nach der Rheinbegradigung 1909, Bombeneinschläge im Zweiten Weltkrieg und nicht zuletzt Umweltgifte machten und machen immer wieder Ausbesserungsarbeiten notwendig. Zum Zeitpunkt der Recherche war der Turmhelm eingerüstet, was wohl noch ein paar Jahre so bleiben wird.

Filigranes gotisches Meisterwerk

Das Äußere des Münsters: Die 66 m hohe, dreiteilige *Westfassade* aus rotem Sandstein wurde von mehreren Baumeistern, darunter der berühmte Erwin von Steinbach und sein Sohn Johann, zwischen 1277 und 1399 gestaltet. Mit ihren zahlreichen Strebepfeilern, Türmchen, Nischen, Reliefs, Skulpturen und vor allem der berühmten großen Rosette aus sechzehn Blütenpaaren gilt sie als ein Musterbeispiel der Hochgotik. Überragt wird sie vom Turm, der bis in eine Höhe von 142 m in den Himmel hinaufstrebt. Ein ursprünglich einmal geplanter Parallelturm wurde nicht realisiert. Besonders sehenswert sind die die drei Eingangsportale der Westfassade schmückenden Reliefs und Skulpturen. Im Bogenfeld des *nördlichen Portals* (vom Betrachter aus gesehen, dem linken) sind Szenen aus der Jugend Jesu dargestellt. Auffällig sind auch die Standbilder der Tugenden, die die Laster zertreten. Am *Mittelportal* stehen Statuen verschiedener Propheten, im Bogenfeld erkennt man Szenen aus der Leidensgeschichte Christi. Und am *südlichen Portal* sieht man im Bogenfeld das Jüngste Gericht sowie rechts die Statuen der klugen und links die der törichten Jungfrauen. Erstere folgen Christus nach, Letztere einem einen Apfel in der Hand haltenden weltlichen Verführer.

Besondere Aufmerksamkeit an der *Südfront des Münsters* – man passiert zunächst die hochgotische Fassade des Langhauses, vor die im 18. Jh. eine niedrige Galerie gebaut wurde – verdient das älteste Eingangsportal, das wegen der darüber angebrachten Sonnenuhr auch *Uhrenportal* genannt wird. Dieser zweitürige Eingang in das Querhaus wurde zu Beginn des 13. Jh. noch im spätromanischen Stil mit charakteristischem Doppelbogen gestaltet. Die Skulpturen und Reliefs sind aber bereits frühgotisch. In den Bogenfeldern werden Tod und Krönung der Gottesmutter dargestellt. Berühmt sind auch die allegorischen Frauenfiguren der um die Wahrheit streitenden christlichen und jüdischen Kirchen, der Ecclesia mit Kreuzbanner und Kelch und der offensichtlich unterlegenen blinden Synagoge, zwischen denen der König Salomo gleichsam als Schiedsrichter fungiert. Es handelt sich jeweils um Kopien, die Originale können Sie im Musée de l'Œuvre Notré-Dame bewundern.

Die Ostseite des Münsters ist von außen nicht zugänglich. An der *Nordfront,* die baulich im Wesentlichen der südlichen entspricht, lohnt noch das von einem Baldachin gekrönte spätgotische Laurentiusportal. Sehenswert sind v. a. die Anfang des 16. Jh. gefertigten, fast schon barocken Figuren, z. B. die Heiligen Drei Könige, die der Gottesmutter und dem Kind huldigen, auf der linken Seite.

Die törichten Jungfrauen

Das Innere des Münsters: Betritt man die Kirche durch eines der westlichen Portale, ist man überwältigt von der Ausgewogenheit der Proportionen. Das dreischiffige gotische *Langhaus,* zwischen ca. 1240 und 1275 entstanden, mit seinen sog. Bündelpfeilern und einem Kreuzrippengewölbe wirkt leicht und elegant. Eine ganz besondere Note verleihen ihm die herrlichen bunten Scheiben der großen Rosette hoch über dem Eingang sowie die Lanzettfenster im Obergaden, der oberen Zone des Mittelschiffs, und in den Seitenschiffen. Die meisten der Glasmalereien stammen aus dem 13. und 14. Jh., viele wurden im 19. Jh. restauriert. Diejenigen im nördlichen (linken) Seitenschiff – die beiden, vom Eingang aus gesehen, ersten Scheiben sind noch romanisch, die anderen gotisch – zeigen Fürsten und Kaiser des Heiligen Römischen Reiches, die im südlichen Seitenschiff Szenen aus dem Leben Marias und Christi. Im nördlichen Obergaden sind heilige Männer, v. a. Päpste, Bischöfe und Ritter, zu bewundern, im südlichen heilige Frauen. Das große Glasfenster im Chor, Maria mit dem Kind, ist neueren Datums. Es wurde 1956 vom Europarat gestiftet. Ganz oben ist das Symbol des Rates zu sehen: zwölf goldene Sterne auf blauem Grund.

Geht man nun nach vorne zum *Querschiff* und zum *Chor,* wird der Gegensatz der Baustile deutlich. Diese weitgehend spätromanischen Gebäudeteile wirken sehr viel schwerer und massiger als das Langhaus, und der geringere Lichteinfall lässt sie auch düsterer erscheinen. Doch man war baugeschichtlich in einer Übergangsphase, denn der südliche Querschiffarm zeigt schon frühgotische Elemente. Dies gilt insbesondere für den um 1230 geschaffenen *Engelspfeiler,* den Mittelpfeiler des südlichen Querschiffs. Thematisiert wird durch zwölf große, schlanke, in drei Geschossen

Apsis des Münsters

angeordnete Figuren das Jüngste Gericht. Im unteren Geschoss stehen die vier Evangelisten, im mittleren Posaune blasende Engel, und oben sitzt, umgeben von drei weiteren Engeln, Christus auf seinem Thron, der von vier kleinen Figuren getragen wird. Letztere symbolisieren die vom Tod erweckten Menschen. Ganz in der Nähe des Engelspfeilers steht die 18 m hohe *astronomische Uhr,* eine der größten Attraktionen des Münsters. Dieses schön bemalte und mit Skulpturen geschmückte Wunderwerk der Technik wurde im 16. Jh. als Nachfolgemodell eines älteren großen Uhrenautomaten aufgestellt und im 19. Jh. generalüberholt. Neben der Uhrzeit – u. a. läutet nach jeder Viertelstunde ein Engel, ein anderer dreht zur vollen Stunde ein Stundenglas um – können verschiedene Kalender und astronomische Anzeigen abgelesen werden (der Mechanismus wird im Rahmen einer täglich stattfindenden Sonderveranstaltung erklärt; Näheres siehe unten).

Als ein besonderes Meisterwerk der Steinmetzkunst gilt die spätgotische *Kanzel* im Mittelschiff mit etwa 50 kleinen Figuren. Zwischen 1484 und 1486 wurde sie für den berüchtigten Prediger Johann Geiler von Kaysersberg geschaffen, der von ihr aus den Gottesdienstbesuchern oft mit drastischen Worten ins Gewissen redete.

Und schließlich sollten Sie auch noch einen Blick auf die sog. *Schwalbenschwanzorgel* werfen, die etwas weiter westlich an der Nordwand des Mittelschiffes zu kleben scheint. Das Instrument wurde im Laufe der Jahrhunderte mehrmals erneuert, das gegenwärtige stammt aus dem Jahre 1935. Original ist allerdings die vergoldete und bemalte Orgelbühne aus Holz. Sie wurde 1385 geschaffen. Interessant sind die sie schmückenden Figuren. Unten in der Mitte Samson mit dem Löwen, links ein Trompete blasender Herold, rechts ein Brezelverkäufer. Die beiden Letzten können Kopf und Gliedmaßen bewegen. Um den Brezelverkäufer ranken sich übrigens skurrile Geschichten, die ein bezeichnendes Licht auf die Zustände während der Gottesdienste in den Jahren vor der Reformation werfen. Immer wieder mal versteckte sich jemand im Gehäuse der Orgel, brüllte, lachte, verspottete den Priester oder gab Zoten zum Besten. Dazu wurden Arme und Kopf des Brezelverkäufers so bewegt, als spräche er. Daher nannte man ihn auch den Brüllaffen.

● *Öffnungszeiten/Führungen* Die Kathedrale ist täglich von 7 bis 11.40 Uhr und von 12.45 bis 19 Uhr geöffnet. Am Sonntagmorgen ist eine Besichtigung wegen des Gottesdienstes nicht möglich. Eintritt frei. Führungen werden regelmäßig und in verschiedenen Sprachen angeboten. Nur wer an einer Führung teilnimmt, bekommt die ansonsten nicht zugängliche romanische Krypta zu sehen. Eine Führung dauert ca. 60 Min. und kostet 3 €.

● *Turmbesteigung* Nach dem Besuch des Münsters sollten Sie nicht versäumen, auf die Aussichtsplattform des Turms hinaufzusteigen. Der Blick über Strasbourg ist sehr lohnend. Den Eingang finden Sie am westlichen

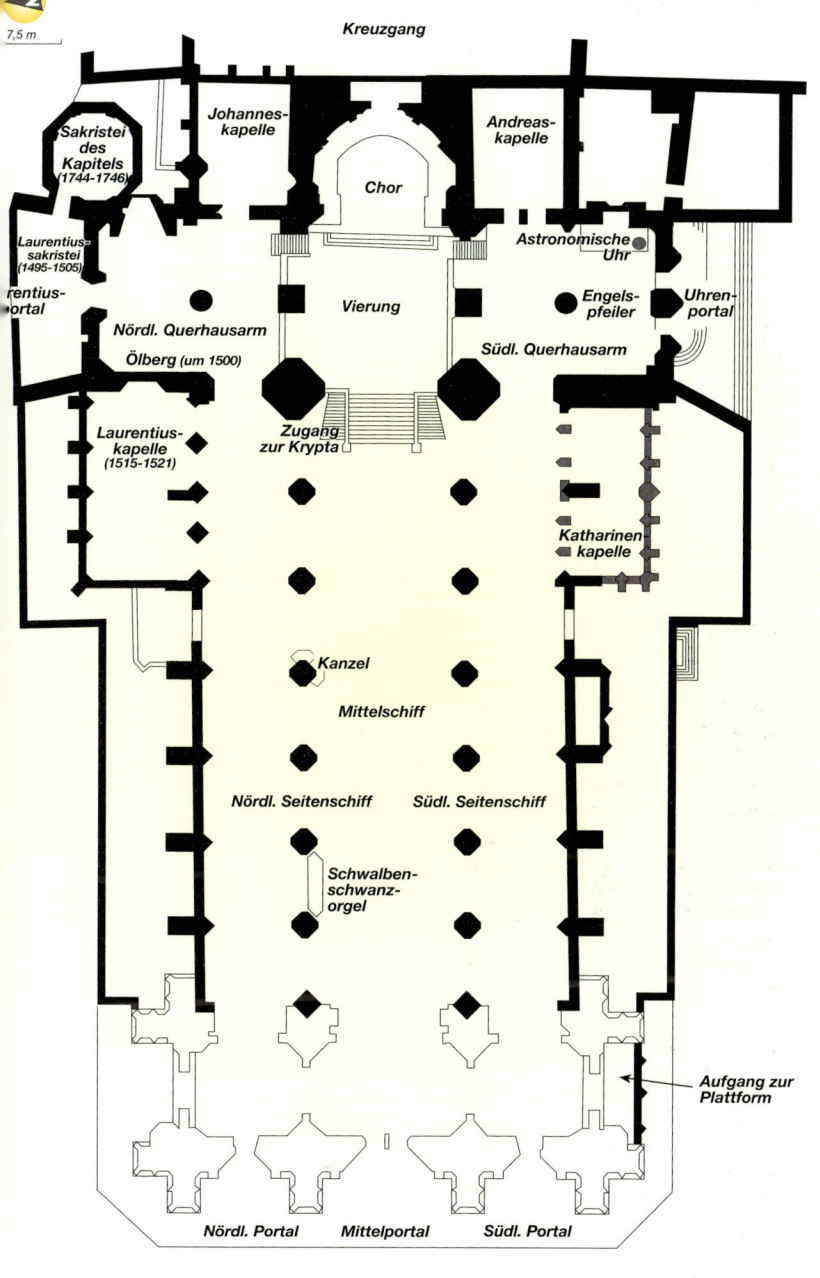

7,5 m

Kreuzgang

Johannes-
kapelle

Sakristei
des
Kapitels
(1744-1746)

Chor

Andreas-
kapelle

Laurentius-
sakristei
(1495-1505)

Astronomische
Uhr

rentius-
ortal

Vierung

Engels-
pfeiler

Uhren-
portal

Nördl. Querhausarm

Ölberg (um 1500)

Südl. Querhausarm

Laurentius-
kapelle
(1515-1521)

Zugang
zur Krypta

Katharinen-
kapelle

Kanzel

Mittelschiff

Nördl. Seitenschiff

Südl. Seitenschiff

Schwalben-
schwanz-
orgel

Aufgang zur
Plattform

Nördl. Portal

Mittelportal

Südl. Portal

Cathédrale Notre-Dame

Ende der südlichen Außenfront. November–Februar täglich 9–16.30 Uhr, März–Oktober 9–18.30 Uhr. Man zahlt 3 €.

• *Astronomische Uhr* Den vielseitigen Mechanismus der gegenüber der mitteleuropäischen Zeit beständig eine halbe Stunde nachgehenden astronomischen Uhr kann man täglich um 12.30 Uhr bewundern. Unter anderem ziehen dann allegorische Figuren der vier Lebensalter an der des Todes vorbei, und die zwölf Apostel erweisen nacheinander Christus ihre Reverenz. Nach jedem vierten kräht der links oben sitzende "Show" für andere Besucher geschlossen. Hahn. Die Kathedrale ist während dieser Zugang über das Uhrenportal, Einlass ab 12 Uhr. Kommen Sie rechtzeitig, denn schon bevor es losgeht, werden über Lautsprecher die Erklärungen (auch auf Deutsch) gegeben. Eintritt 0,80 €.

Musée de l'Œuvre Notre-Dame (Frauenhausmuseum)

Das Museum befindet sich unmittelbar gegenüber vom Eingang zur Aussichtsplattform des Münsters in dem aus zwei Häusern mit völlig verschiedenen Giebeln bestehenden Gebäudekomplex an der Place du Château. Das linke Haus mit Treppengiebel stammt aus dem 14. Jh., das rechte mit Volutengiebel wurde mehr als 200 Jahre später im Renaissancestil errichtet. Beide sind durch Holzgalerien miteinander verbunden. Hier befand sich einst die Münsterbauhütte, hier wurden die Bau- und später die Restaurierungsarbeiten koordiniert, hier besprachen sich die beteiligten Steinmetze, Glasmaler, Bildhauer und Zimmerleute, hier war der Sitz des Zahlmeisters, und hier brachte man zur Zeit der Französischen Revolution auch einige der schönsten Skulpturen unter und rettete sie so vor der Zerstörung. Zu Beginn des 20. Jh. richtete man das Museum ein. Nicht nur Originalstatuen des Münsters bekommt man zu sehen, sondern auch weitere bedeutende Exponate, die die sakrale Kunst am Oberrhein vom 11. bis zum 17. Jh. veranschaulichen. Das verwinkelte Doppelgebäude mit seinen Innenhöfen, knarrenden Holzböden, Galerien und einer wunderschönen steinernen Wendeltreppe aus dem Jahre 1580 ist alleine schon einen Besuch wert. Das Museum ist täglich außer montags von 10 bis 18 Uhr geöffnet. Eintritt 3 €.

Erdgeschoss: Hier werden die Highlights des Museums ausgestellt. So z. B. im Saal 2 der teilweise wiederhergestellte Kreuzgang des Klosters Eschau mit graziösen Pflanzen- und Tierreliefs sowie Szenen aus dem Leben Jesu in den Kapitellen oder das älteste in Frankreich gefundene Glasbildfragment, den ausdrucksstarken Weißenburger Christuskopf aus dem 11. Jh. Im angrenzenden Saal 3 hat man die Gelegenheit, romanische Glasmalereien aus dem 12. und 13. Jh. aus der Nähe zu betrachten. Sie stammen z. T. aus dem Münster (z. B. der "Thronende Kaiser"), z. T. aus anderen elsässischen Kirchen. Zeit nehmen sollte man sich für den Saal 7, stehen hier doch zahlreiche gotische Originalfiguren, etwa die berühmten Statuen der Ecclesia und der Synagoge, die man an den verschiedenen Münsterportalen inzwischen durch Kopien ersetzt hat. Von diesem Saal kommen Sie durch ein Tor auch in den mittelalterlichen Paradiesgarten, wo man ab dem 15. Jh. Heilpflanzen, Kräuter und Gemüse angebaut, aber auch Blumen gepflanzt hat.

Mittleres Treppengeschoss: In den Räumen sind Goldschmiede-, Silber- und Elfenbeinarbeiten aus dem 14. bis 18. Jh. zu sehen. Prunkstück ist die kleine Bleifigur "Christus, auf dem Palmesel reitend".

Zweites Obergeschoss: Hier erwartet den Besucher spätmittelalterliche, meist sakrale Kunst: Glasmalereien (Saal 20), sehr schöne bemalte Holzskulpturen (Saal 25) und zahlreiche Gemälde. Über die enge Wendeltreppe geht man abwärts und gelangt nun erst ins erste Obergeschoss.

Erstes Obergeschoss: Zu sehen bekommt man dort neben Werken des Renaissancemalers Hans Baldung Grien (Saal 29 und 30) und sehenswerten Stillleben des Straßburgers Sebastian Stoskopff (z. B. "Korb mit Gläsern" und "Große Vanitas") auch das ehemalige Sitzungszimmer der Münsterbauhütte (Saal 31) und das Büro des Zahlmeisters (Saal 32) sowie elsässisches Mobiliar aus dem 17. und 18. Jh.

Pittoresk wirken die mit Biberschwanzziegeln gedeckten Häuser

Strasbourg
Karte S. 146/147

Zweiter Rundgang: Rund ums Münster

Neben dem Münster gehören auch die umliegenden Gassen mit ihren pittoresken Fachwerkhäusern und einem interessanten Stadtschloss mit gleich drei sehenswerten Museen zum Pflichtprogramm eines Straßburgbesuchs.

Maison Kammerzell/Pharmacie du Cerf: Das vielleicht schönste Fachwerkhaus der Stadt, das *Maison Kammerzell*, steht direkt neben der Touristeninformation am Münsterplatz. Seinen Namen trägt es nach einem seiner späteren Besitzer. Erbaut wurde es im 16. Jh. auf dem heute noch vorhandenen steinernen Erdgeschoss mit Arkaden eines Vorgängergebäudes aus dem Jahre 1467. Schauen Sie sich die reichen Schnitzereien genau an, es gibt eine Menge zu entdecken: im Eckpfosten z. B. die Allegorien der drei christlichen Kardinaltugenden Glaube, Liebe, Hoffnung, an den Rahmen der 75 Fenster historische Persönlichkeiten wie Karl den Großen, mythologische und biblische Figuren, etwa den Trojaner Hektor oder den König David, aber auch Sternzeichen und musizierende Engel.

Direkt gegenüber vom Hauptportal des Münsters steht an der Ecke zur Rue Mercière ein weiteres geschichtsträchtiges Haus, die frühere *Pharmacie du Cerf* (Hirschapotheke), eine der ältesten Apotheken Europas. Seit dem 13. Jh. – aus dieser Zeit stammen noch die Arkaden – bis zum Jahre 2000 wurden hier Pillen, Tropfen und heilende Säfte verkauft. Bei unserem Besuch waren Umbauarbeiten im Gange, die zukünftige Nutzung des Gebäudes stand noch nicht fest.

Ehemalige Schuhmachergasse: Gehen Sie nun in die von besonders malerischen Fachwerkhäusern gesäumte Rue du Maroquin. Wo sich heute ein Lokal an das andere reiht, hatten im Mittelalter die Schuhmacher ihre Werkstätten. Daran erinnert auch die Wetterfahne in Form eines Schnabelschuhs auf dem Dach des Hauses mit der Nummer 1 an der nahe gelegenen Place du Marché-aux-Cochons-de-Lait (Ferkelmarkt). Sie verweist auf eine Anekdote aus dem 15. Jh. Als sich der lebenslustige Kaiser Sigismund einmal in Straßburg aufhielt, sollen die Vornehmen der Stadt ihm zu Ehren einen Ball veranstaltet haben. Da er aber keine zum Tanzen geeigneten Schuhe dabeihatte, habe man ihm beim hier ansässigen Schuhmachermeister welche besorgt.

Schlachthaus/Pont du Corbeau/Zollhaus: Biegen Sie nun nach rechts ab, das lang gestreckte Gebäude auf der linken Seite ist die *Ancienne Boucherie*, das ehemalige *Schlachthaus* der Stadt aus dem Jahre 1586. Wo einst die Metzger ihrem Handwerk nachgingen, ist heute das *Historische Museum* untergebracht, das allerdings voraussichtlich bis zum Jahre 2006 wegen Renovierungsarbeiten geschlossen ist.

An der nächsten Straßenecke geht man links und überquert auf dem *Pont du Corbeau* die Ill. Diese Brücke hat im Mittelalter so manches Wehklagen gehört, wurden von ihr aus doch zum Tode Verurteilte, in einem Sack eingenäht, im Fluss ertränkt. Wenn Sie von der Brücke aus zurückschauen, haben Sie einen wunderbaren Blick auf das hufeisenförmige Schlachthaus und das auf der anderen Straßenseite stehende ehemalige Zollhaus, die *Ancienne Douane*. Es war seit Mitte des 14. Jh. Teil des einstigen Hafens der Stadt. Hier erhob man nicht nur den Zoll auf steuerpflichtige Güter, man lagerte auch Waren ein und handelte damit, weshalb man das Gebäude auch als "Kaufhüs" bezeichnete. Während des Zweiten Weltkriegs wurde es erheblich zerstört und dann in den 1950er Jahren wieder aufgebaut.

Musée Alsacien: Nur ein paar Schritte von der Brücke entfernt befindet sich genau gegenüber der Ancienne Douane am Quai St-Nicolas das *Musée Alsacien*. Schon allein die Räumlichkeiten sind sehenswert, hat man doch die Sammlung in drei Fachwerkhäusern aus dem 16./17. Jh. mit schönen Schnitzbalkonen und einem großen Innenhof untergebracht. Aus Angst, dass ihre Kultur in Vergessenheit geraten könnte, nachdem das Wilhelminische Kaiserreich das Elsass annektiert hatte, trugen engagierte elsässische Bürger Ende des 19. Jh. Beispiele ihrer Volkskunst und ihres Brauchtums sowie Gegenstände aus dem Alltagsleben zusammen. 1902 wurde dann das Museum eröffnet. Seine Sammlung ist schon deshalb einzigartig, weil man ganze Räume authentisch nachgebaut und eingerichtet hat, u. a. die Stube einer Winzer-

---

Kleiekotzer

Ein eigener Raum des Museums ist einer Sammlung hölzerner Masken gewidmet. Diese sog. "Kleiekotzer" waren einst an den Getreidemühlen angebracht. Am Ende des Mahlvorgangs flossen aus ihren gewaltigen Mündern die unbrauchbaren Schalen und Reste der Getreidekörner heraus: die Kleie. Darüber hinaus sollten diese einen gehörnten Teufel, einen wütenden Soldaten oder einen dunklen Fremdling darstellenden Fratzen eine abschreckende Wirkung haben und dafür sorgen, dass kein böser Geist das Mehl verhexte. Verständlich in einer Zeit, in der durch den Mutterkornpilz nicht selten schwere Vergiftungen hervorgerufen wurden.

familie aus der Renaissancezeit, eine Apotheke und eine Küche mit einer Kollektion wunderschöner Backformen. Daneben werden historische Zeugnisse aus allen Bereichen des Lebens präsentiert: Gebärstühle, Taufbriefe, Hochzeitsgewänder, Trachten, Kinderspielzeug, Totentafeln etc. Einen Schwerpunkt bildet das Thema Arbeit: Gerätschaften der Bauern, Müller und Winzer sind zu sehen, aber auch Werkzeuge der Minenarbeiter von Ste-Marie-aux-Mines, der Tischler und Kunstblumenhersteller. Interessant sind auch die Kultgegenstände der drei im Elsass vertretenen religiösen Gemeinschaften, der Katholiken, der Protestanten und der Juden.

Öffnungszeiten/Eintritt Mi–Mo 10–18 Uhr. Eintritt 3 €, Kinder und Jugendliche frei.

Rabenhof: Wenn Sie nach dem Verlassen des Museums rechts zurückgehen und auf der Höhe des Pont Corbeau den gleichnamigen Platz überqueren, kennzeichnet unmittelbar danach eine Rabenfigur den Eingang zu einem sehenswerten Innenhof, dem *Cour du Corbeau* (Rabenhof). Drinnen erwartet Sie ein herrliches Ensemble, bestehend aus Treppen, Türmchen, Erkern und Balkonen, das die begonnenen Renovierungsarbeiten dringend nötig hat. Immerhin galt das Gasthaus "Zum Raben" vom 16. bis zum 19. Jh. als eine der besten Absteigen der Stadt, in der u. a. auch Friedrich der Große übernachtet hat.

Licht- und Wasserspiele am Palais Rohan

Palais Rohan: In der eingeschlagenen Richtung weitergehend, fällt am anderen Illufer die elegante Rückfassade des *Palais Rohan* auf, das man über die Brücke Ste-Madeleine erreicht. In der ersten Hälfte des 18. Jh. wurde das Palais für den Straßburger Fürstbischof und Kardinal Armand Gaston de Rohan-Soubise errichtet. Ihm folgten weitere Mitglieder der Rohan-Dynastie auf den Bischofsthron und als Hausherren des Palastes, bis der Letzte sich während der Französischen Revolution ins Badische absetzte und dort auch starb. Dieses Stadtschloss gilt als besonders schönes Beispiel für die Architektur eines französischen Spätbarockpalais. Den typischen Garten ersetzt hier allerdings die zur Ill hin ausgerichtete große Terrasse. Wenn Sie am Ende der Rue du Bain aux Roses links gehen, kommen Sie durch ein mächtiges, von Doppelsäulen eingerahmtes Portal in den riesigen Innenhof. Den Besuch der drei im Schloss untergebrachten Museen können wir Ihnen wärmstens empfehlen (täglich außer dienstags 10–18 Uhr, Eintritt je Museum 3 €, das Sammelticket für alle drei Museen kostet 6 €, Kinder und Jugendliche frei):

Musée des Arts Décoratifs: Im Museum für Kunsthandwerk bekommt man zunächst die prunkvollen, lichtdurchfluteten Gemächer der Rohan-Kardinäle zu sehen. Im sog. Königszimmer hat Ludwig XV. schon sein Haupt zur Ruhe gebettet, während in einem zum Hof gelegenen, ganz in Grün gehaltenen Raum Napoleon I. geschlafen haben soll. Besonders beeindruckend ist die Bibliothek mit rundum laufenden Bücherschränken, alten Globen und prachtvollen Wandbehängen. Im zweiten Teil des Museums sind v. a. Fayencen ausgestellt, die 1721–1780 unter der Leitung der Familie Hannong in Strasbourg hergestellt wurden. Die Teller und Schüsseln mit naturgetreu gezeichneten Blumenmotiven fanden damals weit über die Grenzen des Elsass hinaus großen Anklang. Im letzten Raum befinden sich alte Triebwerke und astronomische Anzeigen von Vorgängermodellen der berühmten Uhr im Münster, u. a. auch der erste krähende Hahn aus dem Jahre 1354.

Musée des Beaux-Arts: Das Museum bietet eine sehenswerte Kollektion europäischer Malerei vom späten Mittelalter bis zum 19. Jh., darunter auch Werke von Giotto, van Dyck, Rubens, Raphael, Goya, Delacroix, El Greco u. a. Das wahrscheinlich bekannteste Bild des Museums, "La belle Strasbourgoise", wurde 1703 von Nicolas de Largillière, einem der bedeutendsten Porträtmaler seiner Zeit, geschaffen. Es zeigt eine hübsche, elegant gekleidete Aristokratin der Stadt, die gemäß der damaligen Mode einen extravaganten Dreispitzhut trägt. Der kleine Hund in ihren Händen scheint sich nicht ganz wohl in dieser Situation zu fühlen. Falls Sie mittlerweile noch nicht hungrig sind, werden Sie es sicher beim Betrachten der holländischen Stillleben, auf denen Krebse, Früchte und andere Köstlichkeiten Appetit machen.

Musée Archéologique: Die umfangreiche Sammlung, in 21 Sälen sehr übersichtlich präsentiert, gibt einen Überblick über die Besiedlungsgeschichte des Elsass von den Anfängen über die gallorömische Epoche bis ins 6. Jh. n. Chr., der Zeit der Merowinger. Hervorzuheben sind neben Rekonstruktionen von Gräbern, eines gallorömischen Hauses und eines ungewöhnlich bunten Mithras-Heiligtums die Funde aus der mystischen Höhenkultstätte auf dem Donon (siehe auch S. 194 f).

Place du Marché Gayot: Wenn Sie nach dem Verlassen des Palais Rohan nach rechts gehen, kommen Sie an einem mit der Kathedrale verbundenen, lang gestreckten Gebäude vorbei, in dem im 18. Jh. zunächst die katholische Universität von Strasbourg und später ein Jesuitenkolleg untergebracht war. Von dort geht es nach links in die Rue des Ecrivains und gleich darauf wieder rechts ab. Von dieser kleinen Straße führen drei Minigässchen zu der hübschen *Place du Marché Gayot*, die am Abend besonders junge Leute anlockt. Doch auch tagsüber kann man hier im Schatten der Bäume wunderbar sitzen, einen Kaffee genießen und die umliegenden, z. T. außergewöhnlich schmalen Häuschen bewundern.

An der gegenüberliegenden Seite des Platzes befinden sich drei weitere Minigässchen. Über sie erreicht man die von interessanten Läden gesäumte *Rue des Frères,* in die man links einbiegt. In wenigen Minuten hat man die Nordseite des Münsterplatzes erreicht, wo sich einst ein Friedhof ausbreitete. Erst als man diesen aus hygienischen Gründen aus dem Zentrum verlegte, entstand dieser längliche Teil des Münsterplatzes, der dann u. a. zum Verkauf von Brot und Salz genutzt wurde.

Dritter Rundgang: La Petite France

Das ehemalige Gerberviertel mit seinen engen, kopfsteingepflasterten Gassen, malerischen Fachwerkhäusern, romantischen Illkanälen und zahlreichen Brücken gehört mit zum Schönsten, was die an Highlights wahrlich nicht arme Straßburger Altstadt zu bieten hat. Auch wenn sich die Touristen oft gegenseitig auf die Füße zu treten scheinen, sollten Sie einen Besuch auf keinen Fall versäumen.

La Petite France: einst ein anrüchiges Viertel

Der ungewöhnliche Name des Viertels geht auf das 16. Jh. zurück. Damals stand hier ein Krankenhaus, in dem an der Syphilis erkrankte Patienten behandelt wurden. In größerer Verbreitung trat diese Lustseuche in Europa erstmals gegen Ende des 15. Jh. bei den Soldaten des französischen Königs Karl VIII. auf, weshalb man sie auch als "Franzosenkrankheit" bezeichnete. Daher nannte man das Krankenhaus "Klein Frankreich", eine Bezeichnung, die bald auf das ganze ohnehin in keinem guten Ruf stehende Viertel überging, denn hier empfingen auch zahlreiche Prostituierte ihre Freier.

Place Gutenberg/Neuer Bau: Vom Münsterplatz geht man über die pittoreske Rue Mercière zur *Place Gutenberg,* wo man 1840 dem Erfinder des Buchdrucks ein bronzenes Denkmal setzte und den einstigen Kräuterplatz nach ihm benannte. Der gebürtige Mainzer Johann Gutenberg lebte zwischen 1434 und 1444 in Straßburg und soll sich auch hier schon mit dem Buchdruck beschäftigt haben. Jedenfalls verhalf er der Stadt durch seine geniale Erfindung zu Reichtum, denn sie entwickelte sich bald zu einem Zentrum der Buchdruckerkunst. Von diesem Wohlstand zeugt u. a. heute noch der imposante *Neue Bau* mit einer säulengeschmückten Renaissancefassade und Volutengiebeln an den Dachfenstern hinter dem Gutenberg-Denkmal. Als Verwaltungsgebäude wurde er 1580 vom damaligen Stadtrat in Auftrag gegeben, diente später als Rathaus und ist heute Sitz der Industrie- und Handelskammer.

Grand' Rue: Biegen Sie an der Nordwestecke des Platzes nach links in die Rue Gutenberg ein und gehen Sie nach der Überquerung der Straßenbahnlinien weiter in die *Grand' Rue.* Sie ist eine der ältesten Straßen der Stadt und verband zur Zeit der Römer Tres Tabaerne (Saverne) mit dem Militärlager Argentoratum, aus dem Strasbourg entstand. Auch hier haben die verschiedenen Architekturepochen ihre Spuren hinterlassen. So kommt man an Fachwerkhäusern aus dem 16. Jh. (z. B. die Häuser mit den Nummern 101 und 120), aber auch an Barock- und Rokokofassaden vorbei. Außerdem macht das Bummeln in dieser kopfsteingepflasterten Straße schon deshalb Spaß, weil es in den Auslagen der Geschäfte viel zu sehen gibt.

Place Benjamin Zix: Zweigen Sie am Hôtel l'Europe nach links in die Rue du Fossé-des-Tanneurs ab. Nach wenigen Metern erreichen Sie so den *Benjamin-Zix-Platz* und damit das Herz von La Petite France, wo man unter Bäumen eine Kaffeepause machen und zeitgenössischen Künstlern beim Porträtieren der Touristen zuschauen kann. Der Platz ist übrigens nach einem Maler benannt, der die napoleonischen Kriegszüge im Bild festgehalten hat.

An den Ill-Armen hatten sich im Mittelalter vor allem die Handwerker niedergelassen, die zur Ausübung ihres Berufs auf das Wasser angewiesen waren, also die Müller, die Fischer, die Färber und die Gerber. Letztere waren dafür verantwortlich, dass ständig ein übler Gestank durch die Gassen wehte. Heute erinnern die besonders schönen Fachwerkhäuser am Benjamin-Zix-Platz an diesen Berufszweig. Achten Sie bei diesen authentischen Gebäuden auf die großen Galerien im Dachgeschoss – hier wurden die Tierhäute nach dem Waschen zum Trocknen aufgehängt. Wo es einst fürchterlich stank, lockt heute der verführerische Duft von Baeckeoffe und Choucroute aus den zahlreichen Restaurants, z. B. aus dem *Maison des Tanneurs*, dem ehemaligen Zunfthaus der Gerber.

Blick vom Barrage Vauban

Ponts Couverts/Barrage Vauban: Wenn Sie nun weiter in die Rue du Bain-aux-Plantes hineingehen, passieren Sie nach wenigen Metern ein Gasthaus mit dem seltsamen Namen "Lohkäs" (auch der erinnert an die Gerber, denn die "Lohe", zerkleinerte und gemahlene Eichen- oder Fichtenrinde, wurde zum Gerben der Häute verwendet). Dort zweigen Sie nach links in die Rue des Moulins ab und überqueren nach wenigen Metern eine Drehbrücke. Dank dieser mehr als 120 Jahre alten, mittlerweile modernisierten Konstruktion ist es möglich, auf Knopfdruck den Illkanal für passierende Schiffe freizugeben und gleich darauf wieder Fußgänger auf die andere Seite des Kanals gehen zu lassen. Dort angekommen, biegen Sie unmittelbar hinter einem Antiquitätengeschäft nach rechts ein und benutzen zunächst den Durchgang des Hauses Nummer 6, dann einen ungepflasterten Weg. Er bringt Sie zu den *Ponts Couverts*, die die zur Stadtbefestigung gehörenden Wachtürme miteinander verbinden. "Gedeckte Brücken", wie es der Name verheißt, bekommen Sie hier allerdings nicht zu sehen. Die Bezeichnung erinnert an die zwischen 1200 und 1250 erbauten, mit Ziegeldächern versehenen Holzbrücken, die bereits im 19. Jh. ersetzt wurden. Wenn Sie vor dem letzten Wachturm nach rechts abbiegen, kommen Sie zum *Barrage Vauban*. Dieses Stauwehr wurde unter Ludwig XIV. von dem Baumeister Vauban zur Verstärkung der alten Stadtbefestigung errichtet. Bei Gefahr konnte man den südlichen Vorstadtbereich einfach unter Wasser setzen, sodass hier kein Durchkommen mehr möglich war. Heute dient das Wehr als Aussichtsterrasse. Von hier hat man eines der grandiosesten Panoramen Straßburgs vor sich: die "Gedeckten Brücken" mit den lange als Gefängnissen genutzten Türmen, die Illkanäle, die, wie man hier oben auf einer Tafel nachlesen kann, fast alle nach einst an ihren Ufern stehenden Mühlen benannt sind, und das Münster im Hintergrund.

Öffnungszeiten/Eintritt Zugang zur Aussichtsterrasse täglich 7.30 (im Winter 9 Uhr) bis 19.30 Uhr, Eintritt frei.

Musée d'Art Moderne et Contemporain: Auf der anderen Illseite, über den Durchgang im Erdgeschoss des Vauban-Wehrs zu erreichen, steht das futuristische Gebäude des 1998 eröffneten Museums für moderne und zeitgenössische Kunst. Im Erdgeschoss werden u. a. die wichtigsten Strömungen in der Malerei von der Mitte des 19. Jh. bis in die Gegenwart dokumentiert. Klingende Namen sind vertreten: Renoir, Monet, Sisley, Max Liebermann, Max Ernst, Kandinsky, Picasso, Poliakoff, Braque und viele andere mehr. Besonders gewürdigt werden auch die Plastiken und Reliefs des in Strasbourg geborenen Künstlers Hans Arp. Zeitgenössische Kunst kann man dann im oberen Stockwerk bewundern – oder sich darüber wundern. Empfehlenswert ist das dort gelegene Art Café, von dessen Terrasse man auf den Barrage Vauban und das Münster blickt. In dem Museum werden zudem regelmäßig Wechselausstellungen präsentiert.

Öffnungszeiten/Eintritt Di–So 11–19, Do 10–22 Uhr, Eintritt 4,50 €.

Eglise St-Thomas: Man geht nun auf demselben Weg zurück und hinter dem Durchgang des Hauses Nummer 6 geradeaus weiter in den Quai des Moulins, der über eine Schleuse führt. Am linken Illufer stehen wunderschöne alte Fachwerkhäuser mit liebevoll begrünten Terrassen. Hinter der kleinen Holzbrücke wendet man sich nach rechts, geht die Ill entlang und dann zur nächsten Brücke hinauf. Links führt die Rue Martin Luther zur protestantischen Kirche St-Thomas, dem zweitgrößten Gotteshaus Straßburgs, das im 12. und 13. Jh. an der Stelle zweier Vorgängerkirchen errichtet wurde. St-Thomas ist eine gotische Hallenkirche, d. h. die Seitenschiffe haben die gleiche Höhe wie das Mittelschiff. In dem ansonsten recht schlichten Innern fällt sofort das pompöse marmorne *Grabmal Moritz' von Sachsen* ins Auge. Der Sohn August des Starken hatte sich als Generalfeldmarschall im Dienste Ludwig XV. verdient gemacht und sollte nach seinem Tod deshalb ein ehrenvolles Grab bekommen. Da er jedoch nicht nur un-

Wuchtig wirkt der Turm von St-Thomas

Strasbourg
Karte S. 146/147

ehelich, sondern auch Ausländer und zudem noch evangelisch war, konnte dies nicht in Paris geschehen; man verlegte seine letzte Ruhestätte deswegen ins traditionell protestantische Strasbourg. Der damalige Starbildhauer des Königshofes, Jean-Baptiste Pigalle, schuf das Denkmal als dramatische Szene ganz im barocken Stil: Vor einem Obelisk, dem Symbol der Unsterblichkeit, steigt der Marschall die Stufen zum Sarkophag hinab. Eine spärlich gekleidete Frau, sie versinnbildlicht Frankreich, versucht, ihn aufzuhalten, doch unten rechts zeigt der Tod mit einem abgelaufenen Stundenglas, dass es kein Entrinnen mehr gibt. Herkules trauert um den Helden, ein kleiner Engel im Hintergrund weint bitterlich. Links vom Marschall liegen über der französischen Trikolore drei gefallene Tiere – der Löwe von Flandern, der österreichische Adler sowie der englische Leopard –, womit seine Siege glorifiziert werden. Sehenswert ist auch der Sarkophag des Bischofs Adeloch aus der Mitte des 12. Jh. im linken Querschiff. Dieser steht auf vier kleinen steinernen Löwen und ist mit Figuren und Rankwerk verziert.

Über dem Haupteingang befindet sich ein weiteres Kleinod der Kirche, eine *Silbermannorgel*. Auf dieser haben einige bekannte Persönlichkeiten gespielt, z. B. Mozart und – sehr häufig – Albert Schweitzer.

Nach dem Verlassen der Kirche gehen Sie rechts und über die Place St-Thomas in die Rue des Serruriers. Sie führt in östliche Richtung zum Gutenberg-Platz, von wo Sie in wenigen Schritten wieder das Münster erreichen.

Öffnungszeiten/Eintritt Täglich 10–12 und 14– 17 Uhr, Eintritt frei.

Silbermannorgeln

Einen geradezu mythischen Klang hat bei Musikliebhabern der Name Silbermann, steht er doch für ein goldenes Zeitalter der Orgelkunst am Oberrhein und in Sachsen. Besitzt eine Kirche ein Instrument aus dem Hause Silbermann, wird bei Führungen mit Sicherheit voller Stolz darauf hingewiesen. Andreas Silbermann, aus Sachsen stammend, wo sein Bruder ebenfalls legendäre Orgeln baute, kam 1701 nach Straßburg, ging 1704 für zwei Jahre nach Paris, um bei dortigen Meistern seine Kunst zu perfektionieren, bevor er sich dann endgültig in der elsässischen Metropole niederließ. In seinen Orgeln verbanden sich nun französische Einflüsse mit deutscher Bautradition. Nur zwei, die in Marmoutier und Ebersmunster, sind nahezu authentisch erhalten. Sein Sohn Johann Andreas, u. a. Ratsherr in Straßburg, trat in seine Fußstapfen und baute im Elsass und in Baden etwa 80 Orgeln. Alle Silbermann-Instrumente bestechen durch perfekte Technologie, unvergleichlichen Klang und elegantes Gehäuse.

Vierter Rundgang: Zentrale Plätze und wilhelminisches Viertel

Dieser Spaziergang führt zunächst durch das pulsierende Zentrum, dann in ein Viertel, das architektonisch so gar nicht in eine französische Stadt passt. Nachdem das Elsass nach dem Deutsch-Französischen Krieg 1870/71 an das deutsche Kaiserreich angegliedert worden war, fungierte Straßburg als Hauptstadt des sog. Reichslandes Elsass-Lothringen. Vom Ehrgeiz gepackt, der Stadt auch architektonisch ein "preußisches Gesicht" zu geben, ließ man nordöstlich der Altstadtinsel ein

Mittagsruhe am Monument aux Morts

Strasbourg
Karte S. 146/147

neues Viertel mit breiten, kerzengerade verlaufenden Straßen, riesigen Plätzen und zahlreichen Repräsentationsbauten im Stil der Gründerzeit errichten. Was einst Ausdruck stolzer Machtpolitik war, ist heute Erinnerung an die schmerzhafte jüngere Geschichte Straßburgs.

Place Kléber: Gehen Sie vom Münsterplatz links am Maison Kammerzell vorbei und überqueren Sie die Rue du Munster. Auf der anderen Seite beginnt die Rue des Orfèvres, eine hübsche Gasse mit ausgezeichneten Delikatessenläden. Sie führt zur protestantischen *Eglise du Temple-Neuf,* die Ende des 19. Jh. an der Stelle einer im Krieg 1870/71 abgebrannten Vorgängerkirche der Dominikaner errichtet wurde. Gehen Sie links um das Gotteshaus herum und auf der anderen Seite in der bisherigen Richtung weiter. An der Patisserie Christian, einem auffällig bemalten Gebäude, biegt man links in die Rue de l'Outre ein, passiert das berühmte Gourmetrestaurant "Au Crocodile" und steht kurz darauf auf der riesigen, stets belebten *Place Kléber.* Der Platz ist nach dem aus Strasbourg stammenden General Jean-Baptiste Kléber benannt, dem Oberbefehlshaber der französischen Truppen bei Napoleons Ägyptenfeldzug, der im Jahre 1800 in Kairo ermordet wurde. Eine Bronzestatue, unter der seine Gebeine ruhen, erinnert an ihn. Der geschichtsträchtige Platz hat schon viel Abstruses gesehen: Während der Französischen Revolution verrichtete hier die Guillotine ihr blutiges Werk, zur Zeit der Besetzung durch Hitler-Deutschland fanden pompöse Aufmärsche und propagandistische Kundgebungen statt. Heute kann man sich nicht mehr vorstellen, dass dieses lebendige Alltagszentrum der Stadt eine lange militärische Tradition hat. Daran erinnert nur noch die den Platz im Norden begrenzende *Alte Hauptwache* aus dem 18. Jh., auch *Aubette* genannt, weil hier die Soldaten bei Sonnenaufgang (franz. *aube*) ihre Tagesbefehle entgegennahmen. Nach ihrer Zerstörung 1870 hat man sie im wilhelminischen Stil der Gründerzeit wiederaufgebaut.

Place Broglie: Vorbei an eleganten Läden und Boutiquen geht man nun über die Rue des Grandes Arcades bis zur Rue de la Mésange und zweigt rechts ab. In wenigen Minuten hat man die lang gestreckte *Place Broglie* erreicht. Zwischen zahlreichen Platanen ragt in ihrer Mitte ein Obelisk in die Höhe. Ihn errichtete man 1951 zu Ehren des Generals Leclerc, des Befreiers Straßburgs von Nazideutschland. Um den Platz, der einstmals als Pferdemarkt diente, ließen sich reiche Straßburger im 18. Jh. prachtvolle Domizile erbauen. Besonders sehenswert sind z. B. das Eckhaus an der Rue du Dôme, das heutige *Café Broglie*, und das fahnengeschmückte *Hôtel de Ville*, ein einst für die Grafen von Hanau-Lichtenberg errichteter Palast, der von 1805 bis 1976 als Rathaus diente. Noch heute werden hier vom Stadtoberhaupt die wichtigsten offiziellen Besucher Straßburgs empfangen. Auf der gegenüberliegenden Seite des Platzes befindet sich das ehemalige Wohnhaus des einstigen Bürgermeisters Frédéric de Dietrich, in dem heute die Banque de France untergebracht ist. Es ist nicht nur architektonisch interessant, sondern auch die Wiege eines nationalen Symbols, denn hier trug Rouget de Lisle zum ersten Mal die Marseillaise vor (siehe S. 142). Im Nordosten wird der Platz von dem klassizistischen Gebäude der *Opéra du Rhin* begrenzt.

Links von der Oper, auf der anderen Straßenseite, steht in einer kleinen Grünanlage ein symbolträchtiges Kunstwerk, von Tomi Ungerer für die 2000-Jahr-Feier Straßburgs 1988 entworfen. "Geburt der Zivilisation" wird es genannt, und der zweigesichtige Januskopf unter einem kleinen, an den römischen Ursprung Straßburgs erinnernden Aquädukt weist auf die französischen und deutschen Wurzeln der Elsässer hin.

Place de la République: Über die Illbrücke gelangt man zum Zentrum des wilhelminischen Viertels, der *Place de la République*, einst Kaiserplatz genannt. Genau in der Mitte des kreisrunden Platzes befindet sich das *Monument aux Morts*. Auch wer sonst kein Interesse an Kriegsdenkmälern hat, wird von diesem sicherlich gefangen genommen, zeigt es doch eindrücklich das besondere Schicksal des Elsass. Eine Mutter hält die Leichname ihrer beiden Söhne in den Armen. Sie sind nackt. Wären sie bekleidet, so trüge der eine wohl eine deutsche, der andere eine französische Uniform. 1936 wurde dieses Mahnmal in Erinnerung an die schrecklichen Ereignisse des Ersten Weltkriegs errichtet, als Elsässer auf deutscher und auf französischer Seite z. T. sogar aufeinander schossen. Im Zweiten Weltkrieg, als ca. 130.000 Elsässer gegen ihren Willen in der deutschen Wehrmacht kämpfen mussten, wiederholte sich die Geschichte, sodass die Skulptur zum Sinnbild des elsässischen Schicksals wurde.

Umrundet man den Platz, passiert man fünf wilhelminische Renommiergebäude. Das auffälligste ist der monumentale *Palais du Rhin* im Westen, 1884−1889 in einer Mischung aus florentinischem Renaissance- und typischem Berliner Neubarockstil als Kaiserpalast für Wilhelm I. erbaut. Eingeweiht wurde er aber erst von seinem Nachfolger Wilhelm II. Die Nordseite wird beherrscht von den beiden neobarocken ehemaligen Ministeriumsgebäuden des Reichslandes Elsass-Lothringen. Im Osten stehen die *Bibliothèque Nationale,* geschmückt von den Köpfen Shakespeares, Molières, Dantes und anderer bedeutender Poeten, sowie das *Théâtre National,* ehemaliger Sitz des Landtags von Elsass-Lothringen. Beide sind im Wesentlichen neoklassizistische Gebäude.

Eglise St-Paul/Universität/Jardin Botanique: Zwischen Bibliothèque Nationale und Théâtre National führt die breite Avenue de la Liberté − vormals Kaiser-Wilhelm-

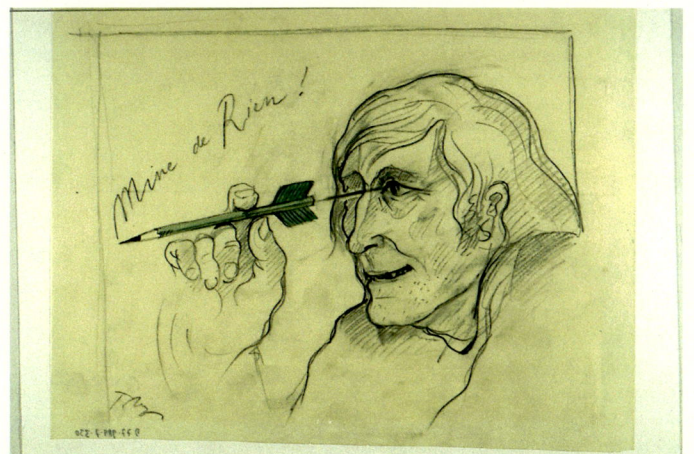

Strasbourg
Karte S. 146/147

Tomi Ungerer: Enfant terrible und guter Mensch des Elsass

Der populärste zeitgenössische elsässische Künstler und engagierte Kämpfer für die Erhaltung der Elsässer Identität galt in seiner Heimat lange als Enfant terrible. Man fand viele seiner Äußerungen zu provokant und direkt, zeigte sich auch schockiert darüber, dass ein weltbekannter Kinderbuchautor und -illustrator Zeichnungen erotischer Phantasien veröffentlichte. "Ich bin ein Pendler zwischen der geilen und der heilen Welt", erklärte er einmal mit entwaffnender Direktheit und "außerdem gäbe es ohne Sex keine Kinder."

Ungerer, 1931 in Strasbourg geboren, verlor früh seinen Vater. Als Schüler in Colmar erlebte er die Besetzung des Elsass durch die Nazis; statt "Heil Hitler!" zu schreien, sagten seine Familie und er "Ein Liter", berichtet er in seinen Kindheitserinnerungen. Wegen schlechten Betragens musste er später die *Ecole des Arts Décoratifs* verlassen, schloss sich eine Zeit lang den Kamelreitertruppen in Nordafrika an und ging 1956 mit 60 Dollar in der Tasche und ein paar Skizzen und Manuskripten nach New York, wo ihm als Autor, Werbegrafiker und Zeichner der große Durchbruch gelang. 1975 kehrte er nach Europa zurück und veröffentlichte "Das große Liederbuch", eine Sammlung deutschen Liedguts aus fünf Jahrhunderten, weil, so sagte er, die Deutschen sich auch dreißig Jahre nach der Hitler-Zeit noch nicht trauten, ihre alten, von den Nazis missbrauchten Volkslieder zu singen. Es wurde einer seiner größten Erfolge.

Neben seiner künstlerischen Tätigkeit engagiert er sich für den Frieden auf der Welt, für Verfolgte, für die Menschenrechtsorganisation Amnesty International, für die deutsch-französische Aussöhnung, für Aids- und Krebskranke, für den Erhalt der jüdischen Kultur im Elsass und vieles mehr. Im Kampf gegen den Pariser Zentralismus hat er zusammen mit Gleichgesinnten erreicht, dass in elsässischen Kindergärten eine zweite Sprache (Deutsch oder Elsässisch) gesprochen werden darf und – der jüngste Erfolg – ab 2006 alle elsässischen Schüler Deutsch lernen werden. Heute lebt er auf einem Bauernhof in Irland, in seiner Heimat, dem Elsass, ist er aber regelmäßig anzutreffen und mischt sich kräftig ein. Ein *Musée Tomi Ungerer* ist in Strasbourg seit langem geplant, wurde bisher aber leider noch nicht verwirklicht.

Straße – schnurgerade auf die Universität zu. Bevor man diese erreicht, passiert man das mit seinen Türmchen, Rosetten und neugotischen Spitzbögen wie eine Burg wirkende Gebäude der Hauptpost sowie mit schmiedeeisernen Balkonen und integrierten Säulen geschmückte Villen, in denen meist hohe Beamte des Deutschen Reiches wohnten. Links ragen die beiden Türme der *Eglise St-Paul* in den Himmel, zwischen 1889 und 1892 als protestantische Kirche der deutschen Militärgarnison auf der Illinsel Sainte-Hélène erbaut.

Hat man die Illbrücke und den verkehrsreichen Quai du Maire Dietrich überquert, kommt man zur *Universität*. Auf dem Platz davor steht das 1904 errichtete Denkmal für Johann Wolfgang Goethe. In stolzer Haltung steht der junge Dichter zwischen den Musen der dramatischen und lyrischen Kunst. Der wahrscheinlich bekannteste Student Straßburgs hörte 1770/71 seine Vorlesungen in einem Vorgängerbau der heutigen Universität, die ebenfalls ein wilhelminisches Gebäude ist. Falls Sie Lust haben, können Sie noch dem hinter der Universität liegenden *Jardin Botanique* mit Planetarium und Zoologischem Museum einen Besuch abstatten.

Höhere Töchterschule/Judengasse: Um den Rundgang fortzusetzen, gehen Sie zurück zur Ill, halten sich links, überqueren die nächste Brücke und kommen so in die Avenue de la Marseillaise. An der nächsten Kreuzung gehen Sie links in die Rue des Pontonniers bis zur nächsten Brücke. Wenn Sie von hier zurückschauen, haben Sie einen wunderschönen Blick auf die malerisch gelegene, Anfang des 20. Jh. gebaute einstige *Höhere Töchterschule,* eine gelungene Mischung aus Spätgotik, Renaissance und mittelalterlichem Fachwerk, das tatsächlich aus einem ehemaligen Wohnhaus stammt. Auch heute wird hier noch unterrichtet, in dem zauberhaften Gebäude ist das Lycée International untergebracht.

Wenn man nun auf der anderen Seite der Ill nach rechts abbiegt, passiert man nach wenigen Metern den *Laufsteg des Falschen Walls,* eine hübsche Fußgängerbrücke mit schmiedeeisernem Geländer. Einen Häuserblock weiter halten Sie sich links und kommen so in die *Judengasse,* die Rue des Juifs, und damit aus der Gründerzeit zurück ins Mittelalter. Viele der Häuser sind mit schönen Innenhöfen ausgestattet, besonders eindrucksvoll ist der des Hauses mit der Nummer 13. Zudem gibt es in den Schaufenstern einiger edler Geschäfte so manches zu bewundern. Am Ende der Straße können Sie über die Rue du Dôme zum Münster zurückkehren.

Fünfter Rundgang: Europaviertel

Das moderne Viertel im Norden der Stadt am Zusammenfluss von Ill und Rhein-Marne-Kanal liegt gar nicht sehr weit entfernt vom historischen Strasbourg. Ein schöner, etwa 40-minütiger Spaziergang führt am Wasser entlang zu den Pälasten der europäischen Institutionen und weiter zu dem beliebten Parc de l'Orangerie.

Parlament Européen: Vom Münster geht man über die Rue Mercière und die Rue du Vieux-Marché-aux-Poissons bis zum Pont Corbeau und zweigt auf der anderen Seite des Flusses nach links ab. Über den Quai des Bateliers, dann den Quai des Pêcheurs erreicht man die Place de l'Université. Ab hier heißt die nun von besonders schönen Häusern gesäumte Uferstraße Quai Rouget-de-Lisle. Nach etwa 600 m überqueren Sie den Fluss auf der Fußgängerbrücke Passage Ducrot und gehen auf der anderen Illseite auf dem Quai du Ch.-Winterer in derselben Richtung weiter, vorbei an einem Neubau des Fernsehsenders *arte.* Wahrscheinlich werden Ihnen hier ziemlich viele Radfahrer und Jogger begegnen, auf der Ill sind häufig Ruderer und immer wieder Ausflugsboote zu sehen, und ständig patrouillieren in

Imposante Glasgebäude im Europaviertel

dieser Gegend Soldaten. Bald öffnet sich der Blick auf das *Europaparlament.* Der 1999 nach Plänen des renommierten Pariser *Architecture Studio* fertig gestellte Parlamentspalast ist ein architektonisches Meisterstück. Ein 60 m hoher Rundbau, teils verglast, teils aus Betonelementen bestehend, wird von einem bogenförmigen gläsernen Gebäude mit silbrig glänzender Kuppel umschlossen. In diesem befindet sich der Plenarsaal des größten Wanderzirkusses Europas, wie man die derzeit noch 626 direkt gewählten Europa-Abgeordneten aus den 15 EU-Staaten genannt hat. Denn jeden Monat (außer im August) nehmen die Abgeordneten an einer einwöchigen Plenartagung teil, eine Heerschar von Beamten, Journalisten, Dolmetschern, Sekretärinnen etc. begleitet sie nach Strasbourg, dann ziehen alle wieder nach Brüssel, wo zwei Wochen im Monat die Ausschüsse tagen, oder nach Luxemburg, dem Sitz des Generalsekretariats des Europaparlaments. Für ihre Stippvisiten in Strasbourg stehen ihnen neben dem Parlamentssaal weit mehr als 1000 Büros, Konferenzsäle, aber auch Fitnessstudios, Friseursalons, Bars, Restaurants und Reisebüros zur Verfügung. Aber auch die Hoteliers und Gaststättenbesitzer in der Stadt freuen sich, wenn eine Sitzungswoche ansteht.

Palais des Droits de l'Homme/Palais de l'Europe: Gegenüber vom Europaparlament stehen die hohen, dunklen Trakte des 1975 errichteten Palais de l'Europe, zu dessen Frontseite Sie später kommen. Eine gedeckte Brücke über die Ill verbindet die beiden Gebäude. Gehen Sie an der Wasserseite um das Europäische Parlament herum, um einen Blick auf seinen schwer bewachten Eingang zu werfen. Rechts führt der Pont de Wacken über den Rhein-Marne-Kanal. Auf der anderen Seite hält man sich rechts und kommt dann über den Pont Zaepfel zum *Palais des Droits de l'Homme,* dem Europäischen Gerichtshof. Großes Lob erhielt der englische Architekt Richard Rogers für die Gestaltung des 1995 vollendeten Komplexes. Zwei schräg angeschnittene Rundbauten symbolisieren eine Waage der Gerechtigkeit,

Das vereinte Europa erfordert Kompromisse

Dass das Europaparlament drei Arbeitsorte hat, obwohl sein Sitz in Strasbourg ist, hat mit der komplizierten Geschichte der Europäischen Union zu tun. 1949 nahm der Europarat in Strasbourg seine Arbeit auf, in der von Franzosen und Deutschen geprägten Stadt, in der nun symbolisch die Aussöhnung zwischen den beiden Ländern besiegelt werden sollte. Luxemburg wurde 1952 Sitz der Europäischen Gemeinschaft für Kohle und Stahl (EGKS). Und als man 1957 die Europäische Atomgemeinschaft (EURATOM) und die Europäische Wirtschaftsgemeinschaft (EWG) ins Leben rief, versuchte man, alle drei Gemeinschaften in einer Stadt zusammenzulegen. Neben Strasbourg bewarben sich Mailand, Brüssel und Luxemburg. Da sich die sechs damaligen Mitgliedsstaaten nicht einigen konnten, kam es 1958 zum Kompromiss. Die Kommissionen sollten in Luxemburg und in Brüssel tagen, das Europaparlament in Strasbourg. Durch den Vertrag von Amsterdam wurde diese Verteilung der Institutionen formell bestätigt. Die Abgeordneten werden also Vielreisende bleiben.

überragt wird die von roten Farbtupfern durchsetzte Glaskonstruktion von zwei "Wachtürmen". Sie weisen auf die Aufgabe dieser Institution hin, darüber zu wachen, dass die Mitgliedsstaaten die in der Menschenrechtskonvention festgelegten Grundrechte einhalten.

Rechts vom Europäischen Gerichtshof führt der Pont de la Rose Blanche wieder über den Kanal in die Avenue de l'Europe, wo sich der Eingang zum *Palais de l'Europe* befindet, dem Sitz des 1949 gegründeten Europarats, der ältesten und mit über 40 Mitgliedern auch größten Organisation europäischer Staaten. Deren Machtbefugnisse sind beschränkt, ihre Organe – Beratende Versammlung, Ministerkomitee und Kongress der Gemeinden und Regionen Europas – können nur Entschließungen und Empfehlungen erlassen, aber keine rechtsverbindlichen Entscheidungen treffen. Auch dieses Palais erhielt in seinem Einweihungsjahr 1975 einen Architekturpreis – heute entspricht es allerdings mit seiner Wuchtigkeit nicht mehr dem Zeitgeschmack. Doch vor 30 Jahren war man von dem quaderförmigen Bau aus Sandstein, Glas und Aluminium ganz begeistert. Damals wie heute: Vor dem Eingang wehen die Fahnen der Mitgliedsstaaten und die des Europarats: zwölf goldene Sterne auf blauem Grund.

Parc de l'Orangerie: Auf der gegenüberliegenden Seite des Palais de l'Europe erstreckt sich der von den Straßburgern geliebte *Parc de l'Orangerie*. Zentrum dieser größten Grünanlage der Stadt mit alten Bäumen, gepflegten Blumenbeeten und einem mehr als hundert Jahre alten Gänselieselbrunnen bildet der *Palais de Joséphine*, benannt nach der Gemahlin Napoléon Bonapartes, die sich in diesem Park besonders gerne aufhielt. Dahinter befinden sich Attraktionen, an denen auch Kinder Spaß haben: Neben einem künstlich angelegten See und einem schönen Spielplatz gibt es mehrere Tiergehege mit Affen, einem Luchs, Emus, Flamingos und zahlreichen exotischen Vögeln. Außerdem pflegt man hier in einem großen Gehege Störche – Teil eines Programms zur Wiederaussiedlung von Meister Adebar im Elsass. Für kleine Kinder ein besonderer Spaß ist auch der Mini-Bauernhof, denn sie dürfen die Tiere auch streicheln.

Wenn Sie sich zum Abschluss etwas Besonderes gönnen möchten und über das nötige Kleingeld verfügen, sollten Sie das Gourmetrestaurant Buerehiesel aufsuchen. Sie finden es in einem wieder aufgebauten Bauernhaus aus dem 17. Jh. mitten im Orangeriepark. Vom Parkeingang geht man über die Allée de la Robertsau zur Place de l'Université und von dort zurück zum Münster.

● *Besichtigung* Nach dem Anschlag auf das World Trade Center in New York am 11. September 2001 hat man die Möglichkeiten zur Besichtigung des **Parlament Européen** und des **Palais de l'Europe** stark eingeschränkt. Zum Zeitpunkt der Recherche wurden nur Gruppen ins Innere dieser beiden Gebäude eingelassen. Nähere Informationen erhalten Sie unter ✆ 0390214940 (Europarat) und ✆ 0388172007 (Europaparlament).

● *Öffnungszeiten des Orangerieparks* Mi, Sa und So 14.15–17.45 Uhr, während der Schulferien jeden Nachmittag. Erwachsene 1,60 €, Kinder ab 4 J. die Hälfte.

● *Verbindungen* Falls Ihnen der Weg zu Fuß zu weit ist, können Sie das Palais de L'Europe auch mit folgenden Bussen errei-

chen: Linie 6 (ab Place de L'Homme-de-Fer oder Place de l'Université), Linie 30 (ab Pont St. Guillaume), Linie 72 (ab Place de la République). Die Haltestelle befindet sich unmittelbar vor dem Palais de l'Europe.

● *Parken* Kostenlose Plätze finden Sie gegenüber vom Palais de l'Europe. Allzu viele sind es allerdings nicht.

Tipp für Radfahrer: Im Europaviertel beginnt ein Radweg von Strasbourg nach La Wantzenau (siehe unten), Rückfahrt über das Château des Portales bei Robertsau. Die entsprechende Karte erhalten Sie kostenlos im Office de Tourisme.

Umgebung von Strasbourg

La Wantzenau: Die schöne Lage an der Ill und jede Menge vorzügliche Restaurants machen das alte Fischerdorf zu einem beliebten Ausflugsziel für die Städter. Nach dem Essen lockt ein Verdauungsspaziergang am Fluss oder durch die Auwälder bis zum nahen Rhein.

Lage Von Strasbourg fährt man mit dem Auto auf der D 468 (ca. 7 km) nach La Wantzenau, mit dem Bus ab der Place de la République (Linie 72).

Abteikirche St-Trophime in Eschau: Ende des 8. Jh. ließ der Bischof von Straßburg in Eschau ein Nonnenkloster errichten und in dessen Abteikirche St-Trophime die sterblichen Überreste der heiligen Sophia beisetzen. Nach der Zerstörung durch

Strasbourg
Karte S. 146/147

plündernde Ungarn 926 baute man es im 11. Jh. wieder auf. Aus dieser Zeit stammt die romanische Kirche, wenn sie auch danach noch mehrmals umgestaltet wurde. Die Klostergemeinschaft löste sich im Laufe der Bauernkriege auf. Auffallend sind die lang gestreckten, niedrigen Arme des Querschiffs. Rings um die Apsis zieht sich ein Kranz von 16 feinen Blendarkaden. Die steilen Dächer errichtete man im Spätmittelalter. Im Innern der flachgedeckten dreischiffigen Pfeilerbasilika, deren Fußboden ursprünglich mehr als einen Meter tiefer lag, kann man im nördlichen Querschiff den Schrein bewundern, in dem ab 1350 die Gebeine der heiligen Sophia aufbewahrt wurden. Besonders sehenswert ist die vergoldete Holzskulptur (um 1500) der Sophia mit ihren Kindern.

Lage Von Strasbourg fährt man über die N 83 bis Illkirch-Graffenstaden und wechselt dort auf die D 222 nach Eschau (ca. 12 km).

Route de la Choucroute: Südwestlich von Strasbourg prägen endlos lange Reihen von sauber nebeneinander gepflanzten, dicken Kohlköpfen das Landschaftsbild – wir sind in einem der beiden elsässischen Sauerkrautanbaugebiete, das andere befindet sich östlich von Colmar. Besonders im Herbst, wenn die riesigen Köpfe geerntet und auf Wagen zu kunstvollen Pyramiden aufgeschichtet werden, hat diese ansonsten eher öde Landschaft ihren Reiz. Dann liegt über den Dörfern ein eigenartiger, starker Kohlgeruch, der Lust macht, z. B. in Blaesheim, ein gutes *choucroute* zu bestellen.

Hätten Sie's gewusst? *Choucroute* – die französische Wortschöpfung setzt sich zusammen aus dem gallischen *chou* (Kohl) und *Krüt* für Kraut, Bestandteil des elsässischen Wortes *Sürkrüt*, und ist somit ein Pleonasmus.

Der König der Sauerkrautstraße

• *Lage* Etwa zehn Orte haben sich zur Route de la Choucroute zusammengeschlossen. Auf der folgenden Strecke lernen Sie einige davon kennen: von Strasbourg über die N 422 nach **Geispolsheim,** weiter nach **Blaesheim** (D 84) und **Krautergersheim,** **Meistratzheim,** **Niedernai** (D 206), von dort über die N 422 zurück.

• *Essen* **Restaurant Chez Philippe,** in Blaesheim. Leutselig und ein Original ist der Wirt Philippe Schadt geblieben, obwohl er als "König des Sauerkrauts" gilt (er hat die Route de la Choucroute mit ins Leben gerufen) und obwohl immer mehr illustre Gäste bei ihm vorbeischauen – auch der deutsche Kanzler Gerhard Schröder hat auf Einladung des französischen Präsidenten Jacques Chirac schon hier gespeist. Immer noch gibt es aber in seinem Lokal mit originellem Deckengemälde – u. a. der Meister selbst als seine Blöße mit einem Feigenblatt bedeckender nackter Engel – wunderbares Choucroute, deftigen Kalbskopf, saftiges Spanferkel in Vinaigrette und zarte Gänsestopfleber im Briochemantel – und die Atmosphäre stimmt! Sonntagabends und Do geschl., ✆ 0388688600.

Lieblich ist das Hochtal von Wangenbourg

Die mittleren Vogesen

Vom Col de Saverne bis hinunter ins Tal der Liepvrette erstrecken sich die Mittelvogesen. Eine Vielzahl an Sehenswürdigkeiten und ganz unterschiedliche, jede auf ihre Art faszinierend schöne Landschaften machen ihren Reiz aus.

Nur drei Gipfel, der tempelgekrönte Donon (1009 m), der eine phantastische Aussicht bietende Rocher de Mutzig (1010 m) und die mächtige Kuppel des Champ du Feu (1100 m), übertreffen die 1000-Meter-Marke, die anderen erreichen im Durchschnitt Höhen von 750 bis 850 m. Das Bruchetal trennt die mittleren Vogesen in zwei unterschiedliche Landschaften. Diejenige nördlich davon wird noch vom Buntsandstein mit seinen so charakteristischen Felsformationen, die südliche zum größten Teil bereits von den sehr viel härteren Granit- und Gneisgesteinen geprägt. In beiden herrscht dichter Wald vor, durchzogen von unzähligen Wanderwegen.

Fast lieblich präsentiert sich die abgelegene Region um das Schneebergmassiv, die "Schweiz des Elsass", mit ihrem Zentrum Wangenbourg-Engenthal; wilder und herber gibt sich dagegen das Steintal bei Schirmeck. In den etwas dichter besiedelten Vallées de Villé mit vielen Obstbäumen laden urige Bauerngaststätten und ein paar traditionelle Destillerien zu Pausen ein. Größter Besuchermagnet ist der legendäre Mont Ste-Odile, Heimat der elsässischen Schutzpatronin. Viel besucht werden auch der geheimnisumwitterte Donon mit keltischen und gallorömischen Kultstätten, der gewaltige Dabofelsen, die sagenumwobenen Burgen Nideck und Haut-Barr, das bezaubernde Städtchen Saverne, aber auch, als Zeugnis der grausamen jüngeren Vergangenheit, das Konzentrationslager Struthof.

Saverne

Das geschichtsträchtige Städtchen an der Zorn und am Rhein-Marne-Kanal besitzt eine hübsche Altstadt und vor allem ein prächtiges Schloss im Versailler Stil direkt am Wasser.

Nirgendwo sind die Vogesen schmaler als östlich von Saverne. Und wegen seiner verkehrsgünstigen Lage am Ausgang des Zorntals und am Fuß des Zaberner Passes (Col de Saverne), mit einer Höhe von 385 m der niedrigste und schnellste Übergang nach Lothringen bzw. ins Pariser Becken, nennt sich die Stadt auch gerne "Porte d'Alsace". "Was für ein schöner Garten" waren die begeisterten Worte des Sonnenkönigs Ludwig XIV beim Anblick Savernes, als er in seiner Kutsche den Pass herunterfuhr, um seinen neuen Besitz Elsass zu inspizieren. Recht hatte er, denn nicht nur die Stadt, sondern z. B. auch die Burgen im Tal der Zorn sind lohnende Besichtigungsziele.

Bei Bootstouristen beliebt ist der Rhein-Marne-Kanal. Tausende gehen jedes Jahr in Saverne vor Anker, in dessen Zentrum eine der zahlreichen Kanalschleusen liegt. Hinzu kommen noch Wanderer und Radfahrer, für die die Vogesen bzw. die Wege entlang der Wasserläufe ein geradezu ideales Terrain bilden.

Geschichte: Die Lage des Ortes an einer damals schon bedeutenden Straße veranlasste die Römer im 1. Jh. n. Chr., hier die Raststation *Tres Tabernae* (drei Tavernen) zu errichten, woraus sich *Zabern,* der spätere Name der Stadt, entwickelte. Diese fiel im 12. Jh. an die Bischöfe von Straßburg. Sie ließen sich ein Schloss bauen, welches sie zunächst als Sommerresidenz nutzten, bis sie sich nach Streitigkeiten mit der Straßburger Bürgerschaft Anfang des 15. Jh. ständig hier niederließen. Unter ihrer Herrschaft blühte die Stadt wirtschaftlich auf, und zahlreiche prachtvolle Gebäude entstanden. Aber es gab auch Rückschläge und gewaltige Zerstörungen: so z. B. 1515, als während der Bauernkriege die Truppen des Herzogs von Lothringen hier etwa 18.000 Aufständische niedermetzelten, oder im Verlauf des Dreißigjährigen Kriegs. Nachdem Saverne französisch geworden war, entfalteten die Fürstbischöfe aus der bekannten Familie Rohan, unter denen das Schloss neu errichtet wurde, absolutistischen Glanz und Prunk à la Versailles, bis der letzte sich während der Französischen Revolution nach Deutschland absetzen musste und die Stadt in einen Dämmerschlaf verfiel. Ein neuer Aufschwung setzte dann mit dem Bau des Rhein-Marne-Kanals und der Eisenbahnlinie Paris–Strasbourg ein.

Ein Einhorn schmückt den Brunnen an der Schleuse

Lage/Adressen/Verbindungen

- *PLZ* 67700
- *Lage* Saverne ist sehr gut an das Straßennetz angebunden. Nach Strasbourg führen die gebührenpflichtige A 4 und die D 421, nach Wasselonne die N 4, nach La Petite Pierre die D 122 und die D 178.
- *Information* **Office de Tourisme,** 37, Grand' rue (in der Fußgängerzone), ✆ 0388 918047, ✉ 0388710290, www.ot-saverne.fr. Ganzjährig Mo–Sa, von Mai bis September auch an Sonn- und Feiertagen, in der Adventszeit außerdem sonntagnachmittags geöffnet.
- *Führungen* Im Juli und August werden vom O.T. zum Preis von 2 € jeweils einmal pro Woche Führungen durch die Altstadt, das Schloss Rohan und durch die Burg Haut-Barr angeboten, auf Wunsch auch auf Deutsch.
- *Zug* Der Gare SNCF ist nur wenige Fußminuten vom Zentrum entfernt. Man hat hier Anschluss nach Paris, Strasbourg, Colmar und Basel.
- *Parken* Es gibt mehrere kostenfreie Parkplätze. Sehr beliebt ist der am Kanalhafen.
- *Taxi* ✆ 0388916680
- *Fahrradverleih* **Cycles Ohl (8),** 10, rue St-Nicolas, ✆ 0388911713.

> **Tipp für Radfahrer:** Direkt an der Schleuse in Saverne beginnt ein sehr beliebter, 50 km langer Radwanderweg nach Strasbourg.

- *Hausbootvermietung* Die in Deutschland ansässige Firma **Nicols** vermietet auch ab Saverne Hausboote. D-79219 Staufen, ✆ 07633/7998, ✉ 50344.
- *Markt* Jeden Do vor dem Schloss Rohan.
- *Veranstaltungen* **Saga du Haut-Barr,** eine Licht-und-Ton-Show mit schauspielerischen Einlagen findet im August jeden

Das prächtigste Haus der Stadt

Die mittleren Vogesen

Abend rund um die Burg Haut-Barr statt. Beginn 21 Uhr, ein Bus bringt Sie von der Place Charles-de-Gaulle zum Château hinauf. Erwachsene 6 €, Kinder die Hälfte.
- *Kinder* Das **Schiffshebewerk** im nahe gelegenen Arzwiller (siehe S. ???) ist für größere Kinder sicherlich von besonderem Interesse.
- *Einkaufen* **Le Comptoir de Lisel,** kleiner, aber feiner Laden in der Nähe der Schleuse mit edlen Souvenirs wie Kelschwebwaren, kulinarischen Produkten etc. 29, Grand' rue.
- *Öffentliche Toiletten* Am Quai du Canal unterhalb des Schlosses.
- *Post* 2, pl. de la Gare.
- *Polizei* 29 a, rue St-Nicolas, ✆ 0388911912.

Übernachten/Essen und Trinken

- *Übernachten* ** **Hôtel Chez Jean (2),** in einem renovierten ehemaligen Kloster wohnt man stilecht und elegant mitten in der Stadt, auch Sauna und Solarium fehlen nicht. Eines der komfortablen DZ kostet 69–75 €. 3, rue de la Gare, ✆ 0388911019, ✉ 0388912745.

** **Hôtel National (1),** funktionales Hotel mit 33 praktisch eingerichteten Zimmern, für die man zu zweit je nach Ausstattung 45–50 € bezahlt. 2, Grand' rue, ✆ 0388911454, ✉ 0388711950.

Hôtel Villa Katz (7), oberhalb der Stadt ist in einer Jugendstilvilla das elegante Hotel mit 8 Zimmern sowie einem empfehlenswerten lichtdurchfluteten Restaurant untergebracht.

Ein DZ mit Balkon bekommt man zum Preis von 54 bis 69 €, außerdem kann man auch in einer Suite mit Solarium für 100 € unterkommen. 42, rue Gal Leclerc, ✆ 0388710202, 📠 0388718030.

Jugendherberge, ganz fürstlich nächtigt man in einem der Flügel des Schlosses Rohan. ✆ 0388911484, 📠 0388711597.

*** Camping Municipal, oberhalb von Saverne liegt idyllisch der 2,5 ha große Platz, der von April bis September geöffnet ist. 40, rue du Père Libermann, ✆/📠 0388913565.

• *Essen und Trinken* **Restaurant Chez Jean (2),** im Restaurant des gleichnamigen Hotels liegt der Schwerpunkt auf der elsässischen Küche, es gibt aber auch leichtere Kost wie z. B. das feine Seeteufelmedaillon mit Tomaten. Menü ab 24 €. Von Oktober bis Juni sonntagabends und Mo geschl. Adresse s. o.

Taverna Katz (6), als das schönste Lokal, und zwar außen wie innen, gilt diese Winstub. Sehr gute elsässische Gerichte, die meist ein wenig abweichen von dem, was sonst so serviert wird: Baeckeoffa mit Ente oder Fisch, Sauerkraut mit Gänsefleisch ... Vor allem mittags brummt der Laden. 80, Grand' rue, ✆ 0388711656.

Restaurant Le Staeffele (4), kleines, elegantes Lokal mit feiner Gourmetküche. Wie wär's z. B. mit Austern als Vorspeise und anschließend einem Steak von der Hirschkuh? Mi und Do (jeweils mittags) und sonntagabends geschl. 1, rue Poincaré, ✆ 0388 916394.

Café Restaurant La Marne (3), schöner Platz für einen Espresso direkt an der Schleuse. Das Restaurant bietet u. a. Flammkuchen, Tagliatelle und Salate. Mo geschl. 5, rue du Griffon, ✆ 0388911918.

Pâtisserie Muller-Oberling (5), hier kann man süße Eclair (Brandteigstange mit aromatisierter Creme) und jede Menge andere Köstlichkeiten genießen und gleichzeitig dem Treiben in der Fußgängerzone zuschauen. Mo geschl. 66–68 Grand' rue.

Sehenswertes

Die wichtigsten Sehenswürdigkeiten Savernes liegen eng beieinander. Beginnen Sie den Rundgang am Parkplatz gegenüber vom Kanalhafen.

Schloessel/Rohan-Schloss mit Museum: Zwei Durchgänge führen in den Schlosspark, von dem man einen schönen Blick auf zwei Bauten ganz unterschiedlichen Stils hat. Links erhebt sich wie eine Trutzburg das *Schloessel,* eine ältere Bischofsresidenz mit kleinen Fensterchen und dem *Cagliostroturm,* benannt nach einem undurchsichtigen Magier, der Ende des 18. Jh. dort alchimistische Experimente durchgeführt haben soll. Rechts steht die elegante *Rohan-Schloss,* zwischen 1780 und 1790 auf Betreiben des leichtlebigen Kardinals Louis René de Rohan-Guéméné an der Stelle eines abgebrannten Vorgängerbaus nach dem berühmten Versailler Vorbild erbaut. Besonders schön ist die Gartenfront mit acht korinthischen Säulen am zentralen Aufgang, rechts und links von kannelierten Pilastern flankiert. Viel Freude hatte der Kardinal übrigens nicht an der prachtvollen Residenz, denn im Zuge der Revolution wurde sie schon 1792 Staatseigentum. Heute ist darin u. a. das empfehlenswerte *Musée du Château des Rohan* untergebracht, das man über die 1852 unter dem Prinzen Louis Napoléon Bonaparte neu gestaltete Frontseite mit zwei kleinen Sandsteinpavillons betritt. Im Keller finden Sie eine außergewöhnliche Sammlung von gallorömischen Grabdenkmälern und Götterskulpturen, darunter einen Vier-Götter-Stein – leider sind nur Merkur und Herkules erhalten – und eine Jupitersäule mit Gigantenreiter. Im zweiten Stock kann man eine kleine Ausstellung zur Regionalgeschichte (u. a. sakrale Figuren und Funde aus den umliegenden Burgen) besichtigen, darüber hinaus geht es hier v. a. um die Journalistin, Frauenrechtlerin und engagierte Europäerin Louise Weiss (1893–1983), über die man in einer Ausstellung und durch mehrere Filme (auch auf Deutsch) informiert wird.

Öffnungszeiten/Eintritt Vom 1.3. bis 14.6. und vom 16.9. bis 30.11 zwischen 14 und 17 Uhr; im Sommer 10–12 und 14–18 Uhr; vom 1.12.–28.2. nur So und an Feiertagen von 14 bis 17 Uhr. Erwachsene 2,45 €, Jugendliche ab 12 Jahren 1,70 €.

Saverne

Essen und Trinken
- Chez Jean
- La Marne
- Le Staeffele
- Muller-Oberling
- Taverna Katz

Übernachten
- ① National
- ② Chez Jean
- ⑦ La Villa Katz

Fahrradverleih
- ⑧ Cycles Ohl

Eglise Notre-Dame: Man erreicht die Kirche vom Eingang des Schlosses links über die Rue D. Fischer. Links von ihr sieht man alte Steinsärge und Grabplatten, auf der rechten Seite sollte man dem Treppenturm und dem reich verzierten Renaissancetor zum Schloessel, heute Sitz der Sous-Préfecture, einen Blick schenken. Der älteste Teil des Gotteshauses ist der romanische Glockenturm aus dem 12. Jh. Rechts vom Eingang ist ein altes Holzmaß zu erkennen, das die Länge der auf der Zorn zu flößenden Hölzer angab. Besondere Beachtung im gotischen Kirchenschiff verdienen u. a. die Kanzel aus dem Jahre 1495, ein Werk von Hans Hammer, der auch die Kanzel im Straßburger Münster schuf, die marmorne Skulptur "Die Beweinung Christi" daneben und gegenüber ein Heiliges Grab mit einer Vertiefung an der rechten Seite im Leichnam Jesu zur Aufbewahrung der Hostie während der Karwoche. Rechts davon steht in einer Nische die kleine Statue des heiligen Veit, der der Legende nach in einem Kessel mit kochendem Öl gemartert wurde. Sehenswert sind auch die beiden spätgotischen Bischofsgräber im Chor und die fünf Fenster aus dem 14./15. Jh. in der Muttergotteskapelle.

Maison Katz/Kreuzgang der ehemaligen Klosterkirche: Von der Kirche hat man in wenigen Metern die Fußgängerzone erreicht, in die man nach rechts einbiegt. Sie wird von wunderschönen Häusern verschiedener Baustile gesäumt. Das auffallendste Gebäude, ein überaus reich mit Schnitzereien verziertes Fachwerkhaus aus dem Jahre 1605, ist das nach seinem Erbauer, dem bischöflichen Steuereinnehmer Heinrich Katz, benannte *Maison Katz* (heute ein Restaurant), das häufigste Fotomotiv Savernes.

Zweigt man in die nächste Seitenstraße nach links ab, kommt man zur ehemaligen Klosterkirche der Récollets, reformierten Franziskanern, die den ursprünglich vom Obersteigener Augustinerorden gegründeten Konvent ab 1486 bis zu seiner Auflösung 1791 bewohnten. Gegenüber vom Kircheneingang führt eine Tür in den gotischen *Kreuzgang* des Klosters, einen der schönsten des Elsass (zu besichtigen ist er täglich von 8 bis 18 Uhr). Seine Wände sind z. T. von alten Malereien aus der Zeit der Gegenreformation geschmückt, darunter die Anbetung der Heiligen Drei Könige.

Einhornbrunnen: Wieder zurück in der Fußgängerzone, geht man links bis zur Place de la Licorne mit dem schönen Einhornbrunnen. Sein Wasser gilt als heilkräftig, da einst ein Einhorn, Symbol der Reinheit, sein Horn hineingetaucht haben soll. Schräg gegenüber wartet in der Schleuse meistens eine Yacht darauf, zur Weiterfahrt gehoben oder gesenkt zu werden.

La Roseraie: Gehen Sie nun von der Schleuse geradeaus in die Grand' Rue, biegen Sie dann nach wenigen Metern links in die Rue du Griffon ein und zweigen Sie schließlich an deren Ende in die Route de Paris ab. Hier liegt *La Roseraie*, ein ca. 100 Jahre alter Rosengarten mit mehr als 550 Arten, dem Saverne seinen Beinamen "Rosenstadt verdankt.
Öffnungszeiten/Eintritt 1.6.–31.8. 10–19 Uhr, 1.9.–29.9. 10–12 und 14–16 Uhr. Eintritt 2,50 €.

Umgebung von Saverne

Le Jardin botanique: Etwa 2 km außerhalb der Stadt an der N 4 Richtung Phalsbourg (auf halber Höhe der Saverner Steige) findet man im Botanischen Garten eine interessante Sammlung an Orchideen und anderen exotischen Pflanzen, u. a. auch ein Torfmoor und ein Arboretum. Beste Besuchszeit sind Mai und Juni.
Öffnungszeiten/Eintritt 1.5.–30.6. und 1.9.–15.9. Sa, So und an Feiertagen 14–18.30 Uhr, Juli und August zusätzl. 10–12 Uhr. Erwachsene 2,50 €, Kinder unter 12 Jahren frei.

Romanische Kirche in St-Jean-lès-Saverne: Von der im 12. Jh. durch das Kloster Sankt Georgen (Schwarzwald) errichteten Benediktinerinnenabtei im 4 km entfernten St-Jean-lès-Saverne (auf der D 115 über Ottersthal zu erreichen) ist nur noch die Kirche übrig geblieben. Und auch sie wurde mehrfach umgebaut, wie man unschwer am Turm erkennen kann. Wenn Sie halb um die Kirche herumgehen, sehen Sie an der Hauptapsis einen ornamentreichen Bogenfries mit Tierköpfen, darunter auf der Fensterbrüstung eine Löwengruppe. Den Giebel des Mittelschiffes schmücken ein kämpfender Löwe (links) und ein Waben fressender Bär (rechts). Dass der dreischiffige Innenraum von den Nonnen und der Dorfbevölkerung gemeinsam genutzt wurde, ist an der architektonischen Ausgestaltung erkennbar. Während die Kreuzrippen des Chores und der beiden vorderen Joche auf mit Menschengesichtern geschmückten Konsolen ruhen, laufen sie im hinteren Teil auf simplen Rundbogensäulen aus. Auch die Anzahl der oberen Fenster ist unterschiedlich. Beachtung verdient das Sakristeiportal rechts im Chor. In seinem Tympanon erkennt man das Lamm Gottes, umgeben von Bäumen und Rosetten.

Noch ein Tipp: Oberhalb des Ortes steht die *Chapelle St-Michel* (Schild "Mont St-Michel"), an der Spitze des Kapellenfelsens findet man die kreisrunde *Ecole des Sorcières*, den sog. "Hexentanzplatz", einen mystischen Ort, von dem man eine hervorragende Aussicht hat.

Château du Haut-Barr/Tour Chappe: Die im 12. Jh. in ca. 460 m Höhe auf gleich drei eng beieinander, aber isoliert stehenden Sandsteinfelsen errichtete Burg, die man von Saverne in 4 km auf der D 171 erreicht, besticht durch ihre Konstruktion

Château du Haut-Barr – das Auge des Elsass

wie durch ihre Lage. Das "Auge des Elsass" wird sie schon seit alters zu Recht genannt, schweift der Blick doch an klaren Tagen bis zum Straßburger Münster und
weiter zum Schwarzwald. Bis zur Französischen Revolution blieb sie im Besitz der Bischöfe von Strasbourg bzw. Saverne, einer von ihnen, Johannes von Manderscheidt-
Blankenheim, ließ sie 1583 verstärken und erweitern, worüber eine Inschrift am
unteren Eingang informiert. Zerstört wurde sie von Truppen Ludwigs XIV., danach
wieder aufgebaut, doch nach der Revolution verfiel sie endgültig. Vom unteren Tor
geht man über eine Rampe zum oberen Renaissancetor. Dahinter steht die im 19. Jh.
restaurierte und damit als einzige im Elsass vollständig erhaltene Burgkapelle mit
romanischem Schiff und gotischem Chor. Der äußere Bogenfries ist mit Köpfen geschmückt, und auch innen findet man am Triumphbogen diese Verzierung. Von
der Kapelle aus geht man an einer Zisterne vorbei zum Nordfelsen, den man über
eine Eisentreppe auch besteigen kann; von oben bietet sich ein toller Blick über
die Burganlage und die Rheinebene. Hinter dem Restaurant führen Stufen zum Zen-
tralfelsen mit der Ruine einer fünfeckigen Umfassungsmauer mit Schießscharten
sowie Rund- und Doppelbogenfenstern hinauf. Wer die legendäre *Teufelsbrücke*
(s. u.) zum jenseits davon gelegenen Markfelsen überquert, braucht ein bisschen
Schwindelfreiheit, wenn sie auch durch Gitter gesichert ist. Von hier kann man den
zum Greifen nahe liegenden Bergfried der Burg Geroldseck und dahinter die Tour
Brotsch sehen und tief hinunter ins Tal der Zorn schauen.
200 m von der Burg entfernt (direkt an der D 171) steht der *Tour Chappe*, eine ehemalige, seit kurzem restaurierte optischen Station der von 1782 bis 1852 bestehenden Telegrafenlinie Paris–Strasbourg. Heute ist hier ein kleines Museum untergebracht.
Öffnungszeiten Das Museum im Tour Chappe ist vom 1.6. bis 15.9. Di–So 12–18 Uhr geöffnet. Erwachsene 1,50 €, Kinder ab 12 Jahren 1,20 €, Familien 4,20 €.

Wahr oder nicht, das ist die Frage

Wie um fast jede Burg ranken sich auch um die Haut-Barr skurrile Geschichten. 1168 habe der Bischof von Straßburg den zentralen Felsen mit dem Markfelsen durch eine Holzbrücke verbinden wollen, diese sei jedoch jedes Mal kurz vor ihrer Fertigstellung zusammengebrochen. Schließlich habe der Teufel in Gestalt eines der Steinmetze angeboten, er wolle helfen, wenn die erste Seele, die die Brücke überqueren werde, ihm gehöre. Armer Teufel: Es soll ein streunender Hund gewesen sein, der den Weg als Erster zurücklegte. Wahr oder nicht wahr, den Namen *Pont du Diable* ist die Brücke jedenfalls seitdem nicht mehr losgeworden.

Unter Bischof Johannes von Manderscheidt traf sich auf der Burg im 16. Jh. regelmäßig die "Hornbruderschaft", eine Schar von trinkfesten Gesellen, die das mit 4 Litern Elsässer Wein gefüllte Horn eines Auerochsen in einem Zug leeren mussten. Kaum zu glauben, oder?

Schiffshebewerk von Arzwiller: Bis 1969 benötigten die Schiffer zur Überwindung einer 4 km langen Teilstrecke des Rhein-Marne-Kanals einen ganzen Tag, mussten sie doch 17 Schleusen durchfahren, um das natürliche Gefälle zu überwinden. Die neue geniale Konstruktion, ein Schrägaufzug, schaffte Abhilfe und sparte zudem enorme Mengen an Wasser. Lastkähne oder Yachten fahren seither in ein 43 m langes Wasserbecken, das mit Stahlseilen auf Schienen schräg 44,55 m den Hang vom Unter- zum Oberkanal hinaufgezogen bzw. umgekehrt hinabgesenkt wird. Gegengewichte sorgen für einen relativ geringen Energieverbrauch. Das Manöver dauert gerade mal vier Minuten.

● *Lage*   Das Schiffshebewerk liegt bereits in Lothringen. Folgen Sie in Saverne der Beschilderung "Plan Incliné". Bis Lutzelbourg benutzen Sie die D 132 (10 km), dann für die restlichen 4 km die D 98.

● *Öffnungszeiten/Eintritt*   Das Hebewerk ist im März und November tägl. von 13.30 bis 16.30 Uhr geöffnet, im April, September und Oktober zusätzlich von 10 bis 12 und nachmittags bis 17 Uhr; im Mai und Juni von 9 bis 12 und nachmittags bis 18 Uhr; im Juli und August durchgehend von 10 bis 18 Uhr. Im Eintrittspreis von 3 € (Kinder 2 €) ist die Besichtigung des Schrägaufzugs, eines kleinen Museums, in einem alten Lastkahn untergebracht, und des Maschinenraums inbegriffen.

● *Kanalrundfahrten/Minibahn*   Von Mai bis September werden außerdem Rundfahrten auf dem Kanal (inklusive Transport im Schrägaufzug) sowie eine Tour mit einem Minibähnchen am alten Kanal entlang angeboten. Abfahrtszeiten und Preise erfahren Sie beim O.T. in Saverne oder unter ✆ 0387253069.

Pfarrkirche St-Martin und Heimatmuseum in Marmoutier: Alles begann damit, dass im 6. Jh. der irische Mönch Leobardus auf dem Gebiet des heutigen Orts Marmoutier (5 km von Saverne entfernt an der A 4) eine Abtei gründete. Entscheidende Impulse erhielt diese im Jahr 724 durch Abt Maurus, der u. a. die Benediktinerregel einführte. Nach ihm nannte man das Kloster *Maursmünster* ("Mauri Monastirium"), ein Name, der dann auch auf den sich entwickelnden Ort überging. Im 12. Jh. begann man auf den Fundamenten einiger Vorgängerbauten mit der Errichtung des heute als *Pfarrkirche St-Martin* genutzten Gotteshauses. Aus dieser Zeit stammt die ausgesprochen eindrucksvolle romanische Westfassade. Wuchtig wirken der quadratische Vierungsturm und die beiden achteckigen Seitentürme. Unterschiedlich gefärbte Sandsteine verleihen dem Ensemble aber zusammen mit Bogenfrie-

Abendliche Adventsstimmung in Marmoutier

sen, Kantenlisenen und mit wunderbar gearbeiteten Figuren und Reliefs viel Lebendigkeit und Anmut. Immer wieder entdeckt man ein neues Detail, z. B. das dreiköpfige Ungeheuer rechts vom mittleren Fenster, Löwenreliefs, die sitzenden Männer unterhalb der Seitentürme oder die fein gearbeiteten Fensterrahmungen. Eine durch runde Säulen mit filigran verzierten Würfelkapitellen gegliederte Eingangshalle führt ins Innere der Kirche. Eindeutig gotischen Charakter hat das erst 100 Jahre später erbaute Langhaus, der Chor mit reich geschnitztem Gestühl stammt aus der Mitte des 18. Jh. Beachtung verdient auch die Silbermannorgel. In der Krypta (Zugang rechts vom Chor) sind Mauerreste der drei Vorgängerbauten aus der Zeit vom 7. bis 10. Jh. zu sehen, außerdem hier aufgefundene Sarkophage aus Holz und Stein sowie ein Skelett und ein Schädel mit Krone.

In einem wunderschönen alten Fachwerkhaus in der Nähe der Kirche ist das *Musée d'Arts et Traditions Populaires* untergebracht. Zu bieten hat es eine reichhaltige heimatkundliche Sammlung, darunter auch viele Erinnerungsstücke an die in der Region einst stark vertretene jüdische Glaubensgemeinschaft. Eine alte Stube und Küche, auch die Werkstätten eines Schmieds, eines Steinmetzes und eines Fassmachers wurden aufgebaut, Gebrauchskeramik und traditionelle Backformen veranschaulichen den einstigen Alltag, Votivbilder, Amulette und ein Herrgottswinkel sind Zeugnisse der Volksfrömmigkeit. Sakrale und weltliche Gegenstände der einstigen jüdischen Besitzer des Hauses, z. B. ein Ritualbad, vervollständigen die Sammlung. Auch aus den umliegenden Synagogen hat man einiges Interessante hier zusammengetragen.

● *Öffnungszeiten/Eintritt*   Die **Pfarrkirche St-Martin** ist tagsüber geöffnet; beim Besuch der Krypta wird eine Spende von 2 € erwartet. Das **Musée d'Arts et Traditions Populaires** ist vom 1.5. bis 31.10. jeden So und Feiertag von 10 bis 12 und von 14 bis 18 Uhr geöffnet. Eintritt 4 €.

● *Information* **Office de Tourisme,** von Mai bis Ende August tägl. geöffnet, im September, Oktober u. Dezember Mo, im November und von Januar bis März außerdem auch So geschl. 1, rue du Gal de Gaulle, ✆ 0388 714684, 📠 0388714407, www.paysdemarmoutier.com.

● *Einkaufen*   **Poterie Ernenwein,** wunder-

schöne alte Springerle-Modeln stellt Claude Ernenwein in seinem Atelier nach alten Vorlagen her. Teilweise glasiert er sie dunkel, sodass sie wie altes Holz erscheinen. Tägl. geöffnet. 78, rue du Gal Leclerc.

Wanderung 6: Von Burg zu Burg im Tal der Zorn

Wie die Perlen auf einer Kette reihen sich auf dieser Tour (knapp 14 km, ca. 5 Stunden ohne Besichtigungen) die Sehenswürdigkeiten aneinander. Nur auf der Burg Haut-Barr gibt es ein Restaurant (montags geschlossen).

Wanderziele in Hülle und Fülle

Starten Sie in **Saverne** links von der Schleuse am Quai de l'Eole. Der Weg (roter Balken) führt zunächst unter einer Brücke hindurch, dann über eine Treppe auf die Rue du Haut-Barr hinauf, wo Sie rechts weitergehen. Auf dieser Straße wandert man durch ein ruhiges Wohngebiet allmählich aufwärts, bis man nach insgesamt 1,3 km die D 171 und den **Parkplatz Bildstoeckel** erreicht. Gehen Sie rechts von der Auberge du Clos de la Garenne in den Wald hinein. Immer der Markierung roter Balken folgend, steigen Sie auf schmalen Pfaden in ca. 20 Minuten zum **Château du Haut-Barr** hinauf.

Vorbei an der Burg läuft man jenseits des Parkplatzes wenige Meter die Asphaltstraße entlang und zweigt dann auf einen Waldweg zur **Tour Chappe** ab. Hier hat man die nächste Sehenswürdigkeit, das **Château du Grand Geroldseck,** schon unmittelbar vor Augen; ein steiler Pfad (rotes Schrägkreuz) führt zu der Burg mit ihrem teilweise zerstörtem Donjon und einem kleinen Aussichtsplatz hinauf. Ab-, dann wieder aufwärts gehend, kommt man in wenigen Minuten zur Nachbarburg **Petit Geroldseck,** von wo man kurz darauf den Wanderparkplatz Hexentisch erreicht.

Auf der anderen Seite des Parkplatzes geht man auf einer Piste (Markierung gelbes Kreuz) weiter, passiert nach 700 m den Rocher Huck (links vom Weg) und erreicht bald den **Petit Krappenfels,** einen idealen Platz für ein Picknick oder auch nur um die Aussicht über die Vogesen zu genießen.

Ein schmaler Weg (rot-weiß-roter Balken) führt nun steil abwärts durch den Wald bis zur **Lichtung Zimmereck,** einem Platz, an dem die Zimmerer einst Holz schlugen. Von dort steigt man durch ein von Stürmen stark zerstörtes Waldstück zum stillen Weiler **Stambach** im Talgrund hinab. Queren Sie die Bahnlinie und die D 132 und folgen Sie dann der Markierung blauer Balken über die Zorn und den **Rhein-Marne-Kanal.** Jenseits davon geht man wenige Meter nach links, dann rechts in den Wald hinein. In Serpentinen wandert man in ca. 30 Minuten steil zum hoch über dem Weiler gelegenen **Rappenfelsen** hinauf. Ein grandioser Blick öffnet sich auf das Tal der Zorn und auf die gegenüberliegenden Burgen Grand Geroldseck und Haut-Barr. Von hier geht es ca. 20 Minu-

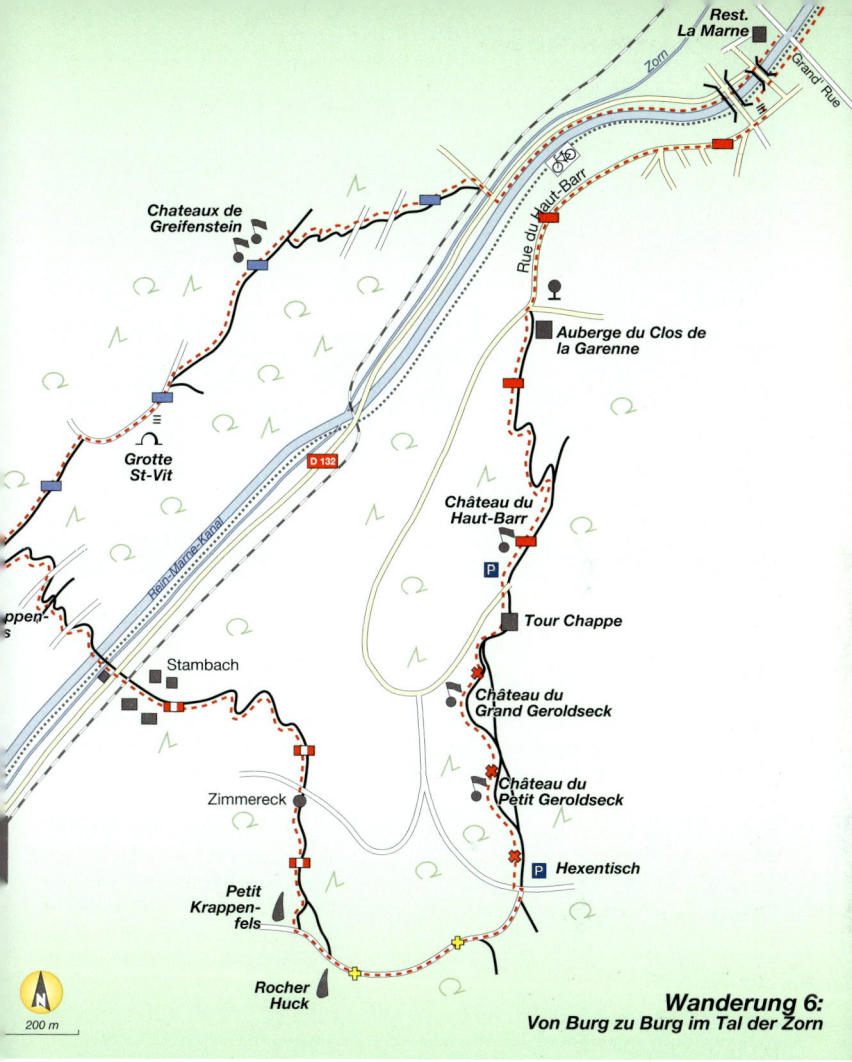

Wanderung 6:
Von Burg zu Burg im Tal der Zorn

Chateaux de Greifenstein

Zorn

Rest. La Marne

Grand'Rue

Rue du Haut-Barr

Auberge du Clos de la Garenne

Grotte St-Vit

D 132

Rhein-Marne-Kanal

Château du Haut-Barr

P

Tour Chappe

Château du Grand Geroldseck

ppen-s

Stambach

Château du Petit Geroldseck

Zimmereck

P **Hexentisch**

Petit Krappenfels

Rocher Huck

200 m

---

ten allmählich ansteigend bzw. eben weiter durch den Wald zur **Grotte St-Vit,** einer Höhlenkirche in hübsch bepflanzter Felsenlandschaft, die dem heiligen Veit geweiht ist, einem Sizilianer, der einst das Kind des römischen Kaisers Diokletian von der Besessenheit geheilt haben soll.

Nur etwa einen Kilometer weiter erreichen Sie die Ruinen der nebeneinander gelegenen **Châteaux Greifenstein** aus dem 12. und 13. Jh. Eine enge Holztreppe führt in einem der drei erhaltenen Burgtürme zu einer Aussichtsplattform hinauf, die den Blick bis hinüber zum Schwarzwald freigibt.

Rechts vom Eingang zu den Ruinen beginnt der Pfad hinunter ins Tal, das man nach ca. 1,5 km erreicht. Überqueren Sie wiederum die Bahnlinie und die D 132 und gehen Sie dann links am Kanal entlang noch knapp einen Kilometer bis zur Schleuse zurück.

La Suisse d'Alsace

Wangenbourg-Engenthal

In einem Hochtal stehen die Häuser des Dorfes Wangenbourg weit verstreut zwischen blumenübersäten Wiesen, die gleichnamige Burg scheint schützend ihre Hand darüber zu halten.

Wanderer können von hier aus nicht nur zahlreiche andere Burgruinen, sondern auch den dem Dorf gegenüberliegenden Schneeberg (961 m) erkunden. Ein empfehlenswerter Ort für alle, die Ruhe und Erholung suchen. Und wer's noch stiller mag, zieht sich in einen der übrigen Ortsteile der Verbundgemeinde zurück – nach Engenthal, Schneethal, Wolfsthal, Freudeneck oder Obersteigen – bzw. weicht in ein anderes Dorf der Region aus, die sich stolz "La Suisse d'Alsace" nennt. Und tatsächlich haben die lieblichen Täler zwischen bewaldeten Sandsteinhängen viel vom Flair der Schweizer Voralpen.

Direkt am Ortsrand liegt die sehr interessante Ruine des 1362 erstmals erwähnten **Château du Wangenbourg.** Eine ca. 2 m dicke Ringmauer mit schönen Fenstern umgibt die riesige Anlage, auf einer Holzbrücke überquert man den Burggraben. Im weitläufigen Innenhof sind Reste der einst recht komfortablen herrschaftlichen Wohnanlage, der Dienstbotenunterkünfte und Ställe zu sehen. An der Ostseite erkennt man an einem Kamin das Wappen des Burgherrn Georg von Wangen, ganz in der Nähe einen ehemaligen Ofen, gegenüber befand sich sogar ein Schwitzbad. Den riesigen Donjon aus schönen Buckelquadersteinen kann man über eine bequeme Holztreppe besteigen. Es lohnt sich, denn der Blick auf den Schneeberg und das dahinter liegende Vogesenmassiv im Westen sowie auf die Rheinebene im Osten ist phantastisch.

- *PLZ* 67710
- *Lage* Wangenbourg und Engenthal liegen beide an der D 218, über die sie von Saverne in einer halben Stunde erreichbar sind.

- *Information* **Office de Tourisme,** in einem modernen Bau mitten in Wangenbourg, 32 a, rue du Gal-de Gaulle, ✆ 0388873244, ✉ 0388873223,   www.suisse-alsace.com.

Ganzjährig Mo–Fr 10–12 und 15–17 Uhr geöffnet, von Mai bis September auch Sa/So.

• *Führungen* Im Juli und August werden einmal pro Woche Führungen (auf Französisch) durch die Burg und durch die Himmelfahrtskirche in Obersteigen angeboten.

• *Parken* Ein großer Platz befindet sich vor dem O.T.

• *Taxi* Erreichbar unter ✆ 0388873866, das Unternehmen hat seinen Sitz in Freudeneck.

• *Fahrradverleih* Vom O.T. werden Mountainbikes ganzjährig vermietet, im Juli und August sind sie jedoch am Camping Les Huttes (s. u.) stationiert. 3 € pro Std., 14 € pro Tag.

Tipp für Radfahrer: Knapp 2 Std. ist man auf der folgenden Tour unterwegs: Von Wangenbourg fährt man auf der D 218 bis Engenthal, von dort auf der D 224 nach Romanswille, wo man die D 817 nach Allenwiller und Salenthal nimmt. Von hier radelt man zuerst weiter nach Dimbsthal (D 117) und zweigt dann nach Birkenwald ab (D 229). 3 km hinter dem Dorf nimmt man an einer Gabelung die D 218 zurück nach Wangenbourg.

• *Öffentliche Toiletten* Am Spielplatz unterhalb der Burg.

• *Post* 38, rue du Gal-de Gaulle .

• *Polizei* Die nächste Gendarmerie finden Sie in Wasselonne, 11, rue du Gal-de Gaulle, ✆ 0388870245.

• *Übernachten* In Wangenbourg gibt es nur ein einziges Hotel, weitere Unterkünfte stehen aber in den verschiedenen Ortsteilen zur Verfügung.

*** Hôtel Restaurant Parc, sehr komfortables Haus im Zentrum Wangenbourgs mit Hallenbad, Tennis- und Spielplatz. Je nach Saison und Ausstattung des Zimmers bezahlt man zu zweit 47–76 €, es sind aber auch Drei- und Vierbettzimmer vorhanden. Im eleganten Speisesaal des Restaurants isst man wirklich gut, empfehlenswert z. B. die Galette mit Schnecken oder der Seeteufelspieß, Menü ab 18 €. Hotel und Restaurant bleiben von November bis Ende März geschlossen. 39, rue du Gal-de Gaulle, ✆ 0388873172, 🖅 0388873800.

** Camping Les Huttes, in Schneethal (ca. 900 m von Wangenbourg entfernt) liegt der einfache, aber angenehme und schattige Platz. Von April bis Mitte Oktober geöffnet. Route du Nideck, ✆ 0388873414, 🖅 0388 873223.

Nordwestlich von Wangenbourg

Überall in Wangenbourg wird schon mit Kristall dekoriert – Lothringen ist nah. Und an die lothringische Grenze bzw. sogar ein gutes Stück darüber hinaus führt die folgende Tour.

Ehemalige Klosterkirche in Obersteigen: In den Wäldern rund um das Dörfchen an der Passstraße nach Lothringen gibt es besonders viel Rotwild, aber auch Wildschweine, Dachse, Wildschnepfen und Haselhühner – kein Wunder, dass sich hier gerne Hobbyjäger einquartieren. Einen Besuch lohnt die ehemalige Klosterkirche *Ste-Marie de l'Assomption* im Ortskern, stellt der aus dem 13. Jh. stammende Bau doch ein schönes Beispiel des Übergangs von der Romanik zur Gotik dar. Sehenswert ist das Portal mit Ringsäulen und Knospen- und Blattornamente aufweisenden Kapitellen. Ähnliche Motive findet man auch an den Chorfenstern.

Kapelle auf dem Rocher de Dabo: Weithin sichtbar ragt der 664 m hohe, senkrecht abfallende Bergkegel Rocher de Dabo aus dem lothringischen Hügelland hervor. Hier stand bis zu ihrer Zerstörung im 17. Jh. die Dagsburg, von der die Mutter Papst Leos IX. stammte, der möglicherweise hier geboren wurde (siehe auch S. 319). Deshalb trägt der majestätische Felsen auch den Namen "Rocher St-Léon". Dem später heilig gesprochenen Kirchenoberhaupt zu Ehren errichtete man 1890 an der Stelle der einstigen Burg eine neoromanische Buntsandsteinkapelle, sein Bildnis finden Sie nicht nur über dem Eingang in Form einer Statue, sondern auch im rechten Chorfenster. Vom Felsen bzw. vom Turm der Kapelle genießt man eine wunderbare Aussicht auf die mittleren Vogesen und den am Fuß des Berges gelege-

Die mittleren Vogesen

nen Ort Dabo, in dem man übrigens recht gut Kristallwaren kaufen kann. Den Zugang zum Gipfel und zur Kapelle muss man von Ostern bis Allerheiligen allerdings bezahlen (Erwachsene 2 €, Kinder 0,50 €). Die restliche Zeit des Jahres ist der Fels frei zugänglich, allerdings bleibt die Kapelle dann verschlossen.

● *Lage*   Wer nach **Obersteigen** will, fährt von Wangenbourg auf der D 218 Richtung Saverne und zweigt nach 2,5 km auf die D 143 Richtung Dabo ab. Weiter zum **Rocher de Dabo** geht es von Obersteigen auf der D 143 zunächst Richtung Col du Valsberg, wo sich die Grenze zu Lothringen befindet. Ab hier heißt die Straße D 45. Folgen Sie ihr 6 km weiter, bis Sie dann auf die D 45 a zum Rocher de Dabo überwechseln. Parken kann man bei einem spektakulär gelegenen Aussichtsrestaurant unterhalb des Gipfels.

● *Übernachten/Essen*   *** **Hostellerie Belle-Vue,** mitten in Obersteigen, aber ganz ruhig liegt das angenehme Haus von Familie Urbaniak, in dem den Gästen Sauna, Fitnessraum, Schwimmbad und Jacuzzi zur Verfügung stehen. Die geräumigen, gemütlichen Zimmer kosten inkl. reichlichem Frühstück für 2 Personen 77 €. In dem empfehlenswerten Restaurant bekommt man u. a. feine Wildspezialitäten, ganz zart z. B. war das Hirschkuh-Ragout mit Pilzen. Menü ab 19 €. Sonntagabends und Mo geschl. 16, rte de Dabo, ✆ 0388873239, ✉ 0388873777.

Östlich von Wangenbourg: La Vallée de la Mossig

Zwischen Sandsteinfelsen schlängelt sich die Mossig von Engenthal durch ein immer breiter werdendes Tal bis nach Wasselonne hinunter. Rechts und links des Flüsschens stehen die Häuser der kleinen Streusiedlung **Freudeneck,** die von einem Sägewerk dominiert wird. Von hier kann man in zehn Minuten zu der einst das Mossigtal bewachenden, stark verfallenen Burgruine Freudeneck hinaufwandern (Überqueren Sie die Mossig, hinter der Brücke beginnt der mit einem blauen Kreuz markierte Wanderweg zur Burg.)

Die betriebsame kleine Stadt **Wasselonne** hat Versorgungsfunktion für die Region. Zentrum ist die Place Leclerc mit mehreren Restaurants; hier steht auch die große evangelische Kirche, die eine schöne Silbermann-Orgel besitzt. Vom Platz kommt man direkt zum Haupteingangstor der einstigen Burg aus dem 15. Jh., zur damaligen Zeit eine der größten des Elsass. Damit verbunden ist ein kleiner runder Wachturm; der sich über dem Tor erhebende Uhrturm wurde erst Ende des 18. Jh. errichtet. Im Cour du Château sieht man das alte, 1826 vergrößerte Amtshaus und vor dem großen Schulkomplex einen runden Turm, der im Mittelalter sowohl zur Verteidigung als auch als Gefängnis diente.

● *Lage*   Von Wangenbourg fährt man auf der D 218 nach Engenthal und zweigt dort auf die D 224 nach **Freudeneck** ab. Weiter Richtung Osten gelangt man auf der gleichen Straße nach **Wasselonne.** Die Stadt ist über die gut ausgebaute N 4 mit Saverne und Strasbourg verbunden.

● *Information*   **Office de Tourisme,** direkt neben der Kirche von Wasselonne. Mo–Fr geöffnet. Place du Gal Leclerc, ✆ 0388591200, ✉ 0388042357.

● *Überachten/Essen*   ** **Hôtel Restaurant Freudeneck,** sehr beliebtes Landhotel mit gemütlichem Flair. Ein DZ kostet zwischen 50 und 53 €, eine vierköpfige Familie kann zum Preis von 70 € unterkommen. Günstiges Restaurant, in dem man auch Tarte flambée serviert. Spezialität sind aber Cordon-bleu-Variationen, z. B. vom Wildschwein oder mit Meeresfrüchten. Mehrere günstige Menüs. Tägl. geöffnet. 3, rte de Wangenbourg, ✆ 0388873291, ✉ 0388873678.

Südlich von Wangenbourg: La Vallée de la Hasel

Wasserfall und Burgruine Nideck: Von Wangenbourg fährt man auf der D 218 Richtung Süden (vorbei am Forsthaus Nideck) und erreicht nach ca. 13 km bei einer Sandsteinstele links der Straße zunächst den *Point de Vue du Nideck.* Von einem kleinen Felsvorsprung hat man einen schönen Blick auf die Burg. Wer sie sich aus der Nähe anschauen möchte, fährt von hier noch einmal 4 km bis zum direkt an einer Brücke über den Bach und mehreren Häusern gelegenen Parkplatz Hasel. Von dort führt ein ca. 40-minütiger Spaziergang, bei dem man allerdings im zweiten Teil ca. 200 Höhenmeter überwinden muss, zuerst zum ca. 25 m tief herabstürzenden Wasserfall *Cascades du Nideck* und dann zur Burgruine, die genau genommen aus einem älteren Château Inferieur (13. Jh.), in dessen Bergfried ein Medaillon des Dichters Chamisso (s. u.) eingefügt ist, und einem etwas besser erhaltenen Château Superieur besteht.

● *Wanderweg* Vom Parkplatz Hasel wandert man (roter Balken) mit leichten Steigungen zum Wasserfall (15 Min.), klettert dann rechts von diesem steil aufwärts bis zu einem Aussichtspunkt. Von hier aus sind es noch einmal knapp 10 Minuten bis zur Unterburg. Ein schmaler Pfad bringt Sie noch einige Meter weiter bis zur Oberburg, von der man eine wunderschöne Aussicht genießen kann.

Alternative: Man kann auch 8 km hinter Wangenbourg am Parkplatz Nideck gegenüber dem gleichnamigen Forsthaus starten. Das rote Dreieck führt zum Wasserfall, der gelbe Balken zur Ruine.

Blick von der "Riesenburg" Nideck

Wo Ritter vor Zeiten Riesen waren

Gemäß einer Grimmschen Sage waren die Ritter auf der Burg Nideck einst Riesen. Einmal ging das Riesenfräulein hinab ins Tal und entdeckte bei Haslach auf einem Feld Bauern mit Pferden und einem Pflug. "Das gefällt mir", dachte sie, packte die zappelnden Wesen und den Pflug in ihre Schürze und brachte alles schnell zur Burg hinauf. Als sie dort dem Vater voller Freude ihren Schatz zeigte, wurde dieser böse und meinte, sie solle alles umgehend zurückbringen. Der Bauer sei kein Spielzeug, denn, bebaue er nicht das Feld, so hätten die Riesen in ihrem Felsennest nichts zu beißen.

Adalbert von Chamisso hat diese Sage als Vorlage für sein Gedicht "Das Riesenspielzeug" verwendet:

> *"Burg Nideck ist im Elsass der Sage wohlbekannt,*
> *Die Höhe, wo vorzeiten die Burg der Riesen stand;*
> *Sie selbst ist nun verfallen, die Stätte wüst und leer;*
> *Du fragtest nach den Riesen, du findest sie nicht mehr."*

Eglise St-Florent in Niederhaslach: Die sehenswerte Kirche im ruhigen, an der Hasel gelegenen Ferienort Niederhaslach gehörte zu einem im 6./7. Jh. vom heiligen Florentius, einem aus Irland stammenden Einsiedler und späteren Bischof von Straßburg, hier gegründeten Kloster. Das Gebäude aus dem 13./14. Jh. ersetzte einen vom Verfall bedrohten Vorgängerbau und weist besonders schöne gotische Bauelemente auf. An den Außenwänden entdeckt man besonders ausdrucksstarke und drollige Wasserspeier. Das mit wunderschönen Figuren geschmückte Tympanon zeigt im oberen Streifen seines Bogenfelds die Krönung Mariens, in den beiden darunter liegenden Szenen aus dem Leben des heiligen Florentius.

Im Innern sind besonders die prachtvollen Glasfenster an den Seitenwänden von Interesse, im Mittelalter eindringliche "Bilderbibeln" für das des Lesens unkundige einfache Volk. Auf der linken Seite sieht man u. a. die sieben Werke der Barmherzigkeit, Szenen aus dem Leben des Apostels Johannes und die Martyrien der Apostel, auf der rechten Seite die Passionsgeschichte, Szenen aus dem Leben Jesu, Mariens, des heiligen Florentius und Johannes des Täufers. Sie sind in der Zeit zwischen 1360 und 1420 entstanden, während die Lanzetten mit feinen Ornamenten und die in leuchtenden Farben gehaltenen Figuren im Chor aus dem 13. Jh. stammen. Links im Chor werden in einem goldenen Schrein die Reliquien des heiligen Florentius aufbewahrt, darunter befindet sich das Grab eines Bischofs. In der rechten Seitenkapelle kann man ein besonders schönes steinernes Heiliges Grab und die Grabplatte des Baumeisters der Kirche, ein Sohn Erwin von Steinbachs, bewundern.

• *Lage* Niederhaslach liegt 17 km entfernt von Wangenbourg an der D 218.
• *Übernachten/Essen/Reiten* **** Hôtel Restaurant La Pomme d'Or,** direkt gegenüber der Kirche steht der schöne, alte Gasthof von Familie Abelhauser. Ein DZ war zum Zeitpunkt der Recherche ab 45 € zu haben, allerdings kündigten die Vermieter eine Preiserhöhung an. Das Restaurant bietet v. a. regionale Spezialitäten; probieren Sie mal den Lachs in Rieslingsauce! ☎ 0388509021, ✆ 0388509517.
Relais Equestre du Neufeld, 2 km nördlich des Dorfes kann man Pferdeausritte buchen und auch übernachten. Ferme du Neufeld/Oberhaslach, ☎ 0388509148, ✆ 0388509546.

Schirmeck

Weniger das Städtchen an der Bruche selbst als vielmehr seine Umgebung zieht Besucher an: der Vogesengipfel Donon mit seinen geheimnisvollen Ruinen, das wunderschöne Steintal, das liebliche Vallée de la Bruche, aber mit dem ehemaligen Konzentrationslager Struthof auch ein Ort des Schreckens, der an die nationalsozialistische Gewaltherrschaft im Elsass erinnert.

Zwar bietet der Ort mit seiner kleinen Burg am Hang, vor der eine Marienfigur die Hand schützend über die Bewohner hält, einen recht hübschen Anblick, doch das war's dann im Grunde auch schon. Lediglich die Avenue de la Gare mit einigen wilhelminischen Villen und ein kleiner Park am Fluss können noch als hübsche Ecken im sehr vom Durchgangsverkehr geplagten Schirmeck genannt werden.

Der Beiname "Ville du Souvenir" (Stadt des Gedenkens) verweist darauf, dass Schirmeck während der Nazi-Herrschaft Schauplatz schrecklicher Ereignisse war. Die Rathaustür stammt aus dem Sicherungslager Vorbruck (s. u.), und ganz in der Nähe liegt das ehemalige Konzentrationslager Struthof.

• *PLZ* 67130
• *Lage* Schirmeck liegt im Zentrum des Bruchetals an der gut ausgebauten N 420.
• *Information* **Syndicat d'Initiative Schirmeck,** in der Grand' Rue im Rathaus, ☎ 0388 496380, ✆ 0388496389. Ganzjährig Mo–Fr

Camp du Struthof

Der Gegensatz wirkt beklemmend. Eine herrliche Panoramastraße führt zu dem 800 m hoch gelegenen ehemaligen Konzentrationslager, Zeugnis des menschenverachtenden Terrorregimes der Nationalsozialisten. Bereits 1940 wurden in Schirmeck im heute weitgehend überbauten sog. "Sicherungslager Vorbruck" (La Broque) Gegner der Germanisierung des Elsass interniert, im Mai 1941 eröffneten die Nazis dann bei einem Bauernhof das Vernichtungslager Natzweiler-Struthof. Die isolierte Lage und das Vorkommen des seltenen roten Granits ganz in der Nähe hatten den Ausschlag für die Wahl des Platzes gegeben. Zu den Häftlingen zählten Juden, Sinti und Roma, Homosexuelle, Zeugen Jehovas, Widerstandskämpfer und Oppositionelle. Viele von ihnen kamen schon beim Aufbau des Lagers und bei den Arbeiten in den Steinbrüchen ums Leben, andere wurden bei grausamen medizinischen Experimenten getötet, Tausende vergast – zunächst in einer etwas weiter entfernten, als normales Haus getarnten Gaskammer, später dann im Lager selbst. Man schätzt, dass bis zur Schließung des KZs im November 1944 etwa 12.000 Menschen umgebracht wurden. Und weitere Struthof-Häftlinge starben außerhalb des Elsass, denn ab September 1944 wurden wegen der vorrückenden alliierten Truppen zahlreiche Gefangene nach Dachau und in andere Lager verlegt.

Außerhalb des umzäunten Lagerbereichs liegt das **Mémorial de la Déportation** mit seiner riesigen, das Grab eines unbekannten Deportierten umschließenden steinernen Flamme und einem Gräberfeld. Hinter dem doppelten Stacheldrahtzaun betritt man den **Lagerbereich,** über den Hinweistafeln (auch in deutscher Sprache) sehr genau informieren. Zwischen der sog. Todesschlucht und Terrassen mit weißen Marmorblöcken, die die verschiedenen KZs symbolisieren, steigt man hinab zu zwei Baracken. Sie enthalten das 1943 eingerichtete Krematorium, Räume für Hinrichtungen, Sterilisationen und perverse medizinische Versuche sowie die Gefängniszellen; etwas dahinter findet man die sog. Klärgrube, in der sich die Fäkalien mit der Asche und anderen Überresten toter Häftlinge vermengten. Der Lagerkommandant, SS-Hauptsturmführer Josef Kramer, nutzte diese Mischung als willkommenes Düngemittel für seinen Gemüsegarten. Er wohnte in einer Villa mit Swimmingpool ganz in der Nähe der Baracken. Ehemalige Häftlinge berichten, dass er häufig grinsend, mit der Zigarre im Mund, Hinrichtungen beiwohnte und den Gefangenen, die dabei zusehen mussten, Beleidigungen und Drohungen zurief.

Das **Museum** in der Nähe des Eingangs präsentiert ein Modell des KZs und dokumentiert den grausamen Lageralltag anhand von Fotos, Häftlingsutensilien wie Kleidungsstücken und Essgeschirr sowie einer originalgetreu wieder aufgebauten Schlafstube. In den 1970er Jahren war das Museum zweimal Ziel rechtsextremistischer Anschläge. Einmal brannte es bis auf die Grundmauern nieder, wobei unersetzliches Dokumentationsmaterial zerstört wurde, beim zweiten Anschlag wurden die Fotos zerschnitten.

Anfahrt/Öffnungszeiten: Von Schirmeck fährt man über die N 420 nach Rothau und biegt dort auf die D 130 ab. Etwa 1,5 km vor dem Lager zweigt von der D 130 nach links eine Straße zur ehemaligen Gaskammer *(chambre à gaz)* ab, die man sich nur von außen anschauen kann. Sie befindet sich 200 m weiter links der Straße. Für Besucher geöffnet ist das Lager zu folgenden Zeiten: 1.3.–30.6. 10–11.30 und 14–16.30 Uhr; 1.7.–31.8. 10–17 Uhr; 1.9.–24.12. 10–11.30 und 14–16 Uhr. Eintritt 1,50 €.

Die mittleren Vogesen

geöffnet. Ab Sommer 2003 soll gegenüber ein neues Office de Tourisme eingerichtet werden, evtl. gelten dann andere Zeiten und Telefonnummern.

● *Burgmuseum* In der Burg kann man im Sommer (Juli/August) eine kleine historische Sammlung besuchen. Di, Do, So und an Feiertagen 14.30–18.30 Uhr, Eintritt 1,50 € (unter 16 Jahren frei).

● *Parken* Am Bahnhof oder auf dem großen Platz an der Bruche.

● *Taxi* ✆ 0388970360

● *Fahrradverleih* **Fuchs,** 1, rue du Gal de Gaulle im Ortsteil La Broque, ✆ 0388970456.

● *Markt* Mi auf der Place du Marché.

● *Reiten* **Gintz,** 36 b, rue Principale in Solbach. Hier kann man Pferde stunden- (15 €), halb- und ganztagsweise (50 bzw. 90 €) ausleihen, ✆ 0388973736. Weitere Reiterhöfe in La Broque und Ranrupt.

● *Post* An der Avenue de la Gare.

● *Polizei* 1, rte de Strasbourg, ✆ 0388970471.

● *Übernachten/Essen* In Schirmeck selbst gibt es weder nennenswerte Restaurants noch Hotels. Dafür hat diesbezüglich die Umgebung einiges zu bieten.

Auf dem Gipfel des Donon

** **Hôtel Restaurant La Rubanerie,** im Vorort La Claquette findet man bei einem älteren Ehepaar und seiner Tochter in einer großen Villa aus dem 19. Jh. eine etwas andere Unterkunft. Das Haus mit schönem, großem Park an der Bruche wurde von ihren Vorfahren, den Besitzern einer Bandweberei, erbaut. Heute bietet es neben Annehmlichkeiten wie Kaminzimmer, Sauna, Liegewiese, Tischtennisplatte etc. unterschiedlich große Ein-, Zwei- und Dreibettzimmer (48–74 €) sowie kleine Studios. Abends wird im Wintergarten ein elsässisches Menü zum Preis von 22 € serviert. So geschl. ✆ 0388970195, ✆ 0388471734.

** **Hôtel Restaurant Neuhauser,** mitten in der Waldeinsamkeit können Sie im Weiler Les Quelles bei Pierre Neuhauser, der auch für exzellente Brände bekannt ist, einen erholsamen Urlaub verbringen. Hallen- und Freibad, Sauna gegen Aufpreis. Komfortable Zimmer mit schönen Bädern (51–66 €), für bis zu 4-köpfige Familien geeignet sind die Chalets zum Preis von 110 bis 140 €. Im Panoramaspeisesaal wird hervorragende Küche serviert, Menü ab 20 €. Sonntagabends und Mo geschl., ✆ 0388970681, ✆ 0388971429.

Salon de Thé Hellich, für Kuchen eine empfehlenswerte Adresse in Schirmeck. 129, av. de la Gare. Mo geschl.

Westlich von Schirmeck

Le Donon: Eines der Highlights in den mittleren Vogesen ist der 1009 m hohe Donon an der elsässisch-lothringischen Grenze. Doch nicht nur wegen der besonders schönen Aussicht, sondern v. a. auch wegen seiner Geschichte als mystische Kultstätte der Kelten und später der Römer und Gallier fasziniert dieser Berg. Vom Parkplatz am Col du Donon (730 m) führt ein ca. 40-minütiger Pfad auf den Gipfel mit mehreren archäologischen Stätten und einem im 19. Jh. nach antikem Vorbild errichteten Tempel. Markiert ist der Pfad *(Sentier du Donon)* mit einem roten Balken bzw. einem Tempelsymbol. Ständig bergauf steigend, erreicht man nach ca. 20 Mi-

Entdeckungspfad Le Donon

nuten den *Felsen des Druiden,* 10 Minuten später eine Treppe, an der der eigentliche Rundweg mit Erklärungstafeln beginnt. Jenseits der Stufen kommt man zu den Fundamenten des *Tempels Nr. 1* aus gallorömischer Zeit. Links davon stehen einige Kopien von Stelen und Votivtafeln, die Originale werden im Museum der lothringischen Stadt Epinal aufbewahrt. Abgebildet sind u. a. Merkur (der Gott, dem der Gipfel damals geweiht war), der Waldgott Smertulus mit Hirsch und ein Blitze schleudernder Taranis zu Pferd, der mit Jupiter gleichgesetzt wird. Östlich der Tempelreste wendet man sich nach links und gleich darauf bei einer großen Holztafel nach rechts. In wenigen Schritten erreicht man eine *vorrömische Zisterne* – unmittelbar daneben die Stelle, wo einst ein hölzerner *Rundtempel* (Tempel Nr. 2) stand – und kommt dann wieder zum Hauptweg zurück. Die Reste des *Tempels Nr. 3,* einst dem Merkur geweiht, passierend, steigt man zum Gipfel. Diesen beherrscht der 1869 erbaute *Museumstempel,* in dem bis 1958 Skulpturen, Votivtafeln etc. aufbewahrt wurden. An der Ostseite der riesigen Plattform zeigt die Kopie eines Reliefs den Kampf zwischen einem Löwen und einem Wildschwein.

Mînes de Grandfontaine/Musée de la 2 CV: 2 km unterhalb des Gipfels gelangt man rechts ins kleine Dorf Grandfontaine. An einem Brunnen biegt man wiederum rechts ab und kommt so zu den hiesigen Minen nebst kleinem Mineralogiemuseum (oberhalb eines kleinen Stausees). Am östlichen Ortsausgang (an der D 392) findet man außerdem in einer alten Schmiede ein "Entenmuseum", das die Herzen aller Fans des guten alten Citroën 2 CV höher schlagen lässt.

● *Anfahrt* In Schirmeck nimmt man die D 392, zweigt nach ca. 9 km an der Verkehrskreuzung Col du Donon auf die D 993 ab und stellt sein Auto unmittelbar dahinter am Wanderparkplatz gegenüber dem Forsthaus ab.

● *Übernachten/Essen* ** Hôtel Restaurant du Donon, gegenüber von einem deutschen Soldatenfriedhof liegt an der Straße nach Lunéville ein gemütliches Hotel mit 22 Zimmern (DZ 47–54 €). Für angenehmen Zeitvertreib sorgen Schwimmbad, Tennis-, Minigolf- und Spielplatz. Angeschlossen ist ein großes Restaurant, die Speisekarte bietet elsässische und französische Spezialitäten, Menü mit mehreren Auswahlmöglichkeiten ab 16 €. In der Nebensaison Do geschl. 15, le Donon, ✆ 0388972069, ✉ 0388972017.

● *Öffnungszeiten/Eintritt* Minen und Mineralienmuseum, Juli und August tägl. von 14–18 Uhr, Eintritt 2,30 €, Kinder 1,50 €, ✆ 0388972009.

Musée de la 2 CV, jeden Sa 14–17 Uhr, Eintritt frei, ✆ 0388386476.

Weit öffnet sich das Breuschtal

Östlich von Schirmeck: Oberhalb des Vallée de la Bruche

Die Tour oberhalb bzw. südlich des Breuschtals bietet schöne Panoramen. Außerdem lockt eine interessante Burg.

Grendelbruch/Château du Guirbaden: Der unscheinbare Ferienort Grendelbruch hat außer Ruhe nicht viel zu bieten, lohnenswert ist jedoch ein Ausflug auf den grasbewachsenen Gipfel des *Hohbuhl,* auch "Signal de Grendelbruch" genannt. Von dort genießt man wunderbare Blicke bis zum Donon und in die Rheinebene.

Außerdem kann man von Grendelbruch aus die Ruine des oberhalb des Mageltals gelegenen *Château du Guirbaden* erreichen, die mit einer Fläche von 2 ha als die größte im Elsass gilt. Die Anlage wurde 1137 zum ersten Mal erwähnt und während des Dreißigjährigen Krieges zerstört. Erhalten geblieben sind Reste der dreifachen Ringmauer, des Wohnbereichs mit zweigeteilten Fenstern sowie die Ruinen zweier Bergfriede. Im Bereich der Vorburg steht die im 19. Jh. restaurierte Chapelle St-Valentin, in der man im Mittelalter für die Heilung erkrankter Tiere betete.

Kapelle in Mollkirch: Unmittelbar am Ortseingang steht rechts der Straße das sog. "Kloesterle", eine von Bruno von Dabo-Eguisheim errichtete, mehrmals umgebaute Kapelle aus dem 12. Jh. Das Bildnis des Gründers rechts von der Eingangstür stammt ebenso wie der kleine Fries darüber aus dem ursprünglichen Kirchlein.

● *Lage/Anfahrt/Wandern* Fahren Sie am östlichen Ortseingang von Schirmeck auf der D 204 über Barembach nach **Grendelbruch.** Wer zum **Hohbuhl** möchte, folgt im Ort der entsprechenden Beschilderung. Nach 4 km stellt man das Auto rechts der Straße auf einem kleinen Wanderparkplatz ab. Ein steiler Weg führt über eine Hoch-weide in ca. 10 Minuten auf den Gipfel mit Windfahne und Erklärungstafel.

Ebenfalls in Grendelbruch beschildert ist der Weg zur **Burgruine.** Man biegt an der Kirche rechts ab, passiert den Friedhof und verlässt so in nordöstl. Richtung das Dorf. In ca. 50 Min. erreicht man zunächst die Kapelle, dann die eigentliche Burg (Markierung rot-weiß-roter Balken). Alternativen: Es existieren außerdem Wanderwege ab Mollkirch und ab dem Gasthaus Fischhütte (D 204). Wer von Grendelbruch nach **Mollkirch** möchte, fährt zunächst auf der D 204 zum Gasthaus Fischhütte und biegt dort links auf die D 704 ab, die direkt in den Ort führt. Zurück nach Schirmeck kommt man, indem man ab Mollkirch auf der D 704 entlang der Magel weiterfährt und dann im Breuschtal nach links auf die D 420 abzweigt.

Südlich von Schirmeck: Le Ban de la Roche

Das landschaftlich äußerst reizvolle, mehrere Täler umfassende Gebiet östlich der Bruche, zu Deutsch *Steintal* genannt, erhielt seinen Namen vom alten Château de la Roche ("zum Stein") oberhalb des Örtchens Bellefosse. Bekannt ist vor allem das Dorf Waldersbach, denn hier wirkte der evangelische Pfarrer Jean Frédéric Oberlin, dessen vielfältiges soziales, bildungspolitisches und seelsorgerisches Engagement entscheidend zur Verbesserung der Lebensverhältnisse im Steintal beigetragen hat.

Jean Frédéric Oberlin, der "Vater des Steintals"

Als der gebürtige Straßburger Jean Frédéric Oberlin (1740–1826) 1767 nach Waldersbach anreiste, um die dortige Pfarrei zu übernehmen, erfuhr er unten im Breuschtal sogleich, wie ärmlich seine neue Heimat war. Statt einer Brücke führte nur ein quer gelegter Baumstamm über den Fluss, sodass die Kutsche entladen und das Gepäck auf Ochsenkarren umgepackt werden musste. Oberlin ließ später bei Fouday den Pont de la Charité bauen, um das Steintal ans Verkehrsnetz anzuschließen.

In seiner 59-jährigen Pfarrzeit initiierte er zahlreiche weitere Projekte: So sorgte er für Verbesserungen in der Landwirtschaft, indem er für das raue Vogesenklima geeignetes Zuchtvieh und neues, widerstandsfähiges Saatgut einführte, Hänge terrassieren ließ, Wildobst veredelte etc. Neben dem Straßenbau förderte er die Ansiedlung von Textilindustrie und das Gesundheitswesen. Dazu gehörten z. B. Kurse in Erster Hilfe. Ganz besonders wichtig war ihm die Bildung. Schon den Kleinsten ließ er in den sog. "Strickschulen" neben der Handarbeit Pflanzen-, Tier- und Länderkunde und darüber hinaus auch Französisch beibringen, damit sie nicht wie ihre Eltern nur den Dialekt des Tales, das anderswo unverständliche Patois, sprachen. Er führte die allgemeine Schulpflicht ein, ließ in den kilometerweit voneinander entfernten Ortsteilen Schulen erbauen und setzte dort Lehrer ein, die seine Erziehungsprinzipien – Disziplin und Ordnung einerseits, lebensnaher und anschauungsorientierter Unterricht andererseits – umsetzten.

Weltoffen, wie er war, hatte er viele Kontakte zu bekannten Persönlichkeiten. Freunde schickten den psychisch kranken Dichter Jakob Michael Reinhold Lenz ("Der Hofmeister") zu ihm. Doch dem konnte der strenge Psychologe Oberlin nicht helfen. Nach mehreren Selbstmordversuchen ließ er ihn nach Strasbourg überführen. Sein Bericht über den dreiwöchigen Aufenthalt des Unglücklichen im Pfarrhaus von Waldersbach diente später Georg Büchner als Vorlage für seine Novelle "Lenz".

Musée Oberlin in Waldersbach: Malerisch liegen die Häuser am Hang, eingerahmt von dichten Wäldern. Fast bis zum Boden reichen die weit nach unten gezogenen Hausdächer, an den Eingängen ist Feuerholz meterhoch aufgeschichtet – die Winter hier oben sind streng und schneereich.

Die mittleren Vogesen

Das äußerst modern und ansprechend aufgemachte *Musée Oberlin* dokumentiert in einem Anbau des ehemaligen Pfarrhauses Leben und Werk des "Vaters des Steintals". Davor steht an der Dorfstraße im Übrigen der Brunnen, in den sich Lenz mehrmals hineingestürzt hat. Im Erdgeschoss kann man die vielfältigen Kollektionen des passionierten Sammlers Oberlin bewundern. Hier sieht man auch die sog. "Toleranzbilder", die, von verschiedenen Seiten betrachtet, immer etwas anderes darstellen. Im ersten Stockwerk werden von Oberlin entwickelte Lehrmittel für die Arbeit in den Strickschulen gezeigt: Spielzeug, geographische Karten, Bildkarten mit getrockneten Pflanzen etc. In der zweiten Etage sind seine Studien zur Entwicklung der Landwirtschaft, des Brückenbaus etc., aber auch von ihm hergestellte Silhouetten zu sehen.

Château de la Roche in Bellefosse/Grabmahl Oberlins in Fouday: Steil zieht sich die Dorfstraße den Hang hinauf. In Bellefosse ("Schönfuß") scheint das Leben noch ein wenig härter zu sein als im gegenüberliegenden Waldersbach. Empfehlenswert ist eine kurze Wanderung zu den Ruinen des alten *Château de la Roche* oberhalb des Dorfes, denn der Blick vom rechteckigen Bergfried über das Tal ist grandios. Viel mehr ist allerdings von der im 12. Jh. erbauten Burg nicht mehr erhalten.

Auf dem Rückweg kann man in *Fouday* auf dem Friedhof bei der Kirche dem Grab von "Papa Oberlin", so der Schriftzug auf dem schmiedeeisernen Kreuz, einen Besuch abstatten. 3 km weiter südlich sieht man rechts der Straße den über die Bruche führenden Pont de la Charité, an dem Oberlin mit eigenen Händen mitgearbeitet hat.

● *Öffnungszeiten/Eintritt* Das **Musée Oberlin** ist tägl. außer Di von 10 bis 12 und von 14 bis 18 Uhr geöffnet. Erwachsene 3 €, Kinder 2 €. ✆ 0388973027.

● *Anfahrt/Wandern* Nach **Waldersbach** fährt man auf der N 420 bis Fouday und biegt dann auf die D 57 ab. Der Weg zum Museum ist ausgeschildert. Die Straße nach **Bellefosse** zweigt von der D 59 ab. Um zum **Château de la Roche** zu kommen, fahren Sie auf der Hauptstraße aufwärts (an einer Ferme-Auberge vorbei), lassen ihr Auto stehen und wandern nun auf dieser Straße aus der Siedlung hinaus. Inmitten von Feldern biegen Sie an einem einzelnen Baum links ab (gelbes Schrägkreuz) und folgen dem leicht ansteigenden Fahrweg ca. 15 Minu-

ten bis zu einer Sitzbank. Hier führt ein sehr steiler Weg in den Wald hinein, nach weiteren fünf Minuten ist die Ruine erreicht.

● *Übernachten/Essen* ** **Hôtel Restaurant Julien**, in Fouday. Aus dem Gasthof seines Vaters machte Gérard Goetz mit seiner Frau ein komfortables Hotel mit ansprechendem Aqua-Wellness-Bereich, Liegewiese und komfortablen Zimmern. Je nach Lage (zur Straße oder Richtung Bruche), Ausstattung (einige mit Balkon) und Größe kosten sie zwischen 52 und 99 €. In der Küche schwingt der Chef selbst den Kochlöffel und "jongliert" – wie er selbst sagt – "zwischen alten Rezepten und moderner Küche". Ein Genuss! Di geschl. 12, rte Nationale, ✆ 0388973009, ✎ 0388973673.

Mont-Ste-Odile

Auf dem 763 m hohen Gipfel des "heiligen Berges des Elsass" thront wie eine mächtige Trutzburg das Kloster seiner Schutzpatronin, der heiligen Odilie. Seine legendäre Geschichte, seine ein grandioses Panorama bietende Balkonlage und seine reizvolle Umgebung mit vielen Wandermöglichkeiten machen es zu einem der meistbesuchten Ziele in den Vogesen, zumal es auch von der Weinstraße schnell zu erreichen ist.

Siedlungsspuren, u. a. die sog. "Heidenmauer" (s. u.), beweisen, dass der Berg schon seit uralter Zeit Menschen angezogen hat. Im 7. Jh. ließ Herzog Eticho hier die Hohenburg errichten, vermachte sie später seiner Tochter Odilia, die sie in ein Kloster umwandelte. Nach dem Tod seiner Gründerin im Jahre 720 machte das Kloster eine wechselvolle Geschichte durch, bis es im 12. Jh. unter der schützenden Hand des Stauferkaisers Friedrich I. Barbarossa eine bauliche, geistliche und kulturelle Blütezeit erlebte. Damals schuf z. B. die Äbtissin Herrad von Landsberg den berühmten "Hortus deliciarum" (Paradiesgarten), eine mit wunderschönen Miniaturen geschmückte Enzyklopädie der frommen Bildung. Nur einige Kopien dieses 1870 bei der Zerstörung der Straßburger Bibliothek durch deutsche Truppen verbrannten Meisterwerks sind erhalten geblieben. 1546 verließen nach einem verheerenden Feuer die letzten Nonnen der Odilia-Kongregation das Kloster. Erneuerungsbestrebungen scheiterten wegen des Dreißigjährigen Krieges und später der Französischen Revolution. Im 19. Jh. wechselte der Odilienberg mehrmals den Besitzer, bis ihn der Bischof von Strasbourg nach einer Kollekte unter Elsässer Katholiken kaufte und am Kloster Renovierungsarbeiten durchführen ließ. Gegenwärtig leben vier Nonnen und drei Priester in einem Flügel des Gebäudekomplexes, der zu großen Teilen in ein Hotel umgewandelt worden ist. Pilgerfahrten, Gottesdienste und Andachten finden aber weiterhin regelmäßig statt.

Die hl. Odilia wacht über das Elsass

Die Legende der heiligen Odilia

Odilia kam blind zur Welt. Daraufhin versteckte sie ihre Mutter Bereswinde bei einer Amme in Scherwiller vor dem zornigen Vater, der einen gesunden Sohn erwartet hatte. Diese gab das Kind später in ein Kloster bei Besançon. Mit 12 Jahren wurde Odilia getauft – und konnte von diesem Augenblick an sehen. Durch eine List gelangte das Mädchen, das unbedingt seine Eltern kennen lernen wollte, auf Schloss Hohenburg, wurde dort auch aufgenommen, doch bald fasste ihr Vater den Plan, sie mit einem Prinzen zu verheiraten. Da alle ihre Weigerungen und Bitten ungehört blieben, floh Odilia und wurde vor ihren Verfolgern dadurch gerettet, dass sich plötzlich ein Felsspalt öffnete, in den sie hineinschlüpfen konnte. Jetzt endlich sah der Vater ein, dass er sich ihrem Willen, ein Leben in Keuschheit zu führen, beugen musste. Damit sie ein Kloster gründen konnte, überschrieb er ihr die Hohenburg.

Rundgang durch das Odilienbergkloster

Durch das Eingangstor betritt man einen weitläufigen Hof. In seiner Nordostecke steht die auf das Mittelalter zurückgehende, aber mehrfach restaurierte **Klosterkirche.** Ein gelungener Anbau ist das Türmchen an der Außenseite des Chores, gekrönt von der Statue der heiligen Odilia, die segnend die Hand über "ihr" Elsass hält – ein besonders beliebtes Postkartenmotiv. Im dreischiffigen Innenraum lohnen besonders die hölzernen Beichtstühle aus dem 18. Jh. und das Gemälde "Die Übergabe der Hohenburg" links im Chor.

Verlassen Sie auf dieser Seite die Kirche, so kommen Sie direkt in die lang gestreckte **Johanneskapelle** mit Wandbildern aus dem Leben des Täufers. Rechts davon liegt die **Kreuzkapelle** aus dem 12. Jh. in Form einer romanischen Krypta. Eine mächtige Säule mit wunderschönen Palmettenkränzen trägt die vierfach gewölbte Decke. Das Fresko rechts vom Altar – Christus zwischen der sehenden Ecclesia und der blinden Synagoge – ist ein Motiv aus dem Hortus deliciarum. In dem steinernen Sarg direkt neben dem Eingang sollen die Eltern Odilias ihre letzte Ruhe gefunden haben. Gegenüber davon befindet sich der Durchgang zur **Odilienkapelle** mit einem merowingischen Sarkophag aus dem 8. Jh., der die Reliquien der Heiligen enthält. Die Wände schmücken Bilder mit Ereignissen aus ihrem Leben.

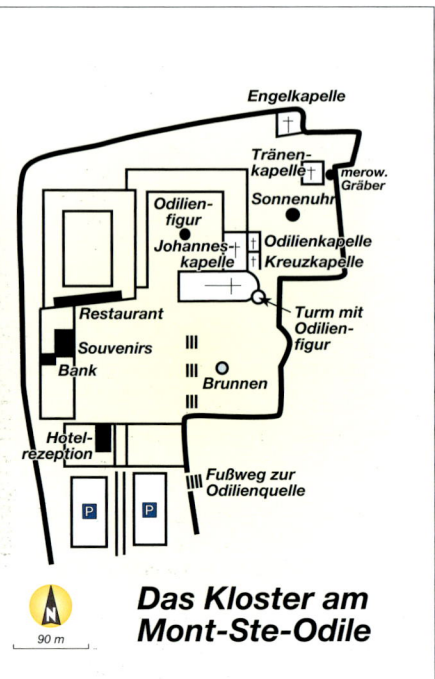

Das Kloster am Mont-Ste-Odile

90 m

Von der Johanneskapelle betritt man durch eine schmiedeeiserne Tür den **Kreuzgang.** Im rechten Flügel sind auf einer beeindruckenden Stele aus dem 12. Jh. u. a. Eticho und Odilia sowie die beiden tatkräftigen Äbtissinnen Relindis und Herrad zu erkennen. Im mittleren Teil stellt ein Fresko – wiederum aus dem Hortus deliciarum – die mittelalterliche Klostergemeinschaft dar. Über den linken Flügel gelangt man in den hübschen Klosterhof. Wenn man diesen durch eine kleine Tür verlässt und hinter der Kirche nach links geht, kommt man zur **Panoramaterrasse.** Jenseits einer kleinen Gartenanlage mit einer Sonnenuhr aus dem 17. Jh. stehen die beiden Außenkapellen. Die **Tränenkapelle** wurde auf einem einstigen merowingischen Friedhof errichtet, einige Gräber sind an ihrer Ostseite noch gut erkennbar. Die Mulde am Choreingang soll durch die Knie und Tränen Odilias entstanden sein, als diese hier für ihren verstorbenen Vater gebetet hat. Gegenüber steht die kleinere **Engelkapelle,** ebenso wie ihr Pendant im 20. Jh. mit Mosaikbildern im byzantinischen Stil geschmückt.

Nur wenige Minuten vom Kloster entfernt sprudelt die legendäre **Odilienquelle** (rechts vom Eingang des Klosterkomplexes geht man über eine Treppe – gelbes Dreieck – 400 m weit abwärts). Der heiligen Odilia sei, so heißt es, an dieser Stelle ein blinder Bettler begegnet. Daraufhin habe sie an den Felsen geklopft, aus dem sogleich Wasser hervorgesprudelt sei. Als der Bettler davon trank, konnte er wieder sehen. Gläubige nehmen sich hier gerne eine Flasche oder einen Kanister voll mit nach Hause.

● *Lage* Am einfachsten erreicht man den Odilienberg von Obernai über Ottrott (D 426, D 103, D 109 und D 33) und von Barr über die D 856 und die D 526.

● *Öffnungszeiten/Klosterführungen* Der Klosterkomplex ist täglich von 8 bis 21 Uhr geöffnet (in der zweiten Novemberhälfte und im Januar geschlossen). Während der Saison werden mehrmals täglich Führungen in französischer Sprache angeboten, eine Tafel am Eingang gibt Auskunft über die Zeiten. Erwachsene 2 €, Kinder die Hälfte.

● *Übernachten/Essen* **Hôtel du Mont-Ste-Odile**, überall im Klosterkomplex sind die 142 Zimmer des von den "Soeurs de la Croix" betriebenen Hotels verteilt. Sie haben z. T. Bad und WC (43 €), andere nur Bad (34 €) oder ein Waschbecken (27 €). Einzelreisende erhalten auf die einfachen Räume Nachlass. Gutes Restaurant mit 5 Speisesälen. ✆ 0388958053, ✉ 0388958296.

Mysteriöser Bücherklau am Odilienberg

Im Frühjahr 2002 nahm die elsässische Polizei einen Lehrer aus Strasbourg fest, der im Verlauf von zwei Jahren rund 1000 wertvolle Bücher und Drucke aus dem Odilienbergkloster gestohlen hat. Bei Recherchen hatte er Hinweise auf einen in Vergessenheit geratenen Geheimgang gefunden, über den er tatsächlich in die abgeschlossene Klosterbibliothek gelangte, was er dann in regelmäßigen Abständen wiederholte. Dort suchte er sich in aller Ruhe besondere Schätze aus und verschwand wieder in der Nacht. Der allmähliche Schwund der Bücher wurde irgendwann zwar bemerkt, man konnte sich aber keinen Reim darauf machen. Erst mit Hilfe einer Videokamera konnte der Dieb auf frischer Tat ertappt werden. Inzwischen sind die spätmittelalterlichen Bibeln, Messbücher und Inkunabeln (vor 1500 hergestellte Drucke) wieder an ihrem angestammten Platz, der bibliophile Mann hatte sie nämlich nicht etwa zu Geld gemacht, sondern einfach nur besitzen wollen. Der Geheimgang soll im Übrigen geschlossen werden.

Umgebung des Mont-Ste-Odile

Klosterruine Niedermünster/Kapelle St-Nicolas): Die Sorge um Arme und Kranke war für Odilia ebenso wichtig wie das Gebet. Da es für die Bedürftigen v. a. im Winter oft schwierig war, die Abtei Hohenburg zu erreichen, gründete Odilia weiter unten ein zweites Kloster. Von diesem sind heute nur noch einige Ruinen vorhanden, wenige Meter entfernt steht die wieder aufgebaute neoromanische Kapelle St-Nicolas.

Château du Landsberg: Diese besonders schöne Burgruine geht auf die Zeit um 1200 zurück, als die staufische Ministerialfamilie Landsberg eine Festung zur Überwachung und Sicherung des Klosters und ihres Lehnslandes erbaute. Von der im Dreißigjährigen Krieg zerstörten Anlage sind noch ein mächtiger Bergfried und Teile der Wohngebäude erhalten. Besonders sehenswert ist die Außenfassade eines Kapellenerkers, die kreuzförmige und halbrunde Öffnungen aufweist. Geht man hinein, sieht man, dass die ausgesprochen hübsche Doppelfensterreihe von Säulen gestützt wird.

Die mittleren Vogesen

Die Heidenmauer

Le Mur des Paiens: Auf einer Länge von ca. 10 km verläuft die "Heidenmauer" um das Gipfelplateau des Odilienbergs und umschließt eine Fläche von 100 ha. Wann und wozu dieser bis zu 5 m hohe und fast 2 m dicke Wall erbaut wurde, ist bis heute nicht endgültig geklärt; wahrscheinlich handelte es sich aber um eine keltische Fluchtburg aus dem 2. Jh. v. Chr. Etwa fünf Jahre lang sollen insgesamt 2000 Menschen sechs bis acht Steinschichten übereinander gelagert haben. Die einzelnen Sandsteinblöcke versah man mit Kerben, sodass man sie mit schwalbenschwanzförmigen Eichenholzzapfen miteinander verbinden konnte. Wer den kompletten, allerdings nicht vollständig erhaltenen Wall ablaufen möchte und dem vom Vogesenclub ausgewiesenen Pfad folgt (gelbes Schrägkreuz), ist ca. fünf Stunden unterwegs. Sehenswerte Teile liegen aber auch in der Nähe des Klosters zwischen dem Wachstein und dem Nikolausfelsen.

• *Anfahrt*   Um zur **Klosterruine Niedermünster** zu kommen, nimmt man vom Odilienkloster die D 33 Richtung Ottrott und biegt nach 2 km auf die D 109 Richtung St-Nabor ein. Nach 1 km ist ein Wanderparkplatz erreicht. Der links davon abzweigende Weg (gelbes Dreieck) bringt Sie in 15 Minuten zu einem Bauernhaus, daneben liegt das eingezäunte Ruinenfeld, etwas weiter nördlich die weithin sichtbare Kapelle.

Zum **Château du Landsberg** fährt man vom Kloster auf der D 33 ca. 2 km abwärts und biegt dann auf die D 109 ein. Nach 2 km ist ein Wanderparkplatz erreicht. Von diesem geht man ca. 300 m aufwärts (roter Balken) bis zu einem alten Haus, wo man nach rechts abzweigt (rotes Dreieck). In wenigen Minuten ist die Ruine erreicht.

Wer die **Heidenmauer** besichtigen will, stellt das Auto ca. 1 km unterhalb des Klosters auf dem Parkplatz an der Gabelung der Straßen D 526, D 426 und D 854 ab. Nach Nordwesten verläuft die ca. 1,5 km lange Strecke zum Nikolausfelsen, nach Südosten der Abschnitt bis zum Wachfelsen (siehe auch Wanderung 7).

Wanderung 7: Rund um den Mont-Ste-Odile

Zu mehreren Sehenswürdigkeiten am Odilienberg führt diese recht gemütliche, 8 km lange Tour, für die man etwa 2 ½ Stunden braucht. Unterwegs gibt es keine Versorgungsmöglichkeiten.

Rechts vom Eingang zum Klosterkomplex geht man mit der Markierung gelbes Dreieck ca. 400 m steil abwärts zur **Odilienquelle** (siehe S. ???). Schräg gegenüber setzt sich der Pfad auf der anderen Seite der Straße fort. Auf Serpentinen legt man weitere 800 m zurück, bis man bei zwei Gebäuden auf eine Piste stößt und rechts abzweigt. Wer nicht einen Abstecher (ca. 10–15 Minuten, gelbes Dreieck) zu den hinter einem Bauernhaus gelegenen Ruinen des Klosters Niedermünster (s. S. 201) machen möchte, biegt an der nächsten Gabelung rechts auf einen Waldweg ein. In kaum 10 Minuten bringt er Sie mit der Markierung gelber Punkt zum **Ferienzent-**

rum St-Jacques. Kurz vorher kann man über einen schmalen, nach links abzweigenden Pfad in 50 m zu den Ruinen der gleichnamigen **romanischen Kapelle** laufen. Von hier hat man einen wunderschönen Blick auf den Odilienberg.

Gehen Sie auf der Asphaltstraße am Ferienzentrum vorbei und verlassen Sie diese im Scheitelpunkt einer Linkskurve. Auf einem schmalen Pfad wandert man mehr oder weniger eben zuerst mit der Markierung blaues Dreieck, dann mit rot-weiß-rotem Balken gut einen Kilometer in südliche Richtung. Bei einem alten Haus hält man sich an einer T-Kreuzung rechts und wandert in ca. fünf Minuten zu den Ruinen des **Château Landsberg** (siehe S. 201).

Anschließend gehen Sie wieder zu der erwähnten T-Kreuzung zurück und von dort mit dem roten Dreieck nach links auf einer ansteigenden Piste in ca. 300 m zur Asphaltstraße. Man überquert sie und wandert einen Kilometer mit dem roten Balken zur **Schutzhütte Kiosque Jadelo.** Vom Balkon bietet sich ein wunderschöner Blick auf die fast gegenüberliegende Spesbourg.

In einigen Minuten hat man den 10 m hohen **Wachstein** erreicht, der den Kelten als Beobachtungsposten diente und bereits zur **Heidenmauer** gehört. Weitere Teile davon finden Sie, wenn Sie am Stein nach links auf einen mit gelbem Schrägkreuz gekennzeichneten Pfad abzweigen. 500 m weiter steht man vor einigen wie absichtlich zu einem Unterstand aufeinander geschichteten Tafelfelsen, die ganz passend den Namen **Grotte der Druiden** tragen. Im folgenden Abschnitt sehen Sie weitere,

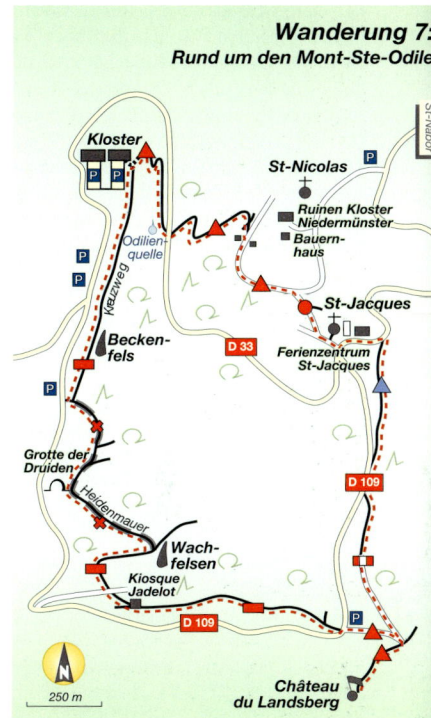

Wanderung 7:
Rund um den Mont-Ste-Odile

viel besser erhaltene Abschnitte der Heidenmauer, zweigen dann aber, kurz bevor die Asphaltstraße erreicht ist, auf einen mit rotem Rechteck markierten Weg ab. Vorbei an den Megalithen des Beckenfelsen und anderen riesigen Sandsteinblöcken mit bunt glasierten Kreuzwegtafeln bringt er Sie in gut einem Kilometer zum Ausgangspunkt zurück.

Villé

Nach dem zentralen Städtchen sind gleich mehrere, z. T. sehr kleine umliegende Täler benannt, die Vallées de Villé. Im Frühling entfalten dort jede Menge Obstbäume ihre Blütenpracht.

Seit Menschengedenken brennt man hier Schnaps. Erzeugte früher fast jeder Haushalt sein – wie man hier sagt – "Lebenswasser" *(eau de vie)*, so gehen heute nur noch einige wenige Destillateure, allerdings im großen Stil, ihrem Handwerk nach. Was sie produzieren, kann sich wirklich sehen und schmecken lassen, und der Digestif, den sie überall im Elsass in Gourmetrestaurants verkösten können, kommt sehr häufig aus den hiesigen Tälern. Neben Kirsch, Mirabelle & Co., hausgemachter Gänseleberpastete, geräucherten Forellen und kernigem Wildschinken locken vor allem Wander- und Radwege in Wäldern und Hochebenen mit schönen Aussichtspunkten die Besucher an. "100 % Nature" lautet der Slogan des Office de Tourisme der Stadt Villé, und damit ist eigentlich alles gesagt.

In dem nicht einmal 2000 Einwohner zählenden Ort vereinigen sich der Steigener- und der Urbeis-Gießen zu einem Fluss, der dann in Richtung Rheinebene ein recht weites und liebliches Tal geschaffen hat. Villé bildet den wirtschaftlichen und administrativen Mittelpunkt der Region und bietet auch dem Besucher eine angenehme Infrastruktur. Das Zentrum mit Geschäften und Restaurants erstreckt sich zwischen der Mairie und der Place du Marché.

- *PLZ* 67220
- *Lage* Man erreicht Villé am besten von Châtenois (Weinstraße) über die N 59 und die nach wenigen Kilometern abzweigende D 424.
- *Information* **Office de Tourisme,** Place du Marché, ✆ 0388571169, ✆ 0388571157, www.cc-canton-de-ville.fr. Juli und August Mo–Sa 9–12 und 14–19 Uhr, So 10–12 Uhr, in den übrigen Monaten Mo–Sa ab 10 Uhr, mittags nur bis 17 Uhr.
- *Parken* Neben dem Rathaus und an der Place du Marché gibt es einige kostenfreie Plätze.
- *Taxi* ✆ 0388571562
- *Fahrradverleih* **Intersport,** Place de la Gare, ✆ 0388571955; **Cycles Herzog,** 8, rue de la Libération, ✆ 0388571382. Mountainbike pro Tag 13 bzw. 15 €.

> **Tipp für Radfahrer:** Villé ist mit seiner badischen Partnerstadt Elzach durch einen Radwanderweg verbunden. Wem die 85 km jedoch zu viel sind, der kann z. B. nur 18 km durch das Haupttal von Villé bis Sélestat zurücklegen. Im O.T. von Villé erhalten Sie kostenlos Plan und Beschreibung der Tour in deutscher Sprache.

- *Markt* Mi auf der Place du Marché.
- *Kinder/Schwimmen/Fitness* Im Südwesten des Städtchens lockt im Ortsteil Bassemberg das Erlebnisbad **Centre Nautique** mit Rutschbahn, Spaßbecken, Fitness-Center, Sauna etc. Erwachsene knapp 4 €, Kinder (2–6 Jahre) 1 €, Jugendliche 2,50 €. Tägl. geöffnet, ✆ 0388589393.
- *Post* Place de la Gare.
- *Polizei* 19, rue de Bassemberg, ✆ 0388 585030.
- *Übernachten/Essen* ** **Hôtel Restaurant La Bonne Franquette,** zentral und doch ruhig kann man hier in einem schönen Fachwerkhaus in 10 kleinen, aber hellen und gemütlichen Räumen zum Preis von 46 bis 51 € unterkommen. Sehr empfehlenswert ist das angeschlossene Restaurant, in dem man z. B. die Gänselebervariationen oder das Perlhuhn in Pinot-noir-Sauce versuchen sollte. Menü ab 21 €. Sonntagabends und Mo geschl. 6, pl. du Marché, ✆ 0388571425, ✆ 0388570815.

Auberge Le Mediéval, in diesem Kellerrestaurant werden Menüs mit klangvollen Namen wie "des Ripailleurs" oder auch "für kleine Ritter" serviert, außerdem finden immer wieder mittelalterliche Abende statt. Großes Speiseangebot, hervorragend fanden wir den Fischspieß. Menü ab 18 €. Dienstagabends, Mi und samstagmittags geschl. 7, pl. du Marché, ✆ 0388570000.

Umgebung von Villé

Von Villé können Sie einen Abstecher ins nur 2 km entfernte Fachwerkdorf Albé unternehmen und sich das dortige Heimatmuseum ansehen oder Richtung Süden zum Château de Frankenbourg aufbrechen. Alternativ bietet sich die Möglichkeit zu einer Rundtour an (siehe S. 205), die Sie hoch hinauf auf einige Passhöhen und zur Hochebene Champ du Feu führt. Schöne Ausblicke sind garantiert, und fürs leibliche Wohl sorgen die Destillerien im Steigener Tal und nette Ferme-Auberges in der Nähe des Ferienorts Le Hohwald.

Maison du Val de Villé in Albé: Eines der schönsten Dörfer der Region mit pittoresken Fachwerkhäusern, das zudem ein interessantes Heimatmuseum zu bieten hat.

In einem alten Haus bei der Kirche erfährt man eine Menge über die traditionellen Berufe der Minen- und Waldarbeiter, Imker, Weber, Winzer etc.; außerdem hat man das Innere eines alten Bauernhauses und die ehemalige Schulstube wieder aufgebaut. Gegenüber finden in einem Gebäude aus dem 19. Jh. Wechselausstellungen statt.

Château de Frankenbourg: Auf den 703 m hohen Altenberg stehen die Ruinen der im 12. Jh. unter den Grafen von Frankenbourg errichteten und später mehrfach umgebauten Burganlage. Blickt man von oben in die Umgebung, wird verständlich, dass sich der Platz hervorragend dafür eignete, sowohl das Villé- als auch das Lièpvre-Tal und damit den Salz- und Mineralienhandel zu kontrollieren. Erhalten sind noch Reste des runden Bergfrieds, der einstigen Wohnanlagen, eine Zisterne sowie der dreieckige Bastionsanbau aus dem 15. Jh. im Nordosten. Zu entdecken gibt es zudem einige Überbleibsel eines in vorchristlicher Zeit um den Gipfel verlaufenden keltischen Rundwalls.

● *Lage/Anfahrt* **Albé** liegt nur 2 km von Villé entfernt an der D 439. Um zum **Château de Frankenbourg** zu kommen, verlässt man Villé auf der D 439 nach Breitenau, passiert das Dorf und fährt zuerst über den Chemin de la Chapelle, dann über eine asphaltierte Forststraße 6 km bis zum Parkplatz Schlossplatz. Von hier erreicht man in wenigen Minuten die Ruinen. Achtung: Oft ist ein Teil der Forststraße werktags gesperrt, sodass Sie 5 km zu Fuß zurücklegen müssen.

● *Öffnungszeiten/Eintritt* Das **Maison du Val de Villé** in Albé ist von April bis Oktober Di–Fr 10–12 und 14.30–18 Uhr geöffnet, Sa/So nur nachmittags; in den anderen Monaten nur Mi, Sa und So 14–17 Uhr, im Januar bleibt das Museum geschlossen. Erwachsene 3,35 €, Kinder ab 12 J. 2,75 €. ✆ 0388570842.

Rundtour: Von Villé bis zum Col du Kreuzweg

Schnapsbrennereien im Steigener Tal: Von Villé führt die D 424 zunächst Richtung Westen ins Steigener Tal, wo Laubwald und Streuobstwiesen das Landschaftsbild prägen. In *Maisonsgoutte* und *Steige* lädt jeweils eine empfehlenswerte Schnapsbrennerei zum Probieren und Kaufen ein (Adressen/Öffnungszeiten s. u.). Lange vorbei sind allerdings die Zeiten, in denen man für die Brände nur Früchte aus der Gegend verarbeitet hat. Destillateur Bernard Hubrecht erzählte uns, lediglich die Kirschen kämen noch aus dem Tal, die Birnen müsse er von Großbetrieben aus den Ardèches, die Maische aus Kientzheim, die Schlehen aus den Hochvogesen holen. Enorm ist der Druck, nur beste Früchte zu verarbeiten und eine große Auswahl anzubieten.

Col de la Charbonnière: Hinter Steige schraubt sich die D 424 auf den *Col du Steige* (534 m) hoch und gibt immer wieder wunderschöne Blicke auf das Tal frei. Von hier zweigt man rechts auf die D 214 ab und genießt auch auf der Weiterfahrt immer wieder grandiose Ausblicke auf die waldreiche Mittelvogesenlandschaft, unterbrochen von grünen Matten, auf denen schwarz-weiße Kühe weiden. Die nächste Passhöhe, der *Col de la Charbonnière* (990 m), ist nach den einst zahlreichen Holzkohlenmeilern in dieser Region benannt.

Champ du Feu: Etwa 2 km weiter erreicht man das weite, oft windgepeitschte und wolkenverhangene "Hochfeld", wie der Champ du Feu auf Deutsch genannt wird. Über das von kleinen Nadelbaumgruppen zergliederte, z. T. vermoorte Gras- und Gestrüppland auf 1100 m Höhe führen viele Spazierwege, Picknickbänke laden zur Rast ein. Vom Ende des 19. Jh. errichteten Aussichtsturm hat man bei schönem Wetter einen phantastischen Rundblick. Ganz in der Nähe liegt das Skigebiet La Serva.

Eine lange Tradition hat die Schnapsbrennerei im Val de Villé

Le Hohwald: Vom Champ du Feu fährt man auf der D 214 bis Le Rothlach und wechselt dann zuerst auf die D 130 und später auf die D 426 nach *Le Hohwald*. Umgeben von dunklem Tannenwald liegt dieser für sein angenehmes Klima viel gerühmte Luftkurort auf einem weiten Hochplateau mit saftigen Wiesen. Der Streusiedlung mit gerade mal 400 Einwohnern sieht man an, dass sie vor dem Zweiten Weltkrieg weit mehr Gäste als heute empfangen hat – renommierte Persönlichkeiten wie die niederländischen Königinnen Wilhelmine und Juliana, der Marschall Joffre, Charles de Gaulle und Konrad Adenauer verbrachten hier die Sommerfrische oder fuhren Ski. Diese Zeiten sind vorbei, heute kommen v. a. Wanderer, für die es immerhin 120 km Wege zu erkunden gibt. So erreicht man z. B. die Kaskaden der Andlau ohne große Steigungen in ca. einer Stunde (rote Scheibe), und mit der gelben Scheibe wandert man in ca. 2 ½ Stunden zum Aussichtspunkt "Grande Belle-Vue" (Höhenunterschied ca. 150 m).

Col du Kreuzweg: Durch den Wald führt die D 425 zur nächsten Passhöhe in 768 m Höhe mit einer kleinen Streusiedlung inmitten von Weiden. Von hier genießt man wunderbare Blicke auf das tief unten im Tal gelegene Breitenbach. Kletterfans, junge wie erwachsene, können sich am Col du Kreuzweg im *Robinson Parc Alsace* austoben, Freunden des Gleitschirmsflugs bietet die Firma *Vol Libre* entsprechende Möglichkeiten an. Zurück nach Villé kommt man über die D 424.

• *Schnapsbrennereien* **Hubrecht**, in Maisonsgoutte findet man den kleinsten Destilleriebetrieb der Region, der dennoch eine große Auswahl an edlen Bränden bieten kann. Probieren Sie mal den Kirsch- oder Hagebuttenschnaps! 7, rue Kuhnenbach, ✆ 0388571779.

Nussbaumer, das alte Destilliergerät an der Hauptstraße von Steige lenkt bereits die Blicke auf sich, im Verkaufsraum sind noch etliche andere dekorative Gerätschaften aus Kupfer ausgestellt. Auch hier ist von Aprikose bis Zwetschge wieder jede Geschmacksrichtung zu haben. Sonntags kein Verkauf. 23, Grand' rue, ✆ 0388571653.

• *Kinder/Klettern* **Robinson Parc Alsace**, am Col du Kreuzweg. In dem Abenteuerpark können Erwachsene und Kinder auf Hochseilwegen von Baum zu Baum hangeln, Strickleitern oder Tarzanseile erproben, Stämme emporklettern u. a. mehr. Je nach Jahreszeit unterschiedliche Öffnungszeiten. Kinder von 4 bis 7 Jahren 6 €, zwischen 8 und 15 Jahren 12 €, ab 16 Jahren ist man mit 17 € dabei. ℡ 0388083208.

● *Gleitschirmflüge* **Vol Libre,** am Col du Kreuzweg. Wem das noch nicht genügt, der kann mit dem Gleitschirm durch die Luft segeln und die reizvolle Umgebung aus der Vogelperspektive betrachten. Von April bis November werden, wenn das Wetter es zulässt, die Parapente-Flüge jedes Wochenende angeboten, Kosten ca. 45 €. Genauere Informationen erteilt das Rathaus von Breitenbach unter ℡ 0388571142.

● *Übernachten/Essen*   **** Auberge de la Charbonnière,** am Col de la Charbonnière. Angenehmes und preiswertes Haus in absoluter Waldeinsamkeit. Ein DZ gibt's zum Preis von 42 €, günstige Halbpensionsangebote. Die Küche bietet neben Snacks und elsässischen Gerichten verschiedene Fondues (z. B. mit Käse oder Fleisch und auch tibetisch). Tägl. geöffnet, ℡ 0388083117, ✆ 0388083138.

La Petite Auberge, schräg gegenüber vom O.T. in Le Hohwald kann man bei den Hubrechts im DZ für 46 € unterkommen. In dem angesehenen Restaurant bekommt man

Flammkuchen und andere regionale Spezialitäten, aber auch saisonabhängige Gerichte wie Wild und Muscheln. Dienstagabends und Mi geschl. 6, rue Principale, ℡ 0388083305, ✆ 0388083462.

Ferme Auberge Au Lindenhof, am Ortsausgang von Le Hohwald hält Familie Deissler nahezu alle Tiere, die man sich vorstellen kann: Kühe, Enten, Gänse, Hühner, Kaninchen – und auch auf den Tisch kommen nur eigene Produkte. Wem's geschmeckt hat, der kann sich ja auch noch ein Stück Käse nach Hause mitnehmen. Mittwochmittags und Do geschl., in der Nebensaison nur mittags geöffnet, abends auf Reservierung. Route de Kreuzweg, ℡ 0388083198.

** Camping Municipal, auf den schattigen Platz am Waldrand in Le Hohwald weist ein meterhoher Wurzelsepp hin. Ca. 100 terrassenartige Stellplätze. Ganzjährig geöffnet, 28, rue des Herrenhaus, ℡ 0388083090, ✆ 0388 083025.

Ferme Auberge du Kreuzweg, am Col du Kreuzweg. Auch hier gibt's auf der Terrasse oder in der kleinen Wirtsstube Gerichte von Enten aus eigener Zucht, außerdem Wildschweinbraten oder -schinken und Gänseleberpastete. Mo geschl., unter der Woche nur mittags, Sa/So auch abends. Route du Kreuzweg, ℡ 0388083500.

Die mittleren Vogesen

Was haben Sie entdeckt?

Haben Sie einen schönen Wanderweg, ein nettes Restaurant oder eine idyllische Herberge entdeckt? Wenn Sie Empfehlungen aussprechen möchten oder Ihnen Ungenauigkeiten auffallen, die sich trotz gründlicher Recherche immer wieder einschleichen können, lassen Sie es uns bitte wissen. Ihr Tipp kommt der nächsten Auflage zugute.

Schreiben Sie an:

Antje & Gunther Schwab
Stichwort "Elsass"
c/o Michael Müller Verlag
Gerberei 19
91054 Erlangen

Ein Panorama wie aus dem Bilderbuch

Die südlichen Vogesen

Obwohl im Sommer scharenweise Ausflügler und im Winter jede Menge Skifahrer hierher strömen, haben die Südvogesen ihren herben Charme weitgehend bewahren können: eine raue, steile Gebirgslandschaft mit teilweise alpinem Charakter, für viele die schönste Region des Elsass.

Die vom einstigen Gletschereis abgerundeten Gipfel tragen klingende Namen wie Brézouard, Col du Bonhomme, Col de la Schlucht, Hohneck, Grand und Petit Ballon oder Ballon d'Alsace. Verbunden werden viele von ihnen durch die Route des Crêtes, ohne Zweifel eine der spektakulärsten Panoramastraßen Europas (siehe S. 214 ff). Auf den Hochweiden wiederkäuen vom Frühling bis in den Herbst hinein die Stars des Gebirges, die robusten, schwarz-weiß gefleckten oder braunen Kühe. Sie trotzen gelassen Sonne, Regen, böigem Wind und Nebelschwaden, denn für extreme Wetterlagen sind die Südvogesen berüchtigt.

Nach einer Tour von Gipfel zu Gipfel sollte man sich ein ganz besonderes Erlebnis nicht entgehen lassen, den Besuch eines typischen Bergbauernhofs, einer Ferme-Auberge. Bei blauem Himmel kann man auf der Terrasse einen traumhaften Blick genießen und sich dabei die "abgewanderten" Kalorien mit einer Melkermahlzeit, einem selbst gemachten Käse oder einem Stück Heidelbeerkuchen wieder zurückholen; und wenn es draußen ungemütlich wird, verlagert sich das Ganze nach innen in den schlichten Gastraum, wo man dicht gedrängt an soliden Holztischen sitzt.

Aber nicht nur die Berge, auch die von Bächen tief eingeschnittenen Täler haben einiges zu bieten, seien es malerische Orte, romanische Kunstschätze, ehemalige Silberminen oder ganz außergewöhnliche Museen, sodass in den Südvogesen nicht nur Naturfans auf ihre Kosten kommen.

Ste-Marie-aux-Mines

Regelrecht eingezwängt werden die Häuser der Kleinstadt von den grünen Vogesenbergen in das enge Tal der Liepvrette, die hier einst die Grenze zwischen Lothringen und dem Elsass bildete. Kein Wunder, dass noch viele Gebäude deutlich lothringischen Einfluss zeigen.

Der nördlich des Baches gelegene Teil der Stadt gehörte früher den französischsprachigen, katholischen Grafen von Lothringen, der südliche unterstand den Elsässisch parlierenden, evangelischen Fürsten von Ribeaupierre. Und obwohl die Grenze mittlerweile weiter westlich verläuft – man erreicht Lothringen über eine 7 km lange Tunnelröhre durch die Vogesen –, wird Ersterer noch heute oft Côté Lorraine und Letzterer Côté Alsace genannt.

Ihre Namen verdanken der Ort und das ihn umgebende *Val d'Argent* den Silberminen, die hier seit der Römerzeit für viele Jahrhunderte in Betrieb waren. Insbesondere im 16. Jh. herrschte in den Orten Ste-Marie-aux-Mines, Ste-Croix-aux-Mines, Rombach le Franc, Lièpvre und La Vancelle ein regelrechter Silberrausch, der Tausende von Bergleuten aus Sachsen und Tirol hierher lockte. Im 18. Jh. wurde der Bergbau jedoch allmählich eingestellt; an seine Stelle trat ab 1755 die Textilindustrie, die etwa ein Jahrhundert lang boomte, um dann langsam wieder an Bedeutung zu verlieren. Immerhin aber sind die Stoffe aus Ste-Marie-aux-Mines wegen ihrer hohen Qualität noch heute sehr begehrt, sogar bei den Pariser Haute-Couturiers.

Schönstes Gebäude der Stadt ist die aus dem 16. Jh. stammende **Pharmacie de la Tour** an der Place Keufer, ehemals das städtische Rathaus. Der Turm an der Fassade ist mit den Wappen der Ribeaupierre und der Herzöge von Lothringen geschmückt.

Nicht versäumen sollte man auch die Besichtigung eines der sehr unterschiedlichen **Besucherbergwerke** in bzw. in naher Umgebung der Stadt. Dort kann man gut nachvollziehen, unter welch harten Bedingungen Männer und Kinder einst unter Tage schuften mussten (Adressen, Öffnungszeiten und Eintritt siehe S. 210).

Lohnend ist auch ein Besuch des **Musée du Pays** an der Place du Prensureux (von Juni bis einschließlich September täglich 10–13 und 14–18 Uhr geöffnet; Erwachsene 5 €, Kinder 4 €). Das Untergeschoss ist der Mineralogie gewidmet, im ersten Stock werden alte Maschinen gezeigt, insbesondere Webstühle aus den Textilwerkstätten. Die Ausstellung im zweiten Stock schließlich befasst sich mit der Geschichte des Bergbaus vom Mittelalter bis zur Moderne.

Pharmacie de la Tour

Die südlichen Vogesen

Wer seinen Wissensdurst hinsichtlich historischer Gerätschaften noch nicht gestillt hat, kann sich 3 km östlich im lang gezogenen Dorf *Ste-Croix-aux-Mines* das **Museumssägewerk Vincent** anschauen. Der Besitzer führt u. a. eine Dampfmaschine aus dem Jahre 1893 vor und zeigt, wie einst ein Baumstamm in Scheiben zerlegt wurde (Mai–September täglich zwischen 10 und 19 Uhr, Führung um 15 Uhr; Erwachsene 5 €, Kinder 3 €).

Patchwork aus dem Val d'Argent

Beim Bummel durch Ste-Marie fallen dem Besucher in Schaufenstern, im Verkehrsamt und im Museum immer wieder z. T. sehr prächtige, in Patchwork-Technik hergestellte Textilien ins Auge. Es handelt sich um Quilts, die traditionell von den in den USA lebenden *Amish People* angefertigt werden. Bekannt ist diese religiöse Gemeinschaft für ihr einfaches, naturnahes Leben und die strikte Ablehnung moderner technischer Errungenschaften. Und sie hat tatsächlich enge Beziehungen zu Ste-Marie-aux-Mines, ließ sich hier doch Ende des 17. Jh., aus der Schweiz kommend, eine mennonitische Gemeinde nieder. Kaum 30 Jahre später wanderte sie zwar nach Pennsylvania aus und nannten sich dort *Amish People*, im Val d'Argent lebt die von ihnen ins Leben gerufene Kunst der bunten Flickenteppiche jedoch weiter, nicht zuletzt auch durch das einmal im Jahr stattfindende Europäische Patchwork-Treffen.

Lage/Adressen/Verbindungen

• *PLZ* 68160
• *Lage* Ste-Marie-aux-Mines erreicht man am besten von Châtenois über die N 59.
• *Information* **Office de Tourisme**, 86, rue Wilson, ☏ 0389588050, 📠 0389586792, www.valdargent.com. Ganzjährig Mo–Sa, nur im Juli und August auch sonntagvormittags.
• *Bergwerke* **St-Barthélémy**, mit 250 m begehbaren Stollen die kleinste der drei Gruben und am einfachsten zu besichtigen. An den letzten beiden Junisonntagen sowie im Juli und August tägl. von 10 bis 12 und von 14 bis 18 Uhr, z. T. sogar durchgehend geöffnet. Jeweils 10–12 Personen werden von einem Führer durch das Bergwerk aus dem 16. Jh. geleitet, Dauer ca. 45 Min., Erwachsene 5,50 €, Kinder 4,50 €. Zwischen zwei Kirchen an der Rue St-Louis gelegen, ☏ 0389587228.
St-Louis-Eisenthür, die urigste der drei Gruben, denn hier sieht man wirklich noch ein authentisches Silberbergwerk aus dem 16. Jh. ohne Elektrizität und mit originalgetreuen Vorrichtungen aus Holz. Anmeldung beim O.T. oder beim ASEPAM-Büro in der 4, rue Weisgerber, dort ist auch der Treffpunkt. Vom Büro fährt man mit dem Pkw ca. 5 km nach Echery, dort beginnt die ca.

45-minütige, recht steile Wanderung zum Bergwerk, wo man sich eine Stunde lang unter Tage aufhält (insgesamt etwa 1 km Strecke). Dauer der Tour insgesamt 3 Std., Erwachsene 9 €, Kinder 4,50 €. Auskunft unter ☏ 0389586211.

> **Tipp:** Wenn Sie das Bergwerk St-Louis-Eisenthür, das Musée du Pays und das Sägewerk in Ste-Croix-aux-Mines (siehe oben) besuchen wollen, lohnt sich ein jeweils dort erhältlicher Museumspass.

Gabe Gottes, das Bergwerk, in dem man Silbererz und auch Arsen abbaute, wurde erst 1940 endgültig geschlossen. Mehrere hundert Meter Stollen sind gut zu begehen und erlauben einen Einblick in die Techniken der verschiedenen Epochen. In der Regel wird diese Besichtigung mit dem Besuch des Musée du Pays und der Sehenswürdigkeiten in Echery kombiniert. Treffpunkt am Museum, Fahrt mit dem Pkw zu den Örtlichkeiten, Dauer der Tour ca. 3 Std., Erwachsene 8 €, Kinder die Hälfte. Anmeldung am Museum, ☏ 0389585667.

Für alle Bergwerke gilt: Ziehen Sie sich warm an, die Temperatur beträgt z. T. 10 °C. Stiefel, Wachstuchjacke, Schutzhelm (z. T. mit Stirnlampe) werden gestellt.

● *Parken* Mehrere große Plätze, z. B. gegenüber der Post.

● *Taxi* ✆ 0389587049.

> **Tipp für Radfahrer:** Nur knapp 10 km lang und sehr gemütlich ist der Radweg, der auf der einstigen Bahnlinie Ste-Marie-aux-Mines nach Lièpvre angelegt wurde.

● *Markt* Samstagvormittags auf der Place des Tisserands.

● *Feste* Am letzten Wochenende im Juni findet alljährlich eine große **Mineralienbörse** statt, in der zweiten Septemberhälfte sind mehrere Orte im Val d'Argent Schauplatz des **Europäischen Patchwork-Treffens.**

● *Kinder* Der Besuch eines der Bergwerke ist für größere Kinder zu empfehlen.

● *Post* Rue Narbey nahe dem O.T.

● *Polizei* 1 b, rue de la Forge, ✆ 0389587105.

Übernachten/Essen und Trinken

Hôtel Wistub Aux Mines d'Argent, direkt an der Liepvrette liegt das nette Hotel von Mme Willmann. Ihre 10 unterschiedlich eingerichteten Zimmer kosten für zwei Personen 31–43 €, je nachdem ob nur mit Waschbecken oder mit Bad und WC. In der gemütlichen Weinstube gibt's elsässische Spezialitäten, auf Vorbestellung auch eine Matelote mit sechs verschiedenen Fischen. Tägl. geöffnet, 8, rue du Dr. Weisgerber, ✆ 0389585575, ✇ 0389586549.

** Hôtel Les Bagenelles, eine der besten Unterkünfte im Val d'Argent, auch bei Motorradfahrern sehr beliebt. Eines der 13 Zimmer kostet zu zweit 58 €. Empfehlenswerte Küche, sonntags kann man günstig am Buffet speisen. Von April bis Oktober tägl. geöffnet, in den übrigen Monaten nur Fr–So. Im Ortsteil La Petite Lièpvre direkt an der Straße zum Col du Bonhomme gelegen, ✆ 0389587077, ✇ 0389586769.

Auberge de la Canardière, ebenfalls in La Petite Lièpvre, aber noch weiter oben Richtung Col du Bonhomme. Nur 5 einfache Zimmer mit 2 bis 4 Betten, Dusche und WC, zu zweit bezahlt man 25 €. Sehr schöne Gaststube mit weiß gescheuerten Tischen, Spezialität sind – wie der Name es schon sagt – Entengerichte. Do geschl., ✆ 0389587613.

*** Caming Les Reflets du Val d'Argent, am südlichen Ortsausgang. Schöner Platz mit kleinem Schwimmbad, ein paar Meter weiter muhen die Kühe. Ganzjährig geöffnet. Route d'Untergrombach, ✆ 0389586483, ✇ 0389586131.

Rundtour: Von Ste-Marie-aux-Mines ins Tal der Béhine

Weniger einzelne Sehenswürdigkeiten als vielmehr die herrliche Landschaft machen den Reiz dieser knapp 45 km langen Rundtour aus.

Man fährt zunächst auf der D 416 Richtung Ribeauvillé, genießt schöne Ausblicke auf Ste-Marie-aux-Mines mit den umliegenden Vogesengipfeln und erreicht bald den 742 m hoch gelegenen **Col du Haut de Ribeauvillé.** Vor dort geht es auf der D 11[III] ca. 6 km weiter in den kleinen Ort **Aubure,** dessen z. T. ziemlich verstreut liegende Häuser in einer Höhe von 800 bis 900 m gebaut wurden (Aubure rühmt sich, der höchstgelegene Ort des Elsass zu sein).

Kurz hinter Aubure öffnet sich am **Col du Fréland** ein wunderschöner Blick auf das Tal der Béhine. Von der Passhöhe sind es nur wenige Kilometer bis zum gleichnamigen Ort **Fréland.** Auf der Fahrt dorthin kommt man an etlichen Bauernhöfen vorbei, in denen selbst gemachter Käse angeboten wird. In Fréland, das von den Bergen fast eingequetscht wird, haben sich auffallend viele Holzverarbeitungsbetriebe angesiedelt.

Von Fréland fährt man nun auf der D 11^{III} weiter nach Hachimette, zweigt dann zuerst auf die N 415 und wenig später auf die D 248 nach **Lapoutroie** ab. Das Dorf ist für seine guten Schnäpse bekannt und bietet mit dem kleinen *Musée des Eaux-de-Vie* eine einschlägige Ausstellung, in der etliche alte Geräte zur Schnapsherstellung (Destillierapparate, Pressen, Fässer, Sirupkocher), aber auch eine große Kollektion edler Tropfen zu bewundern sind. Man kann hier Schnäpse auch gratis kosten und käuflich erwerben (ganzjährig täglich von 9 bis 12 und von 14 bis 18 Uhr geöffnet, Eintritt frei).

Zurück auf der N 415, fährt man nun wenige Kilometer weiter nach Westen und erreicht so den beliebten Wintersportort **Le Bonhomme Village,** dessen Häuser sich ins Tal der Béhine ducken; überragt wird das Dorf von einigen Felsen und der Ruine Gutenberg. Von Le Bonhomme geht es auf der D 48 weiter Richtung Norden direkt auf den **Col des Bagenelles** zu. Von diesem auf 905 m Höhe gelegenen Pass unterhalb des mächtigen Brézouard öffnet sich eines der schönsten Vogesenpanoramen auf das Tal der Liepvrette im Norden und das Tal der Béhine im Süden.

Weiter geht es auf der D 48 nun wieder zurück Richtung Ste-Marie-aux-Mines. Bald hat man **Echery** erreicht, heute ein Ortsteil von Ste-Marie-aux-Mines, in dessen Umgebung einige der früher bedeutenden Silber- und Bleigruben liegen. Kein Wunder also, dass man manchen Häusern durch ihre charakteristischen Rundtürmchen am Eck die typische Bauweise der Bergleute noch ansieht. Unmittelbar hinter der Brücke über die Liepvrette beginnt ein *Minenlehrpfad.* Auf dem kurzen *Sentier de Découverte* ist man ca. eine Stunde, auf dem langen 3–4 Stunden unterwegs (im ASEPAM-Büro in Ste-Marie-aux-Mines kann man die begleitende Broschüre zum Preis von 1,50 € erstehen). Wenige Meter weiter steht das schönste Gebäude des Ortes, der Uhrturm, der einst als Gericht und Gefängnis der Bergleute fungierte. Vom Uhrturm zweigt eine Straße zur Schule ab, wo ein kleines Museum untergebracht ist, in dem man sich ein altes Klassenzimmer aus dem Jahre 1930 anschauen kann (im Juli und August ab 10 Uhr geöffnet, ansonsten nur auf Anfrage unter ✆ 0389585667; Erwachsene 2 €, Kinder 1,50 €).

Die letzte Station der Rundtour ist das kleine Dorf **St-Pierre-sur-l'Hâte,** das man von Echery aus auf einer unbezeichneten Straße erreicht (ca. 1 km nach Osten). Der Ort besitzt eine Bergmannskirche, die mit Holzgalerie und -decke sehr derb wirkt. Fein gearbeitet ist aber der gotische Tabernakel im Chor. Im Sommer finden in der dann durch Kerzen erleuchteten Kirche regelmäßig Konzerte statt.

● *Essen/Übernachten/Reiten* **Auberge Les Sorbiers,** in Aubure. Gemischtwarenladen, Treffpunkt der Männer vor ein Glas Wein und Restaurant mit traditioneller Küche – all das vereinigt Familie Ancel in ihrem Lokal direkt neben der Kirche. Menü ab 12 €, lecker fanden wir die Forelle. Montagabends geschl. 2, rte de Ste-Marie, ✆ 0389739037. **Auberge Lossow,** auf dem Pferdehof in Aubure kann man in zwei Familienzimmern im

Maisonnettestil mit je 5 Betten zum Preis von 20 € pro Person inkl. Frühstück übernachten und auf Wunsch auch bei Mme Lossow essen. Die Familie besitzt zehn 21 Pferde und Ponys und führt auch regelmäßig Reitkurse durch. Ein Halbtagesritt wird für Erwachsene mit 40, für Kinder mit ca. 28 € berechnet. Aubure, 8, rte de Ste-Marie, ✆ 0389739234.

** **Hôtel de la Poste,** in Le Bonhomme Village. Schönes, rustikal-komfortables Haus mit

Hallenschwimmbad, Sauna, Garten und behindertengerechter Ausstattung, die Speisekarte des empfehlenswerten Restaurants ist auch in Blindenschrift geschrieben. Ein DZ gibt's inkl. gutem Frühstück zum Preis von 64 €, jede weitere Nacht wird mit 61 € berechnet. ℡ 0389475110, 📠 0389472385.

Auberge Renaud Rautsch, am Col des Bagenelles. Seit über 15 J. bewirtschaften Veronika und Heinz aus Deutschland die einfache Herberge, zu der vom Col des Bagenelles eine ca. 1 km lange asphaltierte Straße führt. Das Sauerkraut hat uns hier besonders gut geschmeckt. Eine Übernachtung mit Halbpension in einem der 4 DZ oder im Schlafsaal kostet ca. 30 €. Di und Mi geschl., ℡ 0389475174.

Die Umgebung von Orbey ist besonders reizvoll

Orbey und Umgebung

Orbey ist ein lang gestrecktes Straßendorf an der Weiß und hat außer einem kleinen Park und einigen Einrichtungen für den Winter- und Sommertourismus eigentlich nicht viel zu bieten – umso mehr seine Umgebung.

Eine ca. 10 km lange Tour führt durch das weite Tal von Orbey mit ausgedehnten Matten und bewaldeten Kuppen hinauf zur Route des Crêtes. Man orientiert sich am Hinweisschild "Le Lacs" (D 48^{II}), womit schon die Hauptziele des kleinen Ausflugs genannt sind: zwei idyllisch gelegene Vogesenseen. Auf dem Weg dorthin passiert man in **Pairis** das einzige noch erhaltene Gebäude einer im 12. Jh. gegründeten, einst großen Zisterzienserabtei, deren übrige Teile während der Französischen Revolution zerstört wurden. Der eindrucksvolle Bau wird heute als Altersheim genutzt und ist deswegen nur von außen zu besichtigen. Rund um den kleinen Weiler verkaufen Bauern regelmäßig ihre Produkte, u. a. Honig, Käse und Eier.

Von Pairis geht es noch ein kurzes Stück weiter auf der D 48^{II}, bis links eine asphaltierte Straße zum ersten der beiden Seen, dem **Lac Noir,** abzweigt. Seinem Namen entsprechend ("Schwarzer See") sieht er recht dunkel aus, was auf seinen moorigen Untergrund zurückzuführen ist. Er liegt in einer Höhe von 937 m und ist von bewaldeten Steilhängen umgeben, an denen Gämsen und Wanderfalken leben. Das Gebiet wurde zum Naturschutzgebiet erklärt und kann über einen Pfad erkundet werden. An seiner Nordostseite fällt ein großes Pumpspeicherwerk ins Auge. Es ist Bestandteil eines Energietransfersystems zwischen dem Lac Noir und dem nicht weit entfernt gelegenen **Lac Blanc,** der auf einem mit gelbem Balken markierten Wanderweg von hier in etwa 2 km erreicht werden kann. Der "Weiße See" ist größer und – der Name sagt es schon – viel heller als der Lac Noir, denn sein Boden besteht aus Quarzsand. Er liegt direkt an der D 48^{II}, die von hier in weiteren 1,5 km zum Col du Calvaire an der Route des Crêtes hinaufführt, und ist wie sein Pendant fast ganz von steilen Felsen umgeben; die an seiner Südseite ähneln den Umrissen einer mittelalterlichen Burg und werden deshalb auch "Château Hansi" genannt.

- *PLZ* 68370
- *Lage* Orbey wird am schnellsten von Kaysersberg über die N 415 erreicht.
- *Information* **Office de Tourisme,** im Rathaus von Orbey, 48, rue Ch. de Gaulle, ☎ 0389713011, ✆ 0389713411. Mo–Fr ganztägig geöffnet, Sa nur vormittags, im Juli und August auch samstagnachmittags und So.
- *Parken* Direkt neben dem Rathaus von Orbey gibt es einen großen Parkplatz.
- *Fahrradvermietung* Die **Auberge Le Blancrupt** (☎ 0389712711) am Lac Blanc vermietet Mountainbikes.
- *Markt* Mi beim Rathaus von Orbey.
- *Öffentliche Toiletten* An der Rückseite des Rathauses.
- *Post* Rue Ch. de Gaulle, nahe dem Rathaus.
- *Polizei* Die nächste Gendarmeriestation befindet sich in Kaysersberg.
- *Übernachten/Essen* ** **Hôtel Restaurant La Croix d'Or,** in einer ruhigen Seitenstraße von Orbey kann man in hübsch eingerichteten DZ zum Preis von 42 bis 48 € unterkommen. Das Restaurant bietet elsässische Spezialitäten, die z. T. raffiniert abgewandelt sind. Das Zanderfilet kommt hier in Begleitung von Morcheln und Spätzle auf den Tisch. Di geschl. 13, rue de l'Eglise, ☎ 0389 712051, ✆ 0389713560.

Residence Les Lodges, schöne Anlage südlich von Pairis in einem 3 ha großen Waldstück mit Bach und Weiher. Familie Renel vermietet hier urige Holzhäuser für 2 bis 6 Personen, die nach Saison und Größe pro Woche 410 bis knapp 800 € kosten. Außerhalb der französischen Schulferien kann man sich aber auch übers Wochenende einmieten. Les Hauts de Pairis, ☎ 0389 712530, ✆ 0389713245.

Ferme Auberge du Pré Bracot, an der D 48^{II} Richtung Lac Noir. Schöner, großer Bauernhof, v. a. für Familien geeignet, denn hier kann man zum Preis von 230 € wochenweise Apartments mit 4 Betten mieten. Während die Eltern den schönen Blick über das Orbey-Tal genießen, toben die Kleinen auf dem Spielplatz. Mo geschl. ☎ 0389712529, ✆ 0389712548.

Route des Crêtes

Die gut 60 km lange Vogesenkammstraße vom Col du Bonhomme bis zum Viel Armand wurde im Ersten Weltkrieg von der französischen Armee gebaut, um die Verbindung zwischen den im Norden und Süden stationierten Truppen zu gewährleisten. Heute gilt die auf durchschnittlich 1200 m Höhe verlaufende Route als eine der schönsten Panoramastraßen Europas. Sie bietet in der Tat grandiose Ausblicke auf die Gipfel mit den Hochweiden und auf die unterhalb des Kamms liegenden lothringischen und elsässischen Vogesenseen.

Von Mitte Mai bis Mitte Oktober fährt an Sonn- und Feiertagen der **Pendelbus "La Navette des Crêtes"** alle 30 Minuten (von 10 bis 18 Uhr) die Route des Crêtes in beiden Richtungen entlang. Zwischen dem Col du Calvaire und dem Grand Ballon hält er an insgesamt 15 Stationen, um Fahrgäste aus- bzw. einsteigen zu lassen, sodass man die Landschaft auch ohne Autofahrerstress genießen kann. Von den sechs Tal- bzw. Weinstraßenorten Kaysersberg, Munster, Metzeral, Bitschwiller-lès-Thann, Kruth und Guebwiller bestehen an diesen Tagen zudem Busverbindungen zur Route des Crêtes bzw. zu Haltepunkten des Navette-Busses.

Erste Etappe: Vom Col du Bonhomme zum Gazon du Faing

Col du Bonhomme: Der Ausgangspunkt der Tour liegt 949 m hoch und bietet herrliche Blicke auf die lothringischen Vogesen. Man erreicht ihn am schnellsten von Kaysersberg über die N 415; reizvoller ist jedoch die Tour über den Col des Bagenelles (D 48) von Ste-Marie-aux-Mines aus (siehe S. 211 f).

Col du Calvaire: An der nächsten Station der Tour befindet man sich bereits auf 1134 m Höhe. Einrichtungen für Skifahrer, aber auch zahlreiche Wandermöglichkeiten abseits der Straße sorgen dafür, dass die Parkplätze auf dieser Passhöhe zu jeder Jahreszeit gut belegt sind. Wer mag, macht einen kurzen Abstecher zum Weißen und zum Schwarzen See (siehe S. 213 f).

Hautes Chaumes/Gazon du Faing: Die Route des Crêtes führt nun weiter auf der lothringischen Seite der Vogesen im Departement Des Vosges. Der vermooste und mit vielen Flechten bewachsene Baumbestand lässt ahnen, dass es hier reichlich Niederschlag gibt. Schließlich erreicht man in ca. 1300 m Höhe die *Hautes Chaumes*, Hochweiden und Torfmoore, eine einzigartige, herbe Landschaft. Direkt an der Straße zweigt bei der gleichnamigen Auberge ein ca. 500 m langer Pfad durch das

wunderschöne, zum Naturschutzgebiet erklärte Hochmoor *Gazon du Faing* in südöstliche Richtung ab. Zwischen gelb-grünen Gräsern, Heidekraut und Blaubeerbüschen geht man bis zu einer Steilwand über dem Lac du Forlet (auch Lac des Truites genannt). Etwas weiter nördlich findet man eine Orientierungstafel und den aus flechtenüberzogenen Granitgestein bestehenden Taubenklangfelsen. Wer vom Aussichtspunkt über dem See nach rechts, also nach Süden abzweigt, kommt nach 10 Minuten zum Ringelbuhlkopf.

● *Übernachten/Essen* **Auberge du Col du Bonhomme,** schon etwas ältere Unterkunft direkt an der Straße, aber noch gut in Schuss. Je nach Größe der Zimmer bezahlt man zu zweit 27–42 €, für ein Studio mit Balkon 50 €. Angeschlossen ist ein recht angenehmes Restaurant. ✆ 0329503225, ✆ 0329 527482.

Auberge Gazon du Faing, an der Abzweigung zum Hochmoor steht dieses schöne Bruchsteinhaus, in dem man wunderbaren Baeckaoffa bekommt. ✆ 0329634244.

● *Führungen durch das Hochmoor* Einmal pro Woche finden im Sommer ab dem Parkplatz an der Straße Führungen durch das Naturschutzgebiet **Gazon du Faing** statt. Erkundigen Sie sich in der Auberge Gazon du Faing danach.

● *Wandern* Zahlreiche Möglichkeiten, z. B. vom Taubenklangfelsen zum Lac du Forlet oder vom Ringelbuhlkopf zum von Tannenwäldern umgebenen Lac Vert. Zu Letzterem gelangt man auch vom knapp 2 km hinter dem Gazon du Faing angelegten Parkplatz am Collet du Lac Vert (roter Punkt, 20 Min.). Außerdem kann man von hier aus zu weiteren Gletscherseen in diesem Gebiet aufbrechen.

Zweite Etappe: Vom Col de la Schlucht zum Col du Herrenberg

Col de la Schlucht: Der Verkehrsknotenpunkt auf der Passhöhe (1139 m) bietet neben dem Blick in die Schlucht, einer schönen Aussicht auf die lothringischen Vogesen und Skiliften auch attraktive Freizeitmöglichkeiten für die warme Jahreszeit,

z. B. eine Sommerrodelbahn oder die von der Organisation *Cimes et Sentiers* durchgeführten Exkursionen (s. u. "Kinder/Exkursionen").

Jardin d'altitude du Haut Chitelet/Le Hohneck: Nur etwa 4 km vom Col de la Schlucht entfernt kann man in einer 10 ha großen, wunderschönen Anlage mit Fels-, Wald- und Hochmoorlandschaften ca. 2500 Pflanzen der verschiedensten Bergregionen der Welt bewundern (Öffnungszeiten siehe unten).

Hinter dem Pflanzengarten bieten sich von einem Parkplatz rechts der Route des Crêtes schöne Blicke nach Westen auf den lang gestreckten Lac de Longemer und den Lac de Retournemer. Links führt ein schmales Asphaltsträßchen steil auf den 1361 m hohen, mit Matten bewachsenen Hohneck hinauf, die letzten Meter muss man allerdings zu Fuß zurücklegen. Eine Erklärungstafel hilft bei der Identifikation der einzelnen Gipfel, auf die man von der breiten Bergkuppe der zweithöchsten Erhebung der Vogesen eine wirklich einmalige Sicht hat. Diese kann man auch auf der Terrasse eines Restaurants genießen und dabei gleichzeitig dem Magen etwas Gutes tun.

Der Gipfel des Hohneck ist nicht mehr weit

Col du Herrenberg: An der bald folgenden Abzweigung nach Wildenstein öffnet sich der Blick nach Südwesten auf das obere Thur-Tal mit dem Stausee von Kruth-Wildenstein. Als Nächstes erreicht man den *Col du Herrenberg* (1186 m), der an sich nichts sonderlich Spektakuläres zu bieten hat. Allerdings liegen zwischen dieser Passhöhe, dem kurz darauf folgenden *Col du Hahnenbrunnen* (ebenfalls 1186 m) und dem Markstein einige urige Ferme-Auberges.

● *Kinder/Exkursionen* Viel Betrieb herrscht oft an der **Sommerrodelbahn** (Luges d'été) am Col de la Schlucht. Zwischen dem 1.5. und dem 1.11. kann man sich hier mit dem Sessellift ca. 100 m höher hinaufbringen lassen und dann mit dem Bob abwärts rasen.

Pro Person bezahlt man 4,40 €. ☎ 0329254171. **Cimes et Sentiers,** ebenfalls am Col de la Schlucht. Die Organisation bietet eine Vielzahl begleiteter halb- oder ganztägiger Exkursionen: Touren zu Fuß, bei denen man u. a. auch Gämsen beobachten kann, Ausflüge mit dem Mountainbike, Wildwasserfahrten etc. Das Büro ist vom 1.7. bis 8.9. von 9 bis 19 Uhr geöffnet, ☎ 0674321259.

• *Öffnungszeiten/Eintritt* **Jardin d'altitude du Haut Chitelet**, im Juni 10–12 und 14–18 Uhr, im September nur bis 17.30 Uhr, im Juli und August durchgehend 10–18 Uhr. Erwachsene 2,30 €, Kinder 1,50 €.

• *Übernachten/Essen* **** Hôtel Restaurant du Châlet**, direkt an der Straße am Col de la Schlucht steht das nette Hotel mit insgesamt 9 Zimmern (teilweise mit Balkon), 2 Personen bezahlen für ein DZ 45–48 €. In der Küche wird nach traditionellen Rezepten gekocht, Menü ab 14 €. Mittwochabends und Do geschl., ☎ 0389770406, 📠 0389770611.

Ferme-Auberge Huss, vom Col du Herrenberg über eine 300 m lange asphaltierte Straße erreichbar. In wunderschönen Gasträumen verzehrt man hier unter z. T. riesigen Kuhglocken seine Melkermahlzeit, und auch der Blick von der Terrasse ist nicht zu verachten. Sehr angenehme Atmosphäre. Von Mitte Mai bis Mitte Oktober bewirtschaftet, ☎ 0389822720.

Ferme-Auberge Steinlebach, zwischen Col du Herrenberg und Le Markstein, knapp 400 m nordöstlich der Route des Crêtes gelegen. Mehrere 3- und 4-Bett-Zimmer sowie ein Schlafsaal stehen zur Verfügung, pro Person 30 € (inkl. Halbpension). Obwohl es nicht an Sitzplätzen mangelt, ist in der beliebten Bauerngaststätte oft keiner mehr zu ergattern. Als Nachtisch locken selbst gemachtes Eis oder ein Siasskas. ☎ 0389826187.

Dritte Etappe: Vom Markstein bis zum Vieil Armand

Le Markstein: Auf 1176 m Höhe gelegen, bietet auch diese Erhebung wieder eine prächtige Aussicht. Im Winter herrscht hier reger Skibetrieb, aber auch im Sommer ist immer einiges los: Erwachsene können sich im Gleitschirmfliegen versuchen, Kinder in einer Hüpfburg austoben (s. u.).

Le Grand Ballon: Der Große Belchen, wie er auf Deutsch heißt, ist im wahrsten Sinne des Wortes der Höhepunkt einer Südvogesenreise. Auch wer nicht gerne wandert, sollte vom Parkplatz zum Gipfel (1424 m) mit der weithin sichtbaren Kuppel der 1998 zur Sicherung des Flugverkehrs in Betrieb genommenen Radarstation hinaufsteigen. Der Blick schweift ungehindert nach Norden und Osten über die Vogesen, nach Süden bis in den Jura und – bei guter Sicht – zu den Alpen, nach Westen in die Rheinebene und zum Schwarzwald. Ein steiniger Weg führt in wenigen Metern zum *Monument des Diables Bleus*, das an eine im Ersten Weltkrieg kämpfende Soldateneinheit erinnert.

Col Amic: Nur noch 825 m hoch ist diese Passhöhe, an der eine Straße ins Tal der Thur abzweigt.

Le Vieil Armand/Col du Silberloch: Der Hartmanweillerkopf gehörte zu den im Ersten Weltkrieg am stärksten umkämpften Gebieten im Elsass. Vier Jahre lang standen sich Franzosen und Deutsche nur wenige Meter voneinander getrennt gegenüber, Zehntausende Soldaten mussten bei den Kämpfen ihr Leben lassen. Am Ende des Krieges glich das Gebiet einer Kraterlandschaft. Links der Straße am Col du Silberloch erinnert ein *Monument National* mit Krypta, in der die Gebeine von 12.000 unbekannten Toten beigesetzt sind, ebenso daran wie der unmittelbar dahinter liegende *französische Soldatenfriedhof Silberloch* (die Krypta mit kleinem Museum ist von April bis Mitte November täglich zwischen 9 und 12 und von 14 bis 18 Uhr geöffnet). Von hier aus kann man in ca. einer halben Stunde, vorbei an einstigen Stellungen, Schützengräben und Beobachtungspunkten, zum Gipfel des Vieil Armand (956 m) mit großem Gedenkkreuz hinaufsteigen.

• *Gleitschirmfliegen* **Centre Ecole du Markstein,** bei guten Windverhältnissen kann man von hier aus über die Vogesen schweben. Informationen erhalten Sie entweder an der Berghütte Le Point ca. 1 km nördlich des Markstein oder unter ☎ 0389826854.

• *Kinder* **Hüpfburg und Trampolinanlage,** am Markstein. 5 Minuten Trampolin 4 €.

Sommerrodelbahn, am Grand Ballon. Für 2,20 € pro Person fährt man ca. 700 m abwärts und wird anschließend wieder nach oben gezogen.

● *Gipfelbesteigung*   Ein ca. 5-minütiger Wanderweg auf den **Grand Ballon** beginnt links vom Châlet Hôtel du Grand Ballon.

Um zum Gipfel des **Vieil Armand** zu gelangen, durchquert man das dortige Gräberfeld auf einem der beiden Hauptwege und erreicht dann den Weg, der hinaufführt.

Sie sind die Stars der Vogesen

● *Übernachten/Essen*   ** **Hôtel Restaurant Wolf**, nettes Hotel am Markstein, etwas abseits vom Rummel. Zu zweit bezahlt man in einem der 16 Zimmer 50 €, es gibt auch 3-Bett-Zimmer. Im Restaurant wird leckere regionale Küche serviert. ☎ 0389826436, ✉ 0389387206.

Châlet Hôtel du Grand Ballon, das gemütliche Berghotel ist im Besitz des Club Vosgien. Insgesamt 25 Zimmer stehen ganzjährig zur Verfügung, ein DZ mit Bad und WC kostet je nach Saison 50–55 €, ein "Wandererzimmer" (Gemeinschaftsbad) für zwei Personen gibt's zum Preis von 38 bzw. 42 €. Zünftiges Restaurant mit großer Speisekarte, Menü ab 9,50 €. ☎ 0389487799, ✉ 0389627808.

Ferme-Auberge Roedelen, am Grand Ballon. Einer der urigsten Berggasthöfe, wie wir finden. Im weiß getünchten Gastraum ohne Schnickschnack oder auf der Terrasse bekommt man bei dem netten Wirt Roger Schubnel gutes und preiswertes Essen, der Kaffee danach wird in Gläsern serviert. Die Auberge ist vom Parkplatz am Grand Ballon über einen ca. halbstündigen Spaziergang zu erreichen (siehe auch Wanderung 8, S. 219). Von Juni bis Ende Oktober bewirtschaftet, ☎ 0389470577.

Ferme-Auberge Gustiberg, am Grand Ballon. Ähnlich gemütlich, außer der Melkermahlzeit gibt es hier auch Eintopf oder Königinpastete. Lecker sind die Obstkuchen. Eine schmale Straße führt von Lautenbach-Zell hierher, Fußweg vom Grand Ballon siehe Wanderung 8, S. 219. Mi geschl., ☎ 0389740501.

Ferme-Auberge Freundstein, am Col Amic in toller Lage mit wunderschöner Aussicht auf den Grand Ballon, dazu direkt an der Route des Crêtes, und trotzdem geht es bei Familie Luttringer gemütlich zu. Großes Angebot, z. B. bekommt man hier auch Fleischschnaka, und zu den Vorspeisen werden feine Crudités serviert. Ca. 1 km hinter dem Col d'Amic zweigt eine kurze Zufahrtstraße ab. ☎ 0389823163.

Ferme-Auberge du Molkenrain, 2 km südlich des Col du Silberloch führt eine 2 km lange Asphaltstraße auf die Anhöhe Molkenrain mit der gleichnamigen beliebten Ferme-Auberge. Schöne Lage mit Blick auf den Vieil Armand und die Rheinebene, und auch das Essen schmeckt. Die Übernachtung im Schlafraum inkl. Vollpension wird mit 29 € berechnet. Von Ostern bis zum 11.11. geöffnet, Mo geschl. ☎ 0389811766.

Weiterfahrt: Vom Col du Silberloch geht es 11 km stetig bergab nach Cernay und damit an die Weinstraße.

Wanderung 8: Am Grand Ballon

Diese wunderschöne Tour (ca. 8 km, 2½–3 Std.) zum Gipfel des höchsten Vogesenberges und weiter zum unterhalb davon gelegenen Lac du Ballon bietet phantastische Ausblicke und ist – bis auf eine Steigung am Ende – auch noch relativ einfach zu bewältigen. Unterwegs kann man in zwei zünftigen Ferme-Auberges einkehren.

Stellen Sie das Auto etwa 5 km südlich vom Markstein am Wanderparkplatz bzw. an der **Ferme-Auberge Le Haag** direkt neben der Straße ab, auch der Navette-Bus hält hier. Der Gipfel des Grand Ballon mit der auffälligen kugelförmigen Radarstation liegt schon vor Ihnen. Rechts der Straße geht man auf einem schmalen, durch Almwiesen führenden Pfad allmählich ansteigend darauf zu (roter Balken) und wandert zuerst an der West-, dann an der Südseite den Hang hinauf, alle Abzweigungen nicht beachtend. Nach ca. 1,2 km ist das **Monument des Diables Bleus** erreicht, ein steiniger Weg bringt Sie zur **Radarstation** und damit zum höchsten Punkt hinauf.

Von der Station führt ein betonierter Weg abwärts. Nach 130 m geht man an einer Gabelung rechts, dann links zur **Route des Crêtes.** Folgen Sie dieser etwa 300 m weit nach Norden und biegen Sie dann im Scheitelpunkt einer Linkskurve nach rechts auf einen schmalen Pfad ab (rot-weiß-roter Balken). Nach 600 m erreicht man eine Piste, der man kurz nach rechts folgt, um dann nach links abzubiegen. Bald steht man vor der urigen **Ferme-Auberge Roedelen,** in der noch kein Massenbetrieb herrscht. Von deren Eingang führt eine Piste in Richtung Norden. Wenn diese nach 300 m einen Schlenker nach rechts macht, zweigen Sie auf einen schmalen Pfad ab, der steil abwärts durch den Wald bis zum netten **Berggasthof Gustiberg** verläuft. Von dort wandert man nun mit der Markierung blaues Kreuz auf einer Piste weiter, die angenehm eben durch lichten Wald zum **Lac du Ballon** führt. Über die kleine Staumauer kommt man zur Westseite des einstigen Gletschersees, geht ca. 400 m nach links und biegt dann

Wanderung 8: Am Grand Ballon

auf einen schmalen Pfad nach rechts in den dichten Wald hinein ab (rot-weiß-roter Balken). Relativ steil steigt man in Serpentinen aufwärts, quert eine Piste, bis man nach 1,3 km auf einen anderen breiten Waldweg mit der Markierung gelber Balken stößt und diesem nach links folgt. Die Verkehrsgeräusche auf der Route des Crêtes sind hier schon zu hören. In ca. 10 Minuten haben Sie dann den Parkplatz Le Haag wieder erreicht.

Nirgendwo nisten so viele Störche wie in Munster

Munster

Inmitten des aus streng genommen drei Tälern bestehenden Vallée de Munster liegt die ca. 5000 Einwohner zählende Stadt dort, wo sich die Große und die Kleine Fecht zu einem Fluss vereinigen.

Der Ortsname geht auf ein Kloster zurück, das irische Mönche im 7. Jh. an dieser Stelle errichtet haben: *Monasterium ad Confluente*, "Kloster am Zusammenfluss". Ihnen ist auch das Rezept für den berühmten Münsterkäse zu verdanken. Von der Abtei ist zwar nicht mehr sehr viel zu sehen, doch der Käse wird heute noch im ganzen Tal hergestellt und verkauft.

Ab 1235 war das von mächtigen Mauern umgebene Munster stolze freie Reichsstadt und später Mitglied des Zehnstädtebundes, im 18./19. Jh. dann Standort bedeutender Textilfabriken. Während des Ersten Weltkriegs wurde die Stadt durch Bombardements so schwer zerstört, dass kaum ältere Bausubstanz erhalten blieb. Heute ist sie dank ihrer besonders reizvollen näheren Umgebung ein beliebtes Touristenziel. Zudem sind die hohen Ballons und auch die attraktive Route des Crêtes (siehe S. 214 ff) nicht weit, und auch die Weinstraße ist auf der großen Verbindungsstraße schnell erreicht. Diese sorgt allerdings andererseits für ein hohes Verkehrsaufkommen in der Stadt – Stau gehört hier zumindest im Sommer zum Alltag.

Zentrum des Ortes ist die belebte **Place du Marché,** wo gleich mehrere Storchenpaare auf dem erhalten gebliebenen Flügel (18. Jh.) des ehemaligen Abtspalastes der Benediktinerabtei St-Grégoire inzwischen wieder fleißig brüten. Durch einen Torbogen kommt man zu den Ruinen ihres einstigen Kreuzgangs. Da die Äbte dieses mächtigen Konvents lange Zeit Herren über die Bewohner des gesamten Tales waren, Steuern erhoben, Gericht hielten usw., wurde die Gegend früher auch Gregoriental genannt.

Wieder zurück auf dem von der neoromanischen protestantischen Kirche beherrschten Marktplatz, sollte man sich den **Löwenbrunnen** genauer ansehen. Die Stärke und Mut symbolisierende Löwenfigur wurde 1576 von den Einwohnern des Tales errichtet, nachdem sie vom Kloster einen Vertrag ertrotzt hatten, durch den ihnen Religionsfreiheit und damit auch das Recht auf einen evangelischen Gottesdienst zugesichert worden war. Das **Renaissancerathaus** mit dem Wappen Munsters an der Rue Ste-Barbe ist nicht weit entfernt. Der Reichsadler stammt aus der Zeit, als die Stadt noch zum Heiligen Römischen Reich gehörte.

Das **Maison du Parc** in der alten Prälatenresidenz der Abtei gegenüber den Ruinen des Kreuzgangs bietet auf 600 m^2 eine sehr lebendig gestaltete ständige Ausstellung zu Natur, Vegetation und Tierwelt des *Parc Naturel Régional des Ballons des Vosges*, aber auch zu Handwerk, Industrie und Tourismus mitsamt seinen negativen Auswirkungen. Die Erklärungen sind aber leider nur auf Französisch (Öffnungszeiten s. u.). Schließlich lohnt sich noch ein Abstecher zum Nordrand des Städtchens, wo ein hübsches **Storchengehege** zu besichtigen ist. Außerdem beginnt hier ein Pfad, über den man in ca. 10 Minuten den Bergrücken hinaufsteigen und dort einen schönen Blick über den Ort genießen kann.

Die südlichen Vogesen

Parc Naturel Régional des Ballons des Vosges

1989 wurde dieser Naturpark mit Verwaltungssitz in Munster ins Leben gerufen, an dem drei Regionen, das Elsass, die Franche-Comté und Lothringen, Anteil haben. Er umfasst etwa 3000 km^2 und damit nicht nur die Vogesengipfel, sondern auch die Gemarkungen von mehr als 200 Gemeinden mit etwa 230.000 Bewohnern. Ziel ist es neben der Bewahrung und Präsentation des kulturellen Erbes, ein Gleichgewicht zwischen wirtschaftlicher Entwicklung, dazu zählt auch der Tourismus, und Naturerhaltung herzustellen. Keine leichte Aufgabe in einer Region, in der sich sommers wie winters Besucher in großer Zahl tummeln und Interessenkonflikte nicht ausbleiben können. Besonders sensible Naturräume wie die Hochmoore hat man deshalb unter Naturschutz gestellt.

Lage/Adressen/Verbindungen

- *PLZ* 68140
- *Lage* Munster liegt direkt an der von Colmar nach Gérardmer führenden D 417.
- *Information* **Office de Tourisme**, 1, rue du Couvent, im rückwärtigen Gebäude des Maison du Parc, ℡ 0389773180, 🖷 0389770717, www.la-vallee-de-munster.com. Ganzjährig

Mo–Sa, im Juli und August auch sonntagvormittags geöffnet.
- *Führungen* Kostenlose Führungen durch die Stadt, durch Soultzbach-les-Bains, Wihrau-Val und Gunsbach werden jeweils abends an verschiedenen Wochentagen auf Französisch während der Monate Juli und

August vom O.T. angeboten.

- *Öffnungszeiten/Eintritt* **Maison du Parc,** 1.5.–15.9. Di–So 9–12 und 14–18 Uhr, 16.9.– 30.4. Mo–Fr nur nachmittags. Eintritt frei.
- *Heißluftballonflüge* Informationen bei **Aérovision,** 4, rue de Hohrod, ✆ 0389772281.
- *Zug* Der Gare SNCF befindet sich wenige Fußminuten vom Zentrum entfernt. Es bestehen mehrmals täglich Verbindungen nach Colmar und Metzeral.
- *Parken* Vor und hinter dem Gebäude des Maison du Parc.
- *Taxi* Die Firma Jacquat ist unter ✆ 0389 773366 erreichbar.
- *Fahrradverleih* Am Ortsausgang Richtung Colmar in einem Sportgeschäft in der Rue du Gal de Lattre de Tassigny, ✆ 0389 772020.

*Ü*bernachten/*E*ssen und *T*rinken

- *Übernachten* ***** Hôtel Verte Vallée (5),** unweit der Stadt in einem kleinen Park gelegene große Anlage mit allen Einrichtungen für einen abwechslungsreichen Urlaub: 2 Schwimmbäder, Whirlpool, Sauna, Fitnessraum usw. Ein DZ kostet je nach Saison und Ausstattung (Balkon) zwischen 70 und 88 €, ein Apartment (4 Pers.) bis zu 135 €. Im Angebot sind auch Wellnesswochenenden, Schlankheitsprogramme etc. 10, rue A. Hartmann, ✆ 0389771515, ✆ 0389771740.

*** Hôtel Restaurant La Cigogne (4), mitten im Geschehen wohnt man in dem komfortablen, zentralen Hotel mit 20 geschmackvollen Zimmern zum Preis von 45 (EZ) bis 75 € (4 Personen). 4, pl. du Marché, ✆ 0389773227, ✆ 0389775450.

** Le Grand Hôtel (7), das schöne, von einem Park umgebene Gebäude ist besonders für Familien geeignet, bietet es doch in ruhiger Lage 37 Studios (bis zu 4 Personen). Pro Tag 52 € für eine Person, 60 € für zwei, jeder zusätzliche kostet 11 € mehr. In der Nebensaison und im Wochentarif wird's günstiger. Einige Sport- und Spielmöglichkeiten (Tischtennis, Volleyball, Spielplatz etc.) gehören ebenso wie ein Pool zum Haus. 1, rue de la Gare, ✆ 0389 773037, ✆ 0389773006.

** Hôtel Bar des Vosges (1), nettes Hotel mit 13 zweckmäßigen Zimmern mit Dusche und WC zum Preis von 32 € (EZ) bis 46 € (DZ). Ein beliebter Treffpunkt von Einheimischen und Touristen auf ein Bier oder einen Kaffee ist die Terrasse vor dem Haus. 58, Grand' rue, ✆ 0389773141, ✆ 0389775986.

- *Markt* Di und Sa (vormittags) auf der Place du Marché.
- *Schwimmen* Das große **Hallen- und Freibad** mit Sauna, Jacuzzi und Wellenbad nahe dem Campingplatz ist ganzjährig geöffnet. Parc de la Fecht, ✆ 0389778560.
- *Einkaufen* **F'utile,** hübsche Tischdecken, Handtücher, Schürzen und andere elsässische Mitbringsel. 3, Grand' rue.

Artisanat d'Art Local, viel Schönes aus Holz, z. B. Schüsseln, Bilderrahmen, Uhren usw. 9, Grand' rue.

- *Öffentliche Toiletten* Unter der Salle des Fêtes und an der kath. Kirche.
- *Post* Ecke Rue Sébastopol und Rue Rapp.
- *Polizei* 42, rue de Colmar, ✆ 0389773051.

*** Camping Municipal, sehr beliebter und großer Platz an der Staustufe der Fecht, ca. 400 m vom Zentrum entfernt. Von Mai bis Mitte September geöffnet, ✆ 0389773108.

- *Essen und Trinken* **Restaurant Verte Vallée (5),** auch wenn das dazugehörige Hotel noch so effektive Diätprogramme anbietet, sollten Sie diese angesichts des hervorragenden Restaurants vielleicht doch besser auf einen anderen Zeitpunkt verschieben. Ob feine Gourmetgerichte oder elsässische Spezialitäten – hier kommt jeder auf seine Kosten. Adresse s. o.

Restaurant A l'Agneau d'Or (3), sehr innovative elsässische Küche bereitet Martin Fache mit großem Erfolg in seinem eleganten Restaurant zu: Schnecken mit Steinpilzen, Münsterkäse-Profiterolles, Gänseleberschnitzel in Honigsauce ... Menüs bekommt man ab 22 €. Mo und Di geschl. 2, rue St-Grégoire, ✆ 0389773408.

Restaurant Brasserie La Cigogne (4), sehr beliebtes Restaurant im gleichnamigen Hotel mit interessanter Speisekarte und elegantem Flair. Deftige Gerichte wie Sauerkraut und Flammkuchen sowie die schönste Freiluftterrasse im Ort hat die Brasserie zu bieten. Adresse s. o.

Wistub Restaurant A la Schlitte (8), in der urigen Weinstube werden neben Sauerkraut & Co. auch ausgefallenere Gerichte wie Rehpfeffer und chinesisches (!) Fondue serviert. Mo und Di geschl. 7, rue de la République, ✆ 0389775035.

Restaurant Brasserie A l'Alsacienne (6), gemütliches gutbürgerliches Gasthaus,

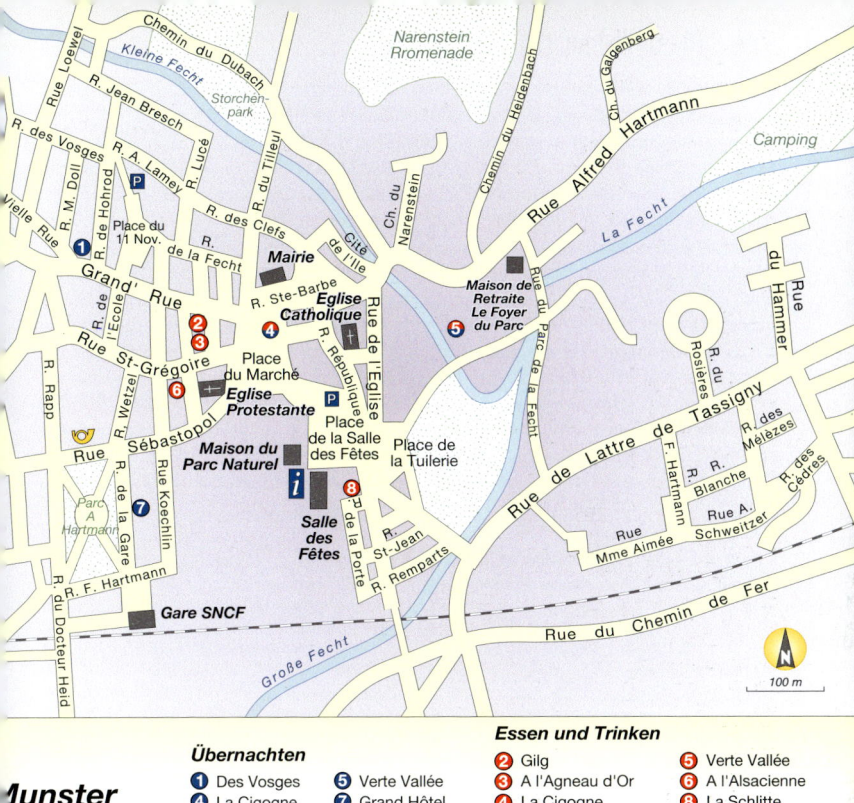

Munster

Übernachten

1 Des Vosges
4 La Cigogne
5 Verte Vallée
7 Grand Hôtel

Essen und Trinken

2 Gilg
3 A l'Agneau d'Or
4 La Cigogne
5 Verte Vallée
6 A l'Alsacienne
8 La Schlitte

dessen Innenraum ein Frischling und ein Fasan zieren. Keine Riesenauswahl, aber ordentliche Portionen und leckeres Essen. Empfehlswwert z. B. Confit de Canard, wahlweise mit Sauerkraut oder Kartoffelgemüse. Mi geschl. 1, rue du Dôme, ☏ 0389774349.

Salon de Thé Gilg (2), eine 1a-Adresse für Kuchen und Torten, Jean-Paul Gilg backt einen Kougelhopf, den Sie so köstlich kaum irgendwo im Elsass bekommen. Mo geschlossen. 11, Grand' rue.

Von Muster zu den Passhöhen Le Linge und Wettstein

Auf dieser Route bekommt man die eindrucksvollsten Ausblicke auf das Munstertal geboten, wird aber auch mit der bitteren deutsch-französischen Geschichte konfrontiert.

Man fährt von Munster zunächst auf der D 417 Richtung Col de la Schlucht und biegt dann nach etwa einem Kilometer rechts in die D 5[bis I] ein. Erste Station ist das kleine Hangdorf **Hohrod,** durch das sich die Straße steil aufwärts windet. Jenseits des Ortsausgangs hat man von einem Parkplatz rechts der Straße den ersten überwältigenden Blick auf das Vallée de Munster.

Noch ein wenig schöner ist das Panorama im folgenden noch höher gelegenen Luftkurort **Hohrodberg.** Auch hier befindet sich am Ortsausgang ein Parkplatz mit Picknickbänken und etlichen Wanderwegweisern. Weiter auf der D 5[bis I] geht es bis zum unter Bäumen gelegenen deutschen **Soldatenfriedhof Hohrod,** der sich an einer markanten Straßengabelung am **Col du Baerenstall** ausbreitet.

Auf der Passhöhe biegt man nun nach links auf die D 11^{VI} ab und fährt weiter zum **Collet du Linge** (983 m). Dort fanden in den Jahren 1915 und 1916 schreckliche Kämpfe zwischen Deutschen und Franzosen statt, die erst nach 15 Monaten, nachdem insgesamt ca. 17.000 Tote zu beklagen waren, beendet wurden. Teilweise verliefen die Frontlinien nur wenige Meter voneinander entfernt. Ein kleines *Musée Memorial* erinnert an die grausamen Geschehnisse (Öffnungszeiten s. u.). Ebenso eindrucksvoll ist der ausgeschilderte kurze Rundgang durch die ehemalige Schlachtfeld zwischen Schützengräben, Unterständen, Stacheldraht und etlichen weißen Kreuzen, die die Todesstätten einzelner Soldaten markieren. Nach ca. 300 m erreicht man einen kleinen Aussichtspunkt mit schönem Blick auf das Orbeytal, der versöhnlich stimmt nach all den Relikten von Krieg und Aggression.

Am Collet du Linge zweigt man auf die D 11^{VI} ab und kommt – begleitet von einem schönen Gebirgspanorama – so zum nächsten Pass, dem 882 m hohen **Col du Wettstein,** der wieder mit einem Soldatenfriedhof aufwartet – dieses Mal dem französischen. Von hier aus fährt man über Soultzeren (siehe S. 230) wieder hinunter ins Munstertal.

• *Übernachten/Essen* ** Hôtel Panorama, in Hohrodberg. Komfortables Haus mit Hallenschwimmbad und Sauna in atemberaubender Lage. Ein DZ (z. T. mit Balkon) kostet 44–55 €, angeschlossen ist auch ein empfehlenswertes Restaurant. 3, rte du Linge, ℡ 0389773653, ✆ 0389770393.
Ferme Auberge Glasborn Linge, an der Straße zwischen dem Lingekopf und dem Wettstein zweigt ein asphaltierter Weg zu diesem großen Bauerngasthof ab. In den 3 Gasträumen können ganze Busladungen unterkommen. Aber das Essen schmeckt, die Portionen sind üppig, sodass wir den Hof wirklich empfehlen können. Von Ostern bis Allerheiligen geöffnet, Mo in der Nebensaison geschl., ℡ 0389773778.
• *Musée Memorial* Vom 15.4.–1.11. täglich zwischen 9 und 12.30 und 14 und 18 Uhr geöffnet, Eintritt 2 €, Kinder bis 16 Jahre frei.

Von Munster zum Petit Ballon

Munster bietet sich auch als Ausgangspunkt für einen Ausflug zum Petit Ballon an. Auf dem Rückweg kann man dann noch einen kleinen Abstecher nach Soultzbach-les-Bains machen, einem kleinen Städtchen mit schönen Fachwerkhäusern.

Auch wenn der Name etwas ganz anderes verheißt, so ist der wegen seiner unbewaldeten Kuppe auch Kahle Wasen genannte **Kleine Belchen** mit einer Höhe von 1267 m doch einer der gewaltigsten Vogesenberge und einer der schönsten dazu, auch was die Aussicht angeht. Vom Gipfel mit der Marienstatue schweift der Blick über die Rheinebene, hinüber zum Grand Ballon und natürlich ins Tal der Großen Fecht. Wegen der günstigen Thermik kann man hier oben auf den im Sommer mit Glockenblumen und Hornveilchen bewachsenen Matten immer wieder auf Modellflieger treffen. Und: Am Petit Ballon gibt es besonders viele Ferme-Auberges, sodass für ein zünftiges Vesper nach dem Marsch auf den Gipfel auf jeden Fall gesorgt ist. Wenn man vom Gipfelparkplatz (s. u. "Anfahrt/Wandern") ca. 3 km zurück Richtung Luttenbach bis zur Ferme-Auberge du Ried fährt und dort auf eine unbezeichnete Straße nach rechts abzweigt, kommt man zunächst in das nur noch 520 m hoch liegende Dörfchen Wasserbourg im engen Krebsbachtal. Von dort geht es über die D 43 weiter nach **Soultzbach-les-Bains,** das einst wegen seiner Mineralquellen berühmt war. Hier lohnt es sich auszusteigen, denn die engen, von mittelalterlichen Fachwerkhäusern gesäumten Gassen laden zum Spaziergang ein.

Modellflieger auf dem Petit Ballon

Im Zentrum steht die *Chapelle Ste-Catherine* aus dem 15. Jh. mit einem hübschen Erker, gegenüber erkennt man am *Löwenbrunnen* (16. Jh.) die Wappen der alten Stadt. Die *Pfarrkirche* an der Durchgangsstraße weist mittelalterliche Grabsteine, ein elegantes gotisches Sakramentshäuschen und sehenswerte Altäre aus dem 18. Jh. auf. Von Soultzbach-les-Bains geht es über die D 417 zurück nach Munster.

● *Anfahrt/Wandern* Fahren Sie von Munster auf der D 10 bis Luttenbach (siehe S. 228). Vor dem Rathaus zweigt eine unbezeichnete Straße ab, die in ca. 6 km zur Ferme Auberge Kahlenwasen hinaufführt. Fahren Sie an dieser vorbei und stellen dann am zweiten Parkplatz hinter dem Gasthof Ihr Fahrzeug ab. Ab hier beginnt gegenüber von Resten deutscher Soldatenunterstände aus dem Ersten Weltkrieg der steile Weg (ca. 15 Min.) zum Gipfel hinauf.

● *Übernachten/Essen* **Auberge du Ried,** das Angebot in diesem Gasthaus direkt an der Straße zum Petit Ballon geht weit über das Übliche hinaus: Forellen in allen Variationen, Wild, verschiedene Fleischgerichte, tolle Desserts ... Kurz und gut: Gebirgsatmosphäre mit Gourmettouch. Verkauft werden auch Käse und Speck. ✆ 0389773663.

Ferme Auberge Kahlenwasen, direkt unterhalb vom Gipfel betreibt Familie Lochert, die Hühner, Gänse, Schafe und natürlich Kühe hält, den besonders gemütlichen Gasthof. Auf der weitläufigen Terrasse sitzt man einfach toll. Übernachten kann man in 2-, 3- und 4-Bett-Zimmern zum Preis von 21 € inkl. Frühstück, Halbpension kostet 30 € pro Person. Vom 1.5. bis 1.11. geöffnet, Mi geschl., ✆ 0389773249.

Vallée de Munster

Das Vallée de Munster gliedert sich in drei verschiedene Täler: das *Tal der Kleinen Fecht* mit Abzweigungen zu wunderschönen Passstrecken im Norden und Zugang zur Route des Crêtes, das liebliche *Tal der Großen Fecht,* eines der schönsten Vogesentäler überhaupt, und das weite *vordere Tal,* das von der am Zusammenfluss von Großer und Kleiner Fecht in Munster gebildeten Fecht geschaffen wird und mit dem wir unsere Beschreibung beginnen.

Hier wuchs Albert Schweitzer auf

Das vordere Tal der Fecht im Osten von Munster

Gunsbach: Ganz im Zeichen Albert Schweitzers steht das kleine Dorf am nördlichen Ufer der Fecht, denn hier wuchs der vielleicht berühmteste Elsässer auf, hier besuchte er die Grundschule und hierher kam er auch während seiner afrikanischen Jahre immer wieder für kurze "Auszeiten" zurück. Das Wohnhaus, das er 1928 mit dem Geld des Goethepreises der Stadt Frankfurt erwarb, wurde mittlerweile zu einem *Musée Albert Schweitzer* umgewandelt. Im Obergeschoss des Rathauses kann man in seinem ehemaligen Klassenzimmer ein *Musée Africain* besichtigen, und auf dem *Sentier Albert Schweitzer* erhält man an 16 Stationen Informationen zu seinem Wirken und Denken.

• *Lage* Von Munster ist Gunsbach auf der D 10 in knapp 3 km zu erreichen.

• *Musée Albert Schweitzer* Alles in diesem Haus ist noch so, wie Schweitzer es vor seiner letzten Abreise nach Lambarene zurückgelassen hat. Bei einer individuellen, ausführlichen Führung (auch auf Deutsch, ca. 30 Min.) sieht der Besucher sein Arbeits- und Wohnzimmer. Die netten Damen bieten außerdem Literatur von und über Schweitzer zum Verkauf an. Öffnungszeiten: Di–Sa 9–11.30 Uhr und 14–16.30 Uhr, im Juli und August auch So. Eintritt frei, eine Spende wird jedoch erwartet.

• *Musée Africain*   Emma Haussknecht, Schweitzers langjährige Mitarbeiterin, sammelte auf ihren Fahrten zu den Kranken rund um Lambarene eine Vielzahl an afrikani-

schem Kunstgewerbe, Kultobjekten etc. Ein großer Teil dieser eindrucksvollen Sammlung wird hier ausgestellt. Öffnungszeiten: Nur im Juli und August Mo–Sa zwischen 14 und 17 Uhr. Eintritt frei, auch hier wird eine Spende erwartet.

• *Sentier Albert Schweitzer*   Knapp 1 km lang ist der gut ausgeschilderte Weg. Er beginnt am alten Pfarrhaus und endet am Albert-Schweitzer-Museum, wo man auch einen Plan erhält. Wer nicht die ganze Tour machen möchte, kann vom Museum in wenigen Metern steil den Hang hinauf zu dem von Fritz Behn angefertigten Schweitzer-Denkmal aus Sandstein steigen; an diesem Platz soll sich Schweitzer oft zurückgezogen haben.

Albert Schweitzer

Der später so berühmte Urwald-doktor mit dem ungebändigten Haar und mächtigen Schnauzbart wurde 1875 in Kaysersberg geboren, verbrachte aber nach der baldigen Versetzung seines Vaters ins Munstertal seine Kindheit im elterlichen Pfarrhaus in Guns-bach. Nach dem Studium der Theologie, Philosophie und Musik wirkte er seit 1899 als Vikar in der Straßburger St. Nikolaikirche sowie als Privatdozent an der theologischen Fakultät. Nebenher studierte er noch Medizin und verschaffte sich durch zahlreiche religions- und musikwissenschaftliche Bücher einen internationalen Ruf. 1913 fuhr er an den Ogowe-Fluss im heutigen Gabun und

baute dort in Lambarene ein Tropenkrankenhaus auf. Da er aber Bürger des Deutschen Kaiserreichs war, Lambarene damals in der französischen Kolonie Äquatorialafrika lag, wurde er 1917, während des Ersten Weltkriegs, von den Franzosen als Kriegsgefangener nach Europa gebracht und für einige Zeit interniert. Durch Vorträge und Orgelkonzerte – Schweitzer war einer der bedeutendsten Bach-Interpreten seiner Zeit – verdiente er danach Geld für einen Neuanfang. 1924 kehrte er nach Lambarene zurück und ließ ein größeres Hospital errichten. Regelmäßig pendelte er von da an zwischen Afrika und Europa, wo er sich ständig um Gelder und medizinische Geräte für seine Krankenstation bemühte, hin und her. 1952 erhielt er für sein Lebenswerk den Friedensnobelpreis. In den letzten Jahren seines Lebens mahnte er eindringlich vor den Gefahren der atomaren Bedrohung. Als 84-Jähriger brach er zu seinem insgesamt vierzehnten Aufenthalt nach Lambarene auf, wo er 1965 starb und auch beerdigt ist. Sein Motto lautete: "Ich bin Leben, das leben will, inmitten von Leben, das leben will."

Trois-Epis: Hoch hinauf schraubt sich die Straße in den 210 Einwohner zählenden Luftkurort über der Rheinebene, der v. a. aus Hotels verschiedener Stilrichtungen besteht. Wanderungen und Spaziergänge sind die hauptsächlichen Attraktionen, denn immerhin 50 km Wege hat man angelegt, z. B. zum Christusmonument auf dem Gipfel des Galz, wo man mit einem wunderbaren Rundblick für die Anstrengung belohnt wird. In der Mitte des Ortes steht neben einem Kloster die Wallfahrtskapelle, die an die mit der Gründung des Ortes zusammenhängende Legende erinnert: Einem Schmied erschien die Jungfrau Maria, in der einen Hand drei Ähren, in der anderen einen Eiszapfen haltend. Sie wies den Mann an, er solle ins nahe Niedermorschwihr gehen und die Menschen auffordern, ihr hier zu huldigen, wenn sie drohende Missernten vermeiden wollten.

• *Lage* Von Gunsbach auf der D 10 nach Zimmerbach, hinter dem Ort auf die D 11 und weiter nach Trois-Epis.

• *Information* **Office de Tourisme,** ebenso wie die Post am großen Parkplatz, ☎ 0389498056, 🖷 0389498068. Von Mai bis Oktober Mo–Fr und samstagnachmittags geöffnet.

• *Wallfahrtskirche* Täglich geöffnet, Mittagspause zwischen 12 und 13.30 Uhr.

• *Übernachten/Essen* ** **Hôtel Restaurant Villa Rosa,** angenehmes Haus am südöstl. Ortsrand mit Schwimmbad, Sauna und Jaccuzi. Ein DZ kostet 46 bis 52 €. Gutes Restaurant, Donnerstagabend geschl., ☎ 0389 498119, 🖷 0389789045.

Gefährlicher Transport

Das Tal der Großen Fecht im Südwesten von Munster

Eines der schönsten Vogesentäler: Im breiten Talgrund liegen alte Dörfer, auf den Wiesen weidet das Vieh, eingerahmt wird die ganze Szenerie von hohen Bergen. Die meisten Ziele der kleinen Tour liegen an der D 10. Wer mag, kombiniert diese Strecke mit der Tour über den Petit Ballon (siehe S. 224 f) oder einen Teil der Route des Crêtes (siehe S. 214 ff).

Luttenbach: Die Häuser des von Munster nur 2 km entfernten kleinen Ortes steigen vom Ufer der Fecht den östlichen Hang hinauf. Hier gibt es noch einen Holzschuhmacher, der gerne seine Kunst vorführt (s. u.).

Muhlbach-sur-Munster: In diesem reizenden Dorf sollten Sie auf jeden Fall einen Stopp einlegen, um das *Musée de la Schlitte* zu besuchen (Näheres s. u.). Bis 1965 mussten die Holzfäller in diesem Tal die Stämme aus dem Wald auf meterlangen Holzschlitten die steilen Hänge auf eigens dafür hergestellten Holzwegen heruntertransportieren. Mit dem Rücken drückten sie gegen das enorme Gewicht der Stämme und bremsten das Gefährt mit den Fersen ab – eine in höchstem Maße gefährliche und gesundheitsschädliche Arbeit.

Metzeral: Unbestritten der touristische Mittelpunkt des Tals ist das ansehnliche, von einer "Zipfelmützenkirche" überragte Dorf in einem Talkessel am Zusammenfluss von Großer Fecht und Wormsa. Schöne Wanderziele liegen in unmittelbarer Nähe, und auch an Gastronomie hat der Ort einiges zu bieten.

La Vallée de la Wormsa: Von Metzeral lohnt ein Abzweig auf die D 10^{VI} ins liebliche Tal der Wormsa mit einigen kleinen Weilern. Nach 3 km ist Mittlach und damit das Ende der Landstraße erreicht. In Steinabruck beginnt ein beliebter Wanderweg zu dem idyllisch gelegenen Fischboedlesee (siehe auch Wanderung 9, S. 231 f).

Sondernach/Abzweig zum Petit Ballon: Wieder zurück auf der D 10, erreicht man bald das unspektakuläre Örtchen Sondernach, das man getrost durchfahren kann. Südlich des Ortes bietet sich aber die Möglichkeit, einen Abstecher zum Petit Ballon zu machen (siehe S. 224 f). Sie fahren oberhalb des Fechttals steil aufwärts, leider geben die Bäume nur selten Blicke aufs Tal frei.

Schnepfenriedwasen: Wer nicht zum Petit Ballon will, biegt von Sondernach auf die D 27 nach Schnepfenriedwasen ab, einem beliebten Wintersportort am Fuße des Schnepfenriedkopfs. Am Ortsende kann man einen wunderbaren Blick auf den Hohneck und die umliegenden Berge genießen. Von hier schraubt sich die Straße steil hinauf zum Col du Plaetzerwaesel (1183 m), führt über Hochalmen bis zum Breitfist, wo dann bald die Route des Crêtes erreicht ist.

• *Kunsthandwerk in Luttenbach* Im Juli und August zeigt André Haeberlé tägl. außer Mo zwischen 14 und 18 Uhr, wie früher Holzschuhe gemacht wurden, seine Werkstatt ist aber auch schon am Vormittag (9–12 Uhr) geöffnet. Dauer der Vorführung 1 Std., Preis 1 €. 37, rue Principale, ☎ 0389774638.

• *Museum in Muhlbach-sur-Munster* Die Ausstellung von Schlitten, Handwerkszeug der Waldarbeiter, Schreiner, Drechsler etc. in einem alten Holzhaus wird bei einer individuellen Führung (auch auf Deutsch, Dauer ca. 30 Minuten) wunderbar erklärt, sodass man wirklich viel über das harte Leben dieser Männer erfährt. Im Juli und August tägl. 10–12 und 15–18 Uhr geöffnet. Erwachsene 2 €, Kinder 1 €. Direkt an der Bahnlinie gelegen, ☎ 0389776108.

• *Übernachten/Essen* **** Hôtel Restaurant Au Chêne Voltaire,** in Luttenbach. Das hübsche Haus oberhalb des Dorfes am Waldrand erinnert mit seinem Namen daran, dass Voltaire einige Monate in Luttenbach verbracht hat. Ein DZ mit Bad gibt es zum Preis von 46 bis 49 €, Zimmer teilweise mit Balkon, den Gästen stehen Sauna und Solarium zur Verfügung. Auch das Restaurant wird sehr gelobt. Mo geschl. 3, rue Voltaire, ☎ 0389773174, ✆ 0389774571.

** Hôtel Restaurant Le Châlet, mitten in Luttenbach gelegen, mit sehr schönem Garten. Zu zweit kommt man zum Preis von 31 bis 49 € unter. Auch hier kann man gut speisen. 1, rte du Ried, ☎ 0389773833, ✆ 0389771565.

*** Camping Les Amis de la Nature, sehr hübsch im ehemaligen Park des Barons de Coubertin am Ortsrand von Luttenbach gelegen. Zur Ausstattung gehören Einrichtungen für Minigolf, Tischtennis und Volleyball. Geöffnet von Februar bis November. 4, rue du Château, ☎ 0389773860, ✆ 0389772572.

Ferme-Auberge de l'Hinterberg, von Muhlbach-sur-Munster über die D 310 3,5 km Richtung Gaschney bis zur Auberge Braunkopf, danach links auf ein schlaglochreiches Sträßchen abbiegen (2 km). Nicht nur wegen des guten Essens (z. B. saftige Lammkeule, Melkermahlzeit) und angenehmer Übernachtungsmöglichkeiten (im Zimmer oder Schlafsaal) ist der Bauernhof der Familie Schildknecht so beliebt. Eine große Attraktion sind auch die 15 Islandponys, mit denen Anfänger ebenso wie geübte Reiter stunden- oder halbtagesweise Ausritte in die Umgebung machen können (vorher anrufen!). Lassen Sie sich mal von Gabriel oder Jeanne erzählen, wie 1972 das Abenteuer "Islandponys" begann! Im Juli und August tägl., ansonsten an Sonn- und Feiertagen geöffnet. ☎ 0389776862.

** Hôtel Restaurant Aux deux Clefs, abseits der Hauptstraße von Metzeral und sehr ruhig bei das komfortable Haus von Familie Kempf. Nicht einmal die Kühe vor dem Gebäude machen Lärm, sie sind nämlich aus Holz. Eines der 13 Zimmer gibt es je nach Größe und Ausstattung zum Preis von 48 bis 54 €. Die Küche des Hauses können wir nur loben, man merkt, dass der Einfluss von Haeberlin zu spüren ist ... Der Lachs in Lauchsauce war wirklich delikat. 12, rue de l'Altenhof, ☎ 0389776148, ✆ 0389776388.

Hôtel Restaurant Valneige, Landgasthof im Weiler Mittlach im Vallée de la Wormsa. 13 Zimmer, die meisten haben Bad und WC. Zu zweit bezahlt man zwischen 25 und 34 €.

Die Küche bietet hauptsächlich Entrecote und Forelle, immer wieder anders zubereitet und immer wieder lecker! Mo geschl. 21, rue Principale, ☎ 0389776112, 📠 0389776260.

Der Munster: Geruchsbombe mit viel Geschmack

Mit Liebe und Sorgfalt hergestellt

Zu einem Aufenthalt in den Hochvogesen gehört dieser würzige Käse einfach dazu. Kein Vergleich mit den aus pasteurisierter Milch hergestellten Produkten aus dem Supermarkt ist das, was auf den Bauernhöfen immer noch nach uraltem Rezept hergestellt wird: Abend- und Morgenmilch werden miteinander vermengt, auf 32 °C erwärmt und z. T. entrahmt. Anschließend labt man die Milch ein – d. h. man gibt ein Enzym des Labmagens noch saugender Kälber dazu, das sie zur Gerinnung bringt – und füllt sie zum Abtropfen in die typischen runden Formen. In den nächsten zwei bis vier Tagen wird der entstehende Käse gesalzen und immer wieder gedreht. Wenn er genügend Feuchtigkeit verloren hat, lagert man ihn im Keller auf Holzbrettern, dreht die etwa ein Pfund schweren Laibe weiterhin regelmäßig und wäscht sie mit lauwarmem Wasser ab, wodurch sich die charakteristische Kruste bildet. Nach etwa drei Wochen ist er dann reif. Damit er so richtig schmeckt, sollte er eine Stunde vor dem Verzehr bei Zimmertemperatur zwischen zwei tiefe Teller gelegt werden – kalt kann er seinen vollen Geschmack nämlich nicht entfalten. Die Elsässer servieren ihn übrigens der Verdauung wegen gerne mit Kümmel und trinken dazu ein Glas Gewürztraminer oder einen Kirschbrand.

Das Tal der Kleinen Fecht im Nordwesten von Munster

Der dichte Verkehr auf der D 417 trübt den Genuss dieser wunderschönen Route mit tollen Ausblicken auf das Tal und die Stadt Munster. Noch unten im Talboden liegt das kleine Dörfchen **Stosswihr** mit vielen neuen Häusern – die alte Bausubstanz wurde im Ersten Weltkrieg völlig zerstört. Bekannt ist es heute für besonders leckeren Käse, Urlauber schätzen es wegen seiner guten Unterkunftsmöglichkeiten abseits des touristischen Tumults.

Von Stosswihr schraubt sich die Straße langsam hinauf und führt mitten durch den am Hang gelegenen Ort **Soultzeren,** an dessen Ende einem das Tal quasi zu Füßen liegt. Danach geht es durch den Wald weiter bis zum Col de la Schlucht (s. S. 215 f).

● *Übernachten*   ** **Hôtel Saegmatt,** in Stosswihr. Wohltuend ruhiger, angenehmer Gasthof. Die 19 Zimmer (z. T. mit Balkon) sind zum Preis von 32 bis 43 € zu haben, zur Ausstattung des Hauses gehören Restaurant, Sauna, Spielgeräte wie Billard, Tischtennisplatte etc., außerdem kann man auch Mountainbikes leihen. Langeweile kommt hier sicher nicht auf! 16, rue d'Ampfersbach, ✆ 0389773826, ✆ 0389771658.

● *Einkaufen/Führung durch die Käserei* **Ferme Heinrich,** in Stosswihr. Nicht nur Münsterkäse, sondern auch andere Sorten wie Tomette de la Petite Vallée, Bargkas, Frischkäse etc. kann man hier täglich frisch direkt beim Hersteller, der seine Milch vom Vogesenbauernhof Steinlebach bezieht, oder am Parkplatz vor dem Ort an einem Stand kaufen. Besonders empfehlen möchten wir Ihnen die kostenlose Führung durch die Käserei, bei der (auch auf Deutsch) genau die Herstellung erklärt wird. Tägl. außer So um 11 Uhr. 17, chemin du Hohneck, ✆ 0389775803.

Ein wunderschönes Wanderziel – der Lac de Fischboedle

Wanderung 9: Im Tal der Wormsa

Oberhalb des lieblichen Seitentals der Großen Fecht erwandert man in gut drei Stunden zwei abgelegene, herrliche Seen auf einer ca. 11 km langen Rundtour, bei der nur in der ersten Hälfte Steigungen bewältigt werden müssen. Unterwegs bestehen keine Versorgungsmöglichkeiten. Dafür können Sie im Sommer die Badesachen einpacken.

Ausgangspunkt ist der zwischen Metzeral und Mittlach gelegene Weiler **Steinabruck** an der D 10[VI]. Vom Parkplatz an der Großen Fecht geht man in westliche Richtung zur Brücke, überquert den Bach und zweigt hinter der Auberge La Wormsa auf eine Piste ab. Unmittelbar danach gabelt sich der Weg. Beide Pisten sind mit rotem Balken gekennzeichnet und führen zum **Fischboedlesee.** Wählen Sie den rechten, die Route Francois. Etwa 2,6 km wandert man allmählich ansteigend durch den Wald und genießt dabei immer wieder schöne Ausblicke auf das tief unten liegende Wormsatal. Nach einem kleinen Tunnel wendet sich der Weg nach Westen, man quert die rauschende Wormsa und steigt danach auf einem Pfad noch wenige Meter zu dem besonders kleinen, malerischen Vogesensee hinauf, in dessen Wasser

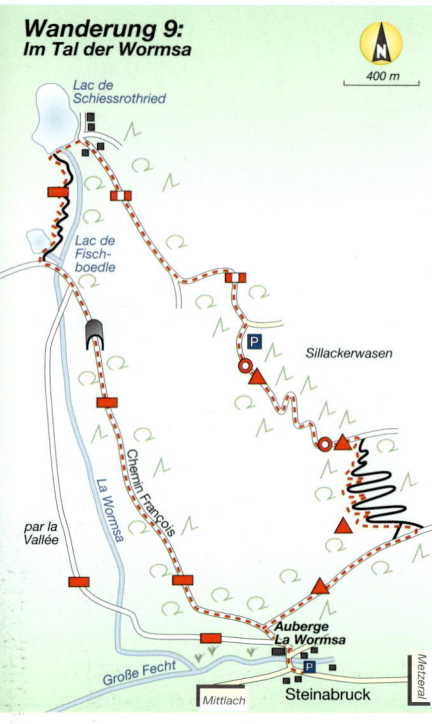

Wanderung 9:
Im Tal der Wormsa

400 m

Lac de
Schiessrothried

Lac de
Fisch-
boedle

Chemin François

La Wormsa

par la
Vallée

Sillackerwasen

P

Auberge
La Wormsa

P

Metzeral

Große Fecht

Mittlach   Steinabruck

sich die umliegenden Bäume und Felsen wunderschön spiegeln.

Gehen Sie am See rechts und dann sehr steil mehr oder weniger dicht am Bach entlang zum nächsten See. Die Markierung roter Balken ist nicht immer leicht zu finden, aber letzten Endes kann man sich nicht verirren, denn alle Pfade führen zum unterhalb des Petit Hohneck gelegenen **Lac de Schiessrothried**, in dem man wunderbar baden kann. Über dessen Staumauer wandert man zum gegenüberliegenden Ufer und biegt auf eine mit rot-weiß-rotem Balken markierte Piste nach rechts zum Sillackerwasen ab.

Nach gut 2 km stößt die Piste auf eine Asphaltstraße und einen Parkplatz. Hier biegt man nach rechts auf einen breiten Waldweg ab, als Markierung dient nun ein roter Kreis bzw. ein rotes Dreieck. Man geht ständig abwärts, bis nach 1,7 km ein rotes Dreieck auf einen nach rechts abzweigenden Pfad hinweist. Auf lang gezogenen Kehren verliert man weiter an Höhe, nach 1,5 km ist ein Fahrweg erreicht, der in knapp einem Kilometer zu der schon bekannten Piste mit rotem Balken führt. Hier geht man links und in wenigen Schritten zum Parkplatz zurück.

Lautenbach

Der "laute Bach", der zwischen dem Ort und dem gegenüberliegenden Zwillingsdorf Lautenbach-Zell sprudelt, ist die Lauch. Nach ihr heißt das ganze Tal Lauchtal, wegen seiner Lieblichkeit wird es aber oft auch Florival, Blumental, genannt.

Doch trotz des Namens ist Lautenbach ein ruhiger Ort. Ab und zu statten ein paar Touristen der romanischen Kirche einen kurzen Besuch ab, aber meist bleibt man unter sich. Stille Dorfstraßen mit alten Häusern, deren Verputz schon ziemlich bröckelt, statt Blumenschmuck und Postkartenständer. Gegenüber der Kirche erinnert ein Schild am ehemaligen Café Restaurant Du Centre an Jean Egen, den Autor eines der schönsten elsässischen Romane: "Die Linden von Lautenbach". Aus dem Gasthof seiner Großmutter ist mittlerweile ein Wohnhaus geworden, doch die Linden stehen noch vor der Kirche, der Dorfbrunnen plätschert wie eh und je, und man kann sich gut in die Zeit des kleinen Jean vor ca. 70 Jahren zurückversetzen.

> **Literaturtipp: "Die Linden von Lautenbach"**
> Aus der Perspektive eines Kindes, das nie recht weiß, welcher Nation es sich zugehörig fühlen soll, erzählt der 1920 in Lautenbach geborene Jean Egen seine Lebensgeschichte und damit aber auch die Geschichte des ewig zerrissenen Elsass auf spannende und humorvolle Art.

Von dem im 8. Jh. gegründeten Benediktinerkloster sind außer der Kirche
St-Michel-et-St-Gangolf nur ein paar
Stiftsgebäude übrig geblieben, in denen
heute der Bürgermeister mit seinen
Mitarbeitern schaltet und waltet. Das
vom 11. bis zum 13. Jh. errichtete Gotteshaus hat jedoch sehr schöne Elemente der romanischen Kunst aufzuweisen. Ein Kleinod ist die dreiteilige
Vorhalle (12. Jh.) mit sechs durch wuls-
tige Rippen strukturierten Bogengewöl-
ben. Die Säulen- bzw. Pfeilerkapitelle
sind mit geometrischen Mustern und
Pflanzenornamenten verziert. Das Tympanon wurde während der Revolution
zerstört. Links vom Portal wird auf einem Fries in mehreren Szenen anschaulich ein Ehebruch und seine Folgen,
rechts davon möglicherweise der Kampf
des Guten mit dem Bösen dargestellt.
Ein sehr schönes, noch etwas älteres
Relief ist über der heute zugemauerten
einstigen Tür in der südlichen Außenwand der Kirche zu bewundern.

Die Linden von Lautenbach

Das von runden Säulen und quadratischen Pfeilern gegliederte **Langhaus** mit den
charakteristischen kleinen Fenstern stammt vom Ende des 11. Jh. und ist der älteste Teil der Kirche. Blickfang ist das große Triumphkreuz aus dem Jahre 1491 vor
dem Chor, Beachtung verdient auch die holzgeschnitzte barocke Kanzel. Im gotischen
Chor entdeckt man an der Decke verblichene Fresken, die die Evangelisten darstellen,
außerdem ein Gestühl aus dem 15. Jh. mit grotesken Figuren an den Armlehnen.

- *PLZ* 68610
- *Taxi* ✆ 0389763512
- *Kinder* Auf dem großen **Abenteuerspiel-**
  platz am östlichen Ortseingang von Lauten-
  bach können die Kleinen sich wunderbar aus-
  toben. Er liegt etwas unterhalb der D 430 in
  der 2,3 ha großen Zone de loisirs du Florival.
  Vivarium du Moulin, in einer ehemaligen
  Getreidemühle werden Insekten aller Art
  präsentiert, darunter auch viele exotische
  Exemplare. Öffnungszeiten: Di–So 14–18
  Uhr, im Juli und August 10–19 Uhr, im Ja-
  nuar geschl. Erwachsene 5 €, Kinder (6–16
  Jahre) die Hälfte. Lautenbach-Zell, 6, rue du
  Moulin, ✆ 0389740248.
- *Post* Nahe der Kirche.
- *Polizei* Die nächste Gendarmerie finden
  Sie in Guebwiller.
- *Übernachten/Essen* ** **Hôstellerie Les Til-**
  leuls, mitten in Lautenbach betreibt ein jun-

ges Ehepaar das kleine Hotel. Zu zweit bezahlt man für ein DZ mit Dusche und WC
knapp 37 €, 26 € kosten die Räume, die nur
über ein Waschbecken verfügen. Das Restaurant des Hauses können wir nur loben.
Die Pasteten sind tatsächlich hausgemacht,
die elsässisch angehauchten Gerichte werden immer mit verschiedenen Gemüsebeila-
gen serviert. Menü ab 15 €, Mi geschl. 68, rue
Principale, ✆ 0389763203, ✆ 0389740428.
*** **Camping Vert Vallon**, kleiner, einfacher
Platz im Zentrum von Lautenbach-Zell. Von
Dezember bis September geöffnet. 51,
Grand' rue, ✆ 0389740180.
Restaurant A la Truite, wie es der Name
schon verspricht, bekommt man in dem Ter-
rassenlokal in Lautenbach-Zell Forellen in
verschiedenen Variationen, aber auch Carpe
frite, Wildschwein vom Spieß und Salate.
Mo und Di geschl., im Juli und August kein
Ruhetag. 47, Grand' rue, ✆ 0389 740517.

Ausdrucksstark sind die Figuren auf dem Buhler Flügelaltar

Umgebung von Lautenbach

Pfarrkirche von Buhl: Im Chor der Pfarrkirche wird ein berühmter, 7 m langer und knapp 2 m hoher Flügelaltar, bestehend aus drei Tafeln, ausgestellt. Geschaffen hat ihn gegen 1500 ein unbekannter Maler im Stil Martin Schongauers für das Colmarer Katharinenkloster. Während der Revolutionswirren brachten Buhler Bürger das unglaublich ausdrucksstarke und farbkräftige Meisterwerk hierher und bewahrten es so vor der Vernichtung. Die Vorderseiten zeigen Szenen aus der Passionsgeschichte, auf den Rückseiten sind das Jüngste Gericht und Szenen aus dem Leben Mariens dargestellt.

Lage/Öffnungszeiten Buhl erreicht man von Lautenbach auf der D 430. April–September 9–19 Uhr, in den übrigen Monaten 8–18 Uhr.

Sankt Leodegarkirche in Murbach: Eine wunderschöne Kirchenfassade aus beigefarbenem und rötlichem Sandstein vor dunkelgrünem Wald – kaum irgendwo gehen Natur und Architektur eine so harmonische Verbindung ein wie in diesem einsamen Seitental des Vallée de la Lauch. 728 wurde hier vom Grafen Eberhard aus dem elsässischen Herzoggeschlecht der Etichonen und dem heiligen Pirmin von der Bodenseeinsel Reichenau die erste Benediktinerabtei des Elsass gegründet. Schon bald erlangte sie durch ihre gut ausgestattete Bibliothek und ihre Klosterschule überregionalen Ruhm. So entstanden in ihren Mauern z. B. die berühmten "Murbacher Hymnen", lateinische Breviergesänge mit alemannischer Übersetzung. Kein Geringerer als Karl der Große nannte sich "Pastor Murbacensis", weltlicher Abt von Murbach. Trotz wechselvoller Geschichte gehörte die Abtei insgesamt ein Jahrtausend lang zu den reichsten und mächtigsten der Region. Ihre Äbte mischten sich zeitweise kräftig in die Politik des Heiligen Römischen Reiches ein.

Die im 12. Jh. erbaute *Sankt Leodegarkirche* gilt als einer der schönsten romanischen Sakralbauten im Elsass, wenn auch nach der Zerstörung des Langhauses im 18. Jh. nur Querschiff, Türme und Chor erhalten geblieben sind. Vom Parkplatz aus betritt man die Anlage durch das ehemalige Abteitor, links befindet sich ein sehr schöner Klostergarten. Gehen Sie zunächst rechts an der Kirche vorbei und über einen Pfad zur *Loretokapelle* hinauf. Von dort hat man den besten Blick auf das Gebäude.

> **Tipp:** Das schönste Fotolicht haben Sie am Vormittag. Ein Fernglas tut bei der Besichtigung gute Dienste, denn die Steinskulpturen an den Wänden sind nicht immer gut zu erkennen.

Über zwei Reihen von Rundbogenfenstern an der äußeren Chorwand blieb ein beachtlicher Teil der 17 unterschiedlichen Ziersäulchen erhalten. An ihren Sockeln kann man z. B. pausbäckige oder bärtige Köpfe und einen achteckigen Tempel mit Weinstock erkennen. In den kleinen Tympana unterhalb der Bögen sind z. T. skurrile Szenen dargestellt: ziemlich weit rechts z. B. ein Esel beim Orgelspielen, daneben einer beim Schwingen eines Weihrauchfasses. Die Skulpturen im Giebel sind meisterhaft gearbeitet und zeigen links vom Rundbogenfenster die Beichte vor dem Abt – dem Beichtenden sitzt ein kleiner Teufel im Nacken – und rechts das Symbol der Eucharistie.

St-Léger in Murbach

Über der Tür am südlichen Arm des Querschiffs befindet sich ein Tympanon mit der Darstellung zweier Wächterlöwen, einer streckt die Zunge heraus. Auch die Seitenwand dieses Querschiffarms ist von originellen Skulpturen geschmückt, z. B. Hasen, die einen Jäger fangen, darunter auf einem hellen Stein zwei Männer, die um einen Würfelbecher streiten; am besten erkennt man sie von der südlich an der Kirche vorbeiführenden Straße.

Im Innenraum sind zwei interessante mittelalterliche Grabmäler erhalten: im südlichen Querschiffarm das des weltlichen Gründers der Abtei Graf Eberhard, im nördlichen (in einer Seitenkapelle) ein Sarkophag mit den Reliquien von sieben bei einem Ungarneinfall im Jahre 929 getöteten Mönchen. Diese Seitenkapelle enthält außerdem spätbarocke Figuren und Überreste des klösterlichen Mobiliars.

● *Lage* Von Buhl fährt man auf der D 40^II nach Murbach.

● *Öffnungszeiten* Täglich 8–18 Uhr, von April bis Oktober bis 20 Uhr.

● *Übernachten/Essen* *** **Hostellerie St-Barnabé**, sehr gepflegtes Haus 500 m östlich des Ortes. Dazu gehören ein Park, Tennis- und Minigolfeinrichtungen, die 27 Zimmer

Die südlichen Vogesen

sind romantisch-verspielt eingerichtet. Allein oder zu zweit bezahlt man je nach Größe und Ausstattung 76–183 €. Während Sie im eleganten Speisesaal die exquisite Küche des Hausherrn genießen, schaut Ihnen dabei ein Ritter in voller Rüstung zu. Menü ab 44 €. Außer Sa/So nur abends geöffnet, von November bis April auch Sonntagabends. 53, rue de Murbach, ☎ 0389621414, 📠 0389621415.

Durch das Blumental zum Lac de la Lauch: Insbesondere im Frühjahr und im Frühsommer wird das Vallée de la Lauch seinem zweiten Namen gerecht, denn dann blühen Obstbäume und Wiesen rund um Lautenbach. Von hier fährt man auf der D 430 durch die Dörfer Linthal und Sengern in dem immer enger werdenden, manchmal von fast senkrecht abfallenden Wänden begrenzten Tal aufwärts – vorbei ist es mit der Lieblichkeit. Durch dichten Wald kommt man zum Lac de la Lauch, an dem meistens Angler anzutreffen sind – sie schwören auf die Forellen in diesem Stausee.

Wanderung 10: Zum Lac de la Lauch

Mit ca. 8 km (ca. 2½–3 Std.) ist die Wanderung vom Col de Markstein zum Lauchsee durch Wald und über Almen eine angenehme Tour. Steile Ab- und Anstiege gibt es nur im ersten Teil, sodass man in aller Ruhe in der netten Ferme-Auberge Steinlebach ein kräftiges Mittagessen genießen und dann den letzten leichten Part der Wanderung antreten kann.

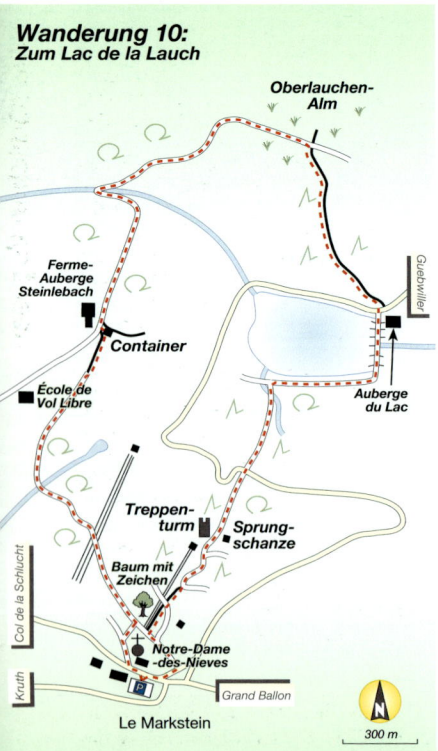

Wanderung 10:
Zum Lac de la Lauch

Oberlauchen-Alm

Ferme-Auberge Steinlebach

Container

École de Vol Libre

Treppen-turm

Sprung-schanze

Baum mit Zeichen

Notre-Dame-des-Nieves

Le Markstein

Guebwiller

Auberge du Lac

Col de la Schlucht

Kruth

Grand Ballon

300 m

Vom Parkplatz neben der riesigen **Gaststätte Etape Moto** geht man nach rechts zu der markanten Straßenkreuzung. Zweigen Sie hier nach links ab und gehen Sie ca. 100 m weiter wieder nach links auf eine Piste (Markierung: blaues Dreieck). 350 m danach zweigt man noch vor dem Wald auf einen schmalen Fußweg nach rechts ab (Achtung: Am Baum ist nur das rote Dreieck, das nach geradeaus verweist!).
Steil geht es abwärts, teilweise parallel zu Masten eines Lifts, bald quert man eine Piste. Der Pfad führt in den Wald und trifft auf eine Erdstraße, der man konsequent folgt. Nach etwa einem Kilometer quert man eine Asphaltstraße, bald danach einen Bach und biegt kurz darauf auf eine Piste nach rechts ab, auf der man am Südufer des **Lac de la Lauch** entlangläuft. Auf der Staumauer wandert man in nördliche Richtung zur Straße, geht rechts an der im Jahre 2002 geschlossenen Auberge du Lac vorbei und schwenkt nach wenigen Metern nach links in den Wald hinein (gelber Balken).
Nun folgt über einen Kilometer Länge der steilste Anstieg bis zur **Oberlauchenalm**. Dort trifft man auf eine Piste, der man – ab jetzt mit rotem Dreieck – nach links

folgt. Schon 200 m weiter ist man wieder im Wald, auf einem breiten Weg wandern Sie nun ca. 2 km zur **Ferme-Auberge Steinlebach.** Hinter dem Gebäude, genauer gesagt gegenüber der Frontseite des Querbaus, zweigt ein schmaler, nicht gekennzeichneter Fußweg nach links ab.

(Achtung: Unmittelbar davor führt ein anderer abwärts zum Lac de la Lauch!). Am Hang entlang beschreibt der eben verlaufende Weg einen Bogen nach Südosten, bis er nach ca. 3 km nach rechts zu einer Kapelle abzweigt. Von dort hat man nach wenigen Metern den Ausgangspunkt erreicht.

Saint-Amarin

Das "Eingangstor" ins obere Thurtal ist ein idealer Ausgangsort für Erkundungen und Wanderungen in dieser Gegend.

Viel ist rund um die barocke Zwiebelturmkirche nicht los, am Platz mit dem von einem gallischen Hahn geschmückten Sandsteinbrunnen bleiben die Einheimischen meist unter sich. Urlauber finden hier Ruhe und darüber hinaus auch ein recht gutes Sport- und Freizeitangebot. Und wer sich für die Geschichte des Tales der Thur interessiert, sollte in St-Amarin dem liebevoll zusammengestellten *Heimatmuseum* in der Rue Clemenceau mit alten Werkstätten verschiedener Handwerker, einem Schulzimmer aus der Zeit um 1900, Ausstellungen zum Wintersport vergangener Tage und vielem anderem mehr einen Besuch abstatten (Mai–September Mi–Mo 14–18 Uhr).

- *PLZ* 68550
- *Lage* St-Amarin liegt etwas abseits der N 66.
- *Information* **Office de Tourisme,** ganzjährig Mo–Fr, vom 1.7.–1.9. auch Sa und So (jeweils vormittags). 81, rue Charles de Gaulle ☎ 0389821390, 🖷 0389827644, www.ot-saint-amarin.com.
- *Führungen* Vom O.T. werden etliche geführte Wanderungen in die Umgebung und Ausflüge (z. B. zu einer Guglhupfbäckerei, einem Imker etc.) veranstaltet.
- *Zug* Mehrmals täglich besteht eine Verbindung von Mulhouse nach Thann, St-Amarin, Wesserling, Fellering bis Kruth und zurück.
- *Parken* Ein großer Platz liegt vor dem O.T. im Zentrum des Ortes.
- *Taxi* Das nächste Taxiunternehmen befindet sich in Kruth.
- *Fahrradverleih* **Cycles Arnold,** 80, rue Ch. de Gaulle, ☎ 0389387248.
- *Post* An der Rue Ch. de Gaulle.
- *Polizei* Die nächste Gendarmerie finden Sie in Fellering, 3, rue de la Gendarmerie, ☎ 0389826033.

- *Übernachten/Essen/Einkaufen* *** Hôtel Restaurant Au Cheval Blanc,** zentral gelegenes Haus mit 6 hübschen, renovierten Zimmern. Ein DZ mit Grand Lit kostet 41 €, mit einem zusätzlichen schmalen Bett 49 €. Im Restaurant kann man zwischen verschiedenen Menüs wählen, zu den Spezialitäten des Hauses gehören Gerichte vom Holzkohlengrill. Tägl. geöffnet. 88, rue Ch. de Gaulle, ☎ 0389826480, 🖷 0389387772.

**** Camping Les Bouleaux, in Ranspach, dem nächsten Dorf, abseits der Straße sehr schön gelegen. Komfortable Ausstattung, angenehme Atmosphäre. ☎ 0389826470, 🖷 0389391417.

La Chaumière d'Alsace, in Moesch (von St-Amarin ca. 1 km Richtung Thann, folgen Sie dann dem Hinweis "Foie Gras Sipp") verkauft das nette Ehepaar Sipp in einem winzigen Lädchen leckere Gänseleberpastete aus eigener Herstellung. Der Clou ist aber das kl. Restaurant im 2. Stock: Nur 10 Personen finden hier an insgesamt drei Tischen Platz, zu essen gibt es natürlich alles: von der Gans – sogar die Knepfle werden mit Gänseeiern zubereitet – über Gemüse aus dem Garten bis zu hausgemachten Desserts. In der Saison Mo, sonst auch Di geschl., ☎ 0389823151.

Von Saint-Amarin ins Tal der Thur

Genau genommen müsste eine Fahrt durch das Vallée de la Thur eigentlich jenseits des Weinorts Thann beginnen, doch dort und auf den nächsten Kilometern ist das

Die südlichen Vogesen

Tal zunächst dicht bebaut, eine Industrieanlage reiht sich an die andere. Erst ab St-Amarin, nach dem das Tal übrigens auch oft benannt wird, dominieren Weiden. Bei Husseren-Wesserling verlässt man die stark befahrene N 66 und tuckert auf einem kleinen Sträßchen den Oberlauf der Thur bis zu dem von ihr gebildeten Stausee entlang – der schönste Teil des Tals.

Schlossgarten/Textilmuseum in Husseren-Wesserling: Rund um das Schloss aus dem 18. Jh., einer ehemaligen Sommerresidenz des Klosters Murbach, kann man in einem 10 ha großen Park mehrere Gartenanlagen bewundern. Auf dem Anwesen ließ sich im 19. Jh. eine bald bekannte Stoffdruckfirma nieder. 1995 eröffnete man hier außerdem ein sehenswertes Textilmuseum, das zum einen über die Geschichte der Textilverarbeitung informiert (auch historische Kostüme sind zu sehen) und sich zum andern der Frage widmet, mit welchen Stoffen wir uns wohl in Zukunft kleiden werden (Öffnungszeiten siehe unten).

Kruth/Les Cascades St-Nicolas: Am Ortseingang von Husseren-Wesserling zweigt man nach rechts auf die D 13$^{bis\ II}$ ab und gelangt so in das große Dorf Kruth, das allerdings keinerlei Sehenswürdigkeiten zu bieten hat: Kirche, Schule, Feuerwehr, zwei Lebensmittelgeschäfte, Bürgermeisteramt – das war's. Der durch die Stauung der Thur und seine Nebenflüsse geschaffene künstliche See mit bescheidenen Wassersportmöglichkeiten und kleinem Strand sorgt aber dafür, dass doch einige Besucher hierher kommen. Die D 13$^{bis\ I}$ führt von Kruth unterhalb der Burgruine Wildenstein an der Ostseite des Sees entlang bis nach Wildenstein, von dort kann man auf der Westseite (Einbahnstraße) zurückfahren. Rechts der Straße finden Sie hier einen kleinen Wasserfall, die Cascade du Bockloch.

Gleich mehrere Kaskaden bildet südwestlich von Kruth der Nikolausbach, einer der vielen Rinnsale, die in die Thur münden. An der gleichnamigen Kapelle beginnt ein 30-minütiger Rundweg, der den kleinen Wasserfällen zuerst abwärts, dann wieder aufwärts folgt. Man erreicht die Kapelle mit schönem Picknickplatz, wenn man am Ortseingang von Kruth auf die D 13$^{bis\ I}$ abzweigt und ihr etwa 2 km folgt.

Wildenstein: Das letzte Dorf im Tal, nördlich davon entspringt die Thur; man erreicht es von Kruth über die D 13. Kaum einer kommt hierher, nur Wanderer machen auf dem Weg zu dem das Tal abschließenden Col du Bramont hier Station.

• *Museum in Husseren-Wesserling* Vom 1.4. bis 30.9. tägl. 10–12 und 14–18 Uhr geöffnet, in den restlichen Monaten Mo und Sa (jeweils vormittags) geschlossen. Erwachsene 4,60 €, Kinder 2,30 €.

• *Reiten/Baden/Kinder* **Les Ecuries du Château,** neben dem Textilmuseum in Husseren-Wesserling kann man Ponys und Pferde stundenweise reiten (12 €) oder an der Hand führen (3 €).

Piscine de Wesserling, großes Hallen- und Freibad mit Riesenrutsche und anderen Spaßelementen. Ganzjährig tägl. geöffnet.

• *Fahrrad- und Bootsverleih* Am Stausee in Kruth werden an einem auffälligen Holzgebäude Fahrräder vermietet, außerdem kann man dort stunden- oder auch tageweise Tretboote (8,50 €/Std.) und Kanus (6 €/Std.) leihen. ✆ 0389822705.

• *Übernachten/Essen* ** **Auberge de France,** in Kruth. Von der Straßenlage braucht man sich in dieser einsamen Gegend nicht beeindrucken zu lassen. Ein Teil der 16 Zimmer verfügt über einen Balkon, je nach Ausstattung bezahlt man zu zweit 38–45 €. In dem gemütlichen Restaurant mit karierten Tischdecken hat schon Maréchal Joffre gegessen. Gute elsässische Küche, z. B. Forelle oder Wildpfeffer. Menü ab 15 €. Do geschl. 20, Grand' rue, ✆ 0389822802, 📠 0389822405.

Ferme-Auberge Schaffert, in Kruth. Schöner Bauerngasthof oberhalb des Sees, um diesen zu überblicken, muss man allerdings noch ein paar Meter weiter den Berg hinauflaufen. In der großen Stube isst man gut, v. a. der hausgemachte Käse ist zu empfehlen. Anfahrt: Von der Oststraße am See auf die D 27 Richtung Le Markstein abzweigen, nach knapp 3 km biegt man links in den Wald ein und fährt ca. 2 km den Berg hinauf. Mo geschl., ✆ 0389822546.

*** Camping Le Schlossberg, in Kruth. 5 ha großer Platz an der Thur unweit vom See, viele Bäume spenden Schatten, gute Ausstattung. Von Ostern bis Ende September geöffnet, ✆ 0389822676, 📠 0389822017.

Restaurant Aux Trolls, der Wirt des einfa-

chen Landgasthofs mitten in Wildenstein hat sich auf Faux-Filet mit allen möglichen Saucenvariationen spezialisiert. Die Mengen sind so großzügig bemessen, dass Sie ruhig die halbe Portion (zum reduzierten Preis) bestellen können – auch davor bekommt man fast Angst, wenn sie vor einem steht. Mo und Di geschl., ✆ 089822415.

Haustieren aller Art begegnet man in einer Ferme-Auberge

Von Saint-Amarin zur Moselquelle

Ein Abstecher führt durch das Urbès-Tal nach Lothringen zum Col du Bussang, in dessen Nähe die Mosel entspringt. Zunächst fährt man auf der N 66 über Husseren-Wesserling bis Urbès und zweigt am Ortseingang auf die D 13$^{bis\ IV}$ ab, die nach **Storckensohn** führt. In dem kleinen Dorf wird in der alten *Moulin Munsch* aus dem 18. Jh. regelmäßig demonstriert, wie bis 1962 Öl aus Haselnüssen gewonnen wurde – und mittlerweile wieder gewonnen wird.

Wieder zurück auf der D 66, erreicht man nun von Urbès in 7 km den **Col du Bussang.** Kurz hinter dem 731 m hohen Pass zweigt die D 89 zur Moselquelle ab. Durch ein modelliertes M fließt ein kleines Rinnsal abwärts. Wie es mit diesem weitergeht, verrät ein Schaubild.

● *Öffnungszeiten/Eintritt* **Moulin Munsch,** von Mai bis Oktober jeden Mi, Sa und So 14–18 Uhr, im Juli und August tägl. außer Mo, Vorführung dann jeden Do. Eintritt 2,30 €, mit Vorführung 3 €, ✆ 0389391400.

● *Übernachten/Essen* **Ferme-Auberge Le Drumont,** von der Moselquelle erreichen

Sie über eine 5 km lange, steile Asphaltstraße die schöne Herberge unterhalb des Drumont-Gipfels. Angenehme Atmosphäre, viele Tiere, gutes Essen – was will man mehr? Eine Übernachtung im Schlafsaal kostet 11 €, Halbpension 29 €. Di geschl., ✆ 0329615012.

Masevaux

Am Ausgang des Tals der Doller liegt das schmucke Landstädtchen, bekannt wegen seiner vorösterlichen Passionsspiele.

Eine der bedeutendsten Einrichtungen der Stadt war bis zur Französischen Revolution das einer im 8. Jh. gegründeten Abtei angehörende Stift für adlige junge Mädchen. Nicht wenige Fürstinnen, u. a. Katharina die Große, sind hier unterrichtet worden. Heute hat in dem Gebäudekomplex nahe dem Rathaus die Vereinigung der Gemeinden des Doller- und Soultztales ihren Sitz. Stolz sind die Einwohner außerdem auf die neoklassizistische *Eglise St-Martin*, enthält sie doch eine der am besten klingenden Orgeln des Elsass. Im Sommer finden regelmäßig internationale Orgelwochen statt.

- *PLZ* 68290
- *Lage* Masevaux liegt an der D 466.
- *Information* **Office de Tourisme,** 36, rue des Flagellants, ✆ 0389824199, ✉ 0389824944. Ganzjährig Mo–Fr und Sa (vormittags) geöffnet, Mai, Juni, September und Oktober auch samstagnachmittags, Juli und August auch sonntagvormittags.
- *Kinder/Ausflüge* **Train de la Doller,** ganz nostalgisch kann man mit verschiedenen alten Zügen, z. T. mit einer Dampflok, zwischen Juni und September die Strecke von Sentheim (s. u.) nach Cernay zurücklegen. Die unterschiedlichen Preise und Abfahrzeiten erhalten Sie beim O.T.
- *Parken* Rund um die Kirche findet man eigentlich immer einen Platz.
- *Taxi* ✆ 0389388833
- *Fahrradverleih* **Cycles Clément,** 32, rue Ch. de Gaulle, ✆ 0389824948.

- *Feste* Die weithin bekannten **Passionsfestspiele** finden a. d. sechs Sonntagen vor Ostern statt. Von Juli bis September können Sie jeden Sonntag ein Orgelkonzert besuchen.
- *Post* In der Nähe des O.T. in der Rue des Flagellants.
- *Polizei* 34, rue Gambiez, ✆ 0389824014.
- *Übernachten/Essen* **∗∗ Hostellerie Alsacienne,** zentral gelegenes Haus in der Fußgängerzone, ein DZ ist für 49 € zu haben. Empfehlenswert ist auch das gemütliche, dunkel getäfelte Restaurant, das einfache Gerichte wie Flammkuchen, aber auch Menüs (ab 20 €) serviert. Mo geschl. 16, rue du Maréchal Foch, ✆/✉ 0389824525.
- **∗∗∗ Camping Municipal,** am westlichen Ortsrand, in 5 Minuten ist man im Zentrum. Einige Sportanlagen stehen zur Verfügung; insgesamt 150 Plätze. 3, rue du Stade, ✆ 0389824229, ✉ 0389824229.

Umgebung von Masevaux

Maison de la Géologie in Sentheim: In diesem Straßendorf 5 km östlich von Masevaux an der D 466 wird in einem kleinen Geologiemuseum die Erdgeschichte des Elsass anhand von Schaubildern, Fotos und Versteinerungen sehr anschaulich dargestellt. Außerdem beginnt am Rathaus der 5 km lange *Sentier Géologique du Wolfloch,* der durch die geologische Bruchzone von Sentheim führt (zum Preis von 4,50 € bietet das Museumspersonal eine Führung an).

Route Joffre: Die während des Ersten Weltkriegs zum Transport von Waffen etc. errichtete Verbindungsstrecke von Masevaux nach Bitschwiller-lès-Thann wurde nach ihrem Planer, dem General Joffre, benannt. Vom 748 m hohen Col du Hunsrück genießt man eine schöne Aussicht auf den Sundgau, manchmal sogar bis zum Jura. Für die 8 km lange Strecke (D 14$^{bis\,IV}$) sollten Sie 30–40 Minuten einplanen. Am Col du Hunsrück führt eine Piste in ca. 5 Minuten zu einem Monument National.

- *Öffnungszeiten/Eintritt* Das **Maison de la Géologie** ist tägl. außer Sa von 10 bis 12 und von 13 bis 18 Uhr geöffnet. Im Eintrittspreis von 1,50 € (ab 15 J.) ist eine Führung inbegriffen. Place de l'Eglise, ✆ 0389825555.
- *Tipp für Radfahrer* Von Sentheim nach Sewen verläuft dort, wo früher die Eisenbahnschienen lagen, eine angenehme Radpiste (15 km) entlang der Doller.

Von Masevaux durch das Tal der Doller zum Ballon d'Alsace

Mit seinen blumengeschmückten Bauerndörfern, grünen Matten und Gletscherseen gehört das Vallée de la Doller zu den schönsten Vogesentälern. Fast die gesamte Strecke von Masevaux bis zum Ballon d'Alsace wird auf der D 466 zurückgelegt, nur für die letzten 3 km wechselt man auf die D 465 über.

Oberbruck: Der kleine Ort ist Ausgangspunkt vieler Wanderungen. In der Umgebung locken mehrere Ferme-Auberges.

Sewen: Mehrere kleine Dörfer reihen sich in dem weiten Tal aneinander, das lebhafte Sewen ist sicher das reizvollste von ihnen. Mittelpunkt ist eines der ältesten Marienheiligtümer des Elsass, die *Wallfahrtskirche Notre-Dame* mit einem Klappaltar im Chor. Am nordwestlichen Ortsrand liegt der *Lac de Sewen,* die ihn umgebenden Wiesen vertorfen allmählich und stehen unter Naturschutz.

Lac d'Alfeld: Hinter Sewen windet sich die Straße durchs immer enger werdende Tal zu diesem tiefen und fischreichen Gletschersee direkt an der Straße. Über eine Staumauer mit prächtiger Aussicht kann man zum anderen Ufer spazieren.

Le Ballon d'Alsace: Genau an der Grenze zwischen dem Elsass, Lothringen und der Franche-Comté erhebt sich der Elsässer Belchen (1247 m). Kein anderer Berg steht so für das elsässische Schicksal wie dieser. Nachdem Elsass-Lothringen 1870 an Deutschland gefallen war, errichtete man auf der in der Franche-Comté liegenden Seite 1909 eine Statue der Jeanne d'Arc, um die Bindung der beiden Gebiete an Frankreich zu unterstreichen. Schon einige Jahre später wurde der Berg mit Schützengräben,

Eine der Brücken von Sewen

Stacheldraht und Minen versehen. Das große Denkmal für die Arbeiter, die nach dem Zweiten Weltkrieg – inzwischen war der Ballon 1918 französisch, 1940 wieder deutsch, 1944 endgültig französisch geworden – das Gebirge von Minen befreiten, erinnert noch heute daran. Das politische Gerangel hat dem Reiz des vom Sommer- wie vom Wintertourismus entdeckten Ballon jedoch keinen Abbruch getan. Ein schöner Spazierweg führt auf bzw. um seinen Gipfel herum, von wo man über die Vogesen und bis zu den Alpen einen unvergleichlichen Blick hat.

● *Wanderung zum Ballon d'Alsace* Der kürzeste Weg auf den Gipfel beginnt an der Ferme-Augerbe du Ballon d'Alsace, in ca. 10 Minuten hat man die Marienstatue unterhalb davon erreicht: Es lohnt sich schon allein wegen der ständig wechselnden Aussicht, ab hier den Sentier de Découverte (ca. 1½ Std.) entlangzugehen, der Sie wieder zum Ausgangspunkt zurückbringt.

• *Gleitschirmfliegen am Ballon d'Alsace* **Centre Ecole Pent'Air,** Kurse im Gleitschirmfliegen sowie Flüge im Zweisitzer können Sie bei dieser Organisation, die ca. 2 km vor den großen Parkplätzen ihre Dienste anbietet, buchen. ✆/📠 0384232040.

• *Übernachten/Essen* **Ferme-Auberge du Gresson,** in Oberbruck. Die nur zu Fuß zu erreichende Bauernwirtschaft (siehe Wanderung 11) gehört zu den schönsten der Gegend. Eine Übernachtung im DZ oder Schlafsaal (Gemeinschaftsbad) mit Halbpension kostet 34 bzw. 25 €. Wenn Sie Glück haben, kommen Delikatessen wie Surlawerla auf den Tisch, ansonsten gibt's Kalte Platte oder Omelett. Do geschl., im Januar Betriebsferien. ✆ 0389820021.

Ferme-Auberge du Riesenwald, von Rimbach (ca. 2 km nördl. von Oberbruck) führt eine 2 km lange Piste hierher. Rustikaler Rahmen, im Angebot Melkermahlzeit, ansonsten Brot mit Speck etc. ✆ 0389820434.

** **Hostellerie Au Relais des Lacs,** in Sewen. Eine empfehlenswerte Adresse ist das kleine Hotel mit Garten an der nachts kaum befahrenen Hauptstraße. DZ je nach Ausstattung 42–54 €. Ausgezeichnete und ausgefallene Küche bietet das Restaurant. Probieren Sie z. B. mal das Magret de Canard mit Rhabarber! Dienstagabends und Mi geschl., ✆ 0389820142, 📠 0389820929.

Ferme-Auberge du Grand Langenberg, am Lac d'Alfeld. Ein idyllischer Platz ist der Bauernhof von Michel Kachelhoffer, der aus der Milch seiner Ziegen, Schafe und Kühe guten Käse macht. Nur wenige Leute haben Platz auf der kleinen Terrasse oder in der winzigen Gaststube, aber vielleicht ist es deshalb so gemütlich. Sonntags gibt es *tourte de viande*, ansonsten Brot mit Speck und andere einfache Wandermahlzeiten. Von der D 466 zweigt nach links eine ca. 1,2 km lange asphaltierte Zufahrtsstraße ab. Mi geschl., ✆ 0389489698.

** **Hôtel Restaurant du Sommet,** am Ballon d'Alsace. Schon seit 1907 kommen Touristen in diesem mittlerweile gründlich renovierten Haus unter. Ein DZ ist ab 37 € zu haben. Die Küche offeriert v. a. regionale Spezialitäten, Tagesmenü ab 13 €. Während der Schulferien Mo geschl., ✆ 0384293060, 📠 0384239560.

Wanderung 11: Zum Sternsee (Lac des Perches) und nach Neuweiher

Einige hundert Höhenmeter sind bei der ca. 16,5 km langen Rundtour (4–5 Std.) zu überwinden, doch die Schönheiten der Gebirgslandschaft mit dichtem Wald, hellgrünen Matten, einem idyllisch gelegenen See und gleich zwei Weihern entschädigen dafür, zumal man sich unterwegs in drei Ferme-Auberges stärken kann und die Steigungen nur den ersten Teil der Strecke betreffen.

Anfahrt/Parken: Die Wanderung beginnt im Rimbach gehörenden Ortsteil Ermensbach. In Oberbruck zweigt man auf die D 14bis ab und biegt nach ca. 1,5 km hinter dem Ortsschild Rimbach bzw. hinter einer kleinen Brücke nach links ab. Links der Straße kann man auf einem großen Platz parken.

Gehen Sie vom Parkplatz aus wenige Meter abwärts zur D 14bis und auf dieser leicht aufwärts. Nach gut einem Kilometer biegt man beim **Restaurant Aux Touristes** links ab und hält sich 450 m weiter bei den letzten Häusern des Dorfes rechts. Mit der Markierung blaues Dreieck wandern Sie zuerst am Waldrand, dann im sog. Riesenwald steil aufwärts. Wenige Meter vor der **Ferme-Auberge du Riesenwald** (Mi geschl.) geht man an einer markanten Kreuzung geradeaus und weiter steil aufwärts. 600 m danach hält man sich an einer Gabelung links, der Weg wird schmaler und steiniger und führt in ca. 10 Minuten zu einem der schönsten Gewässer in den Vogesen, dem kreisrunden **Sternsee**, einem Karsee, der in der Eiszeit von einem kleinen Gletscher geschaffen wurde.

Über Stock und Stein geht es vom Sternsee weiterhin meist aufwärts, bis man nach etwa 1,2 km eine schöne **Hochalm** erreicht. Jenseits davon wandert man wieder durch Wald weiter, der Weg ist von zahllosen Heidelbeerbüschen gesäumt. Bald wird der Blick frei auf den tief unten liegenden **Grand Neuweiher**, den man über steile Serpentinen in etwa 30 Minuten (knapp 3 km) erreicht. Gegenüber vom großen Weiher liegt der **Petit Neuweiher** – beide wurden im 16. Jh. zur Versorgung

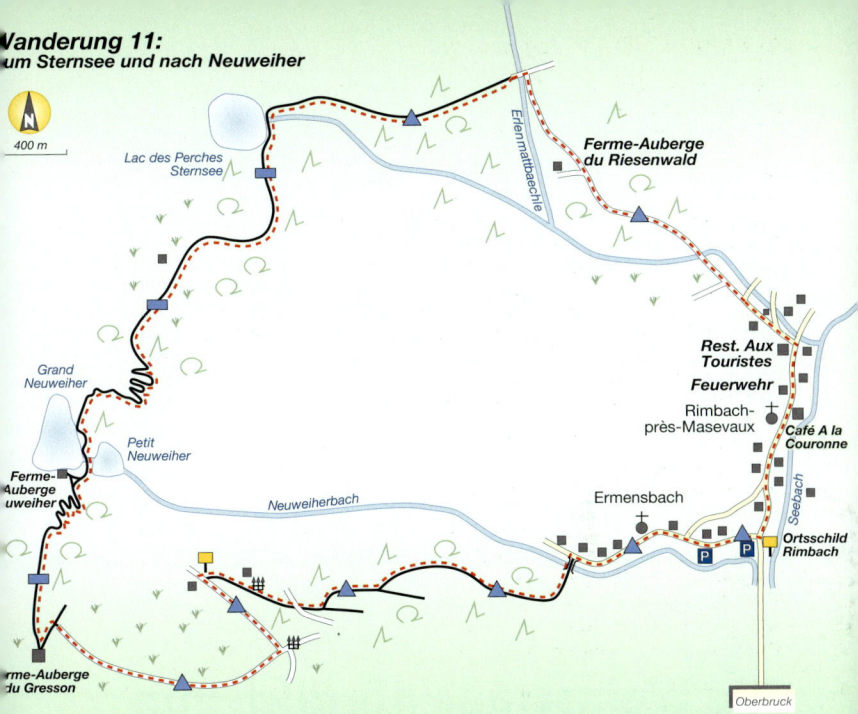

400 m

Lac des Perches
Sternsee

**Ferme-Auberge
du Riesenwald**

Erlenmattbaechle

Grand
Neuweiher

Petit
Neuweiher

**Rest. Aux
Touristes**

Feuerwehr

Rimbach-
près-Masevaux

**Café A la
Couronne**

**Ferme-
Auberge
Neuweiher**

Neuweiherbach

Ermensbach

Seebach

**Ortsschild
Rimbach**

P   P

**Ferme-Auberge
du Gresson**

Oberbruck

von Hüttenwerken bzw. Textilfabriken aufgestaut, heute sind es einfach idyllische Plätze, an denen man wunderbar rasten kann. Zwischen den beiden Seen wandert man auf die Ferme-Auberge Neuweiher zu und zweigt dann wenige Meter davor Richtung Gresson ab (Markierung blauer Balken). Zunächst wieder in Serpentinen, dann eben führt ein Pfad durch den Wald zur **Ferme-Auberge du Gresson,** von deren Holzbalkon man einen wunderschönen Blick auf die Berge und die umliegenden Almen hat.

Nach einer kräftigen Mahlzeit nimmt man den direkt an der Holzterrasse beginnenden, mit einem blauen Dreieck markierten Pfad und wandert durch Almen abwärts.

Nach knapp 2 km hält man sich kurz vor einem Gatter an einer Gabelung links und geht ca. 600 m danach den hier wieder mit blauem Dreieck gekennzeichneten Weg **Richtung Ermensbach.** Gut einen Kilometer nach der Weggabelung zweigt man nach links auf einen schmalen Pfad ab. (Achtung: keine Markierung, gegenüber ist ein Schild mit der Aufschrift "Oberbruck" angebracht!) Kurz darauf verlässt man auch diesen Weg nach links, an einem Baum finden Sie ein blaues Dreieck. Nach etwa 10 Minuten sind der Neuweiherbach und die Dorfstraße von Ermensbach erreicht, der man, vorbei an einem Marienkapellchen, noch 1,5 km abwärts zum Parkplatz folgt.

Stimmungsvoller Auftakt zum Besuch der Weinstraße

Die Weinstraße nördlich von Colmar

Weinberge, wohin das Auge schaut. Wie ein breites grünes Band ziehen sie sich von Marlenheim nach Süden, immer an den Ausläufern der Vogesen entlang. Besonders im Herbst, wenn das golden gefärbte Laub den mal sanfteren, mal steileren nach Süden und Südosten geneigten Hängen einen fast märchenhaften Schimmer verleiht, erliegt man dem Charme dieses einzigartigen Landstriches.

Wie Inseln liegen dazwischen die romantischen Dörfer und Städtchen, eines schöner als das andere. Und überall gibt es etwas zu entdecken. Dicht zusammengedrängt stehen die hohen Fachwerkhäuser der Winzer mit ihrem steinernen Untergeschoss, wo man den Wein lagert. Prachtvolle Renaissancerathäuser und -brunnen zeugen vom Reichtum, altehrwürdige romanische Kirchen von einstiger Baukunst. Und weiter oben, wo die Reben nicht mehr gedeihen, scheinen mittelalterliche Burgen die Idylle zu bewachen und verstärken sie noch.

Kein Wunder, dass die Weinstraße Scharen von Besuchern anzieht. Insbesondere die weiter südlich gelegenen Orte Ribeauvillé, Riquewihr und Kaysersberg, die zusammen das "goldene Dreieck" bilden, platzen manchmal fast aus allen Nähten, während im Norden Obernai das Rennen macht. Und fast immer geht es um die edlen Tropfen: Nahezu jedes Wochenende findet irgendwo ein Weinfest statt, überall stehen die großen Winzerhöfe einladend zur Degustation offen, auf Schritt und Tritt stößt man auf eine der urigen oder eleganten Winstubs. "Weinglas und Traube", Symbol der *Route des Vins*, leiten die Besucher von Ort zu Ort, in der

Hochsaison steht man dabei nicht selten im Stau. Entspannender ist die Erkundung der Weinberge zu Fuß auf einem gut markierten *Sentier Viticole*, den jeder Ort zu bieten hat.

Marlenheim

"Marilegio" wurde 589 erstmals als einer der Herrschersitze der merowingischen Könige erwähnt. Heute nennt sich das Städtchen stolz "nördliches Tor zur Weinstraße", und in der Tat reiht sich ein prächtiges Winzerhaus an das andere.

Auffallend sind auch die vergleichsweise vielen, meist noblen Restaurants – aus dem nahen Strasbourg kommt man gerne zum Essen hierher. Dennoch: Behagliche, weinselige Atmosphäre will in der von der N 4 durchschnittenen und arg geplagten Stadt nicht so richtig aufkommen. Ruhiger ist es am zentralen Platz hinter der stattlichen Mairie, einem ehemaligen Herrenhaus aus dem 18. Jh. Dort steht auch die barocke **Pfarrkirche Ste-Richarde,** deren Nordportal ein eindrucksvolles romanisches Relief aus einem Vorgängerbau schmückt. Es zeigt Christus zwischen Petrus und Paulus.

Am schönsten ist es jedoch in den Weinbergen. Die kleine, nach dem Dreißigjährigen Krieg errichtete **Chapelle de Marlenheim,** zu der ein 1772 von reichen Winzern angelegter Kreuzweg führt, ist der richtige Platz, um sich auf eine Reise entlang der Weinstraße einzustimmen.

- *PLZ* 67520
- *Lage* Marlenheim liegt an der N 4.
- *Information* Nur vom 15.6. bis 15.9. ist das **Office de Tourisme** geöffnet. Place du Kaufhus, ✆ 0388877580, 🖷 0388594950, marie@marlenheim.com.
- *Zur Chapelle de Marlenheim* Der Fußweg zur Kapelle beginnt an der Nordseite der Kirche, führt über die Kirchgass, am Friedhof vorbei und entlang des Kreuzwegs mit vielen Stationen nach oben. Dort kann man auch in den angenehmen *Sentier Viticole* oder in den 16 km langen *Sentier des 3 Chapelles* einsteigen (roter Kreis).

- *Parken* Kostenlose Plätze gibt es z. B. hinter dem Rathaus.
- *Markt* Sa auf dem Rathausplatz.
- *Feste* Ein großes Spektakel ist die **Hochzeit des Ami Fritz** (siehe Kasten), die alljährlich am 15.8. nachgespielt wird. Am 3. Oktoberwochenende findet außerdem ein **Weinlesefest** statt.
- *Post* 79, rue Gal de Gaulle.
- *Polizei* Die Police Municipal ist im Hôtel de Ville untergebracht.
- *Öffentliche Toiletten* Ebenfalls im Hôtel de Ville.

Wer war Ami Fritz?

Unzählige Restaurants und Winstubs tragen seinen Namen, und in Marlenheim feiert man, ebenso wie in Hunawihr, alljährlich seine Hochzeit mit Suzel aufs Neue nach. Die Rede ist von Fritz Kobus, einer von Emile Erckmann und Alexandre Chatrian im Jahre 1849 geschaffenen literarischen Figur. Dieser gutmütige, deftiges Essen und natürlich Wein liebende *ami Fritz* (Freund Fritz) verkörpert den typischen Elsässer, mit dem man sich in seiner Heimat gerne identifiziert. Rührend wird seine Beziehung zu dem aufrichtigen, lustigen Dienstmädchen Suzel erzählt. Bis er, ein angesehener Bürger, sie endlich heiraten kann, erleben die beiden einige Höhen und Tiefen. Bereits 1876 wurde die beliebte Geschichte erstmals auch als Theaterstück aufgeführt, 1930 und zuletzt 2001 verfilmt.

Weinstraße nördlich von Colmar

• *Übernachten/Essen* ★★★ Hôtel Restaurant **Le Cerf,** am östlichen Ortsende bewirtet Familie Husser ihre Gäste in einer ehemaligen Poststation auf das Beste. Eines der 14 komfortablen Zimmer und Apartments, zum Glück mit schalldichten Doppelfenstern geschützt, ist ab ca. 90 € zu haben. Die renommierte Gourmetküche (zwei Michelin-Sterne) bietet Vorzügliches. Ob man nun elsässische Klassiker oder Langustinen in Zitronenbutter vorzieht, man wird begeistert sein. Hinzu kommt, dass der Weinkeller des Hauses wirklich keine Wünsche offen lässt. Bei den genussvollen ersten Gängen sollten Sie unbedingt darauf achten, im Ma-gen noch ein wenig Platz für eine der Dessertvariationen zu lassen, es wäre zu schade, wenn Ihnen dieses I-Tüpfelchen entginge! Di und Mi geschl. 30, rue Gal de Gaulle, ✆ 0388877373, 🖷 0388876808.

Hôtel Restaurant Relais de la Route du Vin, zentral gelegen, zum Glück gibt's aber einige zur Rückseite gelegene Zimmer, DZ 37–55 €. Empfehlenswertes Restaurant mit regional geprägter Küche, die z. T. interessante Abwandlungen erfährt: Zanderfilet mit Schnecken oder Entenbrust mit Zwetschgen in süß-saurer Sauce. Mo geschl. 1, pl. du Kaufhus, ✆ 0388875005, 🖷 038887762.

Umgebung von Marlenheim

Die Route des Vins windet sich südlich von Marlenheim auf kleinen Sträßchen durch Weinberge, Maisfelder, Obsthaine und Viehweiden. Touristen verirren sich nur selten in die ruhigen Dörfer, die wie **Wangen** und **Westhoffen** noch mittelalterliche Stadtmauern und Wachtürme aufzuweisen haben. Eine echte Kuriosität findet man in der aus dem 11./12 Jh. stammenden befestigten **Kirche von Balbronn,** denn rechts vom Chor ruht in einer Vitrine die Armprothese des Junkers Hans von Mittelhausen alias "Ritter mit der eisernen Hand".

Wer sich nicht auf den kleineren Nebenstraßen bewegt (südlich von Marlenheim führt die D 942 nach Wangen, ab dort orientiert man sich immer am Schild "Route des Vins" und fährt über Westhoffen, Traenheim nach Balbronn), sondern direkt auf der D 422 weiter Richtung Sünden fährt, kommt kurz vor dem nächsten größeren Ort Molsheim (siehe S. 247) nach **Avolsheim,** wo man sich gleich zwei uralte sakrale Bauten anschauen kann:

Baptisterium St-Ulrich: Der um das Jahr 1000 als Taufheiligtum errichtete Bau mit kleeblattförmigem Grundriss, dem man im 12. Jh. den achteckigen Turm aufsetzte, steht direkt im Zentrum neben der Pfarrkirche und ist leider ziemlich heruntergekommen. Innen wurden 1968 ein für das Elsass einmaliges, vorwiegend rot-, ocker- und grünfarbiges Deckengemälde aus dem 12. Jh. freigelegt. Im Zentrum der Kuppel wird die Dreifaltigkeit dargestellt, in dem sie umgebenden Ring erkennt man in Medaillons die Evangelisten, getrennt von Engeln. Schwer zu deuten sind die stark zerstörten, wahrscheinlich alttestamentarischen Szenen im unteren Ring.

Dompeter: Der außerhalb des Dorfes idyllisch zwischen Bäumen und Feldern stehende Dompeter ist eines der ältesten elsässischen Gotteshäuser. Der Name der im 9./10. Jh. auf den Fundamenten eines Vorgängerbaus aus dem 6./7. Jh. errichteten, 1049 von Papst Leo IX. eingeweihten Kirche geht auf das lateinische "Domus Petri", Haus des Petrus, zurück. Bis auf den Chor und die Sakristei (19. Jh.) stammen ihre Mauern aus dieser Zeit. Der massige Turm wurde nach einem Blitzeinschlag 1750 wiederhergestellt. Das Hauptportal wird durch drei Säulen gegliedert. Darüber ist auf einem Stein eine rührend naive Figur des Kirchenpatrons Petrus mit den für ihn charakteristischen Insignien Schlüssel und Hirtenstab zu sehen. Ähnlich einfach ist auch der Maskenschmuck am Kapitell der rechten Säule, in der Mitte sind Steinmetzzeichen erkennbar. Der jeweilige Türsturz der beiden Seiteneingänge ist mit den Symbolen Schlüssel, Kreuz, Sonne und Mond verziert. Der flach gedeckte Innenraum mit wuchtigen viereckigen Pfeilern aus Mauersteinen vermittelt einen Eindruck von der Schlichtheit romanischer Baukunst in ihren Anfängen. Im Obergeschoss sieht man noch die originalen Fensteröffnungen, die des Untergeschosses wurden im 19. Jh. stark vergrößert.

Vom Eingang des die Kirche umgebenden Friedhofs führt ein Weg zu der ummauerten

Source de Ste-Petronille. Im Mittelalter glaubte man, es handele sich bei dem antiken Grab um das der Petronilla, der Legende nach die Tochter des Apostelfürsten, und versprach sich deshalb von dem Wasser heilende Kräfte gegen fiebrige Erkrankungen.

Molsheim

Religiöser Eifer und Traumautos – für beides stand Molsheim. Seit Beginn des 14. Jh. Bischofssitz, erlebte es ab 1580, als sich die Jesuiten in seinen Mauern niederließen, um die Gegenreformation im Elsass zu organisieren, für ein Jahrhundert eine kulturelle und intellektuelle Blütezeit. Sie gründeten u. a. ein katholisches Kolleg, das 1517 zur Universität erhoben und später vom französischen König nach Strasbourg verlegt wurde, und ließen eine prachtvolle Kirche errichten. Auch Kartäuser- und Kapuzinermönche hinterließen ihre Spuren. In der ersten Hälfte des 20. Jh. wurde Molsheim dann zur Stadt der legendären Bugatti-Sportwagen, die der geniale Konstrukteur Ettore Bugatti hier herstellen ließ.

Heute ist es etwas ruhiger geworden um das von Industrieanlagen, aber auch von etwa 100 ha Weinbergen umgebene liebenswerte Städtchen mit einem weitgehend erhaltenen spätmittelalterlichen Mauerring um seinen Kern.

- *PLZ* 67120
- *Lage* Molsheim liegt an der D 422.
- *Information* Das **Office de Tourisme** ist vom 1.10. bis 31.5. Mo–Sa, von Juni bis September zusätzlich auch So geöffnet. 19, pl. de l'Hôtel de Ville, ☎ 0388381161, ✆ 0388 498040, www.ot-molsheim-mutzig.com.
- *Führungen* Im Juli und August bietet das O.T. kostenlose Führungen (auf Französisch) durch die Altstadt an, Dauer ca. 2 Std.
- *Zug* Der Gare SNCF liegt westlich der Stadt. Regelmäßige Verbindungen nach Strasbourg, Schirmeck, Obernai und Sélestat.
- *Parken* Mehrere kostenlose Plätze am Rande der Altstadt, z. B. Hôtel de la Monnaie oder an der Jesuitenkirche.
- *Taxi* ☎ 0388381464
- *Fahrradverleih* In Griesheim verleiht **Roland Stiff** Drahtesel, pro Tag 11 €. 2 a, rue des Roses, ☎ 0388387131.
- *Markt* Mo auf dem Rathausplatz.

Löwenbrunnen vor der Metzig

- *Feste* Am 2. Wochenende im September findet ein großes **Bugatti-Treffen** statt. **Weinfest** mit Umzug ist am 2. Oktoberwochenende.
- *Kinder* **Centre Equestre,** viele Ponys, auch Kurse für Kinder. 8, rue des Sports, ☎ 0388381099. Ganz in der Nähe liegt auch ein kleines **Storchengehege.**
- *Post* 10, av. de la Gare.
- *Polizei* 12, av. de la Gare, ☎ 0388048110.
- *Öffentliche Toiletten* Am Schmiedtor.
- *Übernachten* *** **Hôtel Diana (5),** nobles Haus am Ortsrand mit Hallenbad, Sauna, Solarium etc. Für ein komfortables DZ bezahlt man 83 €, gegen Aufpreis Garage. 14, rue Ste-Odile, ☎ 0388385159, ✆ 0388388711.

** **Hôtel du Centre (3),** die freundliche Danielle Heiligenstein führt das behagliche Haus mit Innenhof in einer ruhigen Seitenstraße. Eines der einfachen DZ kostet 39–48 €. 1, rue St-Martin, ☎ 0388385450, ✆ 0388498257.

Weistraßen-Impression

● *Essen* **Restaurant Diana (5)**, das Gourmetrestaurant des gleichnamigen Hotels hat nicht nur wegen seines gut sortierten Weinkellers einen guten Ruf. Sonntagabends geschl., Adresse s. o.

Caveau Martin (2), in einem rustikalen Kellerraum werden neben elsässischer Küche auch viele Salate serviert, nette Atmosphäre. Samstagmittags und So geschl. Das Restaurant gehört zum Hôtel du Centre, Adresse s. o.

Caveau de la Metzig (4), in dem urigen Gewölbekeller treffen sich die Molsheimer gerne auf ein Gläschen Wein oder zum Essen. Die Küche ist vorwiegend regional geprägt, gut fanden wir z. B. den Hasen in reichlich Senfsauce, am Wochenende bekommt man abends Flammkuchen. Dienstagabends und Mi geschl. 1, pl. de l'Hôtel de Ville, ✆ 0388382624.

Winstub Aux Comtes de Sauvetrerre (1), Familie Kaes serviert zu ihrem eigenen Wein deftiges Vesper wie Bibeleskäs oder Leberknödel. Wer's feiner mag, bestellt Crêpes mit Schinken. Vom 1.9. bis 30.4. Mi–Sa, im Sommer auch Di geöffnet, immer nur abends. Reservierung wird erbeten. 12, pl. de la Liberté, ✆ 0388493627.

Sehenswertes

Metzig: Auffälligstes Gebäude an der zentralen Place de l'Hôtel de Ville ist die 1525 für die Fleischerzunft erbaute *Metzig*. Während im Untergeschoss Wurst und Fleisch verkauft wurden, diente das Obergeschoss mit zwei eleganten Balkonen an den Giebelseiten den Zunftmitgliedern als Versammlungsort. Dem Platz zugewandt ist die doppelläufige Freitreppe, über der sich ein hübscher Zwiebelturm mit Uhr erhebt; zwei steinerne Engel lassen jede Viertel- und volle Stunde ihre Schläge ertönen. Schräg gegenüber steht das neoklassizistische Hôtel de Ville. Die Säule des Brunnens in der Mitte des Platzes wird von einem Löwen geschmückt, der das Stadtwappen in seinen Klauen hält.

Porte des Forgerons: Wenn Sie in die Rue de Strasbourg hinuntergehen, in der das mit schönen Schnitzbalken verzierte Haus Nr. 9 besonders sehenswert ist, kommen Sie zum Anfang des 14. Jh. errichteten Schmiedtor, das zur damaligen Stadtbefestigung gehörte. Die *Porte des Forgerons* konnte durch eine Falltür verschlossen werden und war mit einer Zugbrücke über einen die Stadt schützenden Wassergraben versehen. Aus dem 17. Jh. stammen die beiden Häuschen links und rechts an der stadtauswärtigen Seite des trutzigen Torturms. Während in Ersterem der Zolleinnehmer seinen Sitz hatte, überwachten im Letzteren Wächter den Zugang zur Stadt und gleichzeitig den Turm, der auch als Gefängnis diente.

Eglise des Jesuites: Wenn Sie an der stadteinwärtigen Seite der Porte des Forgerons rechts in die Rue Notre-Dame abbiegen und dann bei der ersten Gelegenheit nach rechts gehen, stehen Sie unmittelbar vor der neogotischen *Eglise Notre-Dame*, die bis 1954 Teil eines Nonnenklosters war.

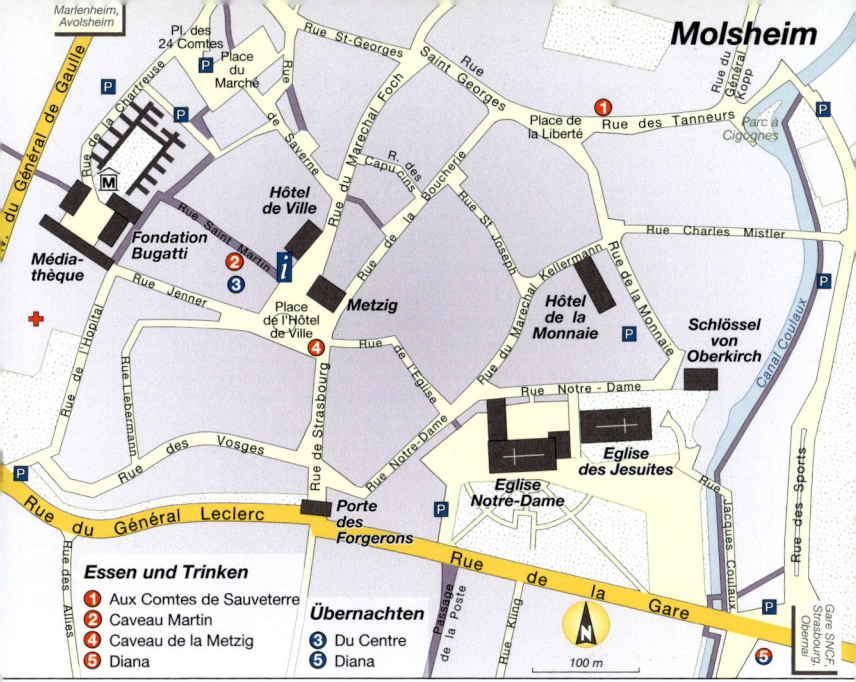

Direct daneben erhebt sich die riesige St.-Georgs-Kirche. Meist wird sie *Eglise des Jesuites* genannt, denn der Erzherzog Leopold von Österreich, damals Fürstbischof des Bistums Straßburg, ließ sie zu Beginn des 17. Jh. für die in Molsheim wirkenden Jesuiten errichten. Sie war so etwas wie ein Ersatz für das damals protestantische Straßburger Münster und wurde bewusst weitgehend im "vorreformatorischen" Stil der Spätgotik erbaut. Seit der Aufhebung des Jesuitenordens 1765 dient sie als Pfarrkirche Molsheims.

Im Eingangsbereich fällt rechts ein aus einem 20 Tonnen schweren Block gehauenes steinernes Kreuz aus dem Jahre 1480 ins Auge, das ursprünglich im Kartäuserkloster stand. Die beiden Seitenschiffe werden durch Spitzbogenarkaden, die die Emporen tragen, vom gewaltigen Mittelschiff getrennt. Besonders beachtenswert sind eine der letzten von J. A. Silbermann gebauten Orgeln und die wunderschöne hölzerne Kanzel aus dem Jahr 1631. Ihr Schalldeckel ist mit dem Guten Hirten und den Evangelisten geschmückt. Prunkstücke sind jedoch die beiden barocken Seitenkapellen, ein Rausch aus blendend weißem Stuck, Gold und Gemälden aus dem 17. bzw. 18. Jh. Man sparte nicht mit prächtigen Accessoires, um die Menschen vom Katholizismus zu überzeugen. Die rechte ist der Muttergottes geweiht und beherbergt einen wunderschönen Grabstein des Bischofs Johann von Bürbheim aus dem 14. Jh. In der linken befindet sich eine Statue des Ignatius von Loyola, des Gründers des Jesuitenordens. Die Wandgemälde erzählen Ereignisse aus seinem Leben.

Öffnungszeiten Tägl. von 10 bis 12 und 14 bis 18 Uhr.

Fachwerkhäuser/Musée de la Chartreuse/Fondation Bugatti: Von der Kirche geht man rechts am kurz vor der Revolution für eine Adelsfamilie gebauten "Schloessel der Oberkirch" vorbei in die Rue de la Monnaie, die nach der ehemaligen Münze benannt ist. Die Straße führt zur dreieckigen Place de la Liberté mit schönen alten Häusern und originellen Winstubs. Wenn Sie sich auf dem Weg zum Kartäusermuseum noch eines der prächtigsten Fachwerkhäuser der Stadt anschauen wollen, biegen Sie nun an der Nordostecke der Place de la Liberté zunächst nach links in die Rue St-Georges ein. Bei der zweiten Möglichkeit orientieren Sie sich wiederum nach links und gehen dann nach rechts in die Rue Saverne. Das sehenswerte Haus Nr. 14, in dem ein Büro der Zeitung DNA untergebracht ist, beeindruckt vor allem mit seinen schönen Schnitzbalken und einem imposanten Erker. In der Rue des Etudiants weitergehend, sollten Sie noch auf das Gebäude Nr. 17 achten, dessen linkes Fenster am Rahmen Ornamente, Gesichter und einen Miniaturbären aufweist. Am Ende der Straße wendet man sich dann nach rechts in den Cour des Chartreux, wo das *Musée de la Chartreuse* und die *Fondation Bugatti* untergebracht sind.

Das Haus des Priors der Kartäuser beherbergt eine Sammlung zum Leben in der Region von der Steinzeit bis zum Zweiten Weltkrieg. Besonders eindrucksvoll sind die gallorömischen Töpferwaren von Heiligenberg-Dinsheim. Auch über die Orden, die in Molsheim bis zur Revolution Niederlassungen hatten, erfährt der Besucher einiges. Im Außenbereich kann man einen Teil der einstigen Klosteranlage besichtigen, u. a. den Garten, den z. T. restaurierten Kreuzgang und nachgebaute Klosterzellen. Ein Kontrastprogramm bietet die Bugatti-Ausstellung in den einstigen Küchenräumen des Klosters mit Dokumenten, Fotos, Schriften und Autos.

Öffnungszeiten/Eintritt 2.5.–15.10. Mi–Mo 14–17 Uhr, 15.6.–15.9. Mo, Di, Mi zusätzlich 10–12 Uhr. Erwachsene 2,60 €, Kinder 1,30 €.

"Bugatti-Molsheim"

Der 1881 geborene Mailänder Ettore Bugatti gewann bereits mit 20 Jahren in seiner Heimatstadt einen Preis für sein erstes selbst gebautes Auto. Daraufhin holte ihn der Industriebaron de Dietrich (siehe S. 127) als Chef-Ingenieur seiner Autofabrik ins elsässische Niederbronn. 1909 gründete er in Molsheim sein eigenes Unternehmen. Die eigentliche Blütezeit begann nach dem Ersten Weltkrieg, besonders als der Bugatti Typ 35 und seine Nachfolgemodelle ein Rennen nach dem anderen gewannen. Traumwagen um Traumwagen verließ die Fabrik, legendär z. B. das Coupé de Ville Royale, dessen Preis dreimal so hoch war wie der eines Rolls Royce. "Bugatti-Molsheim" wurde zum Synonym für Erfolg, Spitzentechnologie und Karosserien von unvergleichlicher Schönheit. Als Ettore 1936 nach Paris übersiedelte, übernahm sein Sohn Jean, genauso begabt und vernarrt in Autos wie er selbst, die Führung der Firma. Dessen tragischer Tod im August 1939 bei einer Testfahrt und der Ausbruch des Zweiten Weltkriegs setzten der Molsheimer Bugatti-Ära ein jähes Ende. Heute werden in den Werkshallen Fahrgestelle für Flugzeuge hergestellt, und nur bei dem alljährlichen Bugatti-Treffen im September kehren ein paar der noblen Schönheiten aus aller Welt für kurze Zeit an ihren "Geburtsort" zurück. Ständig in Molsheim sind nur die Autos, die die Stiftung Bugatti im Musée de la Chartreuse (s. o.) ausstellt. Für alle Bugatti-Fans lohnt zudem unbedingt ein Besuch des Automobilmuseums in Mulhouse (siehe S. 363).

Mutzig

Einen regelrechten Schlenker macht die Weinstraße nach Mutzig, das man über das spätmittelalterliche Untertor, geschmückt von einem Gemälde des heiligen Mauritius, betritt.

Das Zentrum bildet die Place de la Fontaine mit einer Kopie des ursprünglichen Renaissancebrunnens aus dem 17. Jh. Aus einem Fenster des achteckigen Rathauszwiebelturms grinst ein rotbemützter Jakobiner, der "Rothüssmann", auf den Platz herunter. Wenn die Uhr zur vollen Stunde schlägt, wackelt er mit den Ohren und streckt die Zunge heraus.

Über die Rue du Château kommt man zum **Rohanschloss** am Canal de la Bruche, das bis zur Revolution bischöfliche Residenz war, im 19. Jh. in eine Waffenmanufaktur umgewandelt wurde und heute ein Kulturzentrum und das **Musée Municipal** beherbergt (vom 2.5. bis 15.10 Mi–So 14–18 Uhr geöffnet). Der erste Stock widmet sich der Geschichte Mutzigs – u. a. sieht man Reproduktionen und Teile einer romanischen Kirche –, im zweiten sind v. a. Waffen (Schwerter, Säbel, Degen, Schusswaffen) aus Mutziger und Klingenthaler Manufakturen ausgestellt.

Wer über die Hauptstraße weiter zum westlichen Ortsausgang spaziert, entdeckt eine auffallende Industrieruine. Bis vor einigen Jahren wurde hier ein besonders gutes Bier gebraut, das den Namen der Stadt trug und im Frankreich wohl einen größeren Bekanntheitsgrad verschaffte als der hiesige Wein. Mittlerweile hat die Heineken-Gruppe den einstigen 110-Mann-Betrieb aufgekauft, die Produktion aber in die Nähe von Strasbourg verlagert – eine Schande, wie viele verärgerte Bürger meinen.

Oberhalb des Ortes liegt die **Feste Kaiser Wilhelm**, ab 1893 auf Befehl des deutschen Kaisers zur Kontrolle des Breuschtals und der Rheinebene um Strasbourg erbaut. Bei einem Rundgang durch die größtenteils unterirdische Anlage sieht man u. a. Infanterieunterstände, Artilleriebeobachtungsstände, Maschinenräume, Küchen und ein Lazarett.

- *PLZ* 67190
- *Lage* Von Molsheim erreicht man Mutzig über die D 30.
- *Anfahrt zur Feste Kaiser Wilhelm* Von Mutzig über die D 392 nach Dinsheim, dort in die Rue du Camp einbiegen und der Beschilderung folgen. Öffnungszeiten: Mai–September Sa ab 14.30, So 13.30–17.30 Uhr. Dauer der Besichtigung ca. 2 Std. In der Feste herrscht zu jeder Tageszeit eine Temperatur von 11 °C, warme Kleidung und festes Schuhwerk werden empfohlen.
- *Essen* ** **Hostellerie de la Poste,** eindrucksvolles Fachwerkhaus im Zentrum mit Taverne (elsässische Spezialitäten und Snacks) und gehobenem Restaurant. Mo geschl. 4, pl. de la Fontaine, ☏ 0388383838.

Rosheim

"Cite Romane" nennt sich das liebenswerte Städtchen stolz, schließlich stehen hier zwei der ältesten noch erhaltenen Gebäude des Elsass, eine besonders eindrucksvolle romanische Kirche und mit dem sog. Heidehüss ein Wohnhaus aus dem 12. Jh.

Doch damit nicht genug, denn aus dem späteren Mittelalter, als Rosheim dem Zehnstädtebund angehörte, sind auch noch beeindruckende Teile der inneren und äußeren Stadtmauer erhalten. Und ganz in der Nähe von Rosheim, in **Rosenwiller**, kann man sich außerdem noch den wohl ältesten jüdischen Friedhof des Elsass anschauen (s. u. "Wandern").

Rosheim wird von der Eglise St-Pierre-et-St-Paul überragt

Aus östlicher Richtung kommend, betritt man die Stadt durch eines der äußeren Tore, die Porte de la Vierge. Über die Rue Gal de Gaulle erreicht man das sog. Schultor und damit den inneren Mauerring. Direkt dahinter erhebt sich rechts der Straße die in der zweiten Hälfte des 12. Jh. errichtete romanische **Eglise St-Pierre-et-St-Paul,** die bedeutendste Sehenswürdigkeit des Ortes.

Beginnen Sie die Besichtigung des Äußeren der kreuzförmigen Kirche an der halbrunden *Apsis.* Deren zentrales Rundbogenfenster ist mit Palmetten und gewundenen Säulchen reich verziert, rechts und links erkennt man die Symbole der vier Evangelisten, die jeweils die Heilige Schrift halten. Lisenen gliedern den Bau, den oberen Abschluss bildet ein Gesims mit Bogenfries, dessen Konsolen z. T. skurrile Motive wie ineinander verschlungene Schlangen, Fratzen etc. aufweisen. Links der Apsis sind die beiden unteren Geschosse des viereckigen Turmes der nach einem Brand im Jahre 1132 ansonsten abgerissenen Vorgängerkirche erhalten. Auf einer Lisene können Sie rechts vom später angebauten runden Erkertürmchen das älteste Relief der Kirche, ein Gesicht, erkennen.

Am besten geht man nun gegen den Uhrzeigersinn um das Gebäude herum. Wenn Sie nach wenigen Schritten etwas zurücktreten, sehen Sie auf dem Pultdach des *Vierungsturms* eine sitzende Gestalt, einen alten, in eine Tunika gekleideten, nachdenklich seinen Kinnbart streichenden Mann. Das *nördliche Querschiff* ist am Bogenfries rundum mit schönen Männerköpfen geschmückt. Die Eckfiguren stellen einen Löwen, der gerade ein Lamm verschlingt, und einen Kuchen fressenden Bären dar. Die Flachreliefs darunter zeigen zwei sich an ihren Bärten haltende Männer. Spärlicher ist das *nördliche Langhaus* ausgestaltet, beachten Sie jedoch im oberen Stockwerk links das Fabelwesen und rechts die kleine Sirene.

Ursprünglich betrat man das Gotteshaus über das Portal der *Westfassade.* Dessen Tympanon wurde, wie die der anderen Türen auch, während der Revolution zertrümmert; die auf einem wilden Tier stehende Petrusfigur im Giebel haben die Aufrührer aber wohl nicht erreichen können. Besonders beeindruckend sind die riesigen, Menschen verschlingenden Löwen an den Giebelecken der Fassade, die nur noch vom Adler der Auferstehung auf dem Giebel übertrumpft werden.

Das *südliche Langhaus* weist ein ornamentreiches Portal auf. Darüber sitzt auf dem Pultdach des Vierungsturms wieder eine männliche Gestalt, jünger als ihr Pendant, mit einer Mütze auf dem Kopf und einem Becher in der Hand. Am *südlichen Quer-schiff* wird wieder einmal der Kampf mit Ungeheuern thematisiert, zum einen in dem Relief um das Bullauge herum, zum anderen in der Figurengruppe links am Giebel. Der gedrungen wirkende dreischiffige *Innenraum* wird durch Pfeiler und Säulen gegliedert. Die Kapitelle weisen neben pflanzlichen und geometrischen auch anthropomorphe Motive auf. Besonders schön ist die dem heutigen Eingang gegenüberstehende Säule, deren Halsring aus 21 ganz unterschiedlichen Köpfen besteht. Ein weiteres Kleinod stellen die Zwillinge am nordwestlichen Pfeiler der Vierung dar.

Nach dem Verlassen der Kirche folgt man weiter der Rue Gal de Gaulle, kommt zunächst an einem Renaissance-brunnen vorbei und geht dann unter dem zur inneren Mauer gehörenden, an das Rathaus angebauten **Zittglöcklturm** hindurch. Noch heute befindet sich darin das Arbeitszimmer des Bürger-meisters. Ein neoklassisches Schiff und einen spätromanischen Turm (13. Jh.) hat die **Eglise St-Etienne** aufzuweisen, ganz in der Nähe entdeckt man am Haus Nr. 18 ein hübsches Bäckerzunft-zeichen. Schließlich erreicht man das **Heidehüss**, eines der ersten Steinhäuser der Stadt, mit den charakteristischen kleinen Fenstern des romanischen Baustils. Sein ursprünglicher Eingang, über eine Treppe erreichbar, befand sich im Obergeschoss.

Uraltes Wohnhaus im romanischen Stil

- • *PLZ* 67560
- • *Lage* Von Molsheim über die D 422, die D 500 und ab Ausfahrt Rosheim die D 35.
- • *Information* Das **Office de Tourisme** ist ganzjährig Mo–Fr geöffnet, von Mai bis September auch Sa/So (jeweils vormittags). Place de la République, ✆ 0388507538, ✉ 0388504549, www.rosheim.com.
- • *Wandern* Ein hübscher *Circuit des Vignobles* (gelber Kreis) führt ab der Porte de la Vierge nach **Rosenwiller** und wieder zurück nach Rosheim, Dauer ca. 2 Std. In Rosenwiller befindet sich einer der größten und, da schon 1366 eingetragen, wohl auch der älteste **jüdische Friedhof** des Elsass. Wer mit dem Auto anfahren will, nimmt ab Rosheim die D 435, fährt durch Rosenwiller durch und zweigt am Ortsende nach links ab (Schild "Cimetière Israelite"). Die letzten Meter müssen auf einem Forstweg zurück-gelegt werden.

- • *Essen* **Restaurant La Petite Auberge,** gehobene Küche, die jahreszeitlich angepasst wird. Sehr zu empfehlen z. B. die Enten-brust in Pfirsichsauce, mittags günstiges Menü. Mi geschl. 41, rue Gal de Gaulle, ✆ 0388504060.

Salon de Thé Rohmer, behauptet von sich, die älteste Bäckerei Frankreichs zu sein. Von altbackenem Touch jedoch keine Spur, in dem modernen Gastraum kann man gu-ten Kuchen und frische Snacks genießen. Rue Gal de Gaulle, gegenüber der Kirche St-Pierre-et-Paul.

Eindrucksvolle Befestigungsanlagen umgeben die Altstadt von Obernai

Obernai

Viel Charme und angenehmes Flair machen das pittoreske Obernai, das seiner Lage am Flüsschen Ehn den einstigen Namen Oberehnheim verdankt, zu einem der beliebtesten Orte der Weinstraße.

Fast ganz umgeben von der sehr eindrucksvollen mittelalterlichen Befestigung mit zahlreichen Türmen, bietet der alte Kern wunderschöne Fachwerkhäuser, enge Gassen und den vielleicht schönsten Brunnen des Elsass. Außerdem sorgen nette Winstubs, exzellente Patisserien und gut sortierte Souvenirläden dafür, dass der Stadtbummel nicht allzu "trocken" wird. Und überdies gibt es in der Umgebung vieles zu entdecken.

Geschichte: Schon früh von Kelten und Gallorömern besiedelt, gehörte der Ort dann vom Ende des 7. bis ins 12. Jh. zum Besitz des von der heiligen Odilia gegründeten Klosters Hohenburg (siehe S. 198 f). Und nicht wenige glauben fest daran, dass die Heilige hier das Licht der Welt erblickt hat. 1283 wurde Oberehnheim freie Reichsstadt und bald auch Mitglied des Zehnstädtebundes. Zahlreiche Kaiser des Heiligen Römischen Reiches hielten sich zeitweilig in ihren Mauern auf. Während der Reformationszeit gewährte sie dem aus dem protestantisch gewordenen Straßburg vertriebenen Satiriker und Luther-Gegner Thomas Murner Asyl, der hier auch starb. Nachdem die Stadt während des Dreißigjährigen Krieges mehrmals verwüstet worden war, fiel sie 1679 an Ludwig XIV. und damit an Frankreich.

Lage/Adressen/Verbindungen

- *PLZ* 67210
- *Lage* Obernai liegt an der D 500.
- *Information* Das **Office de Tourisme** ist vom 1.4. bis 31.10. täglich geöffnet, in den übrigen Monaten jedoch So geschl. Place du Beffroi, ☎ 0388956413, 📠 0388499084, www.obernai.fr.

- *Führungen* Kostenlose Führungen durch die Altstadt (in französischer Sprache) bietet das O.T. im Juli und August an, Dauer ca. 1 ½ Std.
- *Zug* Der nordwestlich der Altstadt gelegene Gare SNCF (Entfernung ca. 5 Fußminuten) hat regelmäßige Verbindungen mit Strasbourg und Sélestat.
- *Parken* Empfehlenswert ist der große **Parking des Remparts** vor den Toren der Altstadt.
- *Taxi* ✆ 0388955824 oder 0388950384
- *Fahrradverleih* **Cycl'Hop (7)**, 101, rue du Gal Gouraud, ✆ 0388483444.
- *Markt* Do auf der Place du Marché.
- *Feste* Am 3. Wochenende im Juli feiert man hier ausgiebig das **Fest des "Hans em Schnogaloch"**, am 2. Oktoberwochenende ein **Weinlesefest.**

- *Einkaufen* **Au Comptoir d'Alsace,** unbestritten der nobelste und originellste Souvenirladen mit Textilien und etwas ausgefalleneren Dekorationsartikeln. 1, rue du Marché.

Grand Magasin Dietrich, riesiges Geschäft, in dem es wirklich alle erdenklichen elsässischen Souvenirs und auch hübsche Haushaltswaren gibt. 74, pl. du Marché.

Poterie, in dem kleinen Laden von Veronique und François kann man tönerne Lampenschirme, Krüge, Geschirr, Spiegel etc. in dezenten Farben und Mustern erstehen. 1, rue Freppel.

- *Post* Place des Fines Herbes.
- *Polizei* 27, rue du Gal Leclerc, ✆ 0388955190.
- *Öffentliche Toiletten* An der Eglise St-Pierre-et-St-Paul.

$\ddot{U}$bernachten/Essen und Trinken

- *Übernachten* **** **Hôtel La Cour d'Alsace (8)**, ein schmales Gässchen führt zu der im einstigen Stadthaus der Barone de Gail eröffneten Luxusbleibe mit geschmackvollen, komfortablen Zimmern. Je nach Saison bezahlt man zu zweit 107–146 €. 3, rue de Gail, ✆ 0388950700, ✆ 0388951921.

* **Hôtel Le Colombier (10)**, die stattliche Fachwerkfassade lässt kaum ahnen, dass sich dahinter ein mit viel Glas und modernen Möbeln elegant gestaltetes Hotel verbirgt, in dem die alten Fachwerkbalken einen ganz besonderen Akzent setzen. Ein DZ mit Klimaanlage kostet je nach Größe und Saison 67–93 €, Garagenplatz gegen Aufpreis. 6–8, rue Dietrich, ✆ 0388476333, ✆ 0388476339.

** **Hôtel La Diligence (6)**, ganz zentral wohnt man hier zum Preis von 56 bis 69 €, je nachdem ob man im Grand Lit oder in zwei Betten schlafen möchte, besonders hübsch sind die Erkerzimmer! Garagenplatz gegen Aufpreis. Oberhalb der Stadt kann man außerdem in der zum Haus gehörenden **Residence Bel Air** zum Preis von 50 € unterkommen. 23, pl. de la Mairie, ✆ 0388955569, ✆ 0388954246.

Hôtel du Gouverneur (11), in historischem Gemäuer wohnt man hier in einfachen Zimmern ruhig und zentral. Ein DZ kostet inkl. Frühstück 54–68 €, auch ein Parkplatz ist vorhanden. 13, rue de Sélestat, ✆ 0388956372, ✆ 0388499104.

Hôtel Zum Schnogaloch (1), in einem der am häufigsten fotografierten Häuser der Stadt kann man bei Madame Rolli in einfachen DZ zum Preis von 44 € wohnen. 18, pl. de l'Etoile, ✆ 0388955457, ✆ 0388952206.

* **Camping Le Vallon de l'Ehn,** am Ortsrand von Obernai liegt der komfortable, große Platz. Ganzjährig geöffnet, ✆ 0388953848, ✆ 0388483147.

Fachwerk in Obernai

• *Essen/Trinken* **Restaurant Le Jardin des Remparts (9)**, das Restaurant des Hotels La Cour d'Alsace bietet exquisite Gourmetküche, deftiger, aber auch ganz wunderbar sind die Gerichte in der im alten Weinkeller der Barone eingerichteten Winstub. Adresse s. o.

Restaurant La Cloche (2), ein beliebter Treffpunkt ist das fast schwemmenartige Lokal. Stilecht sitzt man im denkmalgeschützten, rundum mit Einlegearbeiten gestalteten Spindlersaal (siehe S. 259) – dort schmeckt die vorwiegend elsässische Küche noch mal so gut. Empfehlenswert sind z. B. die Schniderspaetle auf Sauerkraut. 90, rue du Gal Gouraud, ✆ 0388499043.

Winstub O'Baerenheim (5), Bären dekorieren die Hausfassade und das Lokal. Sie erinnern daran, dass 1910 ein Bär zur Unterhaltung der Bewohner nach Obernai gebracht worden war, dann aber, tollwütig geworden, in dieser Straße erschossen werden musste. Gérard Eckert steht nicht nur der Sinn nach alten Geschichten, er kocht auch gut, z. B. feine Fischgerichte. Lecker fanden wir auch das Tatar mit krossen Bratkartoffeln. Dienstagabends und Mi geschl. 46, rue du Gal Gouraud, ✆ 0388955377.

Restaurant Zum Schnogaloch (1), sehr beliebt ist das kleine Restaurant im ersten Stock des Hauses, in dem sich auch die Einheimischen gerne sehen lassen. Deftige elsässische Küche wird in üppigen Portionen serviert – kein Wunder, dass der Laden brummt. Empfehlenswert z. B. die Schneckentorte oder das mit Cremant verfeinerte Choucroute. Mo geschl. Adresse s. o.

Salon de Thé Urban, am Schaufenster drückt man sich die Nasen platt, so verführerisch sind Törtchen und Kuchen, aber auch die Pralinés. Kann denn Schokolade Sünde sein? Mo geschl. 82, rue du Gal Gouraud.

Salon de Thé Gross, die nächste empfehlenswerte Adresse für Schokoholics. Mo geschl. 66, rue du Gal Gouraud.

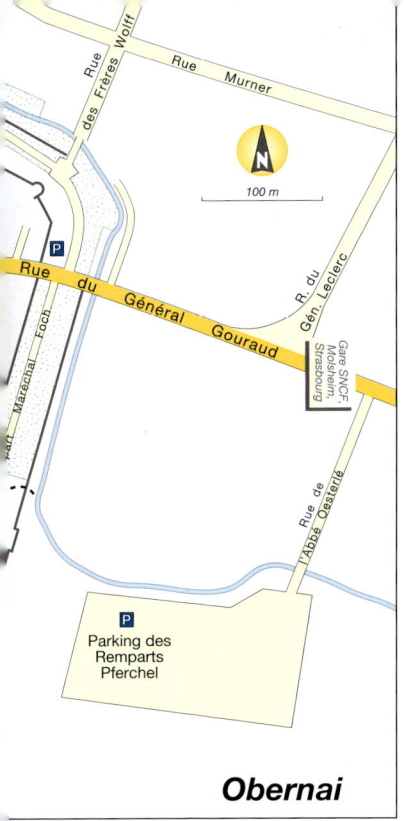

Obernai

Sehenswertes

Eglise St-Pierre-et-St-Paul: Beginnen Sie den Rundgang am Kirchplatz, auf dem auch einer der mittelalterlichen Befestigungtürme, der Hufeisenturm, steht. Beherrscht wird er jedoch von der neugotischen *Eglise St-Pierre-et-St-Paul.* Sehenswert sind der schöne Chor mit Fresken des elsässischen Malers Feuerstein (1865–1931), die Vierungskuppel im byzantinischen Stil und die linke Seitenkapelle. Sie enthält vier schöne Fenster (15. Jh.) aus der Vorgängerkirche mit Darstellungen der Kreuzesszene und verschiedener Märtyrer sowie einen Altar des Heiligen Grabes (1504), dessen Wächter besonders ausdrucksvoll gestaltet sind.

Sechseimerbrunnen: Links der Kirche überquert man die unter dem Gotteshaus hindurchfließende Ehn und kommt so zum Friedhof mit einer imposanten Kalvarienbergdarstellung aus dem Jahre 1517. Über die Rue Chanoine Gyss Richtung Zentrum gehend, erreicht man dann den *Sechseimerbrunnen,* ein Prunkstück der Renaissance. Drei korinthische Säulen tragen einen steinernen Baldachin, dessen Architrav mit bärtigen Männerköpfen und Fratzen geschmückt ist; darunter sind in drei Feldern Bibeltexte in gotischer Schrift eingemeißelt. Gekrönt wird der Baldachin von einem Posaune blasenden Engel und einer Wetterfahne. An Ketten hängen die sechs Eimer, die dem Brunnen seinen Namen gaben.

Place du Marché: Besonders reizvoll ist der an den Längsseiten von imposanten Fachwerkhäusern begrenzte und von einem *Odilienbrunnen* beherrschte Marktplatz. An der Westseite bilden der *Kapellturm* und das Rathaus ein schönes Ensemble. Der Glockenturm, Überbleibsel einer einstigen Marienkirche, wird oft auch Wachturm genannt, setzte man doch den unteren vier Stockwerken aus dem 13. Jh. 1597 eine von vier Wachthäuschen umgebene Spitze auf. Das 1848 umgestaltete *Hôtel de Ville* besitzt an seiner Nordfassade einen fein gearbeiteten gotischen Balkon mit Fratzendekorationen an den Konsolen. Im Osten des Platzes steht die von einem Glockentürmchen überragte frühere *Kornhalle.* Zwei steinerne Ochsenköpfe an den Ecken erinnern daran, dass sie ursprünglich als Stadtmetzgerei genutzt wurde. Über dem hübschen Buntsandsteinbalkon erkennt man das Stadtwappen mit der Jahreszahl 1554.

Cour Fastinger/Stadtbefestigung: Von der Place du Marché geht man in die Rue du Gal Gouraud, wo linker Hand zwischen Fachwerkhäusern mit reich geschnitzten Galerien ein eindrucksvoller Innenhof, der *Cour Fastinger,* zu entdecken ist. Ein

Naturspektakel über den Weinbergen

riesiger Ochsenkopf samt Hackmesser über einem Ziehbrunnen machen deutlich, dass hier einmal ein Metzger wohnte.

Wenn man weitergeht, kommt man in wenigen Minuten zum Rempart M. Foch, dem eindruckvollsten Teil der mittelalterlichen Stadtbefestigung. Hier biegt man rechts ein und geht zunächst jenseits des begrünten einstigen Stadtgrabens, der in die Mauern integrierten Synagoge und einiger gut erhaltener Wachtürme nach Süden und dann über den Rempart M. Joffre nach Westen. Dort zweigt man in die Rue des Pélerins ab. Rechts steht ein Anfang des 13. Jh. im romanischen Stil errichtetes, später aber umgestaltetes Wohnhaus mit säulengeschmückten Doppelfenstern. Am Ende der Straße geht man rechts und kommt auf der Rue Ste-Odile zum Marktplatz zurück, wo man die Besichtigung in Obernais kleiner Flaniermeile, der Rue du Marché, ausklingen lassen kann.

Aussichtspunkt: Links von der Stadtkirche führt eine Asphaltstraße in ca. 2 km auf den Rocher du Schenkenberg hinauf. Oben wurde ein den *Malgré nous* (siehe S. 29) gewidmetes Denkmal in Form eines Kreuzes aufgestellt. Von dieser Stelle bietet sich ein herrlicher Blick auf die Stadt und bis nach Strasbourg. Außerdem beginnt hier auch der Weinlehrpfad.

Umgebung von Obernai

Boersch: Das Zentrum des mittelalterlichen Dorfes, das man von Obernai auf der D 322 erreicht, wird beherrscht von der prächtigen *Mairie* mit halbrundem Treppenturm und zweistöckigem Erker. Flankiert wird das Rathaus von einem hübschen *Sechseimerbrunnen* und der *Eglise St-Médarde*, die romanischen Ursprungs ist. Der schönste der drei erhaltenen früheren Stadteingänge ist das *Obertor*. Es trägt an der Außenseite das Bild des Kirchenpatrons und steht an der Straße (D 35) zum ehemaligen *Benediktinerkloster St-Léonard*. Dort gründeten Vertreter des elsässischen Jugendstils Anfang des 20. Jh. eine Künstlerkolonie, die bis heute besteht; auch die Marqueterie Spindler, deren Einlegearbeiten in einigen Restaurants in Obernai und Ottrott zu sehen sind, hat hier ihren Sitz. Ganz in der Nähe liegt die *Domaine Léonardsau*, einstiger Landsitz eines der Barone aus der Industriellenfamilie de Dietrich (siehe S. 127), in dessen Park mit englischen und französischen Gartenanlagen man einen erholsamen Spaziergang machen kann.

Ottrott: Wegen seines guten Pinot noir und der mehr als zehn z. T. sehr noblen Restaurants und Hotels hat sich der in ein Ober- und Unterdorf geteilte Ort in den letzten Jahren als Gourmet-Pilgerziel einen Namen gemacht. Pilger gab es hier freilich schon im Mittelalter, doch die zog es zum nahe gelegenen Kloster auf dem Mont-Ste-Odile (siehe S. 198 f). Auf dem Weg dorthin kamen sie und kommen die heutigen Besucher des Ortes an den beiden nur wenige Meter voneinander getrennt liegenden *Châteaux d'Ottrott* vorbei. Errichtet wurden die Burgen Rathsamhausen und Lutzelbourg, beide mit Bergfried und Palas, im 12./13. Jh. unter den Staufern.

Im Unterdorf findet man am südlichen Ortsrand nahe der zentralen Place des Tilleuls die von der Familie derer von Rathsamhausen errichtete *Chapelle St-Nicolas* mit romanischem Chor und Portal.

- *Lage* Von Boersch fährt man über die D 35, von Obernai über die D 426 nach Ottrott.

- *Information* Das neben der Mairie gelegene **Office de Tourisme** ist nur im Sommer geöffnet. 46, rue Principale, ✆ 0388958384, ✆ 0388959059, www.ottrott.com.

- *Zu den Châteaux d'Ottrott* Die Burgen sind vom Oberdorf aus in einer guten halben Stunde zu Fuß erreichbar. Fahren Sie Richtung Klingenthal und stellen Sie Ihr Auto nach ca. 500 m auf einem Wanderparkplatz rechts der Straße ab. Wenige Meter unterhalb führt ein allmählich immer mehr ansteigender Weg (rot-weiß-roter Balken) bis zu einer Forststraße (gelber Punkt) hinauf, der man nach links zum Maison forestière Rathsamhausen und zu den Burgen folgt.

- *Kinder* **Les Naiades,** auf dem Gelände einer ehemaligen Spinnerei hat man eine große Aquariumanlage mit Süß- und Meerwasserfischen (auch Haien), Krokodilen, Schildkröten etc., einen kleinen Bauernhof und einen Spielplatz eingerichtet. Erwachsene 7,50 €, Kinder 6 €. Tägl. 10–18.30 Uhr geöffnet. 30, rte de Klingenthal, ✆ 0388959032.

- *Übernachten/Essen* ****** Hostellerie Les Châteaux,** besonders abends, wenn im Boden versenkte Lichter das Gebäude anstrahlen, ist die Wirkung bombastisch, und es fehlt an nichts: Sauna, Solarium, Jacuzzi, Hallenbad. Ein DZ ist ab 92 € zu haben, für eine Suite zahlt man 244 €. Im Gourmetrestaurant können Sie natürlich exquisit speisen, u. a. auch feine Fischgerichte. Der Höhepunkt sind im Menü zum Preis von 80 €. 11, rue des Châteaux, ✆ 0388 481414, ✆ 0388481418.

*** Hôtel Restaurant l'Ami Fritz, direkt gegenüber steht das schon legendäre Etablissement von Patrick Fritz, der nicht nur in der Küche das Kommando führt, sondern sich auch im Speisesaal um die Gäste sorgt. Keine besonders umfangreiche Speisekarte – man setzt auf Winstubcharakter –, aber eine sehr gelungene Mischung aus elsässischen Spezialitäten (z. B. die Sauerkrautvariationen) und modernen Kreationen wie Zanderfilet mit Kapernblüten und Tomatenconfit. Die gemütlichen und komfortablen DZ kosten 75 €. 8, rue des Châteaux, ✆ 0388 958081, ✆ 0388958485.

Barr

Das sympathische Kleinstädtchen am Ausgang des Kirnecktals blickt auf eine lange, wechselvolle Geschichte zurück. 788 unter dem Namen "Barru" erstmals erwähnt, entwickelte es sich zu einem Zentrum des Handwerks und des Weinbaus.

Der Rebensaft ist natürlich immer noch sehr wichtig, immerhin veranstaltet Barr jedes Jahr im Oktober eines der größten Weinfeste des Elsass. Im 18./19. Jh. kam ein zweites wirtschaftliches Standbein hinzu, nämlich die Textilindustrie und v. a.

Chapelle Ste-Marguerite in Epfig

die Gerberei. Von Letzterer, deren Tradition im Übrigen in einer Lederwarnfabrik fortgeführt wird, lassen sich in den Gassen der schmucken Altstadt noch einige heute malerisch wirkende Spuren entdecken.

Um die zumindest ansatzweise Wiederbelebung einer anderen alten Tradition bemüht sich das örtliche Touristenbüro: Im Juli und August macht einmal in der Woche wie früher der Nachtwächter seine Runde.

Etwas Besonderes haben die beiden Nachbarörtchen **Gertwiller** und **Heiligenstein** zu bieten. In Ersterem duftet es auch im Hochsommer nach Weihnachtsgebäck, werden doch hier das ganze Jahr über Lebkuchen gebacken; in Letzterem kann man einen nicht so recht ins Elsass passenden Wein, den "Klevener de Heiligenstein", probieren. Die Rebe brachte im 18. Jh. der Bürgermeister Erhard Walz von einem Italienaufenthalt mit in die Heimat.

Lage/Adressen/Verbindungen

- *PLZ* 67140
- *Lage* Barr liegt an der D 35.
- *Information* Das **Office de Tourisme** ist prinzipiell jeden Tag vormittags und nachmittags geöffnet, nur in der Nebensaison wird sonntagnachmittags eine Pause eingelegt. Place de l'Hôtel de Ville, ✆ 0388585226, 📠 0388585220, www.pays-de-barr.com.
- *Führungen* In der Hochsaison werden vom O.T. Führungen durch die Altstadt und durch die Weinberge sowie die Besichtigung der Lederwarenfabrik Degermann und eines Winzerkellers (mit Probe) angeboten. Die genauen Termine erfahren Sie im O.T.
- *Zug* Vom südöstlich des Zentrums gelegenen Gare SNCF erreicht man Strasbourg und Sélestat direkt.
- *Parken* Es gibt mehrere kostenfreie Plätze in unmittelbarer Nähe zur Innenstadt. Wer im Zentrum (direkt vor dem Hôtel de Ville) parken möchte, muss am Parkautomaten zahlen.
- *Taxi* ✆ 0388089206
- *Fahrradverleih* Mountainbikes kann man im **Hôtel Le Manoir** (s. u.) ausleihen.

- *Markt* Sa in der Grand' Rue und in den umliegenden Straßen.
- *Feste* Am 1. Oktoberwochenende findet in Barr die **Fête des Vendanges** statt, und auch der Nationalfeiertag, der 14. Juli, wird mit einem Weinfest gefeiert.
- *Einkaufen* **Le Pot à Crinoline**, nette Auswahl an Töpferwaren und anderen elsässischen Souvenirs. Place de l'Hôtel de Ville. **Pain d'épices Lips**, im nur 2 km entfernten Gertwiller (D 422) backen das ganze Jahr über zwei Großbäckereien Lebkuchen, u. a. auch in Osterhasenform! Bei der Firma Lips im Ortszentrum kann man gegen Entgelt (2,50 €) sogar einen Blick in die Backstube werfen und eine Ausstellung alter Öfen, Gussformen, Oblaten etc. besichtigen. Das Museum ist ganzjährig an Sonntagnachmittag, vom 1.7.–15.9. zusätzlich Mo–Fr zwischen 14 und 18 Uhr, Di und Do außerdem von 9 bis 12 Uhr geöffnet. **Pains d'épices Fortwenger**, noch größer und mit reichhaltigerem Angebot. Wegen des großen Parkplatzes sieht man hier auch viel Bustouristen.
- *Post* Rue de l'Hôpital.

• *Polizei* 27, rue du Gal Vandenberg, ☎ 0388 089033.

• *Öffentliche Toiletten* Im Innenhof des Hôtel de Ville.

*Ü*bernachten/*E*ssen und *T*rinken

• *Übernachten* ** Hôtel Le Manoir (5), die in einem kleinen Park gelegene ehemalige Villa eines reichen Winzers wurde zu einem schmucken Hotel mit gediegener Einrichtung umgestaltet. Man fühlt sich wahrhaft um 100 Jahre zurückversetzt, die Annehmlichkeiten der Moderne fehlen jedoch nicht. Ein DZ kostet abhängig von der Größe, der Ausstattung des Bads und des Vorhandenseins eines Balkons zwischen 64 und 76 €, bei längeren Aufenthalten wird Rabatt gewährt, dann ist auch die Benutzung der hauseigenen Mountainbikes kostenlos. 11, rue St-Marc, ☎ 0388080340, ✆ 0388085371.

** Hôtel Maison Rouge (6), in gemütlichen Zimmern kann man hier zu eit ab 48 € logieren, zum Haus gehört auch ein Parkplatz. 1, av. de la Gare, ☎ 0388089040, ✆ 0388089085.

** Hôtel Le Brochet (2), gemütlicher Gasthof in zentraler und doch ruhiger Lage mit modern eingerichteten Zimmern und Parkplatz im Hof. Zu zweit bezahlt man zwischen 44 und 61 €. 9, pl. de l'Hôtel de Ville, ☎ 0388089242, ✆ 0388084815.

• *Essen* Caveau La Folie Marco (1), empfehlenswertes Kellerlokal unter dem gleichnamigen Museum. Phantasievoll und üppig war z. B. der Salat Folie Marco mit Innereien von der Ente, Forelle und Pfifferlingen, ganz leicht der in hauchzarten Teigbeutelchen gedämpfte Zander mit Gemüse. Dienstagabends sowie mittwoch- und samstagmittags geschlossen. ☎ 0388082271.

Restaurant Maison Rouge (6), beliebtes, alteingesessenes Restaurant mit großer Terrasse, in dem die bekannten elsässischen

Spezialitäten serviert werden. Lecker fanden wir z. B. den Lachs auf Sauerkraut in Meerrettichsauce, als Nachtisch empfiehlt sich der besonders fruchtige Vacharin. Adresse s. o.

Restaurant Le Brochet (2), sehr angenehmes Lokal, in dem man außen wie innen schön sitzt. Regionalküche ist Trumpf, probieren Sie z. B. die mit Fleisch gefüllten Maultaschen auf Sauerkraut und die besonders gut gewürzten Schnecken. Zum Zeitpunkt der Recherche war der Dienstag Ruhetag, möglicherweise soll das jedoch geändert werden. Adresse s. o.

Winstub Au Tonnelet (4), eine Winstub, wie man sie sich vorstellt – und auch das Angebot stimmt. Statt großer Menüs serviert die nette Madame Heitz kleine warme und kalte Gerichte wie geräucherten Schinken mit Nussbrot, Schnecken oder Winzertorte mit Salat. Alles ist so lecker, dass viele Gäste gerne wiederkommen. Mi geschl. 43, Grand' rue, ✆ 0388089700.

Salon de Thé Oster (3), unbestritten die beste Adresse für Süßes, die Zitronenmeringuetorte zergeht auf der Zunge. 25, rue du Collège.

Reicher Blumenschmuck in einem Innenhof

Sehenswertes

Place de l'Hôtel de Ville: Der Platz mit seinem hübschen Brunnen (19. Jh.), gekrönt von einem dem Rauschen einer Muschel lauschenden Kind, ist das Zentrum der überschaubaren Altstadt. Ringsherum stehen prachtvolle Fachwerkbauten, so das *Gasthaus Zum Hecht*, das schon im 16. Jh. als Herberge diente, die *Alte Kanzlei* an der Südseite und im Norden das *Haus Nr. 4* mit dem Symbol der Metzger, Rindskopf und Beil, auf dem Fenstervorsprung des Erkers.

Eindrucksvollstes Gebäude ist aber das *Renaissancerathaus.* Es wurde 1641 erbaut und diente als Sitz des Vertreters der Stadt Straßburg, welche ab der zweiten Hälfte des 16. Jh. bis zur Revolution die Geschicke Barrs bestimmte. Wunderschön ist der Erker mit verschnörkeltem Giebel und allegorischen Statuen der Gerechtigkeit (ganz oben), der Geduld (links) und des Friedens (rechts). 1856 wurde die Uhr angebracht. Sie galt damals als kleine Sensation, war sie doch die erste im Elsass mit einem leuchtenden Zifferblatt. Durch eines der Portale betritt man den Innenhof. Auf der Plattform der monumentalen doppelläufigen Treppe mit schmiedeeisernem Geländer stand bei seiner Amtseinführung der jeweilige Vertreter Straßburgs. Nacheinander stiegen die wichtigsten Bürger Barrs auf der einen Seite zu ihm hoch, schworen ihm die Treue und gingen auf der anderen Seite wieder hinab.

Rechts vom Rathaus geht man wenige Schritte zur *evangelischen Kirche* hinauf. Die unteren Stockwerke ihres Turms stammen aus dem 12. Jh. und weisen typische spätromanische Verzierungen wie Köpfe, Trauben, Ähren und geometrische Muster auf.

Musée de la Folie Marco/Clos de la Folie Marco: Man erreicht das Museum vom Rathausplatz über die Rue Dr. Soultzer. Der einstige Amtmann der Stadt, Louis Félix Marco, ließ von 1760 bis 1763 das prächtige Bürgerhaus mit Garten und Wirtschaftsgebäude im

Aufmerksamer Lauscher

französischen Stil erbauen und mit allen Finessen einrichten. Als "Wahnsinn" *(folie)* hat man seinen ruinösen Hang zu Prunk und Pracht bezeichnet, aber immerhin verdankt die Stadt Barr ihm ein einmaliges, vollständig mit Möbeln des 17.–19. Jh. eingerichtetes Patrizierhaus. Auf drei Etagen kann man wunderschöne Räume mit wertvollem Mobiliar, Zinngeschirr, Porzellan- und Fayencensammlungen (z. B. aus der legendären Straßburger Hannong-Manufaktur) bewundern. Im Anbau ist eine kleine Sammlung mit Modellen von Holzschlitten aus den Vogesen untergebracht.

Gegenüber dem Museum liegt hinter dem Gaensbrunnen der *Clos de la Folie Marco*. Dieser zum Haus gehörende Weinberg wurde trotz aller Stadterweiterungen nie aufgegeben und ist damit der einzige im Elsass, der sich innerhalb eines bebauten städtischen Gebiets befindet.

Öffnungszeiten/Eintritt Von Juli bis September tägl. außer Di 10–12 und 14–18 Uhr; im Mai, Juni und Oktober nur Sa/So, im Dezember ebenfalls, aber nur nachmittags. Alle Besucher werden durch das Haus geführt, Dauer ca. 45 Min. Erwachsene 3 €, Kinder (6–16 Jahre) 1,50 €.

Gerbertradition: Geht man über den Chemin de Bruegel abwärts und biegt dann nach rechts in die Rue de la Kirneck ein, entdeckt man einige Relikte der alten Gerbertradition. Weil der Gestank unerträglich war, ließ die Stadt im 19. Jh. den Gerberbach, die Kirneck, teilweise bedecken. Dass das Haus Nr. 18 einst eine größere Manufaktur war, erkennt man u. a. am Wappen der Gerber, ein gerades und zwei gebogene Messer, im Eckpfosten. Ein paar Schritte weiter steht man vor dem Haus Nr. 10, einer ehemaligen *Mühle* für die aus Eichenrinde gewonnene Gerberlohe. Wenn man hier rechts abbiegt, kommt man zum Rathausplatz zurück.

Umgebung von Barr

Château du Spesbourg: Die Mitte des 13. Jh. auf dem 451 m hohen Rothmannsberg errichtete Burg diente dem Schutz der Abtei Andlau (s. u.) und des gleichnamigen Tals. Ende des 14. Jh. verlassen, fungierte sie während des Dreißigjährigen Krieges zeitweilig als Zufluchtsstätte der Umwohner, wurde dann aber zerstört. Erhalten sind der 24 m hohe Donjon, der großzügige Burghof und die sehenswerten gotischen Fenster der Wohnräume. Von einem kleinen Aussichtsplatz gegenüber dem Burgeingang hat man einen wunderschönen Blick auf das Dorf Andlau und die nahe gelegene Burg Haut-Andlau.

• *Anfahrt/Wandern* Von Barr auf der D 854 Richtung Mont Ste-Odile. Nach 5 km biegt man nach links auf eine Forststraße zum Forsthaus Hungerplatz ab (ca. 1 km). Vom Parkplatz führt ein Waldweg in 5 Minuten zur Spesburg (rotes Schrägkreuz). Man kann das Château auch von Andlau aus mit dieser Markierung anlaufen (ca. 1 ½ Std., steiler Aufstieg).

Château du Haut-Andlau: Hoch über dem Kirnecktal und Barr erhebt sich ebenfalls auf einem Felsen die etwa zur gleichen Zeit durch die Herren von Andlau errichtete Granitburg mit ihren beiden auffallenden Rundtürmen. Im Untergeschoss des Wohnbereichs entdeckt man auch hier sehr schöne gotische Spitzbogenfenster. Förster bewohnten das Château bis Ende des 18. Jh., was seinen vergleichsweise guten Zustand erklärt. Im Jahre 1695 soll in der Nähe der Burg ein Wachtposten einen der letzten Bären der Vogesen getötet haben.

Anfahrt/Wandern Vom Forsthaus Hungerplatz (siehe Anfahrt/Wandern zum Château du Spesbourg) wandert man in ca. 20 Minuten mit leichten Steigungen zur Burg hinauf (rotes Schrägkreuz).

Mittelbergheim: Stolz thront das Dorf oberhalb der Weinberge auf einem Kalksteinhügel, und ebenso stolz rühmt man sich auf einem Schild am Ortseingang, zu den hundert schönsten Dörfern Frankreichs zu gehören. Traditionelle Winzerhäuser aus Naturstein mit wunderschönen Torbögen, originelle Wirtshaus- und Namensschilder, zahlreiche Brunnen und ein schmuckes Renaissancerathaus (mit *Point Info* im Juli und August) machen einen Spaziergang zu einem besonderen Erlebnis. Zudem findet man gegenüber der protestantischen Kirche mit einem Turm im romanischen Stil eine alte Ölmühle und an der zur Ebene führenden Rue de la Montagne eine Weinpresse aus dem 17. Jh. Und natürlich gibt es unzählige Winzerhöfe, in denen edle Tropfen angeboten werden.

Lage Von Barr erreicht man Mittelbergheim am besten über die D 362.

Eglise Sts-Pierre-et-Paul in Andlau: Unterhalb der Burgen Haut-Andlau und Spesbourg duckt sich der stille Ort Andlau ins Tal des gleichnamigen Flusses. Auf der einen Seite Weinberge, auf der anderen rücken die Berge der Vogesen dicht an die Häuser heran. Der Ort entstand um ein von der heiligen Ricardis im Jahre 880 gegründetes Nonnenkloster. Der Marktbrunnen erinnert mit seinen steinernen Figuren an die Legende, nach der ihr eine Bärin den Platz gezeigt haben soll, an dem sie das Kloster erbauen ließ. Zu dessen Gründungszeit war Ricardis die Ehefrau Kaiser Karls III. (des Dicken), der sie aber sieben Jahre später wegen vermeintlichen Ehebruchs verstieß. Ricardis zog sich daraufhin in das Kloster Andlau zurück.

Von der ursprünglichen *Abteikirche Ste-Richarde*, die einem Brand zum Opfer fiel, ist außer einer einzelnen Säule auf dem Kirchplatz nichts erhalten geblieben. 1045 errichtete man einen Nachfolgebau, musste diesen aber bereits 1160 nach einer weiteren Feuersbrunst erneuern. Ihr gegenwärtiges Aussehen erhielt die Kirche, die heute den Aposteln Petrus und Paulus geweiht ist und entsprechend *Eglise Sts-Pierre-*

et-Paul heißt, erst zwischen 1698 und 1704; Krypta, Apsis, Teile des Chors und des Querschiffs sowie die westliche Vorhalle stammen aber noch aus romanischer Zeit. Das Prunkstück der Kirche, ein wunderbarer, ca. 30 m langer Relieffries, schmückt den aus dunkelrotem Sandstein errichteten Portalvorbau im Westen. Links vom Torbogen sieht man Jagdszenen, Tiere und Fabelwesen, über dem Türsturz einen seine Beute verschlingenden Löwen, der rechts und links von Rittern im Zweikampf und von auf Delphinen reitenden Frauen, Symbol der Unzucht, flankiert wird. Rechts davon reihen sich Szenen aneinander, in denen der Teufel gleich zweimal, beim Weinverkauf und beim Geldwechsel, seine Hand im Spiel hat. Daran schließen sich Darstellungen von Vorbereitungen für ein Festmahl an: Ein Bauer erlegt ein Tier, der Metzger schlachtet es, ein Diener serviert ... Im Tympanon des

Die heilige Ricardis mit dem Bären

Innenportals übergibt Christus Petrus den Schlüssel des Himmelsreiches und Paulus das Buch des Gotteswortes. Flankiert werden die beiden Apostel vom Baum des Lebens (ein Rebstock) rechts und dem des Todes links. An den beiden Enden des Tympanons symbolisieren ein Bogeschütze und ein Steinewerfer das Böse. Über dem Türsturz sieht man Szenen aus der Schöpfungsgeschichte von der Erschaffung Evas aus Adams Rippe bis zum Leben außerhalb des Paradieses unter einem Baum ohne Früchte. Die Türpfosten sind mit Rankenornamenten versehen, die von zwei kleinen Figuren (unten) gehalten werden. Neben diesen Figuren sieht man je einen Atlanten. Diese halten mehrere Paare, wahrscheinlich Wohltäter der Kirche, in die Höhe.
Im Innern befindet sich links vom Altar der Zugang zur auf das 11. Jh. zurückgehenden Krypta mit mächtigen, Würfelkapitelle aufweisenden Säulen. Eine steinerne Bärin bewacht am Boden eine Vertiefung mit Kratzspuren – der Legende nach zeigte sie Ricardis hier auf diese Weise den Platz zur Errichtung der Kirche. Im *Schiff* verdienen eine von Samson getragene Kanzel (um 1700) sowie auf der rechten Seite die barocke Ricardiskapelle Beachtung.

• *PLZ* 67140

• *Lage* Am bequemsten fährt man von Barr aus über die D 62 nach Süden und zweigt dann auf die D 425 nach Andlau ab.

• *Information* Das **Office de Tourisme** ist im Juli und August Mo–Sa geöffnet, außerhalb der Saison tägl. außer Do und So jeweils nachmittags. 5, rue du Gal de Gaulle, ✆ 0388082257, ✆ 0388084222.

• *Öffnungszeiten der Kirche* Tägl. 14–17 Uhr, Do–Sa zusätzlich 10–11.45 Uhr. Im Juli und August bietet das O.T. zum Preis von

1,50 € Führungen durch die Kirche an.

• *Feste* Am ersten Augustwochenende gibt es auch in Andlau ein **Weinfest.**

• *Essen* **Le Caveau du Val d'Eléon,** in der kleinen, heimeligen Winstub von Familie Philippe werden nicht nur hervorragende elsässische Spezialitäten, sondern auch anspruchsvollere Gerichte wie Kaninchenfleisch mit Morcheln, begleitet von handgeschabten Spätzle, serviert. Angenehme Atmosphäre, auch viele Einheimische verkehren hier. Mo geschl. 19, rue du Docteur Stoltz, ✆ 0388089323.

Itterswiller und Blienschwiller: Von dem kleinen Ort *Itterswiller* in einzigartiger Hanglage und mit zahlreichen Restaurants bieten sich traumhafte Blicke auf verschiedene Landschaften des Elsass. Nach Süden und Osten breitet sich die Rheinebene aus, und die Weinstraße schlängelt sich durch ein Band goldener Reben. Im Westen sind die Berge der Vogesen mit ihren typischen Grün- und Grauschattierungen ganz nahe – ein wunderschönes Plätzchen!
Im nahe gelegenen Dorf *Blienschwiller* säumen viele blumengeschmückte Brunnen die Hauptstraße. Immerhin 35 Winzer stellen hier ihre köstlichen Rebensäfte her.

● *Lage* Beide Orte liegen an der D 35.

● *Übernachten/Essen* **Hôtel Winstub Arnold,** größeres Etablissement mit 30 hübsch eingerichteten Zimmern in Itterswiller. Zu zweit bezahlt man je nach Ausstattung (teilweise Südbalkon) und Saison zwischen 71 und 105 €. In dem großen Gasthaus kann man hervorragend elsässisch essen. Zum Haus gehört auch eine Boutique. In der Nebensaison sonntagsabends und Mo geschl. 98, rte des Vins, ✆ 0388855058, ✆ 0388855554.

Chapelle Ste-Marguerite in Epfig: Östlich der verkehrsreichen Durchgangsstraße, die das lang gezogene Dorf durchschneidet, liegt die kleine romanische Kapelle wunderschön in einem mit dunklen Eiben bestandenen, ummauerten Friedhof, zu dem auch ein Beinhaus aus dem 19. Jh. gehört. Anfang des 11. Jh. wurde sie als Pfarrkirche des Weilers Ste-Marguerite, heute ein Ortsteil von Epfig, errichtet. Über dem tonnengewölbten, kreuzförmigen Bau mit kleinen Fenstern erhebt sich ein zentraler Vierungsturm. Der südliche Eingang ist durch ein sog. Fischgratmuster verziert. Im 12. Jh. baute man die an einen klösterlichen Kreuzgang erinnernde Galerie an der südlichen und westlichen Außenseite an, vielleicht um mehr Gläubigen Platz zu bieten, vielleicht für Prozessionen.
Lage Von Blienschwiller fährt man auf der D 203 nach Süden und zweigt dann auf die D 703 ab.

Dambach-la-Ville

Der schönste Blick auf das Städtchen bietet sich von der oberhalb gelegenen Sebastianskapelle: Eine intakte Stadtmauer mit drei Wachtürmen umschließt ein pittoreskes Gewirr von alten Fachwerkhäusern, jenseits davon breiten sich endlos die grünen Weinberge aus.

Dambach-la-Ville (der Zusatz *la ville* = "die Stadt" soll Verwechslungen mit dem Dorf Dambach bei Niederbronn ausschließen) gehört mit einer Anbaufläche von etwa 500 ha und 100 Winzerbetrieben zu den größten Wein verarbeitenden und vermarktenden Gemeinden des Elsass, ca. 56 ha wurden immerhin als Grand Cru (Lage Frankstein) klassifiziert. Doch nicht nur der gute Wein, sondern auch die angenehme Atmosphäre des vergleichsweise ruhigen Örtchens ist für viele Besucher der Grund, es zum Ausgangspunkt für Touren entlang der Weinstraße zu wählen.
Die pittoresken Häuser der Altstadt gruppieren sich rund um die Place du Marché. Herausragend sind das alte Fachwerkhaus, in dem die Winstub Caveau Nartz untergebracht ist, und dessen Nachbargebäude (Nr. 14). Beherrscht wird der Marktplatz aber von einem hübschen Renaissancerathaus mit Treppengiebel. Gegenüber steht der oktogonale Stockbrunnen aus dem Jahre 1543. Ursprünglich zierte ein Trauben fressender Bär die Säule, der jedoch im Zweiten Weltkrieg zerstört wurde. Mittlerweile hat das Original aber einen würdigen Nachfolger gefunden. Der hält einen Becher in der Hand und erinnert ebenso wie seine beiden Artgenossen am Rathaus und das Stadtwappen, ein sich an eine Tanne anlehnender Bär, an folgende Geschichte: Vor langer Zeit, als das umliegende Land nur von

Dambach-la-Ville besitzt ausgedehnte Weinberge

Wald und wildem Gebüsch bewachsen war, entfernte sich ein kleiner Junge einmal weit von seinem Dorf und entdeckte auf einer Waldlichtung einen Bären, der gerade dabei war, die Trauben eines Weinstocks mit den Tatzen auszupressen. Genüsslich ließ er den Saft in sein Maul tropfen. Nachdem sich das gefährliche Tier entfernt hatte, sammelte der neugierige Kleine die herumliegenden Früchte auf, probierte einige und brachte den Rest nach Hause. Im Dorf war man begeistert davon und beschloss, sie anzupflanzen – der Beginn des Weinanbaus in Dambach-la-Ville.

- *PLZ* 67650
- *Lage* Dambach-la-Ville liegt an der D 35.
- *Information* Das **Office de Tourisme** ist ganzjährig Mo–Fr geöffnet, in der Nebensaison allerdings Mo, Di und Do nur nachmittags, im Juli und August außerdem auch Sa/So (nur vormittags). Place du Marché, ✆ 0388 926100, ✉ 0388926009, www.pays-de-barr.com.
- *Führungen* Im Sommer werden vom O.T. kostenlose Führungen durch die Altstadt und durch die Weinberge angeboten.
- *Minitrain* Montag-, donnerstag- und samstagnachmittags kann man im Juli und August mit einem kleinen Zug durch die Altstadt u. die Weinberge rollen. Dauer 30 Min., Erwachsene 5 €, Kinder (7–14 Jahre) 3 €.
- *Zug* Der Zug Strasbourg–Molsheim–Sélestat hält auch am ca. 1 km östlich der Altstadt gelegenen Gare SNCF.
- *Parken* Nahe dem Marktplatz gibt es in der Rue des Potiers einen großen, kostenfreien Platz.
- *Taxi* ✆ 0388924057.
- *Fahrradverleih* Die Eigentümer der Winstub **Caveau Nartz** (s. u.) vermieten vier Fahrräder.
- *Markt* Mi auf der zentralen Place du Marché.
- *Feste* Am 3. Wochenende im April begeht die "Weinbruderschaft der Glückseligen vom Frankstein" das **Fest der Granitsteine und -weine,** am 1. Sa im August fließt beim **Stockbrunnenfest** aus dem Bärenbrunnen kostenloser Wein, und am 14./15. August kann man unter dem Stichwort **Eurovin** edle Tropfen aus ganz Frankreich kosten.
- *Einkaufen* **La Terre Benie,** auch beim Töpfer ist der Wein Trumpf, denn Tassen, Schalen, Vasen und andere Gefäße werden üppig mit Traubenhenkeln verziert. 2, rue R. Braun.
- *Post* Route des Vins, nahe Porte d'Ebersheim.
- *Polizei* Die nächste Gendarmeriestation befindet sich in Barr.

Weinstraße nördlich von Colmar

• *Öffentliche Toiletten* Nahe dem Bären-brunnen an der Place du Marché.

• *Übernachten/Essen* **** Hôtel Le Vignoble,** in einem kleinen alten Haus neben der Kirche vermietet Pierre Boulanger 7 gemütliche Zimmer mit urigem Fachwerkgebälk und rustikalem Ambiente. Ein DZ ist zum Preis von 45 bis 50 € zu haben. 1, rue de l'Eglise, ☎ 0388924375, 🖷 0388926221.

*** Hostellerie Le Verges des Châteaux, sehr angenehmes und ruhiges Haus im Nachbarort Dieffenthal mit 32 geräumigen, hellen Zimmern, für die man zu zweit je nach Ausstattung 55–69 € bezahlt. Im angeschlossenen Restaurant wird eine leichte, moderne Küche mit mediterranem Touch serviert. Sehr zu empfehlen ist das 6-gängige Menu Château. 2, rte Romaine, ☎ 0388924913, 🖷 0388924099.

Hôtel Restaurant Aux Deux Clefs, Familie Mersiol bietet 6 ruhige Zimmer zum Preis von 40 (ohne eigenes Bad) bis 57 € (mit Balkon und Bad). Angeschlossen ist eine nette Winstub samt größerem Restaurant mit zwei verschiedenen Karten. Die des Letzteren bietet eine sehr gute Auswahl auch an etwas ausgefalleneren Gerichten wie Forelle in Pinot-noir-Sauce oder Ente auf Sauerkraut. Eine gute Nachtischwahl ist die Assiette gourmande mit fünf verschiedenen Desserts. Mi, im Winter auch Di geschl. 1, rue de Dieffenthal, ☎ 0399924011, 🖷 0388924675.

Caveau Nartz, sehr empfehlenswerte Winstub in einem der schönsten Häuser am Marktplatz, serviert wird eine gute Auswahl an kleinen Gerichten, aber auch das Sauerkraut darf nicht fehlen, Flammkuchen gibt es erst abends. Im Weinkeller kann man ein Glas des selbst gekelterten Weins probieren. Tägl. ab 16 Uhr geöffnet. Die Besitzer bieten übrigens auch Privatzimmer an. 12, pl. du Marché, ☎ 0388924111, 🖷 0388926301.

** Camping Municipal, der schöne, schattige Platz mit etwa 120 Stellplätzen liegt knapp 2 km vom Ortszentrum entfernt und verfügt über einen Spielplatz, Tischtennisplatten etc. Von Juni bis September geöffnet. Route d'Ebersheim, ☎ 0388924860, 🖷 0388924711.

Sehenswertes

Stadtmauer: Wenn Sie rechts vom Rathaus in die Rue de l'Eglise einbiegen, sehen Sie auf der linken Seite bald ein wunderschönes Fachwerkhaus, geschmückt mit einem Männerkopf, dessen Bart aus Weintrauben besteht. Die Straße führt Sie zur *Porte de Dieffenthal,* dem südlichen Stadttor. Die beiden anderen Eingangstore, die *Porte d'Ebersheim* und die ein Storchennest beherbergende *Porte de Scherwiller,* liegen an der den Ort durchschneidenden Weinstraße, die hier Rue du M. Foch heißt. Ein schöner Spaziergang führt auf kleinen Pfaden und z. T. auch auf Straßen rund um die Stadtmauer herum, ein anderer über den *Sentier Viticole* durch die Grand-Cru-Lage Frankstein bis zur Sebastianskapelle oberhalb des Ortes.

Chapelle St-Sébastian: Die Kapelle liegt idyllisch inmitten der Weinberge und bietet eine grandiose Aussicht auf Dambach-la-Ville. Der Glockenturm und das Beinhaus an der Nordostseite stammen aus dem 12. Jh. Die in Letzterem aufgeschichteten Gebeine sind allerdings wohl nicht, wie gerne behauptet wird, die von 12.000 im Bauernkrieg getöteten Aufständischen, sondern stammen von den Bewohnern des Dorfes Oberkirch, das hier bis zu seiner Auflösung im 13. Jh. lag und dessen Pfarrkirche die Kapelle damals war. Das heutige Kirchenschiff entstand im 14./15. Jh. Den Chor beherrscht der aus Birnen-, Linden- und Eichenholz geschnitzte barocke Hochaltar der Breisacher Bildhauer Philipp und Clemens Winterhalder. Zwischen üppig mit Blattwerk, Trauben und anderen Früchten verzierten Säulen findet man die Heilige Familie, in deren Mittelpunkt der junge Christus steht. Er bildet mit der darüber schwebenden Taube, dem Symbol für den Heiligen Geist, und Gottvater die Dreifaltigkeit. Der Altar wird vom Kirchenpatron selbst, dem gefesselten und gemarterten Sebastian, gekrönt.

Anfahrt/Öffnungszeiten Fahren Sie auf der D 35 Richtung Blienschwiller und folgen dann der Beschilderung zur Kapelle. Geöffnet ist sie vom 1.5. bis zum 31.10. von 9 bis 19 Uhr.

Umgebung von Dambach-la-Ville

Château du Bernstein: Die einsam auf einer Waldlichtung gelegene Granitburg wurde anstelle einer älteren Befestigungsanlage um 1200 erbaut. Nach dem Erlöschen der Linie Dagsburg-Eguisheim, der sie gehörte, ging sie 1227 in den Besitz der Bischöfe von Straßburg über; militärisch bedeutungslos geworden, wurde sie 1580 verlassen. Im Palas entdeckt man im Untergeschoss Schießscharten, während die Wohnräume im Obergeschoss von schönen Rundbogenfestern erhellt wurden. Von dem fünfeckigen, 18 m hohen Donjon hat man einen phantastischen Rundblick.

● *Anfahrt/Wandern* Ein steiler Wanderweg (blaue Scheibe) führt links von der Sebastianskapelle (s. o.) über den Bibelefelsen in ca. 40 Minuten durch den Wald zur Burg hinauf.
Die folgende Alternative ist mit einer längeren Anfahrt, dafür aber auch mit kürzerer und leichterer Wanderung verbunden. Fahren Sie von Dambach-la-Ville nach Blienschwiller (D 35) und zweigen Sie dort nach links auf die D 203 (Richtung Villé) ab. 2 km danach geht es nach links in den Wald, nach weiteren 3 km erreichen Sie den Schulwaldplatz. Hier beginnt der 20-minütige Fußmarsch (rotes Rechteck) zur Burg.

Die Anstrengung hat sich gelohnt

Ortenbourg oberhalb von Scherwiller:
Der schönste Teil des Dorfes Scherwiller liegt abseits der Durchgangsstraße: alte Fachwerkhäuser säumen den schmalen Aubach, der unter dem kleinen Gebäude des Rathauses hindurchfließt. Noch eindrucksvoller ist allerdings die weithin sichtbare, mächtige *Ortenbourg* oberhalb der Weinberge. Die ca. 30-minütige Wanderung hinauf lohnt nicht nur wegen des weiten Blickes über das Tal der Liepvrette und die Rheinebene, sondern auch weil die im 13. Jh. unter Rudolf von Habsburg erbaute Burg in einem sehr guten Zustand ist. Durch ihre Lage auf einem steil abfallenden Granitblock und den mächtigen Donjon, der die einzige ungeschützte Stelle verteidigte, war sie praktisch uneinnehmbar. Dennoch wurde sie kaum 30 Jahre nach ihrer Errichtung zunächst einmal zerstört: Otto von Ochsenstein, Anhänger des mit den Habsburgern im Streit liegenden Königs Adolf von Nassau, ließ nämlich nur weniger Meter unterhalb der Ortenbourg die gegenwärtig aus Sicherheitsgründen nicht zugängliche *Burg Ramstein* erbauen und versperrte so den Habsburgern den Zu- bzw. Abgang. Als sich diese nach drei Wochen ausgehungert ergaben, ließ er die Anlage dem Erdboden gleichmachen. Der bald darauf errichtete Neubau jedoch hielt bis zum Dreißigjährigen Krieg allen Anfechtungen stand. Heute ist der riesige Burggraben von Wildblumen und

Strauchpflanzen überwuchert. Über eine Treppe betritt man den Palas, dessen Obergeschoss schöne gotische Fenster mit Sitzbänken aufweist. In dem fünfeckigen Bergfried haben Raubvögel ihr Nest gebaut.

• *Lage* Scherwiller liegt an der D 35.

• *Information* Das kleine **Office de Tourisme** ist vom 15.6. bis 15.9. Mo–Fr geöffnet. Corps de Garde, ✆ 0388922562, 🖷 0388827174 , otchatenoisscherwille@fnac.net.

• *Essen* **Auberge de la Hühnelmühle**, idyllisch gelegenes Terrassenlokal nahe dem Wanderparkplatz außerhalb von Scherwiller mit Blick auf Pferdekoppel und Weiher. Insbesondere die Fischgerichte sind hier sehr zu empfehlen. Mo und Di geschl. Route du Sel, ✆ 0388920604.

• *Anfahrt/Wanderung zur Ortenbourg* Fahren Sie auf der D 35 Richtung Châtenois und zweigen in einer Linkskurve an einer kleinen Kapelle nach rechts ab. Das Sträßchen führt zum Restaurant Hühnelmühle, 100 m weiter erreicht man einen Wanderparkplatz. Der mit rotem Balken markierte Fußpfad führt steil und über viel Wurzelwerk durch wunderschönen Laubwald in ca. 25 Minuten zu einem Bergsattel, rechts davon liegt die Burg Ramstein. Von dem Sattel aus sind es noch weitere 5–10 Minuten bis zur Ruine Ortenbourg hinauf.

Befestigungsanlage und Eglise St-George in Châtenois: Auf die besonders vielen und ertragreichen Kastanienbäume geht der alte deutsche Name des Ortes, "Kestenholz", zurück. Um die Sehenswürdigkeiten im einstigen Zentrum der mittelalterlichen Bischofsstadt aufzusuchen, geht man an der engsten Stelle der Hauptstraße beim Hôtel A la Couronne die Gasse hinauf zum sog. Hexenturm. Er stand ursprünglich weiter südlich, wurde aber aus straßenbautechnischen Gründen versetzt. Als Gefängnis diente er wohl nie, vielmehr war er *Teil der Befestigung*, die den Friedhof und die Kirche St-Georges umgab. Die Häuser von Châtenois waren nämlich nur durch einen Wall geschützt. In unruhigen Zeiten zogen sich die Bewohner deshalb in den befestigten Friedhof (13. Jh.) zurück, dessen doppelte, mit Zugbrücken gesicherte Umfassungsmauern, zwischen denen außerdem ein Graben verlief, man links von der Kirche und oberhalb davon besonders gut erkennen kann. Auch in anderen elsässischen Orten, z. B. in Hunawihr, findet man derartige Anlagen, die in Châtenois gilt jedoch als die größte und besterhaltene und als die einzige, die in herrschaftlichem Besitz war. Denn innerhalb der Mauern standen neben der Kirche noch die bischöfliche Verwaltung und das Schloss.

Nur noch der Turm der *Eglise St-Georges* blieb von der ursprünglichen Kirche (12. Jh.) erhalten. Sein spitzes, bunt lasiertes Dach erhielt er erst im Jahre 1525, ebenso wie die vier Holzerker, die der Bewachung des Dorfes dienten und ihm heute sein charakteristisches Aussehen verleihen. Der eigentliche Kirchenbau stammt aus dem 18. Jh., das Innere hat barocken Charakter. Besonders sehenswert ist ein Heiliges Grab aus dem 16. Jh. im linken Seitenschiff. Am Sockel sind auf einer Steinplatte ausdrucksstarke römische Soldaten dargestellt, allerdings erlitten sie z. T. Schaden durch Zerstörungen während der Revolution.

• *Lage* Châtenois liegt an der D 35.

• *Information* Das **Office de Tourisme** ist von Mai bis September Mo–Fr, von Juni bis August auch Sa geöffnet. 2, rue Clemenceau, ✆ 0388927500, 🖷 0388823951, otchatenoischerwille@fnac.net.

• *Führungen durch St-Georges* Während der Saison werden vom O.T. auf Französisch und auf Anfrage auch auf Deutsch kostenlose Führungen durch die Kirche angeboten.

• *Fahrradverleih* Im **Centre de la Randonée** kann man Mountainbikes leihen. Rue St-Georges, ✆ 0388922620.

• *Einkaufen* In Châtenois, aber auch in anderen Dörfern der Umgebung gibt es etliche Antiquitätenläden. Interessant fanden wir z. B. **Antiquités Herrbach**, wo neben altem Mobiliar und Geschirr auch hübsche Bilder des elsässischen Malers Hansi im Kelsch-Passepartout verkauft werden. 68, pl. de la Mairie.

• *Übernachten* **Hôtel Herrbach,** direkt an der Hauptstraße, ein DZ bekommt man zum Preis von 45 €. 68, pl. de la Mairie, ✆ 0388820369, 🖷 0388822712.

• *Essen* **L'Auberge Alsacienne,** hübsches Lokal mit kleiner Terrasse zur Straße. Gute elsässische Küche, je nach Saison auch viel Wild. Mehrere Menüs (bis 27 €), bei denen man in den einzelnen Gängen wiederum auswählen kann. Mi geschl., nicht jedoch im Juli und August. 91, rue M. Foch, ✆ 0388823328.

Kintzheim

Neben der Atmosphäre eines typischen Weindörfchens bieten Kintzheim und seine unmittelbare Umgebung Freizeitattraktionen, die v. a. für Kinder besonders interessant sind.

Etwa 2 km östlich des Zentrums liegt an der D 159 der **Parc Cigoland,** die erste im Elsass gegründete Storchenaufzuchtstation. Längst sind hier allerdings nicht mehr nur die Volieren der Brut- und der Jungvögel zu sehen, sondern es kamen auch etliche Gehege mit exotischen Tieren (Emus, Kängurus, Lamas etc.), ein Streichelzoo und Spaßeinrichtungen (Autoskooter, Minizug, Ponyreiten etc.) hinzu. Oberhalb des Ortes erhebt sich das **Château du Kintzheim** aus dem 12./13. Jh. Erhalten geblieben ist nach ihrer Zerstörung während des Dreißigjährigen Krieges ein mächtiger Wohntrakt mit romanischen und gotischen Fenstern, Kaminen und Resten einer Kapelle. Das Château wird auch "Adlerburg", genannt, da hier während der Saison täglich sehr beeindruckende Flugvorfüh-

Sicher gelandet

rungen großer Greifvögel gezeigt werden. Man sieht Milane, Falken, Geier, Adler, Kondore und andere Akrobaten der Lüfte in unmittelbarer Nähe direkt über sich, beobachtet, wie sie auf Beute herabstürzen, wie Schmutzgeier mit einem Stein ein Gipsei zertrümmern, wie Schreiseeadler einen Fisch aus dem Wasserbecken greifen usw. Fast alle Vögel der 1968 eröffneten *Volairie des Aigles* stammen aus eigenen Nachzuchten. Sie sind mit speziellen Sensoren ausgestattet, sodass sie, falls sie bei schlechtem Wetter in der Ebene landen und nicht mehr in der Lage sind aufzufliegen, von den Falknern gefunden werden können.

• *PLZ* 67600

• *Lage* Kitzheim liegt an der D 35. Zum Château du Kintzheim fährt man auf der D 159 in westl. Richtung und zweigt am Ortsende nach rechts auf eine beschilderte Straße (ohne Kennzeichnung) ab. Vom Parkplatz führt ein 10-minütiger Fußweg zur Burg.

• *Öffnungszeiten/Eintritt* Der **Parc Cigoland** ist von April bis Oktober tägl. von 10 bis 12 und von 13 bis 18 Uhr, von Mai bis September sogar durchgehend geöffnet. Erwachsene 9 €, Kinder 7,50 €.

Die Vorführungen der Volairie des Aigles im **Château du Kintzheim** finden bei trockenem Wetter vom 1.4. bis 31.10. jeden Nachmittag, von Mitte Juli bis Mitte August auch vormittags statt. Erwachsene 8 €, Kinder (5–14 Jahre) 5 €.

● *Information* Das **Office de Tourisme** liegt am östl. Ortsrand von Kintzheim. Es ist von Juni bis August tägl. geöffnet. Route de Sélestat, ✆ 0388820990, ✉ 0388827970.

● *Kinder* Neben dem erwähnten Tier- und Vergnügungspark Cigoland und der Adlerburg bietet die Umgebung noch einen Affenberg (Montagne des Singes, s. u.) und das Château du Haut-Koenigsbourg (s. u.), dessen Erkundung zumindest für größere Kinder interessant sein dürfte.

● *Parken* Am südlichen Ortseingang befindet sich ein großer Parkplatz.

● *Fahrradverleih* In Rodern verleiht **Les Vélos du Verger** 30 Mountainbikes (12 €/Tag) und bietet Gruppenausflüge an. 15, rue des Berges, ✆ 0389730072.

● *Feste* Am 3. Wochenende im Mai wird hier das **Sankt Urbansfest** gefeiert.

● *Einkaufen* Kintzheim hat auffallend viele Antiquitätenläden zu bieten.

● *Post* Rue du Gᵃˡ de Gaulle.

● *Polizei* 1, rue de la Paix, ✆ 0388584550.

● *Übernachten/Essen* ** **Hôtel Winstub Jenny,** an der Hauptstraße steht dieser gemütliche Gasthof mit 7 geschmackvollen, hellen Zimmern (36 €). Auch das Essen schmeckt. Natürlich gibt es hier wie überall im Ort Flammkuchen, außerdem aber auch gutes Sauerkraut. Do geschl. 39, rue de la Liberté, ✆ 0388821706, ✉ 0388827040.

Auberge St-Martin, bei den beiden stets gut aufgelegten Schwestern Katy und Babette geht es locker und heiter zu, kein Wunder also, dass viele Gäste gerne wiederkommen. Das liegt aber auch an den weithin bekannten, in vielen Gourmetblättern empfohlenen Flammkuchen, die man hier in zwei Größen bestellen kann. Darüber hinaus sind der Baeckaoffa und der unvergleichliche Schokoladenkuchen, für den man auf jeden Fall Platz im Magen lassen sollte, Spezialitäten des Hauses. 80, rue de la Liberté, ✆ 0388820478, ✉ 0388822620.

Umgebung von Kintzheim

Montagne des Singes: Seit 1969 leben in einem ca. 24 ha großen eingezäunten Waldgebiet westlich von Kintzheim Berberaffen aus dem marokkanischen Atlasgebirge, ein Projekt, das gleichzeitig touristischen Zwecken und der Erhaltung dieser Affenart dient. Durch Rodungen und Ausdehnung der Weideflächen war sie in ihrer Heimat nämlich ernsthaft vom Aussterben bedroht. Mittlerweile konnten jedoch ca. 600 Tiere aus dem Elsass nach Marokko rückgeführt werden, wo die Anpassung an die Wildnis auch problemlos gelang. Zudem dienten einige der Kintzheimer Affen als Grundstock für weitere "Affenberge", z. B. für den in Salem am Bodensee. Und die derzeit ca. 280 Tiere dienen Verhaltensforschern als hervorragende Studienobjekte. Ohne Geburtenkontrolle wäre der Kintzheimer Wald sicherlich schon hoffnungslos übervölkert, denn die Versorgung mit Futter ist optimal, natürliche Feinde gibt es nicht. Für den Besucher bietet der Park insofern ein besonderes Erlebnis, als man den Tieren ohne trennende Gitter in ihrem Lebensraum begegnet und sogar Kontakt zu ihnen herstellen kann. Beim Eintritt erhält man eine Hand voll Popcorn, ein Leckerbissen für die Affen, sodass diese sich gerne den Menschen nähern und zutraulich sind.

● *Lage/Öffnungszeiten* Von Kintzheim auf der D 159 ca. 3 km in westl. Richtung fahren, dann zweigt eine beschilderte Straße (ohne Kennzeichnung) nach rechts ab. Vom 1.4.–31.10. tägl. 10–12 und 13–17 bzw. 18 Uhr, im Juli und August durchgehend geöffnet. Erwachsene 7 €, Kinder (5–14 Jahre) 4,50 €.

Château du Haut-Koenigsbourg: Stolz grüßt die majestätische Hohkönigsburg vom Stophansberg über dem Weindörfchen St-Hippolyte in die Ebene. Doch nicht wegen seiner Lage gehört das Anfang des 12. Jh. auf Befehl des Staufer-Herzogs Friedrich II. von Schwaben gebaute Château zu den Besuchermagneten im Elsass, sondern vielmehr deshalb, weil es als Einziges vollständig renoviert wurde und somit einmalige Einblicke in die Lebensbedingungen auf einer mittelalterlichen Burg gibt.

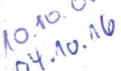
10.10.06
04.10.16

17.04.23

Die Hohkönigsburg ist einer der Touristenmagnete des Elsass

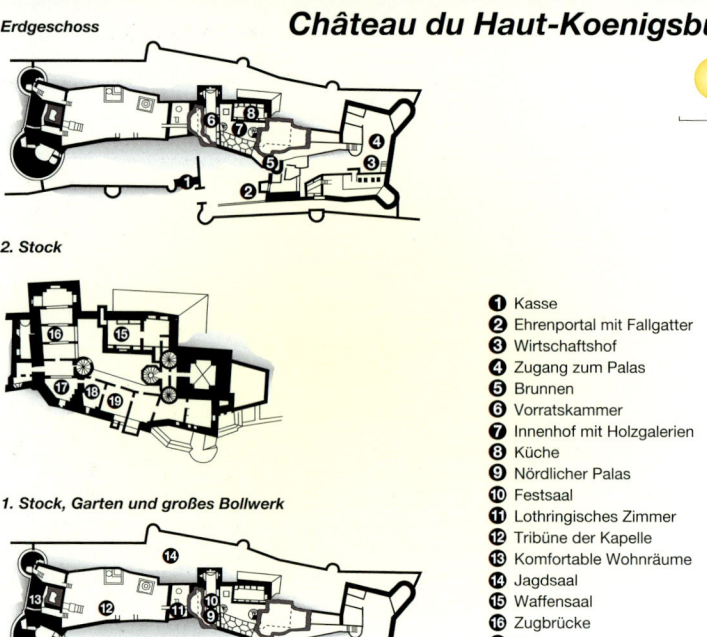

Château du Haut-Koenigsburg

Erdgeschoss

35 m

2. Stock

1. Stock, Garten und großes Bollwerk

- ❶ Kasse
- ❷ Ehrenportal mit Fallgatter
- ❸ Wirtschaftshof
- ❹ Zugang zum Palas
- ❺ Brunnen
- ❻ Vorratskammer
- ❼ Innenhof mit Holzgalerien
- ❽ Küche
- ❾ Nördlicher Palas
- ❿ Festsaal
- ⓫ Lothringisches Zimmer
- ⓬ Tribüne der Kapelle
- ⓭ Komfortable Wohnräume
- ⓮ Jagdsaal
- ⓯ Waffensaal
- ⓰ Zugbrücke
- ⓱ Garten
- ⓲ Großes Bollwerk
- ⓳ Nördlicher Zwinger

Die Restaurierung selbst ist eine Geschichte für sich. Nach ihrer Zerstörung im Dreißigjährigen Krieg verfiel die Burg, die zwischenzeitlich mehrfach ihre Herren gewechselt hatte und unter den im Dienste des Hauses Habsburg stehenden Grafen von Thierstein im 15./16. Jh. großzügig erweitert worden war, mehr und mehr. Seit 1865 war die Stadt Sélestat Besitzerin der Ruinen. Diese schenkte sie 1899 dem damals das Reichsland Elsass-Lothringen besuchenden deutschen Kaiser Wilhelm II., von dem bekannt war, dass er ein Faible für historische Bauten hatte. Und der beauftragte prompt den Architekten Bodo Ebhardt mit dem Wiederaufbau. Durch den Besuch zahlreicher Burgen in Europa bereitete der sich auf das Projekt vor und arbeitete sich akribisch in die mittelalterliche Architektur ein. Die Restaurierung begann 1901, und 1908 überreichte man dem Kaiser im Rahmen einer pompösen Eröffnungsfeier den Schlüssel. Das Werk Ebhardts, der z. T. recht eigenwillig vorgegangen war, blieb lange umstritten. Von vielen wurde es als "unhistorisch" und v. a. als "germanisch-nationalistisches Machtsymbol" abgelehnt, heute steht man ihm jedoch sehr viel positiver gegenüber und erkennt die Leistung Ebhardts durchaus an.

Von der Kasse geht man durch das mit dem Wappen der Thiersteiner geschmückte Tor in der Ringmauer und kommt zum *Ehrenportal* mit Fallgitter. Unter den Wappen Wilhelms II. und des Habsburgers Karl V. erinnert eine Inschrift daran, dass der deutsche Kaiser die Burg restaurieren ließ. Dahinter liegt der *Wirtschaftshof* mit Stallungen, Windmühle und Schmiede. An der Stelle des heutigen Restaurants befand sich einst eine Herberge für durchreisende Gäste. Durch einen Turm, über

Treppen und eine Zugbrücke kommt man zum *Löwentor,* so genannt wegen eines teilweise erhaltenen Reliefs mit zwei Löwen, und weiter zu dem 62 m tiefen *Brunnen,* der die Wasserversorgung des Palas, in dem man sich jetzt befindet, sicherte. Hinter der lang gestreckten *Vorratskammer* liegt ein *Innenhof* mit Holzgalerien, auf die sich ein Teil der einstigen Wohnräume öffnet. Bodo Ebhardt ließ hier nach alten Vorbildern Wandmalereien anbringen. Gegenüber kann man in der ehemaligen *Küche* eine mittelalterliche Spüle, zwei Kamine und ein Fass mit einer Füllmenge von 8500 Litern aus dem 17. Jh. bewundern.

Eine Wendeltreppe führt ins zweite Stockwerk hinauf. Prunkstück ist der sog. *Kaiser-* bzw. *Festsaal,* den Ebhardt ganz für seinen Kaiser ausgestaltete. An der Decke – der Raum wurde auf Wunsch Wilhelms II. im Vergleich zum ursprünglichen Zustand um etwa das Doppelte erhöht – prangt der kaiserliche Adler, überall entdeckt man das schwarz-weiße Hohenzollernwappen, und sogar die rankenden Pflanzen enden jeweils in einem W. Die Möbel des südlich gelegenen *Lothringischen Zimmers* waren ein Geschenk aus dieser Region an den Kaiser. An der Decke hängt die verkleinerte Nachbildung von "Grauli", ein einstmals angeblich die Kathedrale von Metz bewohnender Drache. Von hier aus kommt man zur Tribüne der *Burgkapelle.* Daneben befand sich ein komfortables Schlafzimmer, eine Holztür führte direkt zu einer Latrine, ein besonderer Luxus. Der angrenzende Wohnraum wurde durch einen Erker besonders hell erleuchtet. Über eine Treppe geht man

Im Waffensaal der Burg

in den spitzbogigen Kapellenraum hinunter und befindet sich nun im ersten Stockwerk. Vom benachbarten *Jagdsaal* konnte man dem Gottesdienst beiwohnen. Besichtigen Sie nun den *Waffensaal* und gehen Sie dann auf einer Zugbrücke über einen Graben in den Garten. An den Mauern standen hier einst Brotofen und Badestube. Die Beete wurden bei der Restaurierung im Stil der Renaissance angelegt. Von hier aus führt der Rundgang zum großen Bollwerk, das einen prächtigen Blick auf die Burg mit ihrem Bergfried und auf die dahinter liegende Landschaft eröffnet – eines der beliebtesten Postkartenmotive des Elsass.

● *Lage/Parken* Am günstigsten fährt man von St-Hippolyte (D 1^(bis l) und D 159) oder von Kintzheim auf die Burg hinauf. Um diese herum verläuft eine Ringstraße, an die die Parkplätze liegen. Von diesen führen Fußwege zum Eingang hinauf.

● *Öffnungszeiten/Eintritt* Täglich von November bis Februar 9.45–12 und 13–17 Uhr, April, Mai und September durchgehend,

Juni–August zwischen 9.30 und 18 Uhr. Erwachsene 7 €, unter 18 Jahre kostenlos.

● *Führungen* In der Hochsaison tägl. mehrmals auch deutschsprachige Führungen (kostenlos). Der Sammelpunkt befindet sich in der Vorratskammer. Empfehlenswert ist auch der nahe der Kasse erhältliche deutschsprachige Audioguide zum Preis von 4 €, zu zweit bezahlt man 5,50 €.

Weinstraße nördlich von Colmar

• *Essen* Innerhalb der Burg wurde ein einfaches Restaurant eingerichtet.

• *Ruinen der Oedenbourg* In fünf Minuten erreicht man von der Hohkönigsburg auf einem schmalen Fußpfad die Ruinen der Oedenbourg aus dem 13. Jh.

Bergheim: Der sympathische Ort bietet ein nettes Ambiente und für Weinstraßenverhältnisse vergleichsweise viel Ruhe. Gegenüber der riesigen 700-jährigen Linde am Platz vor dem Städtchen steht die hübsche *Porte Haute* mit bunt lasiertem Dach. Von hier aus kann man Bergheim entlang der vollständig erhaltenen mittelalterlichen Befestigung umrunden. Besonders lohnend ist ihr nördlicher Abschnitt, da man hier zahlreiche intakte Wachtürme zu sehen bekommt. Aber auch das Zentrum mit kopfsteingepflastertem Rathausplatz und stattlicher Mairie aus dem 18. Jh. hat seinen Reiz. Neben der gotischen Kirche am östlichen Ortsrand (5, rue de l'Eglise) zeigt ein kleines *Hexenmuseum* Bilder, Gravuren, Texte und Videos zu den in Bergheim zwischen 1582 und 1683 abgehaltenen Hexenprozessen.

• *Lage* Bergheim liegt an der D 1bis.

• *Öffnungszeiten des Museums* Im Juli und August Mi–So 14–18 Uhr, von September bis 3.11. nur So. Erwachsene 3 €, Kinder unter 14 Jahren gratis.

• *Information* Im Gebäude des Rathauses ist ein kleines *Informationsbüro* untergebracht, das aber nur im Juli und August besetzt ist. 3, pl. du Dr. P. Walter.

• *Parken* Am westlichen Ortseingang befindet sich ein großer Parkplatz.

• *Übernachten* **Hôtel Chez Norbert,** komfortable Zimmer im Maisonette-Stil wurden in diesem kleinen Hotel wunderbar ins alte Gemäuer eingefügt, teilweise haben sie sogar Balkon. Zu zweit bezahlt man 58–69 €. Ausgezeichnetes Frühstücksbuffet, nach dem man das Mittagessen getrost ausfallen lassen kann. 9, Grand' rue, ☎ 0389733115, 🖷 0389736065.

• *Essen/Trinken* **Restaurant La Bacchante,** in demselben Anwesen, in dem das Hôtel Chez Norbert untergebracht ist, speist man in einer ehemaligen Scheune stilecht zwischen alten Schränken, Vitrinen und bauchigen Destillierflaschen oder im romantischen Innenhof. Auf der kleinen Speisekarte findet man vorwiegend elsässische Spezialitäten mit eigener Prägung, wie z. B. die mit Walnüssen verfeinerten Schnecken oder der Entenschlegel mit Baeckaoffa-Gemüse. Adresse s. o.

Salon de Thé La Mosaique, direkt am Marktplatz sitzt man hier gemütlich bei einem Glas Wein, zu dem hervorragend die Spezialität des Hauses, Matafan, ein mit Bechamelsauce überbackener Flammkuchen passt. Auch das Eis ist zu empfehlen. Place de Dr. P. Walter.

Ribeauvillé

Am Ausgang des Strengbachtals zieht sich zwischen goldenen Weinbergen malerisch eine der Perlen der Weinstraße am Bächlein entlang nach oben. Überragt wird sie von gleich drei Burgen, deren Mauern zwischen dem dunklen Grün der Wälder herausleuchten.

Doch die Idylle hat ihren Preis. Während der Saison gehören Stau und Parkplatznot zum Alltag. Denn da Ribeauvillé auch noch über ausgesprochen viel mittelalterliche Bausubstanz verfügt, zählt es zu den beliebtesten Zielen der Weinstraße. Aber trotz des Trubels macht es großen Spaß, sich durch die historischen Gassen mit zahlreichen Cafés und Winstubs treiben zu lassen. Überall trifft man dabei auf das Bild eines Musikanten in mittelalterlicher Kleidung. Zu denen nämlich hatte das Städtchen über drei Jahrhunderte lang eine ganz besondere Beziehung, und heute noch wird im September wie damals der *Pfifferdaj*, ein buntes Fest der Spielleute, gefeiert.

Geschichte: Der ursprüngliche Name des bereits im 8. Jh. bekannten Fleckens lautete "Ratboldvilare", die Ländereien des Ratbold, woraus sich der deutsche Name Rappoltsweiler ableitete. Ein gewisser Reginbold, französisch Reinbaud, ließ im 10./11. Jh. oberhalb davon auf einem Felssporn die Burg Rappoltstein bzw. Ribeaupierre (heute

Ulrichsburg) errichten. Nach dieser benannte sich das die Umgebung beherrschende Adelsgeschlecht. 1162 geriet sie in den Besitz des Bistums Basel, von dem sie der schwäbische Graf Egenolph von Urslingen als Lehen erhielt. Dieser wurde zum Stammvater einer zweiten Familie Rappoltstein, die bis zur Französischen Revolution die Geschichte der Umgebung bestimmte. Seine Nachfahren sicherten ihre Burg und ihren Besitz durch den Bau zweier weiterer Festungen, der Guirsberg und der Haut-Ribeaupierre. Die unterhalb gelegene Siedlung vergrößerte sich mehr und mehr und erhielt 1290 das Marktrecht. Eine Ringmauer schützte sie vor Angriffen, aber auch innerhalb der Stadt grenzte man einzelne Viertel durch Mauern und Tore ab. Die Burgen erschienen ihren Bewohnern im 16. Jh. schließlich zu unbequem und wurden aufgegeben. Ein schlossähnliches Gebäude in der Oberstadt nahe der Eglise St-Grégoire, heute eine Schule, diente dem Geschlecht von da an bis zur Revolution als Wohnsitz.

Weinstraße nördlich von Colmar

Pfifferdaj – Ribeauvillé und die Musikanten

Troubadoure, Minnesänger, Spielleute, Pfeiferbrüder – das Mittelalter kannte verschiedene umherziehende Musikanten, die an Herrensitzen, bei Dorffesten, Hochzeiten, an Markttagen die Menschen unterhielten. Besonders angesehen waren sie jedoch nicht, und oft gab es Unstimmigkeiten. Um die Probleme in den Griff zu bekommen, erhielten die Herren von Ribeaupierre 1482 von Kaiser Friedrich III. das Recht, allen zwischen Rhein und Vogesen, zwischen Basel und dem Hagenauer Forst wohnhaften Musikanten Steuern aufzuerlegen, hatten aber auch die Pflicht, die Gerichtsbarkeit über sie auszuüben. Also erließen sie Gesetze und vereinigten die Musiker in einer Bruderschaft, deren Schutzpatronin die Gottesmutter war. Jedes Mitglied musste eine Medaille mit dem Bild Mariens tragen, das ihrer Statue in der Dusenbacher Kapelle (siehe S. 282 f) nachgebildet war. Die Pfeiferbrüder versammelten sich alljährlich am Fest Mariä Geburt, also am 8. September, in Ribeauvillé und feierten nach einem bunten Umzug, einer Messe und der obligatorischen Gerichtssitzung drei Tage lang ein rauschendes Fest. Dies ist der Ursprung des Pfeifertages.

LAGE/ADRESSEN/VERBINDUNGEN

- *PLZ* 68150
- *Lage* Ribeauvillé liegt an der D 1bis.
- *Information* Das **Office de Tourisme** ist ganzjährig tägl. geöffnet. 1, Grand' rue, ✆ 0820360922, 📠 0389490849, www.ribeau-ville-riquewihr.com.

Stadtbummel macht durstig

- *Führungen* Von Mai bis September werden vom O.T. mehrmals wöchentlich kostenlose Führungen durch Stadt und Rathaus angeboten.
- *Minitrain* In diesen Monaten kann man täglich zwischen 10 und 19 Uhr zu jeder vollen Stunde eine Spazierfahrt (ca. 50 Minuten) durch die Stadt machen. Abfahrt am großen Parkplatz vor dem Ort, Zustieg auch möglich am O.T. oder am Rathaus. Erwachsene 5,50 €, Kinder (6–14 Jahre) 4 €.
- *Kutschfahrten* In der Nähe des O.T. wartet im Juli und August ein Pferdekutscher nachmittags auf Kundschaft. Preis 5 €, Dauer 25 Min.
- *Zug* Der nächste Gare SNCF befindet sich im 4 km östlich gelegenen Guemar, von wo man Verbindung nach Strasbourg und Sélestat hat.

- *Parken* Am großen Parkplatz vor dem Ortseingang oder entlang der Straße nach Ste-Marie-aux-Mines.
- *Taxi* ✆ 0389737371 und 0389736133
- *Fahrradverleih* **Cycles Binder,** Fahrräder (8 €/Tag) und Mountainbikes (11 €/Tag). 82, Grand' rue, ✆ 0389736587.

> **Tipp für Radfahrer:** Das Office de Tourisme verkauft für 1 € eine Broschüre mit fünf Mountainbiketouren rund um Ribeauvillé.

- *Markt* Sa am Rathausplatz.
- *Feste* Anfang Juni wird das **Kougelhopffest** gefeiert, bei dem man die elsässische Spezialität nicht nur kosten, sondern auch ihre Herstellung beobachten kann. Am dritten Wochenende im Juli findet ein **Weinfest** statt. Eines der bekanntesten und beliebtesten Feste im Elsass ist der **Pfifferdaj** am ersten Sonntag im September. Mit mittelalterlichen Trachten, Musikgruppen von nah und fern und einem großen Umzug wird die Vergangenheit wieder lebendig, und wie beim ursprünglichen Pfeifertag zeigt sich die Stadt großzügig und lässt aus dem Rathausbrunnen Wein statt Wasser sprudeln. Eintritt 5 €.
- *Kinder* **Ferme L'Hirondelle,** zum Zeitpunkt der Recherche gab es auf dem Gelände des großen Bauernhofs bei Guemar (ausgeschildert) ein **Maislabyrinth,** möglicherweise wird dieses auch in den folgenden Jahren angelegt. Abgesehen davon ist die besucherfreundliche Ferme mit Spielplatz und Ställen, in denen man sich nach Herzenslust umsehen darf, der richtige Platz, wenn man Produkte vom Bauernhof essen oder einkaufen und die Kleinen währenddessen herumtoben lassen möchte. Di–Fr (nachmittags), Sa auch vormittags, So ab 12 Uhr, im Juli und August tägl. von 10 bis 19 Uhr. ✆ 0389736232.
- *Einkaufen* **Catherine Cadeaux,** riesige Auswahl an Souvenirs und Textilien, interessant sind auch die kleinen Sandsteinreliefs. 53, Grand' rue.
Beauvillé, was in der Stoffmanufaktur wie vor 150 Jahren mit alten Holzmodeln in traditioneller Handarbeit hergestellt wird, hat Weltruhm erlangt. Die farbkräftigen Stoffe, Tischtücher, Platzdeckchen und Servietten mit üppigen Motiven findet man in

Ribeauvillé

Map labels:

- awihr / iewihr
- Beauville, Ste-Marie-aux-Mines
- Rue du Vignoble
- Place Wetterle
- Place J. Ganz
- Rue du 3 Décembre
- Ch. Gruet
- R. Henri Kugler
- Rue de la Marne
- R. du Rempart sud
- R. du Cavalier
- Passage Jeannelle
- R. d. Prunes
- R. de l'Or
- Place de la République
- Rue de la Fontaine
- Place du Bouc
- Lycée
- R. du Tilleul
- R. Salpêtre
- R. de la Croix
- Rue des Boulangers
- Place de la Sinne
- Place Spener
- R. des Bains
- Rue du Château
- Eglise St-Grégoire
- Grand'Rue de l'Eglise
- Chemin du Lutzelbach
- Rue de la Fraternité
- R. le Plohn
- R. des Prêtres
- R. du Rempart Nord
- Dolder (Metzgerturm)
- R. de l'Abbé Kremp
- Place Steinheil
- R. Friederich
- R. des Ménétriers
- Rue Klobb
- de la Streng
- Le Strengbach
- Rempart
- R. des Juifs
- Mairie
- R. de la Mairie
- Place de la Mairie
- R. des Baigneurs
- Eglise du Couvent des Augustins
- Petite R. de l'Hôpital
- R. Salzmann
- R. Frère Métrian
- Chapelle Ste-Catherine
- Place Bergheim
- R. Ortlieb
- des Ménétriers
- Chemin
- R. du Pt de la Couronne
- Place de la 1ère Armée
- Rue Halle-au-Blé
- Rue Klée
- R. de la Synagogue
- R. Fresch
- Place Gouraud
- R. Neuve
- Place des Cloches
- Tour des Cigognes
- R. des Cigognes
- Route de Bergheim
- Bergheim
- Place du Gal de Gaulle
- Rue Wendling
- Jardin de Ville
- ndarmerie (Gendarmerie)
- 100 m

Übernachten
- 1 Les Seigneurs de Ribeaupierre
- 2 Au Lion
- 5 De la Tour

Sonstiges
- 4 Cycles Poinder

Essen und Trinken
- 3 Au Cerf
- 6 Careau de l'Ami Fritz
- 7 Zum Pfifferhüs
- 8 Haut-Ribeaupierre

---

europäischen Königshäusern, aber auch im Weißen Haus in Washington. Im Firmenladen erhält man auf die teuren Produkte immerhin einen Nachlass von bis zu 40 %. Geöffnet ist er Mo–Sa 8.30–11.45 und 14–17.45 Uhr. 19, rte de Ste-Marie-aux-Mines.

Übernachten/Essen und Trinken

• *Übernachten* ***** Hostellerie des Seigneurs de Ribeaupierre (1),** besonders stilvoll wohnt

• *Post* An der Rue Wendling.
• *Polizei* Place de l'Hôtel de Ville, ✆ 0389 732009.
• *Öffentliche Toiletten* Neben dem Rathaus und an der Place de la République.

man bei Cécile und Madeleine Barth in einem alten Fachwerkhaus. Jedes der 10 ganz unterschiedlichen Zimmer trägt einen anderen Namen, immer jedoch sind sie komfortabel ausgestattet und bieten eine geschmackvolle Einrichtung mit Grand Lit oder Deux Lits. Pro Zimmer zahlt man 110–160 €. 11, rue du Château, ☏ 0389737031, ✉ 0389737121.

** Hôtel de la Tour (5), angenehmes Haus mitten in der Stadt mit Sauna, Solarium, Dampfbad, Whirlpool und einem privaten Tennisplatz. Die 34 modern eingerichteten Zimmer kosten für Paare 59–72 €, einen Parkplatz bezahlt man mit 6 €/Tag. 1, rue de la Mairie, ☏ 0389737273, ✉ 0389733874.

** Hôtel Au Lion (2), ebenfalls empfehlenswert ist dieser gemütliche Gasthof mit 15 unterschiedlich großen Räumen (bis zu 5 Personen). Ein DZ ist zum Preis von 50 bis 60 € zu haben. 6, pl. de la Sinne, ☏ 0389 736769, ✉ 0389738064.

In Preis und Leistung vergleichbar ist das nebenan gelegene **** Hôtel du Mouton,** ☏ 0389736011.

● *Essen* **Restaurant Haut-Ribeaupierre (8),** bei Patrick Frenot werden elsässische mit internationalen Rezepten und Zutaten wie Zitronengras oder Morcheln kombiniert. Was dabei herauskommt, kann sich sehen und schmecken lassen. Menü ab 43 €. Di und Mi geschl. 1, rte de Bergheim, ☏ 0389738763.

Winstub Zum Pfifferhüs (7), in einem der schönsten Häuser der Stadt wird man in der urgemütlichen Weinstube von Françoise und Laurent Meistermann wunderbar mit elsässischen Spezialitäten bewirtet. Ein Gedicht ist z. B. die Blutwurst in Blätterteig mit deftigen Bratkartoffeln. Mi und Do geschl. 14, Grand' rue, ☏ 0389736228.

Caveau de l'Ami Fritz (6), etwas versteckt liegt die hübsche Weinstube bei der alten Katharinenkapelle. Umfangreiches Speisenangebot von Pizza und Tarte flambée bis zu elsässischen und französischen Gerichten. Menü 17–26 €. 1, pl. de l'Ancien Hôpital, ☏ 0389736811.

Restaurant Au Cerf (3), gutbürgerliches Lokal im oberen Teil der Stadt mit traditioneller Küche. Auch hier wieder eine große Anzahl von Flammkuchen, z. B. mit Mirabellen. Besonders schön sitzt man auf der Terrasse. Mo geschl. 81, Grand' rue, ☏ 0389736324.

Sehenswertes

Tours des Cigognes: Einen schönen Auftakt zur Erkundung der Stadt bilden die beiden zur mittelalterlichen Stadtbefestigung gehörenden Türme mit ihren Storchennestern; der eine steht an der Route de Bergheim, der andere am Strengbach. Von beiden ist es nicht weit zum Office de Tourisme im Gebäude der alten Stadtwache.

Grand' Rue/Place de la 1ère Armée: In der lang gezogenen Flaniermeile und Schlagader des öffentlichen Lebens, der *Grand' Rue,* sollten Sie das Haus Nr. 14 (Winstub "Zum Pfifferhüs") genauer betrachten, dessen Erker von prächtigen Schnitzfiguren (Verkündigungsszene) verziert ist. Drinnen war einst der Hauptversammlungsort der Pfeiferbruderschaft.

Von hier aus sind es nur wenige Schritte bis zur *Place de la 1ère Armée,* dem früheren Judenplatz. Bei der mit grauen Dickhäutern bemalten Brasserie auf der rechten Seite handelt es sich um das einstige Gasthaus "Zum Elefanten". Daneben steht die *Halle au Blé;* im Durchgang des Gebäudes wurde früher der Getreidemarkt abgehalten. Ein Blick in die hier nach rechts abzweigende Rue du Tanneurs offenbart einige schöne Gerberhäuser mit den typischen offenen Obergeschossen.

Place de la Mairie: Über die Grand' Rue geht man weiter bis zur Place de l'Ancien Hôpital mit der einst zum Armenkrankenhaus der Stadt gehörenden *Chapelle Ste-Catherine* und erreicht die *Place de la Mairie.* Prunkstück ist der Brunnen aus dem Jahre 1536, geschmückt von einem das Wappen der Ribeaupierre tragenden Löwen. Das dahinter stehende neoklassizistische Rathaus beherbergt eine Sammlung von Trinkpokalen und anderem Tischgeschirr der Rappoltsteiner, die auch besichtigt werden kann.

Öffnungszeiten/Eintritt Vom 1.5. bis 1.10. wird man tägl. um 10, 11 und 14 Uhr kostenlos durch die Sammlung geführt. Dauer ca. 1 Stunde.

Weinleseerfahrungen

An einem kühlen, trüben Oktobermorgen treffen wir bei Henri ein, und sogleich geht es mit ihm und seinem Weinlesetrupp im Kleinbus in die Weinberge hinaus. Sylvaner soll heute geherbstet werden, so hatte es die Winzergenossenschaft vorgegeben. Viermal war ein Prüfer vom *Cave Vinicole de Ribeauvillé* in den letzten Wochen vorbeigekommen und hatte die Trauben begutachtet, um festzustellen, wie weit die Reife vorangeschritten ist. Das regnerische Sommerwetter ist dafür verantwortlich, dass der Eröffnungstermin für die Lese in diesem Jahr erst relativ spät angesetzt wurde.

Henri, ein Vollerwerbswinzer, gibt seine Ernte an die Genossenschaft ab, "weil es einfacher ist" – allerdings muss er sich dafür auch an klar geregelte Vorgaben halten. Automatische Vollernter z. B. sind für ihn im Gegensatz zu manchem selbstvermarktenden Winzern tabu, denn diese Maschinen lesen die Trauben nicht aus, sondern schneiden alles ab. Martine, Henris Frau, erklärt uns, dass nicht alle Beeren gut genug seien und unreife oder mit der Essigfäule versetzte nicht in den Eimer wandern dürften. Der Grundkurs ist schnell absolviert, schon stehen wir mit scharfen, kleinen Rebscheren bewaffnet da und bemühen uns nach besten Kräften. Die Aufgaben sind klar verteilt: Während die einen schneiden und die Ernteeimer füllen, holt Emile, der "Träger", diese regelmäßig ab und schüttet den Inhalt in riesige Kübel, die wiederum auf dem großen Wagen des Traktors entleert werden. So schnell wie die schon seit Jahren immer wieder bei Henri arbeitenden Erntehelfer aus Colmar, Ribeauvillé und Obernai sind wir allerdings beileibe nicht. Dabei ist Geschwindigkeit neben Sorgfalt das oberste Gebot, schließlich soll die Weinlese in ca. zwei Wochen abgeschlossen sein. So lange haben sich Martine und alle Erntehelfer freigenommen, danach gehen sie in ihre normalen Berufe zurück. Bei Regen ist jedoch alles lahm gelegt, denn dann darf nicht geherbstet werden. Für die Winzer sind diese Wochen eine teuere Zeit, schließlich kostet ein Erntehelfer inkl. Versicherung ca. 75 € pro Tag, da muss schon etwas dabei herauskommen.

Die Stunden sind im Nu verflogen, wir sind ins Schwitzen geraten, und das nicht nur, weil die Sonne herausgekommen ist. Mittagessenszeit – auch im Weinberg wird nach elsässischer Manier gut getafelt. Allerdings kocht frau inzwischen nicht mehr selbst, sondern das Essen wird von einem Restaurant in der Nähe geliefert. Während wir danach noch ein bisschen sitzen und unsere schmerzenden Rücken anlehnen dürfen, fährt Henri mit dem voll beladenen Traktor eilig nach Ribeauvillé – der Oxidationsprozess setzt schon nach kurzer Zeit ein, auch hier ist Eile also wieder oberstes Gebot. In der Genossenschaft kommen die Beeren sofort in die Presse, außerdem wird der Öchslegehalt gemessen. Ein Computerausdruck gibt dem Winzer sofort darüber Auskunft – und damit auch über seinen Verdienst.

Weinstraße nördlich von Colmar

Drei Burgen bewachen den Ort

Metzgerturm/Eglise St-Grégoire: Die Augustinerkirche passierend, folgt man weiter der Grand' Rue hinauf zum *Metzgerturm.* Der im 13. Jh. erbaute Koloss diente einst als Tor zwischen Alt- und Neustadt, als Gefängnis und Wachturm. Seinen Namen verdankt er der einst in seiner unmittelbaren Nähe stehenden Schlachthalle.

Passieren Sie das Tor und gehen weiter bis zum Restaurant Au Cerf, einem Gebäude aus dem 16. Jh. mit hübschem Renaissancebrunnen. Rechts führt die Straße zur *Eglise St-Grégoire* hinauf, die zwischen 1300 und 1650 erbaut wurde. Im Tympanon über dem Hauptportal sieht man eine Kreuzigungsszene. Im rechten Seitenschiff sollten Sie der polychromen Madonnenfigur Beachtung schenken. Links steht der älteste steinerne Ölberg des Elsass. Stolz sind die Rappoltsweiler Bürger auch auf die Silbermannorgel.

Place de la Sinne/Place de la République: Zurück auf der Grand' Rue geht man weiter bis zur *Place de la Sinne,* wo im einstigen Hôtel Au Soleil mit hübschem Treppenturm im Hof (heute ein Souvenirgeschäft) im Jahre 1788 zum letzten Mal die legendäre Versammlung der Pfeiferbruderschaft stattfand. Oberhalb davon liegt der kleine *Bockplatz.* Die rechts verlaufende Rinne erinnert daran, dass hier einst das Wasser des Stadtbachs rauschte. Den Abschluss des Rundgangs bildet die lang gezogene *Place de la République* mit einem Löwenbrunnen. An seinem Ende beginnt ein Fußweg zu den Schlössern hinauf (siehe Wanderung 12, S. 285 f).

Umgebung von Ribeauvillé

Notre-Dame de Dusenbach: Von einem Kreuzzug brachte Egenolph von Urslingen Anfang des 13. Jh. eine Muttergottesfigur mit und ließ dafür im Dusenbachtal eine Kapelle errichten. Bald entwickelte sich daraus eine wichtige Wallfahrtsstätte. Mehrmals wurde diese zerstört, wobei auch die ursprüngliche Madonna verloren ging, die man im 15. Jh. durch eine Pietà ersetzte. Anfang des 17. Jh. stellte sich die Pfeiferbruderschaft unter den Schutz der Notre-Dame von Dusenbach. Alljährlich am 8. September feierte man hier ihr zu Ehren eine Messe. Mittlerweile existiert an dem Ort ein Kapuzinerkloster, für die Wallfahrt errichtete man eine große Kirche. In der linken Seitenkapelle ist die hoch verehrte Pietà (15. Jh.) zu sehen. In sitzender Stellung hält die Gottesmutter den toten Christus auf ihren Knien. Gegenüber der Kirche steht die 1894 nach ursprünglichen Plänen errichtete *Gnadenkapelle.* An der rechten Wand lassen sehenswerte Wandbilder aus dem Jahre 1938 die Vergangenheit aufleben, schildern z. B. den Beginn der Verehrung Anfang des 13. Jh. und die Huldigung der Pfeifer.

Lage Mit dem Auto erreicht man die Wallfahrtsstätte über die D 416 Richtung Ste-Marie-aux-Mines. Nach etwa 2 km zweigt ein Waldweg zur ab (beschildert, knapp 1 km). Zu Fuß siehe Wanderung 12, S. 285 f.

Die Burgen von Ribeauvillé: Ein wunderbares Bild bieten die dicht beieinander gelegenen Ruinen über dem Strengbachtal, die man nur zu Fuß erreichen kann (siehe Wanderung 12; alternativ zur dort beschriebenen Route führt in Ribeauvillé ab der Place de la République ein weiterer Fußweg durch Weinberge und Wald in ca. 40 Minuten zum Ziel). Am beeindruckendsten und am besten erhalten ist die auf zwei Felsen errichtete Ulrichsburg.

Ulrichsburg: Schaut man unmittelbar nach dem Durchschreiten des Tores nach rechts aufwärts, entdeckt man am Wohnturm ein schönes Palmenmotiv, das man im gesamten Komplex immer wieder finden kann. Gehen Sie über eine Holzbrücke in den Vorhof mit der Zisterne und von dort über Stufen aufwärts. Vor dem Wohnturm wendet man sich nach links zum Oberhof, von wo man den einst prunkvollen *Rittersaal* einsehen kann. Bemerkenswert sind die sieben doppelten Fenster mit filigranen, immer anders gestalteten Giebelfeldern. Am Ende des Oberhofs sieht man links die Reste der *Burgkapelle*, rechts den Zugang zu weiteren Wohnräumen.

Château St-Ulrich

Gehen Sie nun wieder zurück zum Eingang des Oberhofs und steigen Sie über den Wohnturm zum Bergfried hinauf. Nachdem man 64 Stufen überwunden hat, genießt man einen wunderbaren Blick aufs Strengbachtal, auf Ribeauvillé und die Rheinebene. Davon hatte aber wohl Kunigunde von Hungerstein nichts, als sie hier 1487 eingesperrt wurde. Der schönen jungen Frau war vorgeworfen worden, ihren weitaus älteren Gatten mit Hilfe ihrer Liebhaber heimtückisch erwürgt zu haben. Dem Tod durch Ertränken entging sie, nicht jedoch jahrzehntelanger Haft.

Ruine Guirsberg: Sie erhebt sich gegenüber der Ulrichsburg, stammt aus dem 13. Jh. und ist nach den Herren benannt, die sie von den Ribeaupierre als Lehen bekommen hatten. Von hier aus genießt man einen einzigartigen Blick auf die Ulrichsburg.

Château du Haut-Ribeaupierre: Es befindet sich oberhalb der Ulrichsburg, wurde ebenfalls im 13. Jh. errichtet und war zeitweiliger Wohnsitz der Familie Ribeaupierre. Seine Fundamente gehen, wie Münzfunde belegen, auf das römische Zeitalter zurück. Der Aufstieg lohnt v. a. wegen des weiten Blicks über die Vogesen, der runde Bergfried kann aus Sicherheitsgründen nicht besichtigt werden.

Wehrkirche/Parc des Cigognes in Hunawihr: Mit seiner malerischen mittelalterlichen *Wehrkirche* ist das von ergiebigen Weinbergen umgebene Dörfchen ein besonders beliebtes Fotomotiv. Das Gotteshaus aus dem 15. Jh. und der dahinter liegende Friedhof werden von einer mit sechs Bollwerken verstärkten Mauer geschützt und boten so in unruhigen Zeiten den Bewohnern des unbefestigten Ortes eine sichere Zuflucht. Im Innern finden Sie in einer Seitenkapelle links vom Chor 14 wunderschöne

Kunststück

Fresken in blassen Farben. Sie erzählen Ereignisse aus dem Leben des heiligen Nikolaus (obere Reihe) und stellen seine Wunder dar (untere Reihe). Das 15. Bild, rechts neben dem Fenster an der Ostwand, stammt möglicherweise aus dem 16. Jh. und von einem anderen Maler. Es zeigt wahrscheinlich die Krönung Mariens durch die Dreifaltigkeit, nach anderer Meinung aber die der heiligen Huna, die hier im Mittelalter durch Wallfahrten verehrt wurde. Die Kirche wird von beiden Konfessionen benutzt. Vom O.T. in Ribeauvillé werden während der Sommermonate einmal pro Woche Führungen durch die Kirche angeboten.

Darüber hinaus lohnt ein Besuch Hunawihrs wegen seiner pittoresken Gassen. Die meisten Besucher kommen jedoch, um die Tierparks am Ortseingang zu besuchen. Auf den Wiesen und in Gehegen des *Parc des Cigognes* sieht man unzählige Störche, Enten, Gänse und Reiher. Doch nicht nur die Nachzucht Meister Adebars gehört zum Programm des Parks, vielmehr bemüht man sich auch, den Sumpfbiber im Elsass wieder heimisch zu machen. Größte Attraktion ist die 30-minütige Tierschau, bei der Schwimm- und Jagdkünste von Pinguinen, Ohrenrobben und Fischottern vorgeführt werden und man u. a. beobachten kann, wie ein Kormoran versucht, einen Aal zu fangen.

Im benachbarten *Jardin des Papillons* kann man in einem riesigen Gewächshaus mehrere hundert bunte Schmetterlinge aus Afrika, Asien und Amerika bewundern, außerdem exotische Pflanzen, die in Symbiose mit den Schmetterlingen leben.

● *Lage* Von der Weinstraße (D 1bis) zweigt man auf die D 1$^{bis\,III}$ ab.

● *Öffnungszeiten/Eintritt* **Parc des Cigognes**, 1.4.–11.11. tägl. 10–12 und 14–17.30 Uhr, im Juli und August bis 18 Uhr, dann entfällt auch die Mittagspause. Die Vorführungen der fischenden Tiere finden um 15, 16, in der Hochsaison auch um 17 und 18 Uhr statt. Erwachsene 7,50 €, Kinder (5 bis 14 Jahre) 5 €.
Jardin des Papillons, 1.4.–11.11. tägl. zwischen 10 und 17 Uhr bzw. bis 18 (Mai, Juni, September) oder 19 Uhr (Juli, August). Erwachsene 5,50 €, Kinder (5 bis 14 Jahre) 4 €.

● *Übernachten/Essen* **Winstub Suzel**, empfehlenswerte Weinstube mitten in Hunawihr. Auf den Tisch kommt gute elsässische Küche, darüber hinaus ein großes Angebot an Salaten, die man auch als kleine Portion bestellen kann. Leckeres hausgemachtes Eis, Menü ab 14 €. Familie Mittnacht vermietet außerdem Gästezimmer zum Preis von 40 €. Di geschl. 2, rue de l'Eglise, ✆/📠 0389733085.

Zellenberg: Durch seine Lage auf einem Bergrücken bleibt das schmucke, kleine Zellenberg mit seinen zwei gut erhaltenen runden Wachtürmen vom Durchgangsverkehr und vom großen Rummel verschont. Von der Kirche kann man über die Rue du Schlossberg in wenigen Minuten zu einem Aussichtspunkt laufen und ein wunderbares Weinstraßenpanorama genießen. Zurück geht es über die Parallelstraße, vorbei an einem hübschen Brunnen mit einem niedlichen Knaben, der einen Traubenhenkel in der Hand hält. An vielen Häusern finden sich Erklärungstafeln zu ihrer historischen Funktion.

● *Lage* Zellenberg liegt etwa 0,5 km östlich der D 1bis.

● *Übernachten/Essen* ***** Hôtel Restaurant Le Schlossberg,** zwischen zwei Gassen im alten Ortskern gelegen. Gemütlich eingerichtete Zimmer mit AC, Minibar, Bad, z. T. auch mit Balkon, auf Wunsch Garagenplatz. Zu zweit bezahlt man 54 €. In der Küche schwingt der Chef selbst den Kochlöffel und sorgt dafür, dass deftig-leckeres Essen auf den Tisch kommt: Ochsenkotelett, Kaninchen in Pinot-noir-Sauce usw. Tägl. geöffnet, durchgehend warme Küche. 59 a, rue de la Fontaine, ✆ 0389479385, ✆ 0389478240.

Caveau du Vigneron, sehr schönes Lokal nahe der Kirche mit elsässischen Gerichten und noch etwas mehr. Gutes Angebot an Speisen mit Fisch. Menü ab 19 €. Di und Mi geschl. 5, rte d'Ostheim, ✆ 0389478157.

Wanderung 12: Rund um Ribeauvillé

Abgesehen von kurzen, steilen Passagen ist die 10 km lange Wanderung zur Dusenbacher Wallfahrtsstätte und den Burgen oberhalb der Stadt angenehm zu gehen. Unterwegs bestehen keine Versorgungsmöglichkeiten.

Vom **O.T. in Ribeauvillé** geht man über die Grand' Rue zum Pl. de la République und weiter aufwärts, stößt auf die Straße nach Ste-Marie-aux-Mines (1,5 km) und folgt dieser. Nach 350 m biegt man gegenüber vom Haus Nr. 15 nach rechts auf einen mit blauem Dreieck gekennzeichneten Pfad ab. Zunächst zwischen Gärten und Weinbergen, dann durch lichten Wald wandert man erst leicht aufwärts, dann eben weiter. Nach 1,2 km stößt der Pfad auf eine Piste, der man nach rechts folgt, um bald über Treppen zur **Dusenbacher Wallfahrtsstätte** hinabzusteigen.

Gehen Sie links an der großen Kirche entlang zu einer Piste und steigen Sie wenige Meter weiter über eine Treppe aufwärts. An ihrem Ende beginnt der mit einem gelben Kreuz markierte Pfad zu den Burgen, dem man konsequent folgt. Ein steiler Anstieg bringt Sie in 600 m zum sog. **Kahlfelsen,** ab hier wandert man auf einer Piste weiter, bis nach 800 m ein Pfad (rotes Rechteck) nach links abzweigt.

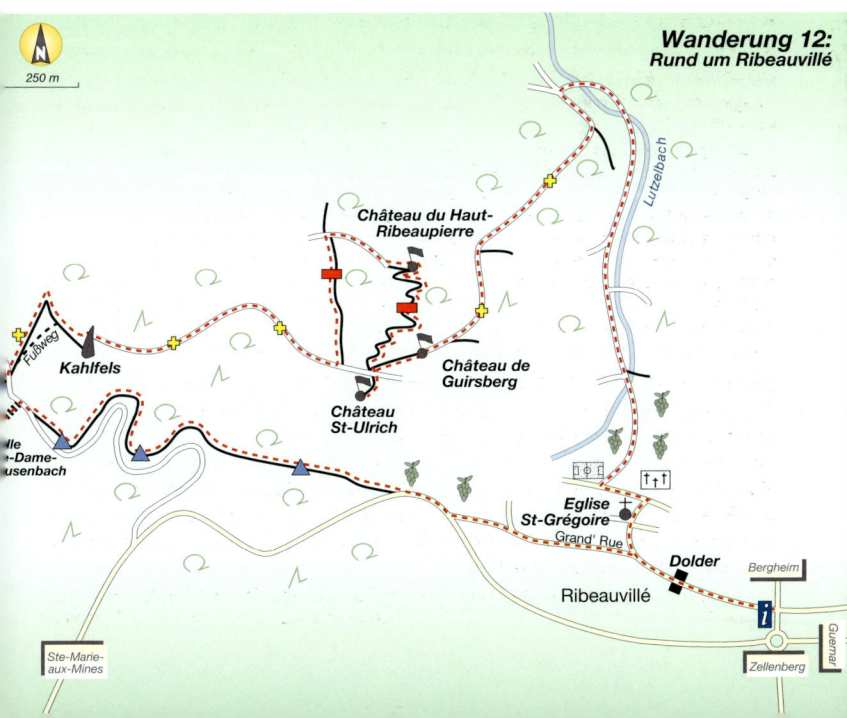

Die Wehrkirche von Hunawihr

Trotz des nun folgenden Anstiegs sollte man immer wieder einmal zurückblicken, denn die Aussicht ist phantastisch. An einer markanten Kreuzung hält man sich rechts und erreicht 300 m danach die **Burg Haut-Ribeaupierre.**

Für den folgenden Abschnitt ist etwas Trittsicherheit notwendig, denn in Serpentinen wandert man auf einem schmalen Wegchen (rotes Rechteck) ca. 700 m sehr steil abwärts bis zur **Ulrichsburg.** Von hier geht man nach rechts auf eine Piste und zweigt sogleich nach links zur **Ruine Guirsberg** ab. Ein breiter Fahrweg (gelbes Kreuz) führt dahinter durch den Wald eben bzw. leicht abwärts bis zu einer Quelle, wo man den **Lutzelbach** quert. Biegen Sie auf eine weitere Piste nach rechts ab und wandern so in dem engen, dicht bewaldeten Tal bis zum Sportplatz von Ribeauvillé. Dort hält man sich links, zweigt bald in die Grand Rue de l'Eglise ab und erreicht an ihrem Ende die Hauptstraße des Städtchens.

Wanderung 13: Durch die Weinberge

Etwa 9,5 km wandern Sie auf dieser etwa dreistündigen, gemächlichen Tour zumeist auf schmalen, kaum befahrenen Asphaltsträßchen durch das schöne Rebland und lernen dabei auch noch fünf z. T. sehr sehenswerte Weinorte kennen. Wir haben diese Wanderung in Anlehnung an den Weinlehrpfad "Les Perles du Vignoble" entwickelt, deshalb ist er zu großen Teilen durch mit diesem Schriftzug markiert. Wenn Sie mögen, können Sie die Tour um weitere 5 km verlängern, indem Sie in Mittelwihr nicht direkt nach Beblenheim weitergehen, sondern erst – wie es der Weinlehrpfad vorgibt – nach Bennwihr wandern. Unterwegs gibt es viele Einkehrmöglichkeiten.

Starten Sie in **Hunawihr an der Mairie** und gehen Sie auf der Grand' Rue in westliche Richtung bis zur Rue de Riquewihr, auf der Sie das Dorf verlassen. Sanft ansteigend wandert man, alle Abzweigungen nicht beachtend, auf dem Sträßchen ca. einen Kilometer Richtung Waldrand, wo man an einer Gabelung geradeaus weitergeht. Auf der anderen Seite des Wäldchens zweigt man nach ca. 750 m an einer markanten Kreuzung nach links ab und geht nun, immer der Markierung mit dem Weinblatt folgend, durch die Weinberge der Grand-Cru-Lage Schoenenbourg ab-

wärts. Von hier genießt man einen der malerischsten Blicke auf den Weinort **Riquewihr.**

Nach etwa einem Kilometer kann man den Weinlehrpfad abkürzen, indem man nicht der Asphaltstraße nach links folgt, sondern auf einem Pfad zuerst geradeaus, dann über Treppen zum Hôtel de Ville des Städtchens geht. Auf der Rue Ch. de Gaulle hat man in wenigen Minuten das Office de Tourisme erreicht. Biegen Sie nach links in die Rue de la 1ère Armée ein und halten Sie sich am Ortsrand links. Die Rue de Mittelwihr führt aus Riquewihr

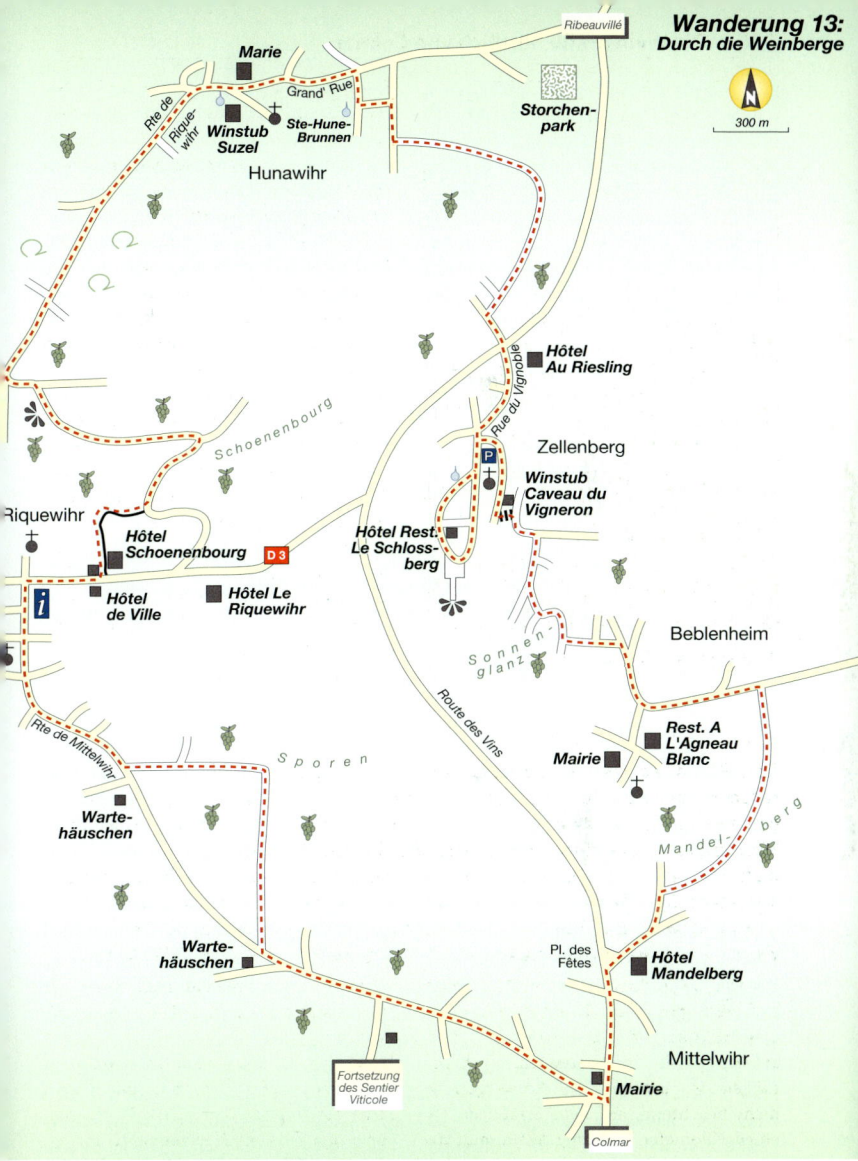

Ribeauvillé

Marie

Grand' Rue

Storchen-
park

300 m

Rte de Riquewihr

Winstub Suzel

Ste-Hune-Brunnen

Hunawihr

Hôtel
Au Riesling

Rue du Vignoble

Zellenberg

Schoenenbourg

Winstub
Caveau du
Vigneron

Riquewihr

Hôtel
Schoenenbourg

D 3

Hôtel Rest.
Le Schloss-berg

Hôtel
de Ville

Hôtel Le
Riquewihr

Sonnen-
glanz

Beblenheim

Route des Vins

Rest. A
L'Agneau
Blanc

Mairie

Rte de Mittelwihr

Sporen

Mandel-berg

Warte-
häuschen

Warte-
häuschen

Pl. des
Fêtes

Hôtel
Mandelberg

Mittelwihr

Fortsetzung
des Sentier
Viticole

Mairie

Colmar

hinaus. Nach ca. 400 m zweigen Sie auf eine Piste in die Weinberge des Sporen ab (Holzschild beachten!), halten sich an der nächsten Gabelung geradeaus und biegen nach weiteren 400 m an einer T-Kreuzung (ohne Markierung) rechts ab. Bald haben Sie wieder das Asphaltsträßchen erreicht, das Sie in wenigen Minuten zur Gemarkungsgrenze Riquewihr-Mittelwihr bringt. Dort besteht die Möglichkeit, rechts nach Bennwihr abzuzweigen – ein Weg mit schönen Ausblicken.

Die von uns vorgeschlagene Tour führt aber ins Zentrum des im letzten Krieg stark zerstörten Dorfes **Mittelwihr**. Am Rathaus biegt man nach links auf die viel befahrene Route des Vins ab. Diese verlässt man wieder an der Place des Fêtes bzw. an dem auffallenden Hôtel Mandelberg, hinter dem man auf einem schmalen Sträßchen durch die gleichnamigen Grand-Cru-Weinberge läuft. Den Beschilderungen folgend, wandert man auf einer Piste in knapp einem Kilometer in das hübsche Dorf **Beblenheim**. Vor der Mairie hält man sich rechts, 200 m weiter links und kommt so in die Rue de Ribeauvillé. Holzschilder weisen Ihnen konsequent den Weg durch die Weinberge Sonnenglanz bis zu dem auf einem Felsen thronenden Ort **Zellenberg**. An der Kirche kann man die Tour nach rechts fortsetzen, empfehlenswerter ist es aber, auf einem kurzen Umweg das hübsche Zentrum mit alten Häusern und Brunnen kennen zu lernen und einen wunderbaren Panoramablick auf Riquewihr zu genießen. Anschließend geht man über die Rue du Vignoble abwärts zur Route des Vins und überquert diese beim Hôtel Riesling. Bald darauf hält man sich rechts und wandert nun auf einer Piste durch die Reben nach Hunawihr, wo man sich am Brunnen der heiligen Huna oder in einer der Winstubs erfrischen kann.

Riquewihr

Romantische Gassen, buckeliges Kopfsteinpflaster, wunderschöne Fachwerkhäuser, mächtige Türme und Mauern – kein Ort der Weinstraße ist so pittoresk wie Riquewihr. Beide Weltkriege hat das nur 1000 Einwohner zählende Städtchen ohne großen Schaden überstanden, und vieles blieb erhalten, wie es vor Jahrhunderten erbaut worden ist.

Doch natürlich muss man sich dieses elsässische Rothenburg o.T. mit etlichen anderen Touristen teilen, nahezu jedes Auto scheint von der Durchgangsstraße hierher abzuzweigen, hinzu kommen noch unzählige Busse mit Tagesbesuchern aus Frankreich, Deutschland und der Schweiz. Jedes zweite Haus scheint vom Tourismus zu leben, unzählige Probierstuben, in denen z. B. der hervorragende Rebensaft der Lagen Schoenenbourg und Sporen feilgeboten wird, etliche Andenken-, noch mehr Feinkostläden und Bäckereien, mehr als 30 Lokale ... Am Nachmittag ist auf der Hauptgasse fast kein Durchkommen mehr möglich. Abends jedoch kehrt zum Glück wieder Ruhe ein. Dann bekommt man in den unzähligen Weinstuben schnell einen Platz und hat bei einem nächtlichen Spaziergang die mittelalterlichen Gassen weitgehend für sich allein.

Geschichte: Der deutsche Name *Reichenweier* geht zurück auf ein hier im 6. Jh. durch einen reichen Franken – man nannte ihn Richo – errichtetes Landgut, das alsbald als *Richovilla* bekannt wurde. Im 11. Jh. war der Ort im Besitz der Grafen von Eguisheim, dann gehörte er denen von Horburg, die ihn befestigen ließen, zur Stadt erhoben und diese 1324 an die Grafen von Württemberg verkauften. Durch eine Eheschließung vereinigten sich 1397 die Häuser Württemberg und Mömpelgard miteinander, Riquewihr unterstand bis 1796 deren Herrschaft. Die wichtigsten Ereignisse in dieser Zeit waren ein schlimmes Judenpogrom 1416, der Bau einer zweiten Stadtmauer 1500 und eine Pestepidemie 1527. Aber gerade das 16. Jh. war auch eine Zeit des Wohlstandes, aus der heute noch zahlreiche Häuser erhalten sind. Schlimm wirkten sich dann der Dreißigjährige Krieg und 1652 ein Einfall lothringischer Truppen aus. Nur 35 Bewohner sollen am Leben geblieben sein. Bis dann die Revolution ausbrach und die Tage der Herzöge von Württemberg-Mömpelgard gezählt waren, hatte sich das Städtchen wieder erholt.

*L*age/*A*dressen/*V*erbindungen

- *PLZ* 68340
- *Lage* Von der Weinstraße (D 1bis) zweigt man auf die D 3 ab.
- *Information* Das **Office de Tourisme** ist ganzjährig Mo–Sa, von Mai bis September auch am So geöffnet. 2, rue de la 1ère Armée, ✆ 0820360922, ✇ 0389490849, www.ribeauville-riquewihr.com.
- *Minitrain* Von Ostern bis Ende Oktober fährt tägl. zwischen 10 und 18 Uhr zu jeder vollen Stunde ein kleiner Zug durch die Stadt und die Weinberge (wunderbarer Blick!), Dauer ca. 50 Minuten. Abfahrt am Hôtel de Ville. Erwachsene 5,50 €, Kinder (6–14 Jahre) 4 €.
- *Parken* Ein großer kostenpflichtiger Parkplatz (5 Std. 2 €) befindet sich links vor dem Zugang zur Altstadt. Kostenfreie Parkplätze gibt es z. B. in der av. Méquillet.
- *Markt* Fr vor der protestantischen Kirche.
- *Kinder* Der Diebesturm mit **Folterkammer** (s. u.) ist für größere Kinder auf jeden Fall von Interesse.
- *Einkaufen* **Feerie de Noel**, mit dieser Filiale des Käthe-Wohlfahrt-Unternehmens ist endgültig die Parallele zu Rothenburg o.T. hergestellt. Wie dort dreht sich der riesige Christbaum das ganze Jahr, sodass man auch im Sommerurlaub schon hölzerne Nikoläuse besorgen kann. 1, rue du Cerf. **A l'Orée du Bois Fleuri**, kleiner, vollgestopfter Laden mit Dekorationen aller Art, darunter auch eine hübsche Sammlung von Puppen in elsässischer Tracht. 33, rue du Gal de Gaulle. **Fabrication Artisanale**, Handtücher und andere mit elsässischen Motiven bedruckte und bestickte Textilien aus Stosswihr wer-

Weinberge bis an den Ortsrand

den in einem kleinen Laden neben dem O.T. verkauft. 23, rue du Gal de Gaulle.
- *Post* Am Parkplatz vor dem Ort.
- *Polizei* Nur von Mitte Juni bis Mitte September ist ein Polizeiposten in Riquewihr: 2, rue de la 1ère Armée, ✆ 0389860845. In den übrigen Monaten ist die Gendarmerie von Ribeauvillé zuständig.
- *Öffentliche Toiletten* Am Parkplatz vor dem Ort, am Obertor und in der Rue Latérale.

*Ü*bernachten/*E*ssen und *T*rinken

- *Übernachten* *** **Hôtel a l'Oriel (7)**, in altem Fachwerkgebälk wurden hier 19 wunderschöne und komfortable Zimmer, z. T. im Maisonettestil, eingerichtet, für die man zu zweit zwischen 61 und 104 € bezahlt. Einen Parkplatz gibt es zum Preis von knapp 8 €/Tag. 3, rue des Ecuries Seigneuriales, ✆ 0389490313, ✇ 0389479287.
- ** **Hôtel Saint Nicolas (3)**, angenehmer Familienbetrieb mit 33 traditionell eingerichteten Zimmern in zwei Häusern. Der Preis für ein DZ beträgt 50 €, einen Parkplatz bekommt man für 4 €/Tag, ein Garagenplatz kostet 6 €. Angeschlossen ist auch ein nettes Restaurant. 2, rue St-Nicolas, ✆ 0389 490151, ✇ 0389490436.

** **Hôtel le Sarement d'Or (2)**, neun hübsche Zimmer (55–75 €) vermietet Gilbert Merckling schräg gegenüber. Das angeschlossene Restaurant bietet vorzügliche Küche mit etwas ausgefalleneren Gerichten. 4, rue du Cerf, ✆ 0389860286, ✇ 0389479923.

**** **Camping Intercommunal**, 150 Plätze und angenehmen Komfort (u. a. kostenpflichtiger Tennisplatz) bietet dieser Platz direkt an der Weinstraße nahe der Abzweigung nach Riquewihr. Keine Reservierung im Voraus möglich. Von Ostern bis Ende Oktober geöffnet. ✆ 0389479008, ✇ 0389490563.
- *Essen/Trinken* **Restaurant la Table du Gourmet (6)**, wie der Name es schon verspricht: ein erstklassiges Speiserestaurant

Übernachten

2 Le Sarement d'Or
3 St-Nicolas
7 L'Oriel

Essen und Trinken

1 Au Trotthus
4 Au Tire Bouchon
5 Au Péché Mignon
6 La Table du Gourmet
8 Le Passage

Riquewih

Route des Vins

mit jahreszeitlich abgestimmten Menüs zum Preis von 37 bis 70 €. Di (ganztägig), Mi und Do (jeweils mittags), von Mitte November bis Ende März Di und Mi (jeweils ganztägig) geschlossen. 5, rue de la 1ère Armée, ☎ 0389490909.

Winstub au Tire Bouchon (4), seit Jahren gehört die gemütliche Weinstube von Antoine Zimmer zu den Klassikern in der Region – zu Recht, denn man fühlt sich einfach wohl. Besonders hübsch sitzt man im Sommer im Innenhof bei regionalen Spezialitäten wie Linsensalat oder Flussfischragout. Unter dem

11.10.06

Choucroute Royale für zwei Personen, übergossen mit einer Flasche Crémant, scheint sich der Tisch fast biegen zu wollen – ob das wohl schon jemand aufessen konnte? 29, rue du Gal de Gaulle, ☎ 0389479161.

Restaurant Winstub au Péché Mignon (5), ganz besonders gemütlich ist das etwas abseits gelegene Lokal. Man sitzt wie in der Wohnstube auf Sofas und Sesseln zwischen üppiger Dekoration. Im Angebot sind viele kleine Gerichte. Durchgehend warme und kalte Küche, während der Saison kein Ruhetag. 5, rue Dinzheim, ☎ 0389490417.

10.10.06

Caveau Trotthus (1), beim Speisen wird man vom Papagei Coco unterhalten. Viele kleine Gerichte wie Salat mit Entenbrust oder Bauernomelett, interessante Flammkuchenvariationen, probieren Sie einmal den mit Cervelat und Munster. 9, rue des Juifs, ✆ 0389479647.

Auberge St-Alexis, am oberen Ortsende von Riquewihr beginnt am Feuerwehrhaus ein ca. 6 km langer Fahrweg hinauf zu diesem besonders schön gelegenen Ausflugslokal hoch über dem Dorf (ca. 5,5 km auf schlechter Asphaltstraße, dann biegt man nach links auf einen Waldweg ab; man erreicht das Gasthaus auch zu Fuß in ca. 1 Std.

ab dem Feuerwehrhaus, Wanderzeichen rot-weiß-roter Balken, dann gelbe Scheibe und schließlich blaues Kreuz). Auf einer kleinen Lichtung bekommt man gegenüber der gleichnamigen Kapelle in einem hübschen Bauernhaus mehrere Menüs, die Brigitte Hertle täglich frisch zubereitet. Ein Gedicht ist ihr Hasenpfeffer, Naschkatzen kommen an den hausgemachten Kuchen nicht vorbei. Fr geschl., ✆ 0389739088.

Le Passage (8), beim Rathaus findet man die beste Eisdiele von Riquewihr. Viele Sorten, z. B. auch weiße Schokolade oder Passionsfrucht.

Weinstraße nördlich von Colmar

Im Freien schmeckt's noch mal so gut

Sehenswertes

Place Voltaire: An der Stelle des neoklassizistischen *Hôtel de Ville* stand bis 1808 das einstige Untertor der Stadt. Gegenüber hängt an der Wand die Nachbildung eines Stiches des Kartenzeichners und Kupferstechers Merian, auf dem dieser das mittelalterliche Riquewihr dargestellt hat.

Schloss/Musée Regional des PTT d'Alsace: Einige Stufen führen zu der von Linden gesäumten Place du Château mit dem ehemaligen Schloss der Herzöge von Württemberg-Mömpelgard, dessen Treppengiebel von einem Hirschgeweih gekrönt wird; davor befinden sich einige historische Funde aus der Umgebung. Im Innern des Schlosses ist das *Elsässer Postmuseum* untergebracht, das sehr gründlich und vielfältig die Geschichte der Post von der römischen Zeit bis heute thematisiert. Die Sammlung enthält u. a. antike Meilensteine, Schriftbeispiele, Uniformen, Modelle zur

Entwicklung des Telegraphen, des Telefons und geht auch auf die moderne Datenübermittlungstechnologie ein.

Öffnungszeiten/Eintritt April–Oktober tägl. außer Di 10–12 und 14–17.30 Uhr. Erwachsene 3 €, Kinder 2,50 €. Wenn Sie außerdem das Musée de la Diligence (s. u.) besuchen möchten, lohnt es sich, ein Sammelticket zum Preis von 5 € zu erwerben.

Maison Schickardt/Musée de la Diligence: Wieder zurück an der Place Voltaire, biegt man links in die von prächtigen Häusern gesäumte Rue du Gal de Gaulle ein. An der nächsten Straßenecke steht rechts das *Maison Schickardt* aus dem Jahre 1606 mit einem besonders schönen steinernen Renaissanceportal, -erker und -giebel. Dahinter zweigt man nach rechts zum *Musée de la Diligence* ab. Wunderschöne Postkutschen aus dem 18., 19. und frühen 20. Jh. und alles, was damit in Zusammenhang stand, werden in der Ausstellung gezeigt.

Öffnungszeiten/Eintritt Siehe Musée des PTT d'Alsace.

Musée Hansi/Cour des Cigognes: Zurück in der Rue du Gal de Gaulle, sehen Sie rechts ein gelb getünchtes Fachwerkhaus mit kunstvollen Verstrebungen; es ist eines der höchsten im Elsass. Daneben steht das *Musée Hansi*. In mehreren Räumen werden bekannte und weniger bekannte Bilder und Plakate des elsässischen Malers ausgestellt. Interessant ist auch der im Erdgeschoss befindliche Museumsshop, in dem verschiedene Utensilien mit Hansimotiven angeboten werden.

Direkt daneben befindet sich der hübsche *Cour des Cigognes,* der 1535 erbaute Storchenhof mit Brunnen, Holzgalerien und kunstvollen Fensterrahmen, heute ein Restaurant.

Öffnungszeiten/Eintritt Von April bis Dezember tägl. 10–18 Uhr, im Januar nur Sa/So 14–18 Uhr, im Febr. jeden Nachmittag außer Mo. Erwachsene 2 €, unter 16 Jahre gratis.

Rue des trois Eglises: Gehen Sie nun weiter bis zum Office de Tourisme und biegen Sie dort nach rechts in die *Rue des trois Eglises* ein. Sie trägt ihren Namen nach den Kirchen, die hier im Mittelalter standen: die gotische Margarethenkirche anstelle des heutigen evangelischen Gotteshauses und nach zwei weitere. Um deren Spuren aufzufinden, benötigt man beinahe detektivischen Spürsinn. Beide hat man nämlich im 16. Jh. in Wohnhäuser umgewandelt. Dasjenige hinter der evangelischen Kirche, erkennbar an den gotischen Fenstern, war die ehemalige Liebfrauenkirche und das links daneben die Erhardskirche. Das Wohnzimmer des Letzteren soll heute noch von einem Wandbild des Jüngsten Gerichts geschmückt sein.

Fachwerkhäuser in der Rue du Gal de Gaulle: Gehen Sie zurück in die Rue du Gal de Gaulle und an zwei Fachwerkhäusern mit schönen Schnitzbalken vorbei weiter aufwärts. Auf der linken Seite steht das *Haus Zum Schwarzen Bären* (Nr. 27), an dessen Eckpfosten man ein Männeken-Pis ausmachen kann. Schräg gegenüber sind am *Haus des Weinstichers* (Nr. 42) – er testete den Wein der Stadt und stand in hohem Ansehen – originelle Verzierungen, z. B. Kraken, zu erkennen. In Haus Nr. 45 wohnte der Nagelschmied; er ließ sich mit Vollbart und Panzerhemd auf dem Eckpfosten abbilden.

Dolder: Geradeaus auf der Rue du Gal de Gaulle weitergehend, kommt man zum Wahrzeichen der Stadt, einem einstigen Wachturm aus dem Jahre 1291. Heute beherbergt der *Dolder* ein kleines Heimatmuseum. In vier Stockwerken sind hauptsächlich Waffen, aber auch Haushaltsgeräte, Feuerwehrhelme, geschnitzte Eckbalken etc. untergebracht. Von oben genießt man einen wunderbaren Blick auf die Dächer der Stadt.

Öffnungszeiten/Eintritt April–Oktober Sa, So und an Feiertagen 10.15–12.30 und 14–18.30 Uhr, im Juli und August täglich. Erwachsene 2 €, Kinder unter 10 Jahren frei. Wenn Sie außerdem die Tour des Voleurs, den Diebesturm, besuchen möchten, lohnt es sich, ein Sammelticket zum Preis von 3 € zu erwerben.

Tour des Voleurs: Noch etwas weiter oben steht das Obertor. Geht man hindurch und schaut zurück, sieht man, dass man es mit einem Fallgitter verschließen konnte. Auch ein beeindruckender Rest der äußeren Stadtmauer, in die man im 18. Jh. die Häuser integriert hat, blieb erhalten. Zurück am Dolder, biegt man nach links in die Rue

Im ehemaligen Wachturm ist heute ein Museum untergebracht

des Juifs ein und geht am Judenhof vorbei zur fünfeckigen *Tour des Voleurs,* dem Diebesturm. In dem wie das Obertor zur älteren Stadtmauer gehörenden Turm waren bis zur Revolution Gefängnis und Gericht untergebracht, hier wurden Diebe und als Hexen verunglimpfte Frauen eingesperrt und grausam gefoltert. Wie die Folter vonstatten ging, wird dem Besucher des Museums auch auf Deutsch mit Hilfe eines Tonbands erklärt. Zu sehen sind außerdem ein 6 m tiefes Verlies und ein Wachraum. Durch die Räume eines angrenzenden Winzerhauses verlässt man den Diebesturm wieder.

Öffnungszeiten/Eintritt Siehe Dolder.

Weitere Sehenswürdigkeiten: Auch abseits der Hauptwege gibt es etwas zu entdecken, z. B. die *Auberge du Cerf* aus dem Jahre 1566 in der Rue du Cerf oder den *Judenbrunnen* in der Rue Laterale. An der Ecke dieser Straße mit der Rue du Cheval entdeckt man ein Haus mit abgerundeten Ecken – die Kutscher hätten ihre Karossen andernfalls nicht um die Kurve lenken können. Bemerkenswert sind auch der *Cour de Strasbourg* in der Rue de la 1ère Armée und das mit Volutengiebeln verzierte Haus im Stil der rheinischen Renaissance in der Rue de la Couronne.

Umgebung von Riquewihr

Eglise St-Pierre-et-St-Paul in Sigolsheim: Ebenso wie das an der D 1bis gelegene Dorf musste nach dem Zweiten Weltkrieg auch die stark beschädigte romanische *Eglise Sts-Pierre-et-Paul* vom Ende des 12. Jh. wieder aufgebaut werden. Besonders interessant ist deren Westportal aus rötlichem Sandstein. Im Tympanon sieht man, wie Christus Petrus den Schlüssel und Paulus das Buch übergibt. Rechts davon bietet ein Winzer ein Fass, links ein anderer Mann einen Setzling als Gabe an. Darunter erkennt man das Lamm Gottes zwischen den Symbolen der Evangelisten. Die Kapitelle der das Portal flankierenden schlanken Säulen weisen ganz eigentümliche Steinmetzarbeiten auf: Fratzen, Sirenen, Vögel mit Menschenköpfen, einen Storch mit einer Schlange im Schnabel und Köpfe mit Judenhüten. Über den beiden Bullaugenfenstern werden die Blendbogenfriese von Katzen und Menschenköpfen getragen.

Kientzheim: In der Nähe des Obertors erinnert ein Panzer an die grausamen Schlachten im Zweiten Weltkrieg, von denen der malerische Ort aber glücklicherweise weitgehend verschont blieb. So kann man von hier in nördliche Richtung außen entlang der vollständig erhaltenen mittelalterlichen Stadtmauer und vorbei an

Heute sind die Kiepen aus Plastik

der *Tour des Fripons* bis zum Untertor spazieren. Dort begrüßt einen der "Lalli". Die Zunge der riesigen Fratze konnte, um Angreifer zu verspotten, von den Bewohnern hin- und herbewegt werden, heute bleibt sie jedoch brav in ihrem Mund. Hinter dem Tor steht links das *Château Schwendi,* ursprünglich das Schloss der Herren von Hohlandsberg, das im 16. Jh. aber in den Besitz des bekannten Generals Lazarus Schwendi geriet. Hier tagt regelmäßig die altehrwürdige "Confrerie St-Etienne". Gemäß ihrer Satzung aus dem Jahre 1561 zeichnet diese Bruderschaft, deren Mitglieder "die Freude, gutes Essen und die Elsässer Weine" lieben müssen, jedes Jahr ganz besondere Tropfen mit einem Qualitätssiegel aus. Außerdem befindet sich in diesem Schloss das *Musée du Vignoble et du Vin d'Alsace.* Auf drei Stockwerken sind Utensilien zur Arbeit im Weinberg und Winzerkeller ausgestellt: Kiepen und landwirtschaftliche Geräte, Weinpressen, Fässer, Korkmaschinen etc.

Geht man nach dem Verlassen des Museums die Straße weiter Richtung Stadtmitte, erreicht man die zentrale Place Schwendi mit einem hübschen Zipfelmützenbrunnen. Wenige Schritte östlich davon verdeutlichen naive Votivtäfelchen in der *Chapelle St-Felix-et-Ste-Régule,* unter welch dramatischen Umständen die französische Armee Kientzheim im Dezember 1944 befreit hat. Vorbei an schönen Häusern aus dem 16./17. Jh. kommt man von der Place Schwendi zur *Pfarrkirche,* in der neben dem linken Seitenaltar die Grabplatten Schwendis und seines Sohnes aufbewahrt werden. Von hier aus sind es nur wenige Schritte bis zum Obertor zurück.

• *Lage* Kientzheim liegt an der D 28 zwischen Sigolsheim und Kaysersberg.

• *Öffnungszeiten/Eintritt* **Musée du Vignoble et du Vin d'Alsace,** Juni–Oktober tägl. 10–12 und 14–18 Uhr, im Mai Sa, So und an Feiertagen. Erwachsene 3 €, Kinder ab 10 Jahren 2 €.

• *Übernachten/Essen* ** **Hostellerie Schwendi,** angenehmes Hotel mit gut ausgestatteten Zimmern (54–67 €). Im Keller des Hauses ist ein empfehlenswertes Restaurant untergebracht, in dem man u. a. raffinierte Kreationen wie Lachs- und Hechtroulade in Meeresfrüchtesauce speisen kann. Menü ab 20 €. Mittwochabends geschl. 2, pl. Schwendi, ✆ 0389473050, 📠 0389490449.

Über Kaysersberg wacht ein staufisches Château

Kaysersberg

Im Tal der Weiss "mit den zwei Gesichtern" liegt, einerseits von Vogesenbergen, andererseits von goldgelben Weinbergen eingerahmt und von einer staufischen Burgruine bewacht, eine weitere Perle der Weinstraße, die viel von ihrem mittelalterlichen Charme bewahrt hat.

Kaiser Friedrich II. erkannte die strategische Bedeutung des schon in gallorömischer Zeit als Wegstation "Mons Caesaris" bekannten Marktfleckens, kaufte diesen und ließ oberhalb davon 1227 das "Castrum Keisersperg" errichten. 1293 verlieh König Adolf von Nassau dem aufstrebenden Ort das Stadtrecht, und 1354 schloss sich die freie Reichsstadt dem Zehnstädtebund an. Ihr wirtschaftlicher Wohlstand in den folgenden Jahrhunderten ist heute noch an den reichen Bürgerhäusern und Kunstschätzen abzulesen. Ein Bummel durch die pittoresken Gassen und romantischen Winkel bietet jedoch nicht nur Sightseeing, sondern wegen der netten Lokale und interessanten Läden viel Gelegenheit zur Entspannung.

Weinstraße nördlich von Colmar

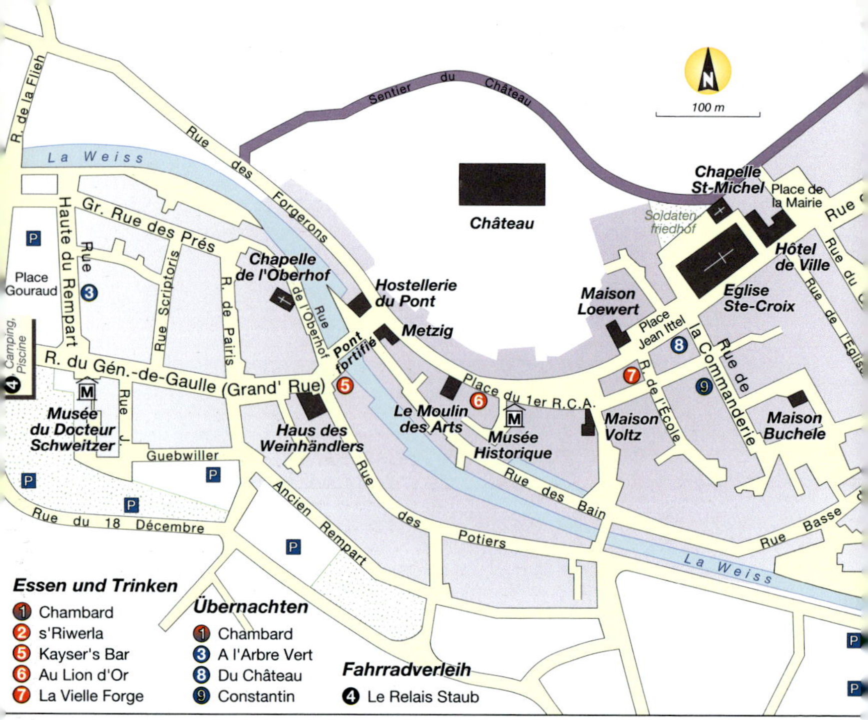

Essen und Trinken

1 Chambard
2 s'Riwerla
5 Kayser's Bar
6 Au Lion d'Or
7 La Vielle Forge

Übernachten

1 Chambard
3 A l'Arbre Vert
8 Du Château
9 Constantin

Fahrradverleih

4 Le Relais Staub

Zu den berühmten "Söhnen" der Stadt gehört neben dem hier gebürtigen Albert Schweitzer (siehe S. 227) der 1445 in Schaffhausen geborene Prediger Johann Geiler. Das vaterlose Kind wuchs bei seiner Kaysersberger Großmutter auf und fügte seinem Namen später diese Herkunftsbezeichnung zu; heute erinnert ein Denkmal auf dem gleichnamigen Platz an den streitbaren Theologen.

Lage/Adressen/Verbindungen

- *PLZ* 68240.
- *Lage* Kaysersberg liegt an der N 415.
- *Information* Das **Office de Tourisme** ist ganzjährig Mo–Sa, vom 15.6. bis 15.9. auch So (bis 16 Uhr) geöffnet. 39, rue du Gal de Gaulle, ☎ 0389782278, ✆ 0389782744, www.cc-kaysersberg.fr.
- *Führungen* Im Juli und August bietet das O.T. Führungen durch die Stadt an. Erwachsene 4 €, Kinder 2,50 €.
- *Parken* Am Wochenende bleibt die Altstadt für den Verkehr weitgehend gesperrt. Unweit davon findet man mehrere kostenpflichtige Plätze (2 €/Tag).
- *Taxi* ☎ 0389471158.
- *Fahrradverleih* **Le Relais Staub (4)**, Fahrräder in verschiedenen Ausführungen. 53, rte de Lapoutroie, ☎ 0389782488.

- *Markt* Mo auf dem Gelände des Parkplatzes 5 gegenüber der Post.
- *Feste* An jedem **Adventswochenende** (Fr–So) findet ein Weihnachtsmarkt statt. In den zwei Wochen vor Ostern kann man sich auf einem **Ostermarkt** mit Eiern, Hasen & Co. eindecken. Am 3. Wochenende im Juni feiert man das **Sonnenwendfest.**
- *Kinder/Schwimmen* **L'Espace nautique Arc en ciel,** modernes Hallen- und Freibad mit Sauna, Plansch- und Vergnügungsbecken im Vorort Alspach. Tägl. außer Montagvormittag, in der Nebensaison am So nur vormittags. Erwachsene 3,50 €, Kinder (3–12 Jahre) 2,15 €, ☎ 0389782627.
- *Einkaufen* **Verrerie d'art de Kaysersberg,** bei Mme Giraud kann man nicht nur zwischen zahlreichen farbigen Vasen, Schalen,

Kaysersberg

Weinstraße nördlich von Colmar

*Ü*bernachten/*E*ssen und *T*rinken

• *Übernachten*   *** Hôtel Chambard (1), komfortabelstes Hotel der Stadt mit wunderschönen Zimmern, z. T. mit Balkon. Zu zweit bezahlt man 100 €, für eine Suite 115 €. 9–13, rue du Gal de Gaulle, ✆ 0389471017, ✉ 0389473503.

*** Hôtel Constantin (9), ganz zentral, aber absolut ruhig wohnt man bei Familie Kohler in einem renovierten Winzerhaus. Eines der 20 geschmackvoll-rustikal eingerichteten Zimmer kostet mit einem Grand Lit 49 €, mit zwei Betten bis zu 57 €. Das üppige Frühstück nimmt man bei schönem Wetter auf der Terrasse ein. 10, rue du Père Kohlmann, ✆ 0389471990, ✉ 0389473782.

** Hôtel A l'Arbre Vert (3), in einem blumengeschmückten Haus wohnt man sehr angenehm in einem der 22 Zimmer (mit Balkon) zum Preis von 57 bis 66 €. 1, rue Haute du Rempart, ✆ 0389471151, ✉ 0389781340.

* Hôtel du Château (8), mit Blick auf die hübsche Place Ittel kommt man zum Preis von 44 bis 49 € in diesem alteingesessenen Gasthof unter. 38, rue du Gal de Gaulle, ✆ 0389782433, ✉ 0389787550.

**** Camping Municipal, sehr schön und ruhig liegt dieser schattige Platz an der Weiss am Rande eines Wohngebiets unterhalb der ersten Ausläufer der Vogesen. Von April bis Ende September geöffnet. Rue des Acaias, ✆ 0389471447.

• *Essen/Trinken* Restaurant Winstub Chambard (1), unter dem Kommando von Olivier Nasti werden hier in der Küche exquisite Köstlichkeiten, z. B. aus Spargeln und Morcheln, ebenso wie elsässische Gerichte gezaubert. Die einen werden im eleganten Restaurant, die anderen in der rustikalen Winstub serviert. Ein bleibendes Erlebnis ist das Menu découverte mit 7 Gängen zum Preis von 59 €. Das Restaurant ist Mo und dienstagmittags geschlossen. Adresse s. o.

Restaurant La Vielle Forge (7), kleines, empfehlenswertes Restaurant, in dem der Schwerpunkt auf die elsässische Küche liegt; probieren Sie einmal die feinen Nieren in Senfsauce! Insbesondere am Wochenende empfiehlt sich eine Vorbestellung. Di und Mi geschl. 1, rue des Ecoles, ✆ 0389471751.

Restaurant Au Lion d'Or (6), gute Adresse sowohl fürs feine Abendessen im gemütlichen Speisesaal als auch für ein leichtes Mit-

Kerzenständern etc. auswählen, sondern in der Werkstatt auch dem Glasbläser bei deren Herstellung über die Schulter schauen. Mo geschl., So ab 12 Uhr. 30, rue du Gal de Gaulle.

Au chat perché, sticht unter den üblichen Souvenirgeschäften mit einer Sammlung von edlem Geschirr, Holz- und Porzellanfiguren, bunten und lustigen Küchenutensilien etc. hervor. Tägl. geöffnet. 83–85, rue du Gal de Gaulle .

Sculpture la Sauvagine, in der alten Mühle über der Weiss verkauft eine nette Dame v. a. hölzerne Enten, aber auch Schnepfen, Regenpfeifer und andere Vögel. In der Nebensaison, abgesehen von den Adventssonntagen, geschlossen.

Poterie de Kaysersberg, Philippe Thomann stellt insbesondere hübsche Lampen und Schalen her, außerdem verkauft er auch Waren von anderen elsässischen Töpfern. 47, pl. de l'Eglise.

• *Post* 47, rue de l'Ancienne Gare.

• *Polizei* Allée Stoecklin, ✆ 0389471037.

• *Öffentliche Toiletten* Im Gebäude der Mairie, am Pont fortifié und am Parkplatz 5.

tagessen auf einer der schönsten Terrassen der Stadt. Vorwiegend elsässische Küche, empfehlenswert z. B. der Zander in feinem Rieslingsößchen, begleitet von verschiedenen Gemüsen. Dienstagabends und Mi geschl. 66, rue du Gal de Gaulle, ☎ 0389471116.

La Taverne Alsacienne s' Riwerla (2), Mme Strobel serviert, was ihr Gatte kocht, z. B. seine deftigen, aber immer leckeren Sauerkrautvariationen mit Kastanienblutwurst,

Lachsfilet usw. Köstliche Desserts wie *soufflé glacé* oder eine hausgemachte Grütze aus aromatisierten roten Früchten mit Vanilleeis. Di und Mi geschl. 4, rue du Gal de Gaulle, ☎ 0389471616.

Kayser's Bar (5), die Terrasse direkt an der Weiss ist ein lauschiges Plätzchen, an dem man ab 15 Uhr gemütlich einen Cocktail oder ein anderes Getränk genießen kann. 2, rue des Poitiers.

Sehenswertes

Rathaus: Ausgangspunkt der Besichtigung ist das *Renaissancerathaus* (um 1600) mit prächtigem Portal, reich verziertem zweistöckigem Erker und Treppenturm. Sein Innenhof mit hübschem Brunnen wird von Holzgalerien umgeben, ein riesiges Wandbild erinnert an die 700-Jahr-Feier der Stadt im Jahre 1993.

Szene aus der Passionsgeschichte

Eglise Ste-Croix: Nur wenige Schritte entfernt steht die *Heilig-Kreuz-Kirche.* Im 13. Jh. erbaut, später mehrfach verändert, weist sie außen romanische und gotische Elemente auf, der Vierungsturm wurde erst im 19. Jh. errichtet. Aus der ersten Bauphase stammt das dreistufige Westportal mit auffälligem Kugelschmuck und sechs schlanken, von Pflanzen- und Tiermotiven sowie von Menschenköpfen verzierten Säulen. Im Tympanon wird die Krönung Mariens dargestellt, eingerahmt von den Erzengeln Michael und Gabriel; ganz links hat sich der Künstler als kleine Gestalt mit einem Buch selbst verewigt. Der düster wirkende Innenraum wird von der 4 m hohen Kreuzigungsgruppe (um 1500) in der Vierung beherrscht. Gehen Sie durch das rechte Seitenschiff, vorbei an einem Taufstein und der bemalten und vergoldeten Holzplastik Jakobus des Älteren mit Pilgerhut, zum filigran geschnitzten Hochaltar des Colmarer Künstlers Hans Bongart. In zwei Reihen werden, jeweils links beginnend, um die Kreuzigungsszene herum die Passion und die Auferstehung Christi dargestellt. Unterhalb davon sieht man in der Predella den Salvator Mundi zwischen den Aposteln. Im linken Seitenschiff verdienen ein Heiliges Grab unter einem gotischen Bogen sowie das Relief "Die Beweinung Christi" Beachtung.

Öffnungszeiten Tägl. von 9–16 Uhr.

Friedhofskapelle St-Michel: Wendet man sich an der Kirchentür nach rechts, kommt man zu einem kleinen Militärfriedhof mit einer Totenlaterne aus Ammerschwihr. Von einem viel älteren Friedhof blieb die Holzgalerie erhalten, die

Da wird die Gasse zur Wohnstube

heute eine Ölberggruppe aus dem 16. Jh. und ein Pestkreuz beherbergt. Östlich des Gartens steht die alte zweistöckige *Friedhofskapelle St-Michel*. Wirft man einen Blick durch die Glastür ins Untergeschoss, entdeckt man nicht nur das dort untergebrachte Beinhaus, sondern auch eine Tafel mit dem Spruch: "So ist's recht. Da liegt der Meister bei seinem Knecht."

Fachwerkhäuser am Place Jean Ittel/Musée Historique: Vor der Kirche erstreckt sich die *Place Jean Ittel* mit dem Konstantin-Brunnen (1521). Der römische Kaiser trägt gotische Kleidung und die Reichskrone auf dem Kopf. Um den Platz stehen die schönsten Renaissancefachwerkhäuser der Stadt, allen voran das mit einem Marienbildnis geschmückte *Haus Loewert* mit zweigeschossigem Erker, heute eine Bäckerei. Wenn Sie die von vielen Läden gesäumte Rue du Gal de Gaulle entlanggehen, sehen Sie an der nächsten Straßenkreuzung auf der linken Seite das *Maison Voltz*. In seinem Innenhof kann man über einem Brunnen auf einer Inschrift nachlesen, man solle lieber Wein statt Wasser trinken. Nur ein paar Schritte entfernt stehen zwei eindrucksvolle, durch einen Innenhof miteinander verbundene Patrizierhäuser mit Zwillingsgiebeln und zwei hübschen Treppentürmen. Im linken Bau befindet sich das *Musée Historique*. Ausgestellt sind einige sehenswerte sakrale Kunstobjekte wie eine Schreinmadonna aus dem 14. Jh., vergleichbar mit der aus Eguisheim (siehe S. 321), und ein Palmsonntag-Christus samt Esel (15. Jh.), aber auch Ofenplatten, Siegelabdrücke und Alltagsgegenstände, die die regionalen Bräuche veranschaulichen.

Öffnungszeiten/Eintritt Im Juli und August tägl. 10–12 und 14–18 Uhr. Erwachsene 2 €, Kinder ab 11 Jahren die Hälfte.

Pont fortifié/Musée du Docteur Schweitzer: Geht man weiter in der Rue du Gal de Gaulle, passiert man linker Hand eine alte Mühle, in der heute einige Kunstgewerbeläden untergebracht sind, und kommt dann zum *Pont fortifié*, dem schönsten

Ort in Kaysersberg. Der Blick auf die Weiss, das gegenüberliegende Fachwerkhaus mit spitzem Dach und die mittelalterliche Kapelle ist grandios. In der Mitte der durch Brustwehr und Schießscharten gesicherten Brücke steht ein steinerner Schrein mit Madonnenfigur, rechts davon das einstige *Gasthaus zur Brücke*, das im 19. Jh. dann als "Badhus" diente, gegenüber die ehemalige *Metzig* mit Volutengiebeln und Wappen in der Fassade.

Überqueren Sie die Brücke und gehen Sie vorbei an dem prächtigen Fachwerkhaus eines Weinhändlers aus dem 16. Jh. aufwärts zum *Albert-Schweitzer-Museum*, das sich unmittelbar neben seinem Geburtshaus befindet. In einem kleinen Park dahinter steht seine Büste vor der malerischen Kulisse der alten Stadtbefestigung. Fotos aus Lambarene und anderen wichtigen Stationen seines Lebens, persönliche Utensilien, aber auch afrikanische Kunstwerke und Musikinstrumente werden hier ausgestellt. Außerdem kann man einen Film über Kaysersberg anschauen.

Öffnungszeiten/Eintritt Vom 1.4. bis 11.11. tägl. und an den Adventswochenenden von 9 bis 12 und von 14 bis 18 Uhr. Erwachsene 2 €, Kinder die Hälfte.

Burgruine: Gehen Sie zurück zur befestigten Brücke und biegen Sie dahinter nach links in die Rue des Forgerons ein. Der Beschilderung "Château" folgend, kommt man in wenigen Minuten über einen Treppenweg zu den Ruinen der im 13. Jh. unter den Staufern errichteten Burg hinauf. Der weit reichende Blick vom Burghof bzw. vom runden Bergfried über Stadt, Tal, Weinberge und Rheinebene erlaubte schon im Mittelalter eine hervorragende Kontrolle des Handels und Verkehrs. Heute lassen sich von hier aus sehr schön die Reste der alten Stadtbefestigung samt der erhaltenen Türme ausmachen. Von der Burg aus führt ein Fußpfad abwärts bis zum *Junker-Hansen-Turm,* dann geht es rechts zur Rue du Gal de Gaulle bzw. zum Rathaus zurück.

Umgebung von Kaysersberg

Niedermorschwihr: Ohne Zweifel ein besonderes Kleinod unter den Weinorten ist dieses zwischen Reben rundum eingebettete Dörfchen mit bunten Fachwerkhäusern wie aus dem Bilderbuch, in dem man zudem wunderbar essen und einkaufen kann.

● *Lage* Am einfachsten erreicht man das Dorf von Ingersheim über die D 11[II] oder von Turckheim aus über die D 10[VII].

● *Essen* **Caveau Morakopf,** durch die bleiverglaste Tür mit dem Kopf einer dunkelhäutigen Schönen betritt man eine besonders empfehlenswerte Weinstube mit elsässischer, aber individuell geprägter Küche. Hervorragend ist der Salat mit jungem Münsterkäse! Gute Auswahl an offenen Weinen. So geschl., ✆ 0389270510.

● *Einkaufen* **Au Relais des trois Epis,** Christine Ferber hat sich mit ihren phantasiereichen Konfitüren weit über das Elsass hinaus einen Namen gemacht; darüber hinaus werden in dem Dorfladen ihres Vaters aber immer noch all die Dinge verkauft, die man fernab der Einkaufszentren oft benötigt. Hier trifft sich die Dorfbevölkerung mit den Touristen aus der Ferne, die Kougelhopf, Pralinés oder köstliche Tartes für zu Hause besorgen. Sonntagvormittags und Mo geschlossen.

Turckheim

Schon im Mittelalter trieben die Einwohner der einst zur Dekapolis gehörenden Stadt regen Handel mit ihrem auf dem berühmten Weinberg Brand geernteten Rebensaft. Seit damals stehen noch drei Türme der alten Stadtbefestigung, der auch die für das Elsass so bedeutende Schlacht im Jahre 1675 nicht viel anhaben konnte. Am 5. Januar jenes Jahres überraschte der französische General Turenne die in der Nähe lagernden kaiserlichen Truppen und zwang sie zum Rückzug über den Rhein.

An die Vergangenheit erinnert in Turck-heim aber nicht nur die Architektur, sondern auch die schöne Tradition, dass im Sommer allabendlich ein Nachtwäch-ter, gefolgt von einer großen Schar Tou-risten, die Runde macht und nach wie vor sein Lied zur "güedi Nacht" singt.

Jeden Abend dreht er seine Runde

Man betritt das beschauliche Städtchen durch die von einem Storchennest ge-krönte Porte de France und erreicht die Place Turenne, deren Schmuckstücke die Alte Wache (Corps de Garde) und ein Marienbrunnen sind. Gehen Sie in der Rue du Conseil geradeaus weiter, vorbei an dem prächtigen *Hôtel des Deux Clefs* mit wunderschönen Eckbalken und dem Rathaus, zur **Eglise Ste-Anne.** Nur noch der untere Teil des Turms weist ro-manische Bauelemente aus der Entste-hungszeit (12. Jh.) auf, seine Spitze ziert ein vergoldetes Weinfässchen. Gerade-aus weitergehend, kommen Sie zum **Musée Memorial,** das anschaulich an die zweimonatige Kesselschlacht von Colmar im Winter 1944/45 erinnert.

Wenn Sie nun wenige Meter nach rechts in die Rue des Vignerons gehen, erreichen Sie das Brand-Tor, hinter dem ein empfehlenswerter *Sentier Viticole* durch die Weinberge der bekannten Grand-Cru-Lage beginnt. Das dritte Tor der Stadt, die Porte de Munster, liegt in entgegengesetzter Richtung am Ende der Rue des Vigne-rons. Von dort geht man an zahlreichen prachtvollen Renaissancefachwerkhäusern (z. B. Nr. 42 und 71) vorbei zurück zur Place Turenne.

- *Lage* Turckheim liegt an der D 10.
- *Information* Das **Office de Tourisme** in der alten Wache ist ganzjährig Mo–Sa, im Juli und August auch So (vormittags) geöff-net. ☎ 0389273844, 🖷 0389808322, www.turck-heim-alsace.com.
- *Führungen* Im Juli und August bietet das O.T. kostenlose Führungen durch die Stadt und auf dem Weinlehrpfad an.
- *Nachtwächter* Von Mai bis Oktober be-ginnt der Nachtwächter in mittelalterlicher Kleidung jeden Abend um 22 Uhr seine ca. einstündige Runde am Corps de Garde (O.T.). Er singt dabei immer wieder sein Lied in elsässischer Sprache und gibt auf Französisch einige Erklärungen zu den Ver-hältnissen der damaligen Zeit.
- *Öffnungszeiten/Eintritt* **Musée Memorial,** 15.4.–15.10. Mi–So 14–18 Uhr, So zusätzl. 10–12 Uhr; Juli und August auch Mo und Di

(nachmittags). Erwachsene 2,50 €, Kinder (8–16 Jahre) 1,30 €.
- *Fahrradverleih* **Cyles Grosshenny,** Fahrrä-der in allen Größenordnungen und Moun-tainbikes. 84, Grand' rue, ☎/🖷 0389270636.
- *Übernachten/Essen* ** **Berceau du Vigne-ron,** die stilvoll eingerichteten Zimmer sind zum Preis von 43 bis 63 € (mit Grand Lit oder mit zwei Betten) zu haben. Im Keller des alten Fachwerkhauses wird feine elsässische Küche serviert. Ein Hit ist z. B. das Kasseler in Brotteig! Nur abends geöffnet, Mo geschl. 10, pl. Turenne, ☎ 0389272355, 🖷 0389300133.

Restaurant Le Chemin de Ronde, in einem kleinen Haus an der Porte de Munster be-treibt ein junges Paar ein angenehmes Lo-kal in zwei kleinen, übereinander gelegenen Räumen. Gute elsässische Küche, Menü ab 24 €. Im Winter Mi geschl. 1, rue des Vigne-rons, ☎ 03892/3827.

Fachwerkherrlichkeit in Colmar

Colmar

Jenseits von Industriegebieten, Einkaufszentren und eintönigen Vororten lockt die drittgrößte Stadt des Elsass mit einem zauberhaften, beschaulichen Altstadtkern, in dem es sich wunderbar bummeln lässt, sowie mit hochkarätigen Kunstgenüssen.

Drei überaus bedeutende Künstler, jeder auf seine Weise einmalig, wurden in Colmar geboren: der geniale spätmittelalterliche Maler und Kupferstecher Martin Schongauer, der Bildhauer und Schöpfer der amerikanischen Freiheitsstatue Auguste Bartholdi und der das Elsassbild wie kaum ein anderer prägende, aber auch verzerrende Karikaturist, Grafiker und Patriot Jean-Jacques Waltz alias Hansi. Sie alle haben in der Stadt ihre Spuren hinterlassen, die zu entdecken sich unbedingt lohnt. Hauptattraktion ist aber das weit über die Grenzen des Elsass hinaus berühmte Unterlinden-Museum mit einmaligen Schätzen, an ihrer Spitze der überwältigende Isenheimer Altar des geheimnisumwitterten Matthias Grünewald. Etwa 350.000 Besucher stehen pro Jahr staunend und bewundernd davor.

Die "Stadt der Kunst" hat aber noch viel mehr zu bieten. Ihr malerisches Zentrum mit kopfsteingepflasterten Gassen, zahlreichen Fachwerkhäusern und prächtigen Renaissancebauten, für viele das schönste im Elsass, wurde sorgfältig restauriert. Immerhin 45 Gebäude stehen unter Denkmalschutz. Besonders idyllisch sind das alte Gerber- und das einstige Fischerviertel Petite Venise an der Lauch, auf der man zudem ganz romantisch eine Bootsfahrt unternehmen kann. Kein Wunder, dass die nur etwa 85.000 Einwohner zählende Hauptstadt des Departements Haut-Rhin im Sommer vor Besuchern schier überquillt, ganz besonders zur Weinmesse im August. Doch in der "Hauptstadt des Elsässer Weins" ist man auf Tourismus eingestellt, an jeder Ecke wartet ein nettes Souvenirgeschäft, eine urige Winstub oder ein elegantes Restaurant.

Geschichte

Über die Anfänge der Stadt ist wenig bekannt. Möglicherweise stand in der ausgesprochen fruchtbaren Gegend eine gallorömische Villa, in deren Mauern u. a. Tauben gezüchtet wurden. Darauf lässt zumindest der Name *Columbarium*, "Taubenort", schließen, unter dem ein sich später hier befindliches bedeutendes fränkisches Königsgut 823 erstmals urkundlich erwähnt wurde. Aus diesem entwickelte sich allmählich ein größerer Ort, den der Hohenstaufenkaiser Friedrich II. um 1220 zur Stadt erhob. Schon bald umgab diese sich mit mächtigen Mauern und besaß ein eigenes Siegel. Mehrere Ordensgemeinschaften gründeten in der seit 1354 dem Zehnstädtebund angehörenden freien Reichsstadt Klöster.

Auch in Colmar mussten die Adligen im Laufe des Mittelalters ihre Macht an die Zünfte abtreten. Die Stadt blühte mehr und mehr auf und entwickelte sich zu einem bedeutenden Markt für Gartenbauerzeugnisse und insbesondere Wein. Begünstigt wurde dies durch ihre Lage am Schnittpunkt wichtiger Handelsstraßen sowie der Nähe zur Ill. Durch Letztere erklärt sich auch die vergleichsweise große Bedeutung der Schifferzunft. Zu leiden hatte das reiche Colmar dann während des Dreißigjährigen Krieges. Eine Zeit lang von schwedischen Truppen besetzt, begab es sich 1635 unter den Schutz Frankreichs, wurde 1648 im Westfälischen Frieden direkt dem deutschen Kaiser unterstellt und fiel schließlich 1673 endgültig an Ludwig XIV. Von nun an verlief die Geschichte der Stadt parallel zu der des Elsass. Vergleichsweise glimpflich überstand Colmar die beiden Weltkriege im 20. Jh. Obwohl in seiner Umgebung 1944/45 heftig gekämpft wurde, konnten die französisch-amerikanische Truppen Anfang Februar 1945 eine fast völlig unversehrte Stadt befreien.

*A*nreise/*V*erbindungen

• *Auto* Colmar liegt unmittelbar an der Autobahn A 35 und ist somit gut mit Strasbourg (Ausfahrt 23) und Mulhouse (Ausfahrt 25) verbunden. Von Osten führt von Neuf-Brisach die gut ausgebaute N 415 direkt ins Zentrum. Wer aus Munster anreist, benutzt am besten die D 417 (über Wintzenheim); aus Kaysersberg die N 415, aus Turckheim die D 11.

• *Parken* In der Altstadt selbst sind die Parkplätze rar. Gut beraten ist, wer sein Auto schon am Rand des Zentrums abstellt und die kurze Entfernung zu den Sehenswürdigkeiten zu Fuß zurücklegt, z. B. in einem der bewachten **Parkhäuser** Place Rapp und Place de la Mairie. Pro Std. zahlt man 1 €, bei längerer Parkdauer sinkt der Preis, zwischen 19 und 7 Uhr kostet ein Platz 0,50 €/Std. Auch im Sommer hat man meist noch Chancen, auf den beiden großen **kostenlosen Parkplätzen** eine Lücke zu finden: Place Scheurer-Kestner und Place de la Montagne Verte/Vielle Ville.

• *Zug* Der **Gare SNCF** ist von der Altstadt ca. 10 Fußminuten entfernt. Von hier bestehen regelmäßige Verbindungen nach Sélestat und Strasbourg sowie nach Mulhouse und über Turckheim nach Munster und weiter nach Metzeral.

• *Autoverleih* **Avis**, 122, rue du Ladhof, ☏ 0389232182. Die ca. 2 km vom Stadtzentrum entfernte Agentur ist von Mo–Sa besetzt. **AZ Location Rent a Car (3)**, 61, rte de Neuf-Brisach, ebenfalls Mo–Sa geöffnet.

• *Fahrradverleih* **Colmarvélo (7)** werden von April bis Oktober 30 Fahrräder zum Preis von je 4,50 €/Tag bzw. 3 €/halber Tag verliehen. Hinterlegt werden muss eine Kaution von 45 € und ein Personalausweis bzw. ein anderes persönliches Dokument. Place Rapp, ☏ 0389413790. **Cycles Geiswiller (8)**, ganzjährig kann man hier von Di bis Sa, im Sommer auch Mo zum Preis von 9,15 €/Tag einen Drahtesel mieten. Boulevard du Champs de Mars, ☏ 0389413059. **La Cyclothèque**, ca. 3 km vom Zentrum entfernt. Mo (nachmittags) bis Sa können Sie hier Fahrräder (9,15 €/Tag) und Mountainbikes (14 €/Tag) leihen. 31, rte d'Ingersheim, ☏ 0389791418.

Colmar

Essen und Trinken

- ⑥ La Maison des Têtes
- ⑨ Crocus
- ⑩ Flory
- ⑪ La Sorbetière d'Isabelle
- ⑭ Schwendi
- ⑮ Chez Hansi
- ⑯ Au Fer Rouge
- ⑰ Au Koifhus
- ⑱ Schillinger
- ⑲ Le Petit Gourmand
- ㉓ St-Pierre

Übernachten

- ① Primo 1
- ④ La Ville de Nancy
- ⑤ Ibis Centre
- ⑥ Les Têtes
- ⑬ St-Martin
- ㉑ La Chaumiè
- ㉒ Le Maréchɑ
- ㉕ Turenne

Tipp für Radfahrer: Von Colmar kann man über ein Teilstück der *Route Verte* (deutschsprachiges Prospekt im Office de Tourisme) durch das vordere Tal der Fecht nach Munster radeln (ca. 50 km).

● *Öffentlicher Nahverkehr* Die Busgesellschaft Trace (Transports de Colmar et environs) verbindet die Vororte Colmars mit der Innenstadt. Für Touristen interessant dürfte v. a. die Linie Nr. 4 sein, die bis nach Rouffach fährt. Die zentralen Busstationen befinden sich am Gare SNCF und an der Place Unterlinden. Ganz in der Nähe dieses Platzes ist auch das Informationsbüro untergebracht. Mo–Fr geöffnet, Galerie du Rempart, ☎ 0389208080.
Eine Fahrt im Stadtbereich kostet knapp 1 €, für ein Zehner-Carnet bezahlt man 6,40 €. Die Tickets werden im Bus gelöst.

● *Taxi* Taxis finden Sie vor dem Bahnhof, Sie können sie aber auch unter folgenden Nummern anfordern: ☎ 0389414019, 0389270831 oder 0609426075.

*I*nformation/*V*erschiedenes

● *PLZ* 68000

● *Information* **Office de Tourisme,** ganzjährig Mo–Sa, So nur bis 14 Uhr geöffnet. 4, rue des Unterlinden, ☎ 0389206892, ✆ 0389206914, www.ot-colmar.fr.

● *Sightseeing* Im Juli und August organisiert das O.T. täglich deutsch- bzw. zweisprachige **Rundgänge** durch die Altstadt, z. T. auch nächtliche Spaziergänge; Preis 4 €, Dauer bis zu 2 Std. Bei entsprechender Nachfrage werden außerdem thematische Führungen oder Rundgänge durch die Hauptausstellungen des Unterlinden-Museums angeboten.
Minitrain: Zwischen Ostern und Allerheiligen rollt der grüne Zug durch die Stadt, Erklärungen über Kopfhörer auch in deutscher Sprache. Abfahrt jede halbe Stunde (mindestens 15 Personen) am Quai de la Sinne gegenüber dem Musée d'Unterlinden. Dauer ca. 35 Minuten, Erwachsene 5,50 €, Kinder unter 6 J. 3 €.
Auf der Lauch: In einer kleinen Barke auf der Lauch durch das südlich der Altstadt gelegene alte Gärtnerviertel, dann durch Petite Venise und Krutenau gerudert zu werden hat tatsächlich einen romantischen Touch. Veranstalter sind die Agenturen *Sweet Narcisse* (**24,** Pont St-Pierre) und

Sonstiges

● Le Toucan
● AZ Location Rent a Car
● Colmarvélo

❽ Cycles Geiswiller
⓬ Planet Café
⓴ Krutenau
㉔ Sweet Narcisse

Krutenau (**20,** Traenkbrücke). Sie verkehren von Ostern bis Allerheiligen je nach Bedarf, Dauer ca. 30 Minuten. Erwachsene 5,50 €, Kinder unter 10 J. frei.

• *Markt* Do an der Place de l'Ancienne Douane und in der Markthalle, Sa auf der Place St-Joseph (nordwestl. der Pl. Rapp, knapp 10 Minuten von dieser zu Fuß entfernt).

• *Feste* Im August steht Colmar ganz im Zeichen der **Weinmesse** mit großem Volksfest. Am 2. Septemberwochenende findet die **Fête des Bateliers** statt. Die Barken transportieren dann nicht Touristen, sondern werden kunstvoll mit Blumen und Gemüse geschmückt, um daran zu erinnern, wie einst die Marktleute ihre Produkte in die Stadt brachten.

• *Kinder* Colmar hat mit dem **Spielzeug-** und mit dem **Natur- und Völkerkundemuseum** gleich zwei Ausstellungen zu bieten, in denen auch Kinder auf ihre Kosten kommen.

• *Krankenhaus* **Hôpital Pasteur,** 39 av. de la Liberté, ✆ 0389124000.

• *Post* Die Hauptpost befindet sich in der Avenue de la République Nr. 36–38.

• *Internet* **Planet Café (12),** eine Stunde lang kann man hier zum Preis von 2,50 € im Web surfen, Studenten zahlen 1,50 €. Di–Sa 11.30–1.30 Uhr, Mo und So erst ab 18 Uhr. Rue Merciers.

• *Polizei* 6, rue du Chasseur, ✆ 0389247500.

• *Öffentliche Toiletten* Neben dem O.T.

Übernachten

**** Hôtel Les Têtes (6), in einem der schönsten Häuser der Stadt wohnt man stilecht in komfortablen, gemütlichen Räumen, in denen das Fachwerk noch überall hervorlugt. Schöne, große Bäder, aus den Fenstern schweift der Blick über die Altstadt. Zu zweit bezahlt man je nach Ausstattung, Größe und Lage 91–230 €, ein zusätzl. Bett kostet 39 €. 19, rue des Têtes, ✆ 0389244343, 🖷 0389245834.

Romantik pur am Quai de la Poissonerie

**** Hostellerie Le Maréchal (22), zu Recht gehört dieses alte Fachwerkhaus der Kette der "Romantik-Hotels" an, nicht nur seine Lage an der Lauch im Viertel La Petite Venise, sondern auch die Ausstattung einiger Zimmer mit von einem Baldachin gekrönten Betten wird diesem Anspruch gerecht. An Komfort fehlt es nicht: Minibar, AC, Whirlpool-Badewannen – was braucht man mehr? Angeschlossen ist ein exquisites Restaurant, natürlich in romantischer Lage am Wasser. DZ 90–215 €, Parkplatz pro Nacht 7 €. Place des 6 Montagnes, ✆ 0389416032, 🖷 0389245940.

*** Hôtel Saint Martin (13), absolut zentral und dennoch ruhig wohnt man in dem angenehmen alten Bürgerhaus mit Renaissance-Türmchen. Die 40 Zimmer sind alle unterschiedlich eingerichtet, man hat die Qual der Wahl zwischen eher rustikalen, verspielten oder eleganten Stilrichtungen. Für ein DZ wird man mit 69–121 € zur Kasse gebeten, Entfernung zum kostenlosen Parkplatz Vielle Ville ca. 100 m. 38, Grand' rue, ✆ 0389241151, 🖷 0389234778.

** Hôtel Turenne (25), sehr beliebtes Haus am Rande der Altstadt in einer recht belebten Straße – empfehlenswert sind deshalb die nach hinten gelegenen Räume. Zu zweit kommt man hier je nach Größe des Zimmers zum Preis von 54 bis 64 € unter. Den Gästen der 85 Räume stehen 17 Parkplätze zur Verfügung (5,50 €/Nacht). 10, rte de Bâle, ✆ 0389215858, 🖷 0389412764.

** Hôtel Ibis Centre (5), die gewohnte Ibis-Qualität zum günstigen Preis gibt es auch am Rande der Altstadt von Colmar. Für eines der funktionalen Zimmer bezahlt man 58 € (mit Grand Lit oder 2 Betten), den Gästen stehen einige Parkplätze zur Verfügung. 10, rue St-Eloi, ☎ 0389413014, ✆ 0389245149.

** **Hôtel La Ville de Nancy (4),** ganz in der Nähe steht dieses alteingesessene Haus mit gutbürgerlichem Restaurant. Ein einfaches DZ bekommt man hier zum Preis von 45 bis 50 €, das Auto stellt man am besten auf der nahe gelegenen Place Scheurer-Kestner ab (kostenlos). 48, rue Vauban, ☎ 0389412314, ✆ 0389235817.

** **Hôtel Primo 1 (1),** ebenfalls ein funktionales, modernes Haus ohne überflüssigen Schnickschnack, aber mit ausreichenden Einrichtungen. Ein Pluspunkt ist die Lage am kostenlosen Parkplatz Scheurer-Kestner und die Nähe zum Musée Unterlinden. DZ 52 €. 5, rue des Ancêtres, ☎ 0389242224, ✆ 0389245596.

* **Hôtel La Chaumière (22),** nahe beim Bahnhof kann man hier bei einer netten älteren Dame zum Preis von 43 € ein DZ mit Dusche und WC bekommen. 74, av. de la République, ☎ 0389410899.

Essen und Trinken/Nachtleben

● *Essen und Trinken* **Restaurant Au Fer Rouge (16),** eine der besten Adressen in Colmar, weshalb Patrick Fulgraff von Michelin auch mit einem Stern bedacht wurde – die Lehrjahre bei Bocuse haben sich also gelohnt. Eleganter Rahmen, aufmerksamer Service. Geboten wird neben feinster elsässischer v. a. delikate Gourmetküche mit mediterranem und exotischem Einschlag. Menü ab 45 €. So und Mo geschl. 32, Grand' rue, ☎ 0389413724.

Restaurant Wistub La Maison des Têtes (6), ebenfalls sehr feine Fleisch- und Fischgerichte werden hier in wunderschönem Rahmen serviert, aber man muss auch nicht aufs geliebte Choucroute verzichten. Menüs zwischen 27 und 54 €. Sonntagabends und Mo geschl. Adresse s. o.

Restaurant Jean Yves Schillinger (18), schon von außen hebt sich die bemalte Renaissancefassade des Hauses von den kleinen Fachwerkhäuschen am Fischerstaden ab, und auch innen sieht es so gar nicht elsässisch, sondern kühl und modern aus. Die Küche ist leicht und frisch, Schillingers Kreationen können sich sehen lassen. Dazu noch die wunderschöne Terrasse an der Lauch – so wird der Abend zum Erlebnis. Mo geschl. 17, rue de la Poissonnerie, ☎ 0389215360.

Restaurant Chez Hansi (15), der Name verrät schon, dass hier regionale Küche Trumpf ist. Und die wird besonders fein zubereitet: Probieren Sie z. B. einmal das Perlhuhn auf Sauerkraut, das Ihnen von einer Kellnerin in elsässischer Tracht serviert wird. Aufmerksamer Service, viel deutschsprachiges Publikum. Mi und Do geschl. 23, rue des Marchands, ☎ 0389413784.

Restaurant Caveau St-Pierre (23), der kleine Holzbalkon direkt an der Lauch gehört sicherlich zu den schönsten Plätzen im sommerlichen Colmar, aber auch im bruch-

Wie wär's mit einem Café Crème?

steingemauerten Innenraum kann man sich wohl fühlen. Man hat die Wahl zwischen elsässischer (z. B. die sonst eher selten gebotene Tourte de la Vallée) und klassischer Küche. Probieren Sie mal die Lammkoteletts mit feinem Gemüse und krossen Bratkartoffeln! Sonntagabends, Mo und freitagmittags geschl. 24, rue de la Herse, ☎ 0389419933.

Restaurant Au Crocus (9), kleines, angenehmes Restaurant mit interessantem Alternativprogramm, denn hier kommt eine jahreszeitlich geprägte Küche auf den Tisch. Für ein leckeres Menu du Marché

Colmar
Karte S. 304/305

bezahlt man 20 €. Mittwochabends und So geschl. 14, pl. de l'Ecole, ℘ 0389233249.

Restaurant Le Petit Gourmand (19), im Sommer erscheint das winzige Restaurant gar nicht so klein, bietet doch die romantische Terrasse an der Lauch einigen Gästen Platz. Im Winter allerdings schmeißt die Wirtin ganz allein den Laden, kocht und serviert feine elsässische Küche und schenkt guten Wein aus. Di geschl. 9, quai de la Poissonnie, ℘ 0389410932.

Restaurant Wistub Flory (10), die Wandmalereien mit Szenen aus "Gargantua" und P. Breugels "Dance de la Noce", auf denen kräftig gegessen und getrunken wird, sind Programm, kommen doch auch im Flory die elsässischen Spezialitäten in reichlich bemessenen Portionen auf den Tisch. Franck und Thierry bieten eine umfangreiche Speisekarte, auf der z. B. auch tolle Salate verzeichnet sind. Bringen Sie großen Hunger mit! Mi geschl. 1, rue Mangold, ℘ 0389417880.

Restaurant Winstub Au Koiffhus (17), große Schwemme mit dem üblichen elsässischen Angebot, empfehlenswert ist der

Baeckaoffa. Die Patronne ist stolz, vor ca. 50 Jahren einmal mit Albert Schweitzer abgelichtet worden zu sein – das Bild können Sie heute noch im hübsch bemalten Innenraum bewundern. 2, pl. de l'Ancienne Douane, ℘ 0389230490.

Brasserie Schwendi (14), direkt daneben liegt das beliebte Lokal mit mehreren Theken und schönen Terrassenplätzen. Auch hier gibt's ein gutes Speisenangebot, Spezialität sind Rösti in verschiedenen Variationen. Warme Küche von 12 bis 23 Uhr. 23–25 Grand' rue, ℘ 0389236626.

La Sorbetière d'Isabelle (11), keinesfalls nur Sorbets, sondern auch Milcheis sorgt für einen erfrischenden Genuss an heißen Sommertagen. Wagemutige probieren vielleicht mal so exotische Sorten wie Pfefferminz und Litschi. 13, rue des Marchands.

• *Nachtleben* Le Toucan (2), kleine Diskothek außerhalb der Touristenmeile. Di–Sa 22–4 Uhr geöffnet. 6, rue des Trois Epis.

Le Poisson Rouge, v. a. junges Publikum besucht gerne diese Diskothek in Wintzenheim. 137, rue Clemenceau, ℘ 0389270044.

Einkaufen

Haupteinkaufsstraße ist die Rue des Clefs, dort findet man etliche Mode- und Schuhgeschäfte.

• *Kulinarische Spezialitäten* **Chocolatier Jean,** das Herz aller Süßschnäbel schlägt höher beim Anblick der verschiedenen Schokotörtchen. Auch die Küchlein mit Nüssen und Obst, z. B. Pistazie mit Nektarine, sind eine Kostprobe wert. 6, pl. de l'Ecole.

La Fromagerie St-Nicolas, einer der legendären Fromagers des Elsass, Jacky Quesnot, bietet mit seiner Frau Christine nicht nur Spezialitäten aus der Region, sondern aus ganz Frankreich an – in allen Geschmacksrichtungen und auch Formen, sodass der Blick in die Auslage zur reinsten Augenweide wird. 18, rue St-Nicolas.

Fortwenger, auch in Colmar kann man das ganze Jahr über Pain d'Epices in der Filiale des legendären Lebkuchenherstellers aus

Gertwiller kaufen. 32 b, rue des Marchands.

• *Kunstgewerbe* **Arts et Collections d'Alsace,** hier gibt's das exklusivste und beste Angebot an elsässischen Souvenirs wie die typischen karierten Stoffe (Kelsch), Geschirr, Nachbildungen alter Schmuckstücke und traditionellen Spielzeugs sowie wunderschöne Dekoartikel. 1, rue des Tanneurs.

Georges Keller, zwischen Hansi-Bildern konnten wir hier wunderschöne Porzellanpuppen entdecken, die es sonst nirgendwo gibt. 8, pl. du Marché aux Fruits.

La Maison de Hansi, alle Tassen, Teller, Postkarten, Tischdecken, Handtücher etc. sind in diesem Laden mit Hansi-Motiven bedruckt. 5, rue des Merciers.

Sehenswertes

Das erste Besichtigungsziel ist das Musée d'Unterlinden am gleichnamigen Platz, wo Sie die großen Kunstschätze der Stadt kennen lernen. Danach können Sie sich weitere bedeutende Sehenswürdigkeiten rund um die Place d'Unterlinden anschauen und schließlich noch einen kleinen Spaziergang vom Martinsmünster bis Klein-Venedig anschließen und dabei die schönsten Teile der beschaulichen Altstadt mit ihren lebendigen Gassen und lauschigen Plätzen an der Lauch erkunden.

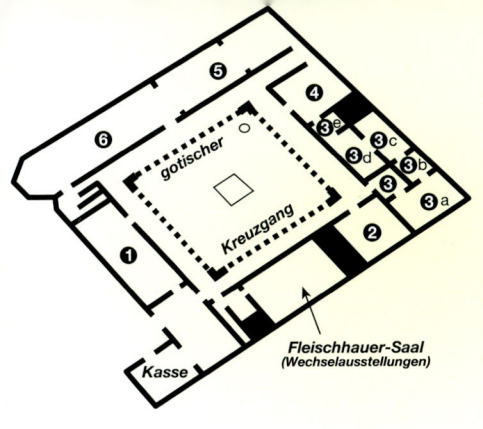

❶ Steinskulpturen
(Lapidarmuseum)
❷ Winzerkeller
❸ Malerei des 15. und 16. Jahrhunderts
❹ Skulpturen um 1500
❺ Martin Schongauer
❻ Isenheimer Altar

Musée d'Unterlinden   11.10.06   16.04.23

Der weitläufige Unterlindenplatz hat in den vergangenen Jahrhunderten mehrfach Umgestaltungen erfahren. Vor 200 Jahren rubbelte man an dem ihn durchfließenden, heute kanalisierten und zum großen Teil unterirdisch verlaufenden Mühlbach Wäsche – hier befand sich einer der öffentlichen Waschplätze der Stadt. Zuvor diente er als Friedhof des Dominikanerinnenklosters, das im 13. Jh. von zwei adligen Damen gegründet wurde, sich bald zu einem bedeutenden Zentrum der Mystik und einer der wohlhabendsten religiösen Einrichtungen Colmars entwickelte. Da die allerersten Gebäude im Schatten einer mächtigen alten Linde standen, nannte man die fromme Stätte "Kloster Unterlinden". Dieses wurde während der Französischen Revolution geschlossen. In den erhalten gebliebenen Gebäuden des ehemaligen Klosterkomplexes an der Westseite des Platzes ist seit 1853 das Musée d'Unterlinden mit dem weltberühmten Isenheimer Altar untergebracht.

Der wunderschöne Renaissancebrunnen mit kleinen Engeln vor dem Eingang wurde von der Schneiderzunft gestiftet. Um einen gotischen Kreuzgang vom Ende des 13. Jh. liegen die Museumssäle. In denjenigen des Erdgeschosses werden v. a. Skulpturen, Gemälde und Altäre aus dem 14.–16. Jh. ausgestellt, die bedeutendsten Schätze des Museums. Von der **Abteilung 1** mit monumentalen mittelalterlichen Steinskulpturen (links vom Eingang) geht man wieder zurück in den Kreuzgang und dort an einem wieder aufgebauten Winzerkeller aus dem 17./18. Jh. **(Abteilung 2)** vorbei zur **Abteilung 3,** deren Räume der Malerei der Gotik und der Renaissance gewidmet sind:

Besonders beachtenswert im **Raum 3 a** sind z. B. eine um 1400 entstandene farbenprächtige Kreuzigung, das älteste Gemälde des Museums, sowie der nach seinen Stiftern so genannte Stauffenberg-Altar mit der Schmerzensmutter im Zentrum aus der Mitte des 15. Jh.

Im **Raum 3 b** bestechen die erhaltenen Teile eines Flügelaltars (Zyklus zur Leidensgeschichte Christi) von Caspar Isenmann (1465) durch die ausdrucksvollen Gesichter der

Personen und durch dramatische Effekte.

Am Ende des **Raumes 3 c**, in dem u. a. sehr detailgetreu Szenen aus der Legende der heiligen Katharina zu sehen sind, entdeckt man das erste Stillleben der europäischen Kunst (3. Viertel des 15. Jh.) nach der Antike: ein Möbelstück und mehrere Utensilien aus dem medizinischen Bereich. Wahrscheinlich handelt es sich um die Werkstatt eines Chirurgen bzw. Barbiers (im Mittelalter wurden diese Berufe von einer Person ausgeübt), deren Schaufenster sich noch in der Glasflasche links unten spiegelt. Im **Raum 3 d** hängen u. a. ein kleines Frauenporträt Hans Holbeins d. Ä. (1524), der es meisterhaft verstand, Gesichtszüge und Charakter seines Modells darzustellen, und "Die Melancholie" von Lucas Cranach d. Ä. **Saal 3 e** zeigt Kupferstiche Martin Schongauers (1450–91).

Im **Saal 4** sind neben Skulpturen schöne Flügelaltäre (um 1500) ausgestellt, die die damals sehr beliebte Kombination von Holzschnitzerei im Mittelteil und Bemalung an den Außenseiten aufweisen. **Saal 5** ist voll und ganz Martin Schongauer gewidmet. Feingliedrige Hände, wunderschöner Faltenwurf, bildfüllende Figuren sind Merkmale des flämischen Stils, von dem er beeinflusst war. Nur zwei Seitenflügel sind vom sog. Orlier-Altar erhalten. Auf der Vorderseite sieht man die Geburt Christi und den heiligen Antonius, auf der Rückseite den Verkündigungsengel und Maria.

In der ehemaligen **Klosterkapelle (Saal 6)** steht der berühmte **Isenheimer Altar**, dessen Schnitzwerk Nikolaus von Hagenau um 1500 schuf, während Matthias Grünewald zwischen 1512 und 1516 die Tafeln malte. Aufgestellt war er ursprünglich im nur 20 km entfernten Isenheim, und zwar in der Kirche des einstigen Antoniusklosters, in dem die Mönche vom Mutterkornpilzbrand infizierte Kranke pflegten. Dieses auch "Antoniusfeuer" genannte, aufgeschwollene Bäuche und schmerzhafte Geschwüre verursachende schlimme Übel behandelte man mit einer stärkenden fleischhaltigen Kost, aber auch mit Gebet und Meditation, z. B. vor dem Altar. Allerdings konnten die Kranken ebenso wie die zahlreichen Pilger die Bilder Grünwalds nur aus 19 m Entfernung betrachten, zusätzlich auch noch eingeschränkt durch den Lettner, der den Chor vom Schiff trennte. Im Originalzustand bestand der Altar aus zwei feststehenden und vier aufklappbaren, jeweils auf beiden Seiten bemalten Flügeln. Heute werden die Tafeln einzeln gezeigt. Modelle an der Wand erläutern, wann welche im Verlauf des Kirchenjahres auf- bzw. zugeklappt wurden. In geschlossenem Zustand sah der Betrachter in der Mitte die Kreuzigungsszene. Der geschundene Christus wird von einer mit einem weißen Mantel bekleideten, in den Armen des Apostels Johannes vor Schmerz zusammensinkenden Gottesmutter sowie der knienden Maria Magdalena und Johannes dem Täufer mit dem mystischen Lamm Gottes flankiert. Darunter, in der Predella, ist die Beweinung bzw. Grablegung Christi zu sehen, an den Seiten der heilige Antonius (rechts) und der heilige Sebastian (links), den man bei Pestepidemien um Hilfe anflehte. Nach dem ersten Aufklappen des Altars wurden gezeigt: die Verkündigung durch den Erzengel Gabriel an eine sich angstvoll abwendende Jungfrau Maria; die "Unbefleckte Empfängnis", begleitet von einem Engelskonzert, an dem aber auch das Böse, versinnbildlicht durch den schwarzen Engel und kleine Dämonen, beteiligt ist; die Menschwerdung Christ (Maria hält den Neugeborenen in einem lichtdurchfluteten Garten sitzend in den Armen); die Auferstehung des strahlenden Christus. Beim zweiten Aufklappen bekam man die von Nikolaus von Hagenau geschnitzten Holzplastiken des heiligen Antonius (Mitte), des heiligen Augustinus (links) und des heiligen Hieronymus (rechts) zu sehen. Flankiert wurden sie von Grünewalds Tafeln "Besuch des heiligen Antonius beim heiligen Paulus Eremita" und "Versuchung des heiligen Antonius". Die enorme Spannweite des Meisters zeigt sich z. B. in der Darstellung schrecklicher Fabelwesen und Dämonen, die den armen Antonius einkreisen, in einer einzigartigen Liebe zum anatomischen Detail und darin, wie er gekonnt Lichteffekte einsetzt.

Eine der Tafeln des weltberühmten Isenheimer Altars: "Die Auferstehung"

Im **oberen Stockwerk** sind weitere Gemälde und Plastiken aus der Zeit zwischen dem 12. und 19. Jh., aber auch Sammlungen zur Geschichte Colmars und elsässische Volkskunst zu sehen. Das **Kellergeschoss** beherbergt archäologische Sammlungen, darunter auch einen sehr beeindruckenden, vollständig erhaltenen Mosaikfußboden aus einer römischen Villa bei Bergheim, und eine Abteilung für moderne Kunst mit Werken von Picasso, Poliakoff u. a.

● *Öffnungszeiten/Eintritt* Von Mai bis Oktober tägl. 9–18 Uhr, von November bis April Mi–Mo 9–12 und 14–17 Uhr. Erwachsene 7 €, Jugendliche (12–17 Jahre) 5 €. Im Preis enthalten ist die Ausleihe eines Audioguides, durch den man auch auf Deutsch sehr gute Erläuterungen zu den Werken im Erdgeschoss erhält. ✆ 0389201550.

Wer war Matthias Grünewald?

Im 18. Jh. wurde der Isenheimer Altar Albrecht Dürer, später auch Hans Baldung Grien zugeschrieben, der wahre Schöpfer dieses Meisterwerks war in Vergessenheit geraten. Inzwischen ist aber durch die Auffindung mehrerer übereinstimmender schriftlicher Belege aus dem 16. und 17. Jh. sowie durch wissenschaftliche Stilvergleiche das Gesamtwerk des Mannes, den der Kunstschriftsteller Joachim von Sandrart 1675 fälschlicherweise "Grünewald" nannte, eindeutig bestimmbar. Erhalten gebliebene Zeugnisse seines Schaffens befinden sich u. a. in Museen bzw. Kirchen in München, Basel, Washington, Aschaffenburg, Stuppach und eben auch in Colmar. Aber wer war dieser Mann? Wo und wann wurde er geboren bzw. starb er? Wie waren seine Lebensumstände? Handelt es sich, so die am häufigsten genannte Version, um den gegen 1460 im Raum Würzburg geborenen Mathis Nithart, der später seinen Familiennamen in Gothart änderte, zeitweise in Diensten des erzbischöflichen Hofes in Mainz stand und 1528 in Halle starb? Oder um einen gewissen Mathys Grün, von dem überliefert ist, er sei Bildhauer gewesen und 1532 auf Schloss Reichenberg gestorben? Oder etwas um einen "Master Mathis", einen Altarbildmaler im Dienste des Herrn von Belfort? War Grünewald am Ende seines Lebens Lutheraner oder Sympathisant der aufständischen Bauern? Ist er jemals mit Albrecht Dürer zusammengetroffen? Spekulationen über Spekulationen, und auch das Monogramm MG·N, mit dem er seine Werke signierte, konnte bis heute nicht entscheidend weiterhelfen, da die mittelalterlichen Melderegister nur nach Vornamen geordnet waren.

Rund um die Place d'Unterlinden

Maison des Têtes: Gehen Sie nach Verlassen des Museums an der steinernen Statue Martin Schongauers vor der Apsis der ehemaligen Klosterkirche vorbei zur Südostecke des Platzes. Auf der anderen Straßenseite beginnt die Rue des Têtes, in deren Mitte das auffällige "Köpfehaus" (1609) steht, ein Meisterwerk der rheinischen Renaissance. Dass sein Besitzer über großen Reichtum verfügte, beweisen der fast barocke Volutengiebel, den ein kleiner, von Bartholdi geschaffener Küfer aus Zinn krönt, sowie die aufwändige Dekoration der Fensterrahmen und des Erkers mit mehr als 100 Köpfen und Fratzen. Ein bocksbeiniger Schelm schmückt den mittleren Balken des Fensters links vom Eingang. In unmittelbarer Nähe des Hauses sieht man zwei alte Ladenschilder des elsässischen Patrioten Hansi, die immer irgendwo die Farben der Trikolore aufweisen: rechts vom Maison des Têtes ein Bäckereischild, gegenüber das einer ehemaligen Metzgerei. Die Stadt Colmar ist stolz auf ihren Hansi und achtet darauf, dass die originellen alten Schilder auch dann nicht entfernt werden, wenn ein Geschäft wechselt.

Das kleinste Haus Colmars: Wenn Sie am Ende der Rue des Têtes nach links in die Rue des Boulangers abzweigen, kommen Sie zur Place de l'Ecole. An ihrer Südostecke befindet sich das kleinste Haus Colmars, ein blutrot gestrichener Fachwerkaufsetzer; im Mittelalter war er nur über eine Stiege im Innenhof des Gebäudekomplexes erreichbar. Damals spottete man, Möbel könnten darin nicht aufgestellt, sondern nur auf die Wände aufgemalt werden, heute hat man nach gründlicher Renovierung einen immerhin 25 m^2 großen Wohnraum geschaffen.

Eglise des Dominicains/"Madonna im Rosenhag": Gehen Sie zurück in die Rue des Boulangers und nach rechts zum Dominikanerplatz, der von der gleichnamigen Kirche beherrscht wird. Die Dominikaner ließen das Gotteshaus im 13./14. Jh. nach dem üblichen Muster der Bettelorden als schlichte Hallenkirche errichten. Neben schönen gotischen Glasfenstern, einem reich geschnitzten

Das kleinste Haus der Stadt

Chorgestühl und einer Silbermannorgel ist im Chor Martin Schongauers meisterhaftes Gemälde "Madonna im Rosenhag" aus dem Jahre 1473 zu bewundern. Umgeben von musizierenden Engeln, sitzt die Gottesmutter in einem gepflegten Garten mit Blumen und Vögeln. Zwei weitere himmlische Wesen halten eine prachtvolle Krone über ihrem leicht geneigten Haupt. Einen starken Kontrast zum mattgoldenen Hintergrund, dem Grün der Pflanzen, zur blassen Haut ihres Gesichts und der des nackten Jesuskinds bildet ihr in weiche Falten gelegter dunkelroter Mantel. Mit viel Liebe zum Detail malte Schongauer die verschiedenen Blumen und Vögel: rote Rosen und eine einzige weiße, Schwertlilien, Erdbeeren, Rotkehlchen, Dompfaffen, Kohlmeisen, Sperlinge. Ihnen allen kam im Mittelalter eine ganz bestimmte Symbolik zu. Interessant ist auch die kleine Dokumentation zum Diebstahl des Gemäldes, das im Januar 1972 entwendet und erst über ein Jahr später in Lyon wieder gefunden wurde.

Über die Rue des Serruriers – hier entdecken Sie am Haus Nr. 7 ein weiteres schönes Hansi-Schild – kommen Sie zur Place d'Unterlinden zurück.

Öffnungszeiten/Eintritt Tägl. 10–13 und 15–18 Uhr. Erwachsene 1,30 €, Jugendliche zwischen 14 und 16 J. 0,50 €.

Hipsch Martin

Martin Schongauer wurde um 1450 als Sohn eines Goldschmieds in Colmar geboren. Zunächst erlernte auch er diesen Beruf, wandte sich aber bald der Malerei und dem Kupferstich zu. Der Kontakt zu Caspar Isenmann, vor allem aber Reisen in die Niederlande und nach Burgund inspirierten ihn nachhaltig. Sein bekanntestes Werk ist die "Madonna im Rosenhag", das er in fast noch jugendlichem Alter für das Colmarer Martinsmünster anfertigte. Schon zu Lebzeiten wurde sein Werk hoch gepriesen, "Hübsch Martin, von wegen seiner Kunst" nannten ihn seine Zeitgenossen. Seine ausdrucksvollen Kupferstiche beeinflussten Albrecht Dürer in großem Maße. Schongauer starb 1491 in Breisach, kurz nachdem er für das dortige Münster das Weltgerichtsfresko fertig gestellt hatte.

Vom Martinsmünster bis Klein-Venedig

Das Martinsmünster

Eglise St-Martin: Namensgebend für die Place de la Cathédrale ist die *Collégiale St-Martin*, wird diese von den Colmarern doch gerne als Kathedrale bezeichnet, da hier während der Revolution vorübergehend das Bistum Oberrhein seinen Sitz hatte. Auf den Fundamenten zweier Vorgängerbauten errichtete man ab 1234, als St-Martin zur Stiftskirche erhoben wurde, bis zum 16. Jh. das heutige Gebäude vorwiegend im gotischen Stil. Eigentlich sollte es von zwei Türmen gekrönt werden, vollendet hat man wegen Geldmangels aber nur den *Südturm*, dessen ursprüngliche Spitze durch einen Brand im Jahre 1572 zerstört wurde. Sein jetziger Helm, von den Colmarern respektlos als "Chinesenhut" bezeichnet, war eigentlich nur als Provisorium geplant, hielt sich jedoch bis heute. Von hier oben läutete im Übrigen der Nachtwächter jahrhundertelang mit der "Zehnerglocke" allabendlich die Nachtruhe in der Stadt ein.

Als eines der schönsten frühgotischen Portale im Elsass gilt das *Nikolausportal* an der Gebäudesüdseite aus der Zeit um 1260. Beim Betrachten kommt man aber auch ins Schaudern, werden die die Tür einrahmenden Säulen doch jeweils von einer Reihe durch die Lepra entstellter Köpfe begrenzt. Im Tympanon zeigt die obere Szene das Jüngste Gericht, in der unteren werden zwei Legenden des heiligen Nikolaus erzählt. Rechts von ihm stehen drei von ihm wieder zum Leben erweckte Jünglinge, links drei Jungfrauen, die er davor bewahrt hat, von ihrem Vater – er hockt hinter ihnen – als Dirnen verkauft zu werden. Eingerahmt wird das Tympa-

non von einem Gurtbogen mit 13 Personen; in der vierten von links hat sich der Baumeister, Meister Humbret, mitsamt seinem Handwerkszeug verewigt. Am um 1300 erbauten *Westportal* findet sich noch ein zweiteiliges Tympanon mit der Darstellung der Anbetung der Drei Könige (unten) und des Jüngsten Gerichts (oben). Über einer Rosette sitzt der seinen Mantel teilende St. Martin hoch zu Ross.
In dem dreischiffigen Innenraum mit gotischem Spitzgewölbe steht rechts vom Hochaltar die aus Lindenholz geschnitzte, vielfarbig bemalte "Colmarer Madonna" (15. Jh.). Links vom Altar befindet sich die Sakramentskapelle. Von hier aus ziehen sich mehrere Kapellen, verbunden durch einen Umgang, rund um den Chor – eine im Elsass einmalige architektonische Variante. Der *Chor* weist ein prächtiges Gestühl und hübsche Schlusssteine in seinem Gewölbe auf. In der Verlängerung des Hauptaltars hängt ein Kruzifix mit einer besonders ausdrucksstarken Christusfigur (13. Jh.). Von Silbermann stammt die Orgel über dem Eingang.

Corps de la Garde: Gegenüber dem Nikolausportal steht eines der schönsten gotischen Wohnhäuser der Stadt, das *Maison Adolphe*, rechts daneben der *Corps de la Garde*. Ursprünglich diente das Gebäude als Beinhaus des zur Martinskirche gehörenden Friedhofs, im 16. Jh. funktionierte man es jedoch zuerst zu einem Verwaltungsgebäude, dann zur Stadtwache um und versah es mit einem von antiken Masken verzierten Renaissanceerker und einem prächtigen Portal.

Musée Bartholdi: Gehen Sie nun durch die unter dem Corps de la Garde hindurchführenden Passage – hier wurden früher Nüsse und Öl verkauft – in die Rue des Marchands, im Mittelalter in Erinnerung an das alte Beinhaus auch "Schädelgass" genannt. Schräg gegenüber befindet sich das *Musée Bartholdi*. Der Bildhauer Auguste Bartholdi (1834–1904) schuf für Colmar und weitere französische Städte zahllose Plastiken und Porträtbüsten. International bekannt gemacht hat ihn jedoch der Entwurf der New Yorker Freiheitsstatue, die Frankreich Amerika anlässlich des 100. Jahrestags der Unabhängigkeit zum Geschenk machte. Das in seinem Geburtshaus untergebrachte Museum stellt u. a. seine Vorstudien und Entwürfe zu diesem Werk, aber auch viele die Konstruktion der Statue dokumentierende Fotos aus. Ein großer Teil der Sammlung besteht aus weiteren Plastiken, aber auch Gemälden, die der Künstler z. T. auf seinen zahlreichen Auslandsreisen angefertigt hat. Ein ganzes Stockwerk zeigt die wieder aufgebaute spätere Wohnung Bartholdis in Paris.
Öffnungszeiten/Eintritt März–Dezember tägl. außer Di 10–12 und 14–18 Uhr. Erwachsene 4 €, Jugendliche (12–18 Jahre) 2,50 €.

Historische Gebäude an der Rue des Marchands: Gehen Sie am Ausgang des Museums nach rechts. Gegenüber steht das *Haus Zum Kragen*, Wohnsitz eines reichen Tuchmachers, wie man unschwer an der mit einer Elle abgebildeten Gestalt im Eckbalken erkennen kann. Daneben sehen Sie das 1537 von einem Hutmacher errichtete *Maison Pfister*, das zu den beliebtesten Fotomotiven der Stadt zählt und meist von Touristengrüppchen umlagert wird. Dass der ehemalige Hausherr Geld hatte, beweist die luxuriöse Ausführung des Eckgebäudes: Holzgalerien, Treppenturm mit schrägen Fenstern, schöner zweigeschossiger Erker und eindrucksvolle Bemalung. Studiert man die Fassadenaufschriften der umliegenden Gebäude, stellt man fest, dass im Haus Nr. 34 der berühmte Künstler Caspar Isenmann gewohnt hat, während er in dem hübschen *Husselin zum Schwan* in der angrenzenden Rue Schongauer einige seiner Werke angefertigt haben soll. Wenn Sie nun die Rue des Marchands abwärts gehen, lohnt es sich, beim Restaurant "Fer Rouge" noch einmal zurückzuschauen, das Ensemble aus dem Turm der Martinskirche und den alten Häusern ist einfach zu schön.

Karte S. 304/305

Colmar

Schwendibrunnen im Stadtzentrum

Ancienne Douane/Schwendi-Brunnen: Auf der anderen Straßenseite steht das *Alte Zollhaus*. Hier wurden sämtliche in der Stadt zu verkaufenden Waren verzollt und eingelagert, wodurch sich auch ihr anderer Name "Koifhüs" erklärt. Sie entwickelte sich immer mehr zum wirtschaftlichen und politischen Zentrum Colmars, man richtete zusätzlich eine Münzwerkstatt ein, und im Oberstock tagte der Stadtrat. Kein Wunder also, dass man das ursprüngliche Gebäude aus dem Jahre 1480 ständig erweiterte, das Dach mit kostbaren bunten Ziegeln deckte und diesem im 17. Jh. ein Treppentürmchen aufsetzte. Durch die Arkaden, in denen früher Butter und Fette verkauft wurden, kommt man zur Place de l'Ancienne Douane mit dem hübschen *Schwendi-Brunnen* in der Mitte. Die von Bartholdi geschaffene Brunnenfigur stellt Lazare de Schwendi (1522–1583) mit einer Weinrebe in der Hand dar. Schließlich wurde lange behauptet, der dem deutschen Kaiser dienende, überaus erfolgreiche Kriegsherr habe von seinen Ungarnfeldzügen die Tokajerrebe ins Elsass gebracht. In Wahrheit wird sie hier aber erst seit dem 18. Jh. kultiviert.

Gerberviertel/Quai de la Poissonnerie: Vom Brunnen geht man in südliche Richtung über den Platz und weiter in die Petite Rue des Tanneurs. Hier beginnt das einst von beißendem Geruch durchzogene alte *Gerberviertel* mit schönen Fachwerkhäusern, deren hohe, offene Dachgeschosse zum Trocknen der Häute dienten. Vor etwa 40 Jahren wäre es beinahe Opfer einer radikalen Modernisierungsmaßnahme geworden, war doch schon geplant, die damals baufälligen Häuser abzureißen. Zum Glück entschied man sich doch für die Restaurierung, und inzwischen sind hier attraktive – und kostspielige – Wohnungen entstanden.

Am Ende des Sträßchens hält man sich rechts und überquert den "Gerberbach", der wenige Meter weiter südlich in die Lauch mündet. Von der Lauchbrücke hat man einen wunderschönen Blick auf die bunten, schmalen Fachwerkhäuser des *Quai de la Poissonnerie*. Lange vorbei sind die Zeiten, in denen die Fischer von ihren Booten aus ihre Fänge verkauft haben, und leider hat nun auch im Januar 2002 die letzte Fischhandlung am alten Fischerstaden zugemacht. Gegenüber liegt die alte *Markthalle*, an deren zur Flussseite gerichteten Stufen die mit Booten in die Stadt fahrenden Gemüsehändler ihre Waren abladen konnten. An der Südwestecke des Gebäudes plätschert ein weiterer Brunnen mit einer Bartholdifigur, dem fröhlich aus einem Weinfass trinkenden *Petit Vigneron*.

Musée d'Histoire Naturelle et d'Ethnographique: Über den Quai de la Poissonnerie geht man an der Lauch entlang zur alten *Traenkbrücke* im Viertel Krutenau, dessen Bewohner früher hauptsächlich Gemüsebauern waren. Den Blick auf die Häuser am

Fluss kann man auch von einem der hübschen Terrassenlokale gebührend würdigen. Nach links einbiegend, kommt man zum *Natur- und Völkerkundemuseum*. Schauaquarien und zahlreiche präparierte heimische und exotische Tiere sind im Erdgeschoss ausgestellt. Im Obergeschoss gibt es neben einer kleinen ägyptischen Abteilung eine ethnologische Sammlung zu Südamerika und Ozeanien, außerdem erfährt man hier auch eine Menge über die Geologie des Elsass, z. B. über die Entstehung des Oberrheingrabens.

Öffnungszeiten/Eintritt Februar–Dezember tägl. außer Di 10–12 und 14–17 Uhr, So nur nachmittags. Erwachsene 4 €, Kinder die Hälfte. ✆ 0389238415.

Petite Venise: Zurück an der Traenkbrücke, biegt man unmittelbar davor in die Rue de la Herse ein und kommt, indem man die Terrasse des Restaurants St-Pierre durchquert, wieder an die Lauch. Vom sie überspannenden Pont St-Pierre hat man einen wunderschönen Blick auf das Klein-Venedig genannte Viertel mit seinen sich zum Fluss öffnenden Fachwerkhäusern. Rechts sieht man ein gut erhaltenes Stück der alten Stadtmauer, links einen ehemaligen Waschplatz. Zweigen Sie nach der Brücke in die Rue du Manege nach rechts ab. Sie führt zur Place des Six-Montagnes-Noires und setzt sich dahinter als Rue St-Jean fort. Hier steht auf der rechten Seite hinter einem schönen gotischen Portal die alte *Johanniterkomturei*, etwas weiter das an einen venezianischen Palazzo erinnernde *Maison dite des Chevaliers de St-Jean*. Wenn Sie geradeaus weitergehen, kommen Sie zur Place de l'Ancienne Douane. Überqueren Sie den Platz gehen Sie auf der Grand' Rue, vorbei am *Maison*

Ein Hauch von Venedig

4.10.16

Karte S. 304/305

Colmar

des Arcades, in dem bereits zu Beginn des 17. Jh. Läden mit Schaufenstern existierten, bis zur *Eglise St-Matthieu*, der einstigen Kirche der Franziskaner. Wenn Sie nun nach links abbiegen, kommen Sie zur Place de la Cathédrale zurück.

Weitere Sehenswürdigkeiten

Musée du Jouet: Auf drei Stockwerken sind Flugzeug-, Auto-, Schiffsmodelle, Blechspielzeug, alte Puppenstuben, belebte Schaukästen und große Modelleisenbahnanlagen, aber auch ein computergesteuertes Marionettentheater ausgestellt, darüber hinaus können die Kleinen auch an Spieltischen selbst tätig werden.

Öffnungszeiten/Eintritt 1.10.–30.6. Mi–Mo 10–12 und 14–18 Uhr, im Juli und August tägl. durchgehend geöffnet. Erwachsene 4 €, Kinder ab 8 J. 3 €. 40, rue Vauban, ✆ 0389419310.

Champ de Mars: Im Zentrum des kleinen Parks nahe der Place Rapp steht die *Fontaine Bruat*. Die von Bartholdi geschaffenen Allegorien von vier Kontinenten wurden 1958 rekonstruiert. Das Bildnis des Afrikaners soll Albert Schweitzer tief bewegt und sein Interesse für diesen Erdteil ausgelöst haben.

Papst Leo IX. lässt grüßen

Die Weinstraße südlich von Colmar

Weitaus ruhiger und entspannter als im nördlichen Abschnitt geht es an der Route des Vins von Eguisheim bis Thann zu. Abgesehen vom touristisch stärker entdeckten Eguisheim findet man in den Orten weniger Winstubs, und die meisten Winzertore sind geschlossen. Man muss erst klingeln, wenn man eine Weinprobe machen möchte. Dafür hat der Winzer aber meist mehr Zeit für den Besucher.

Er wird ihm dann vielleicht erzählen, dass ein Teil des Rebensafts der Region gar nicht vor Ort verarbeitet, sondern von den "nördlichen" Winzern aufgekauft wird, weil deren erzeugte Mengen für die Nachfrage oft nicht ausreichen. An der Qualität des Weines liegt es nicht, dass die südliche Weinstraße ein weitaus geringeres Besucheraufkommen zu verzeichnen hat. Im Gegenteil, Kenner rühmen die ausgezeichneten Lagen, wie z. B. die des Thanner Rangenbergs oder des Soultzmatter Zinnkoepfle. Auch die Landschaft ist ausgesprochen reizvoll, und die charmanten Orte haben z. T. einzigartige kunsthistorische Kleinode zu bieten, insbesondere Thann und Guebwiller. Dennoch bleiben sie im Schatten der großen Attraktionen weiter nördlich, die die Urlaubszeit vieler Touristen meist völlig beanspruchen. Fast ein Geheimtipp sind deshalb die hübschen Kleinstädte Eguisheim, Rouffach und Thann oder die malerischen Dörfer Gueberschwihr und Soultz, wo man Weinstraßenatmosphäre und Ruhe gut miteinander verbinden kann.

Eguisheim

Papst Leo IX. lässt grüßen – überall in dem von drei Burgtürmen überragten Eguisheim werden Sie seiner Figur, seinem Gesicht oder zumindest seinem Namen begegnen, sei es am zentralen Brunnen, auf einem Hotelschild, über einem Weinkeller oder sogar auf der Speisekarte. Päpstlich streng geht es in dem sicherlich malerischsten Ort der südlichen Weinstraße aber keinesfalls zu, überall sind Weinkeller zu Degustationen geöffnet, etliche Gasthäuser laden zur Unterbrechung eines Spaziergangs durch die Gassen ein, in denen es im wahrsten Sinne des Wortes rundgeht. Eguisheim wurde nämlich in drei konzentrischen Kreisen um die zentrale achteckige Burg erbaut – verlaufen kann man sich hier also nicht.

Ein Elsässer auf dem Papstthron

Bruno, so sein bürgerlicher Name, Sohn des Grafen Hugo von Eguisheim und Hedwigs von Dagsburg, wurde 1002 in dem Weinstädtchen geboren. Bereits mit 24 Jahren war er Bischof von Toul, machte sich bald als Reformer einen Namen, und 1048 ernannte ihn Kaiser Heinrich III. gegen seinen Widerstand zum Papst. Barfüßig soll er in Rom eingezogen sein. Als Leo IX. kämpfte er für die sittlich-moralische Erneuerung der Kirche, gegen die gängige Praxis des Kaufes geistlicher Ämter, gegen die Priesterehe und versuchte, die Stellung des Papsttums zu stärken. So wurde er zum Begründer des Kardinalskollegiums in seiner heutigen Form. In der Zeit seines Pontifikats spitzte sich der Streit zwischen orthodoxer Ost- und römischer Westkirche zu, und kurz nach seinem Tod 1054 kam es zur Kirchenspaltung. Bereits 1087 wurde der Elsässer auf dem Stuhl Petri heilig gesprochen.

*L*AGE/*A*DRESSEN/*V*ERBINDUNGEN

● *PLZ* 68420
● *Lage* Von der N 83 zweigt man auf die D 1bis ab.
● *Information* Das **Office de Tourisme** ist vom 1.6.–31.10. Mo–Sa, von Juni bis September zusätzlich auch sonntagvormittags geöffnet. 22 a, Grand' rue, ✆ 0389234033, ✉ 0389418620, www.ot-eguisheim.fr.
● *Führungen* Im Juli und August bietet das O.T. kostenlose Führungen (auf Französisch) durch die Altstadt an.
● *Minitrain* Von Mai bis September transportiert Sie ein kleine Zug zwischen 10 und 18 Uhr jeweils zur vollen Stunde durchs Städtchen und die Weinberge. Dauer ca. 40 Minuten, Erwachsene 5,50 €, Kinder ab 6 J. 4 €.

● *Parken* Am östlichen Ortseingang gibt es links einen großen Platz.
● *Feste* Während der Saison werden etliche **Weinfeste** veranstaltet: Mitte Juli, am ersten und letzten August- und am ersten Oktoberwochenende.
● *Einkaufen* Eguisheim hat ein besonders großes Angebot an interessanten Souvenirgeschäften.
● *Post* 2, rue de Herlisheim, in der Nähe des Touristenparkplatzes.
● *Polizei* Die nächste Gendarmerie ist in Wintzenheim, und zwar in der Rue Clemenceau Nr. 6. ✆ 0389270152.
● *Öffentliche Toiletten* Am Parkplatz.

*Ü*BERNACHTEN/*E*SSEN UND *T*RINKEN

*** **Hostellerie du Pape,** gleich am Ortseingang wohnt man hier recht nobel und ruhig in einem hinter einer Grünanlage etwas zurückversetzten Gebäude. Für ein DZ bezahlt man zwischen 70 und 85 €. Die Küche bietet variierte elsässische Küche, z. B. Flaschschnaka mit Auberginenfüllung und wem's geschmeckt hat, der kann bei Köchin Annie Huber im Winter einen Kochkurs absolvieren. Menü ab 15 €. Mo und Di geschl. 10,

Weinstraße südlich von Colmar

Grand' rue, ☎ 0389414121, 🖷 0389414131.
** Auberge des Trois Châteaux, mitten im Ort liegt der gemütliche Gasthof mit 12 Zimmern. Zu zweit zahlt man fürs Grand Lit 49 €, für zwei Betten 61 €. In der urigen Gaststube wird serviert, was der Chef selbst in der Küche fabriziert hat: Choucroute, Presskopf und andere Klassiker. Menü ab 15 €. Mi, im Winter auch Di geschl. 26, Grand' rue, ☎ 0389231122, 🖷 0389237288.

Auberge du Rempart, ein wunderschöner Platz ist der Hof mit einem mittelalterlichen Brunnen, um den herum sich die Tische gruppieren. Und auch mit der Küche wird man zufrieden sein. Lecker z. B. die üppige Sauerkrauttorte mit verschiedenen Salaten, und auch der Flammkuchen sah gut aus; empfehlenswerte Desserts. Über dem Lo-

kal werden auch 5 geschmackvolle Zimmer mit eingearbeiteten Fachwerkbalken (38–49 €) vermietet. Mo, im Winter auch sonntagabends geschl. 3, rue du Rempart, ☎ 0389411687, 🖷 0389410650.

Caveau d'Eguisheim, erstklassiges Restaurant am Papstbrunnen. Während man im Erdgeschoss Traditionelles bestellt, kann man im ersten Stock Gourmetküche speisen, z. B. ein päpstliches 8-Gänge-Menü für 52 €. Probieren Sie z. B. einmal Täubchen mit Biergemüseragout! Mo und Di geschl. 3, pl. du Château, ☎ 0389410889, 🖷 0389237999.

*** Camping Municipal, zwischen den letzten Häusern Eguisheims und den ersten Weinbergen liegt der schattige Platz. Von April bis September geöffnet. 10, rue du Bassin, ☎ 0389231939, 🖷 0389241019.

Sehenswertes

Place du Château: Alles dreht sich in dem kreisrunden Ort um Papst Leo IX., und natürlich beginnt auch der Rundgang an der *Place du Château,* wo heute der Mitte des 19. Jh. erbaute *Leo-Brunnen* steht. Mit einem Fassungsvermögen von 80.000 Litern gehört er zu den größten im ganzen Elsass. Hinter einer achteckigen Mauer (13. Jh.) liegt erhöht die ehemalige *Wohnburg* der Grafen von Eguisheim. Sie wurde im 8. Jh. errichtet und soll der Geburtsort des späteren Papstes gewesen sein. Wo einst der

Das sog. Taubenhaus

Bergfried stand, baute man Ende des 19. Jh. eine *neoromanische Kapelle* – keine Frage, auch sie ist Leo IX. geweiht. Das Gewölbe des knallbunten Innenraums ist mit Medaillons, in denen Szenen aus dem Leben des Heiligen dargestellt sind, ausgemalt.

Eglise St-Pierre-et-St-Paul: Gehen Sie nach dem Verlassen der Kapelle rechts und umrunden Sie die mittelalterliche Mauer halb, bis Sie zur *Eglise St-Pierre-et-St-Paul* kommen. Nur der im unteren Bereich romanische, in den oberen Stockwerken gotische Turm aus gelbem Sandstein stammt noch von dem ursprünglichen Gotteshaus, das alte Schiff hat man 1807 durch einen Neubau ersetzt. Im Innern kann man im Untergeschoss des Turms das sehenswerte einstige romanische Portal bewundern. Eingerahmt von je vier Säulen mit reich verzierten Kapitellen, sind im Tympanon Christus mit den Aposteln Petrus und Paulus, darunter die törichten und die klugen Jungfrauen in typisch mittelalterlichen Gewändern dargestellt. Unterhalb davon steht hinter Glas eine vielfarbige Holzschnitzerei, die *"sich öffnende Jungfrau"* aus dem 13. Jh. In ihrer Mitte ist eine Tafel mit zwei Seitenflügeln angebracht. Ist sie geöffnet, erkennt man auf den Seiten zwei Engel, im geschlossenen Zustand hält die Gottesmutter das Jesuskind auf ihrem Schoß.

Rue Stumpf/Rue du Rempart: Vom Kircheneingang geht man nach rechts in die Rue Stumpf. Hier stehen einige alte, einst verschiedenen Klöstern gehörende Dinghöfe, deren Verwalter die Lehnsgeschäfte mit den Abhängigen aus Eguisheim und Umgebung abwickelten. An der Place du Marché biegen Sie rechts in die Grand' Rue ein und passieren bald wieder den Leo-Brunnen. Wenige Meter hinter dem Office de Tourisme kommen Sie rechts zu einem der beliebtesten Fotomotive des Ortes, dem kleinen *Taubenhaus*. Links davon kann man einen ca. halbstündigen Spaziergang durch die kopfsteingepflasterte *Rue du Rempart* mit blumengeschmückten, farbenfrohen Fachwerkhäusern beginnen und dabei die Stadt umrunden. Unterwegs ist noch sehr schön nachzuvollziehen, dass die Gebäude früher einen der drei "Wälle" bildeten, die Eguisheim schützten. Erst am Ende dieser Runde ändert sich das Bild, denn der letzte Abschnitt hat während des Zweiten Weltkriegs starke Schäden erlitten und musste neu aufgebaut werden.

Umgebung von Eguisheim

Route des Cinq Châteaux: Hoch über Eguisheim ragen die wie Drillinge anmutenden quadratischen Bergfriede dreier Burgruinen, der drei Egsen, nur wenige Meter voneinander in den Himmel. Diese und noch zwei weitere Burgen besucht man auf einer Rundfahrt.

Drei Egsen: Auf dem Schlossberg ließ Hugo IV., Vater des späteren Papstes Leo IX., im 11. Jh. die *Wahlenburg* erbauen. Als durch die Familie später spaltete, entstanden zwei weitere kleine Befestigungen, nördlich die *Dagsburg* und südlich die *Weckmund*. Den schönsten Blick auf Eguisheim hat man von der Wahlenburg, schade nur, dass der Donjon einsturzgefährdet und daher gesperrt ist.
Anfahrt: Man nimmt in Eguisheim die D 14 nach Husseren-lès-Châteaux und zweigt dort links ab. Am Ortsrand geht es rechts und noch einmal 2 km den Berg hinauf bis zum Parkplatz. Steil wandert man ca. 5 Minuten durch den Wald zu den Burgen.

Château du Hohlandsbourg: Die im 13. Jh. auf Betreiben der Habsburger errichtete, im 15. Jh. von Lazare de Schwendi erweiterte und im Dreißigjährigen Krieg zerstörte große Burg erfuhr in den letzten Jahren ein aufwendiges Renovierungsprogramm. Besonders beeindruckend ist die die gesamte Anlage umschließende hohe, rechteckige Mauer mit rundum verlaufendem, begehbarem Wehrgang, von dem aus man einen einzigartigen Panoramablick hat. An die Mauern lehnen sich im Innern des weitläufigen Hofes Wohn- und Wirtschaftsgebäude aus dem 13. und 14. Jh. an. Etwas erhöht stehen die Reste der inneren Burg mit zwei Wachtürmen. Hübsch ist der außerhalb der Anlage neben dem Eingang angelegte mittelalterliche Garten.
Geöffnet ist das Château du Hohlandsbourg von Ostern bis zum 11.11. Sa (14–18 Uhr) und So (schon ab 11 Uhr), von Juni bis zum 11.10. jeden Nachmittag, vom 1.7. bis 1.9. tägl. 10–19 Uhr. Erwachsene 4 €, Paare 5,50 €, Kinder (8–16 Jahre) 1,50 €.
Anfahrt: Von den Drei Egsen fährt man ca. 5 km weiter durch den Wald Richtung Wintzenheim. Vom Parkplatz der Hohlandsburg wandert man ca. 5 Minuten bis zum Ziel.

Phlixbourg: Hoch über dem Eingang des Münstertals liegt die Phlixbourg. Einzig ihr leider nicht begehbarer Bergfried und eine ummauerte Zisterne sind erhalten.
Zur Phlixbourg fährt man noch einmal 3 km weiter Richtung Wintzenheim bis zu einem Parkplatz. Von hier wandert man in 10 Minuten, zuerst mit gelbem, dann mit gelb-weiß-gelbem Balken, zu der Ruine. Nach Eguisheim zurück geht es auf demselben Weg oder über Wintzenheim und dann auf der N 83 und D 1bis.

Weinstraße südlich von Colmar

Blasmusik beim Weinfest

Gueberschwihr: Fast authentische mittelalterliche Gassen, prächtige, blumengeschmückte Winzerhäuser, ein zentraler Platz, der nahezu die Ausmaße einer italienischen Piazza hat, und viele nette Gasthäuser – ein besonderes Kleinod ist dieses große Winzerdorf, das auch dem arte-Team als der ideale Drehort für die Serie "Die Elsässer" erschien (siehe S. 29). Überragt wird es von einem hohen Glockenturm mit reich verzierten Rundbogenfenstern, Lisenen und Bogenfriesen, dem einzigen Überbleibsel der romanischen Kirche St-Pantaléon von 1130, die man im 19. Jh. niedergerissen hat. Wenn Sie hinter der Kirche eine der Gassen ins Oberdorf hinaufsteigen, haben Sie übrigens den schönsten Fotoblick auf den urgemütlichen Ort mit dem prachtvollen Glockenturm und auf das umliegende Rebenmeer.

● *Lage* Gueberschwihr liegt abseits der N 83 an der D 121.

● *Feste* Sehr beliebt ist das **Weinfest** am 3. Augustwochenende, wenn ein Teil der Winzer zu Speis, Trank und manchmal auch Tanz die Höfe öffnet.

● *Essen* **Taverne Médiévale,** in einem hübschen, schattigen Innenhof oder in einem urigen Keller aus dem Jahre 1658 genießt man mitten in Gueberschwihr traditionelle Küche. Di und Mi geschl. 1, rue Haute, ✆ 0389492079.

Rouffach

Hexen als Dekoration in Geschäften, Hexen auf Türschildern, Hexen in Gasthausnamen, im Angebot "bière a la sorcière" (Hexenbier), und im Juli feiert man sogar ein regelrechtes Hexenfest!

Was heute Werbegag und Spaß ist, erinnert an schaurige Zustände im keinesfalls immer idyllischen Mittelalter, als man unbequeme bzw. nicht der Norm entsprechende Frauen der Hexerei bezichtigte, sie bis zum Prozess in ein Verließ einsperrte und sie dann meist grausam tötete. Bauliches Zeugnis dieser Vergangenheit ist der alte Hexenturm, der ungeachtet seiner düsteren Bestimmung prächtig gestaltet und sicher der schönste des Elsass ist.

Doch das auf eine römische Siedlung zurückgehende Städtchen, das lange Zeit den Fürstbischöfen von Straßburg gehörte, hat darüber hinaus noch viel mehr zu bieten. Eine beeindruckende Kirche, kopfsteingepflasterte Gassen und schöne Plätze mit gemütlichen Lokalen machen seinen Reiz aus. Und auch hier wurde die Tradition des Weinbaus schon immer intensiv gepflegt, seit dem 19. Jh. gibt es sogar eine Winzerschule. Es hat also nichts mit Hexerei zu tun, dass die Rouffacher Tropfen so gut munden!

Lage/Adressen/Verbindungen

● *PLZ* 68250

● *Lage* Rouffach liegt an der N 83.

● *Information* Das **Office de Tourisme** ist ganzjährig Mo–Fr und Sa (im Winter nur vormittags), von Ostern bis Allerheiligen auch sonntagvormittags, im Juli und August tägl. vor- und nachmittags geöffnet. 8, pl. de la République, ✆ 0389785315, 📠 0389 497530, www.ot-rouffach.com.

- *Führungen*   Ganzjährig bietet das O.T. Führungen durch die Stadt an.
- *Zug*   Nur wenige der Züge nach Colmar und Strasbourg halten an dem kleinen Bahnhof von Rouffach.
- *Parken*   Rund um die Marienkirche gibt es genügend Plätze.
- *Taxi* ✆ 0389496209
- *Fahrradverleih*   Das O.T. verfügt über 5 Fahrräder.
- *Markt*   Mi und Sa auf der Place de la République.

> **Tipp für Radfahrer:** Beim O.T. gibt es kostenlos einen Flyer mit drei Radtouren rund um Rouffach (Promenades à Vélo autour de Rouffach).

- *Feste*   Ein tolles Spektakel ist das **Hexenfest** mit großem Umzug am Sa nach dem 14. Juli.
- *Einkaufen*   **Cadeau d'Alsace,** im Angebot etwas ausgefallenere Elsass-Souvenirs. Mo geschl., 4, rue de la Poterne.
- *Post*   Avenue la Gare.
- *Polizei*   15, rue de la Gendarmerie, ✆ 0389496019.
- *Öffentliche Toiletten*   Neben der Kirche.

*Ü*bernachten/*E*ssen und *T*rinken

- *Übernachten*   ****** Château d'Isenbourg,** ganz fürstlich wohnt man in diesem umgebauten alten Schloss, einem der schönsten Hotels des Elsass, oberhalb von Rouffach mitten in den Weinbergen. Im Frei- und Hallenbad, Fitnessraum oder auf dem Tennisplatz kann man sich sportlich betätigen und abends dann im Gourmetrestaurant vortrefflich speisen. Ein DZ, stilecht und elegant eingerichtet, ist in der Hochsaison ab 135 €, im Winter für 108 € zu haben. ✆ 0389785850, 📠 0389785370.

** Hôtel Ville de Lyon, am nördlichen Ortsrand von Rouffach steht das sehr gepflegte, komfortable Hotel von Familie Bohrer mit Sauna und gedecktem Pool. Es verfügt über 43 Zimmer, entweder im Louis-XV- oder Louis-XVI-Stil oder auch ganz modern eingerichtet. Ein DZ kostet 48 €, eine kleine Suite 96 €. 1, rue Poincaré, ✆ 0389496551, 📠 0389497667.

- *Essen*   **Restaurant Philippe Bohrer,** schon die folgenden Referenzen sprechen für sich: Schüler von Bocuse, ehemaliger Koch im Dienste des franz. Präsidenten, ein Michelin-Stern. Und man wird nicht enttäuscht – phantasievoll werden in elegantem Rahmen traditionelle Gerichte wie Sauerkraut, auch mit Hummer und anderes Meeresgetier serviert. Sicherlich eine der empfehlenswertesten Adressen der Region. Montagmittags und Mi geschl. Adresse s. Hotel Ville de Lyon.

Restaurant A la Grappa, ganz zentral liegt das gemütliche Kellerrestaurant mit unverputzten Wänden. Mehrere preisgünstige Gerichte, z. B. auch Tarte flambée – der

Schwerpunkt liegt auf der Regionalküche. Einen Versuch wert sind z. B. die Fleischschnecken in Rotweinsauce. Donnerstagabends und So geschl. 16, pl. de la République, ✆ 03497102.

Caveau Haxakessel, im Sommer ist die Terrasse des zentralen Restaurants der Lieblingsplatz in Rouffach, aber auch im Innern sitzt man gemütlich. Spezialität ist das Sauerkraut nach Hexenart – auch hier ist elsässische Küche Trumpf. Während der Saison tägl. geöffnet, ansonsten dienstagabends und Mi geschl. 7, pl. de la République, ✆ 0389497676.

Winstub de la Poterne, zwischen Sauerkraut und Gambas offeriert die Küche hier eine überschaubare Palette guter Gerichte. Süßmäuler erfreuen sich an den phantasievollen Desserts. Menü ab 21 €. Mo geschl. 7, rue de la Poterne, ✆ 0389785329.

Sehenswertes

Zentrum des Ortes ist die weite Place de la République mit der Marienkirche und einem schönen Gebäudeensemble, das vom Hexenturm überragt wird.

Eglise Notre-Dame-de-l'Assomption: Geht man um die aus gelbem Sandstein errichtete Kirche herum, werden die völlig unterschiedlichen Baustile deutlich. Ihre ältesten Teile, das Querschiff und zwei Seitenapsiden aus dem 11. Jh., sind romanisch. Im 13. Jh. errichtete man Chor und Langhaus, erstmals im Elsass überhaupt im frühgotischen Stil. Die hochgotische Westfassade mit schmucker Fensterrose und dem während der Revolution größtenteils zerstörten Hauptportal stammt aus dem 14. Jh. Auch zahlreiche die Fassade schmückende Figuren wurden von fanatischen Revolutionären zerstört. Nur die an weniger gut erreichbaren Stellen platzierten blieben erhalten. Die oberen Stockwerke der beiden Türme schließlich errichtete man erst im 19. Jh., wobei die Arbeiten am rechten aufgrund des Krieges 1870/71 eingestellt wurden. Er blieb bis heute unvollendet. Im Innern sind ein prachtvolles Rittergrab aus dem 14. Jh. links vom Eingang, die spätgotische Marienleuchte im Langhaus sowie ein ebenfalls spätgotischer Taufstein im südlichen Querschiff besonders beachtenswert.

Heimatmuseum/Altes Rathaus/Hexenturm: Von der Südseite der Kirche bietet sich ein besonders schöner Blick auf die die Place de la République umgebenden Häuser. In der ehemaligen *Kornhalle*, dem lang gestreckten Bau mit ausladender Freitreppe an der rechten Seite, ist ein kleines Museum untergebracht. Es enthält neben sakraler Kunst eine kleine Sammlung von Funden aus dem Neolithikum bis zum späten Mittelalter (im Juli/August tägl. 14–18 Uhr, Eintritt 2 €).

Das Gebäude des heutigen Restaurants Haxakessel diente lange Zeit als Hexengericht, ursprünglich war es aber die Bauhütte der Kirche. Blickfang des Platzes ist das *Ancien Hôtel de Ville*, ein zweiflügeliges Renaissancegebäude mit Volutengiebeln und einem heute das Touristenbüro beherbergenden Anbau. Überragt wird es von dem einzigen erhaltenen, dafür umso prächtigeren Turm der Stadtbefestigung, der *Tour des Sorcières* (Hexenturm), stilecht gekrönt von einem Storchennest. Letztes Schmuckstück des Ensembles ist der ehemalige *Zinshof* des Straßburger Domkapitels gegenüber der Kornhalle.

Promenade des Remparts/Sehenswerte Häuser: Durch das kleine Tor rechts vom Hexenturm erreicht man die *Promenade des Remparts,* der man nach links folgt. Vorbei am Storchenpark – gegenüber steht ein ehemaliger Gutshof aus dem 17. Jh. – und dem einstigen *Dinghof der Abtei Eschau* mit kunstvollen gotischen Fenstern kommt man zu einer hübschen *Nepomukstatue* (18. Jh.). Biegen Sie hier links in die Rue du M. Lefèbre ein. An der nächsten Straßenkreuzung stehen sehenswerte alte Gebäude: Rechts das *Haus der drei Damen*, so genannt, weil drei Pfeiler den Oberstock tragen, dahinter sieht man am Torbogen des etwas von der Straße zurückversetzten Hauses mit der Nr. 11 das Zunftzeichen der Schlachter, ein Hackbeil. Links abzweigend, kommt man zur Marienkirche zurück. Wer mag, geht an dem ihr gegenüberliegenden neuen Rathaus vorbei und zweigt nach links in die Rue de la Poterne ab, die wiederum mit schönen alten Häusern, z. B. der alten *Zunftstube "Zum Elefant"* (Nr. 4), aufwarten kann.

Umgebung von Rouffach: Soultzmatt

Prächtige Winzerhäuser prägen das Bild des großen Dorfs am Ohmbach, das einstige Schloss Wangenbourg aus dem 16. Jh. am östlichen Ortseingang ist heute ein

Weingut – man lebt nicht schlecht von den Trauben am Hang des Zinskoepfle, aus denen ein besonders süffiger Wein hergestellt wird. Doch Soultzmatt hat sich nicht nur durch seinen Rebensaft einen Namen gemacht, wird doch im Oberdorf aus den "Sources de Soultzmatt Lisbeth" mineralienhaltiges Quellwasser in Flaschen abgefüllt.

Ein kleiner Spaziergang führt vom Rathaus hinauf zur **Eglise St-Sébastian**, deren romanischer Glockenturm mit gekuppelten Fensterreihen noch erhalten ist. Um die Apsis herum sind mehrere mittelalterliche Steinsärge aufgestellt worden, im Innern entdeckt man weitere Grabmäler. Sehr schön ist die in die rechte Seitenwand eingemauerte Grabplatte mit der Darstellung eines ehrfürchtigen Ritters und seiner Ehefrau.

Ruhiges Plätzchen in Soultzmatt

● *Lage* Mit Rouffach ist Soultzmatt durch die D 18bis verbunden.

● *Sources de Soultzmatt* Während der Hochsaison kann man von Mo bis Do jeweils um 14 Uhr die Abfüllanlage besichtigen. Dauer ca. 1 Std., Treffpunkt am Parkplatz vor dem Eingang. Eintritt frei.

● *Wandern* An der Post beginnt ein schöner Weg durch die Weinberge zum Zinnkoepfle hinauf, Dauer ca. 40 Min.

● *Essen/Trinken* **Wystub Chez Brand,** uriger Weinausschank im Nachbardorf Bergholtz-Zell. Zum eigenen Wein serviert die Wirtin im Hof oder im Gastraum Münster oder Speckplatte – einfach, aber lecker! Mi geschl. 21, rue Principale, ℘ 0389769531.

Guebwiller

Die Reben steigen jenseits der Lauch vom Stadtrand die Vorberge der Vogesen hinauf. Doch obwohl um Guebwiller vier Grand Crus gedeihen, was kein anderer Ort an der Route des Vins von sich sagen kann, fehlt die Atmosphäre eines gemütlichen Weinstädtchens. Von größtem Interesse sind aber drei völlig gegensätzliche, jedoch gleichermaßen sehr bedeutende sakrale Bauten in der Stadt. Ihre Errichtung verdankt Gruebwiller der Abtei Murbach (siehe S. 234 f.), von der der Ort nicht nur im 8. Jh. gegründet, sondern auch jahrhundertelang abhängig blieb. Und von 1759 bis zum Ausbruch der Französischen Revolution residierten deren Fürstäbte sogar hier. Im 19. und Anfang des 20. Jh. entstanden dann v. a. an den Rändern der Stadt Textilfabriken – deren Blütezeit ist längst vorbei, sie prägen aber heute noch das Bild Guebwillers mit.

● *PLZ* 68500

● *Lage* Guebwiller liegt an der D 430.

● *Information* Das **Office de Tourisme** ist ganzjährig von Mo–Fr und samstagvormittags, von April bis Oktober auch samstagnachmittags, zwischen dem 1.7. und dem 15.9. zusätzl. So geöffnet. Hôtel de Ville, Rue de la République, ℘ 0389761063, ℘ 0389765272,

www.tourisme-guebwiller-soultz.fr.

● *Führungen* Während der Hochsaison werden vom O.T. Führungen durch die Stadt und Wanderungen in der Umgebung angeboten, beachten Sie die Aushänge.

● *Parken* Plätze im Zentrum findet man am Hôtel de Ville und dahinter oder an der - Eglise St-Léger.

Weinstraße südlich von Colmar

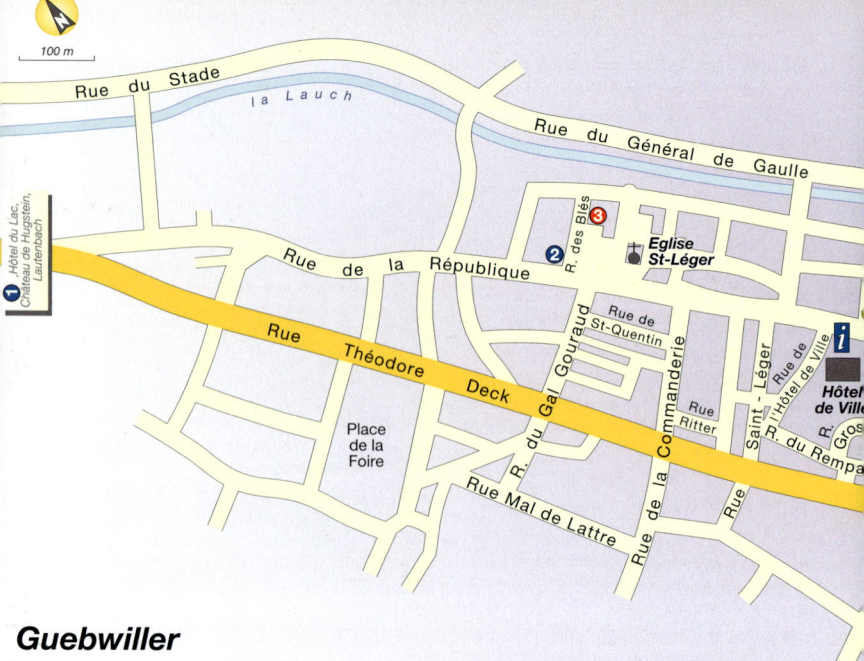

Guebwiller

- *Taxi* ☎ 0389769305
- *Markt* Di auf der Place du Marché, Fr auf der Place de la Liberté
- *Veranstaltungen* Ein ganz besonderes Erlebnis sind die ganzjährig stattfindenden Konzerte in der alten Dominikanerkirche und in der romanischen Eglise St-Léger. Informationen gibt's im O.T.
- *Kinder/Schwimmen* **Le Centre Nautique,** großes Hallenbad (von September bis Ende Mai) und Freibad (von Juni bis Anfang September) mit Riesenrutsche und anderen Attraktionen im Osten der Stadt. Rue de la Piscine, ☎ 0389747088.
- *Einkaufen* **Antiquités Mattioli,** wenigstens einen Blick sollte man in den über und über mit Blumen und alten Werkzeugen geschmückten Hof des Fachwerkhauses bei der Dominikanerkirche werfen. Vielleicht finden Sie aber auch in der großen Sammlung ein schönes Stück wie z. B. eine der Deckschen Fayencen (siehe S. 236). 3, rue de l'Hopital.
- *Post* An der Rue de la République.
- *Polizei* 3, rue Jean Moulin, ☎ 0389769201.
- *Öffentliche Toiletten* Nahe der Eglise St-Léger und am Hôtel de Ville.

- *Übernachten* **** Hôtel du Lac (1),** in idyllischer und ruhiger Lage steht das aus zwei Gebäuden bestehende Hotel am Stadtrand. 78 sehr unterschiedliche Zimmer, teilweise auch mit Balkon. Das DZ kostet je nach Saison und Ausstattung 55–61 €. Angeschlossen ist auch ein Restaurant. 244, rue de la République, ☎ 0389766310, 🖷 0389742484.

** Hôtel d'Alsace (2), gegenüber der Eglise St-Léger und damit sehr zentral wohnt man angenehm in einem Eckhaus zum Preis von 54 € (Grand Lit oder 2 Betten). Wer nicht mehr ausgehen mag, kann im hauseigenen Restaurant speisen. 140, rue de la République, ☎ 0389768302, 🖷 0389741715.

- *Essen/Trinken* **Taverne du Vigneron (3),** alteingesessene, gemütliche Weinstube an der Eglise St-Léger. Was es gibt, steht auf großen Schiefertafeln an der Wand: Forelle in Riesling, Eisbein, Presskopf etc. – elsässische Küche ist Trumpf, und es schmeckt. Kein Wunder, dass der Laden brummt. Mo geschl. 7, pl. St-Léger, ☎ 0389768189.

Restaurant Brasserie de la Place (6), an der Eglise Notre-Dame kocht der Wirt auch nach alten Rezepten. Mehrere Menüs, u. a. auch eines für Kinder. In der Nebensaison Mo geschl. 4, rue de la République, ☎ 0389830500.

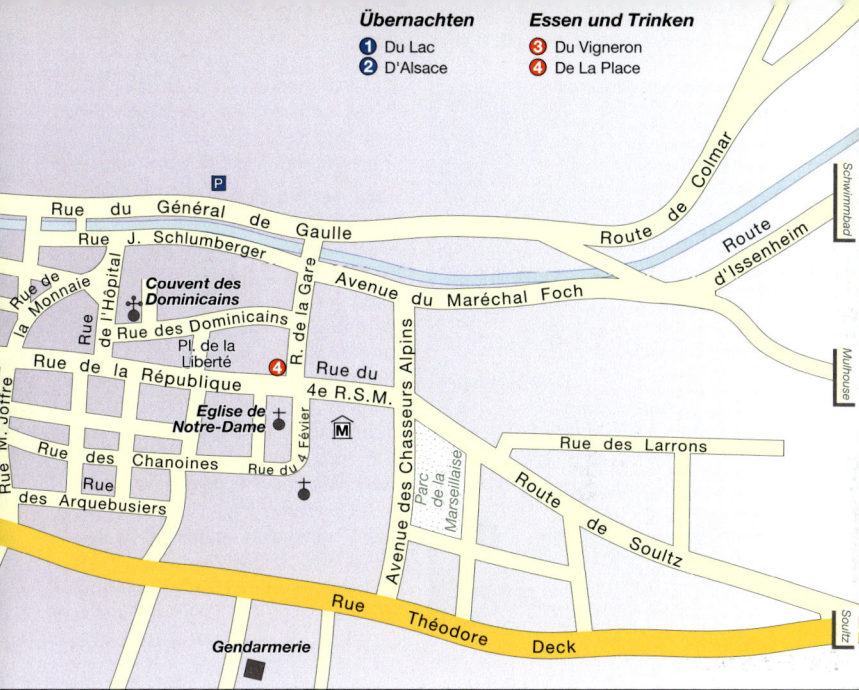

Sehenswertes

Alle Sehenswürdigkeiten befinden sich fast unmittelbar an der Hauptstraße, der Rue de la République. Beginnen Sie die Besichtigung an ihrem nördlichen Ende mit der ältesten und schönsten Kirche der Stadt:

Eglise St-Léger: Sie wurde um 1200 von der Murbacher Abtei im spätromanischen Stil erbaut. Den Chor erneuerte man im 14. Jh. im gotischen Stil, im 16. Jh. erweiterte man die Kirche durch den Bau der beiden niedrigen äußeren Seitenschiffe. Eindrucksvollster Teil des Bauwerks ist die Westfassade. Ein Rautenmuster schmückt den Giebel zwischen den zwei mächtigen Türmen, deren Fensteröffnungen von reich verzierten Säulchen gegliedert sind. Die nach drei Seiten offene *Vorhalle* führt zu dem eindrucksvollen, von drei abgestuften Säulenbögen umrahmten *Eingangsportal*. Im Tympanon erkennt man in der Mitte den segnenden Christus mit dem Evangelium in der Hand, rechts und links, so die Meinung vieler Kunsthistoriker, Maria und den heiligen Leodegar. Bevor Sie die Kirche betreten, sollten Sie noch den achteckigen *Vierungsturm* genauer betrachten. In seinem unteren Bereich hockt auf den vier schrägen Pultdächern jeweils eine lebensgroße Gestalt. Ihre Bedeutung ist nicht eindeutig geklärt. Die Stadtbewohner meinen jedenfalls, die "Doggala" würden sich in Vollmondnächten einmal um den Turm drehen.

Der durch Arkaden und Pfeiler gegliederte Innenraum wirkt massig, dunkel und eng und damit typisch romanisch. Im rechten Seitenschiff erinnert hinter dem Altar des heiligen Valentin ein Relief an ein bedeutendes Ereignis in der Geschichte der Stadt. 1445 hatten plündernde Armagnakenhorden (siehe auch S. 24) versucht, mit Holzleitern über die Stadtmauer zu klettern, was ihnen jedoch, wie man auf

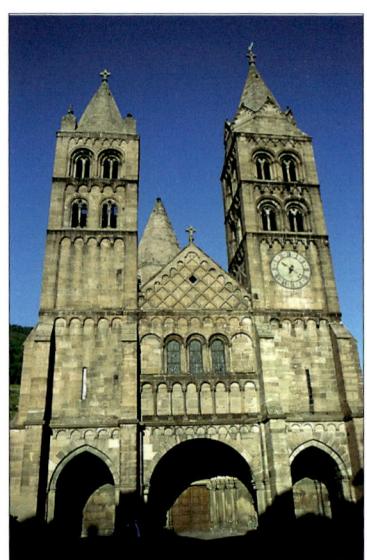

Eindrucksvolle Fassade von St-Lége

dem Relief erkennen kann, die Gottesmutter und die Alarm schlagende Bür-
gerin Brigitte Schick vereitelten.
Öffnungszeiten Tägl. 14–18 Uhr.

Hôtel de Ville/Eglise des Dominicains:
Weiter geradeaus auf der Rue de la République kommt man zunächst zum *Hôtel
de Ville,* einem spätgotischen Patrizierhaus mit auffallendem Erker, in dem auch
das Office de Tourisme und eine kleine
Ausstellung zur romanischen Kunst im
Elsass untergebracht sind. Es folgt die
Place de la Liberté mit kleinem Sandsteinbrunnen aus dem Jahre 1536, gegenüber steht ein stattliches Renaissancegebäude mit schönem Treppenhausturm.
Wenn man am Platz links abbiegt, erreicht man nach wenigen Metern die
Eglise des Dominicains. Die riesige,
hoch aufstrebende Hallenkirche mit un-
gewöhnlichem Turm wurde zu Beginn
des 14. Jh. im charakteristischen schlichten Stil des Dominikaner-Bettelordens
errichtet. An sie grenzen die ehemaligen
Klostergebäude an, die einen Kreuzgang
umschließen; heute ist darin eine Musikschule untergebracht. Das Innere wird von
mittlerweile wieder freigelegten, im 18. Jh. übertünchten gotischen Fresken geschmückt. Zum Zeitpunkt der Recherche wurden im Chor und am Lettner Restaurierungsarbeiten durchgeführt, sodass die Kirche nur bei vom O.T. geführten Besichtigungen und den regelmäßig stattfindenden Konzerten zugänglich war.

Eglise Notre-Dame: Zurück an Place de la Liberté, wendet man sich dort nach links
und kommt nach wenigen Schritten zur jüngsten Kirche des Ortes. Auch sie steht
in Zusammenhang mit der Murbacher Abtei, deren Kapitel Mitte des 18. Jh. das
strenge klösterliche Leben aufgab. ins Schloss Neuenburg übersiedelte und sich daneben von 1766 bis 1785 eine für die damalige Zeit hochmoderne Kirche errichten
ließ. Das Gotteshaus gilt als einer der bedeutendsten neoklassizistischen Bauten im
Elsass. Dorische und ionische Säulen gliedern die Fassade, acht allegorische Statuen
versinnbilichen die Kardinaltugenden. Im prunkvollen Innenraum scheint alles
riesig zu sein. Gewaltige Sandsteinsäulen mit korinthischen Kapitellen trennen die
drei Schiffe voneinander, hinter dem Hochaltar lenkt ein Monumentalrelief mit der
Darstellung der Himmelfahrt Mariens die Blicke auf sich.

Musée du Florival/Parc de la Marseillaise: Das Museum, das den Namen des Blumentals trägt (siehe S. 236), ist in einem einstigen Stiftsgebäude der Murbacher
Abtei an der Südseite der Place de la Liberté untergebracht. Es enthält eine reichhaltige Sammlung zur Kunst, Geschichte und Natur des Tals, v. a. aber präsentiert
es die Werke des Guebwiller Kunstkeramikers Théodore Deck. Seinen Arbeiten ist
das gesamte zweite Stockwerk gewidmet. Neben Vasen und anderen Gefäßen in
"Deck-Blau" sind insbesondere die Vertäfelungen einer Veranda mit einer Szene am

See und ein wieder aufgebautes Badezimmer aus einer Industriellenvilla die reinste Augenweide. In den anderen Etagen sieht man interessante Objekte profaner und sakraler Kunst, eine Gesteinssammlung, aber auch Zeichnungen, Gemälde und Stiche von Guebwiller und Umgebung.

Hinter dem Museum erstreckt sich der hübsche *Parc de la Marseillaise*, in dem man auf futuristisch anmutenden Parkbänken ausruhen kann

Öffnungszeiten/Eintritt Das Museum ist tägl. außer Di von 14 bis 18 Uhr, Sa, So und feiertags zusätzl. von 10 bis 12 Uhr geöffnet. Erwachsene 3 €, Kinder (12–18 Jahre) 2 €. 1, rue du 4-Février, ✆ 0389742289.

Burgruine Hugstein: Das Château ist ein weiteres Relikt aus der Murbacher Zeit. Die Äbte ließen es im 13. Jh. zur Kontrolle des Blumentals errichten, im 16. Jh. wurde es aufgegeben. Die Ruine ist allerdings nur zu Fuß erreichbar, für die Anstrengung wird man aber mit einem schönen Rundblick belohnt.

• *Anfahrt/Wandern* Von der Stadtmitte auf der Rue de la République 1,5 km in nordwestliche Richtung, dann der Beschilderung nach links in die Rue de l'Ermite folgen, 500 m weiter erreicht man einen Parkplatz. Von hier noch 700 m aufwärts bis zur Ruine.

Umgebung von Guebwiller

Soultz: Einer salzigen Quelle in der Nähe verdankt das Städtchen mit wunderschönem mittelalterlichen Kern und z. T. gut erhaltener Befestigung seinen Namen. An der ausladenden Place de la République lenkt das stattliche *Hôtel de Ville* mit seiner imposanten Freitreppe die Blicke auf sich. Ganz in der Nähe steht die gotische - *Eglise St-Maurice*. Ihren Turm schmückt eine Sonnenuhr, die Heiligen Drei Könige und der Kirchenpatron zu Pferd sind im Tympanon des Südportals dargestellt. Im Innern lohnen neben einer Silbermannorgel v. a. eindrucksvolle Fresken aus dem 14. Jh., ein St.-GeEindrucksvoll ist die Fassade von St-Légeorgsrelief aus dem 15. Jh. und die Renaissancekanzel.

Östlich des Rathauses ist in einer einstigen Wasserburg das *Musée du Bucheneck* untergebracht. Dort werden auf Bildern und Holzschnitten berühmte Soultzer Familien vorgestellt, außerdem bietet das Museum Sammlungen zu den Bereichen Archäologie, Waffen sowie christliche und jüdische Kunst. Für Groß und Klein ein Anziehungspunkt ist das wunderhübsche Spielzeugmuseum *La Nef des Jouets* mit Spielsachen aus verschiedenen Epochen.

Westlich von Soultz: Ein paar Ausflugsziele kann man darüber hinaus noch in der unmittelbaren Nachbarschaft von Soultz ansteuern: einen größeren *Storchenpark*, in Jungholtz einen *jüdischen Friedhof* und in Thierenbach eine in der Region sehr verehrte *Wallfahrtskirche* mit rührenden Danktäfelchen für den Beistand der Gottesmutter in den unterschiedlichsten Lebenslagen.

• *Lage* Nach **Soultz** kommt man von Guebwiller über die D 429. Den **Storchenpark** erreicht man von Soultz über die Straße nach Jungholtz (D 5^I), nach ca. 1 km zweigt man zunächst links und kurz darauf wieder rechts Richtung Wuenheim ab.
Der **jüdische Friedhof** von Jungholtz liegt links der Straße in der Ortsmitte.
Nach **Thierenbach** fährt man von Soultz zunächst auf der D 5^I nach Jungholtz, dort zweigt man dann auf die D 5^V ab.

• *Information* Das **Office de Tourisme** von Soultz ist ganzjährig Mo–Fr und samstagvormittags geöffnet, im Juli und August auch samstagnachmittags und sonntagvormittags. Place de la République, ✆ 0389736360, ✉ 0389 748612, www.tourisme-guebwiller-soultz.fr.
• *Museen* Beide Museen in Soultz sind vom 2.5. bis 30.9. tägl. außer Di von 14 bis 18 Uhr geöffnet. Fürs **Musée du Bucheneck** in der Rue Kageneck zahlt man 2,30 € (Kinder 1,50 €), fürs **La Nef des Jouets** in der Rue J. Jaurès 4,60 € (Kinder 1,50 €).

Weinstraße südlich von Colmar

Thann

Letzte Station der Route des Vins bzw. deren südliche Pforte ist das kleine, lebhafte Städtchen Thann, im Gegensatz zu vielen anderen Weinorten ohne Fachwerk und Butzenscheibenromantik. Stattdessen zieht die nach dem Straßburger Münster bedeutendste gotische Kirche des Elsass den Besucher in ihren Bann. Ein Kunsterlebnis, das man sich nicht entgehen lassen sollte. Und darüber hinaus hat Thann noch einen besonders gehaltvollen Wein zu bieten.

Geschichte: Im 12. Jh. kontrollierten die Grafen von Ferrette von der Engelburg aus das Thurtal, Teil einer stark frequentierten Handelsstraße von Holland nach Italien. Die Gründung einer Wallfahrtskirche verhalf dem kleinen Ort unterhalb der Burg zu größerer Bedeutung, und schon 1290 wurde Thann erstmals urkundlich als Stadt erwähnt. Diese fiel 1324 an die Habsburger und 1648 an Frankreich. Im 18. Jh. wurde das gesamte Thurtal durch Textil-, Eisen- und Stahlbetriebe erschlossen, 1808 kam die chemische Industrie hinzu. Auch heute noch ist die Industrie der wichtigste Arbeitgeber der Region, wie die qualmenden Schornsteine und die hässlichen Fabrikhallen im benachbarten Vieux-Thann beweisen.

Thann und der heilige Theobald

Der Legende nach trug sich die Gründung der Stadt ein wenig dramatischer zu, als es in der offiziellen Geschichtsschreibung nachzulesen ist: Im Jahre 1160 verstarb im italienischen Gubbio der vom Volk hoch verehrte Bischof Theobald. Vor seinem Ableben hatte er seinem Diener aus Dankbarkeit für dessen Treue seinen Bischofsring versprochen. Als der dann versuchte, dem Toten das Schmuckstück abzustreifen, riss dessen Finger mit ab. Er versteckte ihn in seinem Wanderstock und machte sich auf den Weg in seine lothringische Heimat. Dabei kam er auch an die Stelle des heutigen Thann, wo damals noch dichter Tannenwald stand. Nachdem der müde Mann sich dort ausgeruht hatte, wollte er die Reise fortsetzen, doch sein Stab, den er an einen Baum angelehnt hatte, blieb wie angewurzelt stehen. In diesem Moment entdeckte der Graf von Ferrette von der Engelburg aus drei flammende Lichter über dem Wald, eilte herbei und erfuhr von dem Lothringer, dass dieser eine Reliquie in dem Stab hatte. Sofort beschloss der Graf, an dieser Stelle eine Kirche errichten zu lassen – und siehe da, der Wanderstock konnte wieder bewegt werden.

Nicht nur die dem Heiligen geweihte Kirche, wo die Reliquie aufbewahrt wird, auch das alljährliche Fest der Tannenverbrennung und die Partnerschaft mit Gubbio sorgen dafür, dass die Legende nicht in Vergessenheit gerät.

Lage/Adressen/Verbindungen

- *PLZ* 68800
- *Lage* Thann liegt an der N 66.
- *Information* Das **Office de Tourisme** ist ganzjährig Mo–Sa, im Juli und August an den Werktagen durchgehend und am Sonntagvormittag geöffnet. 7, rue de la 1ère Armée, ☎ 0389379620, ✆ 0389370458,

office-de-tourisme.thann@wanadoo.fr.
- *Führungen* Im Juli und August werden vom O.T. auf Französisch zahlreiche Führungen durch die Stadt, durch das Theobald-Münster, aber auch durch die Weinberge sowie naturkundliche Touren angeboten.

Auf dem Weinberg Rangen gedeiht ein besonders guter Tropfen

• *Zug* Vom zentrumsnah gelegenen Bahnhof hat man häufige Verbindungen nach Mulhouse und Kruth.

• *Parken* Place du Bungert oder auch an der Thiébauth-Kirche.

• *Taxi* ✆ 0389370058

• *Markt* Sa auf der Place du Bungert.

• *Feste* Am 30. Juni wird bei der **Verbrennung der drei Tannen** jedes Jahr des Stadtheiligen Theobald gedacht und ein großes Fest gefeiert.

• *Einkaufen* **Au Pied des Vignes,** wer Lust hat, den köstlichen Rangener Wein zu probieren, kann sich hier beraten lassen und einkaufen. 11, rue St-Thiébaut.

• *Post* Rue du G^{al}-de-Gaulle.

• *Polizei* 55, rue Kléber, ✆ 0389370011

• *Öffentliche Toiletten* Nahe der St.-Theobald-Kirche.

*Ü*bernachten/*E*ssen und *T*rinken

• *Übernachten* *** **Hôtel Du Parc (6),** wie es der Name schon verrät, liegt das hübsche Hotel mit 20 Zimmern in einer Gartenanlage, zu der auch ein kleiner Pool gehört. Für Abwechslung sorgen außerdem Jacuzzi, Sauna und Fitnessraum. Eines der wunderschön eingerichteten Biedermeierzimmer kostet für zwei 75–116 € , zu viert bezahlt man 89–162 € . 23, rue Kléber, ✆ 0389373747.

** **Hôtel La Cigogne (5),** ganz zentral und in den nach hinten gelegenen Räumen auch ruhig wohnt man in den 27 angenehmen Zimmern zum Preis von 44 € (EZ), 51–54 € (DZ) bzw. 67 € (3 Betten). Angeschlossen ist auch ein gutes Restaurant. 35, rue du G^{al}-de-Gaulle, ✆ 0389374733, ✉ 0389374018.

** **Hôtel Kléber (7),** ruhig und nah am Zentrum liegt dieses empfehlenswerte Haus von Familie Mangel. Auch hier gibt's wieder Sauna, Solarium und Gymnastikraum, ein DZ ohne Bad und WC kostet 30 € , mit Bad bzw. mit Balkon bezahlt man 41–49 € . Angeschlossen ist ein kleines Restaurant. 39, rue Kléber, ✆ 0389371366, ✉ 0389373967.

• *Essen und Trinken* **Restaurant Du Parc (6),** im gleichnamigen Hotel. Der wunderschöne Speisesaal erinnert in Einrichtung und Stil an einen herrschaftlichen Salon, Fischspezialitäten sind hier besonders gut, aber natürlich gibt's auch elsässische Küche. Mehrere Menüs zwischen 19 und 39 € . Adresse s. o.

Restaurant Caveau de l'Engelbourg (4), schönes Kellerlokal mit feiner gutbürgerlicher Küche, bei der das Preis-Leistungs-Verhältnis stimmt. Große Auswahl auch an

Thann

ausgefalleneren Vorspeisen wie Schnecken in Blätterteig oder der Salade Americaine mit Fisch und Käse. Menü ab 18 €. So geschl. 10, rue du G^{al}-de-Gaulle ✆ 0389372021.

Restaurant Winstub Le Caseus (2), die Kuhdekoration an der Hausfassade weist schon auf die Spezialität des Hauses hin: Käse in allen Variationen, aber darüber hinaus werden auch leckere Rösti, Flammkuchen und andere regionale Spezialitäten serviert. Angenehme Atmosphäre. 100, rue de la 1ère Armée, ✆ 0389371068.

Restaurant Caveau St-Thiébaut (3), zentral und relativ preiswert, deshalb für ein einfaches, aber leckeres Mittagessen gut geeignet. Neben elsässischen Gerichten und Menüs gibt es auch Pizza. Von März bis September durchgehend geöffnet. 42, rue de la 1ère Armée, ✆ 0389370384.

Salon de Thé Laiss (1), angenehmer Platz für einen guten Kaffee oder ein delikates Petit Four, insbesondere im Sommer, wenn man von der Terrasse aus das Treiben auf dem Platz beobachten kann. So geschl. 132, rue de la 1ère Armée.

Sehenswertes

Eglise St-Thiébaut: Das zentral gelegene, dem heiligen Theobald geweihte gotische Gotteshaus ist die größte Sehenswürdigkeit der Stadt. Wegen des immer stärker werdenden Pilgerbetriebs begann man 1320 an der Stelle der ursprünglichen Kapelle mit dem Bau der Kirche, vollendet war er im Jahre 1516, als man ihm die Turmspitze aufsetzte. Aufgrund der langen Bauzeit lässt sich die Entwicklung des gotischen Stils an der Kirche sehr genau nachvollziehen. Vergleichsweise nüchtern ist das frühgotische südliche Seitenschiff, Chor und Mittelschiff sind hochgotisch, während das nördliche Seitenschiff sowie die Turmspitze den Flamboyant-Stil der

Spätgotik zeigt. Besonders stolz sind die Thanner auf den *Turm*, den sie gerne mit denen des Straßburger und des Freiburger Münsters vergleichen: *"Le clocher de Strasbourg est le plus haut, celui de Fribourg le plus gros, mais celui de Thann le plus beau!"* ("Der Straßburger Turm ist der höchste, der Freiburger der mächtigste, aber der von Thann der schönste!") Phantasievolle Wasserspeier beleben das Kirchenäußere, und auf dem sog. Madonnenpfeiler an der Südwestecke thront sogar ein Äffchen. Das *Hauptportal* an der Westfassade ist ein einzigartiges Ensemble aus insgesamt 500 Figuren, das man nicht lange genug betrachten kann. In den zwei kleinen Tympana über den beiden Eingangsportalen, getrennt von einer Muttergottesstatue, werden Geburt und Kreuzigung Christi dargestellt. Darüber spannt sich ein größeres drittes Bogenfeld, bestehend aus fünf Streifen. In ihnen werden von unten nach oben Ereignisse aus dem Leben Mariens von der Kindheit bis zur Krönung nach ihrer Himmelfahrt erzählt. Die drei Tympana werden von fünf sog. Hohlkehlen mit zahlreichen Einzelfiguren und szenischen Darstellungen eingerahmt.

Figurenschmuck am Hauptportal

Im Innern trennt ein 22 m hohes Kreuz am Triumphbogen das Mittelschiff vom Chor. Zwischen den Glasfenstern aus dem 15. Jh. scheinen 12 Apostelstatuen unter Baldachinen die Wandsäulen, auf denen das Netzgewölbe ruht, zu tragen. Einzigartig ist das *Chorgestühl* aus dem 15. Jh. Wangen, Baldachine und Lehnen der den Stiftsherren vorbehaltenen Sitze sind mit komischen Figuren, Fratzen, Masken, Fabelwesen und Tieren verziert: Fledermaus und Flughund, ein Männlein mit Brille, ein Kind im Kapuzenmantel, eine schwingende Nonne sind nur einige der einfallsreichen Gestaltungen. Der älteste Teil der Kirche ist die *Theobald-Kapelle* rechts vom Chor mit einer farbenprächtigen Holzfigur des Heiligen (16. Jh.) sowie einem Teil eines älteren Altars mit der Darstellung der Thanner Legende. Zwischen dieser Kapelle und dem Mittelschiff steht eine weitere, bei Prozessionen mitgeführte prachtvolle Theobaldstatue (ebenfalls 16. Jh.) mit dem winzigen Stifterpaar zu seinen Füßen, daneben ein

Weinstraße südlich von Colmar

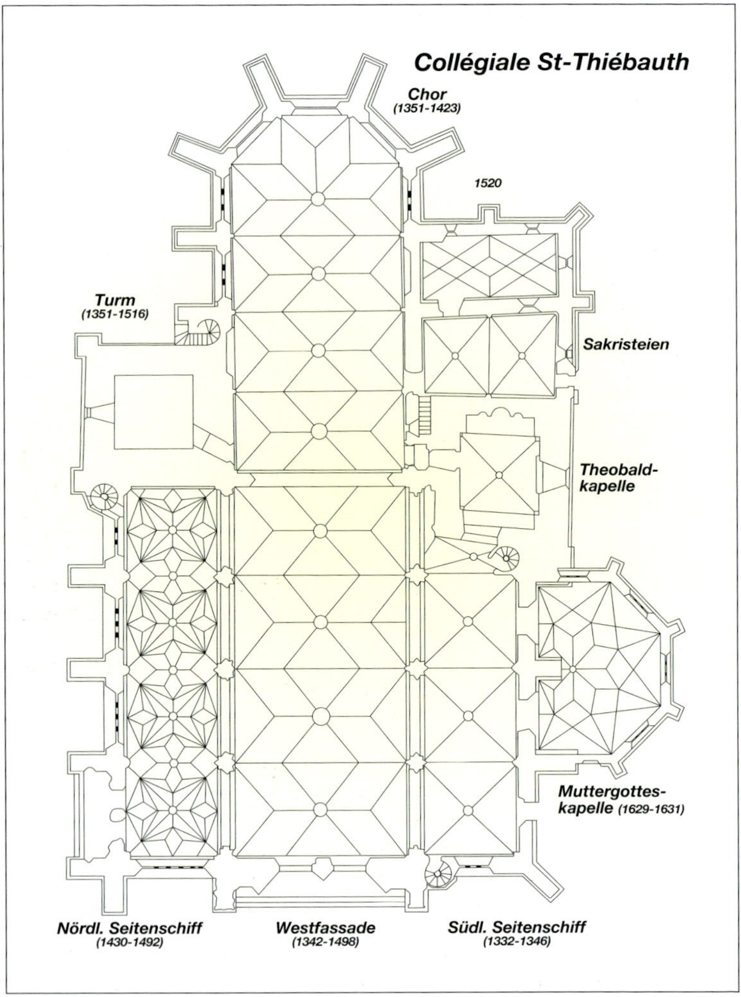

Collégiale St-Thiébauth

Chor
(1351-1423)

1520

Turm
(1351-1516)

Sakristeien

Theobald-
kapelle

Muttergottes-
kapelle (1629-1631)

Nördl. Seitenschiff
(1430-1492)

Westfassade
(1342-1498)

Südl. Seitenschiff
(1332-1346)

alter Opferstock, der zur Sicherheit mit Eisenbändern verschnürt war. In der *Muttergotteskapelle* sollten Sie sich die Winzermadonna, 1510 von der Winzerzunft gestiftet, genauer anschauen. Das Jesuskind auf ihrem Arm versteckt hinter seinem Rücken eine Traube und lächelt dabei spitzbübisch. Auffällig sind schließlich auch die vielen Wappen an den Deckenschlusssteinen der Gewölbe. Sie weisen auf Besitztümer der mächtigen Habsburger hin.

Musée des Amis de Thann: Gegenüber der Kirche steht ein schönes Fachwerkhaus mit dreiseitigem Erker (16. Jh.), heute Sitz des Office de Tourisme. Von hier aus geht man links in die Rue St-Thiébaut mit mehreren gut erhalten mittelalterlichen Häusern: an der nächsten Ecke z. B. rechts das *Haus zum Einhorn* mit dem Wappen der Stadt und gegenüber die *Münze* aus dem Jahre 1533 mit eingravierten Steinmetzzeichen. Auf der anderen Straßenseite sprudelt das Wasser des *Rebleutebrunnens* aus zwei steinernen Köpfen. Direkt an der Brücke über die Thur steht die ehemalige *Kornhalle* (1519) mit je einem großen Fuhrmannstor an beiden Seiten, damit die Wagen im Gebäude nicht wenden mussten. Heute ist darin das *Museum der Freunde Thanns* untergebracht. Sehr sehenswert sind die 15 hölzernen Bannwarttafeln im ersten Stock des Gebäudes. Sie erzählen, mit welchen Witterungsverhältnissen, Katastrophen (z. B. Feuer) etc. die vier jedes Jahr von den Zünften neu in dieses ehrenvolle Amt gewählten Bannwarte, die "Bewacher der Weinberge", zu kämpfen hatten, wie die Ernten ausgefallen waren etc. In den drei weiteren Stockwerken des Museums sind Sammlungen zur Geschichte der Stadt (Bilder, Wirtshausschilder, Geräte aus den frühen Fabriken etc.) zu sehen.

Im Chorgestühl lässt sich viel entdecken

Öffnungszeiten/Eintritt Von Mai bis Mitte Oktober tägl. außer Mo 10–12 und 14.30–18.30 Uhr. Erwachsene 2 €, Kinder (6–16 Jahre) 1 €. Rue de la Halle.

zu Gebweiler in den Wangen,
zu Türckheim im Brand,
wächst der beste Wein im Land.
Aber gegen den Reichenweirer Sporen
haben sie alle das Spiel verloren.

Wenn auch nicht zum Spitzenreiter erkoren, so wird der Rangenwein vom Volksmund doch als einer der vier besten des Elsass gelobt. Das kommt nicht von ungefähr: Steil ziehen sich die mit Weinreben bedeckten Hänge des Rangen vom Stadtrand in einem Steigungswinkel von 45° in die Höhe. Auf vulkanischem Untergrund kann hier ein besonders edler Tropfen gedeihen: die gesamte Fläche des Rangen (18,5 ha) wurde als Grand Cru eingestuft – einmalig im Elsass. Nährstoffreicher Boden, maximale Sonneneinstrahlung, häufige Niederschläge und nur geringe Frostgefahr durch die Nähe des Flüsschens Thur sorgen für eine Qualität, die schon im Mittelalter gerühmt wurde. Bereits im 12. Jh. sollen Kaufleute aus Norddeutschland nach Riesling und Gewürztraminer vom Rangen gefragt haben. Damals wie heute – Qualität hat ihren Preis. In einigen Geschäften wird der Rangenwein zwar verkauft, in vielen Winstubs aber nicht. Der Rangenwein ist eben etwas für besondere Tage.

Weinstraße südlich von Colmar

Rue de la Halle/Hexenturm: Vom Museum geht man links in die von schönen mittelalterlichen Gebäuden gesäumte Rue de la Halle. Haus Nr. 24 weist ein hübsches sechseckiges Treppentürmchen auf, daneben steht das einstige Armenhaus, erkennbar an der Inschrift "Factum es Refugium Pauperibus". Am Ende der Straße beweist ein schmales Fachwerkhaus mit zwei überkragenden Stockwerken, wie geschickt im Mittelalter geringer Bauplatz ausgenutzt wurde. An dem Gebäude gegenüber sind die das Dach stützenden Konsolen mit Köpfen und Figuren, alle zur Kirche schauend, sehenswert.

Spärlich sind die Reste der Engelburg

Hier wendet man sich links, geht an der nächsten Straßenecke wieder links und kommt so zu dem bulligen *Hexenturm* mit hübschem Zwiebeldach, der nicht nur Teil der Stadtbefestigung war, sondern auch als Gefängnis diente. Heute befindet sich in seinem Untergeschoss der alte *Charles-Hippler-Weinkeller* mit einer kleinen Ausstellung.
Öffnungszeiten Von Ostern bis Allerheiligen tägl. außer Di 14–18 Uhr. Eintritt frei.

Château de l'Engelbourg: Von der Brücke hinter dem Hexenturm hat man einen schönen Blick auf den Rangen mit der pittoresken Urbankapelle. Wer mag, wandert jenseits der Brücke über die Rue du Rangen und einen gut ausgeschilderten Waldweg in ca. 15 Minuten zum *Château de l'Engelbourg* hinauf. Von der Burg ist seit der Zerstörung durch Truppen Ludwigs XIV. nicht viel mehr als ein mächtiger, ringförmiger, zur Stadt gerichteter Stein, Teil des ehemaligen Bergfrieds, übrig geblieben. Er wird heute "Hexenauge" genannt. Der Blick über das hübsche Thann mit seiner gotischen Kirche und Vieux-Thann mit den qualmenden Schornsteinen zeigt die zwei Seiten des einerseits industriell hoch entwickelten und andererseits mittelalterlich-romantisch anmutenden Elsass.

Knallbunte Fachwerkkunst

Die Rheinebene südlich von Strasbourg

Ausgedehnte Industriezonen und monotone Ackerbauregionen charakterisieren die südliche Rheinebene. Andererseits bietet sie im Grand Ried noch Reste der einst raumprägenden Feuchtlandschaft mit einer einmaligen Flora und Fauna, außergewöhnliche kunsthistorische Schätze, ganz besonders sehenswerte Museen und kulinarische Erlebnisse der feinsten Art.

Mais, so weit das Auge reicht, dazwischen stattliche Haufendörfer, die einander gleichen. Doch dann entdeckt man die Feuchtwiesen und urwaldartigen Auwälder zwischen Rhein und Ill wie Inseln in einem weiten Meer. Dort, wo man die Natur noch halbwegs gewähren lässt, dankt sie es mit einer fast wilden Schönheit und reichen Gaben. Denn nirgendwo im Elsass wird so häufig und gut Fisch zubereitet wie in den Gasthäusern im Grand Ried; am besten natürlich in Illhäusern, wo das bekannteste Sternelokal weit und breit angesiedelt ist.

Doch auch für geistigen Genuss ist gesorgt. Eine der ältesten Kirchen des Elsass steht in Ottmarsheim, lichtdurchflutet und verspielt wirkt die einzigartige Barockkirche in Ebersmunster. Die Kleinstadt Sélestat hat ebenfalls eindrucksvolle Gotteshäuser aufzuweisen, ist aber v. a. wegen ihrer wertvollen humanistischen Bibliothek einen Besuch wert. Lohnenswert ist natürlich auch Mulhouse. Zwar verdient man dort und im weiteren Umland mehr als anderswo seine Brötchen in der Industrie, und entsprechend präsentiert sich die Region, aber die zweitgrößte Stadt des Elsass strahlt einen ganz besonderen Charme aus und besitzt europaweit einzigartige technische Museen. Einen Überblick über Geschichte, Kultur und Brauchtum des Elsass und zugleich viel Spaß für die ganze Familie bietet schließlich das Freilichtmuseum *Ecomusée d'Alsace* im nahen Ungersheim.

Da möchte man gleich einsteigen

Le Grand Ried

Zwischen Strasbourg und Colmar, im Westen begrenzt von der Ill, im Osten vom Rhein, erstreckt sich im alten Überschwemmungsgebiet dieser beiden Flüsse die einzigartige Feuchtlandschaft des Großen Ried mit ihrer charakteristischen Pflanzen- und Tierwelt.

Natürlich präsentiert sich das Grand Ried nicht mehr so, wie es einst war. Durch Eindeichung und Kanalisation des Rheins – die Ill hat man davon weitgehend verschont –, durch Trockenlegung für Siedlungen, Landwirtschaft und Industrie sind weite Flächen verloren gegangen. Aber in dem Dreieck zwischen Erstein-Krafft, Sélestat und Marckolsheim zeigt es sich stellenweise noch in seiner ganzen Schönheit, stehen inzwischen glücklicherweise weite Teile unter Naturschutz, andere versucht man zu renaturieren. Unzählige Wasserläufe durchfließen das Gebiet, der Grundwasserspiegel ist hoch, überall sprudeln Quellen aus dem Boden hervor. Insbesondere nach der Schneeschmelze im Frühling – aber auch nach ergiebigen Herbstregen – werden viele Wiesen und Wälder überflutet.

Schilf, Schlingpflanzen, zahlreiche Laubbäume und Weiden prägen die Flora, man findet aber auch so seltene Gewächse wie die Sibirische Schwertlilie oder die Sumpfgladiole. Mannigfaltig ist die Fauna. Der Brachvogel ist inzwischen zum Symbol des Grand Ried geworden. Daneben leben hier Reiher, Blesshühner, Eisvögel etc., außerdem natürlich Amphibien sowie Fische mit so klangvollen Namen wie Elritze, Gluster oder Mühlkoppe. Auch der Biber ist dank intensiver Bemühungen inzwischen wieder heimisch geworden. Besonders tierreich sind die Altrheinarme – im Volksmund oft als "Gießen" bezeichnet – und die von Quellen gespeisten klaren "Brunnwasser". Bei einer konstanten Temperatur von ca. 12 °C fühlen sich in Letzteren auch Forellen sehr wohl. Dass Fischgerichte zu den kulinarischen

Spezialitäten der Region gehören, allen voran die aus Aal, Hecht, Zander und Forelle zubereitete Matelote, liegt auf der Hand.

Obwohl nur einige Kilometer von der Weinstraße entfernt, ist das Grand Ried immer noch recht untouristisch. Hotels sind rar, die meisten Besucher kommen nur als Tagesausflügler. Wer das Gebiet mit dem Fahrrad, zu Pferde, zu Fuß oder per Boot erkundet, hat deshalb meist die Natur noch weitgehend für sich. Und auch die kulturellen Attraktionen wie die wunderschöne Abteikirche in Ebersmunster oder das sehenswerte Sélestat werden von den Reisebussen nur selten angefahren.

> Folgende Utensilien gehören zur notwendigen Ausrüstung für Ausflüge ins Ried: Mückenschutzmittel, gutes Schuhwerk und ein Fernglas.

Benfeld

Als das "Tor zum Ried" bezeichnet sich das Kleinstädtchen an der Ill gerne, und tatsächlich sind von hier aus die wichtigsten Orte des Feuchtgebietes gut erreichbar.

Im Zentrum steht das **Rathaus** aus dem Jahre 1531 mit hübschen Arkaden. Knapp 100 Jahre später baute man den oktogonalen Zwiebelhauben-Treppenturm an. Ihn schmückt eine ganz besonders originelle Uhr mit drei beweglichen Figuren. Rechts schlägt ein Hellebardenträger jede Viertelstunde mit einem kleinen Hammer auf eine Glocke, links dreht zur vollen Stunde der Tod seine Sanduhr um. Darüber sieht man mit Zepter und Geldbörse den "Stubenhansel", die Nachbildung eines Benfelder Bürgers, der im 14. Jh. für eine Hand voll Dukaten seine Stadt dem Feind ausgeliefert haben soll. Zu jeder vollen Stunde öffnet und schließt er den Mund in fassungslosem Entsetzen über das Todesurteil, mit dem man ihn für seinen Verrat bestrafte. Nur ein paar Schritte entfernt stehen das alte **Hôpital** mit Volutengiebeln im Stil der Renaissance und die **Eglise St-Laurent**. Sie besitzt einen hübschen gotischen Chor.

Lage/Adressen/Verbindungen

- *PLZ* 67230
- *Lage* Benfeld liegt an der N 83.
- *Information* Das **Office de Tourisme** ist ganzjährig Mo–Fr geöffnet. 10, pl. de la République, ✆ 0388740402, ✆ 0388581045, grandried.ot.benfeld@wanadoo.fr.
- *Parken* Großer Platz in der Rue de la Dîme (Richtung Synagoge).
- *Taxi* ✆ 0388740090
- *Baden* Am östlichen Ortsausgang Richtung Herbsheim findet man einen sehr schönen Baggersee mit schmalem Strand unter Bäumen. Im Juli/August wird er durch Bademeister bewacht.
- *Feste* Am 3. Wochenende im August feiert man in Benfeld das **Fest des Stubenhansel.**
- *Kinder* **Poney Ranch**, viel mehr, als der Name verspricht, wird in dem kleinen Freizeitpark zwischen Herbsheim und Boofzheim an der D 5 geboten. Zum Einheitspreis von 5 € kann man reiten, Trampolin springen, Minizug fahren, auf dem großen Spielplatz toben etc. Attraktiv sind auch die Tiergehege mit Wildschweinen, Dammhirschen usw. Außerdem ist ein Restaurant angeschlossen. Der Park ist nur bei trockenem Wetter und je nach Temperatur von Ostern bzw. Mai bis September/Oktober geöffnet. ✆ 0388744679.
- *Markt* Montagvormittags im Zentrum.
- *Polizei* 3, rue du Landsberg, ✆ 0388744042.
- *Post* In der Rue du Gal Leclerc.
- *Übernachten/Essen* **A la Charrue**, schöner Landgasthof im Nachbarort Sand. Wo früher Fuhrleute schliefen, kann man heute in gemütlichen, recht komfortablen Gästezimmern zum Preis von 53 bis 58 € unterkommen. Das angeschlossene Restaurant bietet allerlei Leckeres, z. B. ein Menu du Ried zum Preis von 19 €, zu dem auch die Spezialität des Hauses, Carpe frite mit drei verschiedenen Saucen, gehört. 4, rue du 1er Décembre, ✆ 0388744266, ✆ 0388741202.

Südliche Rheinebene

Anglerglück

Umgebung von Benfeld: Von der Ill zum Rhein

Wie schön das Grand Ried ist, bekommt man bei dieser Rundtour nach Norden und Westen zu sehen, vor allem dann, wenn man auch mal das Auto stehen lässt und einen Abstecher zu Fuß macht.

Wasserschloss in Osthouse: Von Benfeld fährt man auf der D 829 bis Matzenfeld und wechselt dann auf die D 288 nach Osthouse über. In dem ruhigen Ackerbauerndorf mit zahlreichen Tabaktrockenspeichern und schönen Gärten finden Sie am Ortseingang das Wasserschloss der Adelsfamilie Zorn von Bulach aus dem 15. Jh. (im Ort in die erste Straße nach rechts einbiegen, von dieser zweigt die Rue du Château ebenfalls nach rechts ab). Da es in Privatbesitz ist, kann man es nur von außen betrachten: ein gedrungener, von einem Wassergraben umgebener Bau mit zwei runden Türmen und Treppengiebel in einem kleinen Park. Am Eingangstor sehen Sie zwei schöne Reliefs: Elefanten tragen einen Ritter bzw. einen Mönch.

• *Übernachten/Essen* **Hôtel A la Ferme,** in bäuerlichem Ambiente und dennoch edel wohnt man in bunt getünchten Fachwerkhäusern um einen Innenhof, zu dem sich von jedem Zimmer bzw. Apartment kleine Terrassen öffnen. Für ein DZ bezahlt man je nach Größe und Saison zwischen 76 und 125 €. 10, rue du Château, ✆ 03902950, ✆ 0390299251.

Eglise Saint-Martin in Erstein: Die Nähe zu Straßburg bringt einige Besucher in das nicht besonders aufregende Landstädtchen, das man von Osthouse auf der D 288 erreicht. Sehenswert ist die barocke Eglise Saint-Martin, die einen Turm von Peter Thumb und eine reich verzierte Kanzel aufzuweisen hat. Vor den verschiedenen Altären stehen zahlreiche Exemplare einer im Elsass einmaligen Kerzenständersammlung.

Ansonsten lohnt noch ein Besuch im rührigen Office de Tourisme in der Rue du Couvent (✆ 0388981433), das sehr interessante Touren in das Naturschutzgebiet Erstein bzw. in die Polder anbietet (siehe auch Wanderung 14, S. 342). Außerdem im Programm: vogelkundliche Beobachtungen, Besichtigungen des Schlosses von

Osthouse, einer Tabakfarm, einer Sauerkrautfabrik usw. (z. T. muss ein Unkosten-beitrag entrichtet werden).

Erstein-Krafft: Wasser, wohin man schaut: der Rhein-Rhône-Kanal, der Ill-Entlastungs-kanal, der Plobsheimer Weiher – kein Wunder, dass man um Krafft schöne Spaziergänge und Radtouren unternehmen kann. Außerdem liegt hier einer der schönsten Plätze zur Beobachtung von Wasservögeln: Fahren Sie von Erstein über die D 988 nach Krafft und zweigen Sie dort hinter dem Canal-de-décharge de l'Ill nach links zum Parkplatz ab. An seinem nördlichen Ende gehen Sie ca. 400 m bis zum Ende des Deiches weiter. Dort haben sie einen guten Blick auf die Vögel (siehe auch Wanderung 14, S. 342).

Rhinau: Ständig pendelt die Fähre zwischen dem etwas gesichtslosen Dorf direkt am Rhein und der deutschen Uferseite hin und her. Dort hat der Ort einen guten Ruf, denn man kann hier wunderbar Fisch essen. Etwas weiter südlich liegt die schmale, lang gezogene Insel Rhinau zwischen dem Grand Canal d'Alsace und ei-nem Altrheinarm. Bei Spaziergängen in dem dschungelartigen Gebiet kann man mehr als 40 Baumarten zählen und viele Tiere beobachten. Sehr empfehlenswert ist eine Bootsfahrt auf den sich durch die Insel schlängelnden Wasserläufen.

● *Anfahrt* Von Krafft zuerst auf der D 426, dann auf der schmalen D 20 ca. 12 km durch den Auwald ins Dorf Rhinau. Um zur Insel zu gelangen, fahren Sie auf der am Fähranleger vorbeiführenden D 20 weitere 5 km nach Süden und zweigen dann zum Centre Hydroélectrique ab. Unmittelbar vor dem Laufkraftwerk fährt man über die Brü-cke und parkt dann auf einem großen Platz mit Infotafeln vor den Schleusen.

> **Tipp für Radfahrer:** Weitgehend vom Autoverkehr ungestört ist diese Tour: von Rhinau nach Boofzheim (D 5), 1 km westlich des Ortes biegt man nach rechts auf einen am Rhein-Rhône-Ka-nal entlangführenden Radweg ab, der einen in ca. 20 km nach Eschau bringt.

● *Wandern* Gehen Sie über die Schleusen-brücke und dahinter nach rechts. Hinter ei-ner Schranke verläuft eine Asphaltstraße in südlicher Richtung am Rheinseitenkanal entlang. Knapp 500 m weiter zweigt eine Piste nach links in die Reserve Naturelle ab.
● *Information* Das **Office de Tourisme** am Fähranleger ist ganzjährig Mo–Fr geöffnet, während der Sommermonate auch Sa/So. 35, rue du Rhin, ✆ 0388746896, ✆ 0388748328, grandried.ortrhinau@wanado.fr.

● *Ausflüge* Das O.T. vermittelt ganzjährig Bootsfahrten auf den Wasserläufen der In-sel Rhinau. Pro Boot mindestens 36 €, ab 5 Personen 9 € für Erwachsene, 5 € für Kin-der. Außerdem kann man hier auch Vogel-entdeckungswanderungen, Kutschfahrten etc. buchen.
● *Übernachten/Essen* **Aux Bords du Rhin,** älteres Haus, die einfachen DZ mit einem großen oder zwei Betten sind aber noch gut in Schuss und zudem preisgünstig (33–38 €) zu haben. In dem hallenähnlichen Re-staurant werden vor allem riesige Platten mit leckeren Fischen angeschleppt. Kurzum: ein sehr empfehlenswertes gutbürgerliches Gasthaus. Die Matelote sollten Sie zwei Stunden vorher bestellen. Mo und Di geschl. 10, rue du Rhin, ✆ 0388746036, ✆ 0388746577.
Au Vieux Couvent, auch hier wird eine vom Ried bestimmte Küche serviert, die jedoch sehr fein mit Kräutern variiert wird. Umfang-reiche Speisekarte, je nach Saison ändern sich die Gerichte. Sicherlich eines der besten Lokale der Region. Menü ab 25 €. Di und Mi geschl. 6, rue des Chanoines, ✆ 0388746115.
** Camping du Boofzheim, am Ortsaus-gang von Rhinau führt eine schmale Straße zu dem beliebten Platz mit Hallen- und Frei-bad. Viele Dauercamper. Von April bis Ok-tober geöffnet, ✆ 0388746827, ✆ 0388746289.

Daubensand: Am Ortsende von Rhinau bringt Sie eine nicht markierte Straße in 2 km nach Daubensand. In dem ehemaligen Fischerörtchen abseits der großen Stra-ßen sieht man zwischen modernen Gebäuden auch noch einige der typischen nie-drigen Fachwerkhäuser aus alter Zeit. Am Ortsrand liegt das sog. "Blaue Loch" (hin-ter dem Lokal s'Duvestuebel ca. 200 m weiter bis zum Waldrand), ein idyllischer Platz im Auwald, von dem aus man schöne Spaziergänge unternehmen kann.

Südliche Rheinebene

Wanderung 14: Im Ersteiner Polder

Am Lauf des Rheins findet man mehrere Polder, ehemalige natürliche Überschwemmungsgebiete, die inzwischen von Deichen umgeben sind. Führt der Fluss zu viel Wasser, kann man in die Polder Wasser ableiten und so die Hochwassergefahr einschränken. Der Ersteiner Polder präsentiert sich mit Auwäldern, Tümpeln und Gießen fast wie eine Urwaldlandschaft und bietet zudem wunderschöne Plätze zur Vogelbeobachtung. Unsere 11 km lange Tour führt Sie in knapp drei Stunden quer durch den Polder bis an den Rhein. In dem z. T. unter Naturschutz stehenden Gebiet bestehen keine Versorgungsmöglichkeiten.

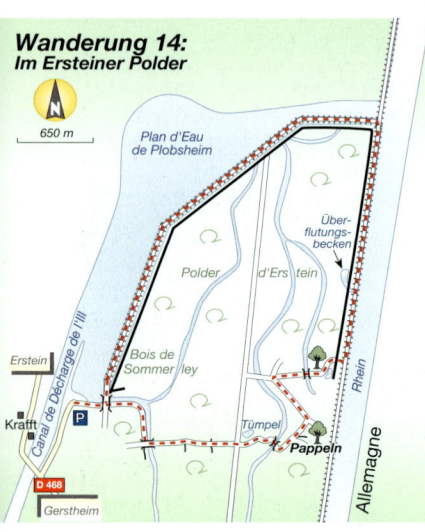

entdeckt bald einen **Tümpel** mit typischen Sumpfpflanzen, die hier bei den Arbeiten am Polder gezielt angepflanzt wurden. 500 m weiter überquert man einen Gießen, an dem sich viele bunte Libellen und Schmetterlinge tummeln und immer wieder Frösche ins Wasser springen. Nur wenige Fußminuten von der Brücke entfernt hält man sich an einer markanten Gabelung geradeaus, um 250 m weiter nahe einem Pappelwäldchen nach links abzubiegen. Nach 500 m hat man die Möglichkeit, die Wanderung abzukürzen, indem man an einer Kreuzung den linken Weg nimmt. Unsere Tour führt Sie jedoch nach rechts. Bald überquert man den sog. **Kalten Gießen** und folgt der sich schlängelnden Piste bis zu einem kleinen Graben. Jenseits davon klettert man auf den **Rheindamm** hinauf.

Von dort oben kann man gut den lebhaften Schiffsverkehr und bei der Fortsetzung der Wanderung in nördliche Richtung im Sommer auch zahlreiche Wassersportaktivitäten beobachten. Nach etwa einem Kilometer passieren Sie einen Altrheinarm, über den Wasser in den Polder geleitet werden kann. Am Ende des Rheindamms, also nach gut 2 km, gehen Sie nach links auf dem Damm des künstlichen **Sees von Plobsheim** weiter, dessen Jachthafen Sie bald im Blick haben. Aber auch die links liegende Polder bietet immer wieder idyllische Panoramen.

Entweder oben auf dem Deich oder unten am Waldrand geht es nun ca. 4 km bis zu der schon bekannten Brücke Sommerley zurück. Je näher Sie ihr kommen, desto mehr Wasservögel werden Sie auf dem Plan d'Eau rechts von sich entdecken. Gehen Sie an der

Anfahrt: Ausgangspunkt der Wanderung ist der kleine Ort Krafft östlich von Erstein. Sie überqueren dort den Canal de décharge de l'Ill und stellen jenseits der Brücke das Auto auf dem Parkplatz ab.

Dort geht es zunächst rechts durch den Wald bis zum **Pont de Sommerley,** dann geradeaus an einem häufig von Schwänen und Blesshühnern frequentierten Altrheinarm entlang, bis Sie nach 600 m eine weitere Brücke erreichen, die Sie nach links überqueren. Auf einer Asphaltstraße wandert man auf einem Deich gut eine Kilometer durch den Wald. An einer T-Kreuzung geht man links von einem ehemaligen militärischen Unterstand auf einer Piste in östliche Richtung weiter und

Brücke rechts und am Parkplatz wieder rechts auf den **Deich des Illentlastungskanals**. Von seinem ca. 400 m entfernten Endpunkt kann man Hunderte von Schwänen, Kormoranen, Enten, Blesshühnern und Graureihern beobachten. Ein wunderschöner Abschluss, bevor Sie in südwestliche Richtung zum Auto zurückgehen.

Ebersmunster

Weithin sichtbar im topfebenen Ried ist die Fassade der bedeutendsten Barockkirche des Elsass mit ihren hohen Zwiebeltürmen, die zur ehemaligen Abtei von Ebersmunster gehörte.

Ein großer Teil des ruhigen 400-Seelen-Dorfs an der Ill, in dem man übrigens vortrefflich Fisch essen kann, wird heute noch von den alten Klostergebäuden eingenommen. Einer Legende zufolge geht die Gründung des Klosters auf den elsässischen Herzog Eticho, Vater der heiligen Odilia, zurück. Im Laufe des 8. Jh. nahmen die Mönche die benediktinische Regel an. Wenig ist über die Vorgängerbauten der heutigen **Eglise Saint-Maurice** bekannt, sicher ist jedoch, dass ein romanisches Gotteshaus aus dem 12. Jh. 1632 im Dreißigjährigen Krieg abbrannte. An den daraufhin entstandenen Nachfolgebauten fügte der junge Voralberger Baumeister Peter Thumb 1710 die beiden schlanken Kirchtürme an, der "Heidenturm" am Chor ist dagegen älteren Datums. Als die Kirche sieben Jahre später durch einen Brand stark beschädigt wurde, errichtete man unter der Leitung Thumbs das Lang- und das Querhaus völlig neu, und zwar ganz im Stil des schwäbischen Barock.

Weithin sichtbare Zwiebeltürme

Im Innern fasziniert die strahlende, festliche Atmosphäre. Der hell grundierte, einschiffige Innenraum wird von blassrosafarbenen Sandsteinpilastern gegliedert, über den Seitenaltären verläuft eine Balustrade – auf diese Weise konnte man die Anzahl der großen Fenster verdoppeln, und das Tageslicht erreicht auch den letzten Kirchenwinkel. Die nicht überladen wirkenden Stuckaturen mit Ranken in Gold und zarten Farbtönen verleihen dem Raum viel Heiterkeit. Die *Silbermannorgel* über dem Eingang ist eine der letzten Werke des Meisters. Sie verfügt über eine besonders gute Klangqualität. Darüber sieht man in einem der wunderschönen *Deckengemälde* – ganz passend – die heilige Cäcilia Orgel spielen. Das Nächste ist dem Namenspatron der Kirche, dem heiligen Mauritius, gewidmet, der mit einem Teil seiner Soldaten im 3. Jh. den Märtyrertod starb. Die beiden folgenden verherrlichen ebenso wie die Ovale über den Balustraden den heiligen Benedikt. Das schönste Fresko ist jedoch die Darstellung der Himmelfahrt Mariens in der Vierungskuppel. Einen effektvollen Schlusspunkt setzt im Chor der prächtige *Hochaltar,*

Südliche Rheinebene

Barocke Pracht im Inneren der Eglise Saint-Maurice

überragt von einer von Engeln gehaltenen Krone. Im Zeitalter der Gegenreformation sparte man eben nicht mit Effekten, um einen deutlichen Kontrast zu den nüchternen Gotteshäusern der Protestanten zu setzen. Schließlich sollten Sie noch dem kunstvoll geschnitzten *Chorgestühl* mit einigen elsässischen Heiligen wie der heiligen Odile oder Papst Leo IX. und vor allem der prächtigen *Kanzel*, gehalten von Samson mit dem Löwen, einen Blick schenken. Und auch die weiß-goldenen *Beichtstühle* an den Seiten sind kleine Meisterwerke.

Links von der heutigen Pfarrkirche führt ein Eingang mit dem Wappen des Ortes zum Gebäudetrakt des in der Französischen Revolution aufgelösten Ordens, seit 1889 ein Kinder- und Jugendheim. Rechts, auf der anderen Straßenseite, befindet sich die alte Zehntscheuer.

- *PLZ* 67600
- *Lage* Von der N 83 zweigt die D 210 nach Ebersmunster ab.
- *Parken* Neben der Kirche und vor der Zehntscheuer.
- *Kutschfahrten* **Ferme Auberge Fritsch,** im Nachbarort Kogenheim kann man Kutschfahrten durchs Ried inkl. Führung durch die Abteikirche und anschließender Bewirtung (Flammkuchen, Nachtisch, Getränke) buchen. Preis 20 €. ✆ 0388747161.
- *Polizei* Siehe unter Benfeld und Sélestat.
- *Post* Das nächste Postamt finden Sie in Ebersheim.

- *Essen und Trinken* **Des deux Clefs,** unbestritten eine der besten Matelote-Adressen im Ried. Seit 50 Jahren bereitet Mama Baur eine legendäre goldgelbe Sauce zu Fischen aus der direkt an ihrem Haus vorbeifließenden Ill zu, garniert mit zartem Blätterteiggebäck von Sohn Jean-Jacques. Schade nur, dass danach kein Platz mehr im Magen für den einer Pyramide ähnlichen Mandelberg aus Mürbeteigkringeln, ihrer zweiten Spezialität, ist – dafür muss man extra noch einmal kommen. Montagabends und Do geschl., ✆/🖷 0388857155.
- *Einkaufen* Auch in der **Bäckerei** des Dorfes kann man die hiesige Spezialität, den Mandelberg, erstehen.

Umgebung von Ebersmunster

In einigen Orten südlich von Ebersmunster kann man vor den Fachwerkhäusern noch die sandsteinernen Eingangspfosten, verziert mit den für das Ried typischen Knollen und Kugeln sehen, und alte Handwerkskunst bewundern. Ein Highlight ist sicherlich die Fahrt mit dem Boot von Muttersholtz nach Ebersmunster.

Eglise St-Martin in Ebersheim: Die Kirche des großen Dorfes an der N 83 mit zahlreichen hohen Tabaktrockenspeichern ahmt stark den spätbarocken Stil von St-Maurice in Ebersmunster nach.

Muttersholtz/Ehnwihr: In dem hübschen Ort Muttersholtz und seinem von mehreren Wasserläufen durchflossenen Ortsteil Ehnwihr werden Traditionen noch stark gepflegt. Nach alten Mustern fertigt hier ein Leinenweber die traditionellen Kelschwebereien, wunderschöne karierte und gestreifte Stoffe aus Baumwolle. Einer der letzten Wetterhahnhersteller Frankreichs geht in Ehnwihr seinem Gewerbe nach, und nur ein paar Schritte entfernt baut der einzige noch in Straßburg angemeldete *batelier* die traditionellen Boote, die er wie vor alter Zeit mit Hilfe eines Steckens auf der Ill und anderen Wasserläufen bewegt. Und nicht zuletzt lädt die Umgebung des Dorfes zu schönen Spaziergängen ein.

Unterwegs mit dem Batelier du Ried

● *Lage* Von Ebersheim kommt man auf der D 321 zuerst in den Ortsteil Ehnwihr, in dem Adressen nur mit Nummern angegeben werden. Auf der D 21 ist es dann noch ein Kilometer nach Muttersholtz.

● *Wandern* Am **Maison de la Nature** in Ehnwihr liegen Pläne für die Entdeckungspfade rund um den Ort aus.

● *Ausflüge/Übernachten* **Le Batelier du Ried,** Patrick Unterstock veranstaltet während der Sommermonate regelmäßig und in der Nebensaison auf Anfrage wunderschöne Bootstouren auf der Ill und dem Mühlbach, z. T. kombiniert mit Wanderungen oder einer Führung durch die Abteikirche Ebersmunster, immer jedoch spannend und lebendig gestaltet. Preis bis zu 15 €. Außerdem bietet er Ausflüge in den Illwald mit Gelegenheit zur Tierbeobachtung (siehe S. 351), Fahrradtouren etc. an. In seinem Haus "Biberhütte", direkt an der Ill, wird auch eine schöne Ferienwohnung vermietet. 21, Ehnwihr, ✆ 0388851311, ✆ 0388851581.

● *Einkaufen* **Tissage Gander,** in einem kleinen Geschäft im Nordostteil des Dorfes werden die für das Elsass so typischen karierten und gestreiften Stoffe, aber auch Tischdecken, Kissen und anderes mehr verkauft. Mo–Sa 14–17 Uhr. Rue d'Anger, ✆ 0388851532.

Bernard Stinner fertigt originale Wetterfahnen für das Dach oder den Garten mit Motiven aus dem Ried sowie phantasievolle Lampen und Windspiele an. Seine Werkstatt finden Sie einige Schritte vom Lokal "La Porte du Ried" in Ehnwihr entfernt. 6, Ehnwihr, ✆/✉ 0388851665.

● *Essen* **A l'Ancienne Post,** Gasthaus mit Tradition in Muttersholtz, auch hier stehen wieder Fisch und vor allem Matelote hoch im Kurs. Mo geschl. 37, rue Langert, ✆ 0388851048.

Südliche Rheinebene

Evangelische Kirche in Baldenheim: Das gotische Gotteshaus des stillen Dorfes an der D 605 enthält wunderschöne Fresken aus dem 14. bis 16. Jh., die z. T. wahrscheinlich der Schule Martin Schongauers zugeordnet werden können. Im Kirchgarten finden Sie einige sehenswerte Grabsteine.

Sélestat

Eigentlich sollte man an einem Dienstag nach Sélestat kommen, wenn die zahlreichen bunten Marktstände im Zentrum aufgebaut sind. Denn dann strahlt die historische Altstadt der "Metropole des Ried" mit ihrem Gewirr von engen Gassen noch mehr Charme aus als sonst.

Schade ist nur, dass ausgerechnet an diesem Tag die berühmte *Bibliothèque Humaniste*, die ganz besondere kunsthistorische Schätze aus einer Zeit besitzt, als Schlettstadt ein weithin bekanntes Zentrum der Gelehrsamkeit war, ihre Pforten geschlossen hat. Aber das knapp 16.000 Einwohner zählende sympathische Städtchen an der Ill ist durchaus einen zwei- oder mehrtägigen Aufenthalt wert, bietet es doch neben Markt und Bibliothek einzigartige architektonische Schmuckstücke von der Romanik bis in die Renaissance, malerische Winkel und elsässische Behaglichkeit. Außerdem lädt seine nähere Umgebung zu Ausflügen in die Natur ein, und auch die Weinstraße ist nicht weit.

Geschichte: Im Jahre 775 verbrachte Karl der Große auf dem Weg nach Italien das Weihnachtsfest in dem von Feuchtwiesen und -wäldern umgebenen Fischer- und Bauerndorf *Scladistat*, was "Sumpfort" bedeutet. Danach versank dieses wieder in der Bedeutungslosigkeit, bis gegen Ende des 11. Jh. Benediktinermönche ein Kloster gründeten, in dessen Schatten sich der Ort zusehends entwickelte. Dieser wurde 1217 vom Kaiser Friedrich II. zur freien Reichsstadt erhoben, die Äbte verloren mehr und mehr an Einfluss, und ab der Mitte des 14. Jh. regierten die Zünfte. In dieser Zeit schloss sich Schlettstadt der Dekapolis an. Mit der Gründung der Lateinschule im 15. Jh. begann die intellektuelle Blütezeit der Stadt, deren Ruf als Zentrum des Humanismus bald weit über die Grenzen des Elsass hinausreichte, wofür Namen wie Jakob Wimpfeling, Historiker und später Rektor der Universität Heidelberg, und v. a. Beatus Rhenanus (s. u.) und Martin Bucer stehen. Bei so viel Wissensdurst ist es nicht verwunderlich, dass in Schlettstadt auch schon früh die Kunst des Buchdrucks gepflegt wurde. Doch im ausgehenden Mittelalter machten Epidemien, Hungersnöte und soziale Unruhen auch vor der Hochburg der Bildung nicht Halt. Aus ihr kam mit dem Metzger Hans Ulman sogar einer der Anführer bei den Bauernaufständen im Elsass. Im Dreißigjährigen Krieg wurde die Stadt von schwedischen Truppen eingenommen und fiel danach an Frankreich. Wie man in den Außenbezirken deutlich sieht, hat sich Sélestat inzwischen zu einem bedeutenden Industriestandort gewandelt.

● *PLZ* 67600

● *Lage* Sélestat liegt im Schnittpunkt der Nord-Süd-Achse A 35 und der N 59 nach Ste-Marie-aux-Mînes.

● *Information* **Office de Tourisme,** ganzjährig Mo–Sa, im Juli und August auch So 11–15 Uhr geöffnet. Commanderie St-Jean, Boulevard du Gal Leclerc, ✆ 0388588720, ✉ 0388928863, www.selestat-tourisme.com.

● *Zug* Der Gare SNCF liegt ca. 1 km westlich der Stadt. Es bestehen Verbindungen

nach Colmar und Strasbourg.

● *Parken* Einen großen kostenfreien Parkplatz finden Sie z. B. am O.T.

● *Taxi* ✆ 0388920549 oder 0388921055.

● *Fahrradverleih* Das O.T. vermietet Fahrräder für 12,50 € pro Tag.

● *Markt* Jeden Di rund um das Rathaus.

● *Feste* Am 2. Sonntag im August zieht ein **Blumenkorso** mit bunt geschmückten Wagen durch die Stadt. Zusammen mit diesem Umzug wird ein großes Volksfest veranstaltet.

Essen und Trinken

② Le Prieuré
③ Jean-Frédéric Edel
④ Des Alliés

Übernachten

① Abbaye La Pommeraie
④ Des Alliés

Strasbourg
Le Ried

Boulevard
Charlemagne

Boulevard du Général Castelnau

Av. Dr. Houllier

Mutterzoltz

Bd. du Général Leclerc

Square
Albert
Schweitzer

R. Jeanne d'Arc

R. du Vieux Marché aux vins

100 m

Bd. du Maréchal Foch

Rue des Sergents

R. des Franciscains

R. Paul Déroulède

Place du
Gal Schaal

Eglise des
Dominicains

R. du dr. Koeberlé

R. de Verdun

Rue des Serruriers

Bibliothèque
Humaniste

Place
Gambetta

Rue de l'Église

Rue du Babil

Eglise
St-Georges

Place
de
Colmar

Hôtel
d'Ebers-
munster

Place
Saint Georges

Porte de
Strasbourg

Tour des
Sorcières

Place
du
Maréchal
de Lattre
de
Tassigny

Maison
Ziegler

Rue de la Jauge

Rue Oberkirch

R. des Marchands

Place
d'Armes

R. des Prêcheurs

Mairie

Place du
Marché Vert

Eglise
Ste-Foy

Rue Sainte Foy

Place du
Marché aux
Choux

Maison
Billex

Rue des Clefs

Salle
Ste-Barbe

Place
de la
Victoire

Rue de la Poste

Rue de la Chraise

Rue du Marteau

Rue de l'Hôpital

R. des Vaux

R. des Canards

R. des Oies

R. des Bateliers

Rue Baudinot

R. des Cigognes

Rue du Cerf

R. 17 Nov.

Rue Sainte Barbe

R. des Chevaliers

Rue du Foulon

Rue de la Porte de Brisach

Dorlan

R. de l'OI

Quai des Tanneurs

R. des Tanneurs

Square
A. Ehm

Synagogue

Rue du Hibou

Place
Vanolles

Tour de
l'Horloge

Rue de la Pomme d'OI

Rue Turenne

Rue Sylo

Rue du 4e Zouaves

Rue de la Poterie

Rue du Président Poincaré

Rue des Laboureurs

Rue des Tabac

Rue d'Iéna

Rue des Capucins

Rue des Grenouilles

R. de Melsheim

Rue de la Porte de Brisach

Bd. du Maréchal Joffre

Toutes Directions

Quai des Pêcheurs

Quai de l'Ill

Illwald,
Marckelsheim

Sélestat

Südliche Rheinebene

• *Sport* **Cakcis,** der Caboe Kayak Club der l'Ill vermietet Boote und bietet halb- bzw. mehrtägige Touren an. 1a, rte de Marckolsheim, ☎/📠 0388922984.

• *Post* 5, rue de la Poste.

• *Polizei* 19, Rue du Gal Leclerc, ☎ 0388588422.

• *Übernachten* ***** Hostellerie Abbaye La Pommeraie (1),** im romantischen Gebäude einer alten Abtei wohnt man stilecht und edel. DZ 122–229 € je nach Größe und Lage. 8, av. du M. Foch, ☎ 0388920784, 📠 0388920871.

** Auberge des Alliés (4), zentral und doch recht ruhig liegt das gemütliche Haus mit 17 hell eingerichteten Zimmern, für die man zu zweit 50–58 € zahlt. 39, rue des Chevaliers, ☎ 0388920934, 📠 0388921288.

• *Essen* **Jean-Frédéric Edel (3),** der Name ist Programm, denn hier wird wirklich edelste (saisonabhängige) Küche serviert. Lassen Sie sich z. B. für 110 € ein Menü aus 4 Gängen inkl. passendem Weinen, Digestif etc. zusammenstellen. Dienstagabends, Mi und sonntagabends geschl. 7, rue des Serruiers, ☎ 0388928655.

Restaurant Le Prieuré (2), in dem gepflegten Restaurant des Hotels La Pommeraie kommt auch bretonischer Hummer auf den Tisch. Menü ab 47 €. Sonntagabends und montagmittags geschlossen. Adresse s. o.

Winstub Des Alliés (4), nette Winstub im Erdgeschoss des gleichnamigen Hotels. Hier bekommt man gute bodenständige Küche und sitzt dabei auch schön, mehrere Menüs stehen zur Auswahl; sehr zu empfehlen ist Coq au Riesling. Sonntagabends und Mo geschlossen. Adresse s. o.

In der Bibliothèque Humaniste

Sehenswertes

Bibliothèque Humaniste: Eigentlich handelt es sich bei den seit 1843 in der ehemaligen Kornhalle untergebrachten Handschriften und alten Drucken um zwei Bibliotheken: die der einstigen Lateinschule, die im 15./16. Jh. am Oberrhein starken Zustrom fand und deshalb einige wertvolle Privatsammlungen geschenkt bekam, und die Sammlung des Beatus Rhenanus. In fünf großen und mehreren kleinen Schaukästen werden Schätze gezeigt, die das Herz eines jeden Bücherfreundes höher schlagen lassen, z. B. ein um 630 geschriebenes merowingisches Lektionar (die älteste im Elsass erhaltene Handschrift), weitere Handschriften aus der

---

Beatus Rhenanus – ein Leben mit Büchern

Nach humanistischem Brauch latinisierte Beat Bild, der 1445 in Schlettstadt geborene Nachkomme einer Rhinauer Familie, seinen Namen. Schon während seiner Schülerzeit auf der Lateinschule, aber v. a. während seines Studiums in Paris kaufte er Buch um Buch und vertiefte unermüdlich seine Kenntnisse in Philologie und Textedition. Später lehrte er nicht nur an der Universität Basel Griechisch, sondern arbeitete dort auch viele Jahre in der Druckerei Froben als Konrektor an der Herausgabe der Werke antiker Philosophen und der Kirchenväter mit. Prägend für ihn war die tiefe Freundschaft zu Erasmus von Rotterdam. Da er über ein beträchtliches Privatvermögen verfügte, konnte er all die Bücher, die er wünschte, trotz ihres damals sehr hohen Werts für seine Privatbibliothek erwerben. 1526 siedelte er wieder in seine Heimatstadt über, der er vor seinem Tod im Jahre 1547 seine annähernd 760 Werke umfassende Bibliothek testamentarisch vermachte.

Karolingerzeit, das Mirakelbuch der heilige Fides aus dem 11. Jh., mit kunstvollen Buchmalereien verzierte mittelalterliche Bibeln, die *Cosmograhiae Introductio* von Matthias Ringmann (Anfang des 16. Jh.), in der erstmals der Name Amerika für den nicht lange zuvor von den Europäern entdeckten Kontinent vorgeschlagen wurde. Der Schaukasten 3 ist dem Leben und Werk des Beatus Rhenanus gewidmet. Dazu kommen zahlreiche Inkunablen (vor 1500 gedruckte Bücher) und Drucke aus dem 16. Jh., Gemälde, sakrale Skulpturen aus dem 15./16. Jh., ein Modell Schlettstadts aus dieser Zeit etc.

Öffnungszeiten/Eintritt Ganzjährig Mo, Mi–Fr 9–12 und 14–18 Uhr, Sa 9–12 Uhr, im Juli und August zusätzl. Sa/So 14–17 Uhr. Erwachsene 3,50 €, Schüler 2 €. Sehr empfehlen möchten wir Ihnen die Führung mit dem Audioguide (auch auf Deutsch) zum Preis von 1,50 €.

Hôtel d'Ebersmunster/Maison du Pain: Gehen Sie vom Eingang der Bibliothek nach links in die Rue du Sel. Gleich an der nächsten Straßenecke steht das efeuüberwachsene *Hôtel d'Ebersmunster* aus dem Jahre 1541, einstige Stadtresidenz der Mönche des dortigen Benediktinerklosters. Gegenüber befindet sich das *Maison du Pain* mit einer lebendigen Ausstellung zur Geschichte des Brotes, Vorführungen, Kostproben verschiedener Brotsorten etc.

Öffnungszeiten/Eintritt Ganzjährig Do–Di 10–12 und 14–18 Uhr, Sa/So nur nachmittags, im Juli und August und im Dezember tägl. ganztägig. Erwachsene 4,60 €, Kinder ab 12 J. 1,50 €.

Eglise St-Georges: Wenn Sie bei der nächsten Gelegenheit von der Rue du Sel nach links abbiegen, stehen Sie vor der dem Kirchenplatz zugewandten und deshalb u. a. mit großer Rosette besonders prachtvoll gestalteten Südfassade der *Eglise St-Georges*, die vom 13. bis zum 15. Jh. im Wesentlichen im spätgotischen Stil erbaut wurde. Im Innern ist die steinerne, von Samson getragene Kanzel mit zum großen Teil golden bemalten Steinmetzarbeiten besonders sehenswert. Schmuckstücke sind aber die Fenster des Chors, von denen drei noch aus dem 15. Jh. stammen, die anderen wurden nach dem Zweiten Weltkrieg angefertigt. Zu erkennen sind die gotischen Glasmalereien an ihren dunkleren und tiefen Farben. Sie stellen Ereignisse aus dem Leben der heiligen Katharina, des Kaisers Konstantin und der heiligen Agnes dar.

Stadtbefestigung/Maison Billex: Von der Kirche kann man einen Abstecher zu den Spuren der verschiedenen Stadtbefestigungen machen. Gehen Sie nach links in die Rue de la Grande Boucherie zum mittelalterlichen *Hexenturm*, direkt gegenüber sieht man die *Porte de Strasbourg*, Teil der auf Befehl Ludwigs XIV. nach Plänen Vaubans angelegten Neubefestigung. Wenn Sie von hier aus auf demselben Weg zurückgehen und bei der ersten Gelegenheit links einbiegen, kommen Sie in den Marché aux Choux. Das Haus Nr. 6, das *Maison Billex*, sticht durch seinen reich verzierten weißen Renaissanceerker hervor.

Eglise Ste-Foy: Gegenüber vom Maison Billex führt ein gepflasterter Weg zur romanischen *Eglise Ste-Foy*, der ehemaligen Kirche der Benediktiner. Von dem ursprünglichen von Hildegard von Büren, der Stammmutter der Staufer, gestifteten Bau (um 1085) ist nur noch die Krypta vorhanden, die heutige Kirche wurde ca. 100 Jahre später errichtet, im 18. Jh. verändert, im 19. Jh. aber wieder – nicht immer ganz glücklich – im neoromanischen Stil restauriert. An der Rückseite der Kirche bieten die Apsis und der 42 m hohe Vierungsturm, beide völlig unverändert erhalten, ein schönes Ensemble. Unter dem Dach des Chors erkennt man am Bogenfries interessante Konsolensteine mit menschlichen und tierischen Motiven. Der von einem spitzen Helm gekrönte achteckige Turm weist zwei Arkadenreihen auf,

Südliche Rheinebene

Er trägt die Säulenlast, ohne zu murren

die von hübschen Gesimsen geschmückt sind. Vorbei an dem doppelgewändigem Nordportal kommt man zur größtenteils originalen Westfassade. Sie wird bestimmt durch eine dreiteilige Vorhalle, die sich über einer Bogenarkade öffnet. Ihre Säulen ruhen auf zwei steinernen Löwen, flankiert werden sie rechts und links von kleinen Fenstern. Deren Säulen tragen besonders hübsche Kapitelle. Gut erkennen kann man die neoromanischen Restaurierungen des Giebels und der oberen Stockwerke der Fassadentürme.

Im Innern wird das Mittelschiff durch massige Pfeiler und schlanke Säulen – sie tragen an den Basen und v. a. an den Kapitellen pflanzliche und muschelartige Ornamente – von den Seitenschiffen getrennt. Im linken entdeckt man neben dem Taufstein die Abdeckplatte eines Kindergrabs aus dem 12. Jh. Neben dem Chor führt ein Zugang zur Krypta. Hier wurde bei den Restaurierungsarbeiten der Gipsabdruck des Gesichtes einer vornehmen Dame, möglicherweise der Kirchenstifterin, gefunden. Ein Abguss der Maske befindet sich in der Bibliothèque Humaniste.

Tour de l'Horloge: Vom Eingang der Kirche geht man geradeaus über den Marché Vert – auf den umliegenden Dächern nisten gerne Störche – und biegt links in die belebte Rue des Chevaliers ein. An ihrem Ende wird sie von besonders malerischen Häusern gesäumt. Dahinter erhebt sich die an der Außenseite und im Durchgang bemalte *Tour de l'Horloge*, Teil der Stadtbefestigung aus dem Jahre 1280. Vier kleine Wachthäuschen, aber auch eine Glocke sorgten dafür, dass die Bewohner im Mittelalter bei Gefahr schnell gewarnt werden konnten.

Synagoge/Salle Ste-Barbe/Maison Ziegler: Gehen Sie von der Tour de l'Horloge wieder wenige Meter zurück und nach links in die Rue Ste-Barbe, von der eine Seitegasse (Impasse de la Synagogue) zur *Synagoge* abzweigt. Die Barbarastraße bringt Sie zur imposanten *Salle Ste-Barbe*, dem ehemaligen Zeughaus mit Treppengiebelfassade und Doppeltreppe. Dahinter in die Rue de Verdun einbiegend, kommt man an einem weiteren Haus mit Renaissanceerker (Nr. 18), dem *Maison Ziegler*, vorbei, schräg gegenüber steht das Geburtshaus des Reformators Martin Bucer. Gehen Sie an der Franziskanerkirche rechts und dann über die Rue des Serruriers zur Bibliothek zurück.

Umgebung von Sélestat

Illwald: Wenn Sie von Sélestat auf der D 159 Richtung Marckolsheim fahren, stoßen sie auf die den Illwald durchquerende D 424. Entlang der Straße findet man zahllose kleine Parkplätze, von denen aus Wege in den Wald hineinführen. Der von zahlreichen Wasserwegen durchzogene, 1500 ha große Auwald ist das Revier der größten in freier Natur lebenden Dammhirschherde Frankreichs und steht unter dem Schutz der EU. Vielleicht haben Sie Glück und entdecken bei einem Spaziergang einige der 300 Tiere.

Musée et Mémorial de la Ligne Maginot in Marckolsheim: Das weitläufige Dorf am Rhein-Rhône-Kanal erreicht man von Selestat über die N 83 und die D 424. Marckolsheim wurde während des Zweiten Weltkriegs innerhalb von drei Tagen zerstört – statt heimeliger Fachwerkbauten reihen sich hier also moderne Einfamilienhäuser aneinander. Im einen Kilometer östlich gelegenen Museum im überirdischen Geschützbunker 35/3, das man vom südlichen Ortsausgang über die D 10 erreicht, können Sie mehr über diesen Kampf erfahren und auch eine typische Kasematte dieser Verteidigungslinie mit Schlaf- und Technikräumen sowie Schießständen kennen lernen (siehe auch S. 89).

Öffnungszeiten/Eintritt 15.6.–15.9. täglich von 9–12 und 14–18 Uhr, in den übrigen Monaten nur So und an Feiertagen. Eintritt 1,70 €, Kinder (7–15 Jahre) 0,90 €.

Illhäusern: Eigentlich ein ganz normales Dorf im Ried, wäre da nicht die *Auberge de l'Ill* direkt an der Brücke über den Fluss. Das äußerlich eher unscheinbare Restaurant der legendären Familie Haeberlin gehört zu den besten Frankreichs und ist der Grund für die große Zahl nobler Karossen auf dem Parkplatz vor der modernen Ortskirche.

• *Lage* Illhäusern liegt an der D 10 und ist von der N 83 am besten über den Anschluss Guemar zu erreichen.

• *Sport* **Canoes du Ried,** wer gerne selbst einmal über die Ill paddeln möchte, kann sich in Illhäusern ein Kanu mieten. Der Rücktransport (mit dem Fahrrad oder Auto) wird von der Agentur garantiert. Ein Zweierkanu gibt's ab 30 €, Saison ist von April bis Oktober. ℡ 0389738482.

• *Übernachten* **★★★★ Hôtel Les Bergers,** in dem neu erbauten Hotel, das zu der legendären Auberge de l'Ill (s. u.) gehört, muss man sich einfach wohl fühlen. Die geschmackvoll eingerichteten Zimmer mit luxuriösen Bädern sind zum Preis von 225 bis 415 € zu haben, das Frühstück auf der Terrasse zum Fluss ist ein Erlebnis der besonderen Art. Mo und Di geschl., ℡ 0389718787, 📠 0389718788.

★★ Hôtel Les Hirondelles, in einem schönen Fachwerkhaus mitten im Dorf wohnt man komfortabel, aber doch gemütlich, sogar ein Pool ist vorhanden. Die schönen DZ mit einem oder zwei Betten, Bad und Balkon gibt es inkl. Frühstück zum Preis von 66 €. 33, rue du 25 Janvier, ℡ 0389718376, 📠 0389718640.

• *Essen* **Auberge de l'Ill,** glänzende Augen bekommen die meisten Feinschmecker, wenn sie nur den Namen Haeberlin hören. Mittlerweile hat Pauls Sohn Marc das Regiment in der Küche übernommen, aber das hat dem Ruf des Luxusrestaurants mit seinem eigenen familiären Touch nicht geschadet. Das alte Gasthaus mit wunderschönem Garten an der Ill ist einfach eine unbestrittene Institution und wird seit Jahren mit drei Michelin-Sternen prämiert. Natürlich werden immer noch die Klassiker des Hauses – Lachssoufflé, Mousseline von Fröschen und Tante Henriettes Matelote – serviert, aber Marc Haeberlin bringt auch ganz neue Ideen, oft geprägt von Reisen in exotische Länder, ein. Ein Menu Haeberlin gibt es zum Preis von 129 €. Mo und Di geschl., ℡ 0389718900, 📠 0389718283.

Südliche Rheinebene

Blickfang auf der Place de la Réunion ist das farbenfrohe Rathaus

Mulhouse

Die meisten Touristen lassen das als Industriemetropole verrufene Mulhouse bei ihren Streifzügen durchs Elsass links liegen. Dabei bekommt man in der "europäischen Hauptstadt der technischen Museen" mit ansprechendem historischem Kern eine Menge Interessantes geboten.

Zugegeben, die mit etwa 120.000 Einwohnern zweitgrößte Stadt des Elsass macht es dem Besucher zunächst nicht gerade leicht, sie liebenswert zu finden. Düster wirkende Industrieanlagen, monotone Einkaufszentren und reizlose Vorstadtviertel – so der erste Eindruck, Parkplatznot der zweite. Hat man den Wagen dann endlich abgestellt und bummelt durch den Stadtkern, wandelt sich das Bild, entdeckt man doch zahlreiche schöne Ecken und Plätze rund um das farbenfrohe Rathaus. Nicht pittoreskes Fachwerk dominiert, sondern architektonische Vielfalt vom Mittelalter über Renaissance und Gründerzeit bis in die Moderne. Lebenswirklichkeit statt Touristenidylle. Und so vielfältig wie die Architektur ist auch die einen ausgesprochen hohen Ausländeranteil aufweisende Bevölkerung der Stadt. Ein Spaziergang über den an einen orientalischen Basar erinnernden Wochenmarkt gehört deshalb zum Beeindruckendsten, was das multikulturelle Mulhouse zu bieten hat.

Zu Recht ist die Stadt stolz auf ihre vielen einmaligen Museen. Am bekanntesten ist die Kollektion Schlumpf, die größte Automobilsammlung der Welt, aber auch im Eisenbahn-, Feuerwehr- und Elektrizitätsmuseum kommen Technikfans auf ihre Kosten. An die Zeiten, als die Textilindustrie in Mulhouse dominierte, erinnert das Stoffmuseum. Dazu kommen eine Gemäldesammlung, ein historisches Museum und, im Vortort Rixheim, außerdem noch ein Tapetenmuseum. Es wird Ihnen also sicherlich nicht langweilig werden in Mulhouse!

Geschichte

Der Name der Stadt und das Mühlrad in ihrem Wappen verweisen auf die frühe Geschichte von Mulhouse. In einer kleinen Ansiedlung am Zusammenfluss der Bäche Ill und Doller baute man um das Jahr 800 eine Mühle, die für die Region bald so wichtig war, dass man den Ort *Mulinhuson* nannte. Dieser blieb lange den ungeliebten Bischöfen von Straßburg lehnspflichtig (woran auch einige im 12. Jh. von den Stauferkaisern gewährte städtische Privilegien nichts änderten),

bis er 1308 zur freien Reichsstadt erhoben wurde. Um diese Unabhängigkeit zu sichern, gründete Mulhouse zusammen mit anderen nur dem Kaiser des Heiligen Römischen Reiches direkt unterstellten freien Städten im Elsass die Dekapolis. Doch die Beziehungen zu den Kaisern blieben nicht ungetrübt. Als unter den Habsburgern der Status einer freien Reichsstadt verloren zu gehen drohte, beschloss der Stadtrat 1515, der Schweizer Eidgenossenschaft als "zugewanderter Ort" beizutreten. Wenige Jahre später wurde Mulhouse protestantisch. Doch anders als etwa die Straßburger entschied sich der Rat der Stadt nicht für Luthers Lehre, sondern für die strengeren Regeln der Reformatoren Zwingli und Calvin. Dank des Bündnisses mit den Schweizern und der guten Beziehungen zum Königreich Frankreich blieb Mulhouse während des Dreißigjährigen Krieges von Verwüstungen verschont. Und als einzige Stadt des Elsass wurde sie danach nicht an das Frankreich Ludwigs XIV. angegliedert, sondern blieb freie Reichsstadt.

In der Mitte des 18. Jh. begann die Industrialisierung mit der Gründung einer Stoffdruckmanufaktur, der in kurzer Zeit zahlreiche Baumwollspinnereien, Webereien, Zwirnereien, Druckwalzen-Gravieranstalten und Färbereien folgten. Zwar gab es nur wenig Platz in der verhältnismäßig kleinen Stadtrepublik, ein wichtiger Standortvorteil war jedoch die günstige Lage zu den Absatzmärkten, insbesondere zu Frankreich, das nur geringe Einfuhrzölle erhob. Dazu kamen die calvinistische Arbeitsethik sowie die Aufgeschlossenheit der Unternehmer gegenüber neuen Techniken. Als dann nach der Revolution die Französische Republik eine Zollblockade über Mulhouse verhängte, stimmte 1798 der Stadtrat kurzerhand für den Austritt aus der Eidgenossenschaft und für den Anschluss an Frankreich. Durch Napoleons Kontinentalsperre gegen England, durch einen frühen Eisenbahnanschluss und den Bau des Rhein-Rhone-Kanals profitierte die Textilindustrie der Stadt noch einmal enorm. Mulhouse entwickelte sich zum "französischen Manchester", seine Bevölkerung nahm explosionsartig zu.

Von 1870 bis 1945 teilte die Stadt die wechselvolle Geschichte des Elsass. Danach kam es zum wirtschaftlichen Strukturwandel. Die Textilindustrie geriet in die Krise und hatte bald keine Zukunft mehr. Es siedelten sich jedoch andere Industrien an, z. B. Papier-, Maschinen-, Elektro- oder Automobilindustrie (Peugeot). Der Dienstleistungssektor gewann mehr und mehr an Bedeutung. Neue Impulse gab auch der Flughafen. Zudem machte sich Mulhouse als Universitäts- und Kulturstadt in jüngerer Zeit einen Namen. Doch trotz aller Bemühungen sind die sozialen Probleme nicht zu übersehen, die in erster Linie aus der vergleichsweise hohen Arbeitslosenzahl resultieren.

Südliche Rheinebene

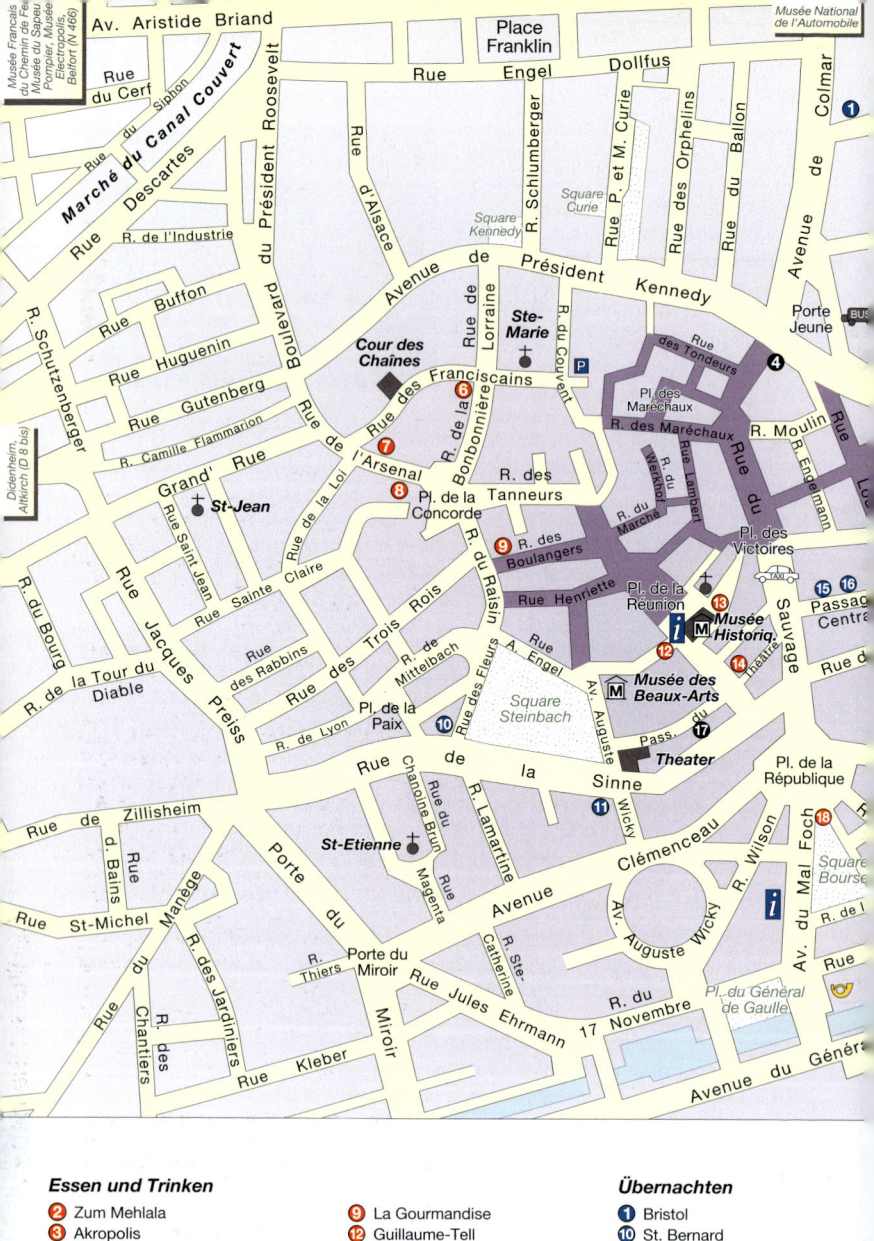

Essen und Trinken

- ❷ Zum Mehlala
- ❸ Akropolis
- ❺ Tour de l'Europe
- ❻ La Taverne de Maître Kanter
- ❼ Carthage
- ❽ Zum Saüwadala
- ❾ La Gourmandise
- ⓬ Guillaume-Tell
- ⓭ Du Vieux Mulhouse
- ⓮ Le Florentin
- ⓲ Le Moll
- ⓳ Le Belvedere

Übernachten

- ❶ Bristol
- ❿ St. Bernard
- ⓫ Du Parc
- ⓯ Central
- ⓰ Bâle

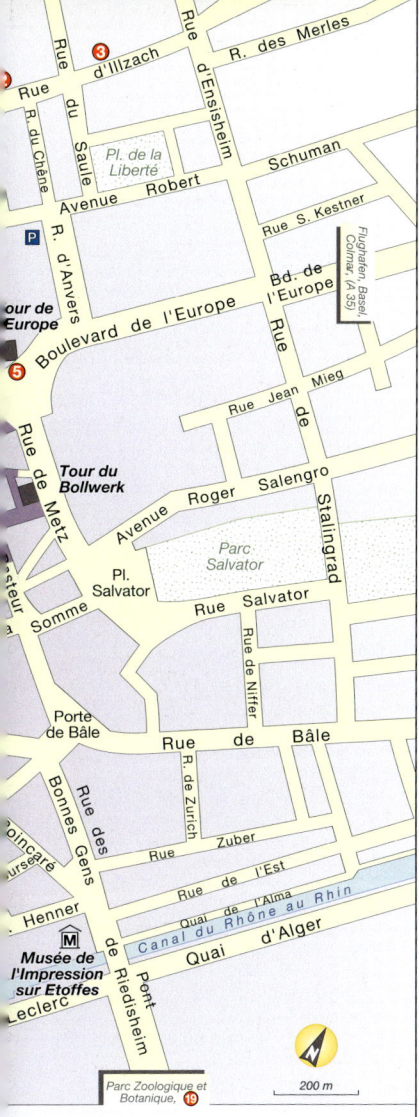

*L*age/*A*nreise/*V*erbindungen

● *Auto* Mulhouse liegt im Fadenkreuz der beiden Autobahnen A 35 (Ost-West-Richtung) und A 36 (Nord-Süd-Richtung). Um ins Zentrum zu gelangen, benutzt man am besten die Autobahnausfahrt "Mulhouse Centre". Dort wird während der Monate Juli und August täglich zwischen 17 und 21 Uhr ein besonderer Service der Stadt, das System FOLLOW ME, angeboten: Gegenüber dem Großkino Kinepolis hält sich eine Hostess des O.T. zur Verfügung und vermittelt Ihnen auf Wunsch ein Hotelzimmer in der Stadt. Ein Motorrad fährt Ihnen dann voraus und bringt Sie so schnell und ohne Irrfahrten durch die Einbahnstraßen zu Ihrer Unterkunft.

● *Parken* Parkplätze mitten in der Stadt sind rar und die Politessen ständig unterwegs. Stellen Sie Ihren Wagen deshalb am besten in einem der bewachten **Parkhäuser**, z. B Europa (Rue d'Anvers) oder Marechaux (Rue du Couvent) ab. Daneben gibt es einige wenige **kostenlose Parkplätze**: Parking Buffon (Bv. Roosevelt), außerdem auf der Pl. Franklin und in der Rue Descartes. Letztere werden allerdings an den Markttagen (Di, Do und Sa) auch von den Marktbeschickern benutzt. Außerdem gibt es auch in Mulhouse ein **Park-&-Ride-System:** Nahe der Ausfahrt "Mulhouse Centre" liegt der Parkplatz 14/Juillet/Abattoirs, von dem zwischen 7.30 und 19.20 Uhr etwa alle 12 Minuten der Bus *Tramette* in kurzer Zeit ins Zentrum fährt.

● *Zug* Der **Gare SNCF** liegt etwa 600 m in südlicher Richtung vom Stadtzentrum entfernt. Von hier bestehen direkte Verbindungen z. B. nach Altkirch; über Thann nach Kruth; nach Rixheim und weiter in Richtung Basel und Chur; über Colmar und Sélestat nach Strasbourg.

● *Flugzeug* Vom **Flughafen** Basel-Mulhouse-Freiburg bestehen gute Verbindungen zu mehreren größeren Städten in Deutschland, Österreich und der Schweiz (Näheres siehe S. 44).
Der Pendelbus *Navette* verbindet täglich ca. 10-mal den Bahnhof der Stadt mit dem etwa 25 km südlich gelegenen Aéroport. Preis für das Ticket ca. 7 €. Weitere Informationen erhalten Sie unter ☎ 0389617261.

● *Autoverleih* **Avis,** 116, rue de Bâle, ☎ 0389441818. Die Agentur unterhält auch eine Zweigstelle am Bahnhof (nur Mo–Fr am Vormittag besetzt) und eine weitere am Flughafen, ☎ 0389902939.

Südliche Rheinebene

Einkaufen, Nachtleben

❹ La Salle des Coffres
⓱ Le Loft

Mulhouse

Hertz, 94, rue de Bâle, ☎ 0389651505. Auch dieses Unternehmen ist am Flughafen mit einem Büro vertreten, ☎ 0389902940.

• *Fahrradverleih* Nur außerhalb der Stadt werden Fahrräder vermietet, und zwar in der Clinique du Ski, 32, rte de Guebwiller, Kingersheim, ☎ 0389501881. Ein Erwachsener bekommt ein Fahrrad zum Preis von knapp 12 €/Tag, die Preise für Kinder schwanken je nach Größe des benötigten Drahtesels.

• *Fahrradaufbewahrung* Wer jedoch schon mit dem Fahrrad in die Stadt gerollt ist, kann es am Bahnhof zur Aufbewahrung abgeben und zu Fuß die Sehenswürdigkeiten abklappern. Der entsprechende Raum (Schild "Consignes à Vélos") befindet sich in der Nähe der Schließfächer in der Bahnhofshalle und ist täglich von 6 bis 21 Uhr geöffnet. Pro Tag 0,80 €, pro Woche 1,60 €.

• *Öffentlicher Nahverkehr* Das Bussystem von Mulhouse lässt wirklich nicht zu wünschen übrig. Die zentrale Busstation befindet sich an der Porte Jeune bei der Tour de l'Europe, es gibt jedoch eine Unzahl weiterer Haltestellen in der Stadt. Einen kostenlosen Plan zu Haltestellen, Linien und Abfahrtszeiten erhalten Sie beim O.T. oder in den Büros der TRAM (Transports de Agglomération Mulhousienne): Porte Jeune, Mo–Fr, Sa nur vormittags; am Bahnhof Mo–Fr. Auskünfte erhalten Sie unter ☎ 0389667777.

Beim Studieren des Fahrplans werden Sie schnell feststellen, dass die Linien wechseln. Mo–Fr zwischen 8 und 20 Uhr sind nummerierte Busse unterwegs, in der Nacht, am Wochenende und an Feiertagen sind sie mit Buchstaben gekennzeichnet. Für Touristen besonders interessant sind die Linie 17 bzw. M, die alle Museen nacheinander anfährt, und die Linie 12 bzw. D zum Zoo. Einzelfahrscheine (1,10 €) erhält man beim Fahrer, Tagestickets (3 €), Familientickets (3,80 €) etc. zieht man vor Antritt der Fahrt in den Automaten an den Stationen, dort werden sie auch entwertet.

• *Taxi* Taxis warten z. B. vor dem Bahnhof und in der Rue du Sauvage nahe der Pl. Victoire. Sie können unter folgenden Telefonnummern einen Wagen rufen: 0389458000, 0389563333.

Information/Verschiedenes

• *PLZ* 68100 (Zentrum), 68200 (Umgebung)

• *Information* **Office de Tourisme,** im Erdgeschoss des luxuriösen Hôtel de Ville an der Pl. de la Réunion, der Eingang befindet sich unter der großen Freitreppe. Dieses von den Touristen am meisten frequentierte Büro ist täglich von 9 bis 18 Uhr geöffnet, ☎ 0389 669313. Hier bekommt man zusätzlich zu Auskünften, Prospekten und dem Service der Zimmervermittlung auch Filme und eine kleine Ausstellung zu Museen und zur Geschichte der Stadt (auf Französisch) zu sehen. Das Hauptbüro befindet sich aber in der Avenue Foch, ☎ 0389354841, ☎ 0389456616. Es ist im Juli und August täglich durchgehend von 9 bis 18 Uhr, in den übrigen Monaten nur Mo–Sa geöffnet. Informationen auch im Internet: www.ot.ville-mulhouse.fr.

• *Führungen* Das O.T. organisiert von Ende April bis Ende September Führungen durch die Stadt in französischer Sprache. Sie finden ein- bis zweimal pro Woche (meist mittwochs und samstags um 10 Uhr) statt

Übernachten

**** **Hôtel Du Parc (11),** das luxuriöseste Hotel der Stadt gehörte einst der Familie Schlumpf, die entsprechenden Accessoires in der Eingangshalle und die Einrichtung im

und dauern ca. zwei Stunden, Preis 3 €. Genauere Informationen erhalten Sie in den Informationsbüros.

• *Post* die **Hauptpost** finden Sie am Bahnhof, 3, pl. du Général de Gaulle.

• *Polizei* 227, rue de Bâle, ☎ 0389441923.

• *Feste* In Mulhouse wird wie im nahe gelegen Basel die **alemannische Fastnacht** gefeiert, genaue Termine erfahren Sie beim O.T. Außerdem ist man auch hier stolz auf den von Ende November bis zum 31. Dezember stattfindenden **Weihnachtsmarkt.**

• *Kinder* Die verschiedenen Technikmuseen (Auto-, Eisenbahn-, Elektrizitätsmuseum) und natürlich der Zoo haben auch für Kinder einiges zu bieten.

• *Krankenhaus* **Hôpital du Hasenrain,** 87, av. D'Altkirch, ☎ 0389646474.

• *Schwimmen* Mehrere Schwimmbäder, am besten jedoch das **Piscine Pierre et Marie Curie:** Sauna, römische Bäder, Hamam, Aquajogging etc. Rue Pierre-et-Marie-Curie, ☎ 0389326900.

Stil der 1930er Jahre erinnern noch an diese Glanzzeiten. Heute ist ein libanesischer Geschäftsmann der Besitzer. Das Haus bietet ruhige und geräumige Zimmer (ab 140 €)

Der Markt von Mulhouse: Wo sich das Elsass mit dem Orient trifft

Einer der farbenfrohesten und interessantesten Märkte im Elsass findet dreimal pro Woche in Mulhouse statt: Anbieter aus aller Herren Länder und die bunt gemischte Käuferschaft aus Einheimischen, badischen Grenzgängern und afrikanischen Fremdarbeitern verleiht ihm ein ganz besonderes, multikulturelles Flair.

Der große Marktplatz am Canal Couvert ist in drei Sektoren eingeteilt: Von der Innenstadt kommend, betritt man zuerst den Bereich für Kleidung, Lederwaren, Haushaltszubehör – ohne Zweifel eine Domäne der Frauen, die die Ware kritisch prüfen, mit dem Anbieter um den Preis streiten und manchmal auch kaufen. Jenseits der Straße erstreckt sich der Obst- und Gemüsemarkt. Schon von weitem hört man die Mulhouser Marktleute, die abwechselnd auf Elsässisch und Französisch ihre Tomaten, Salatköpfe oder die für die Region typischen länglichen Radieschen lautstark anpreisen. Beim Herumschlendern steigt einem auf einmal der aromatische Duft von frischer Pfefferminze und Koriander in die Nase. Am entsprechenden Stand wählen Tunesier, Marokkaner oder Algerier, mit Jellaba und Turban bekleidet, sachverständig die schönsten Büschel aus, halten einen Plausch mit Freunden aus der alten Heimat und gehen weiter zum Stand des Elsässer Gemüsebauern nebenan. In der sich anschließenden großen Markthalle werden neben Fleisch und Fisch die verschiedensten internationalen Spezialitäten angeboten: von gefüllten Nudeln aus Italien über klebrig-süßes Gebäck aus Nordafrika und vietnamesische Teigtaschen bis zu gesalzenem Fisch aus Portugal und kretischen Oliven. Falls Ihnen nach dem Betrachten all der Köstlichkeiten der Magen knurrt, gehen Sie doch einfach zum Mittagessen ins Markthallenrestaurant, wo man bodenständige elsässische Küche garantiert frisch zu günstigen Preisen bekommen kann.

Markttage: Di und Do (bis ca. 15 Uhr) und Sa den ganzen Tag. Der Platz Marché du Canal Couvert befindet sich am Boulevard du President Roosevelt.

Südliche Rheinebene

oder Suiten (235–375 €) für ein oder zwei Personen, außerdem auch Familiensuiten; für 18 € kann man sein Auto in der Garage unterstellen. Von den Mulhousern wird das hoteleigene Restaurant sehr geschätzt, nicht nur sonntagmittags, wenn man sich am Buffet für 27,50 € satt essen kann, sollte man im Voraus reservieren. 26, rue de la Sinne, ℡ 0389661222, 🖷 0389664244.

*** Hôtel Bristol (1), weiteres komfortables Hotel in der Stadtmitte mit zuvorkommendem Service. Die 90 geräumigen Zimmer und Suiten mit schönen Bädern inkl. Jacuzzi haben schallgeschützte Fenster und sind geschmackvoll eingerichtet. Ein DZ kostet je nach Größe und Ausstattung zwischen 50 und 180 €. Die Benutzung des Parkplatzes ist frei, es gibt aber auch eine Garage. 18, av. De Colmar, ℡ 0389421231, 🖷 0389425057.

** Hôtel Bâle (16), ganz zentral und doch recht ruhig liegt das schmale Haus nahe bei der Tour du Bollwerk. Die nette Besitzerin vermietet 32 kleine Zimmer mit einem großen oder zwei einzelnen Betten zum Preis von 25 bis 50 €. Die Bäder sind unterschiedlich groß und z. T. nur mit Dusche ausgestattet. Die Benutzung der hauseigenen Parkplätze (geringe Anzahl) ist frei. 19, passage Central, ℡ 0389461987, 🖷 0389660706. In derselben Straße liegt auch das **** Hôtel Central (15)** mit ähnlichem Angebot und vergleichbaren Preisen, ℡ 0389461884.

** Hôtel St. Bernard (10), weiteres einfaches Haus, in einer ruhigen Seitenstraße gelegen. In den 21 Zimmern kann man zum Preis von 25 bis 46 € unterkommen. Im Empfangsbereich stehen den Gästen drei PCs mit Internetzugang und außerdem mehrere Fahrräder zur Verfügung. Die Benutzung der hauseigenen Parkplätze kostet 4 €. 3, rue des Fleurs, ℡ 0389458232, 🖷 0389452632.

Essen und Trinken/Nachtleben

•*Essen und Trinken* **Restaurant Le Belvedere,** außerhalb des Stadtkerns gegenüber dem Haupteingang des Zoos gelegen, doch der Weg lohnt sich allemal! In dem gutbürgerlichen Lokal serviert die nette Mme Harreus, was ihr Mann in der Küche zubereitet hat: traditionelle französische Küche wie Lammkoteletts in einer fruchtigen Tomatensauce, aber darüber hinaus auch die Sundgauspezialität Carpe frite. Gute Auswahl an offenen Weinen – kein Wunder, dass das Lokal so viele Stammgäste hat; im Sommer auch Terrassenbetrieb. Leider bis auf Freitag immer nur mittags geöffnet, ℡ 0389441879.

Restaurant Tour de l'Europe (5), bietet neben feiner Küche auch noch schöne Sightseeingerlebnisse, denn das Restaurant im 31. Stockwerk des Europaturms dreht sich innerhalb einer Stunde einmal um 360 Grad. Deftige elsässische Spezialitäten, aber auch Nouvelle Cuisine stehen hier auf der Speisekarte. Wie wär's z. B. mit Seewolf in Kräutersauce? Gute Dessertkarte, von der Mousseline à Vanille waren wir ganz begeistert. Mo geschl. 3, bv. de l'Europe, ℡ 0389451214.

Restaurant Le Florentin (14), großes Restaurant im Herzen der Stadt mit umfangreicher Speisekarte. Der Schwerpunkt liegt auf den italienischen Spezialitäten, gleich im Eingangsbereich kann man dem Pizzabäcker bei der Arbeit zuschauen. Lecker fanden wir die Pastagerichte wie Tagliatelle Frutti di Mare und die gefüllten Nudeln mit Räucherlachs. Tägl. bis Mitternacht geöffnet. 5, passage de l'Hôtel de Ville, ℡ 0389451000.

Auberge Du Vieux Mulhouse (13), schon allein wegen der spektakulären Terrasse auf der Pl. de la Réunion steuern viele Touristen das nette Lokal mit französischen und elsässischen Spezialitäten an, die Küche tut ihr Übriges. Gut z. B. die Entenbrust mit Preiselbeeren in Pinot-noir-Sauce. Tägl. warme Küche von 10 bis 22.30 Uhr. Place de la Réunion, ℡ 0389458418.

La Taverne de Maître Kanter (6), ein Vertreter der bekannten Restaurantkette darf auch in Mulhouse nicht fehlen. Ein kleines Becken im Speiseraum lässt ahnen, dass neben Sauerkrautvariationen Fisch und Meeresfrüchte zu den Spezialitäten des Hauses gehören, darüber hinaus kann man hier auch die Mulhouser Spezialität Sürlawerla (saure Leber mit Spätzle) einmal probieren – wir fanden sie ausgezeichnet. Angenehmer Service, und auch die Preise halten sich noch im Rahmen. Tägl. von 12 Uhr bis Mitternacht geöffnet. 32, rue des Franciscains, ℡ 0389368660.

Restaurant Akropolis (3), Fotis Gatzias aus Ipiros führt mit viel Erfolg das kleine ganz in Weiß und Blau eingerichtete Lokal und unterhält außerdem einen tollen Stand am Marché du Canal Couvert. Was er zubereitet, schmeckt einfach wunderbar, allen voran die mit schmackhaftem Olivenöl zubereiteten Vorspeisen. Aber auch der Risotto Cretois mit Fischfilet und Meeresfrüchten ist eine Empfehlung wert. Preislich fährt man mit den Menüs am besten. Samstagmittags, Mo und Di geschl. 49, rue d'Illzach, ✆ 0389420926.

Wistuwa Zum Saüwadala (8), das gemütliche Lokal mit rot-weiß-karierten Tischdecken ist so beliebt, dass man unbedingt im Voraus reservieren sollte. Hier schmecken die elsässischen Spezialitäten wirklich wie von Muttern, und auch das Ambiente stimmt. So und montagmittags geschl. 13, rue de l'Arsenal, ✆ 0389451819.

Wistuwa Zum Mehlala (2), die Konkurrenz, jedoch etwas abgelegen und deshalb längst nicht so frequentiert. Lassen Sie sich davon jedoch nicht abhalten, denn wenn auch die Gaststube ein wenig nüchtern wirkt, kann man hier doch gemütliche Abende verbringen. So und montagmittags geschl. 7, rue d'Illzach, ✆ 0389594132.

Brasserie Le Moll (18), zwischen zwei Plätzen liegt das riesige Lokal, ein schöner Ort, um nach der Stadtbesichtigung bei einem Kaffee zu entspannen. Für den kleinen Hunger sind Salate und Sandwiches im Angebot, außerdem täglich wechselnde Tellergerichte wie Coq au Vin etc. 6, pl. de la République.

Salon de Thé Carthage (7), ein kleiner Ausflug nach Tunesien gefällig? Ein aromatischer Thé à la Menthe mit einem zuckersüßen Gazellenhörnchen, und schon ist man ganz weit weg. Spezialität sind süße Gebäckvariationen, aber oft wird auch Couscous serviert. 36, rue de l'Arsenal.

Salon de Thé La Gourmandise (9), sehr beliebt in Mulhouse. Im Sommer genießt man die feinen Kalorienbömbchen auf der Terrasse, an kühlen Tagen im gemütlichen Innenraum. 7, rue des Boulangers.

Café Guillaume-Tell (12), die Geschichte mit dem Apfelschuss lässt grüßen – nicht nur der Name, sondern auch die Gestaltung der Hausfassade lassen die Schweizer Historie wieder aufleben. Beliebter Treffpunkt auf einen Kaffee oder ein Glas Wein, zu essen gibt es nichts. 1, rue Guillaume-Tell.

● *Nachtleben* **La Salle des Coffres (4),** eine der beliebtesten Diskotheken der Stadt, viele Studenten gehören zum Publikum, vom DJ wird hauptsächlich Rock aufgelegt. Mi–So zwischen 21 und 4 Uhr. 74, rue du Sauvage, ✆ 0389563498.

Le Loft (17), ebenfalls sehr beliebt, musikalische Richtung und Publikum sind vergleichbar. 47, rue de la Sinne, ✆ 0389453098.

Einkaufen

Haupteinkaufsstraße ist die Rue du Sauvage, dort finden Sie auch die größeren Kaufhäuser. Frische Lebensmittel bekommt man am besten auf dem Marché du Canal Couvert (siehe Kasten auf S. 357).

Aux Belles Images, am Bâtiment Annulaire kann man alte Stiche und Karten nicht nur von Mulhouse und dem Südelsass erstehen. Mo geschl., So ab 17 Uhr, Avenue Clemenceau.

Der Besitzer führt nebenan außerdem ein interessantes **Antiquariat,** in dem man auch deutschsprachige Bücher kaufen kann.

La Chocothèque, anerkannter Familienbetrieb, in dem nicht nur Schokolade verkauft wird. Hier besorgen die Mulhouser auch anlässlich großer Familienereignisse wie Hochzeit, Taufe etc. die typischen gefüllten Dragées, die man an die Gäste verschenkt. Place de la Réunion.

Au Bouton d'Or, direkt daneben eine weitere Institution des Genusses. Die Crèmerie "Butterblume" wurde mehrfach als "Maison de Qualité" ausgezeichnet, denn nicht nur die Auswahl an Käsen, sondern auch ihre Qualität ist bemerkenswert. Alle Produkte stammen von ausgewählten Bauernhöfen und nicht aus industrieller Produktion. Place de la Réunion.

L'Occitane en Provence, verschiedene Öle aus Oliven, z. T. in ganz kleinen hübschen Flaschen, sind ebenso wie Seifen nette Mitbringsel, auch wenn sie nicht aus dem Elsass stammen. Während der Saison auch sonntagnachmittags. Rue des Boulangers.

Sehenswertes in der Altstadt

Etwa zwei Stunden sollten Sie für einen Rundgang durch die Altstadt von Mulhouse einplanen. Wenn Sie dabei das Historische Museum und das Musée des Beaux Arts besuchen wollen, verlängert er sich entsprechend. Die berühmten

Südliche Rheinebene

technischen Museen und der sehr eindrucksvolle Zoo liegen nicht im Zentrum und sind – mit Ausnahme des Musée de l'Impression sur Etoffes – am besten mit öffentlichen Verkehrsmitteln zu erreichen.

Place de la Réunion: Der belebte Platz liegt im Herzen der Stadt, hier wurde 1798 der freiwillige Anschluss an Frankreich mit viel Enthusiasmus gefeiert. Der von der Figur eines spätmittelalterlichen Hellebardenträgers überragte große *Springbrunnen* in der Nordostecke ist die Nachbildung eines Originals aus dem Jahre 1572; gebaut wurde sie exakt 200 Jahre später. Schmale und breite, hohe und niedrige Häuser in verschiedenen Baustilen und Farben umgeben den Platz und bilden ein reizvolles Ensemble. Auffallend an der Südseite das *Maison Mieg* aus dem Jahre 1560 mit schmuckem Erkertürmchen. Bis vor wenigen Jahren war das heute weiß getünchte Haus noch mit prachtvollen Wandmalereien verziert, die man heute im Historischen Museum (s. u.) bewundern kann. Das bunt bemalte Bankhaus daneben diente einst als *Zunfthaus der Schneider*, und weiter westlich steht schon seit 1649 das Gebäude der *Pharmacie du Lys*.

Temple Saint-Etienne: Gegenüber der Pharmacie du Lys und damit ebenfalls an der Place de la Réunion erhebt sich die protestantische *Stephanskirche*, die Mitte des 19. Jh. an der Stelle eines romanischen Gotteshauses aus dem 12. Jh. errichtet wurde. Im Innern führt eine Treppe auf die Galerie, von wo man die wunderschönen Glasfenster aus dem 14. Jh. mit Motiven aus dem Alten und Neuen Testament betrachten kann, Erklärungen (auch auf Deutsch) sind darunter angebracht. Die Fenster haben beide Weltkriege wohl nur deswegen überstanden, weil sie jeweils vorsorglich abmontiert worden waren. Beachtenswert sind auch das Renaissance-Chorgestühl und die Silbermannorgel.

Öffnungszeiten Von Ende April bis Ende September tägl. außer Di zwischen 10 und 12 und von 14 bis 18 Uhr, So nur am Nachmittag.

Hôtel de Ville/Musée Historique: Schmuckstück der Place de la Réunion ist das prächtige, farbenfrohe Renaissancegebäude des *Hôtel de Ville* aus dem Jahre 1552. Die Ratsherren der Stadt betraten es einst über eine doppelte, von zwei das Stadtwappen haltenden Löwen geschmückte Freitreppe. Seit dem Ende des 17. Jh. schmücken eindrucksvolle Wandmalereien die Außenwände, u. a. allegorische Figuren der von der reformierten Kirche besonders betonten Tugenden Prudentia, Fides, Caritas usw. An der rechten Schmalseite hängt eine Nachbildung des sog. *Klappersteins.*

Wer den Klapperstein zu tragen hat

Klatsch und Tratsch haben zu allen Zeiten oft Schlimmes bewirkt. In Mühlhausen bestrafte man Lästermäuler deshalb auf besonders drastische Art und Weise. Falls ein Bürger der üblen Nachrede für schuldig befunden worden war, wurde er – so erzählen es die Mühlhausener ihren Kindern heute noch – in ein weißes Gewand gesteckt, musste sich den Klapperstein umhängen und wurde, rückwärts auf einem Esel sitzend, durch die Stadt geführt und so bloßgestellt. Zum letzten Mal soll dies im Jahre 1781 geschehen sein. In einem Vers unter der Nachbildung des fratzenförmigen Steins erklärt dieser seine Funktion: *"Zum Klapperstein bin ich genannt, den bösen Mäulern wohl bekannt. Wer Lust zu Zank und Hader hat, der muss mich tragen durch die Stadt."*

Im Musée des Beaux-Arts findet man etliche Werke elsässischer Künstler

Im Innern des Hôtel de Ville ist neben der Touristeninformation auch das *Histori-sche Museum* untergebracht. Man betritt es durch eine Glastür unterhalb der gro-ßen Doppeltreppe. Im ersten Stock befindet sich der ehemalige Ratssaal der freien Reichsstadt Mulhouse, verziert u. a. mit den Wappen der einst verbündeten Schweizer Kantone – heute noch hält hier der Stadtrat seine Sitzungen ab. Möbel, Handwerksgeräte, Trachten und sakrale Objekte sind im zweiten Stock ausgestellt, aber auch Waffen aus der Zeit von 1500 bis 1780. In einem Anbau kann man die Originalbemalung des Hauses Mieg (s. o.) bewundern, außerdem Teile der Inneneinrichtung. Eine Audiokassette (vom Museumswärter in Gang gesetzt) lässt dazu die entsprechende Zeit wieder lebendig werden. Interessant sind außerdem eine umfangreiche Sammlung mit altem Spielzeug, eine Originalküche aus dem Sundgau sowie ein Webstuhl. Zum Zeitpunkt der Recherche wurde im obersten Stockwerk zudem eine Ausstellung antiker Funde eingerichtet.

Öffnungszeiten/Eintritt Tägl. außer Di 10–12 und 14–18 Uhr, im Juli und August bis 19 Uhr. Eintritt frei.

Musée des Beaux-Arts: Gehen Sie nun über die Rue Guillaume Tell zum gleichnami-gen Platz. Dort ist in der alten Stadtvilla Steinbach aus dem 18. Jh. das kleine *Kunst-museum* untergebracht. Neben einer Sammlung von Bildern aus verschiedenen euro-päischen Epochen und Stilrichtungen (z. B. J. van Ruisdal, P. Breughel d. J., G. Cour-bet, D. Teniers) sind auch die Werke elsässischer Künstler aus dem 19. Jh. interessant. Zu den bedeutendsten gehören J.-J. Henner, G. Brion, G. Jundt und C. A. Pabst. Im obersten Stockwerk finden regelmäßig verschiedene Wechselausstellungen statt.

Öffnungszeiten/Eintritt Tägl. außer Di 10–12 und 14–18 Uhr, im Juli und August bis 19 Uhr. Eintritt frei.

Tour du Diable/Tour Nessel/Chapelle St-Jean: Nur wenige Schritte vom Museum entfernt steht an der nächsten Straßenecke das Theatergebäude aus dem 19. Jh. Ge-

Südliche Rheinebene

hen Sie hier rechts in die Rue de la Sinne, vorbei an dem komfortablen Parkhotel auf der einen und dem hübschen Square Steinbach auf der anderen Seite. Etwa 400 m weiter biegen Sie an der Poste Mirroir rechts in die Rue J. Preiss und bei der nächsten Gelegenheit nach links ab. So erreichen Sie die restaurierte mittelalterliche *Tour du Diable* inmitten von moderner und älterer Bausubstanz. Der Turm war wie die nur wenige Meter nördlich stehende *Tour Nessel*, erreichbar über die Rue du Bourg, Teil der mittelalterlichen Stadtbefestigung, die man im 19. Jh. abriss, um Platz für die neu entstehenden Manufakturen zu schaffen.

Vom heute durch eine kleine Brücke mit einem Gymnasium verbundenen Tour Nessel geht man über die Grand' Rue weiter bis zu der schlichten *Chapelle St-Jean*. Sie wurde 1269 von den Johannitern erbaut und steht heute unter Denkmalschutz – leider haben wir sie immer nur verschlossen vorgefunden. Im Kirchgarten findet sich aber unter alten Bäumen ein reizvolles Sammelsurium von Säulen, Taufbecken und Brunnen.

Zeugnisse der Industrialisierung in der Oberstadt: Am Ende der Grand' Rue biegt man rechts und unmittelbar danach wieder links ab in die Rue des Franciscains. In diesem Stadtviertel, auch Oberstadt genannt, findet man interessante Zeugnisse aus der Zeit der Industrialisierung, als alte Gebäude zu Manufakturen umgestaltet wurden. Das erste ist der *Cour des Chaînes*. Wo heute ein beliebtes Restaurant untergebracht ist, residierte einst die Adelsfamilie der Tagolsheim; im 18. Jh. wurde das mit einer Fassade aus dem 16. Jh. verzierte Gebäude dann in eine Stoffdruckmanufaktur umwandelt – daher auch der vielsagende Name "Kettenhof". Werfen Sie auch einen Blick auf die gegenüberliegende originell bemalte Hauswand. Aus Fenstern scheinen historische Persönlichkeiten herauszuschauen. Einige Schritte weiter passiert man das *Schloessle* (Hausnummer 28), ein sog. Maison Mixte, in dem sowohl Werkstätten als auch Wohnungen untergebracht waren. Vorbei an der romanischen *Eglise Ste-Marie*, auch Barfüßer-Kirche genannt, kommt man an der nächsten Straßenecke zum noblen *Maison Loewenfels*, Ende des 18. Jh. von einem der Gründer der ersten Kattunmanufakturen der Stadt errichtet. Nicht nur die schöne Fassade im Stil des Rokoko lässt ahnen, dass er davon nicht schlecht gelebt hat.

Tour de l'Europe/Tour du Bollwerk: Zunächst rechts, dann links abzweigend, kommt man in die Rue des Maréchaux, biegt wieder nach links ab in die Einkaufsstraße Rue du Sauvage und kommt so zu Mühlhausens großem Verkehrsknotenpunkt *Porte Jeune*. Er wird beherrscht vom 100 m hohen, halbrund geschwungenen *Europaturm*. Das von einem Mühlhausener Architekten entworfene, 1972 eingeweihte Gebäude hat sich neben dem historischen Rathaus schnell zum Wahrzeichen der Stadt entwickelt. Wesentlich reizvoller als der Riese selbst erscheint uns jedoch der Blick auf die Stadt von dem drehbaren Restaurant im obersten Stockwerk.

Über die Rue Pasteur kommt man zum letzten der drei restaurierten mittelalterlichen Türme, der durch ihre Bemalung besonders reizvollen *Tour du Bollwerk*. Durch das spitzbogige Tor in der Mauer gelangt man wieder in den alten Stadtkern und zur Place de la Réunion.

Sehenswertes außerhalb der Altstadt

Musée de l'Impression sur Etoffes: Dem während der Zeit der Industrialisierung bedeutendsten Wirtschaftszweig der Stadt ist das im Bahnhofsviertel gelegene *Stoffdruckmuseum* gewidmet. Eine riesige Sammlung von Stoffen vermittelt einen Überblick von den Anfängen des Stoffdrucks, als man die Methoden indischer Handwerker kopierte, bis zu modernen Schöpfungen. Es sind so viele, dass sie nur in Wechselausstellungen gezeigt werden können. Die Kollektion soll übrigens auch schon von Christian Dior bewundert worden sein – selbst begnadete Künstler benötigen Anregungen durch andere! Ein weiterer Schwerpunkt ist die technische Entwicklung im Textilgewerbe: Während im Untergeschoss das 18. Jh. mit Holzdruckplatten und dem Modell einer Stoffdruckmanufaktur im Vordergrund steht, werden im Obergeschoss Kupferrollen und riesige Druckmaschinen ausgestellt – Voraussetzungen für die Mechanisierung des Stoffdrucks im 19. Jh. Highlights sind die regelmäßig stattfinden Druckvorführungen (s. u.), und auch der Museumsshop mit einer schönen Auswahl an Stoff- und Papierdrucken kann sich sehen lassen.

• *Adresse* 14 Rue J.J. Henner, ☎ 0389468300.
• *Öffnungszeiten/Eintritt* Täglich 10–18 Uhr, Druckvorführungen Mo, Mi, Fr, So um 15 Uhr. Erwachsene 5,50 €, Kinder ab 12 J. die Hälfte. An der Kasse kann gegen eine Gebühr von 3,50 € ein recht informativer Audioguide entliehen werden.

Musée National de l'Automobile (s. a. Kasten S. 364: Auf 17.000 qm bekommt man einen weltweit einmaligen Überblick über die Geschichte des Autos von den Anfängen bis zur Gegenwart. Unter den mehr als 400 Fahrzeugen sind Raritäten, die das Herz eines Autofans höher schlagen lassen: Oldtimer von Panhard, Benz und Peugeot, sündhaft teure und luxuriöse Liebhabermodelle von Bugatti, Citroën, Rolls Royce oder Mercedes Benz und superschnelle Flitzer wie der Porsche 936, aber auch die legendäre Ente, mehrere Käfer und ein Trabi fehlen nicht. Beeindruckend ist auch die Sammlung von Rennwagen, vom Mercedes Silber-

Oldtimer und noch viel mehr

pfeil über Maserati und Lotus bis zum Ferrari. Mehrere "Unterhaltungsinseln" sorgen zudem für Abwechslung. So werden z. B. Videos über die Geschichte des Museums und des Automobilbaus sowie historische Ralley- und Formel-1-Filme gezeigt. An einer Simulationsstation kann man den Überschlag eines Autos nachempfinden, an Automaten Rennen fahren, und für die Kleinen stellen vielleicht die Boxautos die größte Attraktion dar. Außerdem gibt es ein Restaurant und einen Shop.

• *Adresse* 192, av. De Colmar, ☎ 0389332323. Von der Porte de Jeune aus in ca. 15 Fußminuten oder mit dem Bus Nr. 17 zu erreichen.
• *Öffnungszeiten/Eintritt* Täglich 10–18 Uhr, vom 1.4. bis 31.10. bereits ab 9 Uhr, im Juli und August bis 18.30 Uhr. Erwachsene 10 €, Kinder ab 7 J. die Hälfte. An der Kasse wird unentgeltlich ein Audioguide auch in deutscher Sprache ausgegeben.

Musée Français du Chemin de Fer: Ähnlich attraktiv wie das Automobilmuseum ist das *Französische Eisenbahnmuseum* mit einer stattlichen Sammlung von Lokomotiven, Waggons und technischen Anlagen aus zwei Jahrhunderten. Im Jahre 2004 soll die Ausstellung dreimal so groß sein, bisher konnte aus Platzgründen nur ein Teil der Kollektion ausgestellt werden.
Den Außenbereich nimmt ein wieder aufgebauter Landbahnhof ein. Kernstück ist jedoch die große Halle, in der man zwischen riesigen, glänzenden Dampfungetümen und Elektroloks herumspazieren und manche auch von innen, andere sogar von unten inspizieren kann. Veteranin ist die ab 1844 Paris mit Rouen verbindende

Südliche Rheinebene

"Saint-Pierre". Erreichte sie 60 km/h, so war die 1852 gebaute "Crampton" schon doppelt so schnell. Besonders bemerkenswert ist auch der berühmte Bugatti-Triebwagen. Zu sehen gibt es die unterschiedlichsten Waggons. Vom an einem vergoldeten N und Krone erkennbaren Prunkwagen der kaiserlichen Adjutanten Napoleons III., dem intarsienverzierten Waggon der Großherzogin von Luxemburg und dem noblen Präsidentenwagen bis hin zum harten 4.-Klasse-Wagen, in dem die Leute auch Hühner, Hasen und sogar Schweine transportierten, ist alles dabei. Das v. a. für Kinder geeignete *Musée Express* mit Computerspielen und Simulationen war zum Zeitpunkt unserer Recherche geschlossen.

● *Adresse* 2, rue A. de Glehn, ✆ 0389428333. Das Museum befindet sich am westlichen Stadtrand von Mulhouse und ist von allen Richtungen hervorragend ausgeschildert. Ab der Porte Jeune fährt außerdem Bus Nr. 17. ● *Öffnungszeiten/Eintritt* April–September tägl. 9–18 Uhr, in den übrigen Monaten nur bis 17 Uhr. Erwachsene 7,60 €, Kinder ab 6 J. 4 €.

Fritz Schlumpfs Leidenschaft

Briefmarken, Bücher oder Postkarten zu sammeln sind weit verbreitete Passionen. Aber dass ein Mann eine Kollektion von über 200 wertvollen Autos besitzt, sprengt fast die Grenzen der Vorstellungskraft. Fritz Schlumpf, Anfang des 20. Jh. in Mühlhausen geboren, legte so den Grundstein für das heute größte Automobilmuseum der Welt.

Zusammen mit seinem Bruder Hans baute er in den Jahren zwischen den Weltkriegen ein regelrechtes Textil-Imperium auf, indem er mehrere Unternehmen aufkaufte, darunter auch die HKC im Norden Mühlhausens. Der als streng und unnahbar, aber auch als umsichtig geltende Industrielle hatte nur eine Schwäche, nämlich die für luxuriöse Autos seiner Kinderjahre. 1939 erwarb er seinen ersten Bugatti, nach 1945 kaufte er dann Oldtimer um Oldtimer dazu. Bald nahm seine Sammelleidenschaft unglaubliche Ausmaße an. So konnte es vorkommen, dass er 40 Wagen bestellte, obwohl er nur an zehn wirklich interessiert war. Abgestellt wurden die Fahrzeuge in der Fabrikhalle der mittlerweile geschlossenen HKC. Zu sehen bekamen die edlen Gefährte allerdings nur die eigens für sie angestellten 40 Mechaniker, Karosseriebauer, Maler und Sattler. Sie hatten die Aufgabe, die Autos so zu restaurieren, dass sie fahrbar waren und originalgetreu aussahen, und zwar bis auf die Farbnuance! Fehlende Teile wurden nachgebaut oder über den Ankauf von Schrottwagen erworben.

Die Krise in der Textilindustrie und sicher auch Fritz Schlumpfs immer mehr schwindendes Interesse an den Geschäften führten 1977 schließlich zur Auflösung seines Imperiums. 2000 Arbeiter wurden erwerbslos und stürmten voller Wut das Gelände der HKC, denn seine Leidenschaft war natürlich nicht geheim geblieben. Dennoch staunten sie nicht schlecht, als sie das Ausmaß der Sammlung entdeckten. Zwei Jahre hielten sie diese besetzt, um entgangene Löhne zu erzwingen. Die Schlumpfs waren in die Schweiz emigriert und entgingen so einer Gefängnisstrafe. 1981 erwarb schließlich eine Gesellschaft aus sieben Partnern, darunter auch die Stadt Mulhouse, die Kollektion, ein Jahr später wurde das Museum eröffnet. Fritz Schlumpf hat es nur ein einziges Mal, bereits im Rollstuhl sitzend, 1992 kurz vor seinem Tod besucht.

Musée du Sapeur-Pompier: Auf dem Gelände des Eisenbahnmuseums ist auch ein kleines *Feuerwehrmuseum* mit Pumpen, Spritzen, Uniformen und Helmen untergebracht. Vom vorsintflutlichen Holzkarren bis zum modernen Löschfahrzeug kann man die Entwicklung nachvollziehen. Im Eintrittspreis für das Eisenbahnmuseum ist der Besuch des Feuerwehrmuseums enthalten.

Musée Electropolis: Auf 4000 qm wird man mit Hilfe von Modellen, Simulationen, Filmen, Vorführungen – bei einer stehen einem buchstäblich die Haare zu Berge – in Gewinnung, Transport und Nutzung der Elektrizität eingeführt. Neben Motoren, Generatoren, elektrischen Haushaltsgeräten und Musikinstrumenten, Telekommunikations- und Satellitentechnologie etc. ist eine riesige, 170 Tonnen schwere Dampfkraftanlage aus dem Jahre 1901 zu sehen.

● *Adresse* 55, rue du Pâturage, ☎ 0389324852. Das Elektrizitätsmuseum liegt dem Eisenbahnmuseum gegenüber, Näheres s. dort.

● *Öffnungszeiten/Eintritt* Di–So 10–18 Uhr, im Juli und August auch Mo. Erwachsene 7,30 €, Kinder ab 6 J. 3,50 €.

Musée du Papier Peint: Mitten im Vorort Rixheim eröffnete Jean Zuber 1797 in dem wunderschönen Gebäude der alten Kommanderie eine Tapeten-Manufaktur. Heute ist ein Teil der Stadtverwaltung darin untergebracht, in einem Seitenflügel stellt die renommierte Firma Zuber aber weiterhin Papierbahnen her, im gegenüberliegenden hat man ein sehenswertes *Tapetenmuseum* eingerichtet.

Der Maschinenraum im Erdgeschoss zeigt die Entwicklung in der Tapetenherstellung vom Handwerk bis zur Industrie, im ersten Stock sind Wechselausstellungen, die in Zusammenarbeit mit dem Stoffmuseum durchgeführt werden, zu sehen. Den Höhepunkt bildet die Präsentation von Panoramatapeten in der zweiten Etage: Mit idealisierten tropischen Landschaften, exotischen Vögeln, einer Schlacht während des griechischen Freiheitskampfes gegen die Türken etc. holten sich die Wohlhabenden Ende des 18. bis Mitte des 19. Jh. die große, weite Welt ins Haus. Einmalig ist die Darstellung der "Zonen der Erde".

● *Adresse* 28, rue Zuber, ☎ 0389642456. An der Porte de Bâle fährt man nach Süden, überquert die Eisenbahnbrücke und biegt dann links ab. Auf der D 432 fährt man an Riedisheim vorbei bis Rixheim und folgt dort der Beschilderung zum Museum. Bus: Linie 10 ab Pl. de l'Europe, in Rixheim Ausstieg "Commanderie".

● *Öffnungszeiten/Eintritt* Ganzjährig tägl. außer Di 10–12 und 14–18 Uhr, vom 1.6. bis 30.9. auch Di, an den Werktagen außerdem ab 9 Uhr. Druckvorführungen (nur im Sommer) Di, Do und Sa um 15.30 Uhr. Erwachsene 5,50 €, Jugendliche ab 12 J. 4 €. Ein Kombiticket mit dem Stoffmuseum kostet 8 €.

Parc Zoologique et Botanique: Der ca. 25 ha große Zoo im Süden der Stadt gilt zu Recht als einer der sehenswertesten Europas. Schließlich werden hier zahlreiche vom Aussterben bedrohte Tiere gehalten, so der Sibirische Tiger, der Persische Leopard, der Weißrückentapir, das Grévy-Zebra, die Addaxantilope, das Gelbschulterkapuzineräffchen, Schopfgibbons aus Vietnam und Lemuren aus Madagaskar, um nur einige Beispiele zu nennen. Eine der Hauptaufgaben sieht man in der Zucht selten gewordener Arten, um so zu ihrem Erhalt beizutragen. Hervorzuheben sind auch die vielen Pflanzen, darunter seltene, z. T. über 100 Jahre alte Bäume, und ein naturbelassener See mit zahlreichen Vogelarten. Der Mulhouser Zoo ist auf jeden Fall einen Besuch wert.

● *Öffnungszeiten/Eintritt* Der Haupteingang befindet sich in der Av. de la 1ère DB, Sie erreichen ihn am besten mit einem der Busse der Linie 12, auch Parkmöglichkeiten sind ausreichend vorhanden. Der Zoo ist täglich wie folgt geöffnet: Dezember–Februar 10–16 Uhr, März, Oktober, November 9–17 Uhr, April und September 9–18 Uhr, Mai–August 9–19 Uhr.

Erwachsene zahlen vom 21.3. bis 31.10. 7,32 €, in den übrigen Monaten die Hälfte. Kinder von 6 bis 16 J. bekommen jeweils 50 % Rabatt.

Südliche Rheinebene

Die Aachener Pfalzkapelle stand Pate

Umgebung von Mulhouse

Eglise St-Pierre-et-St-Paul in Ottmarsheim: Die Lage an der A 36 und am Rhein bzw. am Grand Canal d'Alsace, wo seit 1953 ein Wasserkraftwerk Energie liefert, die Nähe zur Schweiz und Deutschland – eine Brücke überspannt hier den Fluss – sowie die Möglichkeit, einen Hafen bauen zu können (Mulhouse-Ottmarsheim), zog die Industrie an. Ein regelrechter Ballungsraum entstand entlang des Wasserwegs, doch im etwas abgelegenen Kern des 2000-Einwohner-Ortes ist davon kaum etwas zu spüren. Dort erwartet den Besucher ein besonderes Kleinod der "Romanischen Straße", die *Abteikirche St-Pierre-et-St-Paul*. Der nach dem Vorbild der Aachener Pfalzkapelle Karls des Großen errichtete achteckige Zentralbau gehörte zu dem 1030 von Rudolf von Altenburg gegründeten Kloster für Benediktinerinnen, das später in ein Stift für adlige Damen umgewandelt wurde. Im Laufe der Jahrhunderte erfuhr die 1049 von Papst Leo IX. geweihte Kirche viele Veränderungen, sie gilt aber dennoch als ein besonders schönes Beispiel der frühromanischen Baukunst. Im durch klare Proportionen bestechenden Innern führt ein achteckiger und damit im Vergleich zu seinem Vorbild in Aachen – dort sind es 16 Ecken – vereinfachter Korridor um das zentrale Oktogon. Dessen Rundbogenöffnungen sind im Obergeschoss durch jeweils zwei rote Sandsteinsäulen mit Würfelkapitellen gegliedert, die im Kontrast zum hellen Mauerwerk stehen. Überspannt wird alles durch die mächtige Kuppel. Im Osten sprengte der quadratische Chor schon von Anfang an das Achteck. Die Seitenkapellen wurden erst später (15./16. Jh.) angebaut. Eine Vorhalle genau gegenüber dem Chor wandelte man im 13. Jh. zum Glockenturm um. Die Mauern sind mit wunderschönen Fresken aus der zweiten Hälfte des 15. Jh. geschmückt. Rechts vom Eingang sieht man den heiligen Gregor eine Messe lesen, während der Christus auf dem Altar seine Wundmale zeigt, weiter südlich im

Gewölbejoch des unteren Oktogonumgangs sind die Symbole der vier Evangelisten dargestellt, daneben über der Tür zur Sakristei Szenen aus dem Leben Rudolfs von Altenburg. Da die Benediktinerinnen sich im oberen Chor zu Gottesdienst und Gebet sammelten, ist er am reichsten geschmückt. Auf den beiden Arkadenpfeilern stehen einander der heilige Christophorus und Kaiser Heinrich mit dem Modell des Basler Münsters gegenüber. Darüber sieht man den Erzengel Michael und das Jüngste Gericht, den heiligen Petrus, von Engeln umgeben, und an den Seitenwänden Szenen aus dem Leben dieses Apostels.

• *Lage* Von Mulhouse fährt man Richtung Ottmarsheim über die D 432 oder D 66 bis Rixheim und nimmt dort die D 39. Außerdem kann man den Ort über die Buslinie 10 (ab Place de l'Europe) erreichen.

• *Information* Vor allem Auskünfte zur "Route Romane" erhält man in dem kleinen Informationsbüro am Parkplatz. Es ist Mi–So zwischen 10 und 12 und von 14 bis 17 Uhr geöffnet.

Ecomusée: Im Jahre 1984 begann man damit, auf einem recht trostlosen Gebiet nördlich von Mulhouse inmitten einer von Kaliminen gebildeten Mondlandschaft vom Abriss bedrohte Häuser Stein für Stein, Balken für Balken wiederaufzubauen, um so den Besuchern die verschiedenen Architektur-, Lebens- und Arbeitsformen des Elsass vor Augen zu führen. Heute sieht man hier ca. 70 Häuser aus der Rheinebene vom Kochersberg bis zum Sundgau, nach ihrer Herkunft gruppiert und mit ausführlichen Erklärungstafeln versehen. Angenehm jedoch, dass man nicht nur Wohnungen samt Einrichtungen und kleine Ausstellungen zu verschiedenen Bereichen des elsässischen Alltags zu sehen bekommt, sondern vielmehr den Eindruck gewinnt, tatsächlich durch ein traditionelles Dorf des 19. Jh. zu spazieren. Dafür sorgen Vorführungen von Handwerkern, Ställe mit lebendigen Tieren, Gärten, Weinberge, Gemüsefelder, ein Köhlerplatz, ein Waschhaus etc. Die Jahreszeiten und ihre Feste bieten Anlässe für weitere Einlagen. Auch die Besichtigung der benachbarten Kalimine St-Rodolphe ist mittlerweile möglich, und die Kleinen freuen sich besonders über das Belle-Epoque-Karussell. Kurzum: Das Ecomusée ist sicherlich nicht nur Frankreichs größtes, sondern auch eines seiner anschaulichsten Freilichtmuseen. Zu den interessantesten Gebäuden gehören das kaminrote *Oberhergheimer Taubenhaus* mit weißem Punktmuster (Nr. 14), der *Sundgauer Hof Sternenberg* (Nr. 35), bei dem von der Schlafstube bis zum Gänsestall alles unter einem Dach untergebracht ist, und das *Maison de Artolsheim* (Nr. 47) aus dem Ried mit allen Vorrichtungen, die die Bleibe eines Rheinfischers benötigte. Das *Maison de Hagenbach* (Nr. 38) wurde eigens in seinem Skelettzustand gelassen, damit der Bau eines Fachwerkhauses nachvollzogen werden kann.

• *Lage* Von Mulhouse fährt man über die D 430 nach Norden und zweigt nach knapp 10 km nach rechts auf die D 429 ab. Dort liegt das Ecomusée.

• *Öffnungszeiten/Eintritt* Mai–September tägl. 9.30–19 Uhr, Oktober–April 10–17 Uhr (an Sonntagen jedoch länger). Ferien sind vom 6.1. bis 9.2. Erwachsene zahlen je nach Jahreszeit und Wochentag 11–13 €, Kinder (4–12 Jahre) 9–11 €. Mit einem Minitrain kommt man im Juli und August tägl., von März bis Oktober jeden So in die Mine St-Rodolphe (Aufpreis 4 €).

• *Übernachten/Essen* **Hôtel Les Loges,** auf dem Gelände des Ecomusée wohnt man angenehm in schönen Maisonettezimmern (bis zu 4 Personen) zum Preis von 62 bis 92 € inkl. Frühstück. ✆ 0389744495, ✆ 0389744468. **Restaurant La Taverne,** angenehmes Restaurant mit guter elsässischer und französischer Küche. Ein absoluter Hit sind die günstigen und reichhaltigen Desserts. Probieren Sie z. B. einmal die Charlotte aux Fraises oder den gemischten Nachtischteller.

Südliche Rheinebene

Sommer im Sundgau

Der Sundgau

Zwischen Rhein, Jura, der Burgundischen Pforte und den Vogesen liegt vor den Toren der Großstädte Belfort, Mühlhausen und Basel der stille Sundgau, unbeachtet von vielen Elsassreisenden, die am Ende der Weinstraße umkehren und wieder nach Hause fahren.

Das von den Flüssen Largue, Ill und Thalbach durchschnittene, leicht gewellte nördliche Hügelland erhebt sich kaum mehr als 100 m über die Rheinebene, im Süden gehen die Hügel in die etwas höhere Vorgebirgszone des Jura über. Nicht unbedingt spektakulär, sondern lieblich und anmutig ist die Landschaft mit Maisfeldern, Viehweiden, Streuobstwiesen, üppigen Bauerngärten und – v. a. im Westen – zahllosen Karpfenteichen. Auf kleinen, immer wieder von Kruzifixen gesäumten Sträßchen den "Herrgottswinkel" des Elsass zu erkunden macht viel Spaß, und mit jedem Kilometer wächst der Blick für den fast melancholischen Charme seiner Dörfer. Geprägt werden sie von z. T. farbenfrohen Fachwerkhäusern, deren Balkonkästen unter der Last roter Geranien fast zusammenzubrechen scheinen, und stattlichen Bauernhöfen, vor denen die Holzscheite ordentlich aufgestapelt sind.

Bei aller Idylle sollte man sich aber nicht täuschen lassen. Auch im lange sich scheinbar selbst genügenden Sundgau hat sich in den letzten Jahren ein Strukturwandel vollzogen. Zwar ist die Region mit dem Kleinstädtchen Altkirch als "Metropole" nach wie vor ländlich geprägt, aber Vollerwerbsbauern gibt es auch hier kaum noch. Viele Sundgauer verdienen als Pendler harte Franken in Schweizer Großunternehmen, die Landwirtschaft dient als Zubrot. Entsprechend belebt sind die großen Durchgangsstraßen in den Stoßzeiten. Doch trotz der Veränderungen ist der Sundgau in vieler Hinsicht ein eigener Kulturraum geblieben. Dies gilt insbesondere für das kulinarische Angebot. Die Gasthöfe sind bodenständig, man kocht traditionell, nur selten gönnt sich die Küche einen Ausflug ins Exotische. Besonders stolz sind die Sundgauer auf ihre Spezialität *Carpe frite*, gebackenen Karpfen, den Sie unbedingt einmal probieren sollten, wenn Sie zu einer erholsamen Reise mit vielen Gelegenheiten zum Wandern in den südlichsten Zipfel des Elsass kommen.

Von Karpfenteich zu Karpfenteich

Unzählige Karpfenteiche prägen das Landschaftsbild, große, kleine, mit oder ohne Chalet – zum Lebensgefühl eines Sundgauers gehört der *etang* einfach dazu. Ihren Anfang nahm diese Leidenschaft vor etwa 900 Jahren, als Zisterziensermönche die Abtei in Lucelle errichteten und den ersten Karpfenteich in der Gegend ausgruben. Der lehmige Untergrund eignet sich vortrefflich dazu, denn er hält das Wasser viel besser als z. B. ein sandiger, kalkiger Boden.

Der anspruchslose Karpfen ist schon nach drei Sommern ausgewachsen bzw. hat dann das geeignete Gewicht von 1 bis 2 kg zum Verzehr erreicht. Als genügsamer Vegetarier frisst er alles, was er bekommt – Mais, Brot- und Gemüsereste –, oder er sucht sich am Grund des Teiches Pflanzenteile und Bodenkrumen. Nicht umsonst nennt man ihn gerne das "Schwein des Wassers". Der Tradition gemäß wird der Weiher im Oktober oder November "geleert", d. h. man lässt das Wasser z. T. ab, entnimmt die Fische, setzt aber sofort die zurück, die zu groß oder zu klein sind. Von denen, die dem kritischen Auge des Züchters genügen, wird ein Teil verkauft, der Rest wird sofort geschlachtet oder vielleicht in einem kleinen Becken eine Weile aufgehoben und erst später verzehrt. Wie? Keine Frage: in 3 cm dicke Scheiben geschnitten, in Ei und Mehl gewendet und in Öl ausgebacken. Als Beilage gibt es einen grünen Salat, gekochte Kartoffeln, Mayonnaise und Zitronenscheiben. *Carpe frite* nennt sich diese Delikatesse, die man fast in jedem Restaurant im Sundgau auf der Speisekarte findet, manchmal leicht abgewandelt. Wenn Sie aber das blaue Zeichen mit Fischkopf und Gabel an einem Gasthaus finden, können Sie sicher sein, dass der Carpe frite streng der Tradition gemäß serviert wird – 34 Wirtsleute haben sich dazu verpflichtet und so die "Route des Carpes frites" aufgebaut.

Die Nachfrage der Restaurants ist mittlerweile so groß, dass die heimatlichen Weiher und Fischzuchtanstalten *(pisciculture),* in denen man sich bemüht, Karpfen mit kleinen Köpfen, viel Fleisch und wenig Schuppen heranwachsen zu lassen, nicht mehr ausreichen und zusätzlich Tiere aus verschiedenen Gegenden Europas in den Sundgau angekarrt werden. Hinzu kommt, dass manche Einheimische auch keine Lust mehr haben, Fische zu züchten, sondern den Weiher nur unterhalten, um dort ihre Freizeit zu verbringen. Bei gutem Wetter sieht man sonntags die Familien unterm Sonnenschirm am Teich beim Essen oder zum Kaffee zusammensitzen – der *etang* gehört, wie gesagt, zum Lebensgefühl des Sundgauers.

Altkirch

Nur etwa 6000 Menschen leben in dem beschaulichen Hauptort des Sundgaus. Malerisch erstreckt sich die Altstadt auf einem lang gezogenen Kalksteinsporn, überragt von der neoromanischen Kirche Notre-Dame.

Weitere hübsche alte Häuser ziehen sich den nicht ganz so steilen südlichen Hang des Sporns hinab zur jüngeren und weniger pittoresken Unterstadt. Zwar sind die Sehenswürdigkeiten Altkirchs schnell abgehakt, und das Kleinstadtleben birgt auch nicht eben viele Überraschungen, dennoch kann man es hier schon ein paar Tage aushalten, zumal die Lage des Ortes für Entdeckungsfahrten in den Sundgau sicher ideal ist.

Vom Parkplatz am Office de Tourisme, das in einem zur mittelalterlichen Stadtbefestigung gehörenden Wachturm, der *Tour Bloch*, untergebracht ist, gelangt man über die Rue Ch. de Gaulle zur zentralen Place de la République mit einem beachtenswerten **Muttergottesbrunnen.** Die filigrane Statue aus dem 16. Jh. stammt aus der Eglise St-Morand, die von 1255 bis 1845 hier stand. Gegenüber sieht man das ehemalige königliche Tribunal aus dem 18. Jh., heute Rathaus, und den Renaissancebau der einstigen habsburgischen Landvogtei, in dem das **Musée Sundgovien** untergebracht ist. Im Untergeschoss ist eine große Sammlung von Trachten (sehenswert vor allem die bunten, zart bestickten Hauben), Möbeln und Haushaltsgegenständen ausgestellt. Das obere Stockwerk wartet dann mit einer kleinen, aber feinen Sammlung von Bildern südelsässischer Künstler, insbesondere von J.-J. Henner, auf. Genauere Beachtung sollten Sie auch den vier Modellen Altkirchs aus unterschiedlichen historischen Epochen schenken. Und zum Schluss entdeckt man auf der Galerie über der Treppe eine ägyptische Mumie, die irgendwie von einem napoleonischen Ägyptenfeldzug in den Sundgau gekommen sein muss.

Vom Museum sind es nur ein paar Schritte bis zur 1850 erbauten Stadtkirche – Jahrhunderte lang stand an ihrer Stelle die Schlossburg der Grafen von Mömpelgard/Pfirt (ab 1324 im Besitz der Habsburger), in deren Schutz die Stadt im 13. Jh. entstanden ist. Geht man um die Kirche herum, hat man einen schönen Blick auf die sundgauische Landschaft.

- *PLZ* 68130
- *Lage*   Von Mulhouse erreicht man Altkirch am besten über die D 432 und dann über die D 419, von Ferrette über die D 473.
- *Information*   Das **Office de Tourisme** ist ganzjährig Mo–Fr, vom 1.6. bis 31.8. auch Sa geöffnet. Pl. X. Jourdain, ✆ 0389400290, 🖷 0389088690, edith.knittel@wanadoo.fr.
- *Öffnungszeiten/Eintritt*   **Musée Sundgovien,** Juli und August Di–So 15–17.30 Uhr, in den übrigen Monaten nur So. Erwachsene 2 €, Kinder (6–16 Jahre) 1 €.
- *Zug*   Unterhalb der Altstadt liegt der Gare SNCF. Von hier hat man täglich Verbindungen nach Mulhouse und Belfort.
- *Parken*   Mehrere kostenfreie Plätze sind im gesamten Stadtgebiet verteilt: am Office de Tourisme, am Bahnhof, an der Place des-Trois-Rois.
- *Taxi* ✆ 0389401946
- *Markt*   Do und Sa in den Gassen der Altstadt.
- *Feste*   Im Dezember werden bekannte Märchen und Legenden in einem "Zauberwald" an der Kirche nachgestellt.
- *Post*   Unterhalb der Altstadt in der Rue J.J. Henner.
- *Polizei* 7, rue de Hirtzbach, ✆ 0389409639.
- *Öffentliche Toiletten*   Gegenüber der Stadtkirche.

- *Übernachten/Essen*   Nur außerhalb von Altkirch gibt es derzeit Hotels, wer im Ort übernachten möchte, muss auf die wenigen Gästezimmer und Ferienwohnungen zurückgreifen.

** Auberge Sundgovienne, ca. 2 km außerhalb von Altkirch bei Carspach an der D 419 liegt das beliebte Haus mit 29 Zimmern. Zu zweit bezahlt man für ein DZ mit Balkon 50 (Grand Lit) bzw. 53 € (2 Betten). Fragen Sie am besten nach einem der nach hinten gelegenen Zimmer. Gutes Restaurant mit französischer Küche, teilweise mediterraner Touch, Menüs ab 18 €. Route de Belfort, ✆ 0389409718, 🖷 0389406773.

Restaurant de la Victoire, die Wirtin des alten Gasthofs sammelt nicht nur mit Leidenschaft lustige Schweine aus Porzellan, Plastik etc., sondern serviert auch zu vernünftigen Preisen gute elsässische Gerichte. Lecker fanden wir ihre Steakvariationen, viele kommen aber auch wegen der Carpes frites hierher. Donnerstagabends geschl. 10, rue des Alliés, ✆ 0389409065.

Staekhouse Le Gargantua, mitten in Altkirchs Altstadt sitzt man hier auf der Gasse oder im rustikalen Innenraum mit Kamin. Im Angebot sind gute Steakvariationen, auch ein pikant gewürztes Boeuf Stroganoff, Nudelgerichte und Salate. So und Mo (jeweils mittags) und mittwochabends geschl. 24, rue Ch. de Gaulle, ✆ 0389088300.

Umgebung von Altkirch

Hübsche Dörfer, eine romanische Kirche und v. a. die liebliche, im Sommer saftig-grüne Landschaft sind die Höhepunkte dieser Rundtour, die auf der D 432 Richtung Ferrette beginnt.

Hirtzbach: Am gleichnamigen schmalen Dorfbach wetteifern schmucke giebelständige Fachwerkhäuser um den prachtvollsten Blumenschmuck. Aber nicht nur sie, auch die vielen kleinen Brücken sind mit vor bunten Blüten schier überquellenden Kästen geschmückt – kein Wunder, dass Hirtzbach vor einigen Jahren den "Grand Prix du Fleurissement" gewonnen hat. An der Kirche zweigt die Straße zum leicht heruntergekommenen *Château der Barone von Reinach* ab. Die Familie bewohnt es allerdings längst nicht mehr; nur ein Verwalter hält die Stellung. Der gegenüberliegende *Park Reinach* mit schattigen Plätzen unter hohen Bäumen und viel Wasser ist im Gegensatz zum Schloss der Öffentlichkeit zugänglich. Hinter dem Park führt eine Straße in den oberen Ortsteil hinauf zur eingefassten *Quelle der heiligen Afra*, gegenüber einer ihr geweihten Kapelle gelegen. Ob das Wasser tatsächlich gegen Augenleiden hilft, sei dahingestellt. Ihre Popularität verdankt die

Blumenschmuck am Hirtzbach

Heilige wohl eher der Legende, die sich um ihre Bekehrung zum Christentum rankt: Demnach soll sie im 4. Jh. im römisch besetzten Augsburg eine stadtbekannte Prostituierte gewesen sein, der "die göttliche Vorsehung" den Bischof Narcissus ins Haus schickte. Als sie sah, dass der vermeintliche Freier keineswegs darauf aus war, ihre üblichen Dienste in Anspruch zu nehmen, sondern stattdessen in ein andächtiges Gebet versank, bereute sie ihr bisheriges Leben, beichtete ihre Sünden und bekannte sich zum Christentum. Kurze Zeit später, nachdem sie sich geweigert hatte, den römischen Göttern zu huldigen, wurde sie auf einer Insel im Lech verbrannt. Heute ist sie die Schutzpatronin der Prostituierten.

Eglise St-Jacques in Feldbach: Von Hirtzbach fährt man nun über die D 25 nach Hirsingue, dann auf der D 432 nach Feldbach. Im Mittelalter hatte das wahrscheinlich schon in gallorömischer Zeit existierende Dorf wegen seiner Lage an einer wichtigen Verbindungsstraße zwischen dem Elsass und Oberitalien eine recht bedeutende Stellung. Einer der Grafen von Pfirt stiftete hier 1144/45 ein Kloster, das der Abtei von Cluny unterstand. Von dem einst von bis zu 34 Nonnen bewohnten Gebäudekomplex ist heute nichts mehr zu sehen, dafür bietet die aus dem hellen Kalkstein des Jura errichtete romanische *Klosterkirche St-Jacques* nach einer vollständigen und sehr gelungenen Renovierung in den Jahren 1975–77 wieder das originalgetreue

Der Sundgau

Bild (der Glockenturm stammt aus dem Jahre 1909). An der Architektur kann man heute noch erkennen, dass sie jahrhundertelang sowohl der Dorfgemeinde als auch den Klosterfrauen für gemeinsame Gottesdienste diente. Dazu teilte man den drei-schiffigen Basilikabau in zwei Bereiche. Der vordere Abschnitt, erkennbar an den kreisrunden Fenstern in den Hochmauern, war für die Nonnen bestimmt; der hin-tere Teil gehörte der Pfarrgemeinde. Seine Hochmauern weisen die üblichen Rund-bogenfenster auf, das Hauptschiff ist hier von den Seitenschiffen durch Säulen mit Blattkapitellen getrennt. Eine im 15. Jh. zwischen den beiden Teilen errichtete Trennwand mit zwei Durchgängen existierte heute nicht mehr.

Largue-Tal: Von Feldbach nimmt man die D 463 nach *Seppois-le-Haut*, wo man auf das hübsche Tal des Flüsschens Largue mit sanften Hügeln, unzähligen Karpfentei-chen – es sollen etwa tausend sein! – und bunten Fachwerkdörfern trifft. Immer wieder lädt das Carpe-frite-Symbol zu einer deftigen Mahlzeit ein. Weiter geht es auf der D 7bis zunächst in den Sundgauer Bilderbuchdorf *St-Ulrich*, wo der Namenspatron als Brunnenfigur grüßt. Hinter *Manspach* (ebenfalls an der D 7bis) sieht man dann jenseits der Largue ein Eisenbahnviadukt der Linie Basel–Paris aus dem Jahre 1858. In allen folgenden deutsch-französischen Kriegen zerstört, steht es heute wie ein Mahnmal in der Sundgaulandschaft. Im vergleichsweise städtisch wirkenden *Dannemarie* (auf der D 103 erreichbar) verlässt die Largue die Hügel-zone und fließt, parallel zum Rhein-Rhône-Kanal, Richtung Nordosten zur Ill.

• *Übernachten/Essen* **Restaurant Au Che-val Blanc,** in Feldbach. Sehr beliebt bei den Einheimischen, große Auswahl an feinen Fisch- und Fleischgerichten, die hier aber preislich noch durchaus erschwinglich sind. Menüs ab 21 €, üppige Portionen. Mo und Di geschl. 1, rue de Bisel, ☎ 0389258186.

Ferme Auberge Paradis, nördlich von Mert-zen (ganz in der Nähe von St-Ulrich) führt eine kleine Straße zu dem hübsch am Wald-rand gelegenen Bauernhof. Ein DZ mit Bad und Frühstück bekommt man hier zum Preis von 46 €, und auch die eigenen Produkte wie Bibbeleskäs, Speck und Schinken sind güns-tig zu haben. Darüber hinaus werden aber auch die typischen regionalen Spezialitäten und Grillgerichte geboten. Mittwochabends und Do geschl. ☎ 0389072146, ✆ 0389072929.

Restaurant Ritter, alteingesessener Gasthof

in Dannemarie mit gemütlichen Gaststuben und schönem Garten gegenüber dem Bahn-hofsgebäude (beschilderter Abzweig in der Ortsmitte nach Süden). Sehr leckeres Essen, Karpfen wird hier auch mal provenzalisch serviert. Menü ab 21 €. Montagabends und Di geschl. 5, rue de la Gare, ☎ 0389250430.

** **Camping les Lupins,** gepflegte Anlage am Ortsrand von Seppois-les-Bas mit klei-nem Schwimmbad. Ganzjährig werden hier kleine Chalets, die bis zu 6 Personen Platz bieten, wochenweise (235–490 €) oder über das Wochenende vermietet. Den Campern steht der Platz zwischen dem 1.4. und dem 1.11. offen. ☎ 0389256537, ✆ 0389076334.

• *Angeln* Auf dem Camping les Lupins - kann man auch Cartes des Pêches für ei-nen Karpfenteich (8 € pro Tag) oder die Lar-gue (32 € für 2 Wochen) erwerben.

La Petite Camargue Alsacienne

Zwischen dem von Ludwig XIV. gegründeten verkehrsgeplagten "Porte de France"-Städtchen **Saint-Louis,** dem französischen Vorort Basels, und dem Gemüse- und Pendlerort **Rosenau** liegt unweit des Flughafens Bâle-Mulhouse wie eine kleine Oase das 120 ha große Feuchtbiotop-Naturreservat der kleinen elsässischen Camargue. Rund um ein Besucherzentrum und die Gebäude einer Fischzuchtan-stalt (Lachse, die im Rhein ausgesetzt werden) hat man drei Rundwege und einen botanischen Lehrpfad mit verschiedenen Aussichtspunkten angelegt. In der wunderschönen Wasserlandschaft mit dichten Auwäldern kann man mit etwas Glück Frösche, Kröten, Unken, Molche, aber auch Reiher und je nach Saison zahlreiche Zugvögel entdecken.

• *Anfahrt* Von Altkirch auf der D 419 nach St-Louis, wo man im Stadtzentrum die N 66 in nördliche Richtung nimmt. In St-Louis-la-Chaussee folgt man der Beschilderung nach rechts. Nach wenigen Metern steht man vor dem Eingang zum Naturreservat, Parkmöglichkeiten gegenüber. Vom Eingang führt ein Waldweg in ca. 10 Minuten zum Besucherzentrum, wo die Rundwege beginnen.

• *Rundgänge* Die jeweiligen Touren sind etwa in einer bis zwei Stunden zu bewältigen. Im Besucherzentrum und im Ausstellungshaus werden Broschüren mit Erklärungen zu den Wegen auch in deutscher Sprache verkauft.

• *Besucherzentrum/Ausstellungen* Das Besucherzentrum ist zwischen 14 und 18 Uhr geöffnet. Die Dauerausstellung "Memoir du Rhin" über die Geschichte des Flusses und der Fischaufzucht kann von Juni bis September Mi, Do, Sa und So von 13.30 bis 17.30 Uhr besucht werden, in den restlichen Monaten nur am Wochenende bzw. nur sonntags. Erwachsene 4 €, Kinder 2,50 €.

• *Essen* Wer Hunger vom Wandern bekommen hat, kann im nahen Bartenheim im **Restaurant Lion Rouge** leckeren Carpe frite bestellen. Di und Mi geschl. 1, rue de Général-de-Gaulle, ✆ 0389683020.

Das Château de Ferrette

Ferrette

Viel Charme strahlt das hübsche, von einer Doppelburg gekrönte mittelalterliche Örtchen mit nur 800 Einwohnern an den Ausläufern des Jura aus.

1104 wurde die Burg der Herren von Montbéliard (Mömpelgard) erstmals erwähnt. Ab 1125 nannten diese sich Grafen von Pfirt (möglicherweise liegt der Ursprung dieses Namens im spätlateinischen Begriff *piretum* = "Birnbaumpflanzung"). 1324 heiratete Johanna von Pfirt den Österreicher Albert II., wodurch die Grafschaft an die Habsburger fiel. Nach dem Dreißigjährigen Krieg schenkte sie Ludwig XIV. dem Kardinal Mazarin, und irgendwann erwarb sie die Familie Grimaldi, sodass sich die Fürsten von Manoco heute noch "Comtes de Ferrette" nennen.

Der Sundgau

Blick von der Burg aufs Städtchen

- *PLZ* 68480
- *Lage* Den weit im Süden des Sundgaus gelegenen Ort erreicht man von Altkirch z. B. über die D 432, der nächste Autobahnanschluss ist St-Louis (A 35). • *Information* Das **Office de Tourisme** ist vom 1.6. bis 30.9. tägl. außer So vor- und nachmittags geöffnet, in den übrigen Monaten Di–Fr nur nachmittags. Route de Lucelle, ☎ 0389082388, ✆ 0389403384, www.jura-alsacien.net.
- *Führungen* Vom Office de Tourisme werden in den Monaten Juli und August regelmäßig Ausflüge in die Umgebung (Schloss Morimont, Hornihof bei Kiffis etc.) angeboten.
- *Parken* Mehrere Möglichkeiten, z. B. an der Place Ch. de Gaulle bei der Kirche oder am Office de Tourisme.

> **Tipp für Radfahrer:** Eine anspruchsvolle, sehr vielfältige Tour rund um Ferrette (ca. 60 km) wurde vom Office de Tourisme ausgearbeitet, eine kostenlose Beschreibung (auf Französisch) erhalten Sie dort.

- *Fahrradverleih* Drahtesel vermietet das O.T., gewöhnliche kosten 13 €/Tag, ein

Um zum **Château Ferrette** zu gelangen, geht man von der großen neogotischen Nikolauskirche zunächst die von hübschen Häusern aus dem 16./17. Jh. mit z. T. bemalten Schnitzbalken gesäumte, steile Rue du Château hinauf. Ursprünglich wohnten hier die Bediensteten. Gegenüber dem roten Renaissance-Rathaus mit den Wappen der Grafen von Pfirt (zwei Fische) und der Habsburger (weißer Balken in rotem Feld) steht eine rekonstruierte mittelalterliche Trommelwinde. Vorbei an der Place des Comtes steigt man über die Rue St-Bernard zum Burgfelsen hinauf. Zuerst durch das untere Tor, 100 m dahinter durch das obere Tor betritt man die Unterburg aus dem 14./15. Jh. und steigt dann zur südöstlich gelegenen Oberburg hinauf. Von der vom Club Vosgien errichteten Holzplattform auf dem alten Bergfried genießt man einen wunderbaren Rundblick über die bewaldeten Berge des Jura, die Hügel des Sundgaus und auf die dahinter aufsteigenden Vogesen.

Mountainbike gibt's für 16 €, im Angebot außerdem Kinderräder.
- *Feste* Alle zwei Jahre (jeweils in den geraden Jahren) findet am letzten Juniwochenende eine große **Fête Mediavale** mit vielfältigem buntem Spektakel statt.
- *Baden/Kinder* Der nächste Badesee mit einigen Angeboten für Kinder liegt in Courtavon (s. S. 377).
- *Einkaufen* Parkende Schweizer und deutsche Autos lassen vor dem Haus Nr. 17 der Rue de la Montagne im stillen Vorort Vieux-Ferrette schon ahnen, dass es hier etwas Besonderes geben muss. In **Bernard Antonys Käskaller** bekommt man vorzügliche Leckereien aus Kuh- und Ziegenmilch; allerdings kosten sie auch ihren Preis. Hinter der Kirche links, Mo–Sa geöffnet. Auf Anmeldung kann man hier auch an Käseproben teilnehmen. ☎ 0389404222.
- *Post* Am Ortsausgang Richtung Vieux-Ferrette in der Rue de la 1ère Armée.
- *Polizei* In derselben Straße wie die Post, ☎ 0389404018.
- *Übernachten/Essen* Zwei kleine Hotels und ein paar Restaurants finden Sie in Ferrette. Außerdem gibt es in der näheren Umgebung (z. B. Ligsdorf oder Kiffis, siehe

S. 377 f) empfehlenswerte Schlummer- und Schlemmeradressen.

** **Hôtel Restaurant Collin,** angenehmer Logis-de-France-Gasthof direkt an der Kirche mit 8 Zimmern, die alle über ein Bad verfügen. Einzelpersonen bezahlen 40 €, zu zweit kostet's 48 €. In der gutbürgerlichen Gaststube bzw. auf der kleinen Terrasse wird leckere elsässische Küche aufgetischt, z. T. in phan-tasievoller Abwandlung (z. B. Choucroute mit Ente). Empfehlenswert sind auch die Salatvariationen. Menü ab 17 €, mittags ab 8 €. 4, rue du Château, ✆ 0389404072, 🖨 0389403826.

Hôtel Restaurant Le Felseneck, mitten im Ort gelegen. Eines der 8 Zimmer kostet bis zu 45 €. Angeschlossen ist ein gutes Restaurant mit schöner Terrasse. Mo geschl. 42, rue du Château, ✆ 0389082128.

Wanderung 15: Rund um den Châteaufelsen von Ferrette

Bei der abwechslungsreichen, ca. 11 km langen Tour hat man immer wieder die Ruinen der Doppelburg im Blick. Zu den Highlights gehören neben interessanten Felsen eine tiefe, kleine Schlucht mit einer "Zwergengrotte" *(Grotte des Nains)* und ein Aussichtsturm. Unterwegs bestehen keine Versorgungsmöglichkeiten, es gibt aber schöne Picknickplätze.

Gehen Sie an der **Kirche von Ferrette** mit dem Zeichen blaue Scheibe in die Rue du Château und steigen Sie hinter dem Rathaus über die Rue St-Bernard zum Schlossberg hinauf. Von der unteren **Burganlage** wandert man zur oberen hinauf und – an der Aussichtsplattform vorbei – auf drei Buchen zu. Dahinter geht es durch einen Durchgang links abwärts; der Weg führt nun unterhalb der Burganlage in nördliche Richtung bis zu einer beschilderten Gabelung. (Alternativ dazu kann man auch vom nördlichen Ende der unteren Burg einen mit einem blauen Dreieck gekennzeichneten Weg bis hierher nehmen).

Man hält sich hier geradeaus, folgt dem Weg, der kurzfristig mit einem gelben Balken gekennzeichnet ist, bis zum **Loechlefelsen** und wandert dann jenseits einer Piste zum Aussichtspunkt "Kanzel" hinauf. 700 m weiter kann man vom sog. **Plateau des Nains** einen noch schöneren Rundblick auf den Sundgau genießen. Von hier wandert man steil in die Wolfsschlucht hinab, an deren Ende sich rechts die **Grotte des Nains** befindet.

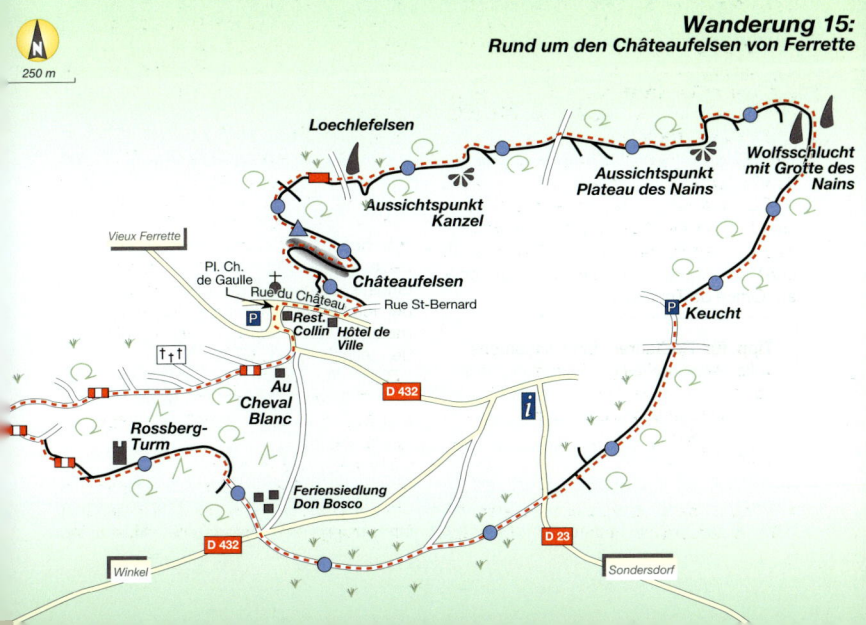

Wanderung 15:
Rund um den Châteaufelsen von Ferrette

Ein bequemer Waldweg bringt Sie zum **Parkplatz Keucht.** Dahinter wandert man am Waldrand weiter, quert nach 750 m eine Straße und erreicht bald die **Feriensiedlung Don Bosco.** Gehen Sie nun links auf einer Piste in den Mischwald hinein und folgen Sie dann dem mit der blauen Scheibe gekennzeichneten direkten Fußweg zum **Rossberg.** Oben stehen ein ca. 17 m hoher Aussichtsturm und auch einige Picknickbänke. Ab hier ändert sich die Wegmarkierung, der rot-weiß-rote Balken bringt Sie nun zuerst auf einem Pfad abwärts. Dieser stößt bald auf eine nicht markierte Piste, der man geradeaus folgt. Bald zweigt man rechts ab und orientiert sich stets an den Hinweisen nach **Ferrette.** In knapp einem Kilometer sind die ersten Häuser erreicht, nach links führt eine wunderschöne Lindenallee in den Nachbarort Vieux-Ferrette. Sie gehen aber rechts zum Ausgangspunkt, der Kirche, zurück.

Zeigt her eure Füße ...

In der heute noch Zwergengrotte genannten Höhle am Grunde der Wolfsschlucht, so erzählen seit Generationen die Alten den Jüngeren, habe einst ein ganz besonderes Völkchen von kleinen Leuten gehaust. Deren Verhältnis zu den Menschen war herzlich, quasi jedes Haus hatte "sein" Zwergenpaar, das Anteil an Freud und Leid nahm. Allein die Tatsache, dass sie stets in bodenlange Gewänder gekleidet waren, rief immer wieder Kopfschütteln hervor. Hatten die "Erdwiebele" etwas zu verbergen? Wie sahen ihre Füße aus? Ein paar Mädchen konnten ihre Neugier irgendwann nicht länger bezähmen, streuten auf eine Felsplatte vor der Wolfsschlucht Sand und warteten im Gebüsch auf das kleine Völkchen. Als die Zwerge am Morgen durch die Felsspalte ihren Wohnort verließen und sich wie üblich auf dem Felsen sammelten, kam das Geheimnis an den Tag – Spuren von Ziegenfüßen (nach einer anderen Version Froschfüße) waren im Sand abgezeichnet. Das Kichern der Mädchen verärgerte die Zwerge so sehr, dass sie von diesem Tag an nie wieder gesehen wurden.

Südwestlich von Ferrette

Die reizvolle Landschaft, eine verwunschene Schlossruine, bei der man auch noch wunderbar einkehren kann, sowie ein schöner Badesee machen diese Tour auf kleinen Sträßchen sehr lohnenswert.

Barockkirche und Source de l'Ill in Winkel: Von Ferrette fährt man auf der D 432 Richtung Lucelle und erreicht bald den stillen Ort Ligsdorf an der hier noch ganz jungen Ill. Nur ein paar Kilometer weiter liegt das Bauerndorf Winkel, in dem man der prächtigen *Barockkirche* einen Besuch abstatten sollte, birgt sie doch zwei aus dem im 18. Jh. aufgegebenen Abtei von Lucelle (s. u.) gerettete Altäre. Geht man die Dorfstraße weiter aufwärts, kommt man hinter dem letzten Haus auf der rechten Seite über einen Fußweg zur *Source de l'Ill.* Aber diese Quelle ist nur eine von mehreren, und nur bei hohem unterirdischen Wasserstand beginnt der Karstfluss schon hier zu fließen, manchmal erfolgt der Wasseraustritt erst bei Ligsdorf. Bei unserem Besuch im Sommer 2002 war man gerade dabei, einen kleinen Park rund um die Quelle anzulegen.

Ehemaliges Zisterzienserkloster in Lucelle: Nächste Station der Tour ist Lucelle (ebenfalls an der D 432, aber bereits 200 m hinter dem Grenzposten), wo Zisterzienser im 12. Jh. eine Abtei gründeten, die aber während der Französischen Revolution wie viele andere geistliche Einrichtungen zerstört wurde. Als die an

Geldmangel leidende Revolutionsregierung zahllose Schätze aus geschändeten Kirchen und Klöstern zum Kauf anbot, machten einige umliegende Gemeinden alle verfügbaren Geldmittel locker, um zu retten, was zu retten war. So geschah es auch mit den Kunstwerken aus Lucelle, weshalb man heute in mehreren Gotteshäusern der Region welche antrifft. Vom einst riesigen Klosterkomplex sind nur noch das Tor, einige Teilgebäude, ein Brunnen und eine Bernhardstatue erhalten. An seiner Stelle existiert heute ein christliches Begegnungszentrum. Der große künstliche See mit kleinem Wasserfall lädt zum Spazierengehen ein.

Château du Morimont: Von Lucelle fährt man nun zurück nach Winkel und wechselt am Ortseingang auf die D 41 nach Oberlarg. 2 km südwestlich des Dorfes zweigt von der D 41 eine schmale Asphaltstraße zur Auberge du Morimont ab. Zwischen den verschiedenen Gebäuden der Auberge hindurch führt eine Staubstraße ca. 500 m weiter zu den in völliger Einsamkeit gelegenen Ruinen des *Château du Morimont*, einem der schönsten Plätze im elsässischen Jura. Das 1228 erstmals erwähnte Schloss gehörte Vasallen der Grafen von Ferrette. Es macht Spaß, in dem alten Gemäuer herumzulaufen: hier ein Durchgang, dort ein Fenster, von dem man die stille Gegend genießen kann. Wenn Sie ein Foto machen wollen: Den beeindruckendsten Blick bieten die Ruinen von der Südseite. Dafür müssen Sie von der Auberge allerdings einen 10-minütigen Fußmarsch auf sich nehmen. Benutzen Sie den links vor dem Gasthof abzweigenden, zunächst asphaltierten Weg.

Plan d'Eau: Den Abschluss der Tour bildet der künstliche See *Plan d'Eau* nördlich des Dörfchens *Courtavon* (auf der D 41 bis Levancourt, dort auf die D 473). Hier kann man sich wunderbar erfrischen, angeln (Hechte, Karpfen) oder ein wenig im Tretboot übers Wasser gleiten. Kinder können sich zwischendurch auf dem Spielplatz vergnügen, fürs leibliche Wohl sorgt eine Imbissbude, Eintritt wird nicht erhoben. Zurück nach Ferrette kommt man über die D 473.

• *Übernachten/Essen* **Le Moulin Bas,** idyllisch an der Ill am nördlichen Ortsausgang von Ligsdorf gelegen. Gepflegte Anlage mit Tennisplatz. Eines der teilweise behindertengerechten DZ mit einem großen oder zwei Betten in der alten Mühle bekommt man für 62 €. Auch die feine Küche kann man nur loben – probieren Sie einmal das Rinderfilet mit Meerrettichcreme und Morchelschaum! Menü ab 31 €, mittags (Mi–Fr) schon ab 12,50 €. Mo, Di geschl., ✆ 0389403125.

Auberge du Morimont, am Château du Morimont. Schöner Ort, um ein elsässisches Mittagessen im Freien zu genießen. Di geschl., im Winter nur sonntags geöffnet, ✆ 0389408892.

*** Camping Plan d'Eau Courtavon, nördlich von Courtavon und direkt neben der Zufahrt zum See befindet sich ein angenehmer Platz, der kaum von Dauercampern belegt ist. Ebenes Gelände, ordentliche Anlagen. Geöffnet vom 1.5. bis 30.9., ✆ 0389081250.

Südöstlich von Ferrette

Empfehlenswerte Tour entlang der Grenze zur Schweiz durch eine grandiose Landschaft. Auch kulturell bekommt man einiges geboten.

Wallfahrtskapelle von Hippoltskirch: Man erreicht den kleinen Weiler von Ferrette auf der D 23. Die Kapelle an seinem Ortsrand stammt aus dem 18. Jh. Zwar ist die Tür meistens verschlossen (geöffnet nur an Sonn- und Feiertagen von 12 bis 18 Uhr), doch auch bei einem Blick durchs Kirchentürfenster lässt sich erkennen, dass sie eine wunderschön bemalte Decke und prächtige Altäre zu bieten hat.

Kiffis: Die schmale Lützel und ein paar saftige Wiesen, auf denen gerne Reiher umherstolzieren, trennen das sehr ursprünglich gebliebene Bauerndorf an der D 21 vom Nachbarland, das schweizerische Pendant Roggenburg hat man ständig im Blick. Allzu viel ist hier zwar nicht los, aber gerade deshalb ist Kiffis für ein paar Tage Urlaub gut geeignet, denn gutes Essen und schöne Wanderwege gibt es allemal. Einen Besuch wert ist der idyllisch gelegene *Hornihof*. Auf dem 60 ha großen Gelände züchtet der Basler Ronald Guldenschuh ca. 120 Lamas, ein paar Alpakas, asiatische Hirtenhunde, Yaks und Ponys, demnächst sollen auch noch Kamele dazukommen – eine internationale Tiergemeinde am Rande des Jura. Derzeit bietet Ronald sonntags zwischen 15 und 17 Uhr einen Tag der offenen Tür (gratis, es gibt eine Spendenkasse) und auch das O.T. von Ferrette organisiert regelmäßig Ausflüge auf die Farm.

• *Übernachten/Essen/Reiten*   **Au Cheval Blanc,** sympathischer Gasthof in der Ortsmitte mit ausgezeichnetem Essen, sehr gut fanden wir z. B. die Kalbsnieren in Senfsauce. In der gemütlichen, niedrigen Gaststube kann man aber auch einfach nur auf ein Glas Bier vorbeischauen. Tagesmenü 8,50 €. Außerdem vermietet Familie Walther vier einfache DZ zum Preis von 40 €. Mo geschl., ✆ 0389403305.

Ferme Equestre Maison Bleu, Jean, ein weiteres Mitglied der Familie Walther, betreibt gegenüber der Kirche zusammen mit Florence einen idyllisch gelegenen Reiter-

hof, in dem man sonntags Pferde für Ausritte ausleihen kann (pro Stunde 13 €). Außerdem führen die beiden auch Reitkurse für Kinder und Erwachsene und mehrtägige Reitlager durch. Ob Reitfan oder nicht, jeder Interessent kann auf dem Hof auch im Schlafsaal oder in zwei DZ übernachten (pro Person 11 €), wochenweise wird auch das für sechs Personen ausreichende Ferienhaus vermietet. ✆ 0389403525, ✆ 0389404438.

• *Anfahrt/Wandern zum Hornihof*   Man fährt auf der D 21bis von Kiffis ca. 2 km Richtung Norden und wandert dann auf einem markierten Weg 3 km zum Hof.

Pfarrkirche von Raedersdorf: Von Kiffis fährt man zurück Richtung Hippoltskirch und zweigt nach ca. 4 km auf eine nicht gekennzeichnete Straße nach Raedersdorf ab. Die Pfarrkirche des stillen Dörfchens besitzt ein prächtiges Portal. Es stammt ebenso wie die Orgel aus der Abtei von Lucelle. An der Kirche weist ein Schild den Weg zu einem Storchengehege am Ortsrand.

Oltingue: Das schöne, große Dorf an der Ill (und der D 21) hat einiges zu bieten, ein Halt lohnt sich unbedingt. Im Zentrum wurde in einem ehemaligen Gasthaus aus dem 17. Jh. das *Musée Paysan* eingerichtet, dessen Besuch interessante Einblicke in die Sundgauer Traditionen verschafft. Jeanette Willig verwaltet mit Leib und Seele die liebevoll zusammengestellte Sammlung und beantwortet gerne alle Fragen der Besucher. Neben volkstümlichen sakralen Gegenständen und Trachten ist besonders eine Küche mit drei Kochstellen aus verschiedenen historischen - Epochen nebst Backofen und Waschzuber interessant.

Im Mittelalter lag Oltingue weiter südwestlich, das einzige Zeugnis der damaligen Siedlung ist die *Eglise St-Martin* aus dem 13. Jh., die man schon auf der Fahrt von Raedersdorf erblickt (ca. 100 m vor dem Museum weist ein Schild zur "Eglise St-Martin-des Champs" in die Rue de l'Eglise, die bald die Ill überquert und dann aus dem Dorf hinausführt). Die Kirche birgt wahrhaftig Überraschungen, auf die man nicht unbedingt gefasst ist. Bei Ausgrabungen im Jahre 1989 wurden im Kirchenboden Grabstätten aus dem 7. und 8. Jh. entdeckt, die sich heute noch an Ort und Stelle befinden: ein aus weißem Jurastein gemeißelter Sarkophag, ein gemauertes Grab mit Skelett und ein weiteres Steingrab. Die Fresken im Chor, wegen ihrer Ranken auch "Weinberg" genannt, zeigten einst der des Lesens unkundigen Bevölkerung Szenen aus dem Neuen und Alten Testament – leider sind sie inzwischen stark verblasst.

Ein weiteres Gotteshaus ist das nächste Ziel. Die idyllisch mitten im Wald gelegene *Chapelle St-Brice* wird aber von Einheimischen und Fremden nicht nur wegen ihres hübschen, bunt bemalten barocken Altars gerne aufgesucht, sondern vor allem wegen der direkt benachbarten Auberge. An Holztischen rund um die Kapelle sitzt man hier bei einem kräftigen Vesper wirklich wunderbar. Dazu schmecken die im Brunnen gekühlten Getränke nach einem Spaziergang durch den Wald noch mal so gut.

• *Öffnungszeiten/Eintritt* **Musée Paysan,** 16.6.–30.9. Di, Do, Sa 15–18 Uhr, So zusätzlich 11–12 Uhr; in den restlichen Monaten nur So 14–17 Uhr, Ferien: 2 Wochen vor Weihnachten bis Ende Januar. Eintritt 2 €, Kinder 1 €.

• *Anfahrt/Wandern zur Chapelle St-Brice* Gegenüber dem Museum führt eine asphaltierte Straße zur Kapelle. Folgen Sie auf den nächsten 3 km stets dem Fahrradhinweis "Rodersdorf" bis zu einem kleinen Waldparkplatz. Ab hier empfiehlt es sich, den restlichen Kilometer (ausgeschildert) zu Fuß zurückzulegen.

• *Essen und Trinken/Kinder* Die **Auberge St-Brice** bietet einfache Mahlzeiten wie Speck, Käse, süßen und salzigen Kougelhopf etc. Sonntagabends und Mo geschl., ✆ 0389407431. Kinder dürften von dem Spielplatz und den vielen Tieren auf dem Gelände begeistert sein.

Ohne Kühlschrank geht's auch

Château du Landskron: Die oberhalb des zu Leymen gehörenden Weilers Thannwald auf einem etwa 560 m hohen Kalksporn thronende Burganlage wurde um 1300 auf Veranlassung des Bischofs von Basel errichtet. Später gehörte sie den Habsburgern und den Markgrafen von Baden, nach der Annexion durch Frankreich wurde sie durch Vauban zu einer militärischen Festung umgebaut und diente auch als Staatsgefängnis. 1813 schleiften die gegen Napoleon vereinten Truppen die Burg, die danach als Steinbruch ausgebeutet wurde. 1984 erwarb der Burgverein "Pro Landskron" die Ruine und engagiert sich seitdem sehr für die Restaurierung des Gemäuers. Vom mächtigen mittelalterlichen Wohnturm hat man einen herrlichen Blick auf Basel, das Markgräfler Land, den Jura und auf die Vogesen.

• *Anfahrt* Von Oltingue über die D 21bis nach Ste-Blaise und weiter auf der D 9 nach Leymen. Dort folgt man der Beschilderung zur Burg, überquert die Bahnlinie und fährt ca. 2 km bis zum Weiler Thannwald. Hier beginnt der 5-minütige, steile Fußweg zur Burg hinauf.

Rodersdorf/Lutter: Einen kurzen Ausflug in die Schweiz – zum Glück entfällt die Grenzkontrolle – machen Sie bei der Weiterfahrt durch das nette Bauerndorf Rodersdorf (von Leymen auf der D 23). Vielleicht sind Sie ja am Einkauf von Schweizer Schokolade interessiert. Wieder zurück im Elsass, kommt man ins etwas verschlafen wirkende Lutter, in dem man nach den Anstrengungen des Tages gut essen kann.

• *Übernachten/Essen* **** Auberge et Hostellerie Paysanne,** mitten im Ort liegt das empfehlenswerte Restaurant der herzlichen Wirtin Christiane Litzler und ihrer Tochter Carmen. Vorwiegend elsässische Küche, Menü ab 21 €. Für 47 € (DZ) werden auch Zimmer vermietet, außerdem führt die Familie ganz in der Nähe ein besonders schmuckes, kleines Hotel. Dafür wurde ein authentischer Sundgauer Bauernhof aus dem 17. Jh. abgetragen und in Lutter wieder aufgebaut. Die hübsch eingerichteten Zimmer mit Holzbalken und Decken kosten für zwei Personen je nach Größe und Ausstattung 60–68 €. Mo und dienstagmittags geschl., 24, rue de Wolschwiller, ✆ 0389407167, ✆ 0389073338.

Der Sundgau

Sach- und Personenregister

Kirchen

Burgen

Ortsindex